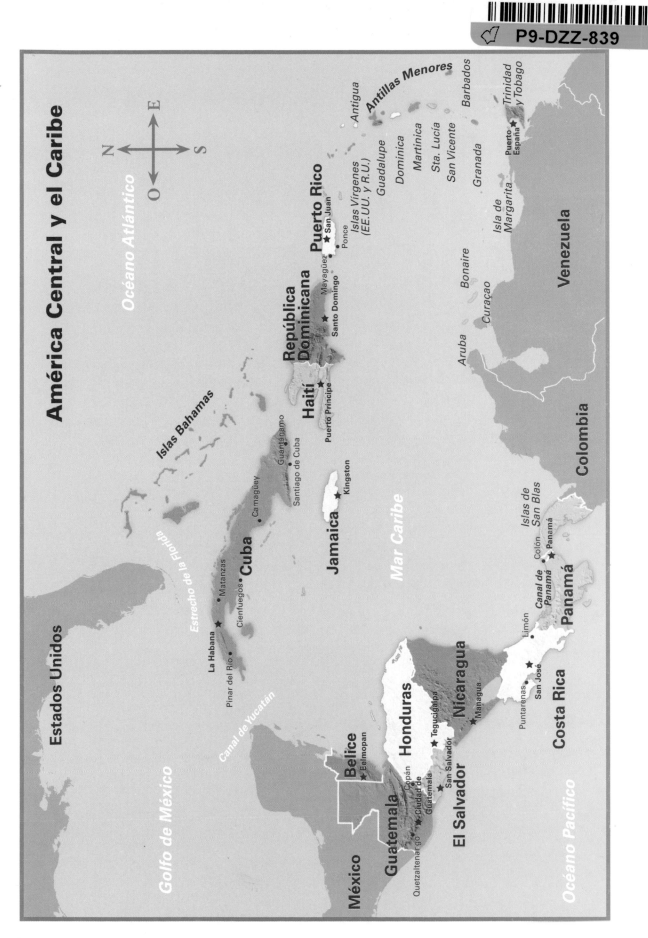

América Central y el Caribe

PANORAMA

Introducción a la lengua española

THIRD EDITION

José A. Blanco

Philip Redwine Donley, Late
Austin Community College

VISTA
HIGHER LEARNING

Boston, Massachusetts

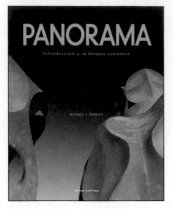

The **PANORAMA, Third Edition,** cover features a detail from Antoni Gaudí's **La Pedrera** in Barcelona, Spain. This remarkable architectural feat is one of the many landmarks from the Spanish-speaking world that you will learn about in **PANORAMA**.

Publisher: José A. Blanco
Vice President and Editorial Director: Beth Kramer
Managing Editor: Sarah Kenney
Project Manager: Isabelle Alouane
Editor: Gabriela Ferland
Director of Art and Design: Linda Jurras
Director of Production and Manufacturing: Lisa Perrier
Design Manager: Polo Barrera
Photo Researcher and Art Buyer: Rachel Distler
Production Coordinator: Nick Ventullo
Production and Manufacturing Team: Oscar Diez, Mauricio Henao, María Eugenia Castaño, Jeff Perron

President: Janet L. Dracksdorf
Sr. Vice President of Operations: Tom Delano
Vice President of Sales and Marketing: Scott Burns
Executive Marketing Manager: Benjamín Rivera

Student Text ISBN-13: 978-1-60007-594-0
　　　　　ISBN-10: 1-60007-594-0
Instructor's Annotated Edition ISBN-13: 978-1-60007-599-5
　　　　　ISBN-10: 1-60007-599-1

Library of Congress Control Number: 2007934449

5 6 7 8 9 RJ 16 15 14 13 12 11

TO THE STUDENT

To Vista Higher Learning's great pride, **PANORAMA** and **VISTAS**, the parent text from which **PANORAMA** is derived, became the best-selling new introductory college Spanish programs in more than a decade in their first editions. The success of the second editions followed suit, and it is now our pleasure to welcome you to **PANORAMA**, **Third Edition**, your gateway to the Spanish language and to the vibrant cultures of the Spanish-speaking world.

A direct result of extensive reviews and ongoing input from students and instructors, **PANORAMA 3/e** includes both the highly successful, ground-breaking features of the original program, plus many exciting new elements designed to keep **PANORAMA** the most student-friendly program available. Here are just some of the features you will encounter:

Original, hallmark features

- A unique, easy-to-navigate design built around color-coded sections that appear either completely on one page or on spreads of two facing pages
- Integration of an appealing video, up-front in each lesson of the student text
- Practical, high-frequency vocabulary in meaningful contexts
- Clear, comprehensive grammar explanations with high-impact graphics and other special features that make structures easier to learn and use
- Ample guided, focused practice to make you comfortable with the vocabulary and grammar you are learning and to give you a solid foundation for communication
- An emphasis on communicative interactions with a classmate, small groups, the full class, and your instructor
- Careful development of reading, writing, and listening skills incorporating learning strategies and a process approach
- Integration of the culture of the everyday lives of Spanish speakers and coverage of the entire Spanish-speaking world
- Unprecedented learning support through on-the-spot student sidebars and on-page correlations of the print and technology ancillaries for each lesson section
- A complete set of print and technology ancillaries to help you learn Spanish

New to the Third Edition

- Revised grammar scope for improved coverage within and across lessons
- Increased reading and coverage of culture in the new **Cultura** section
- The **Recapitulación** grammar review at the end of **Estructura**, available with auto-scoring and diagnostics at **panorama.vhlcentral.com**
- Exciting multimedia components, such as **En pantalla** and **Oye cómo va**
- New ancillaries, like the *Flash cultura* Video and the **PANORAMA, Third Edition**, Supersite at **panorama.vhlcentral.com**, all closely integrated with the student text

PANORAMA 3/e has fifteen lessons, each of which is organized exactly the same way. To familiarize yourself with the organization of the text, as well as its original and new features, turn to page xii and take the **at-a-glance** tour.

table of contents

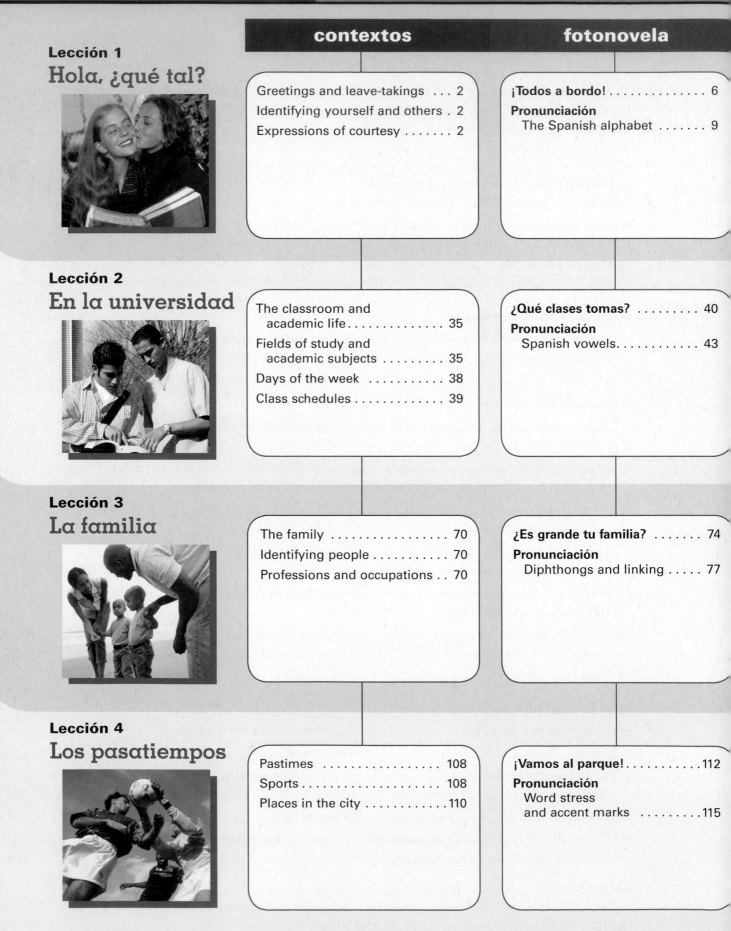

cultura	estructura	adelante

table of contents

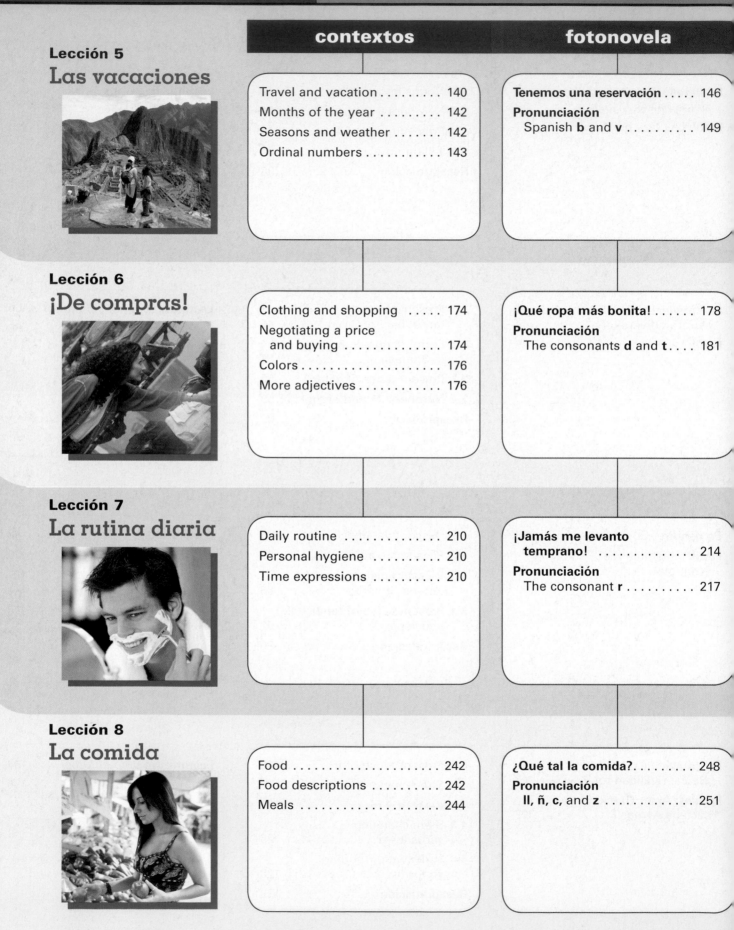

cultura	estructura	adelante

table of contents

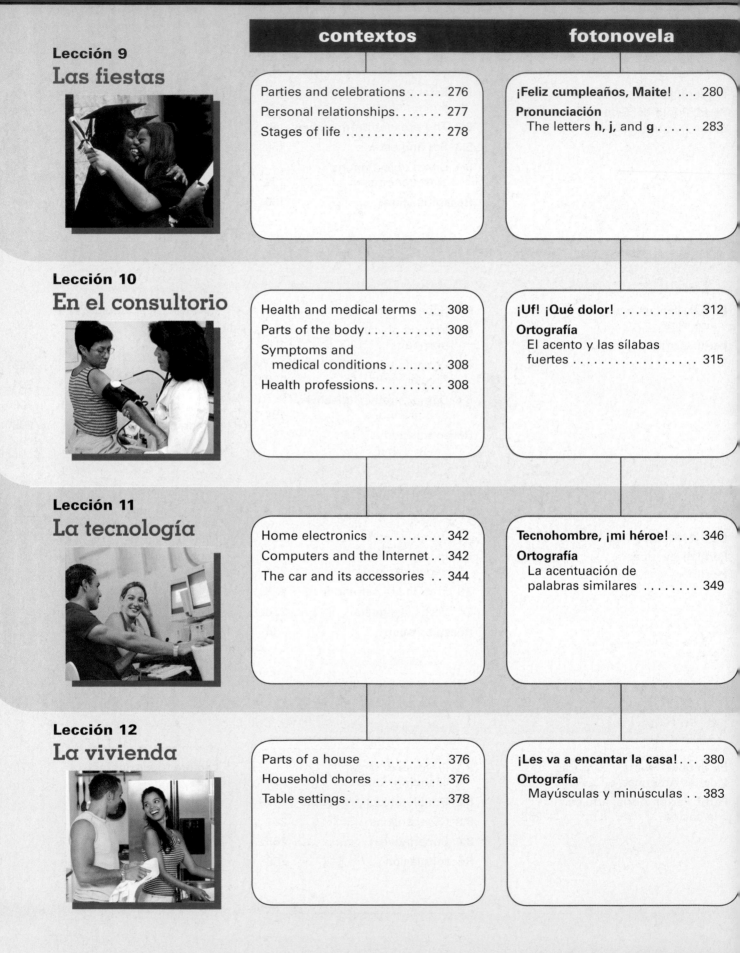

	contextos	**fotonovela**

cultura	estructura	adelante

table of contents

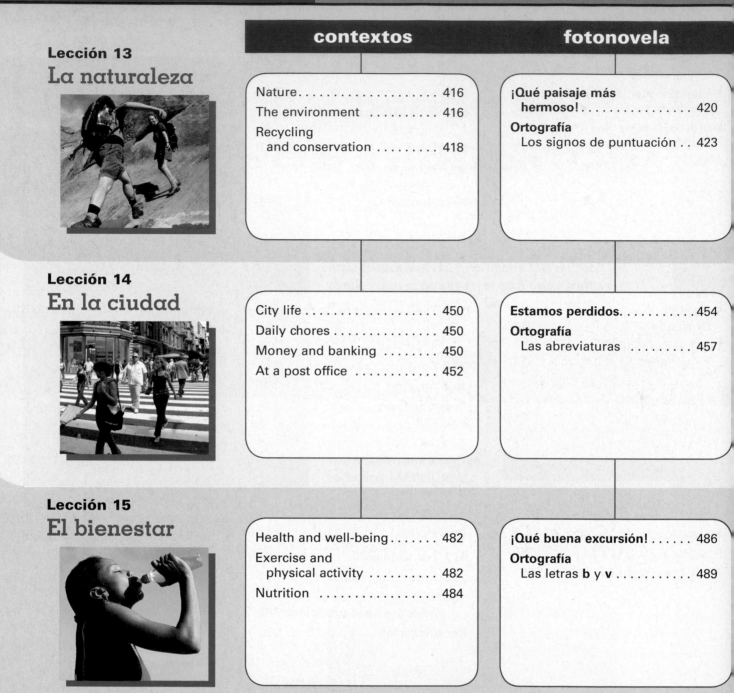

	contextos	fotonovela

cultura	estructura	adelante

Lesson Openers
outline the content and features of each lesson.

Los pasatiempos

4

Communicative Goals

You will learn how to:

- Talk about pastimes, weekend activities, and sports
- Make plans and invitations

contextos

pages 108–111
- Pastimes
- Sports
- Places in the city

fotonovela

pages 112–115
Don Francisco informs the students that they have an hour of free time. Inés and Javier decide to take a walk through the city. Maite and Álex go to a park where they are involved in a minor accident. On their way back, Álex invites Maite to go running.

cultura

pages 116–117
- Soccer rivalries
- Anier García and Luciana Aymar

estructura

pages 118–133
- Present tense of **ir**
- Stem–changing verbs: **e→ie; o→ue**
- Stem–changing verbs: **e→i**
- Verbs with irregular **yo** forms
- **Recapitulación**

adelante

pages 134–137
Lectura: Popular sports in Latin America
Panorama: México

A PRIMERA VISTA
- ¿Qué son estas personas, atletas o artistas?
- ¿En qué tienen interés, en el fútbol o el tenis?
- ¿Son viejos? ¿Son delgados?
- ¿Tienen frío o calor?

A primera vista activities jump-start the lessons, allowing you to use the Spanish you know to talk about the photos.

Communicative goals highlight the real-life tasks you will be able to carry out in Spanish by the end of each lesson.

Contextos
presents vocabulary in meaningful contexts.

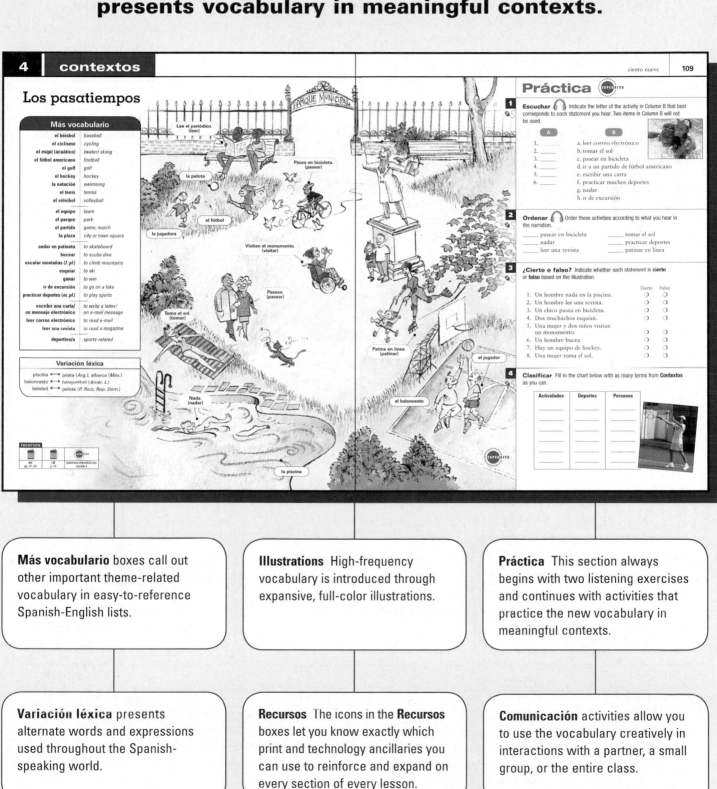

Más vocabulario boxes call out other important theme-related vocabulary in easy-to-reference Spanish-English lists.

Illustrations High-frequency vocabulary is introduced through expansive, full-color illustrations.

Práctica This section always begins with two listening exercises and continues with activities that practice the new vocabulary in meaningful contexts.

Variación léxica presents alternate words and expressions used throughout the Spanish-speaking world.

Recursos The icons in the **Recursos** boxes let you know exactly which print and technology ancillaries you can use to reinforce and expand on every section of every lesson.

Comunicación activities allow you to use the vocabulary creatively in interactions with a partner, a small group, or the entire class.

PANORAMA-at-a-glance

Fotonovela
tells the story of four students traveling in Ecuador.

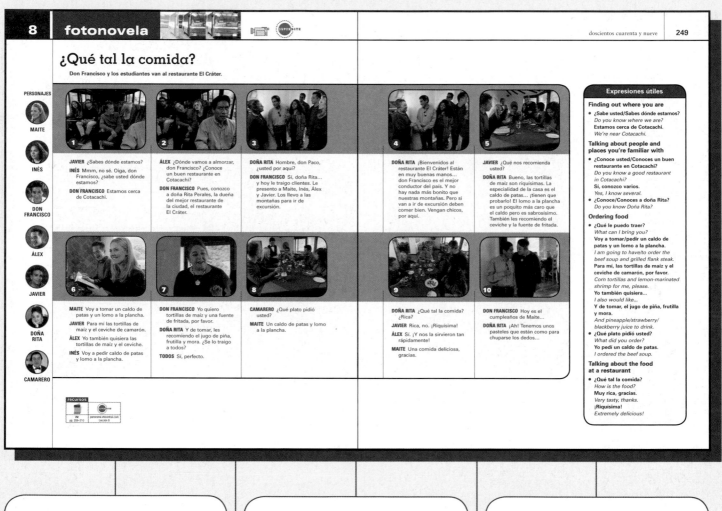

Personajes The photo-based conversations take place among a cast of recurring characters—four college students on vacation in Ecuador and the bus driver who accompanies them.

Fotonovela Video The **Fotonovela** episode appears in the **Fotonovela** Video Program. To learn more about the video, turn to page xxvi.

Conversations Taken from the **Fotonovela** Video, the conversations reinforce vocabulary from **Contextos**. They also preview structures from the upcoming **Estructura** section in context *and* in a comprehensible way.

Icons provide on-the-spot visual cues for various types of activities: pair, small group, listening-based, video-related, handout-based, information gap, and Supersite. For a legend explaining all icons used in the student text, see page xxix.

Expresiones útiles These expressions organize new, active structures by language function so you can focus on using them for real-life, practical purposes.

Pronunciación & Ortografía
present the rules of Spanish pronunciation and spelling.

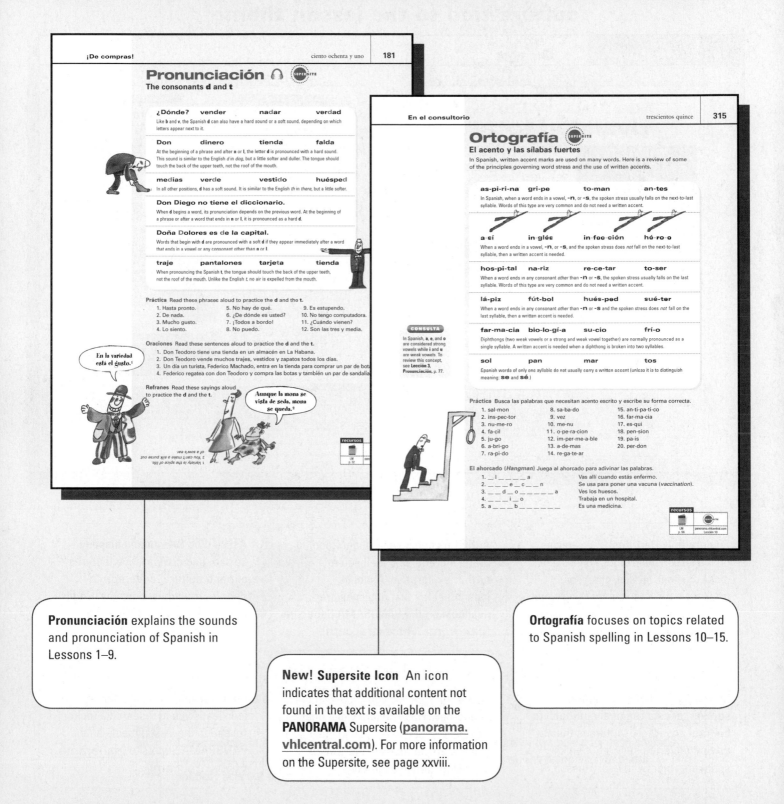

Pronunciación explains the sounds and pronunciation of Spanish in Lessons 1–9.

New! Supersite Icon An icon indicates that additional content not found in the text is available on the **PANORAMA** Supersite (panorama.vhlcentral.com). For more information on the Supersite, see page xxviii.

Ortografía focuses on topics related to Spanish spelling in Lessons 10–15.

PANORAMA-at-a-glance

Cultura
exposes you to different aspects of Hispanic culture tied to the lesson theme.

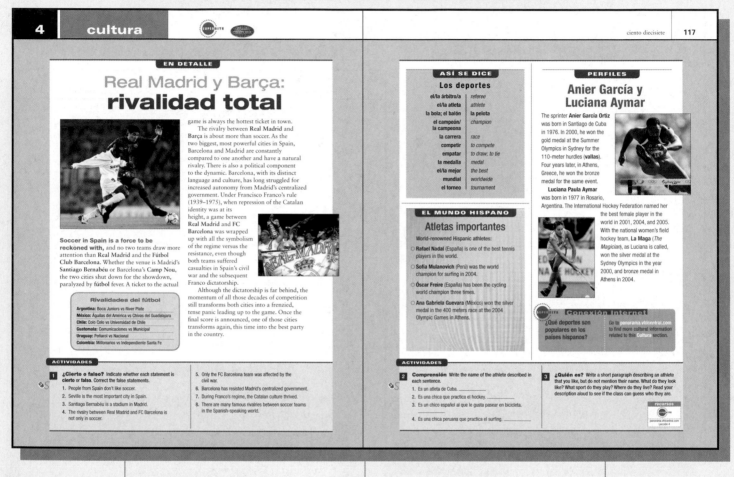

En detalle & Perfil(es) Two articles on the lesson theme focus on a specific place, custom, person, group, or tradition in the Spanish-speaking world. In Spanish starting in **Lección 7**, these features also provide reading practice.

Activities check your understanding of the material and lead you to further exploration. A mouse icon indicates that activities are available on the **PANORAMA** Supersite (**panorama.vhlcentral.com**).

Así se dice & El mundo hispano Lexical and comparative features expand cultural coverage to people, traditions, customs, trends, and vocabulary throughout the Spanish-speaking world.

Coverage While the **Panorama** section takes a regional approach to cultural coverage, **Cultura** is theme-driven, covering several Spanish-speaking regions in every lesson.

Video An icon lets you know that the brand-new *Flash cultura* Video offers specially-shot content tied to the feature article. To learn more about the video, turn to page xxvii.

Conexión Internet An Internet icon leads you to research a topic related to the lesson theme on the **PANORAMA** Supersite (**panorama. vhlcentral.com**).

Estructura
presents Spanish grammar in a graphic-intensive format.

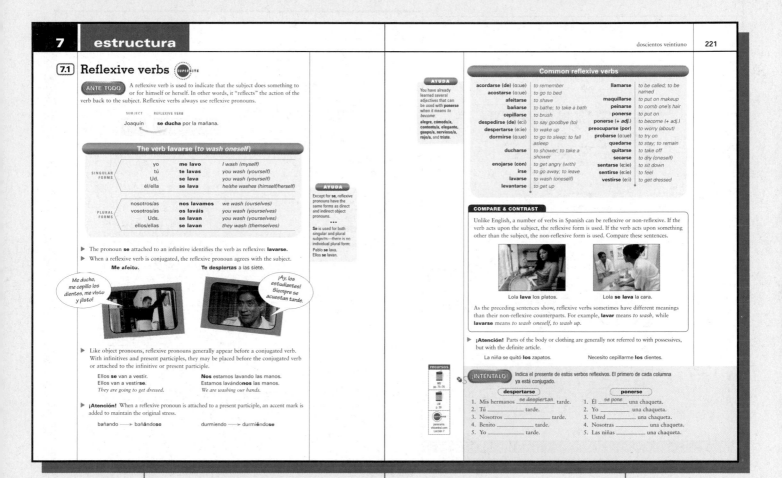

Ante todo This introduction eases you into the grammar with definitions of grammatical terms, reminders about what you already know of English grammar, and Spanish grammar you have learned in earlier lessons.

Compare & Contrast This feature focuses on aspects of grammar that native speakers of English may find difficult, clarifying similarities and differences between Spanish and English.

Diagrams To clarify concepts, clear and easy-to-grasp grammar explanations are reinforced by diagrams that colorfully present sample words, phrases, and sentences.

Charts To help you learn, colorful, easy-to-use charts call out key grammatical structures and forms, as well as important related vocabulary.

Student sidebars On-the-spot linguistic, cultural, or language-learning information directly relates to the materials in front of you.

¡Inténtalo! offers an easy first step into each grammar point. A mouse icon indicates these activities are available with auto-grading at **panorama.vhlcentral.com**.

PANORAMA-at-a-glance

Estructura
provides directed and communicative practice.

Práctica SUPERSITE

1 **¿Adónde van?** Everyone in your neighborhood is dashing off to various places. Say where they are going.

1. la señora Castillo / el centro
2. las hermanas Gómez / la piscina
3. tu tío y tu papá / el partido de fútbol
4. yo / el Museo de Arte Moderno
5. nosotros / el restaurante Miramar

2 **¿Qué van a hacer?** These sentences describe what several students in a college hiking club are doing today. Use **ir a** + [*infinitive*] to say that they are also going to do the same activities tomorrow.

modelo
> Martín y Rodolfo nadan en la piscina.
> Van a nadar en la piscina mañana también.

1. Sara lee una revista.
2. Yo practico deportes.
3. Ustedes van de excursión.
4. El presidente del club patina.
5. Tú tomas el sol.
6. Paseamos con nuestros amigos.

3 **Preguntas** With a partner, take turns asking and answering questions about where the people are going and what they are going to do there.

modelo
> Estudiante 1: ¿Adónde va Estela?
> Estudiante 2: Va a la Librería Sol.
> Estudiante 1: Va a comprar un libro.

1. Álex y Miguel   2. mi amigo   3. tú

4. los estudiantes   5. profesora Torres   6. ustedes

Comunicación

4 **Frecuencia** In pairs, use the verbs from the list and other stem-changing verbs you know to create sentences telling your partner which activities you do daily (**todos los días**), which you do once a month (**una vez al mes**), and which you do once a year (**una vez al año**). Then switch roles.

modelo
> Estudiante 1: *Yo recuerdo a mi familia todos los días.*
> Estudiante 2: *Yo pierdo uno de mis libros una vez al año.*

cerrar	perder
dormir	poder
empezar	preferir
encontrar	querer
jugar	recordar
¿?	¿?

todos los días	una vez al mes	una vez al año

5 **En la televisión** Read the television listings for Saturday. In pairs, write a conversation between two siblings arguing about what to watch. Be creative and be prepared to act out your conversation for the class.

modelo
> Hermano: *Quiero ver la Copa Mundial.*
> Hermana: *¡No! Prefiero ver...*

	13:00	14:00	15:00	16:00	17:00	18:00	19:00	20:00	21:00	22:00	23:00
7	Copa Mundial (*World Cup*) de fútbol			El tiempo libre		Fútbol internacional: Copa América: México-Argentina				Torneo de Natación	
8	Abierto (*Open*) Mexicano de Tenis: Alejandro Hernández (México) vs. Jacobo Díaz (España). Semifinales			Campeonato (*Championship*) de baloncesto: Los Correcaminos de Tampico vs. los Santos de San Luis					Aficionados al buceo	Cozumel: Aventuras	
12	Gente famosa		Amigos		Médicos jóvenes			Película: **El centro de la ciudad**		Película: **Terror en la plaza mayor**	
13	El padrastro		Periodistas en peligro (*danger*)		El esquí acuático			Patinaje artístico			
17	Biografías: La artista Frida Kahlo		Música de la semana		Entrevista del día: Miguel Indurain y su pasión por el ciclismo			Cine de la noche: **La carta misteriosa**			

NOTA CULTURAL

Miguel Indurain is a famous cyclist from Spain who has won the Tour de France bicycle race five times.

Síntesis

6 **Situación** Your instructor will give you and your partner a partially illustrated itinerary of a city tour. Complete the itineraries by asking each other questions using the verbs in the captions and vocabulary you have learned.

modelo
> Estudiante 1: *Por la mañana, empiezan en el café.*
> Estudiante 2: *Y luego...*

Práctica A wide range of guided, yet meaningful exercises weave current and previously learned vocabulary together with the current grammar point.

Comunicación Opportunities for creative expression use the lesson's grammar and vocabulary. These activities take place with a partner, in small groups, or with the whole class.

Síntesis activities integrate the current grammar point with previously learned points, providing built-in, consistent review and recycling as you progress through the text.

New! Supersite Icon An icon at the top of the page indicates that new content is available on the **PANORAMA** Supersite (**panorama. vhlcentral.com**); mouse icons next to individual activities signal that these are available with auto-grading on the Supersite.

Information Gap activities engage you and a partner in problem-solving and other situations based on handouts your instructor gives you. However, you and your partner each have only half of the information you need, so you must work together to accomplish the task at hand.

Sidebars The **Notas culturales** expand coverage of the cultures of Spanish-speaking peoples and countries, while **Ayuda** sidebars provide on-the-spot language support.

Recapitulación
provides review and a short quiz, available with auto-grading on the Supersite, for each lesson.

---

132 ciento treinta y dos · Lección 4 · Los pasatiempos · ciento treinta y tres **133**

Recapitulación

For self-scoring and diagnostics, go to panorama.vhlcentral.com.

Review the grammar concepts you have learned in this lesson by completing these activities.

1 Completar Complete the chart with the correct verb forms. **18 pts.**

Infinitive	yo	nosotros/as	ellos/as
	vuelvo		
comenzar		comenzamos	
		hacemos	hacen
ir			
	juego		
repetir			repiten

2 Un día típico Complete the paragraph with the appropriate forms of the verbs in the word list. Not all verbs will be used. Some may be used more than once. **10 pts.**

almorzar	ir	salir
cerrar	jugar	seguir
empezar	mostrar	ver
hacer	querer	volver

¡Hola! Me llamo Cecilia y vivo en Puerto Vallarta, México. ¿Cómo es un día típico en mi vida (*life*)? Por la mañana bebo café con mis padres y juntos (*together*) (1)_____ las noticias (*news*) en la televisión. A las siete y media, (yo) (2)_____ de mi casa y tomo el autobús. Me gusta llegar temprano (*early*) a la universidad porque siempre (*always*) (3)_____ a mis amigos en la cafetería. Tomamos café y planeamos lo que (4)_____ hacer cada (*each*) día. A las ocho y cuarto, mi amiga Sandra y yo (5)_____ al laboratorio de lenguas. La clase de francés (6)_____ a las ocho y media. ¡Es mi clase favorita! A las doce y media (yo) (7)_____ en la cafetería con mis amigos. Después (*Afterwards*), yo (8)_____ con mis clases. Por las tardes, mis amigos (9)_____ a sus casas, pero yo (10)_____ al vóleibol con mi amigo Tomás.

RESUMEN GRAMATICAL

4.1 Present tense of ir *p. 118*

yo	voy	nos.	vamos
tú	vas	vos.	vais
él	va	ellas	van

▶ ir a + [*infinitive*] = *to be going to* + [*infinitive*]
▶ a + el = al
▶ vamos a + [*infinitive*] = *let's (do something)*

4.2 Stem-changing verbs e:ie, o:ue, u:ue *pp. 121–122*

	empezar	volver	jugar
yo	empiezo	vuelvo	juego
tú	empiezas	vuelves	juegas
él	empieza	vuelve	juega
nos.	empezamos	volvemos	jugamos
vos.	empezáis	volvéis	jugáis
ellas	empiezan	vuelven	juegan

▶ Other e:ie verbs: cerrar, comenzar, entender, pensar, perder, preferir, querer
▶ Other o:ue verbs: almorzar, contar, dormir, encontrar, mostrar, poder, recordar

4.3 Stem-changing verbs e:i *p. 125*

	pedir		
yo	pido	nos.	pedimos
tú	pides	vos.	pedís
él	pide	ellas	piden

▶ Other e:i verbs: conseguir, decir, repetir, seguir

4.4 Verbs with irregular yo forms *pp. 128–129*

hacer	poner	salir	suponer	traer
hago	pongo	salgo	supongo	traigo

▶ ver: veo, ves, ve, vemos, veis, ven
▶ oír: oigo, oyes, oye, oímos, oís, oyen

recursos

panorama.vhlcentral.com
Lección 4

3 Oraciones Arrange the cues provided in the correct order to form complete sentences. Make all necessary changes. **14 pts.**

1. tarea / los / hacer / sábados / nosotros / la
   _____
2. en / pizza / Andrés / una / restaurante / el / pedir
   _____
3. a / ? / museo / ir / ¿ / el / (tú)
   _____
4. de / oír / amigos / bien / los / no / Elena
   _____
5. libros / traer / yo / clase / mis / a
   _____
6. película / ver / en / Jorge y Carlos / pensar / cine / una / el
   _____
7. unos / escribir / Mariana / electrónicos / querer / mensajes
   _____

4 Escribir Write a short paragraph about what you do on a typical day. Use at least six of the verbs you have learned in this lesson. You can use the paragraph on the opposite page (Actividad 2) as a model. **11 pts.**

Un día típico

Hola, me llamo Julia y vivo en Vancouver, Canadá. Por la mañana, yo...

5 Rima Write the missing verbs to solve the rhyme. **2 EXTRA points!**

"Si no _____ dormir
y el sueño deseas,
lo vas a conseguir
si _____ ovejas°."

ovejas *sheep*

Resumen gramatical This review panel provides you with an easy-to-study summary of the basic concepts of the lesson's grammar, with page references to the full explanation.

Activities A series of activities, moving from directed to open-ended, systematically tests your mastery of the lesson's grammar. The section ends with a riddle or puzzle using the lesson's grammar.

Points Each activity is assigned a point value to help you track your progress. All **Recapitulación** sections add up to fifty points, with two extra-credit points for the last activity.

Supersite Icon An icon lets you know that the **Recapitulación** activities can be completed online with automatic scoring and diagnostics to help you identify where you are strong or where you might need review.

PANORAMA-at-a-glance

Adelante
Lectura develops reading skills in the context of the lesson theme.

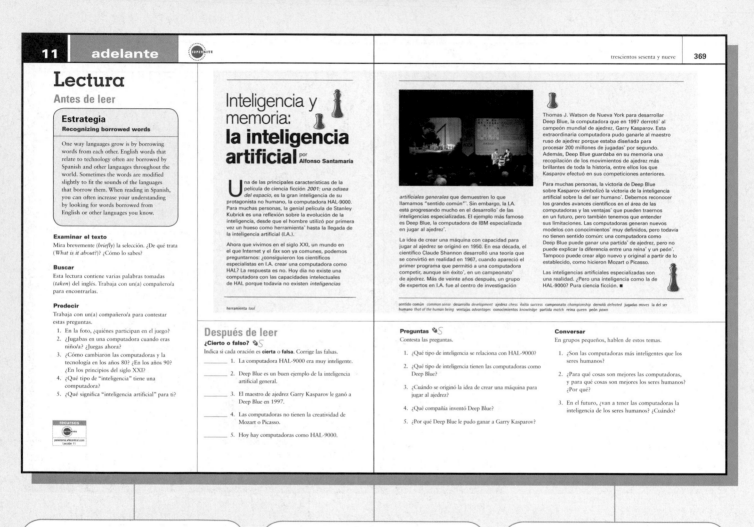

Lectura

Antes de leer

Estrategia
Recognizing borrowed words

One way languages grow is by borrowing words from each other. English words that relate to technology often are borrowed by Spanish and other languages throughout the world. Sometimes the words are modified slightly to fit the sounds of the languages that borrow them. When reading in Spanish, you can often increase your understanding by looking for words borrowed from English or other languages you know.

Examinar el texto
Mira brevemente (*briefly*) la selección. ¿De qué trata (*What is it about?*)? ¿Cómo lo sabes?

Buscar
Esta lectura contiene varias palabras tomadas (*taken*) del inglés. Trabaja con un(a) compañero/a para encontrarlas.

Predecir
Trabaja con un(a) compañero/a para contestar estas preguntas.

1. En la foto, ¿quiénes participan en el juego?
2. ¿Jugabas en una computadora cuando eras niño/a? ¿Juegas ahora?
3. ¿Cómo cambiaron las computadoras y la tecnología en los años 80? ¿En los años 90? ¿En los principios del siglo XXI?
4. ¿Qué tipo de "inteligencia" tiene una computadora?
5. ¿Qué significa "inteligencia artificial" para ti?

recursos
panorama.vhlcentral.com
Lección 11

Inteligencia y memoria: la inteligencia artificial por Alfonso Santamaría

Una de las principales características de la película de ciencia ficción *2001: una odisea del espacio*, es la gran inteligencia de su protagonista no humano, la computadora HAL-9000. Para muchas personas, la genial película de Stanley Kubrick es una reflexión sobre la evolución de la inteligencia, desde que el hombre utilizó por primera vez un hueso como herramienta° hasta la llegada de la inteligencia artificial (I.A.).

Ahora que vivimos en el siglo XXI, un mundo en el que Internet y el *fax* son ya comunes, podemos preguntarnos: ¿consiguieron los científicos especialistas en I.A. crear una computadora como HAL? La respuesta es no. Hoy día no existe una computadora con las capacidades intelectuales de HAL porque todavía no existen *inteligencias*

herramienta *tool*

artificiales generales que demuestren lo que llamamos "sentido común°". Sin embargo, la I.A. está progresando mucho en el desarrollo° de las inteligencias especializadas. El ejemplo más famoso es Deep Blue, la computadora de IBM especializada en jugar al ajedrez°.

La idea de crear una máquina con capacidad para jugar al ajedrez se originó en 1950. En esa década, el científico Claude Shannon desarrolló una teoría que se convirtió en realidad en 1967, cuando apareció el primer programa que permitió a una computadora competir, aunque sin éxito°, en un campeonato° de ajedrez. Más de veinte años después, un grupo de expertos en I.A. fue al centro de investigación

Thomas J. Watson de Nueva York para desarrollar Deep Blue, la computadora que en 1997 derrotó° al campeón mundial de ajedrez, Garry Kasparov. Esta extraordinaria computadora pudo ganarle al maestro ruso de ajedrez porque estaba diseñada para procesar 200 millones de jugadas° por segundo. Además, Deep Blue guardaba en su memoria una recopilación de los movimientos de ajedrez más brillantes de toda la historia, entre ellos los que Kasparov efectuó en sus competiciones anteriores.

Para muchas personas, la victoria de Deep Blue sobre Kasparov simbolizó la victoria de la inteligencia artificial sobre la del ser humano°. Debemos reconocer los grandes avances científicos en el área de las computadoras y las ventajas° que pueden traernos en un futuro, pero también tenemos que entender sus limitaciones. Las computadoras generan nuevos modelos con conocimientos° muy definidos, pero todavía no tienen sentido común: una computadora como Deep Blue puede ganar una partida° de ajedrez, pero no puede explicar la diferencia entre una reina° y un peón°. Tampoco puede crear algo nuevo y original a partir de lo establecido, como hicieron Mozart o Picasso.

Las inteligencias artificiales especializadas son una realidad. ¿Pero una inteligencia como la de HAL-9000? Pura ciencia ficción. ■

sentido común *common sense* desarrollo *development* ajedrez *chess* éxito *success* campeonato *championship* derrotó *defeated* jugadas *moves* la del ser humano *that of the human being* ventajas *advantages* conocimientos *knowledge* partida *match* reina *queen* peón *pawn*

Después de leer

¿Cierto o falso?
Indica si cada oración es **cierta** o **falsa**. Corrige las falsas.

_____ 1. La computadora HAL-9000 era muy inteligente.

_____ 2. Deep Blue es un buen ejemplo de la inteligencia artificial general.

_____ 3. El maestro de ajedrez Garry Kasparov le ganó a Deep Blue en 1997.

_____ 4. Las computadoras no tienen la creatividad de Mozart o Picasso.

_____ 5. Hoy hay computadoras como HAL-9000.

Preguntas
Contesta las preguntas.

1. ¿Qué tipo de inteligencia se relaciona con HAL-9000?
2. ¿Qué tipo de inteligencia tienen las computadoras como Deep Blue?
3. ¿Cuándo se originó la idea de crear una máquina para jugar al ajedrez?
4. ¿Qué compañía inventó Deep Blue?
5. ¿Por qué Deep Blue le pudo ganar a Garry Kasparov?

Conversar
En grupos pequeños, hablen de estos temas.

1. ¿Son las computadoras más inteligentes que los seres humanos?
2. ¿Para qué cosas son mejores las computadoras, y para qué cosas son mejores los seres humanos? ¿Por qué?
3. En el futuro, ¿van a tener las computadoras la inteligencia de los seres humanos? ¿Cuándo?

Antes de leer Valuable reading strategies and pre-reading activities strengthen your reading abilities in Spanish.

Readings Selections related to the lesson theme recycle vocabulary and grammar you have learned. The selections in Lessons 1–12 are cultural texts, while those in Lessons 13–15 are literary pieces.

Después de leer Activities include post-reading exercises that review and check your comprehension of the reading and expansion activities.

New! Three literary readings are new to this edition. Lessons 13–15 offer highly accessible poems, short stories, and excerpts from novels by important literary figures in the Spanish-speaking world.

Adelante

In lessons 3, 6, 9, 12, and 15, *Escritura* and *Escuchar* develop writing and listening skills.

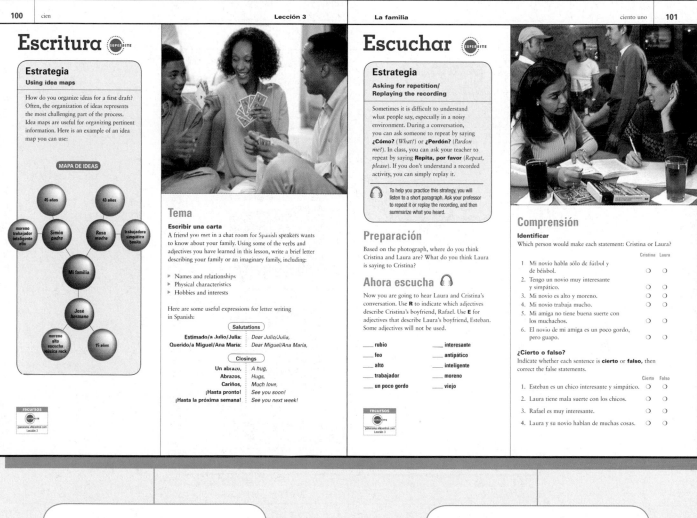

Estrategia Strategies help you prepare for the writing and listening tasks to come.

Escuchar A recorded conversation or narration develops your listening skills in Spanish. **Preparación** prepares you for listening to the recorded passage.

Escritura The **Tema** describes the writing topic and includes suggestions for approaching it.

Ahora escucha walks you through the passage, and **Comprensión** checks your listening comprehension.

NEW SECTION!

Every third lesson, *En pantalla* presents an authentic television clip tied to the lesson theme.

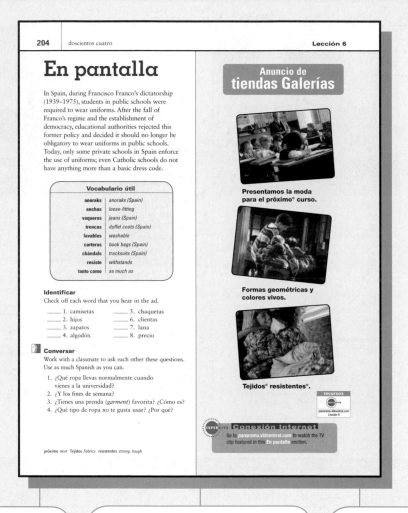

En pantalla TV clips from all over the Spanish-speaking world give you additional exposure to authentic language. The clips, in lessons 3, 6, 9, 12, and 15, include commercials, newscasts, and TV shows, and feature the language, vocabulary, and theme of the lesson.

Presentation Cultural notes, video stills with abbreviated excerpts, and vocabulary support all prepare you to view the clip. A series of activities checks your comprehension of the material and expands on the ideas presented.

Supersite Icon Icons and **Recursos** boxes lead you to the Supersite (**panorama.vhlcentral.com**), where you can view the TV clip and get further practice.

NEW SECTION!

Adelante

Also every third lesson, *Oye cómo va* presents a song by an artist from the featured country or region.

Oye cómo va A biography of an artist or group from the featured country introduces you to the music of the Spanish-speaking world. Excerpts from the song lyrics, photos, and explanations of the genre or other related information accompany the biography.

Activities A series of activities checks your comprehension of the material and expands on the ideas presented.

Supersite Icon Icons and **Recursos** boxes lead you to the Supersite (**panorama.vhlcentral.com**) for more information and further practice.

PANORAMA-at-a-glance

Panorama
presents the nations of the Spanish-speaking world.

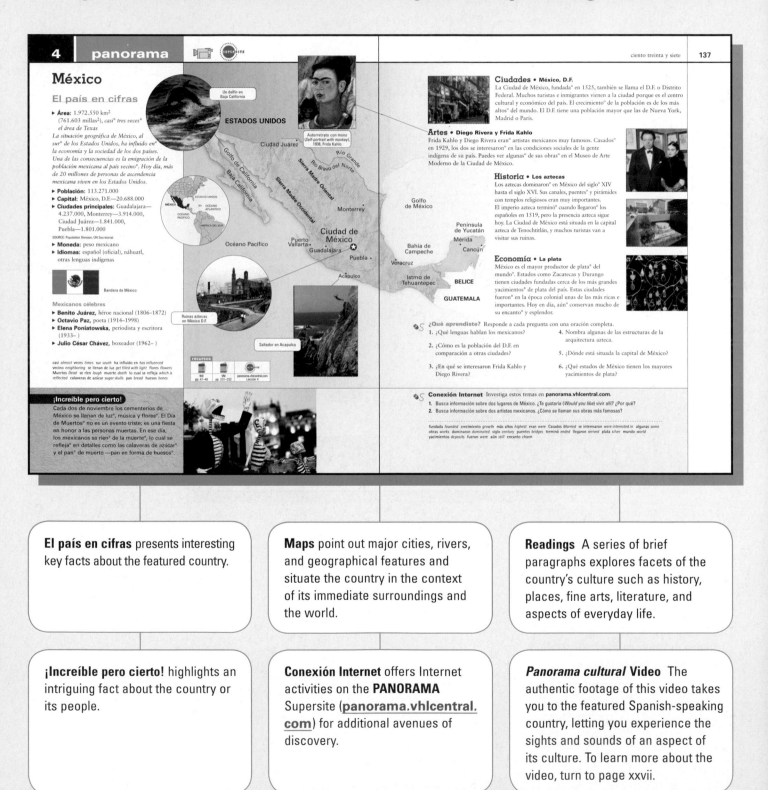

El país en cifras presents interesting key facts about the featured country.

Maps point out major cities, rivers, and geographical features and situate the country in the context of its immediate surroundings and the world.

Readings A series of brief paragraphs explores facets of the country's culture such as history, places, fine arts, literature, and aspects of everyday life.

¡Increíble pero cierto! highlights an intriguing fact about the country or its people.

Conexión Internet offers Internet activities on the **PANORAMA** Supersite (**panorama.vhlcentral. com**) for additional avenues of discovery.

Panorama cultural Video The authentic footage of this video takes you to the featured Spanish-speaking country, letting you experience the sights and sounds of an aspect of its culture. To learn more about the video, turn to page xxvii.

Vocabulario
summarizes all the active vocabulary of the lesson.

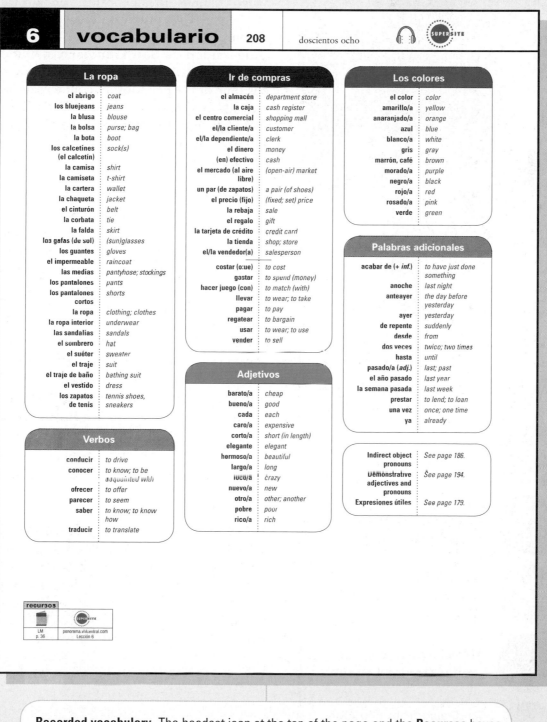

6 vocabulario 208 doscientos ocho

La ropa

el abrigo	coat
los bluejeans	jeans
la blusa	blouse
la bolsa	purse; bag
la bota	boot
los calcetines (el calcetín)	sock(s)
la camisa	shirt
la camiseta	t-shirt
la cartera	wallet
la chaqueta	jacket
el cinturón	belt
la corbata	tie
la falda	skirt
las gafas (de sol)	(sun)glasses
los guantes	gloves
el impermeable	raincoat
las medias	pantyhose; stockings
los pantalones	pants
los pantalones cortos	shorts
la ropa	clothing; clothes
la ropa interior	underwear
las sandalias	sandals
el sombrero	hat
el suéter	sweater
el traje	suit
el traje de baño	bathing suit
el vestido	dress
los zapatos de tenis	tennis shoes, sneakers

Verbos

conducir	to drive
conocer	to know; to be acquainted with
ofrecer	to offer
parecer	to seem
saber	to know; to know how
traducir	to translate

Ir de compras

el almacén	department store
la caja	cash register
el centro comercial	shopping mall
el/la cliente/a	customer
el/la dependiente/a	clerk
el dinero	money
(en) efectivo	cash
el mercado (al aire libre)	(open-air) market
un par (de zapatos)	a pair (of shoes)
el precio (fijo)	(fixed; set) price
la rebaja	sale
el regalo	gift
la tarjeta de crédito	credit card
la tienda	shop; store
el/la vendedor(a)	salesperson
costar (o:ue)	to cost
gastar	to spend (money)
hacer juego (con)	to match (with)
llevar	to wear; to take
pagar	to pay
regatear	to bargain
usar	to wear; to use
vender	to sell

Adjetivos

barato/a	cheap
bueno/a	good
cada	each
caro/a	expensive
corto/a	short (in length)
elegante	elegant
hermoso/a	beautiful
largo/a	long
loco/a	crazy
nuevo/a	new
otro/a	other; another
pobre	poor
rico/a	rich

Los colores

el color	color
amarillo/a	yellow
anaranjado/a	orange
azul	blue
blanco/a	white
gris	gray
marrón, café	brown
morado/a	purple
negro/a	black
rojo/a	red
rosado/a	pink
verde	green

Palabras adicionales

acabar de (+ inf.)	to have just done something
anoche	last night
anteayer	the day before yesterday
ayer	yesterday
de repente	suddenly
desde	from
dos veces	twice; two times
hasta	until
pasado/a (adj.)	last; past
el año pasado	last year
la semana pasada	last week
prestar	to lend; to loan
una vez	once; one time
ya	already

Indirect object pronouns	See page 186.
Demonstrative adjectives and pronouns	See page 194.
Expresiones útiles	See page 179.

recursos

LM p. 36 — panorama.vhlcentral.com Lección 6

Recorded vocabulary The headset icon at the top of the page and the **Recursos** boxes at the bottom of the page highlight that the active lesson vocabulary is recorded for convenient study on the **PANORAMA** Supersite (panorama.vhlcentral.com).

XXV

THE CAST

Here are the main characters you will meet when you watch the *Fotonovela* Video:

From Ecuador,
Inés Ayala Loor

From Spain,
María Teresa (Maite) Fuentes de Alba

From México,
Alejandro (Álex) Morales Paredes

From Puerto Rico,
Javier Gómez Lozano

And, also from Ecuador,
don Francisco Castillo Moreno

FOTONOVELA VIDEO PROGRAM

Fully integrated with your textbook, the *Fotonovela* Video contains fifteen episodes, one for each lesson of the text. The episodes present the adventures of four college students who are studying at the **Universidad de San Francisco** in Quito, Ecuador. They decide to spend their vacation break on a bus tour of the Ecuadorian countryside with the ultimate goal of hiking up a volcano. The video, shot in various locations in Ecuador, tells their story and the story of Don Francisco, the tour bus driver who accompanies them.

The **Fotonovela** section in each textbook lesson is an abbreviated version of the dramatic episode featured in the video. Therefore, each **Fotonovela** section can be done before you see the corresponding video episode, after it, or as a section that stands alone.

As you watch each video episode, you will first see a live segment in which the characters interact using vocabulary and grammar you are studying. As the video progresses, the live segments carefully combine new vocabulary and grammar with previously taught language. You will then see a **Resumen** section in which one of the main video characters recaps the live segment, emphasizing the grammar and vocabulary you are studying within the context of the episode's key events.

In addition, in most of the video episodes, there are brief pauses to allow the characters to reminisce about their home country. These flashbacks—montages of real-life images shot in Spain, Mexico, Puerto Rico, and various parts of Ecuador—connect the theme of the video to everyday life in various parts of the Spanish-speaking world.

NEW! *FLASH CULTURA* VIDEO PROGRAM

The dynamic, new **Flash cultura** Video provides an entertaining supplement to the **Cultura** section of each lesson. Young people from all over the Spanish-speaking world share aspects of life in their countries; the similarities and differences among Spanish-speaking countries that come up through their experiences will challenge you to think about your own cultural practices and values.

The segments provide valuable cultural insights as well as linguistic input; the episodes will expose you to a wide variety of accents and vocabulary as they gradually move into Spanish.

PANORAMA CULTURAL VIDEO PROGRAM

The **Panorama cultural** Video is integrated with the **Panorama** section in each lesson of **PANORAMA, Third Edition**. Each segment is 2–3 minutes long and consists of documentary footage from each of the countries featured. The images were specially chosen for interest level and visual appeal, while the all-Spanish narrations were carefully written to reflect the vocabulary and grammar covered in the textbook.

As you watch the video segments, you will experience a diversity of images and topics: cities, monuments, traditions, festivals, archeological sites, geographical wonders, and more. You will be transported to each Spanish-speaking country, including the United States and Canada, thereby having the opportunity to expand your cultural perspectives with information directly related to the content of **PANORAMA, Third Edition**.

MAESTRO™ Supersite

The **PANORAMA** Supersite, powered by **MAESTRO**, provides a wealth of resources for both students and instructors.

 SUPERSITE Access to the **Supersite** comes free with the purchase of a new student text.

Learning tools available to students:

▶ interactive practice activities with auto-grading and real-time feedback
- directed practice from the textbook, including audio activities
- additional practice for each and every textbook section

▶ open-ended activities where students explore and search the Internet
- activities for the **NEW! Cultura** and **Panorama** cultural sections, including annotated interactive maps
- **NEW! Oye cómo va** music section spotlights Spanish-speaking musicians and leads students to explore further

▶ expanded audio practice
- **NEW!** record-and-compare audio activities

▶ the complete **PANORAMA** Video Program
- **Fotonovela:** These dramatic video episodes follow four students on their adventures through Ecuador.
- **NEW! Flash cultura:** Shot on location in Latin America and Spain, this video in the form of a news program expands on the theme of each lesson in the book.
- **Panorama cultural:** One episode for every country in the Spanish-speaking world highlights different aspects of each country's culture.
- **NEW! En pantalla:** Real TV clips, one every three lessons, offer you an authentic window into Spanish-language media

▶ MP3 files for the complete **PANORAMA** Audio Program
- textbook audio files
- lab program audio files

▶ and more...
- auto-scored practice quizzes with feedback in every lesson
- **NEW!** flashcards with audio
- **NEW!** flash-animated grammar tutorials (Premium content)

ICONS AND *RECURSOS* BOXES

Icons

Familiarize yourself with these icons that appear throughout **PANORAMA, Third Edition**.

Icons legend		
🎧	Listening activity/section	🧩 Information Gap activity
	Pair activity	Hoja de actividades
	Group activity	Supersite activity
	Video-based activity/section	Supersite content
	Video-based activity/section	

- The Information Gap activities and those involving **Hojas de actividades** (*activity sheets*) require handouts that your instructor will give you.

- You will see the listening icon in each lesson's **Contextos**, **Pronunciación**, **Escuchar,** and **Vocabulario** sections.

- The video icons appear in the **Fotonovela, Cultura,** and **Panorama** sections of each lesson.

- **New!** Both Supersite icons appear in every strand of every lesson. Visit **panorama.vhlcentral.com**.

Recursos

Recursos boxes let you know exactly what print and technology ancillaries you can use to reinforce and expand on every section of the lessons in your textbook. They even include page numbers when applicable. In **PANORAMA 3/e**, the colors of the icons match those of the actual ancillaries, making it even easier for you to use the complete program. See the next page for a description of the ancillaries.

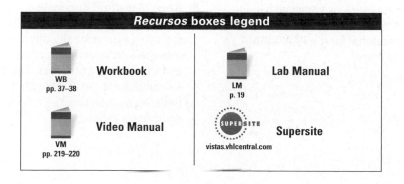

Recursos boxes legend		
WB pp. 37–38	Workbook	LM p. 19 Lab Manual
VM pp. 219–220	Video Manual	vistas.vhlcentral.com Supersite

Supersite, icons, and ancillaries

STUDENT ANCILLARIES

▶ **Workbook/Video Manual**
The Workbook/Video Manual contains the workbook activities for each textbook lesson, activities for the *Fotonovela* Video, and pre-, while-, and post-viewing activities for the *Panorama cultural* Video.

▶ **New! Cuaderno para hispanohablantes**
This new workbook parallels the traditional workbook and video manual with additional material directed to a heritage speaker audience.

▶ **Lab Manual**
The Lab Manual contains lab activities for each textbook lesson for use with the Lab Audio Program.

▶ **Lab Audio Program**
Available on the Supersite.

▶ **Textbook Audio Program**
The Textbook Audio Program MP3s, available on the Supersite, are the audio recordings for the listening-based activities and recordings of the active vocabulary in each lesson of the student text.

▶ **New! *Fotonovela* Video DVD**
The *Fotonovela* DVD provides the complete *Fotonovela* Video Program with subtitles.

▶ **VHL Intro Spanish Pocket Dictionary & Language Guide***
This portable reference for Spanish was created expressly to complement and extend the student text.

▶ **New! Web-SAM** (online Workbook/Video Manual/ Lab Manual). New to the Third Edition, **PANORAMA** now offers two Web-SAM options: the traditional Quia version, and the new **Maestro™** version. Besides offering the entire Workbook, Video Manual, and Lab Manual online, the **Maestro** Web-SAM offers a robust learning management system that completely integrates with the **PANORAMA 3/e** Supersite.

▶ **New! Maestro™ Supersite***
Newly developed for **PANORAMA, Third Edition**, your passcode to the Supersite (<u>panorama.vhlcentral.com</u>) is free with the purchase of a new text. Here you will find activities found in your text, available with auto-grading capability, additional activities for practice, all of the audio and video material for the **PANORAMA, Third Edition**, and much more.

Free with purchase of a new Student Text

INSTRUCTOR ANCILLARIES

▶ **Instructor's Annotated Edition (IAE)**
The IAE contains a wealth of teaching information. The expanded trim size and enhanced design of **PANORAMA 3/e** make the annotations and facsimile student pages easy to read and reference in the classroom.

▶ **New! Instructor's Resource CD-ROM (IRCD)**
All of the traditional components of the **PANORAMA** Ancillary Program are now on one convenient CD-ROM.

　▶ **Instructor's Resource Manual (IRM)**
　The IRM contains classroom handouts for the textbook, answers to directed activities in the textbook, audioscripts, and transcripts and translations of the video programs.

　▶ **PowerPoint Presentations**
　This feature provides the Overhead Transparencies as PowerPoint slides, including maps of all Spanish-speaking countries, the **Contextos** vocabulary drawings, and other selected drawings from the student text. Also included on PowerPoint are presentations of each grammar point in **Estructura**.

　▶ **Workbook/Lab Manual/Video Manual Answer Key**

　▶ **Testing Program**
　The Testing Program contains four versions of tests for each textbook lesson, semester exams and quarter exams, listening scripts, test answer keys, and optional cultural, video, and reading test items. The Testing Program is provided in three formats: within a powerful Test Generator, in customizable RTF files, and as PDFs.

▶ **New! Instructor's Resource CD & DVD Set**
　▶ Instructor's Resource CD-ROM (see above)

　▶ Two video DVDs (***Fotonovela*** and ***Panorama cultural***) available with subtitles in English and Spanish. In addition, a third DVD of the brand-new ***Flash cultura*** video program hosts a tour of eight countries in the Spanish-speaking world.

▶ **New! Maestro™ Supersite**
In addition to access to the student site, the password-protected instructor site offers a robust course management system that allows instructors to assign and track student progress. The Supersite contains the full contents of the IRCD (with the exception of the Test Generator), and other resources, such as lesson plans and sample syllabi.

acknowledgments

On behalf of its authors and editors, Vista Higher Learning would like to express our appreciation to the many instructors nationwide who provided feedback on this program. Their comments and suggestions have been invaluable to this revision.

▶ We especially thank Stewart James-Lejárcegui, Associate Professor of Spanish at Iowa Wesleyan College, for his many careful and thoughtful observations.

▶ We thank Mercedes Valle of the University of Massachusetts at Amherst for her review of the **Recapitulación** section.

▶ We extend our gratitude to José Cruz of Fayetteville Technical Community College for his insight and input on the WebSAM.

Reviewers

Ellen Abrams
Northern Essex Community College, AZ

Yamandu P. Acosta
Andrew College, GA

Alma Alfaro
Walla Walla College, WA

Blanca Anderson
Loyola University New Orleans, LA

Eileen M. Angelini
Philadelphia University, PA

Karyn Armstrong
Mission College, CA

Bruno Arzola
Tacoma Community College, WA

Clara H. Becerra
Mount Union College, OH

Dennis Bricault
North Park University, IL

Maria Brucato
Merrimack College, MA

Carmela Bruni-Bossio
University of Alberta, AB, Canada

Ana Caldero
Valencia Community College/
West Campus, FL

Marla A. Calico
Georgia Perimeter College, GA

Beth Cardon
Georgia Perimeter College, GA

Lisa Celona
Tunxis Community College, CT

Robert O. Chase
Tunxis Community College, CT

Anita L. Coffey
Lander University, SC

Dominic Corraro
Albertus Magnus College, CT

Jose A. Cortes-Caballero
Georgia Perimeter College, GA

Javier A. Cortes de Jorge
Loyola University New Orleans, LA

Xuchitl N. Coso
Georgia Perimeter College, GA

Catherine Crater
Spring Arbor University, MI

Jan Coulson
Oklahoma State University-
Okmulgee, OK

Gregg O. Courtad
Mount Union College, OH

Yonghu Dai
Southern Arkansas University, AR

Janan Fallon
Georgia Perimeter College, GA

Ronna Feit
Nassau Community College, NY

Bruce Gartner
Ohio Dominican University, OH

Jill Gauthier
Miami University Hamilton, OH

Beata Gesicka
University of Alberta, AB, Canada

E. Ginnett Rollins
Asbury College, KY

Don Goetz
North Country Community
College, CT

Yolanda L Gonzalez
Valencia Community College, FL

Esperanza Granados
Erskine College, SC

Dr. Robert Harding
Lynchburg College, VA

Esther Holtermann
American University, VA

Robert Howell
Skagit Valley College, WA

Kib Hunt
Columbia College, SC

Harriet Hutchinson
Bunker Hill Community College, MA

Maria Italiano-McGreevy
Pikeville College, KY

William F Jimenez
Tunxis Community College, CT

Herman Johnson
Xavier University of Louisiana, LA

Michael Keathley
Ivy Tech Community College, IN

Todd Lakin
Richard J. Daley College, IL

Kimberly Z. Lowry
Asbury College, KY

Wendy W. Martin
Cleveland Community College, NC

Marco Mena
University of Wisconsin Oshkosh, WI

Joseph A Menig
Valencia Community College, FL

Carl Mentley
Erskine College, SC

Joshua Mora
Angelo State University, TX

Jennifer L. Omana
Texas Wesleyan University, TX

Ruth Owens
Arkansas State University, AR

Joy Parker
Southwestern Oregon Community
College, OR

Noelle Parris
Trident Technical College, SC

Maria C. Perez
Iowa Western Community College, IA

Mercedes Rahilly
Lansing Community College, MI

Angelica Ramirez-Roa
University of Alberta, AB, Canada

Gabriel Rico
Victor Valley College, CA

John Riley
Greenville Technical College, SC

Fernando Rubio
University of Utah, UT

Laura Ruiz-Scott
Scottsdale Community College, AZ

Jose E. Sanchez
Skagit Valley College, WA

Virginia Shen
Chicago State University, IL

Nancy Stites
Jackson Community College, MI

Angela Tavares-Sogocio
Miami Dade College, FL

Jessica Treat
Northwestern Connecticut Community
College, CT

Candice Tucker
Jackson Community College, MI

Marco Tulio Cedillo
Lynchburg College, VA

Jorge de Villasante
Middlesex Community College, MA

Antonia H. Wagner
Greenville Technical College, SC

Juping Wang
Southern Arkansas University, AR

Janice Wiberg
Montana State University-Northern,
MT

Jean Zenor
Springfield Technical Community
College, MA

Hola, ¿qué tal?

1

Communicative Goals

You will learn how to:

- **Greet people in Spanish**
- **Say goodbye**
- **Identify yourself and others**
- **Talk about the time of day**

A PRIMERA VISTA

- Guess what the people in the photo are saying:
  a. Adiós b. Hola c. Salsa
- Most likely they would also say:
  a. Gracias b. Fiesta c. Buenos días
- The women are:
  a. amigas b. chicos c. señores

Hola, ¿qué tal?

Más vocabulario

Buenos días.	*Good morning.*
Buenas noches.	*Good evening; Good night.*
Hasta la vista.	*See you later.*
Hasta pronto.	*See you soon.*
¿Cómo se llama usted?	*What's your name? (form.)*
Le presento a…	*I would like to introduce (name) to you. (form.)*
Te presento a…	*I would like to introduce (name) to you. (fam.)*
el nombre	*name*
¿Cómo estás?	*How are you? (fam.)*
No muy bien.	*Not very well.*
¿Qué pasa?	*What's happening?; What's going on?*
por favor	*please*
De nada.	*You're welcome.*
No hay de qué.	*You're welcome.*
Lo siento.	*I'm sorry.*
Gracias.	*Thank you; Thanks.*
Muchas gracias.	*Thank you very much; Thanks a lot.*

Variación léxica

Items are presented for recognition purposes only.

Buenos días. ⟷ Buenas.
De nada. ⟷ A la orden.
Lo siento. ⟷ Perdón.
¿Qué tal? ⟷ ¿Qué hubo? (*Col.*)
chau ⟷ ciao

1

ELENA Patricia, éste es el señor Perales.
PATRICIA Encantada.
SEÑOR PERALES Igualmente. ¿De dónde es usted, señorita?
PATRICIA Soy de México. ¿Y usted?
SEÑOR PERALES De Puerto Rico.

2

TOMÁS ¿Qué tal, Alberto?
ALBERTO Regular. ¿Y tú?
TOMÁS Bien. ¿Qué hay de nuevo?
ALBERTO Nada.

3

SEÑOR VARGAS Buenas tardes, señora Wong. ¿Cómo está usted?
SEÑORA WONG Muy bien, gracias. ¿Y usted, señor Vargas?
SEÑOR VARGAS Bien, gracias.
SEÑORA WONG Hasta mañana, señor Vargas. Saludos a la señora Vargas.
SEÑOR VARGAS Adiós.

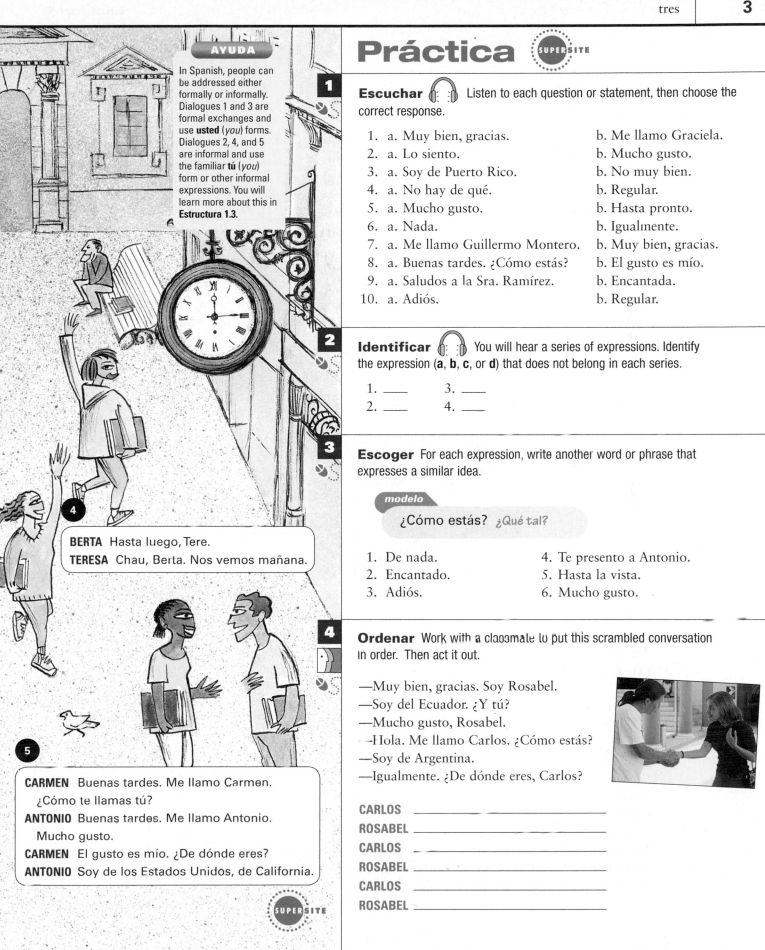

AYUDA

In Spanish, people can be addressed either formally or informally. Dialogues 1 and 3 are formal exchanges and use **usted** (*you*) forms. Dialogues 2, 4, and 5 are informal and use the familiar **tú** (*you*) form or other informal expressions. You will learn more about this in **Estructura 1.3**.

4

BERTA Hasta luego, Tere.
TERESA Chau, Berta. Nos vemos mañana.

5

CARMEN Buenas tardes. Me llamo Carmen. ¿Cómo te llamas tú?
ANTONIO Buenas tardes. Me llamo Antonio. Mucho gusto.
CARMEN El gusto es mío. ¿De dónde eres?
ANTONIO Soy de los Estados Unidos, de California.

Práctica

1 **Escuchar** Listen to each question or statement, then choose the correct response.

1. a. Muy bien, gracias.   b. Me llamo Graciela.
2. a. Lo siento.   b. Mucho gusto.
3. a. Soy de Puerto Rico.   b. No muy bien.
4. a. No hay de qué.   b. Regular.
5. a. Mucho gusto.   b. Hasta pronto.
6. a. Nada.   b. Igualmente.
7. a. Me llamo Guillermo Montero.   b. Muy bien, gracias.
8. a. Buenas tardes. ¿Cómo estás?   b. El gusto es mío.
9. a. Saludos a la Sra. Ramírez.   b. Encantada.
10. a. Adiós.   b. Regular.

2 **Identificar** You will hear a series of expressions. Identify the expression (**a**, **b**, **c**, or **d**) that does not belong in each series.

1. ____   3. ____
2. ____   4. ____

3 **Escoger** For each expression, write another word or phrase that expresses a similar idea.

> **modelo**
>
> ¿Cómo estás? ¿Qué tal?

1. De nada.   4. Te presento a Antonio.
2. Encantado.   5. Hasta la vista.
3. Adiós.   6. Mucho gusto.

4 **Ordenar** Work with a classmate to put this scrambled conversation in order. Then act it out.

—Muy bien, gracias. Soy Rosabel.
—Soy del Ecuador. ¿Y tú?
—Mucho gusto, Rosabel.
—Hola. Me llamo Carlos. ¿Cómo estás?
—Soy de Argentina.
—Igualmente. ¿De dónde eres, Carlos?

CARLOS _____
ROSABEL _____
CARLOS _____
ROSABEL _____
CARLOS _____
ROSABEL _____

5 **Completar** Work with a partner to complete these exchanges.

> modelo
>
> **Estudiante 1:** ¿Cómo estás?
> **Estudiante 2:** _Muy bien, gracias._

1. **Estudiante 1:** _____
   Estudiante 2: Buenos días. ¿Qué tal?
2. **Estudiante 1:** _____
   Estudiante 2: Me llamo Carmen Sánchez.
3. **Estudiante 1:** _____
   Estudiante 2: De Canadá.
4. **Estudiante 1:** Te presento a Marisol.
   Estudiante 2: _____

5. **Estudiante 1:** Gracias.
   Estudiante 2: _____
6. **Estudiante 1:** _____
   Estudiante 2: Regular.
7. **Estudiante 1:** _____
   Estudiante 2: Nada.
8. **Estudiante 1:** ¡Hasta la vista!
   Estudiante 2: _____

6 **Cambiar** Work with a partner and correct the second part of each conversation to make it logical.

> modelo
>
> **Estudiante 1:** ¿Qué tal?
> **Estudiante 2:** ~~No hay de qué.~~ Bien. ¿Y tú?

1. **Estudiante 1:** Hasta mañana, señora Ramírez. Saludos al señor Ramírez.
   Estudiante 2: *Muy bien, gracias.*
2. **Estudiante 1:** ¿Qué hay de nuevo, Alberto?
   Estudiante 2: *Sí, me llamo Alberto. ¿Cómo te llamas tú?*
3. **Estudiante 1:** Gracias, Tomás.
   Estudiante 2: *Regular. ¿Y tú?*
4. **Estudiante 1:** Miguel, ésta es la señorita Perales.
   Estudiante 2: *No hay de qué, señorita.*
5. **Estudiante 1:** ¿De dónde eres, Antonio?
   Estudiante 2: *Muy bien, gracias. ¿Y tú?*
6. **Estudiante 1:** ¿Cómo se llama usted?
   Estudiante 2: *El gusto es mío.*
7. **Estudiante 1:** ¿Qué pasa?
   Estudiante 2: *Hasta luego, Alicia.*
8. **Estudiante 1:** Buenas tardes, señor. ¿Cómo está usted?
   Estudiante 2: *Soy de Puerto Rico.*

> **◄ ¡LENGUA VIVA!**
>
> The titles **señor, señora,** and **señorita** are abbreviated **Sr., Sra.,** and **Srta.** Note that these abbreviations are capitalized, while the titles themselves are not.
>
> • • •
>
> There is no Spanish equivalent for the English title *Ms.;* women are addressed as **señora** or **señorita**.

Comunicación

7

Diálogos With a partner, complete and act out these conversations.

Conversación 1

—Hola. Me llamo Teresa. ¿Cómo te llamas tú?

—_____

—Soy de Puerto Rico. ¿Y tú?

—_____

Conversación 2

—_____

—Muy bien, gracias. ¿Y usted, señora López?

—_____

—Hasta luego, señora. Saludos al señor López.

—_____

Conversación 3

—_____

—Regular. ¿Y tú?

—_____

—Nada.

8

Conversaciones This is the first day of class. Write four short conversations based on what the people in this scene would say.

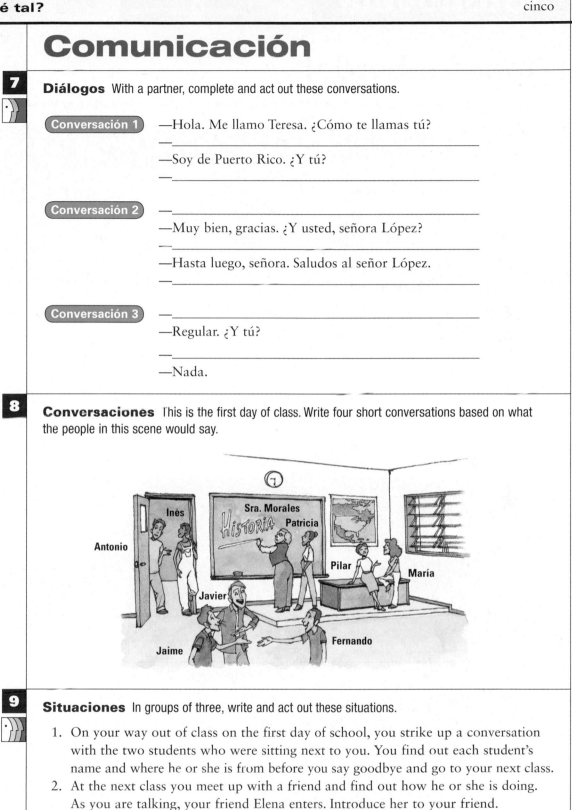

9

Situaciones In groups of three, write and act out these situations.

1. On your way out of class on the first day of school, you strike up a conversation with the two students who were sitting next to you. You find out each student's name and where he or she is from before you say goodbye and go to your next class.

2. At the next class you meet up with a friend and find out how he or she is doing. As you are talking, your friend Elena enters. Introduce her to your friend.

3. As you're leaving the bookstore, you meet your parents' friends Mrs. Sánchez and Mr. Rodríguez. You greet them and ask how each person is. As you say goodbye, you send greetings to Mrs. Rodríguez.

4. Make up and act out a real-life situation that you and your classmates can role-play.

¡Todos a bordo!

Los cuatro estudiantes, don Francisco y la Sra. Ramos se reúnen (*meet*) en la universidad.

PERSONAJES

DON FRANCISCO

SRA. RAMOS

ÁLEX

JAVIER

INÉS

MAITE

1

2

3

SRA. RAMOS Buenos días, chicos. Yo soy Isabel Ramos de la agencia Ecuatur.

DON FRANCISCO Y yo soy don Francisco, el conductor.

SRA. RAMOS Bueno, ¿quién es María Teresa Fuentes de Alba?

MAITE ¡Soy yo!

SRA. RAMOS Ah, bien. Aquí tienes los documentos de viaje.

MAITE Gracias.

SRA. RAMOS ¿Javier Gómez Lozano?

JAVIER Aquí... soy yo.

6

7

8

JAVIER ¿Qué tal? Me llamo Javier.

ÁLEX Mucho gusto, Javier. Yo soy Álex. ¿De dónde eres?

JAVIER De Puerto Rico. ¿Y tú?

ÁLEX Yo soy de México.

DON FRANCISCO Bueno, chicos, ¡todos a bordo!

INÉS Con permiso.

recursos

VM
pp. 195–196

panorama.vhlcentral.com
Lección 1

SRA. RAMOS Y tú eres Inés Ayala Loor, ¿verdad?

INÉS Sí, yo soy Inés.

SRA. RAMOS Y tú eres Alejandro Morales Paredes, ¿no?

ÁLEX Sí, señora.

INÉS Hola. Soy Inés.

MAITE Encantada. Yo me llamo Maite. ¿De dónde eres?

INÉS Soy del Ecuador, de Portoviejo. ¿Y tú?

MAITE De España. Soy de Madrid, la capital. Oye, ¿qué hora es?

INÉS Son las diez y tres minutos.

ÁLEX Perdón.

DON FRANCISCO ¿Y los otros?

SRA. RAMOS Son todos.

DON FRANCISCO Está bien.

Expresiones útiles

Identifying yourself and others

- **¿Cómo se llama usted?**
  What's your name?
  Yo soy don Francisco, el conductor.
  I'm Don Francisco, the driver.

- **¿Cómo te llamas?**
  What's your name?
  Me llamo Javier.
  My name is Javier.

- **¿Quién es...?**
  Who is...?
  Aquí... soy yo.
  Here... that's me.

- **Tú eres..., ¿verdad?/¿no?**
  You are..., right?/no?
  Sí, señora.
  Yes, ma'am.

Saying what time it is

- **¿Qué hora es?**
  What time is it?
  Es la una.
  It's one o'clock.
  Son las dos.
  It's two o'clock.
  Son las diez y tres minutos.
  It's 10:03.

Saying "excuse me"

- **Con permiso.**
  Pardon me; Excuse me.
  (to request permission)
- **Perdón.**
  Pardon me; Excuse me.
  (to get someone's attention or to ask forgiveness)

When starting a trip

- **¡Todos a bordo!**
  All aboard!
- **¡Buen viaje!**
  Have a good trip!

Getting someone's attention

- **Oye/Oiga(n)...**
  Listen (fam./form.)...

¿Qué pasó? SUPERSITE

1 **¿Cierto o falso?** Indicate if each statement is **cierto** or **falso**. Then correct the false statements.

	Cierto	Falso
1. Javier y Álex son pasajeros (*passengers*).	○	○
2. Javier Gómez Lozano es el conductor.	○	○
3. Inés Ayala Loor es de la agencia Ecuatur.	○	○
4. Inés es del Ecuador.	○	○
5. Maite es de España.	○	○
6. Javier es de Puerto Rico.	○	○
7. Álex es del Ecuador.	○	○

NOTA CULTURAL

Maite is a shortened version of the name **María Teresa**. Other popular "combination names" in Spanish are **Juanjo** (**Juan José**) and **Maruja** (**María Eugenia**).

2 **Identificar** Indicate which persons would make each statement. Two names will be used twice.

1. Yo soy de México. ¿De dónde eres tú?
2. ¡Atención! ¡Todos a bordo!
3. ¿Yo? Soy de la capital de España.
4. Y yo soy del Ecuador.
5. ¿Qué hora es, Inés?
6. Yo soy de Puerto Rico. ¿Y tú?

ÁLEX **INÉS** **MAITE**

DON FRANCISCO **JAVIER**

¡LENGUA VIVA!

In Spanish-speaking countries, **don** and **doña** are used with men's and women's first names to show respect: **don Francisco, doña Rita**. Note that these words are not capitalized.

3 **Completar** Complete this slightly altered version of the conversation that Inés and Maite had.

INÉS Hola. ¿Cómo te (1)_____?
MAITE Me llamo Maite. ¿Y (2)_____?
INÉS Inés. Mucho (3)_____.
MAITE (4)_____ gusto es mío.
INÉS ¿De (5)_____ eres?
MAITE (6)_____ España. ¿Y (7)_____?
INÉS Del (8)_____.

4 **Conversar** Imagine that you are chatting with a traveler you just met at the airport. With a partner, prepare a conversation using these cues.

Estudiante 1	Estudiante 2
Say "good afternoon" to your partner and ask for his or her name.	→ Say hello and what your name is. Then ask what your partner's name is.
Say what your name is and that you are glad to meet your partner.	→ Say that the pleasure is yours.
Ask how your partner is.	→ Say that you're doing well, thank you.
Ask where your partner is from.	→ Say where you're from.
Wish your partner a good trip.	→ Say thank you and goodbye.

Pronunciación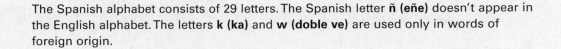

The Spanish alphabet

The Spanish alphabet consists of 29 letters. The Spanish letter **ñ (eñe)** doesn't appear in the English alphabet. The letters **k (ka)** and **w (doble ve)** are used only in words of foreign origin.

AYUDA

The letter combination **rr** produces a strong trilled sound which does not have an English equivalent. English speakers commonly make this sound when imitating the sound of a motor. This combination only occurs between vowels: **puertorriqueño**, **terrible**. See **Lección 7**, p. 217 for more information.

Letra	Nombre(s)	Ejemplos	Letra	Nombre(s)	Ejemplos
a	a	adiós	m	eme	mapa
b	be	bien, problema	n	ene	nacionalidad
c	ce	cosa, cero	ñ	eñe	mañana
ch	che	chico	o	o	once
d	de	diario, nada	p	pe	profesor
e	e	estudiante	q	cu	qué
f	efe	foto	r	ere	regular, señora
g	ge	gracias, Gerardo, regular	s	ese	señor
h	hache	hola	t	te	tú
i	i	igualmente	u	u	usted
j	jota	Javier	v	ve	vista, nuevo
k	ka, ca	kilómetro	w	doble ve	*walkman*
l	ele	lápiz	x	equis	existir, México
ll	elle	llave	y	i griega, ye	yo
			z	zeta, ceta	zona

¡LENGUA VIVA!

In 1994, the **Real Academia** subsumed **ch** and **ll** under **c** and **l** in alphabetized lists. For example, in dictionaries, entries starting with **ch** come between **ce** and **ci**, not under a separate letter between **c** and **d**.

El alfabeto Repeat the Spanish alphabet and example words after your instructor.

Práctica Spell these words aloud in Spanish.

1. nada
2. maleta
3. quince
4. muy
5. hombre
6. por favor
7. San Fernando
8. Estados Unidos
9. Puerto Rico
10. España
11. Javier
12. Ecuador
13. Maite
14. gracias
15. Nueva York

Refranes Read these sayings aloud.

Ver es creer.[1]

En boca cerrada no entran moscas.[2]

1 Seeing is believing. 2 Silence is golden.

Saludos y besos en
los países hispanos

In Spanish-speaking countries, kissing on the cheek is a customary way to greet friends and family members. It is common to kiss someone upon introduction, particularly in a non-business setting. Whereas North Americans maintain considerable personal space when greeting, Spaniards and Latin Americans tend to decrease interpersonal space and give one or two kisses (**besos**) on the cheek, sometimes accompanied by a handshake or a hug. In formal business settings, where associates do not know one another on a personal level, greetings entail a simple handshake.

Greeting someone with a **beso** varies according to region, gender, and context. With the exception of Argentina—where male friends and relatives lightly kiss on the cheek—men generally greet each other with a hug or warm handshake. Greetings between men and women, and between women, can differ depending on the country and context, but generally include kissing. In Spain, it is customary to give **dos besos**, starting with the right cheek first. In Latin American countries, including Mexico, Costa Rica, Colombia, and Chile, a greeting consists of a single "air kiss" on the right cheek. Peruvians also "air kiss," but strangers will simply shake hands. In Colombia, female acquaintances tend to simply pat each other on the right forearm or shoulder.

Tendencias

País	Beso	País	Beso
Argentina	💋	España	💋💋
Bolivia	🚫	México	💋
Chile	💋	Paraguay	💋💋
Colombia	💋	Puerto Rico	💋
El Salvador	💋	Venezuela	💋/💋💋

1   **¿Cierto o falso?** Indicate whether these statements are true (**cierto**) or false (**falso**). Correct the false statements.

1. Hispanic cultures leave less interpersonal space when greeting than in the U.S.
2. Men never greet with a kiss in Spanish-speaking countries.
3. Shaking hands is not appropriate for a business setting in Latin America.
4. Spaniards greet with one kiss on the right cheek.
5. In Mexico, people greet with an "air kiss".
6. Gender can play a role in the type of greeting given.
7. If two women acquaintances meet up in Colombia, they should exchange two kisses on the cheek.
8. In Peru, a man and a woman meeting for the first time would probably greet each other with an "air kiss."

Saludos y despedidas

Buenas.	*Hello./Hi.*
Chao./Ciao.	**Chau.**
¿Cómo te/le va?	*How are things going (for you)?*
Hasta ahora.	*See you soon.*
¿Qué hay?	*What's new?*
¿Qué onda? (Méx.); ¿Qué hubo? (Col.)	*What's going on?*

Parejas y amigos famosos

Here are some famous couples and friends from the Spanish-speaking world.

○ **Jennifer López** y **Marc Anthony** (Estados Unidos/ Puerto Rico) Not long after ending her relationship with Ben Affleck, Jennifer López married salsa singer Marc Anthony.

○ **Gael García Bernal** (México) y **Diego Luna** (México) These lifelong friends both starred in the 2001 Mexican film *Y tu mamá también.*

○ **Salma Hayek** (México) y **Penélope Cruz** (España) Close friends Salma Hayek and Penélope Cruz developed their acting skills in their countries of origin before meeting in Hollywood.

La plaza principal

In the Spanish-speaking world, public space is treasured. Small city and town life revolves around the **plaza principal**. Often surrounded by cathedrals or municipal buildings like the **ayuntamiento** (*city hall*), the pedestrian **plaza** is designated as a central meeting place for family and friends. During warmer months, when outdoor cafés usually line the **plaza**, it is a popular spot to have a leisurely cup of coffee, chat,

La Plaza Mayor de Salamanca

and people watch. Many town festivals, or **ferias**, also take place in this space. One of the most famous town

La Plaza de Armas, Lima, Perú

squares is the **Plaza Mayor** in the university town of Salamanca, Spain. Students gather underneath its famous clock tower to meet up with friends or simply take a coffee break.

SUPERSITE **Conexión Internet**

What are the **plazas principales** in large cities such as Mexico City and Buenos Aires?	Go to **panorama.vhlcentral.com** to find more cultural information related to this **Cultura** section.

ACTIVIDADES

2 **Comprensión** Answer these questions.

1. What are two types of buildings found on the **plaza principal**?
2. What are two types of events or activities common at a **plaza principal**?
3. How would Diego Luna greet his friends?
4. Would Salma Hayek and Jennifer López greet with one kiss or two?

3 **Saludos** Role-play these greetings with a partner. Include a verbal greeting as well as a kiss or handshake, as appropriate.

1. friends in Mexico
2. business associates at a conference in Chile
3. friends meeting in Madrid's Plaza Mayor
4. Peruvians meeting for the first time
5. relatives in Argentina

1.1 Nouns and articles

Spanish nouns

ANTE TODO A noun is a word used to identify people, animals, places, things, or ideas. Unlike English, all Spanish nouns, even those that refer to non-living things, have gender; that is, they are considered either masculine or feminine. As in English, nouns in Spanish also have number, meaning that they are either singular or plural.

Nouns that refer to living things

Masculine nouns		Feminine nouns	
el hombre	*the man*	**la mujer**	*the woman*
ending in –o		*ending in –a*	
el chico	*the boy*	**la chica**	*the girl*
el pasajero	*the (male) passenger*	**la pasajera**	*the (female) passenger*
ending in –or		*ending in –ora*	
el conductor	*the (male) driver*	**la conductora**	*the (female) driver*
el profesor	*the (male) teacher*	**la profesora**	*the (female) teacher*
ending in –ista		*ending in –ista*	
el turista	*the (male) tourist*	**la turista**	*the (female) tourist*

▶ As shown above, nouns that refer to males, like **el hombre**, are generally masculine, while nouns that refer to females, like **la mujer,** are generally feminine.

▶ Many nouns that refer to male beings end in **–o** or **–or**. Their corresponding feminine forms end in **–a** and **–ora**, respectively.

el conductor

la profesora

▶ The masculine and feminine forms of nouns that end in **–ista**, like **turista,** are the same, so gender is indicated by the article **el** (masculine) or **la** (feminine). Some other nouns have identical masculine and feminine forms.

el joven	**la** joven
the youth; the young man	*the youth; the young woman*
el estudiante	**la** estudiante
the (male) student	*the (female) student*

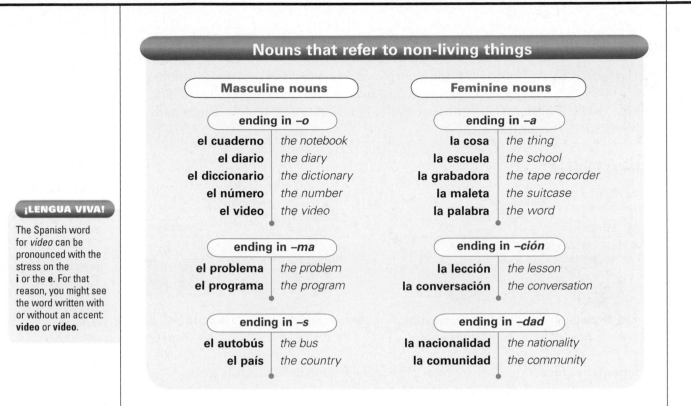

Nouns that refer to non-living things

Masculine nouns

ending in –o

el cuaderno	*the notebook*
el diario	*the diary*
el diccionario	*the dictionary*
el número	*the number*
el video	*the video*

ending in –ma

el problema	*the problem*
el programa	*the program*

ending in –s

el autobús	*the bus*
el país	*the country*

Feminine nouns

ending in –a

la cosa	*the thing*
la escuela	*the school*
la grabadora	*the tape recorder*
la maleta	*the suitcase*
la palabra	*the word*

ending in –ción

la lección	*the lesson*
la conversación	*the conversation*

ending in –dad

la nacionalidad	*the nationality*
la comunidad	*the community*

¡LENGUA VIVA!

The Spanish word for *video* can be pronounced with the stress on the **i** or the **e**. For that reason, you might see the word written with or without an accent: **video** or **vídeo**.

▶ As shown above, certain noun endings are strongly associated with a specific gender, so you can use them to determine if a noun is masculine or feminine.

▶ Because the gender of nouns that refer to non-living things cannot be determined by foolproof rules, you should memorize the gender of each noun you learn. It is helpful to memorize each noun with its corresponding article, **el** for masculine and **la** for feminine.

▶ Another reason to memorize the gender of every noun is that there are common exceptions to the rules of gender. For example, **el mapa** (*map*) and **el día** (*day*) end in **–a,** but are masculine. **La mano** (*hand*) ends in **–o,** but is feminine.

Plural of nouns

▶ In Spanish, nouns that end in a vowel form the plural by adding **–s.** Nouns that end in a consonant add **–es.** Nouns that end in **–z** change the **–z** to **–c,** then add **–es.**

el chic**o** ⟶ los chic**os**	la nacionalida**d** ⟶ las nacionalida**des**
el diari**o** ⟶ los diari**os**	el paí**s** ⟶ los paí**ses**
el problem**a** ⟶ los problem**as**	el lápi**z** (*pencil*) ⟶ los lápi**ces**

CONSULTA

You will learn more about accent marks in **Lección 4, Pronunciación,** p. 115.

▶ In general, when a singular noun has an accent mark on the last syllable, the accent is dropped from the plural form.

la lecci**ón** ⟶ las lecci**ones**	el autob**ús** ⟶ los autob**uses**

▶ Use the masculine plural form to refer to a group that includes both males and females.

1 pasajer**o** + 2 pasajer**as** = 3 pasajer**os**   2 chic**os** + 2 chic**as** = 4 chic**os**

Spanish articles

ANTE TODO As you know, English often uses definite articles (*the*) and indefinite articles (*a, an*) before nouns. Spanish also has definite and indefinite articles. Unlike English, Spanish articles vary in form because they agree in gender and number with the nouns they modify.

Definite articles

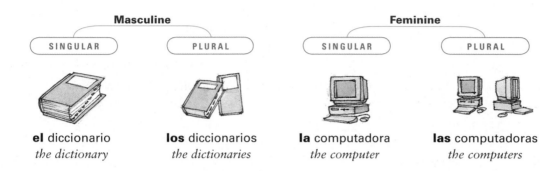

Masculine		Feminine	
SINGULAR	PLURAL	SINGULAR	PLURAL
el diccionario	**los** diccionarios	**la** computadora	**las** computadoras
the dictionary	*the dictionaries*	*the computer*	*the computers*

▶ Spanish has four forms that are equivalent to the English definite article *the*. You use definite articles to refer to specific nouns.

Indefinite articles

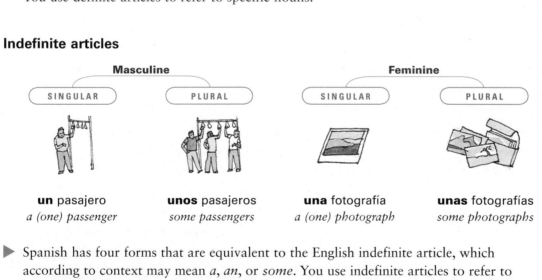

Masculine		Feminine	
SINGULAR	PLURAL	SINGULAR	PLURAL
un pasajero	**unos** pasajeros	**una** fotografía	**unas** fotografías
a (one) passenger	*some passengers*	*a (one) photograph*	*some photographs*

▶ Spanish has four forms that are equivalent to the English indefinite article, which according to context may mean *a*, *an*, or *some*. You use indefinite articles to refer to unspecified persons or things.

¡INTÉNTALO! Provide a definite article for each noun in the first column and an indefinite article for each noun in the second column. The first item has been done for you.

¿el, la, los o las?

1. _____la_____ chica
2. _____ chico
3. _____ maleta
4. _____ cuadernos
5. _____ lápiz
6. _____ mujeres

¿un, una, unos o unas?

1. _____un_____ autobús
2. _____ escuelas
3. _____ computadora
4. _____ hombres
5. _____ señora
6. _____ lápices

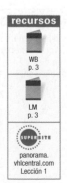

Práctica SUPERSITE

1 **¿Singular o plural?** If the word is singular, make it plural. If it is plural, make it singular.

1. el número
2. un diario
3. la estudiante
4. el conductor
5. el país
6. las cosas
7. unos turistas
8. las nacionalidades
9. unas computadoras
10. los problemas
11. una fotografía
12. los profesores
13. unas señoritas
14. el hombre
15. la grabadora
16. la señora

2 **Identificar** For each drawing, provide the noun with its corresponding definite and indefinite articles.

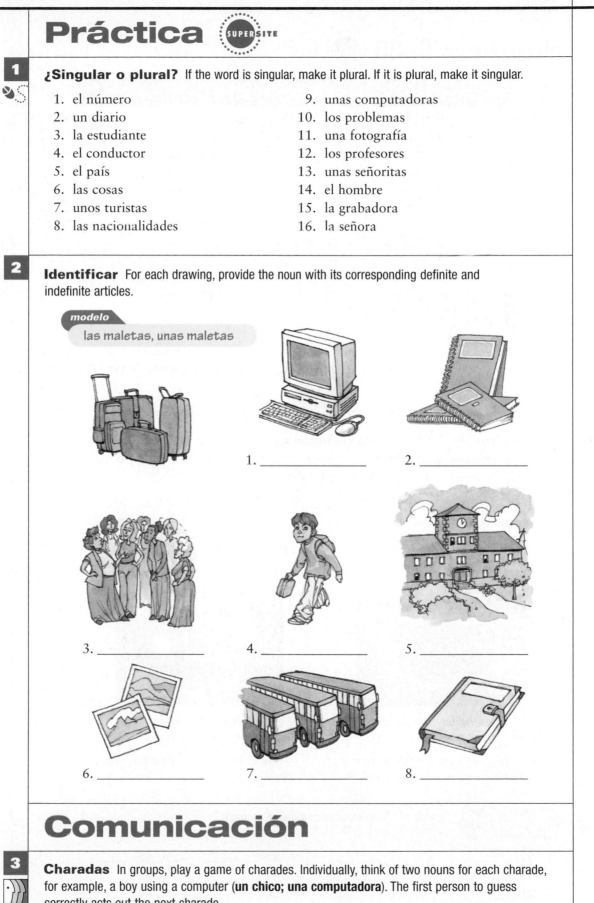

modelo

las maletas, unas maletas

1. _____

2. _____

3. _____

4. _____

5. _____

6. _____

7. _____

8. _____

Comunicación

3 **Charadas** In groups, play a game of charades. Individually, think of two nouns for each charade, for example, a boy using a computer (**un chico; una computadora**). The first person to guess correctly acts out the next charade.

1.2 Numbers 0–30 SUPERSITE

Los números 0 a 30

0	cero				
1	uno	**11**	once	**21**	veintiuno
2	dos	**12**	doce	**22**	veintidós
3	tres	**13**	trece	**23**	veintitrés
4	cuatro	**14**	catorce	**24**	veinticuatro
5	cinco	**15**	quince	**25**	veinticinco
6	seis	**16**	dieciséis	**26**	veintiséis
7	siete	**17**	diecisiete	**27**	veintisiete
8	ocho	**18**	dieciocho	**28**	veintiocho
9	nueve	**19**	diecinueve	**29**	veintinueve
10	diez	**20**	veinte	**30**	treinta

AYUDA

The numbers sixteen through nineteen can also be written as three words: **diez y seis, diez y siete...**

▶ The number **uno** (*one*) and numbers ending in **–uno**, such as **veintiuno**, have more than one form. Before masculine nouns, **uno** shortens to **un**. Before feminine nouns, **uno** changes to **una**.

     un hombre ⟶ veinti**ún** hombres   **una** mujer ⟶ veinti**una** mujeres

▶ **¡Atención!** The forms **uno** and **veintiuno** are used when counting (**uno, dos, tres... veinte, veintiuno, veintidós...**). They are also used when the number *follows* a noun, even if the noun is feminine: **la lección uno**.

▶ To ask *how many people* or *things* there are, use **cuántos** before masculine nouns and **cuántas** before feminine nouns.

▶ The Spanish equivalent of both *there is* and *there are* is **hay**. Use **¿Hay...?** to ask *Is there...?* or *Are there...?* Use **no hay** to express *there is not* or *there are not*.

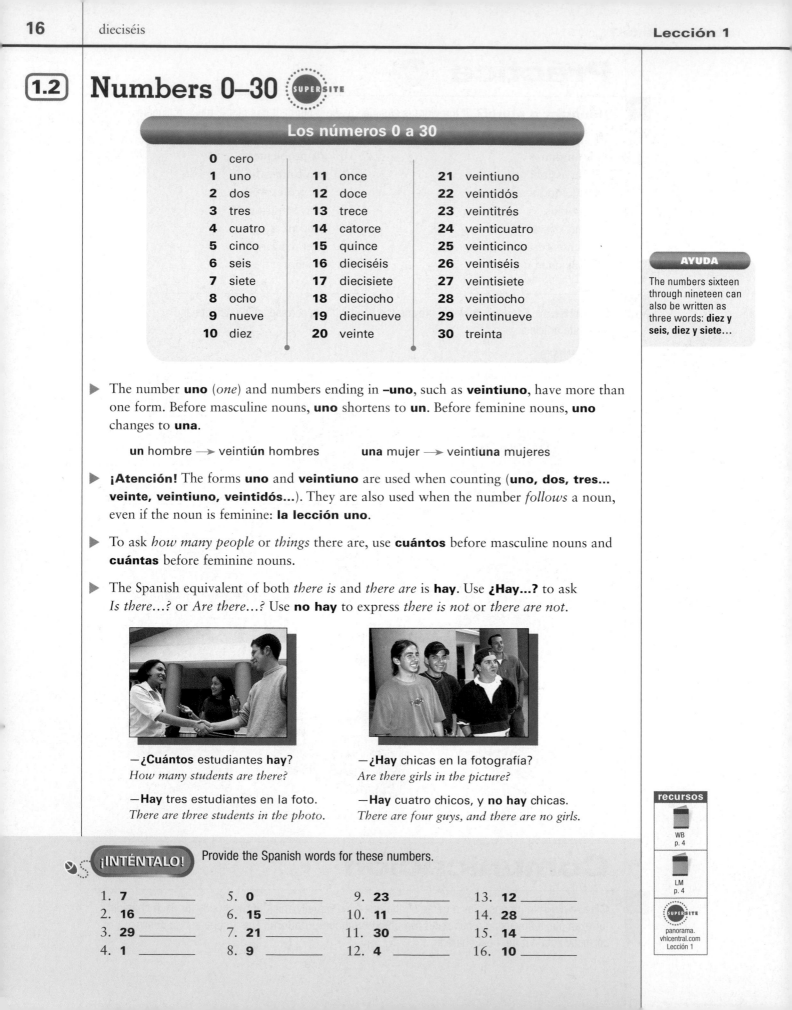

—**¿Cuántos** estudiantes **hay**?
How many students are there?

—**Hay** tres estudiantes en la foto.
There are three students in the photo.

—**¿Hay** chicas en la fotografía?
Are there girls in the picture?

—**Hay** cuatro chicos, y **no hay** chicas.
There are four guys, and there are no girls.

¡INTÉNTALO!   Provide the Spanish words for these numbers.

1. **7** _____
2. **16** _____
3. **29** _____
4. **1** _____
5. **0** _____
6. **15** _____
7. **21** _____
8. **9** _____
9. **23** _____
10. **11** _____
11. **30** _____
12. **4** _____
13. **12** _____
14. **28** _____
15. **14** _____
16. **10** _____

recursos

WB
p. 4

LM
p. 4

SUPERSITE

panorama.
vhlcentral.com
Lección 1

Práctica SUPERSITE

1

Contar Following the pattern, provide the missing numbers in Spanish.

1. 1, 3, 5, ..., 29
2. 2, 4, 6, ..., 30
3. 3, 6, 9, ..., 30
4. 30, 28, 26, ..., 0
5. 30, 25, 20, ..., 0
6. 28, 24, 20, ..., 0

2

Resolver Solve these math problems with a partner.

> **modelo**
> 5 + 3 =
> **Estudiante 1:** *cinco más tres son…*
> **Estudiante 2:** *ocho*

AYUDA

+ → **más**
− → **menos**
= → **son**

1. **2 + 15 =**
2. **20 − 1 =**
3. **5 + 7 =**
4. **18 + 12 =**
5. **3 + 22 =**
6. **6 − 3 =**
7. **11 + 12 =**
8. **7 − 2 =**
9. **8 + 5 =**
10. **23 − 14 =**

3

¿Cuántos hay? How many persons or things are there in these drawings?

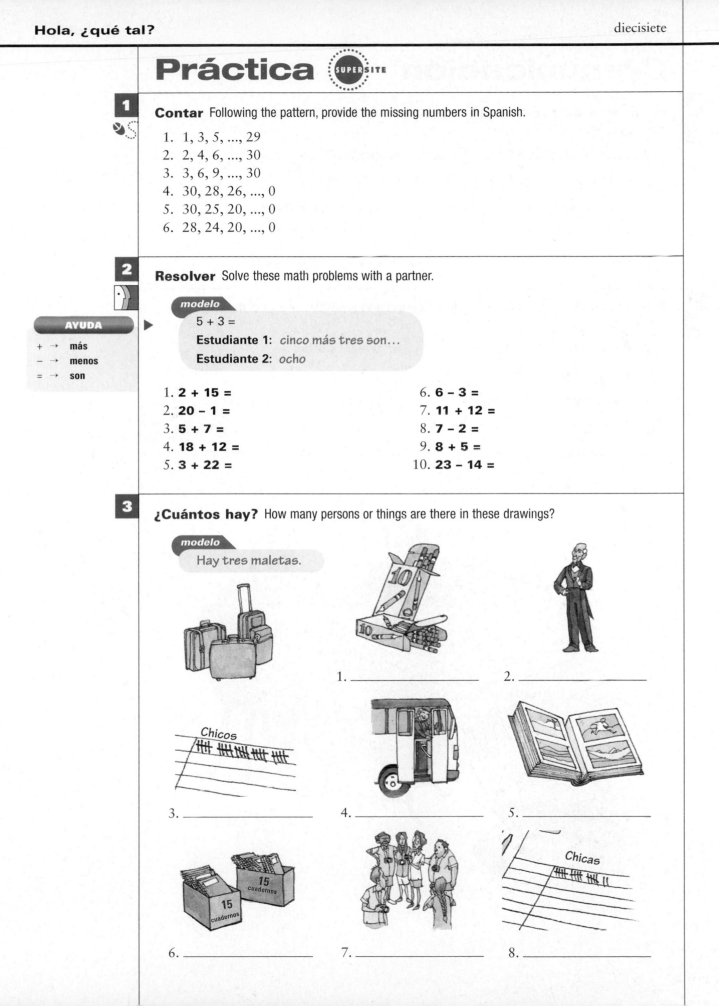

> **modelo**
> Hay tres maletas.

1. _____
2. _____
3. _____
4. _____
5. _____

Chicos

6. _____
7. _____
8. _____

Chicas

Comunicación

4

En la clase With a classmate, take turns asking and answering these questions about your classroom.

1. ¿Cuántos estudiantes hay?
2. ¿Cuántos profesores hay?
3. ¿Hay una computadora?
4. ¿Hay una maleta?
5. ¿Cuántos mapas hay?
6. ¿Cuántos lápices hay?
7. ¿Hay cuadernos?
8. ¿Cuántas grabadoras hay?
9. ¿Hay hombres?
10. ¿Cuántas mujeres hay?

5

Preguntas With a classmate, take turns asking and answering questions about the drawing. Talk about:

1. how many children there are
2. how many women there are
3. if there are some photographs
4. if there is a boy
5. how many notebooks there are
6. if there is a bus
7. if there are tourists
8. how many pencils there are
9. if there is a man
10. how many computers there are

1.3 Present tense of ser SUPERSITE

Subject pronouns

ANTE TODO   In order to use verbs, you will need to learn about subject pronouns. A subject pronoun replaces the name or title of a person or thing and acts as the subject of a verb. In both Spanish and English, subject pronouns are divided into three groups: first person, second person, and third person.

Subject pronouns			
	SINGULAR		**PLURAL**
FIRST PERSON	**yo** *I*	**nosotros** *we* (masculine)	
		nosotras *we* (feminine)	
SECOND PERSON	**tú** *you* (familiar)	**vosotros** *you* (masc., fam.)	
	usted (Ud.) *you* (formal)	**vosotras** *you* (fem., fam.)	
		ustedes (Uds.) *you* (form.)	
THIRD PERSON	**él** *he*	**ellos** *they* (masc.)	
	ella *she*	**ellas** *they* (fem.)	

¡LENGUA VIVA!

In Latin America, **ustedes** is used as the plural for both **tú** and **usted**. In Spain, however, **vosotros** and **vosotras** are used as the plural of **tú**, and **ustedes** is used only as the plural of **usted**.

•••

Usted and **ustedes** are abbreviated as **Ud.** and **Uds.**, or occasionally as **Vd.** and **Vds.**

▶ Spanish has two subject pronouns that mean *you* (singular). Address all friends, family members, and children as **tú.** Use **usted** to address a person with whom you have a formal or more distant relationship, such as a superior at work, a professor, or an older person.

     Tú eres de Canadá, ¿verdad David?   ¿**Usted** es la profesora de español?
     You are from Canada, right David?   *Are you the Spanish professor?*

▶ The masculine plural forms **nosotros**, **vosotros**, and **ellos** refer to a group of males or to a group of males and females. The feminine plural forms **nosotras**, **vosotras**, and **ellas** can refer only to groups made up exclusively of females.

nosotros, vosotros, ellos   nosotros, vosotros, ellos   nosotras, vosotras, ellas

▶ There is no Spanish equivalent of the English subject pronoun *it*, which is not expressed in Spanish.

     Es un problema.   Es una computadora.
     It's a problem.   *It's a computer.*

The present tense of ser

ANTE TODO   In **Contextos** and **Fotonovela**, you have already used several forms of the present tense of **ser** (*to be*) to identify yourself and others and to talk about where you and others are from. **Ser** is an irregular verb, which means its forms don't follow the regular patterns that most verbs follow. You need to memorize the forms, which appear in this chart.

The verb ser (*to be*)		
SINGULAR FORMS		
yo	**soy**	*I am*
tú	**eres**	*you are* (fam.)
Ud./él/ella	**es**	*you are* (form.); *he/she is*
PLURAL FORMS		
nosotros/as	**somos**	*we are*
vosotros/as	**sois**	*you are* (fam.)
Uds./ellos/ellas	**son**	*you are* (form.); *they are*

Uses of *ser*

▶ Use **ser** to identify people and things.

—¿Quién **es** él?
Who is he?

—**Es** Javier Gómez Lozano.
He's Javier Gómez Lozano.

—¿Qué **es**?
What is it?

—**Es** un mapa de España.
It's a map of Spain.

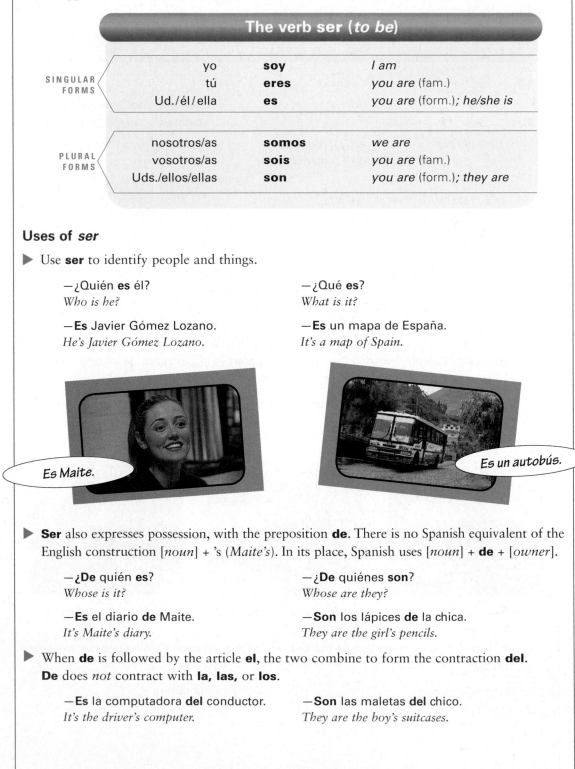

Es Maite.

Es un autobús.

▶ **Ser** also expresses possession, with the preposition **de**. There is no Spanish equivalent of the English construction [*noun*] + 's (*Maite's*). In its place, Spanish uses [*noun*] + **de** + [*owner*].

—¿**De** quién **es**?
Whose is it?

—**Es** el diario **de** Maite.
It's Maite's diary.

—¿**De** quiénes **son**?
Whose are they?

—**Son** los lápices **de** la chica.
They are the girl's pencils.

▶ When **de** is followed by the article **el**, the two combine to form the contraction **del**. **De** does *not* contract with **la, las,** or **los**.

—**Es** la computadora **del** conductor.
It's the driver's computer.

—**Son** las maletas **del** chico.
They are the boy's suitcases.

▶ **Ser** also uses the preposition **de** to express origin.

—¿**De** dónde **es** Javier?
Where is Javier from?

—Es **de** Puerto Rico.
He's from Puerto Rico.

—¿**De** dónde **es** Inés?
Where is Inés from?

—**Es del** Ecuador.
She's from Ecuador.

▶ Use **ser** to express profession or occupation.

Don Francisco **es conductor**.
Don Francisco is a driver.

Yo **soy estudiante**.
I am a student.

▶ Unlike English, Spanish does not use the indefinite article (**un, una**) after **ser** when referring to professions, unless accompanied by an adjective or other description.

Marta **es** profesora.
Marta is a teacher.

Marta **es una** profesora excelente.
Marta is an excellent teacher.

**Somos
Perú** ✈

LanPerú

¡INTÉNTALO!   Provide the correct subject pronouns and the present forms of **ser**. The first item has been done for you.

1. Gabriel ____él____ ____es____
2. Juan y yo ____ ____
3. Óscar y Flora ____ ____
4. Adriana ____ ____

5. las turistas ____ ____
6. el chico ____ ____
7. los conductores ____ ____
8. los señores Ruiz ____ ____

Práctica SUPERSITE

1

Pronombres What subject pronouns would you use to (a) talk to these people directly and (b) talk about them?

> **modelo**
>
> un joven   tú, él

1. una chica
2. el presidente de México
3. tres chicas y un chico
4. un estudiante
5. la señora Ochoa
6. dos profesoras

2

Identidad y origen With a partner, take turns asking and answering these questions about the people indicated: **¿Quién es?/¿Quiénes son?** and **¿De dónde es?/¿De dónde son?**

> **modelo**
>
> Ricky Martin (Puerto Rico)
> **Estudiante 1:** ¿Quién es?   **Estudiante 1:** ¿De dónde es?
> **Estudiante 2:** Es Ricky Martin.   **Estudiante 2:** Es de Puerto Rico.

1. Enrique Iglesias (España)
2. Sammy Sosa (República Dominicana)
3. Rebecca Lobo y Martin Sheen (Estados Unidos)
4. Carlos Santana y Salma Hayek (México)
5. Shakira (Colombia)
6. Antonio Banderas y Penélope Cruz (España)
7. Edward James Olmos y Jimmy Smits (Estados Unidos)
8. Gloria Estefan (Cuba)

3

¿Qué es? Ask your partner what each object is and to whom it belongs.

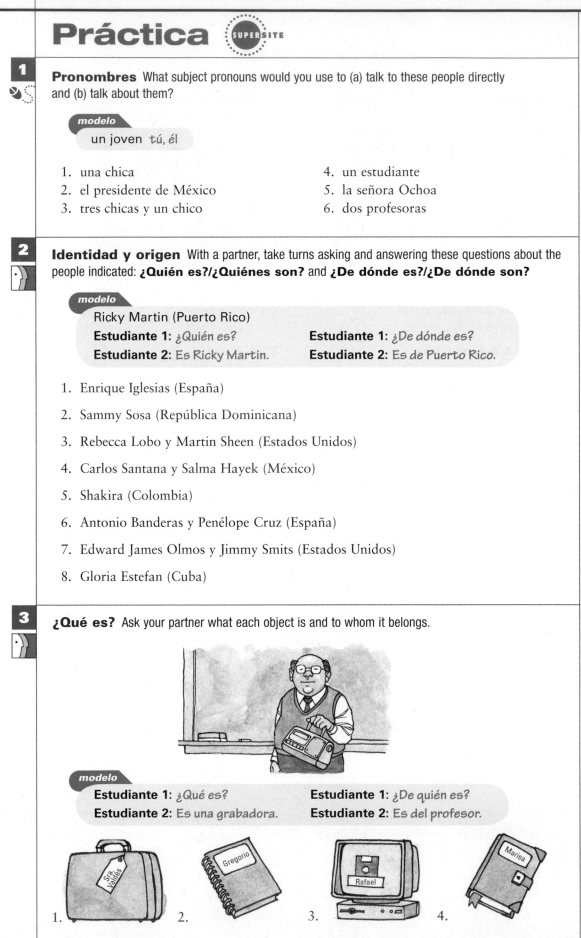

> **modelo**
>
> **Estudiante 1:** ¿Qué es?   **Estudiante 1:** ¿De quién es?
> **Estudiante 2:** Es una grabadora.   **Estudiante 2:** Es del profesor.

1.   2.   3.   4.

Comunicación

4

Preguntas Using the items in the word bank, ask your partner questions about the ad. Be imaginative in your responses.

¿Quién?	¿De dónde?	¿Cuántos?
¿Qué?	¿De quién?	¿Cuántas?

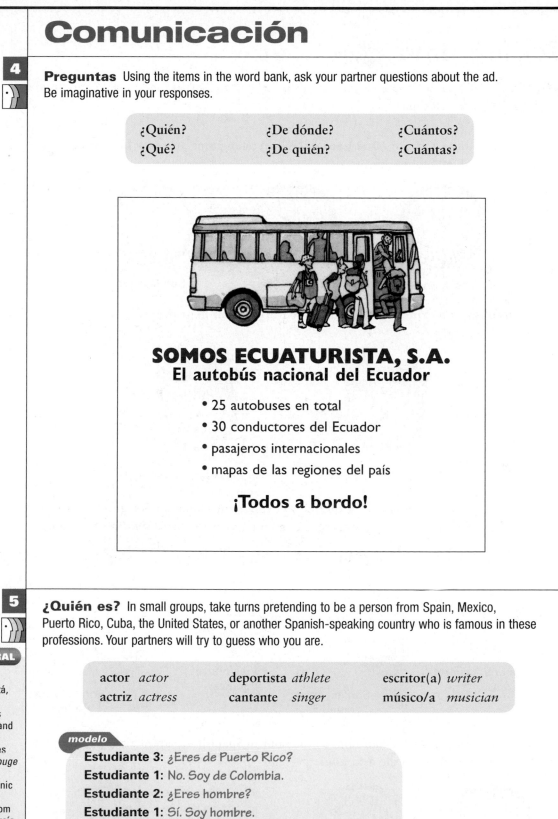

SOMOS ECUATURISTA, S.A.
El autobús nacional del Ecuador

- 25 autobuses en total
- 30 conductores del Ecuador
- pasajeros internacionales
- mapas de las regiones del país

¡Todos a bordo!

5

¿Quién es? In small groups, take turns pretending to be a person from Spain, Mexico, Puerto Rico, Cuba, the United States, or another Spanish-speaking country who is famous in these professions. Your partners will try to guess who you are.

actor *actor*	deportista *athlete*	escritor(a) *writer*
actriz *actress*	cantante *singer*	músico/a *musician*

modelo

Estudiante 3: ¿Eres de Puerto Rico?
Estudiante 1: No. Soy de Colombia.
Estudiante 2: ¿Eres hombre?
Estudiante 1: Sí. Soy hombre.
Estudiante 3: ¿Eres escritor?
Estudiante 1: No. Soy actor.
Estudiante 2: ¿Eres John Leguizamo?
Estudiante 1: ¡Sí! ¡Sí!

1.4   Telling time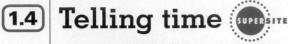

ANTE TODO   In both English and Spanish, the verb *to be* (**ser**) and numbers are used to tell time.

▶ To ask what time it is, use **¿Qué hora es?** When telling time, use **es + la** with **una** and **son + las** with all other hours.

Es la una.   **Son las** dos.   **Son las** seis.

▶ As in English, you express time from the hour to the half-hour in Spanish by adding minutes.

Son las cuatro **y cinco**.   Son las once **y veinte**.

▶ You may use either **y cuarto** or **y quince** to express fifteen minutes or quarter past the hour. For thirty minutes or half past the hour, you may use either **y media** or **y treinta**.

Es la una **y cuarto**.

Son las doce **y media**.

Son las nueve **y quince**.

Son las siete **y treinta**.

▶ You express time from the half-hour to the hour in Spanish by subtracting minutes or a portion of an hour from the next hour.

Es la una **menos cuarto**.   Son las tres **menos quince**.   Son las ocho **menos veinte**.   Son las tres **menos diez**.

▶ To ask at what time a particular event takes place, use the phrase **¿A qué hora (...)?**
To state at what time something takes place, use the construction **a la(s)** + *time*.

¿A qué hora es la clase de biología?	La clase es **a las dos**.
(At) what time is biology class?	*The class is at two o'clock.*
¿A qué hora es la fiesta?	**A las ocho**.
(At) what time is the party?	*At eight.*

▶ Here are some useful words and phrases associated with telling time.

Son las ocho **en punto**.	Son las nueve **de la mañana**.
It's 8 o'clock on the dot/sharp.	*It's 9 a.m./in the morning.*
Es **el mediodía**.	Son las cuatro y cuarto **de la tarde**.
It's noon.	*It's 4:15 p.m./in the afternoon.*
Es **la medianoche**.	Son las diez y media **de la noche**.
It's midnight.	*It's 10:30 p.m./at night.*

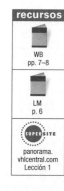

¡INTÉNTALO! Practice telling time by completing these sentences. The first item has been done for you.

1. (1:00 a.m.) Es la _____una_____ de la mañana.
2. (2:50 a.m.) Son las tres _____ diez de la mañana.
3. (4:15 p.m.) Son las cuatro y _____ de la tarde.
4. (8:30 p.m.) Son las ocho y _____ de la noche.
5. (9:15 a.m.) Son las nueve y quince de la _____.
6. (12:00 p.m.) Es el _____ _____.
7. (6:00 a.m.) Son las seis de la _____.
8. (4:05 p.m.) Son las cuatro y cinco de la _____.
9. (12:00 a.m.) Es la _____.
10. (3:45 a.m.) Son las cuatro menos _____ de la mañana.
11. (2:15 a.m.) Son las _____ y cuarto de la mañana.
12. (1:25 p.m.) Es la una y _____ de la tarde.
13. (6:50 a.m.) Son las _____ menos diez de la mañana.
14. (10:40 p.m.) Son las once menos veinte de la _____.

Práctica SUPERSITE

1 **Ordenar** Put these times in order, from the earliest to the latest.

a. Son las dos de la tarde.
b. Son las once de la mañana.
c. Son las siete y media de la noche.
d. Son las seis menos cuarto de la tarde.
e. Son las dos menos diez de la tarde.
f. Son las ocho y veintidós de la mañana.

2 **¿Qué hora es?** Give the times shown on each clock or watch.

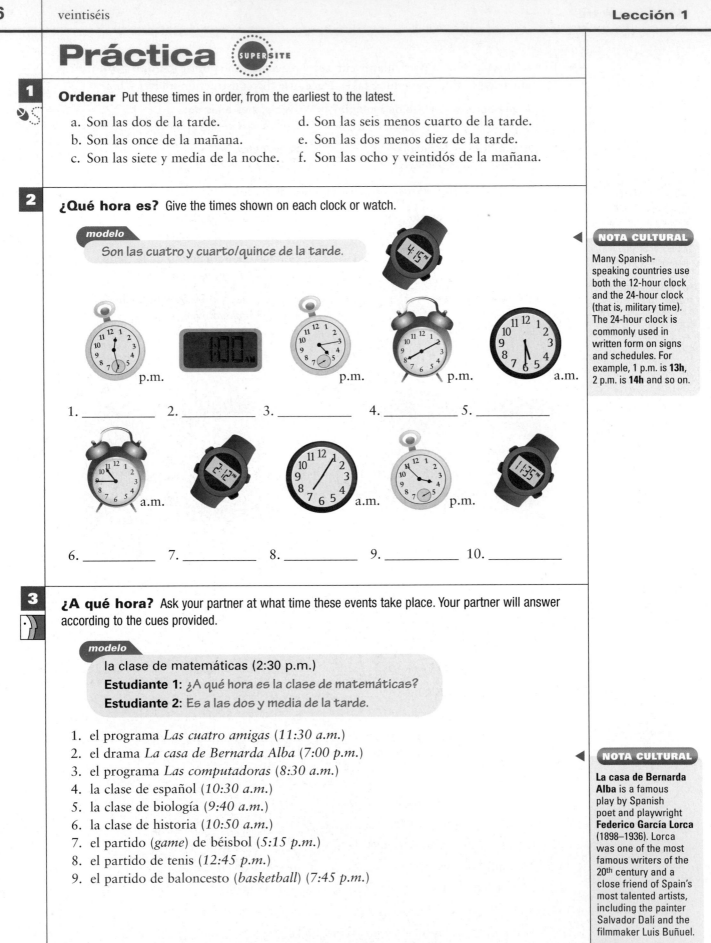

modelo
Son las cuatro y cuarto/quince de la tarde.

p.m.   p.m.   p.m.   a.m.

1. _____ 2. _____ 3. _____ 4. _____ 5. _____

a.m.   a.m.   p.m.

6. _____ 7. _____ 8. _____ 9. _____ 10. _____

NOTA CULTURAL

Many Spanish-speaking countries use both the 12-hour clock and the 24-hour clock (that is, military time). The 24-hour clock is commonly used in written form on signs and schedules. For example, 1 p.m. is **13h**, 2 p.m. is **14h** and so on.

3 **¿A qué hora?** Ask your partner at what time these events take place. Your partner will answer according to the cues provided.

modelo
la clase de matemáticas (2:30 p.m.)
Estudiante 1: ¿A qué hora es la clase de matemáticas?
Estudiante 2: Es a las dos y media de la tarde.

1. el programa *Las cuatro amigas* (*11:30 a.m.*)
2. el drama *La casa de Bernarda Alba* (*7:00 p.m.*)
3. el programa *Las computadoras* (*8:30 a.m.*)
4. la clase de español (*10:30 a.m.*)
5. la clase de biología (*9:40 a.m.*)
6. la clase de historia (*10:50 a.m.*)
7. el partido (*game*) de béisbol (*5:15 p.m.*)
8. el partido de tenis (*12:45 p.m.*)
9. el partido de baloncesto (*basketball*) (*7:45 p.m.*)

NOTA CULTURAL

La casa de Bernarda Alba is a famous play by Spanish poet and playwright **Federico García Lorca** (1898–1936). Lorca was one of the most famous writers of the 20th century and a close friend of Spain's most talented artists, including the painter Salvador Dalí and the filmmaker Luis Buñuel.

Comunicación

4

En la televisión With a partner, take turns asking and answering questions about these television listings.

> **modelo**
>
> **Estudiante 1:** ¿A qué hora es el documental *Las computadoras?*
> **Estudiante 2:** Es a las nueve en punto de la noche.

TV Hoy – Programación

11:00 am Telenovela: *Cuatro viajeros y un autobús*	**5:00 pm** Telenovela: *Tres mujeres*
12:00 pm Película: *El cóndor* (drama)	**6:00 pm** Noticias
2:00 pm Telenovela: *Dos mujeres y dos hombres*	**7:00 pm** Especial musical: *Música folklórica de México*
3:00 pm Programa juvenil: *Fiesta*	**7:30 pm** La naturaleza: *Jardín secreto*
3:30 pm Telenovela: *¡Sí, sí, sí!*	**8:00 pm** Noticiero: *Veinticuatro horas*
4:00 pm Telenovela: *El diario de la Sra. González*	**9:00 pm** Documental: *Las computadoras*

5 **Preguntas** With a partner, answer these questions based on your own knowledge.

1. Son las tres de la tarde en Nueva York. ¿Qué hora es en Los Ángeles?

2. Son las ocho y media en Chicago. ¿Qué hora es en Miami?

3. Son las dos menos cinco en San Francisco. ¿Qué hora es en San Antonio?

4. ¿A qué hora es el programa *60 Minutes*?; ¿A qué hora es el programa *Today Show*?

6 **Más preguntas** Using the questions in the previous activity as a model, make up four questions of your own. Then, get together with a classmate and take turns asking and answering each other's questions.

Síntesis

7 **Situación** With a partner, play the roles of a journalism student interviewing a visiting literature professor (**profesor(a) de literatura**) from Venezuela. Be prepared to act out the conversation for your classmates.

Estudiante	**Profesor(a) de literatura**
Ask the professor his/her name.	Ask the student his/her name.
Ask the professor what time his/her literature class is.	Ask the student where he/she is from.
Ask how many students are in his/her class.	Ask to whom his/her tape recorder belongs.
Say thank you and goodbye.	Say thank you and you are pleased to meet him/her.

Recapitulación

Review the grammar concepts you have learned in this lesson by completing these activities.

1 Completar
Complete the charts according to the models. **14 pts.**

MASCULINO	FEMENINO
el chico	la chica
	la profesora
	la amiga
el señor	
	la pasajera
el estudiante	
	la turista
el joven	

SINGULAR	PLURAL
una cosa	unas cosas
un libro	
	unas clases
una lección	
un conductor	
	unos países
	unos lápices
un problema	

2 En la clase
Complete each conversation with the correct word. **11 pts.**

César

Beatriz

CÉSAR ¿(1) _____ (Cuántos/Cuántas) chicas hay en la (2) _____ (maleta/clase)?

BEATRIZ Hay (3) _____ (catorce/cuatro) [*14*] chicas.

CÉSAR Y, ¿(4) _____ (cuántos/cuántas) chicos hay?

BEATRIZ Hay (5) _____ (tres/trece) [*13*] chicos.

CÉSAR Entonces (*Then*), en total hay (6) _____ (veintiséis/veintisiete) (7) _____ (estudiantes/chicas) en la clase.

Ariana

Daniel

ARIANA ¿Tienes (*Do you have*) (8) _____ (un/una) diccionario?

DANIEL No, pero (*but*) aquí (9) _____ (es/hay) uno.

ARIANA ¿De quién (10) _____ (eres/es)?

DANIEL (11) _____ (Son/Es) de Carlos.

1.1 Nouns and articles *pp. 12–14*

Gender of nouns

Nouns that refer to living things

	Masculine		Feminine
-o	el chico	-a	la chica
-or	el profesor	-ora	la profesora
-ista	el turista	-ista	la turista

Nouns that refer to non-living things

	Masculine		Feminine
-o	el libro	-a	la cosa
-ma	el programa	-ción	la lección
-s	el autobús	-dad	la nacionalidad

Plural of nouns

▶ ending in vowels + *-s*   la chica → las chicas

▶ ending in consonant + *-es*
el señor → los señores

(-z → -ces   un lápiz → unos lápices)

Definite articles: el, la, los, las

Indefinite articles: un, una, unos, unas

1.2 Numbers 0–30 *p. 16*

0	cero	8	ocho	16	dieciséis
1	uno	9	nueve	17	diecisiete
2	dos	10	diez	18	dieciocho
3	tres	11	once	19	diecinueve
4	cuatro	12	doce	20	veinte
5	cinco	13	trece	21	veintiuno
6	seis	14	catorce	22	veintidós
7	siete	15	quince	30	treinta

1.3 Present tense of *ser* *pp. 19–21*

yo	soy	nosotros/as	somos
tú	eres	vosotros/as	sois
Ud./él/ella	es	Uds./ellos/ellas	son

1.4 **Telling time** *pp. 24–25*

Es la una.	*It's 1:00.*
Son las dos.	*It's 2:00.*
Son las tres y diez.	*It's 3:10.*
Es la una y cuarto/ quince.	*It's 1:15.*
Son las siete y media/ treinta.	*It's 7:30.*
Es la una menos cuarto/quince.	*It's 12:45.*
Son las once menos veinte.	*It's 10:40.*
Es el mediodía/ la medianoche.	*It's noon/ midnight.*

3

Presentaciones Complete this conversation with the correct form of the verb **ser**.

JUAN   ¡Hola! Me llamo Juan. (1) _____ estudiante en la clase de español.

DANIELA ¡Hola! Mucho gusto. Yo (2) _____ Daniela y ella (3) _____ Mónica. ¿De dónde (4) _____ (tú), Juan?

JUAN   De California. Y ustedes, ¿de dónde (5) _____ ?

MÓNICA Nosotras (6) _____ de Florida.

4

¿Qué hora es? Write out in words the following times, indicating whether it's morning, noon, afternoon, or night. **10 pts.**

1. It's 12:00 p.m.

_____

2. It's 7:05 a.m.

_____

3. It's 9:35 p.m.

_____

4. It's 5:15 p.m.

_____

5. It's 1:30 p.m.

_____

5

¡Hola! Write five sentences introducing yourself and talking about your classes. You may want to include: your name, where you are from, who your Spanish teacher is, the time of your Spanish class, how many students are in the class, etc. **9 pts.**

_____

_____

_____

_____

6

Canción Write the missing words to complete this children's song. **2 EXTRA points!**

" ¿ _____ patas°
tiene un gato°?
Una, dos, tres y
_____ . "

patas *legs* tiene un gato *does a cat have*

recursos

SUPERSITE

panorama.vhlcentral.com
Lección 1

Lectura

Antes de leer

Estrategia
Recognizing cognates

As you learned earlier in this lesson, cognates are words that share similar meanings and spellings in two or more languages. When reading in Spanish, it's helpful to look for cognates and use them to guess the meaning of what you're reading. But watch out for false cognates. For example, **librería** means *bookstore*, not *library*, and **embarazada** means *pregnant*, not *embarrassed*. Look at this list of Spanish words, paying special attention to prefixes and suffixes. Can you guess the meaning of each word?

importante	oportunidad
farmacia	**cultura**
inteligente	**activo**
dentista	sociología
decisión	**espectacular**
televisión	restaurante
médico	policía

Examinar el texto
Glance quickly at the reading selection and guess what type of document it is. Explain your answer.

Cognados
Read the document and make a list of the cognates you find. Guess their English equivalents, then compare your answers with those of a classmate.

Teléfonos importantes

Policía

Médico

Dentista

Pediatra

Farmacia

Banco Central

Aerolíneas Nacionales

Cine Metro

Hora/Temperatura

Profesora Salgado (universidad)

Felipe (oficina)

Gimnasio Gente Activa

Restaurante Roma

Supermercado Famoso

Librería El Inteligente

54.11.11

54.36.92

54.87.11

53.14.57

54.03.06

54.90.83

54.87.40

53.45.96

53.24.81

54.15.33

54.84.99

54.36.04

53.75.44

54.77.23

54.66.04

Después de leer

¿Cierto o falso?

Indicate whether each statement is **cierto** or **falso**. Then correct the false statements.

1. There is a child in this household.

   _____

   _____

2. To renew a prescription you would dial 54.90.83.

   _____

   _____

3. If you wanted the exact time and information about the weather you'd dial 53.24.81.

   _____

   _____

4. Felipe probably works outdoors.

   _____

   _____

5. This household probably orders a lot of Chinese food.

   _____

   _____

6. If you had a toothache, you would dial 54.87.11.

   _____

   _____

7. You would dial 54.87.40 to make a flight reservation.

   _____

   _____

8. To find out if a best-selling book were in stock, you would dial 54.66.04.

   _____

   _____

9. If you needed information about aerobics classes, you would dial 54.15.33.

   _____

   _____

10. You would call **Cine Metro** to find out what time a movie starts.

   _____

   _____

Números de teléfono

Make your own list of phone numbers like the one shown in this reading. Include emergency phone numbers as well as frequently called numbers. Use as many cognates from the reading as you can.

Estados Unidos

El país en cifras°

▸ **Población° de EE.UU.:** 302 millones

▸ **Población de origen hispano:** 43 millones

▸ **País de origen de hispanos en EE.UU.:**

- 19,8% otros
- 3,5% Cuba
- 9,6% Puerto Rico
- 8,6% Centroamérica y Suramérica
- 58,5% México

SOURCE: U.S. Census Bureau

▸ **Estados con la mayor° población hispana:**

- **California** 12.445.000
- **Texas** 7.784.000
- **Florida** 3.307.000
- **Nueva York** 3.079.000
- **Illinois** 1.776.000

SOURCE: U.S. Census Bureau

Canadá

El país en cifras

▸ **Población del Canadá:** 33 millones

▸ **Población de origen hispano:** 300.000

▸ **País de origen de hispanos en Canadá:**

- 12,4% México
- 11,6% Chile
- 67% otros
- 9% El Salvador

SOURCE: Statistics Canada

▸ **Ciudades° con la mayor población hispana:**
Montreal, Toronto, Vancouver

en cifras *in figures* Población *Population* mayor *largest* Ciudades *Cities*
creció *grew* cada *each* niños *children* Se estima *It is estimated* va a ser
it is going to be

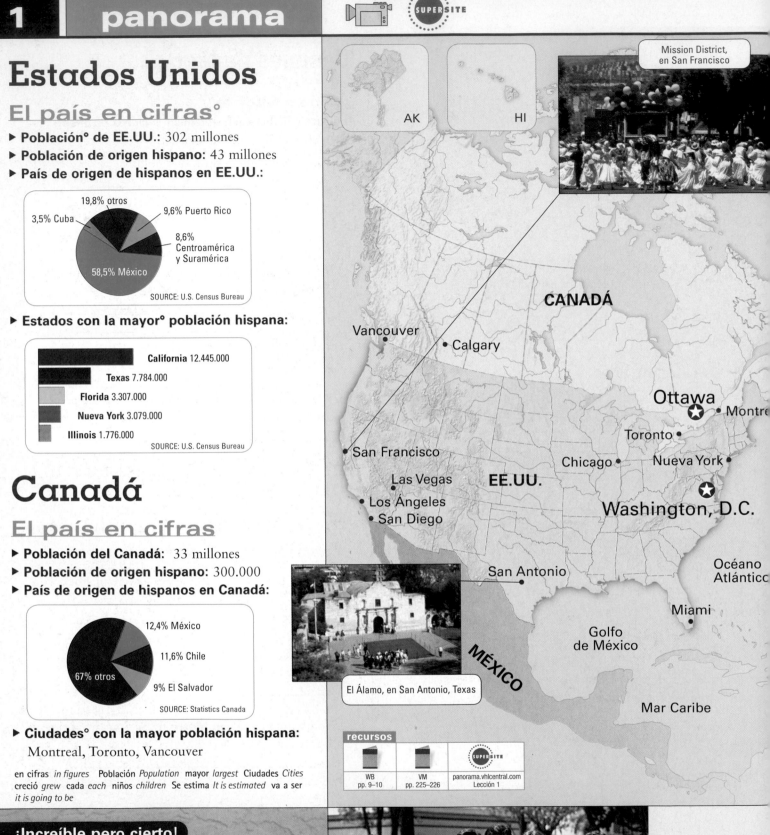

Mission District, en San Francisco

El Álamo, en San Antonio, Texas

recursos

| WB pp. 9–10 | VM pp. 225–226 | SUPERSITE panorama.vhlcentral.com Lección 1 |

¡Increíble pero cierto!

La población hispana en los EE.UU. creció° un
3.3% entre los años 2004 (dos mil cuatro) y 2005
(dos mil cinco) (1.3 millones de personas más).
Hoy, uno de cada° cinco niños° en los EE.UU.
es de origen hispano. Se estima° que en el año
2050 va a ser° uno de cada cuatro.

SOURCE: U.S. Census Bureau and The Associated Press

Comida • La comida mexicana

La comida° mexicana es muy popular en los Estados Unidos. Los tacos, las enchiladas, las quesadillas y los frijoles son platos° mexicanos que frecuentemente forman parte de las comidas de muchos norteamericanos. También° son populares las variaciones de la comida mexicana en los Estados Unidos... el tex-mex y el cali-mex.

Lugares • La Pequeña Habana

La Pequeña Habana° es un barrio° de Miami, Florida, donde viven° muchos cubanoamericanos. Es un lugar° donde se encuentran° las costumbres° de la cultura cubana, los aromas y sabores° de su comida y la música salsa. La Pequeña Habana es una parte de Cuba en los Estados Unidos.

Costumbres • Desfile puertorriqueño

Cada junio desde° 1951 (mil novecientos cincuenta y uno), los puertorriqueños celebran su cultura con un desfile° en Nueva York. Es un gran espectáculo con carrozas° y música salsa, merengue y hip-hop. Muchos espectadores llevan° la bandera° de Puerto Rico en su ropa° o pintada en la cara°.

Sociedad • La influencia hispánica en Canadá

La presencia hispana en Canadá es importante en la cultura del país. En 1998 (mil novecientos noventa y ocho) se establecieron° los *Latin American Achievement Awards Canada*, para reconocer° los logros° de la comunidad en varios campos°. Dos figuras importantes de origen argentino son Alberto Manguel (novelista) y Sergio Marchi (político°). Osvaldo Núñez es un político de origen chileno. Hay grupos musicales que son parte de la cultura hispana en Canadá: Dominicanada, Bomba, Norteño y Rasca.

¿Qué aprendiste? Completa las frases con la información adecuada (*appropriate*).

1. Hay _____ de personas de origen hispano en los Estados Unidos.

2. Los cuatro estados con las poblaciones hispanas más grandes son (en orden) _____, Texas, Florida y _____.

3. Toronto, Montreal y _____ son las tres ciudades con mayor población hispana del Canadá.

4. Las quesadillas y las enchiladas son platos _____.

5. La Pequeña _____ es un barrio de Miami.

6. En Miami hay muchas personas de origen _____.

7. Cada junio se celebra en Nueva York un gran desfile para personas de origen _____.

8. Dominicanada es un _____ del Canadá.

Conexión Internet Investiga estos temas en **panorama.vhlcentral.com**.

1. Haz (*Make*) una lista de seis hispanos célebres de los EE.UU. o Canadá. Explica (*Explain*) por qué (*why*) son célebres.

2. Escoge (*Choose*) seis lugares en los Estados Unidos con nombres hispanos e investiga sobre el origen y el significado (*meaning*) de cada nombre.

comida *food* platos *dishes* También *Also* La Pequeña Habana *Little Havana* barrio *neighborhood* viven *live* lugar *place*
se encuentran *are found* costumbres *customs* sabores *flavors* Cada junio desde *Each June since* desfile *parade*
con carrozas *with floats* llevan *wear* bandera *flag* ropa *clothing* cara *face* se establecieron *were established* reconocer
to recognize logros *achievements* campos *fields* político *politician*

Saludos

Hola.	Hello; Hi.
Buenos días.	Good morning.
Buenas tardes.	Good afternoon.
Buenas noches.	Good evening; Good night.

Despedidas

Adiós.	Goodbye.
Nos vemos.	See you.
Hasta luego.	See you later.
Hasta la vista.	See you later.
Hasta pronto.	See you soon.
Hasta mañana.	See you tomorrow.
Saludos a...	Greetings to…
Chau.	Bye.

¿Cómo está?

¿Cómo está usted?	How are you? (form.)
¿Cómo estás?	How are you? (fam.)
¿Qué hay de nuevo?	What's new?
¿Qué pasa?	What's happening?; What's going on?
¿Qué tal?	How are you?; How is it going?
(Muy) bien, gracias.	(Very) well, thanks.
Nada.	Nothing.
No muy bien.	Not very well.
Regular.	So-so; OK.

Expresiones de cortesía

Con permiso.	Pardon me; Excuse me.
De nada.	You're welcome.
Lo siento.	I'm sorry.
(Muchas) gracias.	Thank you (very much); Thanks (a lot).
No hay de qué.	You're welcome.
Perdón.	Pardon me; Excuse me.
por favor	please

Títulos

señor (Sr.); don	Mr.; sir
señora (Sra.); doña	Mrs.; ma'am
señorita (Srta.)	Miss

Presentaciones

¿Cómo se llama usted?	What's your name? (form.)
¿Cómo te llamas (tú)?	What's your name? (fam.)
Me llamo...	My name is…
¿Y tú?	And you? (fam.)
¿Y usted?	And you? (form.)
Mucho gusto.	Pleased to meet you.
El gusto es mío.	The pleasure is mine.
Encantado/a.	Delighted; Pleased to meet you.
Igualmente.	Likewise.
Éste/Ésta es...	This is…
Le presento a...	I would like to introduce (name) to you… (form.)
Te presento a...	I would like to introduce (name) to you… (fam.)
el nombre	name

¿De dónde es?

¿De dónde es usted?	Where are you from? (form.)
¿De dónde eres?	Where are you from? (fam.)
Soy de...	I'm from…

Palabras adicionales

¿cuánto(s)/a(s)?	how much/many?
¿de quién...?	whose…? (sing.)
¿de quiénes...?	whose…? (plural)
(no) hay	there is (not); there are (not)

Países

Ecuador	Ecuador
España	Spain
Estados Unidos (EE.UU.)	United States
México	Mexico
Puerto Rico	Puerto Rico

Verbo

ser	to be

Sustantivos

el autobús	bus
la capital	capital city
el chico	boy
la chica	girl
la computadora	computer
la comunidad	community
el/la conductor(a)	driver
la conversación	conversation
la cosa	thing
el cuaderno	notebook
el día	day
el diario	diary
el diccionario	dictionary
la escuela	school
el/la estudiante	student
la foto(grafía)	photograph
la grabadora	tape recorder
el hombre	man
el/la joven	youth; young person
el lápiz	pencil
la lección	lesson
la maleta	suitcase
la mano	hand
el mapa	map
la mujer	woman
la nacionalidad	nationality
el número	number
el país	country
la palabra	word
el/la pasajero/a	passenger
el problema	problem
el/la profesor(a)	teacher
el programa	program
el/la turista	tourist
el video	video

Numbers 0–30	See page 16.
Telling time	See pages 24–25.
Expresiones útiles	See page 7.

recursos

LM p. 6

panorama.vhlcentral.com Lección 1

En la universidad

2

A PRIMERA VISTA
- ¿Hay dos chicas en la foto?
- ¿Hay un libro o dos?
- ¿Son turistas o estudiantes?
- ¿Qué hora es, la una de la mañana o de la tarde?

En la universidad

Más vocabulario

la biblioteca	*library*
la cafetería	*cafeteria*
la casa	*house; home*
el estadio	*stadium*
el laboratorio	*laboratory*
la librería	*bookstore*
la residencia estudiantil	*dormitory*
la universidad	*university; college*
el/la compañero/a de clase	*classmate*
el/la compañero/a de cuarto	*roommate*
la clase	*class*
el curso	*course*
la especialización	*major*
el examen	*test; exam*
el horario	*schedule*
la prueba	*test; quiz*
el semestre	*semester*
la tarea	*homework*
el trimestre	*trimester; quarter*
la administración de empresas	*business administration*
el arte	*art*
la biología	*biology*
las ciencias	*sciences*
la computación	*computer science*
la contabilidad	*accounting*
la economía	*economics*
el español	*Spanish*
la física	*physics*
la geografía	*geography*
la música	*music*

Variación léxica

pluma ←→ bolígrafo
pizarra ←→ tablero (*Col.*)

recursos

WB pp. 11–12

LM p. 7

SUPERSITE
panorama.vhlcentral.com
Lección 2

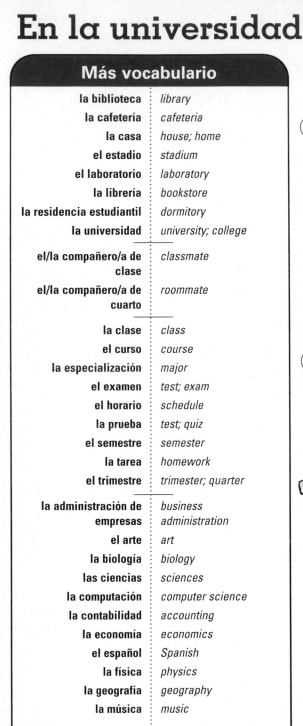

el reloj

la ventana

la puerta

la profesora

el estudiante

la mesa

el libro

la mochila

la pluma

Práctica

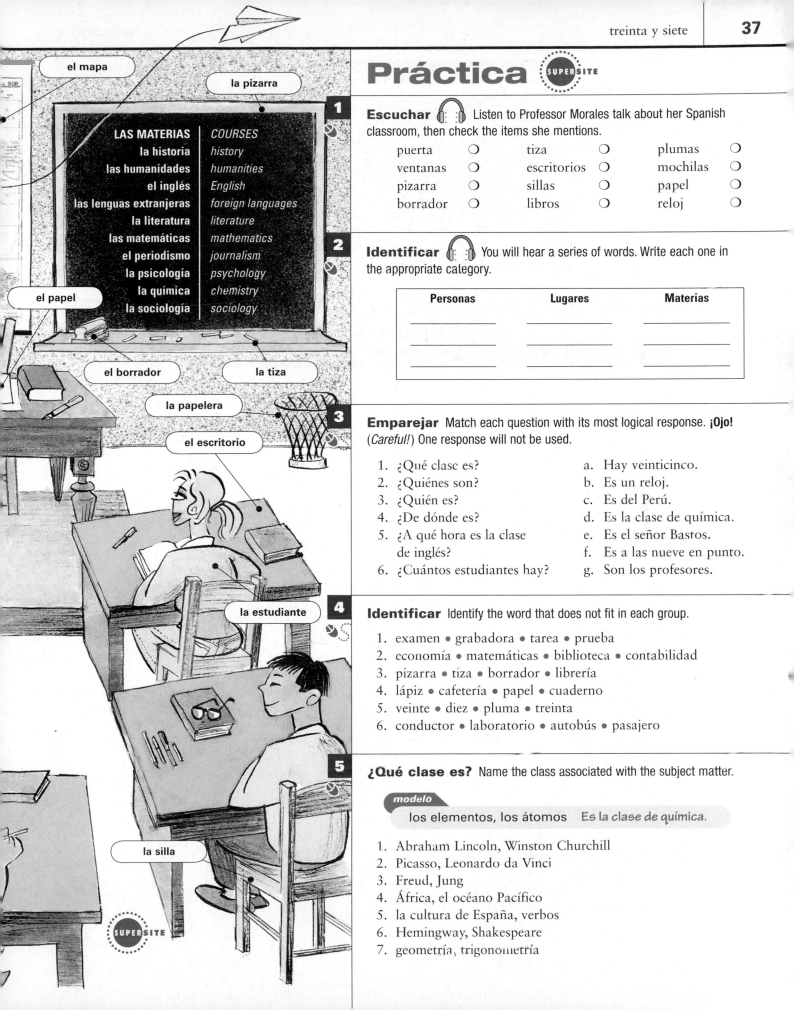

LAS MATERIAS / COURSES

LAS MATERIAS	COURSES
la historia	history
las humanidades	humanities
el inglés	English
las lenguas extranjeras	foreign languages
la literatura	literature
las matemáticas	mathematics
el periodismo	journalism
la psicología	psychology
la química	chemistry
la sociología	sociology

Labels: el mapa, la pizarra, el papel, el borrador, la tiza, la papelera, el escritorio, la estudiante, la silla

1 Escuchar Listen to Professor Morales talk about her Spanish classroom, then check the items she mentions.

puerta ○   tiza ○   plumas ○
ventanas ○   escritorios ○   mochilas ○
pizarra ○   sillas ○   papel ○
borrador ○   libros ○   reloj ○

2 Identificar You will hear a series of words. Write each one in the appropriate category.

Personas	Lugares	Materias
_____	_____	_____
_____	_____	_____
_____	_____	_____

3 Emparejar Match each question with its most logical response. **¡Ojo!** (*Careful!*) One response will not be used.

1. ¿Qué clase es?
2. ¿Quiénes son?
3. ¿Quién es?
4. ¿De dónde es?
5. ¿A qué hora es la clase de inglés?
6. ¿Cuántos estudiantes hay?

a. Hay veinticinco.
b. Es un reloj.
c. Es del Perú.
d. Es la clase de química.
e. Es el señor Bastos.
f. Es a las nueve en punto.
g. Son los profesores.

4 Identificar Identify the word that does not fit in each group.

1. examen • grabadora • tarea • prueba
2. economía • matemáticas • biblioteca • contabilidad
3. pizarra • tiza • borrador • librería
4. lápiz • cafetería • papel • cuaderno
5. veinte • diez • pluma • treinta
6. conductor • laboratorio • autobús • pasajero

5 ¿Qué clase es? Name the class associated with the subject matter.

modelo
los elementos, los átomos   Es la clase de química.

1. Abraham Lincoln, Winston Churchill
2. Picasso, Leonardo da Vinci
3. Freud, Jung
4. África, el océano Pacífico
5. la cultura de España, verbos
6. Hemingway, Shakespeare
7. geometría, trigonometría

SUPERSITE

Los días de la semana

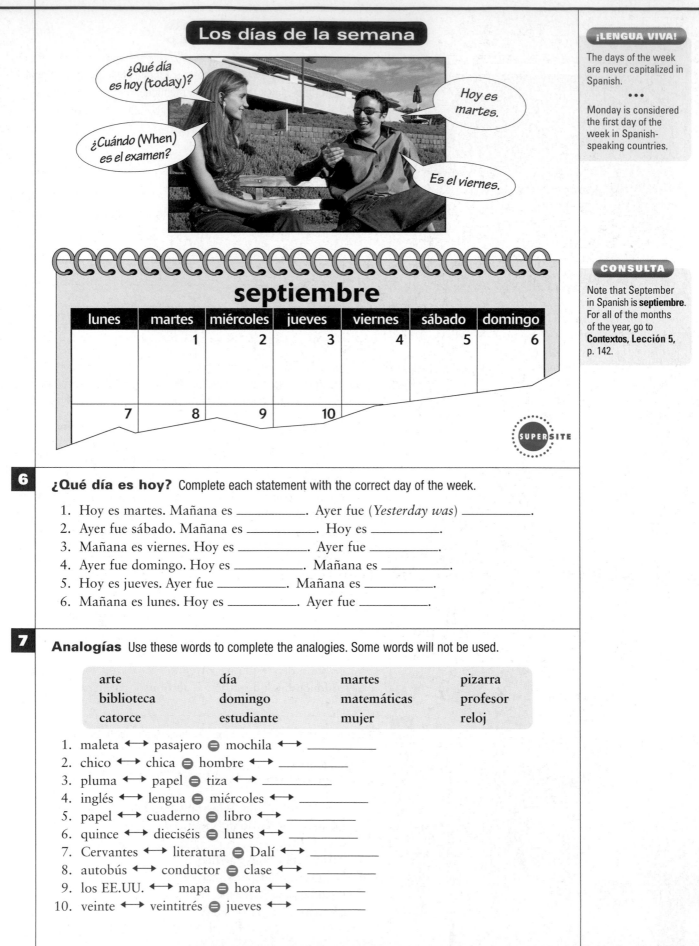

¿Qué día es hoy (today)?

¿Cuándo (When) es el examen?

Hoy es martes.

Es el viernes.

septiembre

lunes	martes	miércoles	jueves	viernes	sábado	domingo
	1	2	3	4	5	6
7	8	9	10			

¡LENGUA VIVA!

The days of the week are never capitalized in Spanish.

• • •

Monday is considered the first day of the week in Spanish-speaking countries.

CONSULTA

Note that September in Spanish is **septiembre**. For all of the months of the year, go to **Contextos, Lección 5,** p. 142.

SUPERSITE

6 **¿Qué día es hoy?** Complete each statement with the correct day of the week.

1. Hoy es martes. Mañana es _____. Ayer fue (*Yesterday was*) _____.
2. Ayer fue sábado. Mañana es _____. Hoy es _____.
3. Mañana es viernes. Hoy es _____. Ayer fue _____.
4. Ayer fue domingo. Hoy es _____. Mañana es _____.
5. Hoy es jueves. Ayer fue _____. Mañana es _____.
6. Mañana es lunes. Hoy es _____. Ayer fue _____.

7 **Analogías** Use these words to complete the analogies. Some words will not be used.

arte	día	martes	pizarra
biblioteca	domingo	matemáticas	profesor
catorce	estudiante	mujer	reloj

1. maleta ⟷ pasajero ⊜ mochila ⟷ _____
2. chico ⟷ chica ⊜ hombre ⟷ _____
3. pluma ⟷ papel ⊜ tiza ⟷ _____
4. inglés ⟷ lengua ⊜ miércoles ⟷ _____
5. papel ⟷ cuaderno ⊜ libro ⟷ _____
6. quince ⟷ dieciséis ⊜ lunes ⟷ _____
7. Cervantes ⟷ literatura ⊜ Dalí ⟷ _____
8. autobús ⟷ conductor ⊜ clase ⟷ _____
9. los EE.UU. ⟷ mapa ⊜ hora ⟷ _____
10. veinte ⟷ veintitrés ⊜ jueves ⟷ _____

Comunicación

8

Horario Choose three classes to create your own class schedule, then discuss it with a classmate.

materia	hora	días	profesor(a)
historia	9–10	lunes, miércoles	Ordóñez
biología	12–1	lunes, jueves	Dávila
periodismo	2–3	martes, jueves	Quiñones
matemáticas	2–3	miércoles, jueves	Jiménez
arte	12–1:30	lunes, miércoles	Molina

¡ATENCIÓN!

Use **el** + [*day of the week*] when an activity occurs on a specific day and **los** + [*day of the week*] when an activity occurs regularly.

El lunes tengo un examen.
On Monday I have an exam.

Los lunes y miércoles tomo biología.
On Mondays and Wednesdays I take biology.

•••

Except for **sábados** and **domingos,** the singular and plural forms for days of the week are the same.

modelo

Estudiante 1: Tomo (*I take*) biología los lunes y jueves con (*with*) la profesora Dávila.

Estudiante 2: ¿Sí? Yo no tomo biología. Yo tomo arte los lunes y miércoles con el profesor Molina.

9

La clase First, look around your classroom to get a mental image, then close your eyes. Your partner will then use these words or other vocabulary to ask you questions about the classroom. After you have answered six questions, switch roles.

modelo

Estudiante 1: ¿Cuántas ventanas hay?
Estudiante 2: Hay cuatro ventanas.

escritorio	mochila	puerta
estudiante	pizarra	reloj
libro	profesor(a)	silla

10

Nuevos amigos During the first week of class, you meet a new student in the cafeteria. With a partner, prepare a conversation using these cues.

Estudiante 1

Greet your new acquaintance.

Find out about him or her.

Ask about your partner's class schedule.

Say nice to meet you and goodbye.

Estudiante 2

Introduce yourself.

Tell him or her about yourself.

Compare your schedule to your partner's.

Say nice to meet you and goodbye.

¿Qué clases tomas?

Maite, Inés, Javier y Álex hablan de las clases.

ÁLEX Hola, Ricardo…
Aquí estamos en la Mitad del Mundo. ¿Qué tal las clases en la UNAM?

MAITE Es exactamente como las fotos en los libros de geografía.

INÉS ¡Sí! ¿También tomas tú geografía?

MAITE Yo no. Yo tomo inglés y literatura. También tomo una clase de periodismo.

MAITE Muy buenos días. María Teresa Fuentes, de Radio Andina FM 93. Hoy estoy con estudiantes de la Universidad San Francisco de Quito. ¡A ver! La señorita que está cerca de la ventana… ¿Cómo te llamas y de dónde eres?

MAITE ¿En qué clase hay más chicos?

INÉS Bueno, eh… en la clase de historia.

MAITE ¿Y más chicas?

INÉS En la de sociología hay más chicas, casi un ochenta y cinco por ciento.

MAITE Y tú, joven, ¿cómo te llamas y de dónde eres?

JAVIER Me llamo Javier Gómez y soy de San Juan, Puerto Rico.

MAITE ¿Tomas muchas clases este semestre?

JAVIER Sí, tomo tres: historia y arte los lunes, miércoles y viernes y computación los martes y jueves.

MAITE ¿Te gustan las computadoras, Javier?

JAVIER No me gustan nada. Me gusta mucho más el arte… y sobre todo me gusta dibujar.

ÁLEX ¿Cómo que no? ¿No te gustan las computadoras?

INÉS Hola. Me llamo Inés Ayala Loor y soy del Ecuador... de Portoviejo.

MAITE Encantada. ¿Qué clases tomas en la universidad?

INÉS Tomo geografía, inglés, historia, sociología y arte.

MAITE Tomas muchas clases, ¿no?

INÉS Pues sí, me gusta estudiar mucho.

ÁLEX Pero si son muy interesantes, hombre.

JAVIER Sí, ¡muy interesantes!

Expresiones útiles

Talking about classes

- **¿Qué tal las clases en la UNAM?**
  How are classes going at UNAM?
- **¿También tomas tú geografía?**
  Are you also taking geography?
  No, tomo inglés y literatura.
  No, I'm taking English and literature.

- **Tomas muchas clases, ¿no?**
  You're taking lots of classes, aren't you?
  Pues sí.   *Well, yes.*

- **¿En qué clase hay más chicos?**
  In which class are there more guys?
  En la clase de historia.
  In history class.

Talking about likes/dislikes

- **¿Te gusta estudiar?**
  Do you like to study?
  Sí, me gusta mucho. Pero también me gusta mirar la televisión.
  Yes, I like it a lot. But I also like to watch television.
- **¿Te gusta la clase de sociología?**
  Do you like sociology class?
  Sí, me gusta muchísimo.
  Yes, I like it very much.
- **¿Te gustan las computadoras?**
  Do you like computers?
  No, no me gustan nada.
  No, I don't like them at all.

Talking about location

- **Aquí estamos en...**
  Here we are at/in...
- **¿Dónde está la señorita?**
  Where is the young woman?
  Está cerca de la ventana.
  She's near the window.

Expressing hesitation

- **A ver...**
  Let's see...
- **Bueno...**
  Well...

¿Qué pasó? SUPERSITE

1

Escoger Choose the answer that best completes each sentence.

1. Maite toma (*is taking*) _____ en la universidad.
   a. geografía, inglés y periodismo b. economía, periodismo y literatura
   c. periodismo, inglés y literatura

2. Inés toma sociología, geografía, _____.
   a. inglés, historia y arte b. periodismo, computación y arte
   c. historia, literatura y biología

3. Javier toma _____ clases este semestre.
   a. cuatro b. tres c. dos

4. Javier toma historia y _____ los _____.
   a. computación; martes y jueves b. arte; lunes, martes y miércoles
   c. arte; lunes, miércoles y viernes

2

Identificar Indicate which person would make each statement.
The names may be used more than once.

1. Sí, me gusta estudiar.
2. ¡Hola! ¿Te gustan las clases en la UNAM?
3. ¿La clase de periodismo? Sí, me gusta mucho.
4. Hay más chicas en la clase de sociología.
5. Buenos días. Yo soy de Radio Andina FM 93.
6. ¡Uf! ¡No me gustan las computadoras!
7. Las computadoras son muy interesantes.
8. Me gusta dibujar en la clase de arte.

INÉS

JAVIER   MAITE

ÁLEX

3

Completar These sentences are similar to things said in the **Fotonovela**.
Complete each sentence with the correct word(s).

la sociología	el arte	la Universidad San Francisco de Quito
la clase de historia	geografía	la Mitad del Mundo

1. Maite, Javier, Inés y yo estamos en...
2. Hay fotos impresionantes de la Mitad del Mundo en los libros de...
3. Me llamo Maite. Estoy aquí con estudiantes de...
4. Hay muchos chicos en...
5. No me gustan las computadoras. Me gusta más...

NOTA CULTURAL

In the **Fotonovela**, Álex, Maite, Javier, and Inés visit **la Mitad del Mundo** (*Center of the World*), a monument north of Quito, Ecuador. It marks the line at which the equator divides the Earth's northern and southern hemispheres.

4

Preguntas personales Interview a classmate about his/her university life.

1. ¿Qué clases tomas en la universidad?
2. ¿Qué clases tomas los martes?
3. ¿Qué clases tomas los viernes?
4. ¿En qué clase hay más chicos?
5. ¿En qué clase hay más chicas?
6. ¿Te gusta la clase de español?

Pronunciación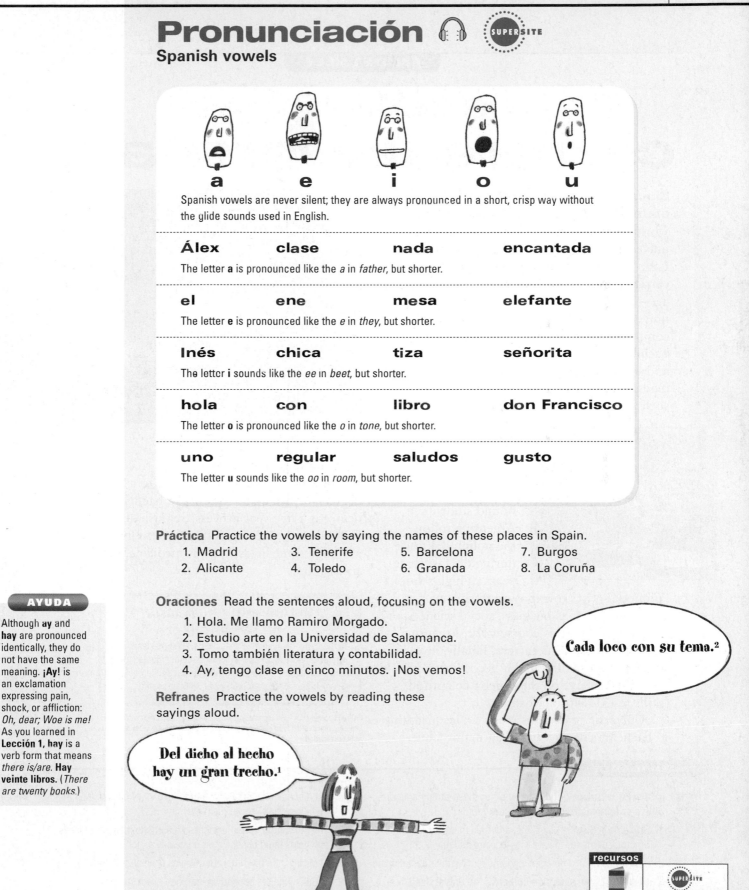

Spanish vowels

a   e   i   o   u

Spanish vowels are never silent; they are always pronounced in a short, crisp way without the glide sounds used in English.

Álex	**clase**	**nada**	**encantada**

The letter **a** is pronounced like the *a* in *father*, but shorter.

el	**ene**	**mesa**	**elefante**

The letter **e** is pronounced like the *e* in *they*, but shorter.

Inés	**chica**	**tiza**	**señorita**

The letter **i** sounds like the *ee* in *beet*, but shorter.

hola	**con**	**libro**	**don Francisco**

The letter **o** is pronounced like the *o* in *tone*, but shorter.

uno	**regular**	**saludos**	**gusto**

The letter **u** sounds like the *oo* in *room*, but shorter.

Práctica Practice the vowels by saying the names of these places in Spain.

1. Madrid
2. Alicante
3. Tenerife
4. Toledo
5. Barcelona
6. Granada
7. Burgos
8. La Coruña

Oraciones Read the sentences aloud, focusing on the vowels.

1. Hola. Me llamo Ramiro Morgado.
2. Estudio arte en la Universidad de Salamanca.
3. Tomo también literatura y contabilidad.
4. Ay, tengo clase en cinco minutos. ¡Nos vemos!

Refranes Practice the vowels by reading these sayings aloud.

Del dicho al hecho hay un gran trecho.¹

Cada loco con su tema.²

1 *Easier said than done.* 2 *To each his own.*

EN DETALLE

La elección de una
carrera universitaria

Since higher education is heavily state-subsidized in the Spanish-speaking world, tuition is almost free and thus public universities see large enrollments. Spanish and Latin American students generally choose their **carrera universitaria** (major) around 18 years of age—either the year before or upon entering the university. In order to enroll, all students must complete a high school degree, known as the **bachillerato**. In countries like Bolivia, Mexico, and Peru, the last year of high school (**colegio***) tends to be specialized toward an area of study, such as the arts or natural sciences.

Universidad Central de Venezuela en Caracas

Students then choose their major according to their area of specialization. Similarly, university-bound students in Argentina follow the **polimodal** track during the last three years of high school. **Polimodal** refers to exposure to various disciplines, such as business, social sciences, or design; based on this coursework, Argentine students choose their **carrera**. Finally, in Spain, students choose their major according to the score they receive on the **prueba de aptitud** (skills test or entrance exam).

University graduates receive a **licenciatura**, or bachelor's degree. In Argentina or Chile, a **licenciatura** takes four to six years to complete, and may be considered equivalent to a master's degree. In Peru and Venezuela, a bachelor's degree is a five-year process. Spanish and Colombian **licenciaturas** take four to five years, although some fields, such as medicine, require six or more.

> **Estudiantes hispanos en los EE.UU.**
>
> In the 2004–05 academic year, over 13,000 Mexican students (2.3% of all international students) studied at U.S. universities. Colombians were the second largest Spanish-speaking group, with over 7,000 students.

*¡Ojo! El **colegio** is a false cognate. In most countries, it means *high school*, but in some regions it refers to an elementary school. All undergraduate study takes place at **la universidad**.

ACTIVIDADES

1 **¿Cierto o falso?** Indicate whether these statements are **cierto** or **falso**. Correct the false statements.

1. Students in Spanish-speaking countries must pay large amounts of money toward their college tuition.

2. After studying at a **colegio**, students receive their **bachillerato**.

3. Undergraduates study at a **colegio** or an **universidad**.

4. In Latin America and Spain, students usually choose their majors in their second year at the university.

5. The **polimodal** system exposes students to many disciplines and helps them choose their university major.

6. In Mexico, the **bachillerato** involves specialized study.

7. In Spain, majors depend on entrance exam scores.

8. Venezuelans complete a **licenciatura** in five years.

ASÍ SE DICE

Clases y exámenes

aprobar	*to pass*
la asignatura (Esp.)	la clase, la materia
la clase anual	*year-long course*
el examen parcial	*midterm exam*
la facultad	*department, school*
la investigación	*research*
reprobar; suspender (Esp.)	*to fail*
sacar buenas/ malas notas	*to get good/ bad grades*
tomar apuntes	*to take notes*

EL MUNDO HISPANO

Las universidades hispanas

Enrollment in Spanish and Latin American universities is often much higher than in the U.S.

○ **Universidad de Buenos Aires** (Argentina) 308.600 estudiantes

○ **Universidad Autónoma de Santo Domingo** (República Dominicana) 100.000 estudiantes

○ **Universidad Complutense de Madrid** (España) 92.000 estudiantes

○ **Universidad Central de Venezuela** (Venezuela) 60.000 estudiantes

PERFIL

La UNAM

The **Universidad Nacional Autónoma de México (UNAM)**, founded in 1551, is the second oldest university in North America. Its enrollment of about 270,000 students makes this one of the largest universities in the world. The main campus (or **ciudad universitaria**), located in Mexico City, has a famous library covered with the world's largest mosaic mural, which depicts scenes from Mexico's precolonial past, present, and future. The university has also established several locations in other parts of Mexico and abroad (including the United States and Canada). Today the **UNAM** is widely considered one of the best institutions of higher education in Latin America.

SUPERSITE **Conexión Internet**

To which **facultad** does your major belong in Spain or Latin America?

Go to **panorama.vhlcentral.com** to find more cultural information related to this **Cultura** section.

ACTIVIDADES

2 **Comprensión** Complete these sentences.

1. The **UNAM** was founded in the year _____ .
2. A _____ is a year-long course.
3. The world's largest _____ is part of the **UNAM**'s library.
4. Over 300,000 students attend the _____ .
5. An _____ occurs about halfway through a course.

3 **La universidad en cifras** With a partner, research a Spanish or Latin American university online and find five statistics about that institution (for instance, the total enrollment, majors offered, year it was founded, etc.). Using the information you found, create a dialogue between a prospective student and a university representative. Present your dialogue to the class.

2.1 Present tense of -ar verbs

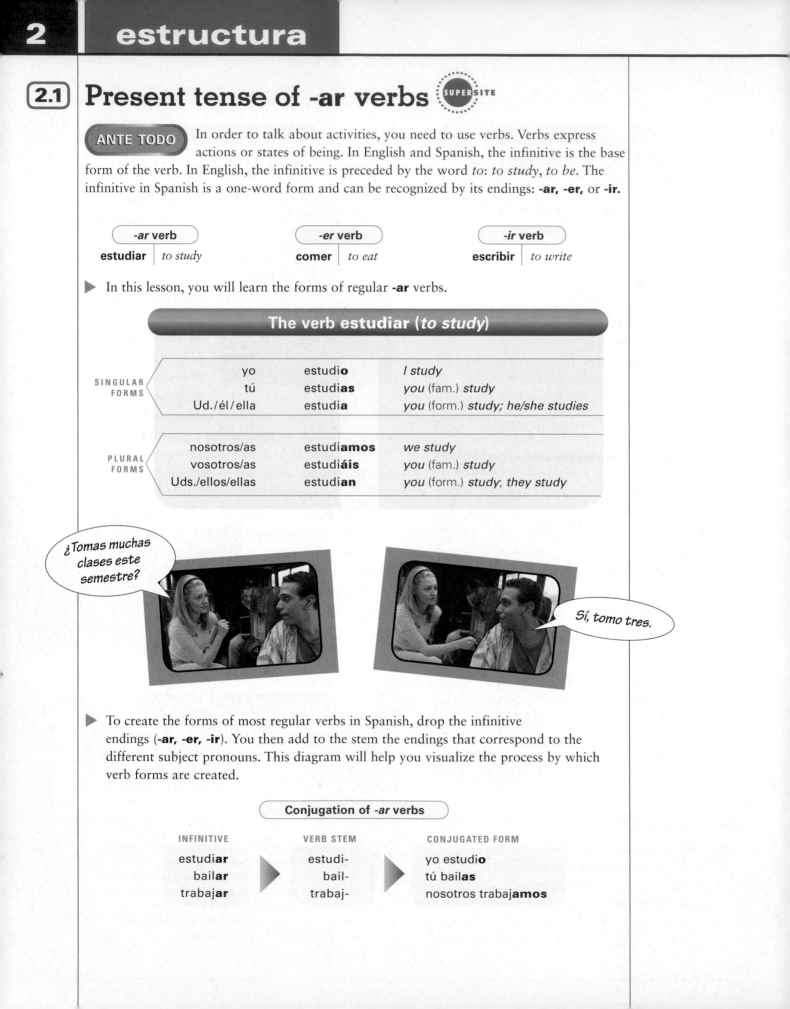

ANTE TODO In order to talk about activities, you need to use verbs. Verbs express actions or states of being. In English and Spanish, the infinitive is the base form of the verb. In English, the infinitive is preceded by the word *to*: *to study*, *to be*. The infinitive in Spanish is a one-word form and can be recognized by its endings: **-ar, -er,** or **-ir.**

-ar verb		*-er* verb		*-ir* verb	
estudiar	*to study*	**comer**	*to eat*	**escribir**	*to write*

▶ In this lesson, you will learn the forms of regular **-ar** verbs.

The verb estudiar (*to study*)

SINGULAR FORMS			
	yo	estudi**o**	*I study*
	tú	estudi**as**	*you* (fam.) *study*
	Ud./él/ella	estudi**a**	*you* (form.) *study; he/she studies*

PLURAL FORMS			
	nosotros/as	estudi**amos**	*we study*
	vosotros/as	estudi**áis**	*you* (fam.) *study*
	Uds./ellos/ellas	estudi**an**	*you* (form.) *study; they study*

¿Tomas muchas clases este semestre?

Sí, tomo tres.

▶ To create the forms of most regular verbs in Spanish, drop the infinitive endings (**-ar, -er, -ir**). You then add to the stem the endings that correspond to the different subject pronouns. This diagram will help you visualize the process by which verb forms are created.

Conjugation of *-ar* verbs

INFINITIVE	VERB STEM	CONJUGATED FORM
estudi**ar**	estudi-	yo estudi**o**
bail**ar**	bail-	tú bail**as**
trabaj**ar**	trabaj-	nosotros trabaj**amos**

Common -ar verbs

bailar	to dance	**estudiar**	to study
buscar	to look for	**explicar**	to explain
caminar	to walk	**hablar**	to talk; to speak
cantar	to sing	**llegar**	to arrive
cenar	to have dinner	**llevar**	to carry
comprar	to buy	**mirar**	to look (at); to watch
contestar	to answer	**necesitar (+ inf.)**	to need
conversar	to converse, to chat	**practicar**	to practice
desayunar	to have breakfast	**preguntar**	to ask (a question)
descansar	to rest	**preparar**	to prepare
desear (+ inf.)	to desire; to wish	**regresar**	to return
dibujar	to draw	**terminar**	to end; to finish
enseñar	to teach	**tomar**	to take; to drink
escuchar	to listen (to)	**trabajar**	to work
esperar (+ inf.)	to wait (for); to hope	**viajar**	to travel

► **¡Atención!** The Spanish verbs **buscar, escuchar, esperar,** and **mirar** do not need to be followed by prepositions as they do in English.

Busco la tarea.
I'm looking for the homework.

Escucho la música.
I'm listening to the music.

Espero el autobús.
I'm waiting for the bus.

Miro la pizarra.
I'm looking at the blackboard.

COMPARE & CONTRAST

English uses three sets of forms to talk about the present: (1) the simple present (*Paco works*), (2) the present progressive (*Paco is working*), and (3) the emphatic present (*Paco does work*). In Spanish, the simple present can be used in all three cases.

Paco **trabaja** en la cafetería.
— 1. *Paco works in the cafeteria.*
— 2. *Paco is working in the cafeteria.*
— 3. *Paco does work in the cafeteria.*

In Spanish and English, the present tense is also sometimes used to express future action.

Marina **viaja** a Madrid mañana.
— 1. *Marina travels to Madrid tomorrow.*
— 2. *Marina will travel to Madrid tomorrow.*
— 3. *Marina is traveling to Madrid tomorrow.*

► When two verbs are used together with no change of subject, the second verb is generally in the infinitive. To make a sentence negative in Spanish, the word **no** is placed before the conjugated verb. In this case, **no** means *not*.

Deseo hablar con don Francisco.
I want to speak with Don Francisco.

Alicia **no** desea bailar ahora.
Alicia doesn't want to dance now.

▶ Spanish speakers often omit subject pronouns because the verb endings indicate who the subject is. In Spanish, subject pronouns are used for emphasis, clarification, or contrast.

> **Clarification/Contrast**

—¿Qué enseñan?   —**Ella** enseña arte y **él** enseña física.
What do they teach?   *She teaches art, and he teaches physics.*

> **Emphasis**

—¿Quién desea trabajar hoy?   —**Yo** no deseo trabajar hoy.
Who wants to work today?   *I don't want to work today.*

The verb gustar

▶ To express your own likes and dislikes, use the expression **me gusta** + [*singular noun*] or **me gustan** + [*plural noun*]. Never use a subject pronoun (such as **yo**) with this structure.

Me gusta la música clásica.   **Me gustan las clases** de español y biología.
I like classical music.   *I like Spanish and biology classes.*

▶ To express what you like to do, use the expression **me gusta** + [*infinitive(s)*].

Me gusta viajar.   **Me gusta cantar** y **bailar**.
I like to travel.   *I like to sing and dance.*

▶ To use the verb **gustar** with reference to another person, use the expressions **te gusta(n)** (**tú**) or **a** + [*name/pronoun*] **le gusta(n)** (**usted, él, ella**). To say that someone does not like something, insert the word **no** before the expression.

AYUDA

Use the construction **a** + [*name/pronoun*] to clarify to whom you are referring. This construction is not always necessary.
A Gabriela le gusta bailar.
A Sara y a él les gustan los animales.

Te gusta la geografía.   **A Javier no le gustan las computadoras.**
You like geography.   *Javier doesn't like computers.*

▶ To use the verb **gustar** with reference to more than one person, use **nos gusta(n)** (**nosotros**) or **a** + [*name/pronoun*] **les gusta(n)** (**ustedes, ellos, ellas**).

CONSULTA

For other verbs like **gustar**, see **Estructura 7.4**, pp. 230–231.

Nos gusta dibujar.   **A ellos** no **les gustan los exámenes.**
We like to draw.   *They don't like tests.*

¡INTÉNTALO!   Provide the present tense forms of these verbs. The first items have been done for you.

> **hablar**

1. Yo ___hablo___ español.
2. Ellos _____ español.
3. Inés _____ español.
4. Nosotras _____ español.
5. Tú _____ español.

> **gustar**

1. ___Me gusta___ el café. (yo)
2. ¿_____ las clases? (tú)
3. No _____ el café. (usted)
4. No _____ las clases. (ella)
5. No _____ el café. (nosotros)

Práctica (SUPERSITE)

1 **Completar** Complete the conversation with the appropriate forms of the verbs.

JUAN ¡Hola, Linda! ¿Qué tal las clases?

LINDA Bien. (1)_____ (tomar) tres clases… química, biología y computación.
Y tú, ¿cuántas clases (2)_____ (tomar)?

JUAN (3)_____ (tomar) tres también… biología, arte y literatura. Yo
(4)_____ (tomar) biología a las cuatro con el doctor Cárdenas. ¿Y tú?

LINDA Lily, Alberto y yo (5)_____ (tomar) biología a las diez, con la
profesora Garza.

JUAN ¿(6)_____ (estudiar) ustedes mucho?

LINDA Sí, porque hay muchos exámenes. Alberto y yo (7)_____ (estudiar)
dos horas todos los días (*every day*).

2 **Oraciones** Form sentences using the words provided. Remember to conjugate the verbs and add
any other necessary words.

1. ustedes / practicar / vocabulario
2. ¿preparar (tú) / tarea?
3. clase de español / terminar / once
4. ¿qué / buscar / ustedes?
5. (nosotros) buscar / pluma
6. (yo) comprar / computadora

3 **Gustos** Read what these people do. Then use the information in parentheses to tell what they like
or like to do.

> modelo
>
> Álvaro enseña en la universidad. (las clases)   *Le gustan las clases.*

1. Los jóvenes desean mirar cuadros (*paintings*) de Picasso. (el arte)
2. Soy estudiante de economía. (estudiar)
3. Tú estudias italiano y español. (las lenguas extranjeras)
4. Ustedes no descansan los sábados. (cantar y bailar)
5. Nosotros buscamos una computadora. (la computación)

4 **Actividades** Get together with a classmate and take turns asking each other if you do these
activities. Which activities does your partner like? Which do you both like?

bailar merengue	escuchar música rock	practicar el español
cantar bien	estudiar física	trabajar en la universidad
dibujar en clase	mirar la televisión	viajar a Europa

> modelo
>
> tomar el autobús
>
> **Estudiante 1:** ¿Tomas el autobús?
>
> **Estudiante 2:** Sí, tomo el autobús, pero (*but*) no me gusta./ No, no tomo el autobús.

AYUDA

The Spanish **no**
translates to both *no*
and *not* in English. In
negative answers to
questions, you will
need to use **no** twice:

¿Estudias geografía?

No, no estudio geografía.

Comunicación

5   **Describir** With a partner, describe what you see in the pictures using the given verbs. Also ask your partner whether or not he/she likes one of the activities.

> **modelo**
> enseñar
> La profesora enseña química. ¿Te gusta la química?

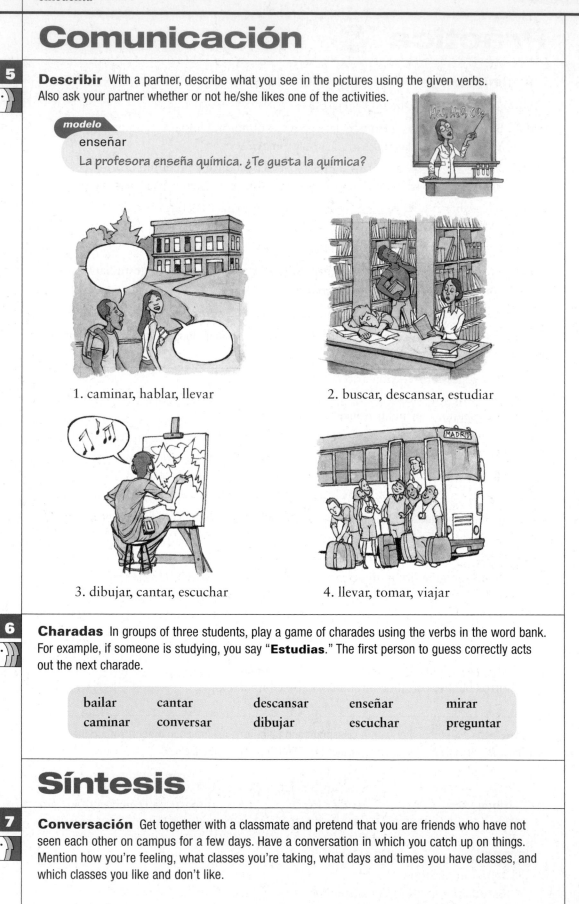

1. caminar, hablar, llevar

2. buscar, descansar, estudiar

3. dibujar, cantar, escuchar

4. llevar, tomar, viajar

6   **Charadas** In groups of three students, play a game of charades using the verbs in the word bank. For example, if someone is studying, you say "**Estudias.**" The first person to guess correctly acts out the next charade.

bailar	cantar	descansar	enseñar	mirar
caminar	conversar	dibujar	escuchar	preguntar

Síntesis

7   **Conversación** Get together with a classmate and pretend that you are friends who have not seen each other on campus for a few days. Have a conversation in which you catch up on things. Mention how you're feeling, what classes you're taking, what days and times you have classes, and which classes you like and don't like.

2.2 Forming questions in Spanish (SUPERSITE)

ANTE TODO There are three basic ways to ask questions in Spanish. Can you guess what they are by looking at the photos and photo captions on this page?

¿Dibujas mucho?

Las computadoras son muy interesantes, ¿no?

¿También tomas tú geografía?

▶ One way to form a question is to raise the pitch of your voice at the end of a declarative sentence. When writing any question in Spanish, be sure to use an upside down question mark (**¿**) at the beginning and a regular question mark (**?**) at the end of the sentence.

Statement	**Question**
Ustedes trabajan los sábados.	¿Ustedes trabajan los sábados?
You work on Saturdays.	*Do you work on Saturdays?*
Miguel busca un mapa.	¿Miguel busca un mapa?
Miguel is looking for a map.	*Is Miguel looking for a map?*

▶ You can also form a question by inverting the order of the subject and the verb of a declarative statement. The subject may even be placed at the end of the sentence.

Statement	**Question**
SUBJECT VERB	VERB SUBJECT
Ustedes trabajan los sábados.	**¿Trabajan ustedes** los sábados?
You work on Saturdays.	*Do you work on Saturdays?*
SUBJECT VERB	VERB SUBJECT
Carlota regresa a las seis.	**¿Regresa** a las seis **Carlota**?
Carlota returns at six.	*Does Carlota return at six?*

▶ Questions can also be formed by adding the tags **¿no?** or **¿verdad?** at the end of a statement.

Statement	**Question**
Ustedes trabajan los sábados.	Ustedes trabajan los sábados, **¿no?**
You work on Saturdays.	*You work on Saturdays, don't you?*
Carlota regresa a las seis.	Carlota regresa a las seis, **¿verdad?**
Carlota returns at six.	*Carlota returns at six, right?*

Question words

Interrogative words

¿Adónde?	*Where (to)?*	**¿De dónde?**	*From where?*
¿Cómo?	*How?*	**¿Dónde?**	*Where?*
¿Cuál?, ¿Cuáles?	*Which?; Which one(s)?*	**¿Por qué?**	*Why?*
¿Cuándo?	*When?*	**¿Qué?**	*What?; Which?*
¿Cuánto/a?	*How much?*	**¿Quién?**	*Who?*
¿Cuántos/as?	*How many?*	**¿Quiénes?**	*Who (plural)?*

▶ To ask a question that requires more than a *yes* or *no* answer, use an interrogative word.

¿Cuál de ellos estudia en la biblioteca?
Which of them studies in the library?

¿Adónde caminamos?
Where are we walking?

¿Cuántos estudiantes hablan español?
How many students speak Spanish?

¿Por qué necesitas hablar con ella?
Why do you need to talk to her?

¿Dónde trabaja Ricardo?
Where does Ricardo work?

¿Quién enseña la clase de arte?
Who teaches the art class?

¿Qué clases tomas?
What classes are you taking?

¿Cuánta tarea hay?
How much homework is there?

▶ When pronouncing this type of question, the pitch of your voice falls at the end of the sentence.

¿Cómo llegas a clase?
How do you get to class?

¿Por qué necesitas estudiar?
Why do you need to study?

▶ Notice the difference between **¿por qué?**, which is written as two words and has an accent, and **porque**, which is written as one word without an accent.

¿Por qué estudias español?
Why do you study Spanish?

¡Porque es divertido!
Because it's fun!

▶ In Spanish **no** can mean both *no* and *not*. Therefore, when answering a yes/no question in the negative, you need to use **no** twice.

¿Caminan a la universidad?
Do you walk to the university?

No, no caminamos a la universidad.
No, we do not walk to the university.

¡INTÉNTALO!   Make questions out of these statements. Use intonation in column 1 and the tag **¿no?** in column 2. The first item has been done for you.

Statement	Intonation	Tag questions
1. Hablas inglés.	¿Hablas inglés?	Hablas inglés, ¿no?
2. Trabajamos mañana.	_____	_____
3. Ustedes desean bailar.	_____	_____
4. Raúl estudia mucho.	_____	_____
5. Enseño a las nueve.	_____	_____
6. Luz mira la televisión.	_____	_____

¡ATENCIÓN!

To ask for clarification or repetition in Spanish, use **¿Cómo** instead of **¿Qué** to soften the request.

¿Cómo No la escuchobien.
Pardon? I can't hear you well.

CONSULTA

You will learn more about the difference between **qué** and **cuál** in **Estructura 9.3**, p. 292.

recursos

WB
pp. 15–16

LM
p. 10

SUPERSITE
panorama.
vhlcentral.com
Lección 2

Práctica SUPERSITE

1 **Preguntas** Change these sentences into questions by inverting the word order.

> **modelo**
>
> Ernesto habla con su compañero de clase.
> ¿Habla Ernesto con su compañero de clase? /
> ¿Habla con su compañero de clase Ernesto?

1. La profesora Cruz prepara la prueba.

2. Sandra y yo necesitamos estudiar.

3. Los chicos practican el vocabulario.

4. Jaime termina la tarea.

5. Tú trabajas en la biblioteca.

2 **Completar** Irene and Manolo are chatting in the library. Complete their conversation with the appropriate questions.

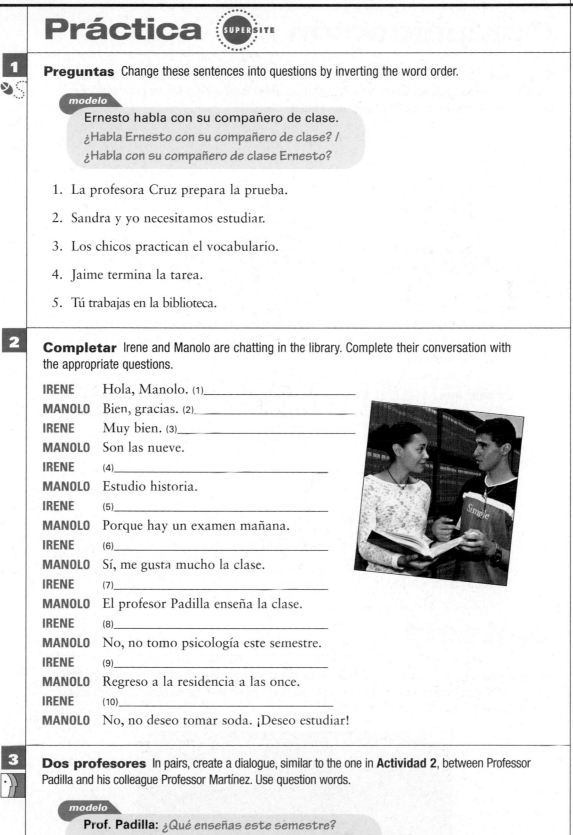

IRENE Hola, Manolo. (1)_____

MANOLO Bien, gracias. (2)_____

IRENE Muy bien. (3)_____

MANOLO Son las nueve.

IRENE (4)_____

MANOLO Estudio historia.

IRENE (5)_____

MANOLO Porque hay un examen mañana.

IRENE (6)_____

MANOLO Sí, me gusta mucho la clase.

IRENE (7)_____

MANOLO El profesor Padilla enseña la clase.

IRENE (8)_____

MANOLO No, no tomo psicología este semestre.

IRENE (9)_____

MANOLO Regreso a la residencia a las once.

IRENE (10)_____

MANOLO No, no deseo tomar soda. ¡Deseo estudiar!

3 **Dos profesores** In pairs, create a dialogue, similar to the one in **Actividad 2**, between Professor Padilla and his colleague Professor Martínez. Use question words.

> **modelo**
>
> **Prof. Padilla:** ¿Qué enseñas este semestre?
> **Prof. Martínez:** Enseño dos cursos de sociología.

Comunicación

4

Encuesta Your instructor will give you a worksheet. Change the categories in the first column into questions, then use them to survey your classmates. Find at least one person for each category. Be prepared to report the results of your survey to the class.

Categorías	Nombres
1. estudiar computación	
2. tomar una clase de psicología	
3. dibujar bien	
4. cantar bien	
5. escuchar música clásica	

5

Un juego In groups of four or five, play a game (**un juego**) of Jeopardy.® Each person has to write two clues. Then take turns reading the clues and guessing the questions. The person who guesses correctly reads the next clue.

Es algo que...	**Es un lugar donde...**	**Es una persona que...**
It's something that...	*It's a place where...*	*It's a person that...*

modelo

Estudiante 1: Es un lugar donde estudiamos.
Estudiante 2: ¿Qué es la biblioteca?

Estudiante 1: Es algo que escuchamos.
Estudiante 2: ¿Qué es la música?

Estudiante 1: Es un director de España.
Estudiante 2: ¿Quién es Pedro Almodóvar?

Síntesis

6

Entrevista Imagine that you are a reporter for the school newspaper. Write five questions about student life at your school and use them to interview two classmates. Be prepared to report your findings to the class.

[2.3] Present tense of estar

ANTE TODO   In **Lección 1**, you learned how to conjugate and use the verb **ser** *(to be)*. You will now learn a second verb which means *to be*, the verb **estar**. Although **estar** ends in **-ar**, it does not follow the pattern of regular **-ar** verbs. The **yo** form (**estoy**) is irregular. Also, all forms have an accented **á** except the **yo** and **nosotros/as** forms.

The verb estar (*to be*)		
SINGULAR FORMS		
yo	est**oy**	*I am*
tú	est**ás**	*you* (fam.) *are*
Ud./él/ella	est**á**	*you* (form.) *are; he/she is*
PLURAL FORMS		
nosotros/as	est**amos**	*we are*
vosotros/as	est**áis**	*you* (fam.) *are*
Uds./ellos/ellas	est**án**	*you* (form.) *are; they are*

CONSULTA

To review the forms of **ser**, see **Estructura 1.3**, pp. 19–21.

Hola, Ricardo… Aquí estamos en la Mitad del Mundo.

María está en la biblioteca.

COMPARE & CONTRAST

Compare the uses of the verb **estar** to those of the verb **ser**.

Uses of *estar*	Uses of *ser*

Location
Estoy en casa.
I am at home.

Inés **está** al lado de Javier.
Inés is next to Javier.

Health
Álex **está** enfermo hoy.
Álex is sick today.

Well-being
—¿Cómo **estás**, Maite?
How are you, Maite?

—**Estoy** muy bien, gracias.
I'm very well, thank you.

Identity
Hola, **soy** Maite.
Hello, I'm Maite.

Occupation
Soy estudiante.
I'm a student.

Origin
—¿**Eres** de España?
Are you from Spain?

—Sí, **soy** de España.
Yes, I'm from Spain.

Telling time
Son las cuatro.
It's four o'clock.

AYUDA

Use **la casa** to express *the house*, but **en casa** to express *at home*.

CONSULTA

To learn more about the difference between **ser** and **estar**, see **Estructura 5.3**, pp. 158–159.

▶ **Estar** is often used with certain prepositions to describe the location of a person or an object.

Prepositions often used with estar

al lado de	*next to; beside*	**delante de**	*in front of*
a la derecha de	*to the right of*	**detrás de**	*behind*
a la izquierda de	*to the left of*	**encima de**	*on top of*
en	*in; on*	**entre**	*between; among*
cerca de	*near*	**lejos de**	*far from*
con	*with*	**sin**	*without*
debajo de	*below*	**sobre**	*on; over*

La clase **está al lado de** la biblioteca.
The class is next to the library.

Los libros **están encima del** escritorio.
The books are on top of the desk.

El laboratorio **está cerca de** la clase.
The lab is near the classroom.

Maribel **está delante de** José.
Maribel is in front of José.

El estadio no **está lejos de** la librería.
The stadium isn't far from the bookstore.

El mapa **está entre** la pizarra y la puerta.
The map is between the blackboard and the door.

Los estudiantes **están en** la clase.
The students are in class.

El libro **está sobre** la mesa.
The book is on the table.

¡A ver! La señorita que está cerca de la ventana…

Aquí estoy con cuatro estudiantes de la universidad…

¡INTÉNTALO!   Provide the present tense forms of **estar**. The first item has been done for you.

1. Ustedes ___están___ en la clase.
2. José _____ en la biblioteca.
3. Yo _____ bien, gracias.
4. Nosotras _____ en la cafetería.
5. Tú _____ en el laboratorio.
6. Elena _____ en la librería.
7. Ellas _____ en la clase.

8. Ana y yo _____ en la clase.
9. ¿Cómo _____ usted?
10. Javier y Maribel _____ en el estadio.
11. Nosotros _____ en la cafetería.
12. Yo _____ en el laboratorio.
13. Carmen y María _____ enfermas.
14. Tú _____ en la clase.

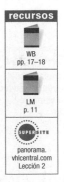

Práctica SUPERSITE

1

Completar Daniela has just returned home from her classes at the local university. Complete this conversation with the appropriate forms of **ser** or **estar**.

MAMÁ   Hola, Daniela. ¿Cómo (1)_____?

▶ **DANIELA**   Hola, mamá. (2)_____ bien. ¿Dónde (3)_____ papá?
¡Ya (*Already*) (4)_____ las ocho de la noche!

MAMÁ   No (5)_____ aquí. (6)_____ en la oficina.

DANIELA   Y Andrés y Margarita, ¿dónde (7)_____ ellos?

MAMÁ   (8)_____ en el restaurante La Palma con Martín.

DANIELA   ¿Quién (9)_____ Martín?

MAMÁ   (10)_____ un compañero de clase. (11)_____ de México.

DANIELA   Ah. Y el restaurante La Palma, ¿dónde (12)_____?

MAMÁ   (13)_____ cerca de la Plaza Mayor, en San Modesto.

DANIELA   Gracias, mamá. Voy (*I'm going*) al restaurante. ¡Hasta pronto!

2

Escoger Choose the preposition that best completes each sentence.

1. La pluma está (encima de / detrás de) la mesa.
2. La ventana está (a la izquierda de / debajo de) la puerta.
3. La pizarra está (debajo de / delante de) los estudiantes.
4. Las sillas están (encima de / detrás de) los escritorios.
5. Los estudiantes llevan los libros (en / sobre) la mochila.
6. La biblioteca está (sobre / al lado de) la residencia estudiantil.
7. España está (cerca de / lejos de) Puerto Rico.
8. Cuba está (cerca de / lejos de) los Estados Unidos.
9. Felipe trabaja (con / en) Ricardo en la cafetería.

3

La librería Imagine that you are in the school bookstore and can't find various items. Ask the clerk (your partner) where the items in the drawing are located. Then switch roles.

▶ **modelo**

Estudiante 1: ¿Dónde están los diccionarios?
Estudiante 2: Los diccionarios están debajo de los libros de literatura.

Comunicación

4

¿Dónde estás...? Get together with a partner and take turns asking each other where you are at these times.

> **modelo**
>
> lunes / 10:00 a.m.
> **Estudiante 1:** ¿Dónde estás los lunes a las diez de la mañana?
> **Estudiante 2:** Estoy en la clase de español.

1. sábados / 6:00 a.m.
2. miércoles / 9:15 a.m.
3. lunes / 11:10 a.m.
4. jueves / 12:30 a.m.

5. viernes / 2:25 p.m.
6. martes / 3:50 p.m.
7. jueves / 5:45 p.m.
8. miércoles / 8:20 p.m.

5

La ciudad universitaria You are an exchange student at a Spanish university. Tell a classmate which buildings you are looking for and ask for their location relative to where you are. Answers will vary.

> **modelo**
>
> **Estudiante 1:** ¿La Facultad de Medicina está lejos?
> **Estudiante 2:** No, está cerca. Está a la izquierda de la Facultad de Administración de Empresas.

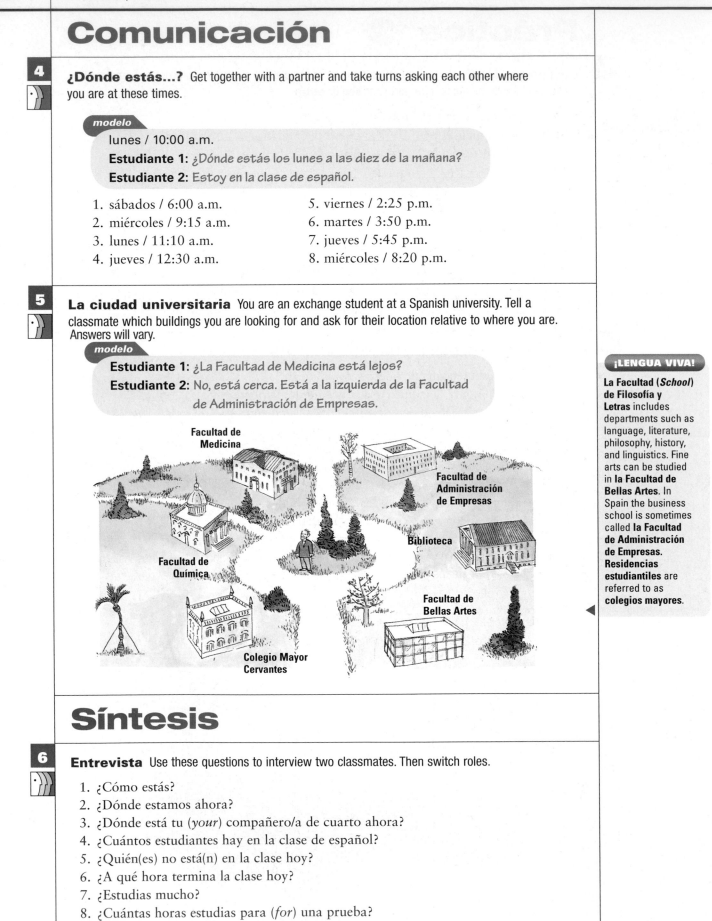

Facultad de Medicina

Facultad de Administración de Empresas

Biblioteca

Facultad de Química

Facultad de Bellas Artes

Colegio Mayor Cervantes

¡LENGUA VIVA!

La Facultad (*School*) de Filosofía y Letras includes departments such as language, literature, philosophy, history, and linguistics. Fine arts can be studied in **la Facultad de Bellas Artes**. In Spain the business school is sometimes called **la Facultad de Administración de Empresas**. **Residencias estudiantiles** are referred to as **colegios mayores**.

Síntesis

6

Entrevista Use these questions to interview two classmates. Then switch roles.

1. ¿Cómo estás?
2. ¿Dónde estamos ahora?
3. ¿Dónde está tu (*your*) compañero/a de cuarto ahora?
4. ¿Cuántos estudiantes hay en la clase de español?
5. ¿Quién(es) no está(n) en la clase hoy?
6. ¿A qué hora termina la clase hoy?
7. ¿Estudias mucho?
8. ¿Cuántas horas estudias para (*for*) una prueba?

2.4 Numbers 31 and higher ⬤SUPERSITE

ANTE TODO   You have already learned numbers 0–30. Now you will learn the rest of the numbers.

Numbers 31–100

▶ Numbers 31–99 follow the same basic pattern as 21–29.

Numbers 31–100					
31	treinta y uno	40	cuarenta	50	cincuenta
32	treinta y dos	41	cuarenta y uno	51	cincuenta y uno
33	treinta y tres	42	cuarenta y dos	52	cincuenta y dos
34	treinta y cuatro	43	cuarenta y tres	60	sesenta
35	treinta y cinco	44	cuarenta y cuatro	63	sesenta y tres
36	treinta y seis	45	cuarenta y cinco	64	sesenta y cuatro
37	treinta y siete	46	cuarenta y seis	70	setenta
38	treinta y ocho	47	cuarenta y siete	80	ochenta
39	treinta y nueve	48	cuarenta y ocho	90	noventa
		49	cuarenta y nueve	100	cien, ciento

▶ **Y** is used in most numbers from **31** through **99**. Unlike numbers 21–29, these numbers must be written as three separate words.

Hay **noventa y dos** exámenes.
There are ninety-two exams.

Hay **cuarenta y dos** estudiantes.
There are forty-two students.

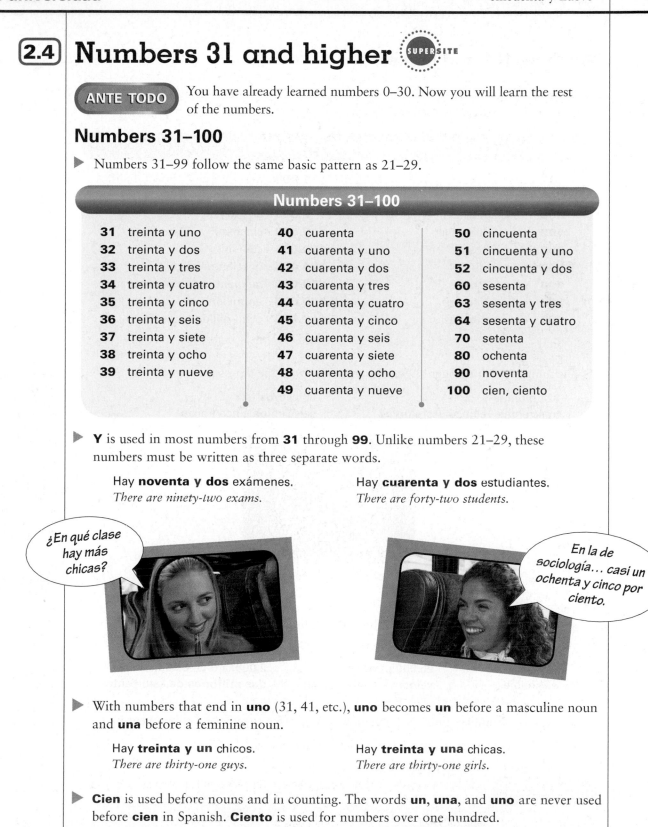

¿En qué clase hay más chicas?

En la de sociología... casi un ochenta y cinco por ciento.

▶ With numbers that end in **uno** (31, 41, etc.), **uno** becomes **un** before a masculine noun and **una** before a feminine noun.

Hay **treinta y un** chicos.
There are thirty-one guys.

Hay **treinta y una** chicas.
There are thirty-one girls.

▶ **Cien** is used before nouns and in counting. The words **un, una,** and **uno** are never used before **cien** in Spanish. **Ciento** is used for numbers over one hundred.

¿Cuántos libros hay? **Cientos.**
How many books are there? Hundreds.

Hay **cien** libros y **cien** sillas.
There are one hundred books and one hundred chairs.

Numbers 101 and higher

▶ As shown in the chart, Spanish uses a period to indicate thousands and millions, rather than a comma as used in English.

Numbers 101 and higher			
101	ciento uno	**1.000**	mil
200	doscientos/as	**1.100**	mil cien
300	trescientos/as	**2.000**	dos mil
400	cuatrocientos/as	**5.000**	cinco mil
500	quinientos/as	**100.000**	cien mil
600	seiscientos/as	**200.000**	doscientos/as mil
700	setecientos/as	**550.000**	quinientos/as cincuenta mil
800	ochocientos/as	**1.000.000**	un millón (de)
900	novecientos/as	**8.000.000**	ocho millones (de)

▶ The numbers 200 through 999 agree in gender with the nouns they modify.

324 plum**as**
trescient**as** veinticuatro plum**as**

605 libr**os**
seiscient**os** cinco libr**os**

Hay tres mil quinient**os** libr**os** en la biblioteca.

▶ The word **mil**, which can mean *a thousand* and *one thousand*, is not usually used in the plural form when referring to numbers. **Un millón** (*a million* or *one million*), has the plural form **millones,** in which the accent is dropped.

1.000 relojes
mil relojes

25.000 pizarras
veinticinco **mil** pizarras

2.000.000 de estudiantes
dos **millones** de estudiantes

▶ To express a complex number (including years), string together its component parts.

55.422 cincuenta y cinco mil cuatrocientos veintidós

¡LENGUA VIVA!

In Spanish, years are not expressed as pairs of 2-digit numbers as they are in English (1979, *nineteen seventy-nine*): **1776, mil setecientos setenta y seis; 1945, mil novecientos cuarenta y cinco; 2007, dos mil siete.**

¡ATENCIÓN!

When **millón** or **millones** is used before a noun, the word **de** is placed between the two: **1.000.000 de hombres = un millón de hombres 12.000.000 de aviones = doce millones de aviones.**

recursos

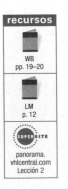

WB
pp. 19–20

LM
p. 12

panorama.
vhlcentral.com
Lección 2

¡INTÉNTALO! Give the Spanish equivalent of each number. The first item has been done for you.

1. **102** _____ciento dos_____
2. **5.000.000** _____
3. **201** _____
4. **76** _____
5. **92** _____
6. **550.300** _____

7. **235** _____
8. **79** _____
9. **113** _____
10. **88** _____
11. **17.123** _____
12. **497** _____

Práctica y Comunicación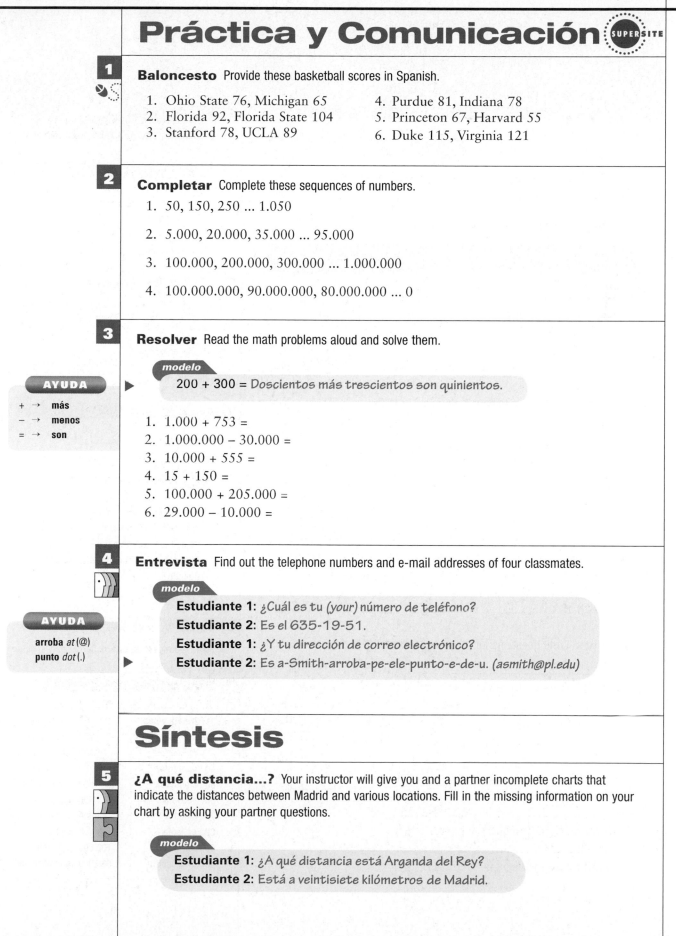

1 **Baloncesto** Provide these basketball scores in Spanish.

1. Ohio State 76, Michigan 65
2. Florida 92, Florida State 104
3. Stanford 78, UCLA 89
4. Purdue 81, Indiana 78
5. Princeton 67, Harvard 55
6. Duke 115, Virginia 121

2 **Completar** Complete these sequences of numbers.

1. 50, 150, 250 ... 1.050
2. 5.000, 20.000, 35.000 ... 95.000
3. 100.000, 200.000, 300.000 ... 1.000.000
4. 100.000.000, 90.000.000, 80.000.000 ... 0

3 **Resolver** Read the math problems aloud and solve them.

> **modelo**
> 200 + 300 = Doscientos más trescientos son quinientos.

AYUDA

+ → **más**
− → **menos**
= → **son**

1. 1.000 + 753 =
2. 1.000.000 − 30.000 =
3. 10.000 + 555 =
4. 15 + 150 =
5. 100.000 + 205.000 =
6. 29.000 − 10.000 =

4 **Entrevista** Find out the telephone numbers and e-mail addresses of four classmates.

> **modelo**
> **Estudiante 1:** ¿Cuál es tu *(your)* número de teléfono?
> **Estudiante 2:** Es el 635-19-51.
> **Estudiante 1:** ¿Y tu dirección de correo electrónico?
> **Estudiante 2:** Es a-Smith-arroba-pe-ele-punto-e-de-u. *(asmith@pl.edu)*

AYUDA

arroba *at* (@)
punto *dot* (.)

Síntesis

5 **¿A qué distancia...?** Your instructor will give you and a partner incomplete charts that indicate the distances between Madrid and various locations. Fill in the missing information on your chart by asking your partner questions.

> **modelo**
> **Estudiante 1:** ¿A qué distancia está Arganda del Rey?
> **Estudiante 2:** Está a veintisiete kilómetros de Madrid.

Recapitulación

SUPERSITE   For self-scoring and diagnostics, go to **panorama.vhlcentral.com**.

Review the grammar concepts you have learned in this lesson by completing these activities.

1 **Completar** Complete the chart with the correct verb forms. **12 pts.**

yo	tú	nosotros	ellas
compro			
	deseas		
		miramos	
			preguntan

2 **Números** Write these numbers in Spanish. **8 pts.**

> **modelo**
> 645: seiscientos cuarenta y cinco

1. **49:** _____
2. **97:** _____
3. **113:** _____
4. **632:** _____
5. **1.781:** _____
6. **3.558:** _____
7. **1.006.015:** _____
8. **67.224.370:** _____

3 **Preguntas** Write questions for these answers. **12 pts.**

1. —¿_____ Patricia?
   —Patricia es de Colombia.
2. —¿_____ él?
   —Él es mi amigo (*friend*).
3. —¿_____ (tú)?
   —Hablo dos idiomas.
4. —¿_____ (ustedes)?
   —Deseamos tomar dos cafés.
5. —¿_____?
   —Tomo biología porque me gusta.
6. —¿_____?
   —Camilo descansa por las mañanas.

RESUMEN GRAMATICAL

2.1 **Present tense of -ar verbs** *pp. 46–48*

estudiar	
estudio	estudiamos
estudias	estudiáis
estudia	estudian

The verb gustar

SINGULAR	me, te, le	**gusta** → el chocolate / viajar / cantar y bailar
PLURAL	nos, os, les	**gustan** → los libros

2.2 **Forming questions in Spanish** *pp. 51–52*

▶ ¿Ustedes trabajan los sábados?
▶ ¿Trabajan ustedes los sábados?
▶ Ustedes trabajan los sábados, ¿verdad?/¿no?

Interrogative words		
¿Adónde?	¿Cuánto/a?	¿Por qué?
¿Cómo?	¿Cuántos/as?	¿Qué?
¿Cuál(es)?	¿(De) dónde?	¿Quién(es)?
¿Cuándo?		

2.3 **Present tense of estar** *pp. 55–56*

▶ estar: estoy, estás, está, estamos, estáis, están

2.4 **Numbers 31 and higher** *pp. 59–60*

31	treinta y uno	101	ciento uno
32	treinta y dos	200	doscientos/as
	(and so on)	500	quinientos/as
40	cuarenta	700	setecientos/as
50	cincuenta	900	novecientos/as
60	sesenta	1.000	mil
70	setenta	2.000	dos mil
80	ochenta	5.100	cinco mil cien
90	noventa	100.000	cien mil
100	cien, ciento	1.000.000	un millón (de)

4   **Al teléfono** Complete this telephone conversation with the correct forms of the verb **estar**.   8 pts.

MARÍA TERESA   Hola, señora López. (1) ¿_____ Elisa en casa?

SRA. LÓPEZ   ¿Quién es?

MARÍA TERESA   Soy María Teresa. Elisa y yo (2) _____ en la misma (*same*) clase de literatura.

SRA. LÓPEZ   ¡Ah, María Teresa! ¿Cómo (3) _____?

MARÍA TERESA   (4) _____ muy bien, gracias. Y usted, ¿cómo (5) _____?

SRA. LÓPEZ   Bien, gracias. Pues, no, Elisa no (6) _____ en casa. Ella y su hermano (*her brother*) (7) _____ en la Biblioteca Cervantes.

MARÍA TERESA   ¿Cervantes?

SRA. LÓPEZ   Es la biblioteca que (8) _____ al lado del Café Bambú.

MARÍA TERESA   ¡Ah, sí! Gracias, señora López.

SRA. LÓPEZ   Hasta luego, María Teresa.

5   **¿Qué te gusta?** Write a paragraph of at least five sentences stating what you like and don't like about your university. If possible, explain your likes and dislikes.   10 pts.

> *Me gusta la clase de música porque no hay muchos exámenes. No me gusta cenar en la cafetería...*

6   **Canción** Write the missing words to complete the beginning of a popular song by Manu Chao.   2 EXTRA points!

   "Me _____ **los aviones°,**
      me gustas tú,
   me _____ **viajar,**
      me gustas tú,
   me gusta la mañana,
      me gustas tú. "

aviones *airplanes*

Lectura

Antes de leer

Estrategia

Predicting Content Through Formats

Recognizing the format of a document can help you to predict its content. For instance, invitations, greeting cards, and classified ads follow an easily identifiable format, which usually gives you a general idea of the information they contain. Look at the text and identify it based on its format.

	lunes	martes	miércoles	jueves	viernes
8:30	biología		biología		biología
9:00		historia		historia	
9:30	inglés		inglés		inglés
10:00					
10:30					
11:00					
12:00					
12:30					
1:00					
2:00	arte		arte		arte

If you guessed that this is a page from a student's schedule, you are correct. You can now infer that the document contains information about a student's weekly schedule, including days, times, and activities.

Cognados

With a classmate, make a list of the cognates in the text and guess their English meanings. What do the cognates reveal about the content of the document?

Examinar el texto

Look at the format of the document entitled *¡Español en Madrid!* What type of text is it? What information do you expect to find in a document of this kind?

recursos

panorama.vhlcentral.com
Lección 2

¡ESPAÑOL EN MADRID!

Programa de Cursos Intensivos de Español
Universidad Autónoma de Madrid

Madrid, la capital cultural de Europa, y la UAM te ofrecen cursos intensivos de verano° para aprender° español como nunca antes°.

Después de leer

Correspondencias

Provide the letter of each item in Column B that matches the words in Column A. Two items will not be used.

A

1. profesores
2. vivienda
3. Madrid
4. número de teléfono
5. Español 2B
6. número de fax

B

a. (34) 91 523 4500
b. (34) 91 524 0210
c. 23 junio–30 julio
d. capital cultural de Europa
e. 16 junio–22 julio
f. especializados en enseñar español como lengua extranjera
g. (34) 91 523 4623
h. familias españolas

¿Dónde?
En la Facultad de Filosofía y Letras de
la UAM.

¿Quiénes son los profesores?
Son todos hablantes nativos del
español y catedráticos° de la UAM
especializados en enseñar el español
como lengua extranjera.

¿Qué niveles se ofrecen?
Se ofrecen tres niveles° básicos:
1. Español Elemental, A, B y C
2. Español Intermedio, A y B
3. Español Avanzado, A y B

Viviendas
Para estudiantes extranjeros se ofrece
vivienda° con familias españolas.

¿Cuándo?
Este verano desde° el 16 de junio hasta
el 10 de agosto. Los cursos tienen una
duración de 6 semanas.

Cursos	Empieza°	Termina
Español 1A	16 junio	22 julio
Español 1B	23 junio	30 julio
Español 1C	30 junio	10 agosto
Español 2A	16 junio	22 julio
Español 2B	23 junio	30 julio
Español 3A	16 junio	22 julio
Español 3B	23 junio	30 julio

Información
Para mayor información, sirvan
comunicarse con la siguiente° oficina:

Universidad Autónoma de Madrid

**Programa de Español
como Lengua Extranjera
Ctra. Colmenar Viejo, Km. 15
28049 Madrid, ESPAÑA
Tel. (34) 91 523 4500
Fax (34) 91 523 4623
www.uam.es**

verano *summer* **aprender** *to learn* **nunca antes** *never before* **catedráticos** *professors* **niveles** *levels* **vivienda** *housing*
desde *from* **Empieza** *Begins* **siguiente** *following*

¿Cierto o falso?

Indicate whether each statement is **cierto** or **falso**. Then correct the
false statements.

	Cierto	Falso
1. La Universidad Autónoma de Madrid ofrece (*offers*) cursos intensivos de italiano.	○	○
2. La lengua nativa de los profesores del programa es el inglés.	○	○
3. Los cursos de español son en la Facultad de Ciencias.	○	○
4. Los estudiantes pueden vivir (*can live*) con familias españolas.	○	○

	Cierto	Falso
5. La universidad que ofrece los cursos intensivos está en Salamanca.	○	○
6. Español 3B termina en agosto.	○	○
7. Si deseas información sobre (*about*) los cursos intensivos de español, es posible llamar al (34) 91 523 4500.	○	○
8. Español 1A empieza en julio.	○	○

España

El país en cifras

▶ **Área:** 504.750 km² (kilómetros cuadrados) ó 194.884 millas cuadradas°, incluyendo las islas Baleares y las islas Canarias

▶ **Población:** 43.993.000

▶ **Capital:** Madrid—5.977.000

▶ **Ciudades° principales:** Barcelona—4.998.000, Valencia—806.000, Sevilla, Zaragoza

SOURCE: Population Division, UN Secretariat

▶ **Moneda°:** euro

▶ **Idiomas°:** español o castellano, catalán, gallego, valenciano, euskara

Gallego
Euskara
Catalán
Español
Valenciano

Regiones lingüísticas

Bandera de España

Españoles célebres

▶ **Miguel de Cervantes,** escritor° (1547–1616)

▶ **Pedro Almodóvar,** director de cine° (1949–)

▶ **Rosa Montero,** escritora y periodista° (1951–)

▶ **Fernando Alonso,** corredor de autos° (1981–)

▶ **Paz Vega,** actriz° (1976–)

millas cuadradas *square miles* Ciudades *Cities* Moneda *Currency* Idiomas *Languages* escritor *writer* cine *film* periodista *reporter* corredor de autos *racing driver* actriz *actress* pueblo *town* Cada año *Every year* Durante todo un día *All day long* se tiran *throw at each other* varias toneladas *many tons*

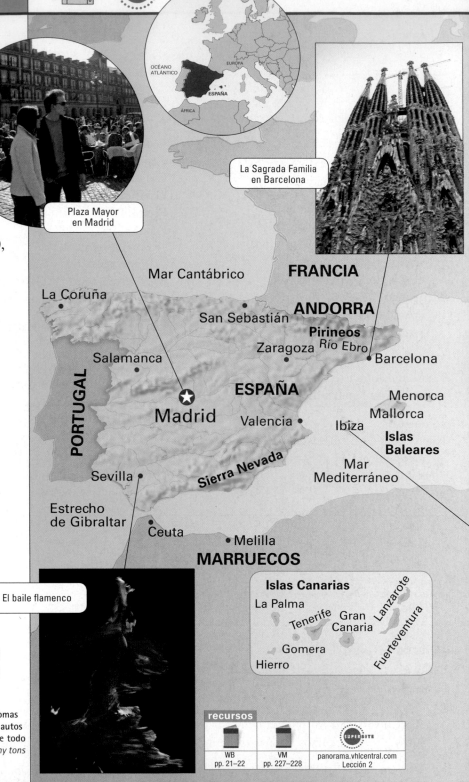

La Sagrada Familia en Barcelona

Plaza Mayor en Madrid

OCÉANO ATLÁNTICO
EUROPA
ESPAÑA
ÁFRICA

Mar Cantábrico
La Coruña
FRANCIA
San Sebastián
ANDORRA
Pirineos
Salamanca
Zaragoza
Río Ebro
Barcelona
ESPAÑA
PORTUGAL
Madrid
Valencia
Menorca
Mallorca
Ibiza
Islas Baleares
Sevilla
Sierra Nevada
Mar Mediterráneo
Estrecho de Gibraltar
Ceuta
Melilla
MARRUECOS

El baile flamenco

Islas Canarias
La Palma
Tenerife
Gran Canaria
Lanzarote
Fuerteventura
Gomera
Hierro

recursos

WB pp. 21–22	VM pp. 227–228	panorama.vhlcentral.com Lección 2

¡Increíble pero cierto!

En Buñol, un pueblo° de Valencia, la producción de tomates es un recurso económico muy importante. Cada año° se celebra el festival de *La Tomatina*. Durante todo un día°, miles de personas se tiran° tomates. Llegan turistas de todo el país, y se usan varias toneladas° de tomates.

Lugares • La Universidad de Salamanca

La Universidad de Salamanca, fundada en 1218, es la más antigua° de España. Más de 35.000 estudiantes toman clases en la universidad. La universidad está en la ciudad de Salamanca, famosa por sus edificios° históricos, tales como° los puentes° romanos y las catedrales góticas.

Economía • La Unión Europea

Desde° 1992 España es miembro de la Unión Europea, un grupo de países europeos que trabaja para desarrollar° una política° económica y social común en Europa. La moneda de la mayoría de los países de la Unión Europea es el euro.

Las meninas,
Diego Velázquez, 1656

Artes • Velázquez y el Prado

El Prado, en Madrid, es uno de los museos más famosos del mundo°. En el Prado hay pinturas° importantes de Botticelli, de El Greco, y de los españoles Goya y Velázquez. *Las meninas* es la obra° más conocida° de Diego Velázquez, pintor° oficial de la corte real° durante el siglo° XVII.

Comida • La paella

La paella es uno de los platos más típicos de España. Siempre se prepara° con arroz° y azafrán°, pero hay diferentes recetas°. La paella valenciana, por ejemplo, es de pollo° y conejo°, y la paella marinera es de mariscos°.

Una playa de Ibiza

¿Qué aprendiste? Completa las oraciones con la información adecuada.

1. La _____ trabaja para desarrollar una política económica común en Europa.
2. El arroz y el azafrán son ingredientes básicos de la _____.
3. El Prado está en _____.
4. La universidad más antigua de España es la _____.
5. La ciudad de _____ es famosa por sus edificios históricos, tales como los puentes romanos.
6. El gallego es una de las lenguas oficiales de _____.

Conexión Internet Investiga estos temas en **vistas.vhlcentral.com**.

1. Busca (*Look for*) información sobre la Universidad de Salamanca u otra universidad española. ¿Qué cursos ofrece (*does it offer*)? ¿Ofrece tu universidad cursos similares?
2. Busca información sobre un español o una española célebre (por ejemplo, un(a) político/a, un actor, una actriz, un(a) artista). ¿De qué parte de España es, y por qué es célebre?

....

más antigua *oldest* **edificios** *buildings* **tales como** *such as* **puentes** *bridges* **Desde** *Since* **desarrollar** *develop* **política** *policy*
mundo *world* **pinturas** *paintings* **obra** *work* **más conocida** *best-known* **pintor** *painter* **corte real** *royal court* **siglo** *century*
Siempre se prepara *It is always prepared* **arroz** *rice* **azafrán** *saffron* **recetas** *recipes* **pollo** *chicken* **conejo** *rabbit* **mariscos** *seafood*

La clase y la universidad

el/la compañero/a de clase	classmate
el/la compañero/a de cuarto	roommate
el/la estudiante	student
el/la profesor(a)	teacher
el borrador	eraser
el escritorio	desk
el libro	book
el mapa	map
la mesa	table
la mochila	backpack
el papel	paper
la papelera	wastebasket
la pizarra	blackboard
la pluma	pen
la puerta	door
el reloj	clock; watch
la silla	seat
la tiza	chalk
la ventana	window
la biblioteca	library
la cafetería	cafeteria
la casa	house; home
el estadio	stadium
el laboratorio	laboratory
la librería	bookstore
la residencia estudiantil	dormitory
la universidad	university; college
la clase	class
el curso, la materia	course
la especialización	major
el examen	test; exam
el horario	schedule
la prueba	test; quiz
el semestre	semester
la tarea	homework
el trimestre	trimester; quarter

Las materias

la administración de empresas	business administration
el arte	art
la biología	biology
las ciencias	sciences
la computación	computer science
la contabilidad	accounting
la economía	economics
el español	Spanish
la física	physics
la geografía	geography
la historia	history
las humanidades	humanities
el inglés	English
las lenguas extranjeras	foreign languages
la literatura	literature
las matemáticas	mathematics
la música	music
el periodismo	journalism
la psicología	psychology
la química	chemistry
la sociología	sociology

Preposiciones

al lado de	next to; beside
a la derecha de	to the right of
a la izquierda de	to the left of
en	in; on
cerca de	near
con	with
debajo de	below; under
delante de	in front of
detrás de	behind
encima de	on top of
entre	between; among
lejos de	far from
sin	without
sobre	on; over

Palabras adicionales

¿Adónde?	Where (to)?
ahora	now
¿Cuál?, ¿Cuáles?	Which?; Which one(s)?
¿Por qué?	Why?
porque	because

Verbos

bailar	to dance
buscar	to look for
caminar	to walk
cantar	to sing
cenar	to have dinner
comprar	to buy
contestar	to answer
conversar	to converse, to chat
desayunar	to have breakfast
descansar	to rest
desear	to wish; to desire
dibujar	to draw
enseñar	to teach
escuchar la radio/ música	to listen (to) the radio/music
esperar (+ *inf.*)	to wait (for); to hope
estar	to be
estudiar	to study
explicar	to explain
gustar	to like
hablar	to talk; to speak
llegar	to arrive
llevar	to carry
mirar	to look (at); to watch
necesitar (+ *inf.*)	to need
practicar	to practice
preguntar	to ask (a question)
preparar	to prepare
regresar	to return
terminar	to end; to finish
tomar	to take; to drink
trabajar	to work
viajar	to travel

Los días de la semana

¿Cuándo?	When?
¿Qué día es hoy?	What day is it?
Hoy es…	Today is…
la semana	week
lunes	Monday
martes	Tuesday
miércoles	Wednesday
jueves	Thursday
viernes	Friday
sábado	Saturday
domingo	Sunday

Numbers 31 and higher	See pages 59–60.
Expresiones útiles	See page 41.

recursos

LM
p. 12

panorama.vhlcentral.com
Lección 2

La familia

Communicative Goals

You will learn how to:
- Talk about your family and friends
- Describe people and things
- Express ownership

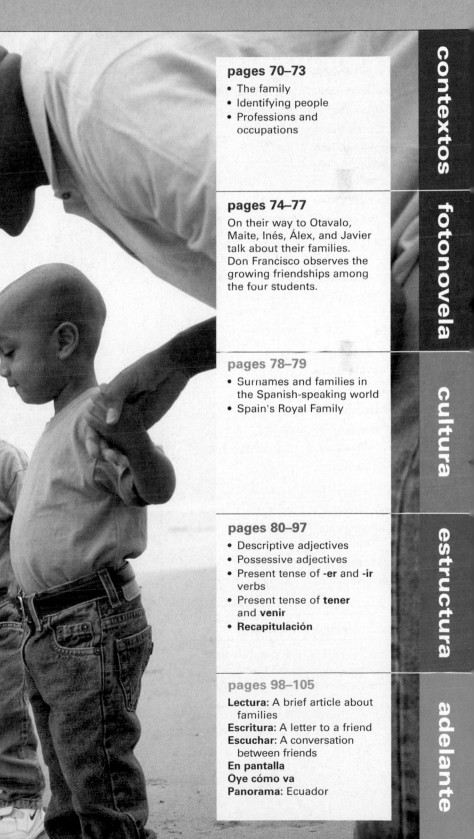

A PRIMERA VISTA
- ¿Hay cuatro personas en la foto?
- ¿Hay una mujer a la izquierda? ¿Y a la derecha?
- ¿Está el hombre al lado de la mujer?
- ¿Conversan ellos? ¿Trabajan? ¿Viajan? ¿Caminan?

La familia

Más vocabulario

los abuelos	grandparents
el/la bisabuelo/a	great-grandfather/great-grandmother
el/la gemelo/a	twin
el/la hermanastro/a	stepbrother/stepsister
el/la hijastro/a	stepson/stepdaughter
la madrastra	stepmother
el medio hermano/ la media hermana	half-brother/ half-sister
el padrastro	stepfather
los padres	parents
los parientes	relatives
el/la cuñado/a	brother-in-law/ sister-in-law
la nuera	daughter-in-law
el/la suegro/a	father-in-law/ mother-in-law
el yerno	son-in-law
el/la amigo/a	friend
el apellido	last name
la gente	people
el/la muchacho/a	boy/girl
el/la niño/a	child
el/la novio/a	boyfriend/girlfriend
la persona	person
el/la artista	artist
el/la ingeniero/a	engineer
el/la doctor(a), el/la médico/a	doctor; physician
el/la periodista	journalist
el/la programador(a)	computer programmer

Variación léxica

madre ←→ mamá, mami (*colloquial*)

padre ←→ papá, papi (*colloquial*)

muchacho/a ←→ chico/a

recursos

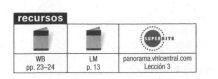

| WB pp. 23–24 | LM p. 13 | SUPERSITE panorama.vhlcentral.com Lección 3 |

La familia de
José Miguel Pérez Santoro

Juan Santoro Sánchez

mi abuelo (*my grandfather*)

Ernesto Santoro González

mi tío (*uncle*)
hijo (*son*) de Juan y Socorro

Marina Gutiérrez de Santoro

mi tía (*aunt*)
esposa (*wife*) de Ernesto

Silvia Socorro Santoro Gutiérrez

mi prima (*cousin*)
hija (*daughter*) de Ernesto y Marina

Héctor Manuel Santoro Gutiérrez

mi primo (*cousin*)
nieto (*grandson*) de Juan y Socorro

Carmen Santoro Gutiérrez

mi prima
hija de Ernesto y Marina

¡LENGUA VIVA!

In Spanish-speaking countries, it is common for people to go by both first name and middle name, such as **José Miguel**. You will learn more about names and naming conventions on p. 78.

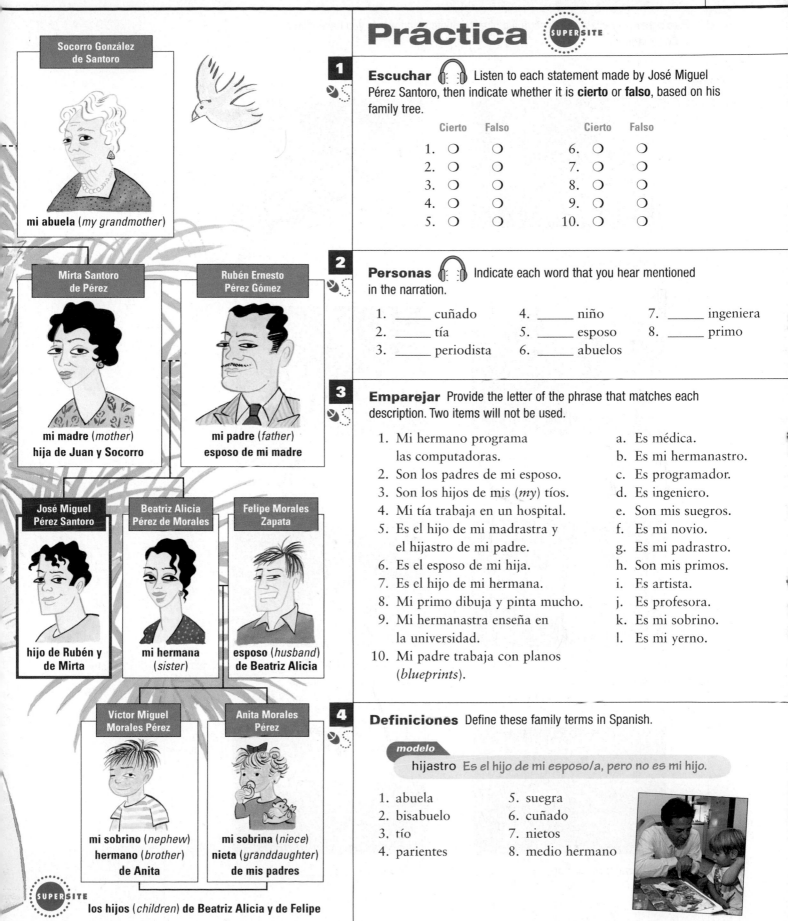

Práctica

1 Escuchar Listen to each statement made by José Miguel Pérez Santoro, then indicate whether it is **cierto** or **falso**, based on his family tree.

	Cierto	Falso		Cierto	Falso
1.	○	○	6.	○	○
2.	○	○	7.	○	○
3.	○	○	8.	○	○
4.	○	○	9.	○	○
5.	○	○	10.	○	○

2 Personas Indicate each word that you hear mentioned in the narration.

1. _____ cuñado   4. _____ niño   7. _____ ingeniera
2. _____ tía   5. _____ esposo   8. _____ primo
3. _____ periodista   6. _____ abuelos

3 Emparejar Provide the letter of the phrase that matches each description. Two items will not be used.

1. Mi hermano programa las computadoras.
2. Son los padres de mi esposo.
3. Son los hijos de mis (my) tíos.
4. Mi tía trabaja en un hospital.
5. Es el hijo de mi madrastra y el hijastro de mi padre.
6. Es el esposo de mi hija.
7. Es el hijo de mi hermana.
8. Mi primo dibuja y pinta mucho.
9. Mi hermanastra enseña en la universidad.
10. Mi padre trabaja con planos (blueprints).

a. Es médica.
b. Es mi hermanastro.
c. Es programador.
d. Es ingeniero.
e. Son mis suegros.
f. Es mi novio.
g. Es mi padrastro.
h. Son mis primos.
i. Es artista.
j. Es profesora.
k. Es mi sobrino.
l. Es mi yerno.

4 Definiciones Define these family terms in Spanish.

modelo
hijastro Es el hijo de mi esposo/a, pero no es mi hijo.

1. abuela   5. suegra
2. bisabuelo   6. cuñado
3. tío   7. nietos
4. parientes   8. medio hermano

5

Escoger Complete the description of each photo using words you have learned in **Contextos**.

1. La _____ de Sara es muy grande.

2. Héctor y Lupita son _____.

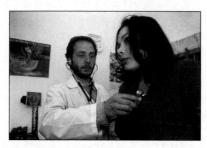

3. Alberto Díaz es _____.

4. Rubén camina con su _____.

5. Los dos _____ están en el parque.

6. Don Manuel es el _____ de Martín.

7. Elena Vargas Soto es _____.

8. Irene es _____.

Comunicación

6

Una familia With a classmate, identify the members in the family tree by asking questions about how each family member is related to Graciela Vargas García.

> **modelo**
>
> **Estudiante 1:** ¿Quién es Beatriz Pardo de Vargas?
> **Estudiante 2:** Es la abuela de Graciela.

CONSULTA

To see the cities where these family members live, look at the map in **Panorama** on p. 104.

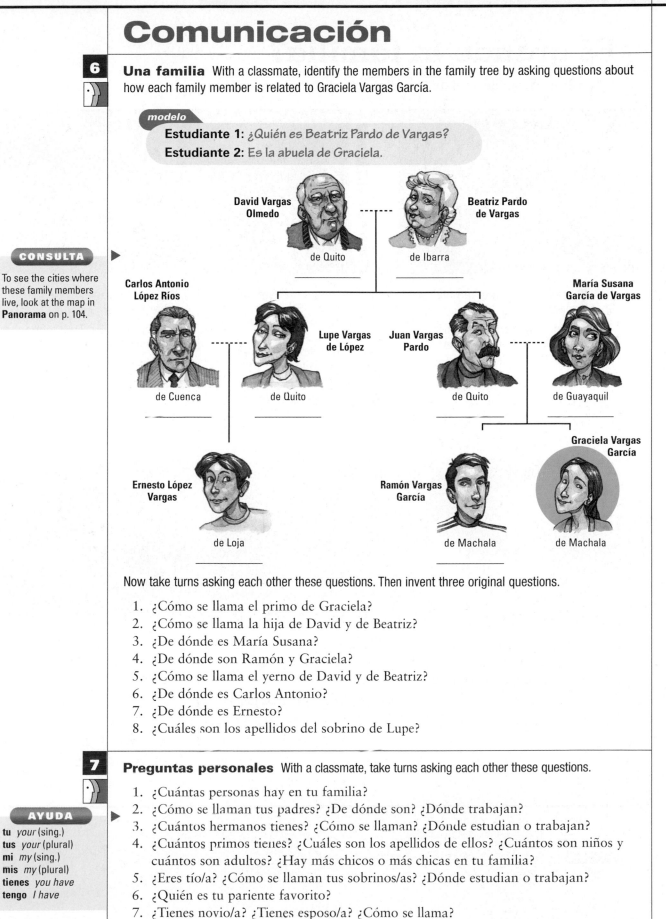

Now take turns asking each other these questions. Then invent three original questions.

1. ¿Cómo se llama el primo de Graciela?
2. ¿Cómo se llama la hija de David y de Beatriz?
3. ¿De dónde es María Susana?
4. ¿De dónde son Ramón y Graciela?
5. ¿Cómo se llama el yerno de David y de Beatriz?
6. ¿De dónde es Carlos Antonio?
7. ¿De dónde es Ernesto?
8. ¿Cuáles son los apellidos del sobrino de Lupe?

7

Preguntas personales With a classmate, take turns asking each other these questions.

1. ¿Cuántas personas hay en tu familia?
2. ¿Cómo se llaman tus padres? ¿De dónde son? ¿Dónde trabajan?
3. ¿Cuántos hermanos tienes? ¿Cómo se llaman? ¿Dónde estudian o trabajan?
4. ¿Cuántos primos tienes? ¿Cuáles son los apellidos de ellos? ¿Cuántos son niños y cuántos son adultos? ¿Hay más chicos o más chicas en tu familia?
5. ¿Eres tío/a? ¿Cómo se llaman tus sobrinos/as? ¿Dónde estudian o trabajan?
6. ¿Quién es tu pariente favorito?
7. ¿Tienes novio/a? ¿Tienes esposo/a? ¿Cómo se llama?

AYUDA

tu *your* (sing.)
tus *your* (plural)
mi *my* (sing.)
mis *my* (plural)
tienes *you have*
tengo *I have*

¿Es grande tu familia?

Los chicos hablan de sus familias en el autobús.

PERSONAJES

MAITE

INÉS

DON FRANCISCO

ÁLEX

JAVIER

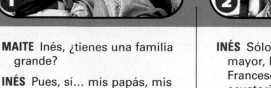

MAITE Inés, ¿tienes una familia grande?

INÉS Pues, sí... mis papás, mis abuelos, cuatro hermanas y muchos tíos y primos.

INÉS Sólo tengo un hermano mayor, Pablo. Su esposa, Francesca, es médica. No es ecuatoriana, es italiana. Sus papás viven en Roma, creo. Vienen de visita cada año. Ah... y Pablo es periodista.

MAITE ¡Qué interesante!

INÉS ¿Y tú, Javier? ¿Tienes hermanos?

JAVIER No, pero aquí tengo unas fotos de mi familia.

INÉS ¡Ah! ¡Qué bien! ¡A ver!

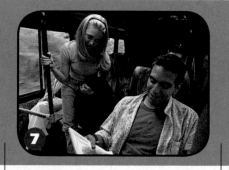

INÉS ¿Y cómo es él?

JAVIER Es muy simpático. Él es viejo pero es un hombre muy trabajador.

MAITE Oye, Javier, ¿qué dibujas?

JAVIER ¿Eh? ¿Quién? ¿Yo? ¡Nada!

MAITE ¡Venga! ¡No seas tonto!

MAITE Jaaavieeer... Oye, pero ¡qué bien dibujas!

JAVIER Este... pues... ¡Sí! ¡Gracias!

JAVIER ¡Aquí están!

INÉS ¡Qué alto es tu papá!
Y tu mamá, ¡qué bonita!

JAVIER Mira, aquí estoy yo.
Y éste es mi abuelo. Es el
padre de mi mamá.

INÉS ¿Cuántos años tiene tu
abuelo?

JAVIER Noventa y dos.

MAITE Álex, mira, ¿te gusta?

ÁLEX Sí, mucho. ¡Es muy bonito!

DON FRANCISCO Epa, ¿qué pasa
con Inés y Javier?

Expresiones útiles

Talking about your family

- **¿Tienes una familia grande?**
  Do you have a large family?
  **Sí… mis papás, mis abuelos,
  cuatro hermanas y muchos tíos.**
  *Yes… my parents, my
  grandparents, four sisters, and
  many (aunts and) uncles.*
  **Sólo tengo un hermano mayor/
  menor.**
  *I only have one older/younger
  brother.*

- **¿Tienes hermanos?**
  *Do you have siblings (brothers
  or sisters)?*
  No, soy hijo único.
  No, I'm an only (male) child.

- **Su esposa, Francesca, es médica.**
  His wife, Francesca, is a doctor.
  No es ecuatoriana, es italiana.
  She's not Ecuadorian; she's Italian.
  Pablo es periodista.
  Pablo is a journalist.
  Es el padre de mi mamá.
  He is my mother's father.

Describing people

- **¡Qué alto es tu papá!**
  How tall your father is!
- **Y tu mamá, ¡qué bonita!**
  And your mother, how pretty!

- **¿Cómo es tu abuelo?**
  What is your grandfather like?
  Es simpático.
  He's nice.
  Es viejo.
  He's old.
  Es un hombre muy trabajador.
  He's a very hard-working man.

Saying how old people are

- **¿Cuántos años tienes?**
  How old are you?
- **¿Cuántos años tiene tu abuelo?**
  How old is your grandfather?
  Noventa y dos.
  Ninety-two.

¿Qué pasó? SUPERSITE

1 **¿Cierto o falso?** Indicate whether each sentence is **cierto** or **falso**. Correct the false statements.

	Cierto	Falso
1. Inés tiene una familia grande.	○	○
2. El hermano de Inés es médico.	○	○
3. Francesca es de Italia.	○	○
4. Javier tiene cuatro hermanos.	○	○
5. El abuelo de Javier tiene ochenta años.	○	○
6. Javier habla del padre de su (*his*) padre.	○	○

2 **Identificar** Indicate which person would make each statement. The names may be used more than once. **¡Ojo!** One name will not be used.

1. Tengo una familia grande. Tengo un hermano, cuatro hermanas y muchos primos.
2. Mi abuelo tiene mucha energía. Trabaja mucho.
3. ¿Es tu mamá? ¡Es muy bonita!
4. Oye, chico… ¿qué dibujas?
5. ¿Fotos de mi familia? ¡Tengo muchas!
6. Mmm… Inés y Javier… ¿qué pasa con ellos?
7. ¡Dibujas muy bien! Eres un artista excelente.
8. Mmm… ¿Yo? ¡No dibujo nada!

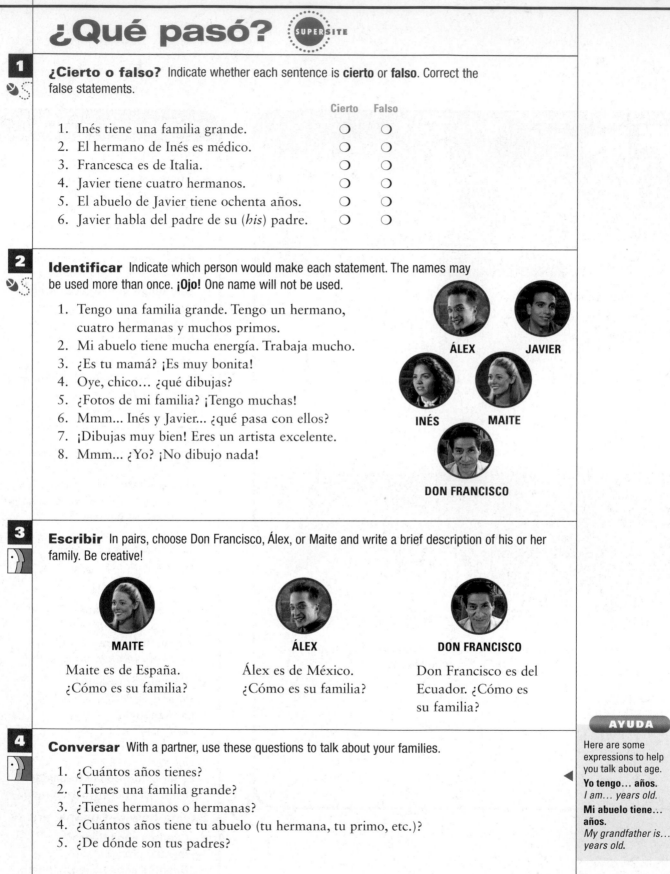

ÁLEX   JAVIER

INÉS   MAITE

DON FRANCISCO

3 **Escribir** In pairs, choose Don Francisco, Álex, or Maite and write a brief description of his or her family. Be creative!

MAITE

ÁLEX

DON FRANCISCO

Maite es de España. ¿Cómo es su familia?

Álex es de México. ¿Cómo es su familia?

Don Francisco es del Ecuador. ¿Cómo es su familia?

4 **Conversar** With a partner, use these questions to talk about your families.

1. ¿Cuántos años tienes?
2. ¿Tienes una familia grande?
3. ¿Tienes hermanos o hermanas?
4. ¿Cuántos años tiene tu abuelo (tu hermana, tu primo, etc.)?
5. ¿De dónde son tus padres?

AYUDA

Here are some expressions to help you talk about age.

Yo tengo… años.
I am… years old.

Mi abuelo tiene… años.
My grandfather is… years old.

Pronunciación

Diphthongs and linking

hermano	niña	cuñado

In Spanish, **a**, **e**, and **o** are considered strong vowels. The weak vowels are **i** and **u**.

ruido	parientes	periodista

A diphthong is a combination of two weak vowels or of a strong vowel and a weak vowel. Diphthongs are pronounced as a single syllable.

mi hijo   una clase excelente

Two identical vowel sounds that appear together are pronounced like one long vowel.

la abuela

con Natalia   sus sobrinos   las sillas

Two identical consonants together sound like a single consonant.

es ingeniera   mis abuelos   sus hijos

A consonant at the end of a word is linked with the vowel at the beginning of the next word.

mi hermano   su esposa   nuestro amigo

A vowel at the end of a word is linked with the vowel at the beginning of the next word.

Práctica Say these words aloud, focusing on the diphthongs.

1. historia	5. residencia	9. lenguas
2. nieto	6. prueba	10. estudiar
3. parientes	7. puerta	11. izquierda
4. novia	8. ciencias	12. ecuatoriano

Oraciones Read these sentences aloud to practice diphthongs and linking words.

1. Hola. Me llamo Anita Amaral. Soy del Ecuador.
2. Somos seis en mi familia.
3. Tengo dos hermanos y una hermana.
4. Mi papá es del Ecuador y mi mamá es de España.

Refranes Read these sayings aloud to practice diphthongs and linking sounds.

Cuando una puerta se cierra, otra se abre.[1]

Hablando del rey de Roma, por la puerta se asoma.[2]

1 When one door closes, another opens.
2 Speak of the devil and he will appear.

recursos

LM
p. 14

panorama.vhlcentral.com
Lección 3

¿Cómo te llamas?

In the Spanish-speaking world, it is common to have two last names. The first last name is inherited from the father and the second from the mother. In some cases, the conjunctions **de** or **y** are used to connect the two last names. For example, in the name **Juan Martínez de Velasco**, *Martínez* is the paternal surname (**el apellido paterno**), and *Velasco* is the maternal surname (**el apellido materno**); **de** simply links the two names. This convention of using two last names (**doble apellido**) is a European tradition that Spaniards brought to the Americas and continues to be practiced in many countries, including Chile, Colombia, Mexico, Peru, and Venezuela. There are exceptions, however; in Argentina, the prevailing custom is to use only the father's last name.

When a woman marries in a country where two last names are used, legally she retains her two maiden surnames. However, socially she may take her husband's paternal surname in

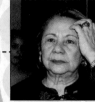

Gabriel García Márquez **Mercedes Barcha Pardo**

Rodrigo García Barcha

place of her inherited maternal surname. Therefore, now that **Mercedes Barcha Pardo** is married to Colombian writer **Gabriel García Márquez**, she could use **Mercedes Barcha García** or **Mercedes Barcha de García** in social situations, although officially her name remains **Mercedes Barcha Pardo**. (Adopting a husband's last name for social purposes, though widespread, is only legally recognized in Ecuador and Peru.)

Regardless of the surnames the mother uses, most parents do not break tradition upon naming their children; they maintain the father's first surname followed by the mother's first surname, as in the name **Rodrigo García Barcha**. However, one should note that both surnames come from the grandfathers, and therefore all **apellidos** are effectively paternal.

Hijos en la casa

In Spanish-speaking countries, family and society place very little pressure on young adults to live on one's own (**independizarse**), and children often live with their parents well into their thirties. Although reluctance to live on one's own is partly cultural, the main reason is economic—lack of job security or low wages coupled with a high cost of living make it impractical for young adults to live independently before they marry. For example, about 60% of Spaniards under 34 years of age live at home with their parents.

---

1 **¿Cierto o falso?** Indicate whether these statements are **cierto** or **falso**. Correct the false statements.

1. Most Spanish-speaking people have three last names.

2. Hispanic last names generally consist of the paternal last name followed by the maternal last name.

3. It is common to see **de** or **y** used in a Hispanic last name.

4. Someone from Argentina would most likely have two last names.

5. Generally, married women legally retain two maiden surnames.

6. In social situations, a married woman often uses her husband's last name in place of her inherited paternal surname.

7. Adopting a husband's surname is only legally recognized in Peru and Ecuador.

8. Hispanic last names are effectively a combination of the maternal surnames from the previous generation.

ASÍ SE DICE

Familia y amigos

el/la bisnieto/a	*great-grandson/daughter*
el/la chamaco/a (Méx.); el/la chamo/a (Ven.); el/la chaval(a) (Esp.)	el/la muchacho/a
el/la colega (Esp.)	el/la amigo/a
mi cuate (Méx.); mi llave (Col.); mi pana (Ven., P. Rico, Rep. Dom.)	*my pal; my buddy*
la madrina	*godmother*
el padrino	*godfather*
el/la tatarabuelo/a	*great-great-grandfather/ great-great-grandmother*

EL MUNDO HISPANO

Las familias

Although worldwide population trends show a decrease in average family size, households in many Spanish-speaking countries are still larger than their U.S. counterparts.

○ **Colombia** 5,2 personas

○ **México** 5,0 personas

○ **Argentina** 3,7 personas

○ **Uruguay** 3,2 personas

○ **España** 2,9 personas

○ **Estados Unidos** 2,6 personas

PERFIL

La familia real española

Undoubtedly, Spain's most famous family is **la familia real** (*Royal*). In 1962, then-prince **Juan Carlos de Borbón**, living in exile in Italy, married Princess **Sofía** of Greece. Then, in the late 1970s, **el Rey** (*King*) **Juan Carlos** and **la Reina** (*Queen*) Sofía returned to Spain and helped to transition the country to democracy after a forty-year dictatorship. The royal couple, who enjoys immense public support, has three children: **las infantas** (*Princesses*) **Elena** and **Cristina**, and a son, **el príncipe** (*Prince*) **Felipe**, whose official title is **el príncipe de Asturias**. In 2004, Felipe married **Letizia Ortiz Rocasolano** (now **la princesa de Asturias**), a journalist and TV presenter. A year later, the future king and queen had their first child, **la infanta** Leonor.

SUPERSITE 〰 **Conexión Internet**

What role do **padrinos** and **madrinas** have in today's Hispanic family?

Go to **panorama.vhlcentral.com** to find more cultural information related to this **Cultura** section.

ACTIVIDADES

2 **Comprensión** Complete these sentences.

1. Spain's royals were responsible for guiding in _____.
2. In Spanish, your godmother is called _____.
3. Princess Leonor is the _____ of Queen Sofía.
4. Uruguay's average household has _____ people.
5. If a Venezuelan calls you **mi pana**, you are that person's _____.

3 **Una familia famosa** Create a genealogical tree of a famous family, using photos or drawings labeled with names and ages. Present the family tree to a classmate and explain who the people are and their relationships to each other.

recursos

SUPERSITE

panorama.vhlcentral.com
Lección 3

3.1 Descriptive adjectives (SUPERSITE)

ANTE TODO Adjectives are words that describe people, places, and things. In Spanish, descriptive adjectives are used with the verb **ser** to point out characteristics such as nationality, size, color, shape, personality, and appearance.

Forms and agreement of adjectives

COMPARE & CONTRAST

In English, the forms of descriptive adjectives do not change to reflect the gender (masculine/feminine) and number (singular/plural) of the noun or pronoun they describe.

| Juan is **nice**. | Elena is **nice**. | They are **nice**. |

In Spanish, the forms of descriptive adjectives agree in gender and/or number with the nouns or pronouns they describe.

| Juan es simpátic**o**. | Elena es simpátic**a**. | Ellos son simpátic**os**. |

▶ Adjectives that end in **-o** have four different forms. The feminine singular is formed by changing the **-o** to **-a**. The plural is formed by adding **-s** to the singular forms.

Masculine		**Feminine**	
SINGULAR	PLURAL	SINGULAR	PLURAL
el muchach**o** alt**o**	los muchach**os** alt**os**	la muchach**a** alt**a**	las muchach**as** alt**as**

Mi abuelo es muy simpático.

¡Qué alto es tu papá! Y tu mamá, ¡qué bonita!

▶ Adjectives that end in **-e** or a consonant have the same masculine and feminine forms.

Masculine		**Feminine**	
SINGULAR	PLURAL	SINGULAR	PLURAL
el chico inteligent**e**	los chicos inteligent**es**	la chica inteligent**e**	las chicas inteligent**es**
el examen difíci**l**	los exámenes difíci**les**	la clase difíci**l**	las clases difíci**les**

▶ Adjectives that end in **-or** are variable in both gender and number.

Masculine		**Feminine**	
SINGULAR	PLURAL	SINGULAR	PLURAL
el hombre trabajad**or**	los hombres trabajad**ores**	la mujer trabajad**ora**	las mujeres trabajad**oras**

▶ Adjectives that refer to nouns of different genders use the masculine plural form.

Manuel es alt**o**. Lola es alt**a**. Manuel y Lola son alt**os**.

AYUDA

Many adjectives are cognates, that is, words that share similar spellings and meanings in Spanish and English.

A cognate can be a noun like **profesor** or a descriptive adjective like **interesante**.

Common adjectives

alto/a	tall	**gordo/a**	fat	**moreno/a**	brunet(te)
antipático/a	unpleasant	**grande**	big; large	**mucho/a**	much; many; a lot of
bajo/a	short (in height)	**guapo/a**	handsome; good-looking	**pelirrojo/a**	red-haired
bonito/a	pretty	**importante**	important	**pequeño/a**	small
bueno/a	good	**inteligente**	intelligent	**rubio/a**	blond(e)
delgado/a	thin; slender	**interesante**	interesting	**simpático/a**	nice; likeable
difícil	hard; difficult	**joven**	young	**tonto/a**	silly; foolish
fácil	easy	**malo/a**	bad	**trabajador(a)**	hard-working
feo/a	ugly	**mismo/a**	same	**viejo/a**	old

¡ATENCIÓN!

Note that **joven** takes an accent in its plural form. **Los jóvenes estudian mucho.**

Adjectives of nationality

▶ Unlike in English, Spanish adjectives of nationality are **not** capitalized. Proper names of countries, however, are capitalized.

Some adjectives of nationality

alemán, alemana	German	**inglés, inglesa**	English
canadiense	Canadian	**italiano/a**	Italian
chino/a	Chinese	**japonés, japonesa**	Japanese
ecuatoriano/a	Ecuadorian	**mexicano/a**	Mexican
español(a)	Spanish	**norteamericano/a**	(North) American
estadounidense	from the U.S.	**puertorriqueño/a**	Puerto Rican
francés, francesa	French	**ruso/a**	Russian

▶ Adjectives of nationality are formed like other descriptive adjectives. Those that end in **-o** form the feminine by changing the **-o** to **-a**.

chin**o** ⟶ chin**a**   mexican**o** ⟶ mexican**a**

The plural is formed by adding an **-s** to the masculine or feminine form.

chin**o** ⟶ chin**os**   mexican**a** ⟶ mexican**as**

▶ Adjectives of nationality that end in **-e** have only two forms, singular and plural.

canadiens**e** ⟶ canadiens**es**   estadounidens**e** ⟶ estadounidens**es**

▶ Adjectives of nationality that end in a consonant form the feminine by adding **–a.**

alem**án** ⟶ alema**na**   españo**l** ⟶ españo**la**
japon**és** ⟶ japone**sa**   ingl**és** ⟶ ingle**sa**

▶ Adjectives of nationality which carry an accent mark on the last syllable drop it in the feminine and plural forms.

ingl**és** ⟶ ingl**es**a   alem**án** ⟶ alem**an**es

Position of adjectives

▶ Descriptive adjectives and adjectives of nationality generally follow the nouns they modify.

El niño **rubio** es de España.
The blond boy is from Spain.

La mujer **española** habla inglés.
The Spanish woman speaks English.

▶ Unlike descriptive adjectives, adjectives of quantity are placed before the modified noun.

Hay **muchos** libros en la biblioteca.
There are many books in the library.

Hablo con **dos** turistas puertorriqueños.
I am talking with two Puerto Rican tourists.

▶ **Bueno/a** and **malo/a** can be placed before or after a noun. When placed before a masculine singular noun, the forms are shortened: **bueno → buen; malo → mal**.

Joaquín es un **buen** amigo.
Joaquín es un amigo **bueno.**   ⟶   *Joaquín is a good friend.*

Hoy es un **mal** día.
Hoy es un día **malo.**   ⟶   *Today is a bad day.*

▶ When **grande** appears before a singular noun, it is shortened to **gran,** and the meaning of the word changes: **gran** = *great* and **grande** = *big, large*.

Don Francisco es un **gran** hombre.
Don Francisco is a great man.

La familia de Inés es **grande**.
Inés' family is large.

¡LENGUA VIVA!

Like **bueno** and **grande**, **santo** (*saint*) is also shortened before masculine nouns (unless they begin with **To-** or **Do-**): **San Francisco, San José, Santo Tomás**. **Santa** is used with names of female saints: **Santa Bárbara, Santa Clara**.

¡INTÉNTALO!   Provide the appropriate forms of the adjectives. The first item in each group has been done for you.

simpático

1. Mi hermano es ___simpático___.
2. La profesora Martínez es _____.
3. Rosa y Teresa son _____.
4. Nosotros somos _____.

alemán

1. Hans es ___alemán___.
2. Mis primas son _____.
3. Marcus y yo somos _____.
4. Mi tía es _____.

difícil

1. La química es ___difícil___.
2. El curso es _____.
3. Las pruebas son _____.
4. Los libros son _____.

guapo

1. Su esposo es ___guapo___.
2. Mis sobrinas son _____.
3. Los padres de ella son _____.
4. Marta es _____.

recursos

WB
pp. 25–26

LM
p. 15

SUPERSITE
panorama.
vhlcentral.com
Lección 3

Práctica SUPERSITE

1 **Emparejar** Find the words in column B that are the opposite of the words in column A. One word in B will not be used.

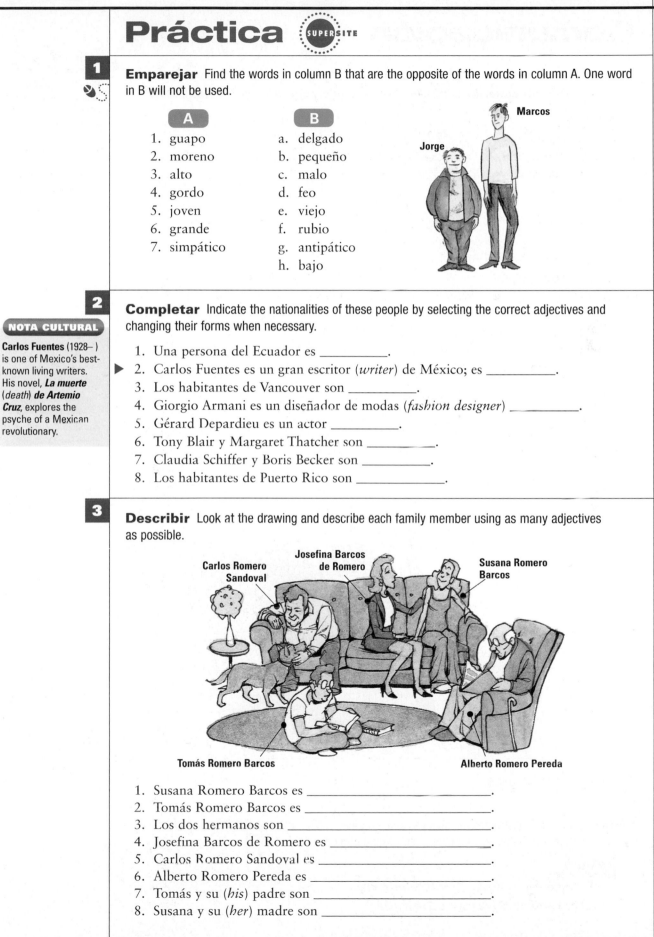

A	B
1. guapo	a. delgado
2. moreno	b. pequeño
3. alto	c. malo
4. gordo	d. feo
5. joven	e. viejo
6. grande	f. rubio
7. simpático	g. antipático
	h. bajo

2 **Completar** Indicate the nationalities of these people by selecting the correct adjectives and changing their forms when necessary.

1. Una persona del Ecuador es _____.
2. Carlos Fuentes es un gran escritor (*writer*) de México; es _____.
3. Los habitantes de Vancouver son _____.
4. Giorgio Armani es un diseñador de modas (*fashion designer*) _____.
5. Gérard Depardieu es un actor _____.
6. Tony Blair y Margaret Thatcher son _____.
7. Claudia Schiffer y Boris Becker son _____.
8. Los habitantes de Puerto Rico son _____.

NOTA CULTURAL

Carlos Fuentes (1928–) is one of Mexico's best-known living writers. His novel, **La muerte** (*death*) **de Artemio Cruz**, explores the psyche of a Mexican revolutionary.

3 **Describir** Look at the drawing and describe each family member using as many adjectives as possible.

Carlos Romero Sandoval

Josefina Barcos de Romero

Susana Romero Barcos

Tomás Romero Barcos

Alberto Romero Pereda

1. Susana Romero Barcos es _____.
2. Tomás Romero Barcos es _____.
3. Los dos hermanos son _____.
4. Josefina Barcos de Romero es _____.
5. Carlos Romero Sandoval es _____.
6. Alberto Romero Pereda es _____.
7. Tomás y su (*his*) padre son _____.
8. Susana y su (*her*) madre son _____.

Comunicación

4

¿Cómo es? With a partner, take turns describing each item on the list. Tell your partner whether you agree (**Estoy de acuerdo**) or disagree (**No estoy de acuerdo**) with the descriptions.

> **modelo**
>
> San Francisco
> **Estudiante 1:** San Francisco es una ciudad (city) muy bonita.
> **Estudiante 2:** No estoy de acuerdo. Es muy fea.

1. Nueva York
2. Jim Carrey
3. las canciones (songs) de Celine Dion
4. el presidente de los Estados Unidos
5. Steven Spielberg
6. la primera dama (first lady) de los Estados Unidos
7. el/la profesor(a) de español
8. las personas de Los Ángeles
9. las residencias de mi universidad
10. mi clase de español

AYUDA

Here are some tips to help you complete the descriptions:

- **Jim Carrey es actor de cine.**
- **Celine Dion es cantante.**
- **Steven Spielberg es director de cine.**

5

Anuncio personal Write a personal ad that describes yourself and your ideal boyfriend, girlfriend, or mate. Then compare your ad with a classmate's. How are you similar and how are you different? Are you looking for the same things in a boyfriend, girlfriend, or mate?

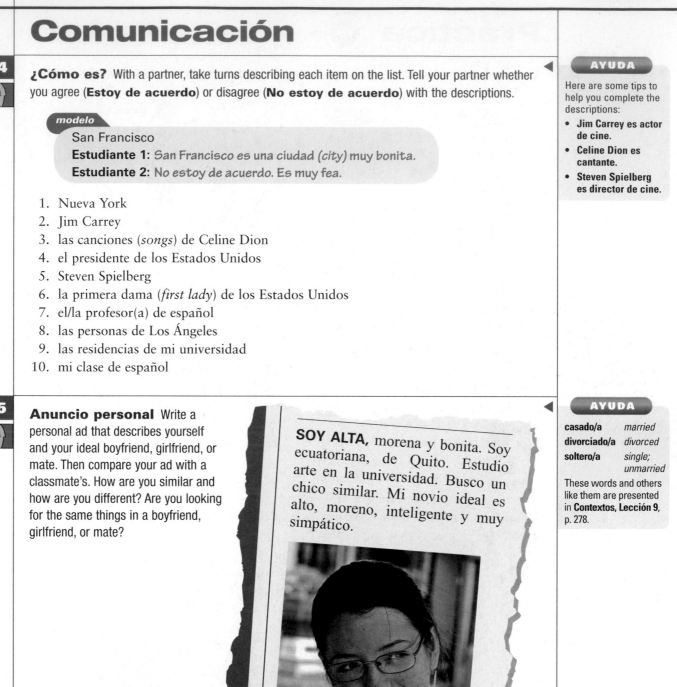

SOY ALTA, morena y bonita. Soy ecuatoriana, de Quito. Estudio arte en la universidad. Busco un chico similar. Mi novio ideal es alto, moreno, inteligente y muy simpático.

AYUDA

casado/a	*married*
divorciado/a	*divorced*
soltero/a	*single; unmarried*

These words and others like them are presented in **Contextos, Lección 9**, p. 278.

Síntesis

6

Diferencias Your instructor will give you and a partner each a drawing of a family. Find at least five more differences between your picture and your partner's.

> **modelo**
>
> **Estudiante 1:** Susana, la madre, es rubia.
> **Estudiante 2:** No, la madre es morena.

3.2 Possessive adjectives SUPERSITE

ANTE TODO Possessive adjectives, like descriptive adjectives, are words that are used to qualify people, places, or things. Possessive adjectives express the quality of ownership or possession.

Forms of possessive adjectives

SINGULAR FORMS	PLURAL FORMS	
mi	**mis**	*my*
tu	**tus**	*your* (fam.)
su	**sus**	*his, her, its, your* (form.)
nuestro/a	**nuestros/as**	*our*
vuestro/a	**vuestros/as**	*your* (fam.)
su	**sus**	*their, your* (form.)

COMPARE & CONTRAST

In English, possessive adjectives are invariable; that is, they do not agree in gender and number with the nouns they modify. Spanish possessive adjectives, however, do agree in number with the nouns they modify.

my cousin	*my cousins*	*my aunt*	*my aunts*
mi primo	**mis** primos	**mi** tía	**mis** tías

The forms **nuestro** and **vuestro** agree in both gender and number with the nouns they modify.

nuest**ro** prim**o**	nuest**ros** prim**os**	nuest**ra** tía	nuest**ras** tí**as**

▶ Possessive adjectives are always placed before the nouns they modify.

—¿Está **tu novio** aquí?
Is your boyfriend here?

—No, **mi novio** está en la biblioteca.
No, my boyfriend is in the library.

▶ Because **su** and **sus** have multiple meanings (*your, his, her, their, its*), you can avoid confusion by using this construction instead: [*article*] + [*noun*] + **de** + [*subject pronoun*].

AYUDA
Look at the context, focusing on nouns and pronouns, to help you determine the meaning of **su(s)**.

sus parientes ◀	los parientes **de él/ella**	*his/her relatives*
	los parientes **de Ud./Uds.**	*your relatives*
	los parientes **de ellos/ellas**	*their relatives*

¡INTÉNTALO! Provide the appropriate form of each possessive adjective. The first item in each column has been done for you.

1. Es ___mi___ (*my*) libro.
2. _____ (*My*) familia es ecuatoriana.
3. _____ (*Your*, fam.) esposo es italiano.
4. _____ (*Our*) profesor es español.
5. Es _____ (*her*) reloj.
6. Es _____ (*your*, fam.) mochila.
7. Es _____ (*your*, form.) maleta.
8. _____ (*Their*) sobrina es alemana.

1. ___Sus___ (*Her*) primos son franceses.
2. _____ (*Our*) primos son canadienses.
3. Son _____ (*their*) lápices.
4. _____ (*Their*) nietos son japoneses.
5. Son _____ (*our*) plumas.
6. Son _____ (*my*) papeles.
7. _____ (*My*) amigas son inglesas.
8. Son _____ (*his*) cuadernos.

recursos

WB
pp. 27–28

LM
p. 16

SUPERSITE
panorama.
vhlcentral.com
Lección 3

Práctica (SUPERSITE)

1 **La familia de Manolo** Complete each sentence with the correct possessive adjective. Use the subject of each sentence as a guide.

1. Me llamo Manolo, y _____ (nuestro, mi, sus) hermano es Federico.
2. _____ (Nuestra, Sus, Mis) madre Silvia es profesora y enseña química.
3. Ella admira a _____ (tu, nuestro, sus) estudiantes porque trabajan mucho.
4. Yo estudio en la misma universidad, pero no tomo clases con _____ (mi, nuestras, tus) madre.
5. Federico trabaja en una oficina con _____ (mis, tu, nuestro) padre.
6. _____ (Mi, Su, Tu) oficina está en el centro de Quito.
7. Javier y Óscar son _____ (mis, mi, sus) tíos de Guayaquil.
8. ¿Y tú? ¿Cómo es _____ (mi, su, tu) familia?

2 **Clarificar** Clarify each sentence with a prepositional phrase. Follow the model.

> **modelo**
> Su hermana es muy bonita. (ella)
> *La hermana de ella es muy bonita.*

1. Su casa es muy grande. (ellos) _____
2. ¿Cómo se llama su hermano? (ellas) _____
3. Sus padres trabajan en el centro. (ella) _____
4. Sus abuelos son muy simpáticos. (él) _____
5. Maribel es su prima. (ella) _____
6. Su primo lee los libros. (ellos) _____

3 **¿Dónde está?** With a partner, imagine that you can't remember where you put some of the belongings you see in the pictures. Your partner will help you by reminding you where your things are. Take turns playing each role.

> **modelo**
> **Estudiante 1:** ¿Dónde está mi mochila?
> **Estudiante 2:** Tu mochila está encima del escritorio.

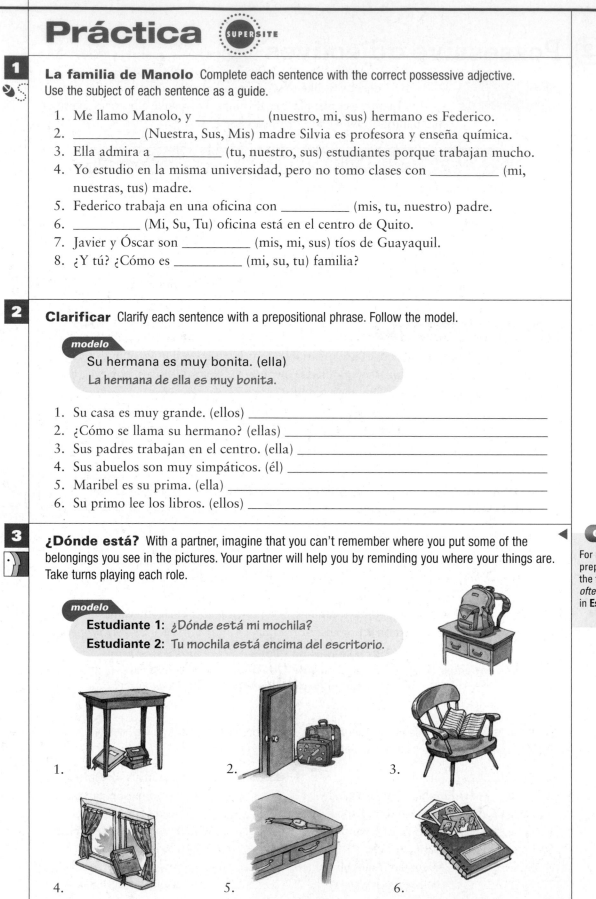

1.
2.
3.
4.
5.
6.

CONSULTA

For a list of useful prepositions, refer to the table *Prepositions often used with* **estar**, in **Estructura 2.3**, p. 56.

Comunicación

4

Describir Get together with a partner and take turns describing the people and places on the list.

> **modelo**
>
> la biblioteca de su universidad
> *La biblioteca de nuestra universidad es muy grande. Hay muchos libros en la biblioteca. Mis amigos y yo estudiamos en la biblioteca.*

1. tu profesor favorito
2. tu profesora favorita
3. su clase de español
4. la librería de su universidad
5. tus padres
6. tus abuelos
7. tu mejor (*best*) amigo
8. tu mejor amiga
9. su universidad
10. tu país de origen

5

Una familia In small groups, each student pretends to be a different member of the family pictured and shares that person's private thoughts about the others in the family. Make two positive comments and two negative ones.

> **modelo**
>
> **Estudiante 1:** *Mi hijo Roberto es muy trabajador. Estudia mucho y siempre termina su tarea.*
> **Estudiante 2:** *Nuestra familia es difícil. Mis padres no escuchan mis opiniones.*

Síntesis

6

Describe a tu familia Get together with two classmates and describe your family to them in several sentences (**Mi padre es alto y moreno. Mi madre es delgada y muy bonita. Mis hermanos son...**). They will work together to try to repeat your description (**Su padre es alto y moreno. Su madre...**). If they forget any details, they will ask you questions (**¿Es alto tu hermano?**). Alternate roles until all of you have described your families.

3.3 Present tense of -er and -ir verbs

ANTE TODO In **Lección 2,** you learned how to form the present tense of regular **-ar** verbs. You also learned about the importance of verb forms, which change to show who is performing the action. The chart below shows the forms of verbs from two other important verb groups, **-er** verbs and **-ir** verbs.

CONSULTA

To review the conjugation of **-ar** verbs, see **Estructura 2.1**, p. 46.

Present tense of -er and -ir verbs		**comer** *(to eat)*	**escribir** *(to write)*
SINGULAR FORMS	yo	com**o**	escrib**o**
	tú	com**es**	escrib**es**
	Ud./él/ella	com**e**	escrib**e**
PLURAL FORMS	nosotros/as	com**emos**	escrib**imos**
	vosotros/as	com**éis**	escrib**ís**
	Uds./ellos/ellas	com**en**	escrib**en**

▶ **-Er** and **-ir** verbs have very similar endings. Study the preceding chart to detect the patterns that make it easier for you to use them to communicate in Spanish.

AYUDA

Here are some tips on learning Spanish verbs:
1) Learn to identify the stem of each verb, to which all endings attach.
2) Memorize the endings that go with each verb and verb tense.
3) As often as possible, practice using different forms of each verb in speech and writing.
4) Devote extra time to learning irregular verbs, such as **ser** and **estar**.

Inés y Javier comen.

Maite escribe.

▶ Like **-ar** verbs, the **yo** forms of **-er** and **-ir** verbs end in **-o.**

Yo com**o**.   Yo escrib**o**.

▶ Except for the **yo** form, all of the verb endings for **-er** verbs begin with **-e.**

-es	-emos	-en
-e	-éis	

▶ **-Er** and **-ir** verbs have the exact same endings, except in the **nosotros/as** and **vosotros/as** forms.

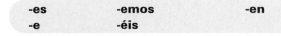

nosotros ◀ com**emos** / escrib**imos**   vosotros ◀ com**éis** / escrib**ís**

Common -er and -ir verbs

-er verbs			-ir verbs	
aprender (a + *inf*.)	*to learn*		**abrir**	*to open*
beber	*to drink*		**asistir (a)**	*to attend*
comer	*to eat*		**compartir**	*to share*
comprender	*to understand*		**decidir (+ *inf*.)**	*to decide*
correr	*to run*		**describir**	*to describe*
creer (en)	*to believe (in)*		**escribir**	*to write*
deber (+ *inf*.)	*should; must; ought to*		**recibir**	*to receive*
leer	*to read*		**vivir**	*to live*

Ellos **beben** café y **leen** el periódico.

Él **escribe** una carta.

¡INTÉNTALO! Provide the appropriate present tense forms of these verbs. The first item in each column has been done for you.

correr

1. Graciela _____corre_____.
2. Tú _____.
3. Yo _____.
4. Sara y Ana _____.
5. Usted _____.
6. Ustedes _____.
7. La gente _____.
8. Marcos y yo _____,

abrir

1. Ellos ___abren___ la puerta.
2. Carolina _____ la maleta.
3. Yo _____ las ventanas.
4. Nosotras _____ los libros.
5. Usted _____ el cuaderno.
6. Tú _____ la ventana.
7. Ustedes _____ las maletas.
8. Los muchachos _____ los cuadernos.

aprender

1. Él ___aprende___ español.
2. Maribel y yo _____ inglés.
3. Tú _____ japonés.
4. Tú y tu hermanastra _____ francés.
5. Mi hijo _____ chino.
6. Yo _____ alemán.
7. Usted _____ inglés.
8. Nosotros _____ italiano.

Práctica

1

Completar Complete Susana's sentences about her family with the correct forms of the verbs in parentheses. One of the verbs will remain in the infinitive.

1. Mi familia y yo _____ (vivir) en Guayaquil.
2. Tengo muchos libros. Me gusta _____ (leer).
3. Mi hermano Alfredo es muy inteligente. Alfredo _____ (asistir) a clases los lunes, miércoles y viernes.
4. Los martes y jueves Alfredo y yo _____ (correr).
5. Mis padres _____ (comer) mucho.
6. Yo _____ (creer) que (*that*) mis padres deben comer menos (*less*).

2

Oraciones Juan is talking about what he and his friends do after school. Form complete sentences.

> **modelo**
>
> yo / correr / amigos / lunes y miércoles
> *Yo corro con mis amigos los lunes y miércoles.*

1. Manuela / asistir / clase / yoga
2. Eugenio / abrir / correo electrónico (*e-mail*)
3. Isabel y yo / leer / biblioteca
4. Sofía y Roberto / aprender / hablar / inglés
5. tú / comer / cafetería / universidad
6. mi novia y yo / compartir / libro de historia

3

Consejos Mario teaches Japanese at a university in Quito and is spending a year in Tokyo with his family. In pairs, use the words below to say what he and/or his family members are doing or should do to adjust to life in Japan. Then, create one more sentence using a verb not in the list.

> **modelo**
>
> recibir libros / deber practicar japonés
> **Estudiante 1:** *Mario y su esposa reciben muchos libros en japonés.*
> **Estudiante 2:** *Los hijos deben practicar japonés.*

aprender japonés	decidir explorar el país
asistir a clases	escribir listas de palabras en japonés
beber sake	leer novelas japonesas
deber comer cosas nuevas	vivir con una familia japonesa
¿?	¿?

Comunicación

4   **Entrevista** Get together with a classmate and use these questions to interview each other. Be prepared to report the results of your interviews to the class.

1. ¿Dónde comes al mediodía? ¿Comes mucho?
2. ¿Debes comer más (*more*) o menos (*less*)?
3. ¿Cuándo asistes a tus clases?
4. ¿Cuál es tu clase favorita? ¿Por qué?
5. ¿Dónde vives?
6. ¿Con quién vives?
7. ¿Qué cursos debes tomar el próximo (*next*) semestre?
8. ¿Lees el periódico (*newspaper*)? ¿Qué periódico lees y cuándo?
9. ¿Recibes muchas cartas (*letters*)? ¿De quién(es)?
10. ¿Escribes poemas?

5   **Encuesta** Your instructor will give you a worksheet. Walk around the class and ask a different classmate each question about his/her familiy members. Be prepared to report the results of your survey to the class.

Actividades	Miembros de la familia
1. vivir en una casa	
2. beber café	los padres de Juan
3. correr todos los días (*every day*)	
4. comer mucho en restaurantes	
5. recibir mucho correo electrónico (*e-mail*)	
6. comprender tres lenguas	
7. deber estudiar más (*more*)	
8. leer muchos libros	

Síntesis

6   **Horario** Your instructor will give you and a partner incomplete versions of Alicia's schedule. Fill in the missing information on the schedule by talking to your partner. Be prepared to reconstruct Alicia's complete schedule with the class.

modelo

Estudiante 1: A las ocho, Alicia corre.
Estudiante 2: ¡Ah, sí! (*Writes down information.*) A las nueve, ella...

3.4 Present tense of **tener** and **venir** SUPERSITE

ANTE TODO The verbs **tener** (*to have*) and **venir** (*to come*) are among the most frequently used in Spanish. Because most of their forms are irregular, you will have to learn each one individually.

The verbs tener and venir

		tener	venir
SINGULAR FORMS	yo	ten**go**	ven**go**
	tú	tien**es**	vien**es**
	Ud./él/ella	tien**e**	vien**e**
PLURAL FORMS	nosotros/as	ten**emos**	ven**imos**
	vosotros/as	ten**éis**	ven**ís**
	Uds./ellos/ellas	tien**en**	vien**en**

▶ The endings are the same as those of regular **-er** and **-ir** verbs, except for the **yo** forms, which are irregular: **tengo, vengo.**

▶ In the **tú, Ud.,** and **Uds.** forms, the **e** of the stem changes to **ie** as shown below.

INFINITIVE	VERB STEM	VERB FORM
tener	ten-	tú t**ie**nes
		Ud./él/ella t**ie**ne
		Uds./ellos/ellas t**ie**nen
venir	ven-	tú v**ie**nes
		Ud./él/ella v**ie**ne
		Uds./ellos/ellas v**ie**nen

AYUDA

Use what you already know about regular **-er** and **-ir** verbs to identify the irregularities in **tener** and **venir**.

1) Which verb forms use a regular stem? Which use an irregular stem?

2) Which verb forms use the regular endings? Which use irregular endings?

¿Tienes hermanos?

Sí, tengo cuatro hermanas y un hermano mayor.

▶ The **nosotros** and **vosotros** forms are the only ones which are regular. Compare them to the forms of **comer** and **escribir** that you learned on page 88.

	tener	comer	venir	escribir
nosotros/as	ten**emos**	com**emos**	ven**imos**	escrib**imos**
vosotros/as	ten**éis**	com**éis**	ven**ís**	escrib**ís**

Expressions with **tener**

tener... años	to be... years old	tener (mucha) prisa	to be in a (big) hurry
tener (mucho) calor	to be (very) hot	tener razón	to be right
tener (mucho) cuidado	to be (very) careful	no tener razón	to be wrong
tener (mucho) frío	to be (very) cold	tener (mucha) sed	to be (very) thirsty
tener (mucha) hambre	to be (very) hungry	tener (mucho) sueño	to be (very) sleepy
tener (mucho) miedo (de)	to be (very) afraid/ scared (of)	tener (mucha) suerte	to be (very) lucky

▶ In certain idiomatic or set expressions in Spanish, you use the construction **tener** + [*noun*] to express *to be* + [*adjective*]. The chart above contains a list of the most common expressions with **tener**.

—¿**Tienen** hambre ustedes?   —Sí, y **tenemos** sed también.
Are you hungry?   *Yes, and we're thirsty, too.*

▶ To express an obligation, use **tener que** (*to have to*) + [*infinitive*].

—¿Qué **tienes que** estudiar hoy?   —**Tengo que** estudiar biología.
What do you have to study today?   *I have to study biology.*

▶ To ask people if they feel like doing something, use **tener ganas de** (*to feel like*) + [*infinitive*].

—¿**Tienes ganas de** comer?   —No, **tengo ganas de** dormir.
Do you feel like eating?   *No, I feel like sleeping.*

MICIUDAD.COM
Usted tiene que visitarnos.

¡INTÉNTALO!   Provide the appropriate forms of **tener** and **venir**. The first item in each column has been done for you.

recursos

WB
pp. 31–32

LM
p. 18

SUPERSITE
panorama.
vhlcentral.com
Lección 3

tener

1. Ellos ___tienen___ dos hermanos.
2. Yo _____ una hermana.
3. El artista _____ tres primos.
4. Nosotros _____ diez tíos.
5. Eva y Diana _____ un sobrino.
6. Usted _____ cinco nietos.
7. Tú _____ dos hermanastras.
8. Ustedes _____ cuatro hijos.
9. Ella _____ una hija.

venir

1. Mis padres ___vienen___ de México.
2. Tú _____ de España.
3. Nosotras _____ de Cuba.
4. Pepe _____ de Italia.
5. Yo _____ de Francia.
6. Ustedes _____ de Canadá.
7. Alfonso y yo_____ de Portugal.
8. Ellos _____ de Alemania.
9. Usted _____ de Venezuela.

Práctica SUPERSITE

1 **Emparejar** Find the phrase in column B that matches best with the phrase in column A. One phrase in column B will not be used.

A	B
1. el Polo Norte	a. tener calor
2. una sauna	b. tener sed
3. la comida salada (*salty food*)	c. tener frío
4. una persona muy inteligente	d. tener razón
5. un abuelo	e. tener ganas de
6. una dieta	f. tener hambre
	g. tener 75 años

2 **Completar** Complete the sentences with the forms of **tener** or **venir**.

1. Hoy nosotros _____ una reunión familiar (*family reunion*).
2. Yo _____ en autobús de la Universidad de Quito.
3. Todos mis parientes _____, excepto mi tío Manolo y su esposa.
4. Ellos no _____ ganas de venir porque viven en Portoviejo.
5. Mi prima Susana y su novio no _____ hasta las ocho porque ella _____ que trabajar.
6. En las fiestas, mi hermana siempre (*always*) _____ muy tarde (*late*).
7. Nosotros _____ mucha suerte porque las reuniones son divertidas (*fun*).
8. Mi madre cree que mis sobrinos son muy simpáticos. Creo que ella _____ razón.

3 **Describir** Look at the drawings and describe what people are doing using an expression with **tener**.

1. _____

2. _____

3. _____

4. _____

5. _____

6. _____

Comunicación

4 **¿Sí o no?** Using complete sentences, indicate whether these statements apply to you.

1. Mi padre tiene 50 años.
2. Mis amigos vienen a mi casa todos los días (*every day*).
3. Vengo a la universidad los martes.
4. Tengo hambre.
5. Tengo dos computadoras.
6. Tengo sed.
7. Tengo que estudiar los domingos.
8. Tengo una familia grande.

Now interview a classmate by transforming each statement into a question. Be prepared to report the results of your interview to the class.

> **modelo**
>
> **Estudiante 1:** ¿Tiene tu padre 50 años?
> **Estudiante 2:** No, no tiene 50 años. Tiene 65.

5 **Preguntas** Get together with a classmate and ask each other these questions.

1. ¿Tienes que estudiar hoy?
2. ¿Cuántos años tienes? ¿Y tus hermanos/as?
3. ¿Cuándo vienes a la clase de español?
4. ¿Cuándo vienen tus amigos a tu casa, apartamento o residencia estudiantil?
5. ¿De qué tienes miedo? ¿Por qué?
6. ¿Qué tienes ganas de hacer esta noche (*tonight*)?

6 **Conversación** Use an expression with **tener** to hint at what's on your mind. Your partner will ask questions to find out why you feel that way. If your partner cannot guess what's on your mind after three attempts, tell him/her. Then switch roles.

> **modelo**
>
> **Estudiante 1:** Tengo miedo.
> **Estudiante 2:** ¿Tienes que hablar en público?
> **Estudiante 1:** No.
> **Estudiante 2:** ¿Tienes un examen hoy?
> **Estudiante 1:** Sí, y no tengo tiempo para estudiar.

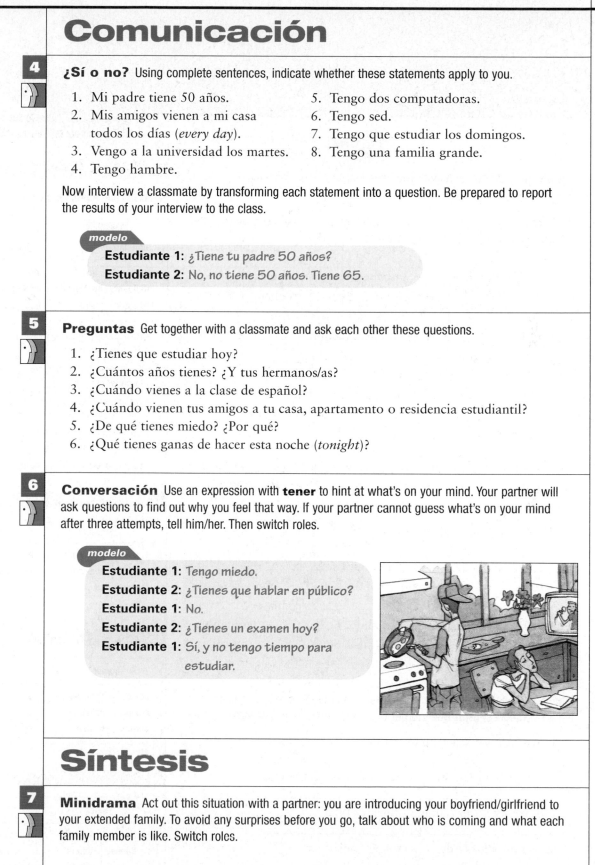

Síntesis

7 **Minidrama** Act out this situation with a partner: you are introducing your boyfriend/girlfriend to your extended family. To avoid any surprises before you go, talk about who is coming and what each family member is like. Switch roles.

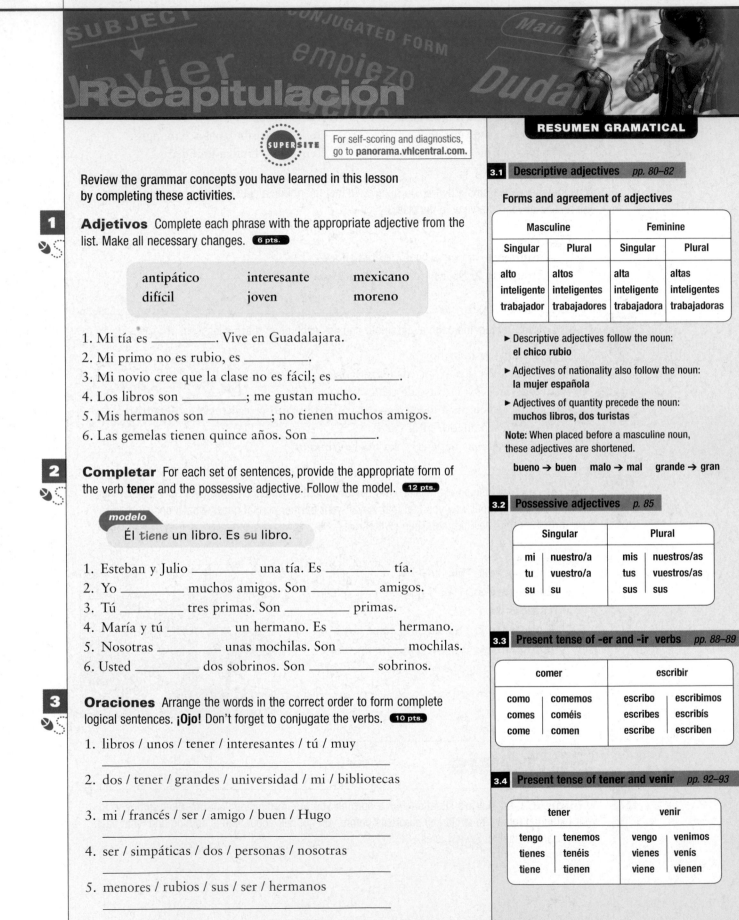

Recapitulación

Review the grammar concepts you have learned in this lesson by completing these activities.

SUPERSITE For self-scoring and diagnostics, go to **panorama.vhlcentral.com.**

1 **Adjetivos** Complete each phrase with the appropriate adjective from the list. Make all necessary changes. **6 pts.**

antipático	interesante	mexicano
difícil	joven	moreno

1. Mi tía es _____. Vive en Guadalajara.
2. Mi primo no es rubio, es _____.
3. Mi novio cree que la clase no es fácil; es _____.
4. Los libros son _____; me gustan mucho.
5. Mis hermanos son _____; no tienen muchos amigos.
6. Las gemelas tienen quince años. Son _____.

2 **Completar** For each set of sentences, provide the appropriate form of the verb **tener** and the possessive adjective. Follow the model. **12 pts.**

> **modelo**
> Él *tiene* un libro. Es *su* libro.

1. Esteban y Julio _____ una tía. Es _____ tía.
2. Yo _____ muchos amigos. Son _____ amigos.
3. Tú _____ tres primas. Son _____ primas.
4. María y tú _____ un hermano. Es _____ hermano.
5. Nosotras _____ unas mochilas. Son _____ mochilas.
6. Usted _____ dos sobrinos. Son _____ sobrinos.

3 **Oraciones** Arrange the words in the correct order to form complete logical sentences. **¡Ojo!** Don't forget to conjugate the verbs. **10 pts.**

1. libros / unos / tener / interesantes / tú / muy

   _____

2. dos / tener / grandes / universidad / mi / bibliotecas

   _____

3. mi / francés / ser / amigo / buen / Hugo

   _____

4. ser / simpáticas / dos / personas / nosotras

   _____

5. menores / rubios / sus / ser / hermanos

   _____

RESUMEN GRAMATICAL

3.1 **Descriptive adjectives** *pp. 80–82*

Forms and agreement of adjectives

Masculine		Feminine	
Singular	**Plural**	**Singular**	**Plural**
alto	altos	alta	altas
inteligente	inteligentes	inteligente	inteligentes
trabajador	trabajadores	trabajadora	trabajadoras

▶ Descriptive adjectives follow the noun: **el chico rubio**

▶ Adjectives of nationality also follow the noun: **la mujer española**

▶ Adjectives of quantity precede the noun: **muchos libros, dos turistas**

Note: When placed before a masculine noun, these adjectives are shortened.

bueno → buen   malo → mal   grande → gran

3.2 **Possessive adjectives** *p. 85*

Singular		Plural	
mi	nuestro/a	mis	nuestros/as
tu	vuestro/a	tus	vuestros/as
su	su	sus	sus

3.3 **Present tense of -er and -ir verbs** *pp. 88–89*

comer		escribir	
como	comemos	escribo	escribimos
comes	coméis	escribes	escribís
come	comen	escribe	escriben

3.4 **Present tense of tener and venir** *pp. 92–93*

tener		venir	
tengo	tenemos	vengo	venimos
tienes	tenéis	vienes	venís
tiene	tienen	viene	vienen

4 **Carta** Complete this letter with the appropriate forms of the verbs in the word list. Not all verbs will be used. **10 pts.**

abrir	correr	recibir
asistir	creer	tener
compartir	escribir	venir
comprender	leer	vivir

Hola, Ángel,

¿Qué tal? (Yo) (1) _____ esta carta (this letter) en la biblioteca. Todos los días (2) _____ aquí y (3) _____ un buen libro. Yo (4) _____ que es importante leer por diversión. Mi compañero de apartamento no (5) _____ por qué me gusta leer. Él sólo (6) _____ los libros de texto. Pero nosotros (7) _____ unos intereses. Por ejemplo, los dos somos atléticos; por las mañanas nosotros (8) _____ . También nos gustan las ciencias; por las tardes (9) _____ a nuestra clase de biología. Y tú, ¿cómo estás? ¿(Tú) (10) _____ mucho trabajo?

5 **Su familia** Write a brief description of a friend's family. Describe the family members using vocabulary and structures from this lesson. Write at least five sentences. **12 pts.**

> **modelo**
> La familia de mi amiga Gabriela es grande. Ella tiene tres hermanos y una hermana. Su hermana mayor es periodista...

6 **Proverbio** Write the missing words to complete this proverb. **2 EXTRA points!**

" **Dos andares°** _____ **el dinero°,** _____ **despacio°** **y se va° ligero°.** "

andares *gaits* dinero *money* despacio *slowly*
se va *it leaves* ligero *fast*

Lectura

Antes de leer

Estrategia

Guessing meaning from context

As you read in Spanish, you'll often come across words you haven't learned. You can guess what they mean by looking at the surrounding words and sentences. Look at the following text and guess what **tía abuela** means, based on the context.

¡Hola, Claudia!

¿Qué hay de nuevo?

¿Sabes qué? Ayer fui a ver a mi tía abuela, la hermana de mi abuela. Tiene 85 años pero es muy independiente. Vive en un apartamento en Quito con su prima Lorena, quien también tiene 85 años.

If you guessed *great-aunt*, you are correct, and you can conclude from this word and the format clues that this is a letter about someone's visit with his or her great-aunt.

Examinar el texto

Quickly read through the paragraphs and find two or three words you don't know. Using the context as your guide, guess what these words mean. Then glance at the paragraphs where these words appear and try to predict what the paragraphs are about.

Examinar el formato

Look at the format of the reading. What clues do the captions, photos, and layout give you about its content?

recursos

SUPERSITE

panorama.vhlcentral.com
Lección 3

Gente ··· Las familias

1. Me llamo Armando y tengo setenta años pero no me considero viejo. Tengo seis nietas y un nieto. Vivo con mi hija y tengo la oportunidad de pasar mucho tiempo con ella y con mi nieto. Por las tardes salgo a pasear° por el parque con mi nieto y por la noche le leo cuentos°.

Armando. Tiene seis nietas y un nieto.

2. Mi prima Victoria y yo nos llevamos muy bien. Estudiamos juntas° en la universidad y compartimos un apartamento. Ella es muy inteligente y me ayuda° con los estudios. Además°, es muy simpática y generosa. Si no tengo dinero°, ¡ella me lo presta!

Diana. Vive con su prima.

3. Me llamo Ramona y soy paraguaya, aunque° ahora vivo en los Estados Unidos. Tengo tres hijos, uno de nueve años, uno de doce y el mayor de quince. Es difícil a veces, pero mi esposo y yo tratamos° de ayudarlos y comprenderlos siempre°.

Ramona. Sus hijos son muy importantes para ella.

4. Tengo mucha suerte. Aunque mis padres están divorciados, tengo una familia muy unida. Tengo dos hermanos y dos hermanas. Me gusta hablar y salir a fiestas con ellos. Ahora tengo novio en la universidad y él no conoce a mis hermanos. ¡Espero que se lleven bien!

Ana María. Su familia es muy unida.

5. Antes quería° tener hermanos pero ya no° es tan importante. Ser hija única tiene muchas

ventajas°: no tengo que compartir mis cosas con hermanos, no hay discusiones° y, como soy nieta única también, ¡mis abuelos piensan° que soy perfecta!

Fernanda.
Es hija única.

6. Como soy joven todavía°, no tengo ni esposa ni hijos. Pero tengo un sobrino, el hijo de mi hermano, que es muy especial para mí. Se llama Benjamín y tiene diez años. Es un muchacho muy simpático. Siempre tiene hambre y por lo tanto vamos° frecuentemente a comer hamburguesas. Nos gusta también ir al cine° a ver películas de acción. Hablamos de todo. ¡Creo que ser tío es mejor que ser padre!

Santiago. Ser tío es divertido.

---

salgo a pasear *I go take a walk* cuentos *stories* juntas *together*
me ayuda *she helps me* Además *Besides* dinero *money* aunque *although*
tratamos *we try* siempre *always* quería *I wanted* ya no *no longer*
ventajas *advantages* discusiones *arguments* piensan *think* todavía *still*
vamos *we go* ir al cine *to go to the movies*

Después de leer

Emparejar ✎S

Glance at the paragraphs and see how the words and phrases in column A are used in context. Then find their definitions in column B.

A

1. me lo presta
2. nos llevamos bien
3. no conoce
4. películas
5. mejor que
6. el mayor

B

a. the oldest
b. movies
c. the youngest
d. loans it to me
e. borrows it from me
f. we see each other
g. doesn't know
h. we get along
i. portraits
j. better than

Seleccionar ✎S

Choose the sentence that best summarizes each paragraph.

1. Párrafo 1
   a. Me gusta mucho ser abuelo.
   b. No hablo mucho con mi nieto.
   c. No tengo nietos.
2. Párrafo 2
   a. Mi prima es antipática.
   b. Mi prima no es muy trabajadora.
   c. Mi prima y yo somos muy buenas amigas.
3. Párrafo 3
   a. Tener hijos es un gran sacrificio pero es muy bonito también.
   b. No comprendo a mis hijos.
   c. Mi esposo y yo no tenemos hijos.
4. Párrafo 4
   a. No hablo mucho con mis hermanos.
   b. Comparto mis cosas con mis hermanos.
   c. Mis hermanos y yo somos como (*like*) amigos.
5. Párrafo 5
   a. Me gusta ser hija única.
   b. Tengo hermanos y hermanas.
   c. Vivo con mis abuelos.
6. Párrafo 6
   a. Mi sobrino tiene diez años.
   b. Me gusta mucho ser tío.
   c. Mi esposa y yo no tenemos hijos.

Escritura SUPERSITE

Estrategia

Using idea maps

How do you organize ideas for a first draft? Often, the organization of ideas represents the most challenging part of the process. Idea maps are useful for organizing pertinent information. Here is an example of an idea map you can use:

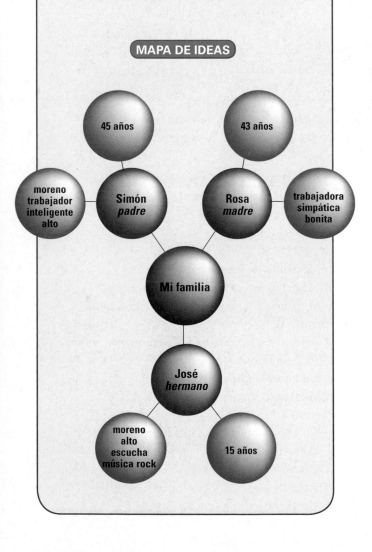

MAPA DE IDEAS

- 45 años
- 43 años
- moreno trabajador inteligente alto
- **Simón** *padre*
- **Rosa** *madre*
- trabajadora simpática bonita
- **Mi familia**
- **José** *hermano*
- moreno alto escucha música rock
- 15 años

Tema

Escribir una carta

A friend you met in a chat room for Spanish speakers wants to know about your family. Using some of the verbs and adjectives you have learned in this lesson, write a brief letter describing your family or an imaginary family, including:

- ▶ Names and relationships
- ▶ Physical characteristics
- ▶ Hobbies and interests

Here are some useful expressions for letter writing in Spanish:

Salutations

Estimado/a Julio/Julia:	*Dear Julio/Julia,*
Querido/a Miguel/Ana María:	*Dear Miguel/Ana María,*

Closings

Un abrazo,	*A hug,*
Abrazos,	*Hugs,*
Cariños,	*Much love,*
¡Hasta pronto!	*See you soon!*
¡Hasta la próxima semana!	*See you next week!*

Escuchar

Estrategia

**Asking for repetition/
Replaying the recording**

Sometimes it is difficult to understand what people say, especially in a noisy environment. During a conversation, you can ask someone to repeat by saying **¿Cómo?** (*What?*) or **¿Perdón?** (*Pardon me?*). In class, you can ask your teacher to repeat by saying **Repita, por favor** (*Repeat, please*). If you don't understand a recorded activity, you can simply replay it.

To help you practice this strategy, you will listen to a short paragraph. Ask your professor to repeat it or replay the recording, and then summarize what you heard.

Preparación

Based on the photograph, where do you think Cristina and Laura are? What do you think Laura is saying to Cristina?

Ahora escucha

Now you are going to hear Laura and Cristina's conversation. Use **R** to indicate which adjectives describe Cristina's boyfriend, Rafael. Use **E** for adjectives that describe Laura's boyfriend, Esteban. Some adjectives will not be used.

____ rubio   ____ interesante

____ feo   ____ antipático

____ alto   ____ inteligente

____ trabajador   ____ moreno

____ un poco gordo ____ viejo

recursos

SUPERSITE

panorama.vhlcentral.com
Lección 3

Comprensión

Identificar

Which person would make each statement: Cristina or Laura?

	Cristina	Laura
1. Mi novio habla sólo de fútbol y de béisbol.	O	O
2. Tengo un novio muy interesante y simpático.	O	O
3. Mi novio es alto y moreno.	O	O
4. Mi novio trabaja mucho.	O	O
5. Mi amiga no tiene buena suerte con los muchachos.	O	O
6. El novio de mi amiga es un poco gordo, pero guapo.	O	O

¿Cierto o falso?

Indicate whether each sentence is **cierto** or **falso,** then correct the false statements.

	Cierto	Falso
1. Esteban es un chico interesante y simpático.	O	O
2. Laura tiene mala suerte con los chicos.	O	O
3. Rafael es muy interesante.	O	O
4. Laura y su novio hablan de muchas cosas.	O	O

En pantalla

The American concept of dating does not exist in the same way in countries like Mexico, Spain, and Argentina. In the Spanish-speaking world, at the beginning of a relationship couples can go out without the social or psychological pressures and expectations of "being on a date." Relationships develop just like in the rest of the world, but perhaps in a more spontaneous manner and without insisting on labels.

Vocabulario útil

has sido	you have been
maravillosa	wonderful
conmigo	with me
te sorprenda	it catches you by surprise
quiero que me dejes	I want you to let me
explicarte	explain to you
por muy bajo que te parezca	however low it seems to you
lo que hago	what I do
Gracias por haberme querido escuchar.	Thank you for having wanted to listen to me.
que me dejes	that you leave me
haberme querido	having loved me
vida	life

Preguntas

Answer these questions.

1. Who wrote the letter to the young woman?
2. What do you think she was expecting from the letter?
3. How does she feel at the end of the ad? Why?

Conversar

Answer these questions with a classmate.

1. What is your opinion about the young woman's reaction to the letter?
2. What do you think about ending a relationship by mail?
3. What other ways do people use to break up?

algo falla *something is wrong* por eso *that's why* hay que acabar *we must break up* Sería *It would be* lo que ha sido *what has been*

Anuncio de Pentel

Eres una buena chica.

Pero algo falla°, por eso° hay que acabar°.

Sería° tonto convertir en feo lo que ha sido° bonito.

SUPERSITE Conexión Internet

Go to **panorama.vhlcentral.com** to watch the TV clip featured in this **En pantalla** section.

Oye cómo va

Olimpo Cárdenas

Ecuadorian vocalist **Olimpo Cárdenas Moreira** was born in the town of Vinces in 1919. A singer from the age of eight, at ten years old he began participating in children's music competitions in Guayaquil and Quito. In 1946 Cárdenas recorded, as a duet with Carlos Rubira Infante, the song *En las lejanías*. Of the more than fifty albums he completed during his career, six were joint endeavors with another famous Ecuadorian singer, Julio Jaramillo. Some of the songs Cárdenas made famous are *Temeridad*, *Hay que saber perder*, *Nuestro juramento*, and *Lágrimas de amor*. He often performed internationally, in countries such as Colombia, Venezuela, Mexico, and the United States. In 1991, Olimpo Cárdenas died in Tuluá, Colombia, the country where he had resided for many years.

Your instructor will play the song. Listen and then complete these activities.

Completar

Complete each sentence.

1. Olimpo Cárdenas started singing when he was _____ years old.
2. He recorded _____ with Carlos Rubira Infante.
3. He visited Colombia, _____, Mexico, and the U.S. with his music.
4. Cárdenas died in 1991 in _____, Colombia.

Interpretación

Answer these questions in Spanish. Then, share your answers with a classmate.

1. Describe the girl to whom this song is dedicated.
2. What do you think her relationship is with the singer?
3. If the girl had to reply to this song, what do you think she would say?

Chacha *short for* Muchacha linda *pretty* no sé *I don't know* si pueda *if I could* dejar de *stop* quererte *loving you* dejarte de amar *stop loving you*

Chacha linda

Chacha°,
mi chacha linda°,
cómo te adoro, mi linda muchacha;
no sé° si pueda° dejar de° quererte°,
no sé si pueda dejarte de amar°.

El pasillo

Olimpo Cárdenas and Julio Jaramillo were famous for their interpretations of **pasillo**, which is considered the national music of Ecuador. **El pasillo**, a sentimental and romantic musical style, descended from the waltz and is closely related to the **bolero**.

Julio Jaramillo

recursos

panorama.vhlcentral.com
Lección 3

SUPERSITE Conexión Internet

Go to **panorama.vhlcentral.com** to learn more about the artist featured in this **Oye cómo va** section.

Ecuador

El país en cifras

- ▶ **Área:** 283.560 km² (109.483 millas²), *incluyendo las islas Galápagos, aproximadamente el área de Colorado*
- ▶ **Población:** 14.192.000
- ▶ **Capital:** Quito — 1.680.000
- ▶ **Ciudades° principales:**
  Guayaquil — 2.709.000, Cuenca, Machala, Portoviejo

SOURCE: Population Division, UN Secretariat

- ▶ **Moneda:** dólar estadounidense
- ▶ **Idiomas:** español (oficial), quichua

La lengua oficial del Ecuador es el español, pero también se hablan° otras° lenguas en el país. Aproximadamente unos 4.000.000 de ecuatorianos hablan lenguas indígenas; la mayoría° de ellos habla quichua. El quichua es el dialecto ecuatoriano del quechua, la lengua de los incas.

Bandera del Ecuador

Ecuatorianos célebres

- ▶ **Francisco Eugenio De Santa Cruz y Espejo,** médico, periodista y patriota (1747–1795)
- ▶ **Juan León Mera,** novelista (1832–1894)
- ▶ **Eduardo Kingman,** pintor° (1913–1998)
- ▶ **Rosalía Arteaga,** abogada°, política y ex-vicepresidenta (1956–)

Ciudades *cities* se hablan *are spoken* otras *other* mayoría *majority* pintor *painter* abogada *lawyer* sur *south* mundo *world* pies *feet* dos veces más alto que *twice as tall as*

Las islas Galápagos

ESTADOS UNIDOS

OCÉANO PACÍFICO

OCÉANO ATLÁNTICO

ECUADOR

AMÉRICA DEL SUR

COLOMBIA

Indígenas del Amazonas

Río Esmeraldas

• Ibarra

Quito ☆

Volcán Cotopaxi ▲

Río Napo

Volcán Tungurahua ▲

Portoviejo •

Río Daule

Río Pastaza

Cordillera de los Andes

Guayaquil •

Volcán Chimborazo

Océano Pacífico

Cuenca •

Los indígenas del Ecuador hablan quichua.

Machala •

La ciudad de Quito y la Cordillera de los Andes

• Loja

PERÚ

Catedral de Guayaquil

recursos

| WB pp. 33–34 | VM pp. 229–230 | SUPERSITE panorama.vhlcentral.com Lección 3 |

¡Increíble pero cierto!

El volcán Cotopaxi, situado a unos 60 kilómetros al sur° de Quito, es considerado el volcán activo más alto del mundo°. Tiene una altura de 5.897 metros (19.340 pies°). Es dos veces más alto que° el monte St. Helens (2.550 metros o 9.215 pies) en el estado de Washington.

Lugares • Las islas Galápagos

Muchas personas vienen de lejos a visitar las islas Galápagos porque son un verdadero tesoro° ecológico. Aquí Charles Darwin estudió° las especies que inspiraron° sus ideas sobre la evolución. Como las islas están lejos del continente, sus plantas y animales son únicos. Las islas son famosas por sus tortugas° gigantes.

Artes • Oswaldo Guayasamín

Oswaldo Guayasamín fue° uno de los artistas latinoamericanos más famosos del mundo. Fue escultor° y muralista. Su expresivo estilo viene del cubismo y sus temas preferidos son la injusticia y la pobreza° sufridas° por los indígenas de su país.

Madre y niño en azul, 1986, Oswaldo Guayasamín

Deportes • El *trekking*

El sistema montañoso de los Andes cruza° y divide el Ecuador en varias regiones. La Sierra, que tiene volcanes, grandes valles y una variedad increíble de plantas y animales, es perfecta para el *trekking*. Muchos turistas visitan el Ecuador cada° año para hacer° *trekking* y escalar montañas°.

Lugares • Latitud 0

Hay un monumento en el Ecuador, a unos 22 kilómetros (14 millas) de Quito, donde los visitantes están en el hemisferio norte y el hemisferio sur a la vez°. Este monumento se llama la Mitad del Mundo°, y es un destino turístico muy popular.

Explosión del volcán Tungurahua en 1999

¿Qué aprendiste? Completa las oraciones con la información correcta.

1. La ciudad más grande (*biggest*) del Ecuador es _____.
2. La capital del Ecuador es _____.
3. Unos 4.000.000 de ecuatorianos hablan _____.
4. Darwin estudió el proceso de la evolución en _____.
5. Dos temas del arte de _____ son la pobreza y la _____.
6. Un monumento muy popular es _____.
7. La Sierra es un lugar perfecto para el _____.
8. El volcán _____ es el volcán activo más alto del mundo.

Conexión Internet Investiga estos temas en **panorama.vhlcentral.com**.

1. Busca información sobre una ciudad del Ecuador. ¿Te gustaría (*Would you like*) visitar la ciudad? ¿Por qué?
2. Haz una lista de tres animales o plantas que viven sólo en las islas Galápagos. ¿Dónde hay animales o plantas similares?

....

verdadero tesoro *true treasure* **estudió** *studied* **inspiraron** *inspired* **tortugas** *tortoises* **fue** *was* **escultor** *sculptor* **pobreza** *poverty* **sufridas** *suffered* **cruza** *crosses* **cada** *every* **hacer** *to do* **escalar montañas** *to climb mountains* **a la vez** *at the same time* **Mitad del Mundo** *Equatorial Line Monument (lit. Midpoint of the World)*

La familia

el/la abuelo/a	grandfather/ grandmother
los abuelos	grandparents
el apellido	last name
el/la bisabuelo/a	great-grandfather/ great-grandmother
el/la cuñado/a	brother-in-law/ sister-in-law
el/la esposo/a	husband; wife; spouse
la familia	family
el/la gemelo/a	twin
el/la hermanastro/a	stepbrother/ stepsister
el/la hermano/a	brother/sister
el/la hijastro/a	stepson/ stepdaughter
el/la hijo/a	son/daughter
los hijos	children
la madrastra	stepmother
la madre	mother
el/la medio/a hermano/a	half-brother/ half-sister
el/la nieto/a	grandson/ granddaughter
la nuera	daughter-in-law
el padrastro	stepfather
el padre	father
los padres	parents
los parientes	relatives
el/la primo/a	cousin
el/la sobrino/a	nephew/niece
el/la suegro/a	father-in-law/ mother-in-law
el/la tío/a	uncle/aunt
el yerno	son-in-law

Otras personas

el/la amigo/a	friend
la gente	people
el/la muchacho/a	boy/girl
el/la niño/a	child
el/la novio/a	boyfriend/girlfriend
la persona	person

Profesiones

el/la artista	artist
el/la doctor(a), el/la médico/a	doctor; physician
el/la ingeniero/a	engineer
el/la periodista	journalist
el/la programador(a)	computer programmer

Adjetivos

alto/a	tall
antipático/a	unpleasant
bajo/a	short (in height)
bonito/a	pretty
buen, bueno/a	good
delgado/a	thin; slender
difícil	difficult; hard
fácil	easy
feo/a	ugly
gordo/a	fat
gran, grande	big; large
guapo/a	handsome; good-looking
importante	important
inteligente	intelligent
interesante	interesting
joven	young
mal, malo/a	bad
mismo/a	same
moreno/a	brunet(te)
mucho/a	much; many; a lot of
pelirrojo/a	red-haired
pequeño/a	small
rubio/a	blond(e)
simpático/a	nice; likeable
tonto/a	silly; foolish
trabajador(a)	hard-working
viejo/a	old

Nacionalidades

alemán, alemana	German
canadiense	Canadian
chino/a	Chinese
ecuatoriano/a	Ecuadorian
español(a)	Spanish
estadounidense	from the U.S.
francés, francesa	French
inglés, inglesa	English
italiano/a	Italian
japonés, japonesa	Japanese
mexicano/a	Mexican
norteamericano/a	(North) American
puertorriqueño/a	Puerto Rican
ruso/a	Russian

Verbos

abrir	to open
aprender (a + inf.)	to learn
asistir (a)	to attend
beber	to drink
comer	to eat
compartir	to share
comprender	to understand
correr	to run
creer (en)	to believe (in)
deber (+ inf.)	should; must; ought to
decidir (+ inf.)	to decide
describir	to describe
escribir	to write
leer	to read
recibir	to receive
tener	to have
venir	to come
vivir	to live

Possessive adjectives	See page 85.
Expressions with **tener**	See page 93.
Expresiones útiles	See page 75.

Los pasatiempos

4

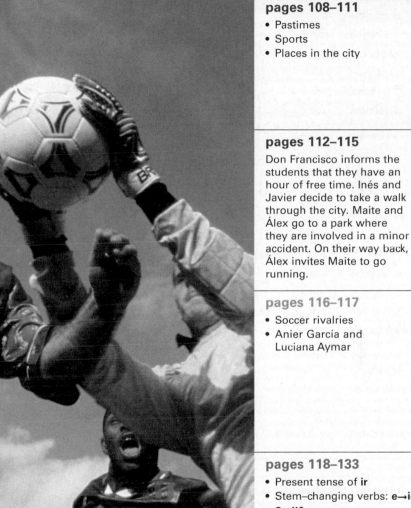

A PRIMERA VISTA
- ¿Qué son estas personas, atletas o artistas?
- ¿En qué tienen interés, en el fútbol o el tenis?
- ¿Son viejos? ¿Son delgados?
- ¿Tienen frío o calor?

Los pasatiempos

Más vocabulario

el béisbol	baseball
el ciclismo	cycling
el esquí (acuático)	(water) skiing
el fútbol americano	football
el golf	golf
el hockey	hockey
la natación	swimming
el tenis	tennis
el vóleibol	volleyball
el equipo	team
el parque	park
el partido	game; match
la plaza	city or town square
andar en patineta	to skateboard
bucear	to scuba dive
escalar montañas (f. pl.)	to climb mountains
esquiar	to ski
ganar	to win
ir de excursión	to go on a hike
practicar deportes (m. pl.)	to play sports
escribir una carta/ un mensaje electrónico	to write a letter/ an e-mail message
leer correo electrónico	to read e-mail
leer una revista	to read a magazine
deportivo/a	sports-related

Variación léxica

piscina ⟷ pileta (*Arg.*); alberca (*Méx.*)
baloncesto ⟷ básquetbol (*Amér. L.*)
béisbol ⟷ pelota (*P. Rico, Rep. Dom.*)

PARQUE MUNICIPAL

Lee el periódico. (leer)

Pasea en bicicleta. (pasear)

la pelota

Visitan el monumento. (visitar)

el fútbol

la jugadora

Pasean. (pasear)

Toma el sol. (tomar)

Nada. (nadar)

la piscina

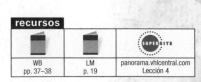

Práctica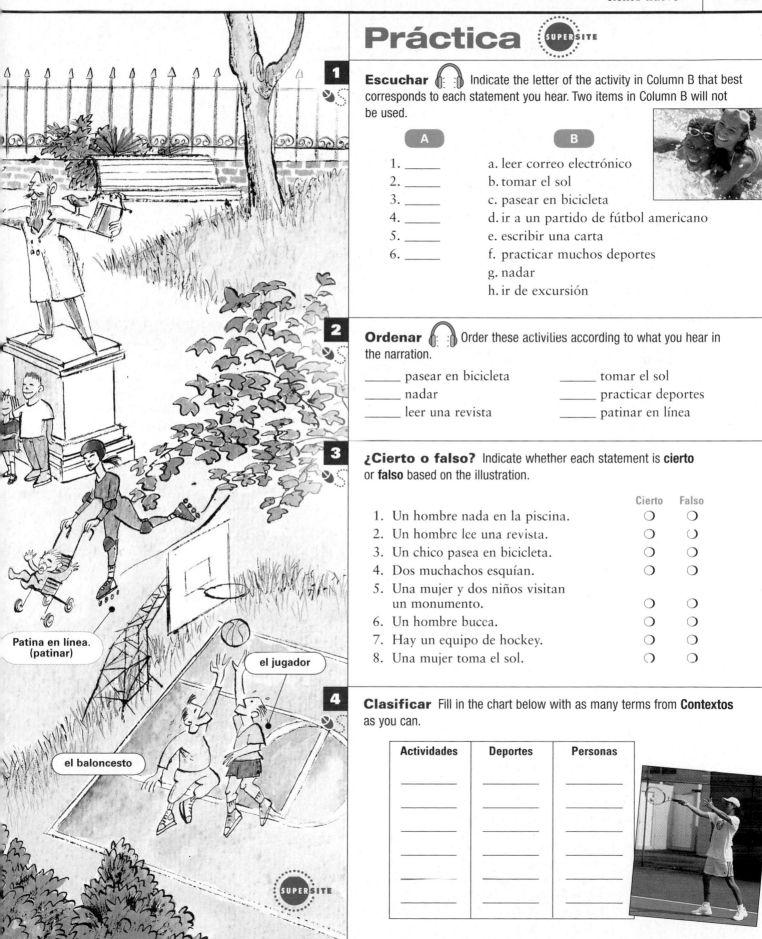

1 **Escuchar** Indicate the letter of the activity in Column B that best corresponds to each statement you hear. Two items in Column B will not be used.

A	B
1. _____	a. leer correo electrónico
2. _____	b. tomar el sol
3. _____	c. pasear en bicicleta
4. _____	d. ir a un partido de fútbol americano
5. _____	e. escribir una carta
6. _____	f. practicar muchos deportes
	g. nadar
	h. ir de excursión

2 **Ordenar** Order these activities according to what you hear in the narration.

_____ pasear en bicicleta   _____ tomar el sol
_____ nadar   _____ practicar deportes
_____ leer una revista   _____ patinar en línea

3 **¿Cierto o falso?** Indicate whether each statement is **cierto** or **falso** based on the illustration.

	Cierto	Falso
1. Un hombre nada en la piscina.	○	○
2. Un hombre lee una revista.	○	○
3. Un chico pasea en bicicleta.	○	○
4. Dos muchachos esquían.	○	○
5. Una mujer y dos niños visitan un monumento.	○	○
6. Un hombre bucea.	○	○
7. Hay un equipo de hockey.	○	○
8. Una mujer toma el sol.	○	○

4 **Clasificar** Fill in the chart below with as many terms from **Contextos** as you can.

Actividades	Deportes	Personas
_____	_____	_____
_____	_____	_____
_____	_____	_____
_____	_____	_____
_____	_____	_____
_____	_____	_____

Patina en línea. (patinar)

el jugador

el baloncesto

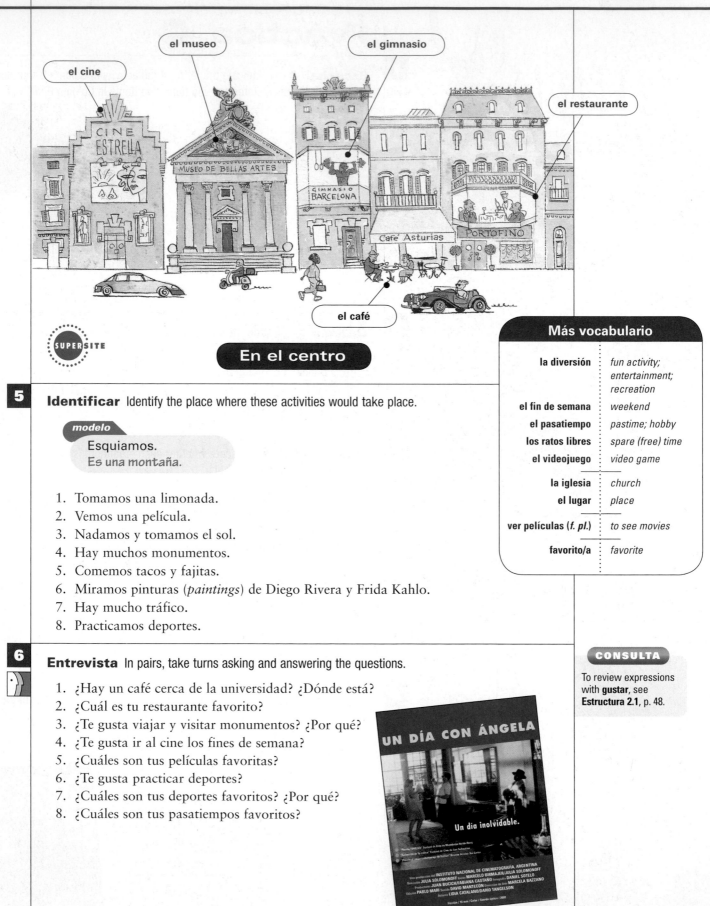

el cine

el museo

el gimnasio

el restaurante

el café

SUPERSITE

En el centro

Más vocabulario

la diversión	*fun activity; entertainment; recreation*
el fin de semana	*weekend*
el pasatiempo	*pastime; hobby*
los ratos libres	*spare (free) time*
el videojuego	*video game*
la iglesia	*church*
el lugar	*place*
ver películas (*f. pl.*)	*to see movies*
favorito/a	*favorite*

5 **Identificar** Identify the place where these activities would take place.

> **modelo**
>
> Esquiamos.
> Es una montaña.

1. Tomamos una limonada.
2. Vemos una película.
3. Nadamos y tomamos el sol.
4. Hay muchos monumentos.
5. Comemos tacos y fajitas.
6. Miramos pinturas (*paintings*) de Diego Rivera y Frida Kahlo.
7. Hay mucho tráfico.
8. Practicamos deportes.

6 **Entrevista** In pairs, take turns asking and answering the questions.

1. ¿Hay un café cerca de la universidad? ¿Dónde está?
2. ¿Cuál es tu restaurante favorito?
3. ¿Te gusta viajar y visitar monumentos? ¿Por qué?
4. ¿Te gusta ir al cine los fines de semana?
5. ¿Cuáles son tus películas favoritas?
6. ¿Te gusta practicar deportes?
7. ¿Cuáles son tus deportes favoritos? ¿Por qué?
8. ¿Cuáles son tus pasatiempos favoritos?

CONSULTA

To review expressions with **gustar**, see **Estructura 2.1**, p. 48.

UN DÍA CON ÁNGELA

Un día inolvidable.

Una producción de INSTITUTO NACIONAL DE CINEMATOGRAFÍA, ARGENTINA
Dirección JULIA SOLOMONOFF Guión MARCELO BIRMAJER/JULIA SOLOMONOFF
Productores JUAN BUCICH/FABIANA CASTAÑO Fotografía de DANIEL SOTELO
Productores PABLO MANTECÓN Sonido DAVID MANTECÓN Dirección de arte MARCELA BAZZANO
Edición PABLO MARI Sonido LIDIA CATALANO/DARIO TANGELSON

Fícorija / 16 mm / Color / Sonido óptico / 2000

Comunicación

7 **Preguntar** Ask a classmate what he or she does in the places mentioned below. Your classmate will respond using verbs from the word bank.

beber	escribir	patinar
caminar	leer	practicar
correr	mirar	tomar
escalar	nadar	visitar

modelo

una plaza

Estudiante 1: ¿Qué haces (*What do you do*) cuando estás en una plaza?

Estudiante 2: Camino por la plaza y miro a las personas.

1. una biblioteca
2. un estadio
3. una plaza
4. una piscina
5. las montañas
6. un parque
7. un café
8. un museo

8 **Conversación** Using the words and expressions provided, work with a partner to prepare a short conversation about your pastimes.

¿a qué hora?	¿con quién(es)?	¿dónde?
¿cómo?	¿cuándo?	¿qué?

modelo

Estudiante 1: ¿Cuándo patinas en línea?

Estudiante 2: Patino en línea los domingos. Y tú, ¿patinas en línea?

Estudiante 1: No, no me gusta patinar en línea. Me gusta practicar el béisbol.

9 **Pasatiempos** In pairs, tell each other what pastimes three of your friends and family members enjoy. Be prepared to share with the class any pastimes you noticed they have in common.

modelo

Estudiante 1: Mi hermana pasea mucho en bicicleta. Pero mis padres practican la natación. Mi hermano no nada, pero visita muchos museos.

Estudiante 2: Mi primo lee muchas revistas, pero no practica muchos deportes. Mis tíos esquían y practican el golf...

¡Vamos al parque!

Los estudiantes pasean por la ciudad y hablan de sus pasatiempos.

SUPERSITE

PERSONAJES

DON FRANCISCO

JAVIER

INÉS

ÁLEX

MAITE

JOVEN

1

2

3

DON FRANCISCO Tienen una hora libre. Pueden explorar la ciudad, si quieren.

JAVIER Inés, ¿quieres ir a pasear por la ciudad?

INÉS Sí, vamos.

ÁLEX ¿Por qué no vamos al parque, Maite? Podemos hablar y tomar el sol.

MAITE ¡Buena idea! También quiero escribir unas postales.

6

7

8

ÁLEX ¡Maite!

MAITE ¡Dios mío!

JOVEN Mil perdones. Lo siento muchísimo.

MAITE ¡No es nada! Estoy bien.

ÁLEX Ya son las dos y treinta. Debemos regresar al autobús, ¿no?

MAITE Tienes razón.

ÁLEX Oye, Maite, ¿qué vas a hacer esta noche?

MAITE No tengo planes. ¿Por qué?

recursos

VM
pp. 201–202

SUPERSITE
panorama.vhlcentral.com
Lección 4

MAITE ¿Eres aficionado a los deportes, Álex?

ÁLEX Sí, me gusta mucho el fútbol. Me gusta también nadar, correr e ir de excursión a las montañas.

MAITE Yo también corro mucho.

ÁLEX Oye, Maite, ¿por qué no jugamos al fútbol con él?

MAITE Mmm... no quiero. Voy a terminar de escribir unas postales.

ÁLEX Eh, este... a veces salgo a correr por la noche. ¿Quieres venir a correr conmigo?

MAITE Sí, vamos. ¿A qué hora?

ÁLEX ¿A las seis?

MAITE Perfecto.

DON FRANCISCO Esta noche van a correr. ¡Y yo no tengo energía para pasear!

Expresiones útiles

Making invitations

- **¿Por qué no vamos al parque?**
  Why don't we go to the park?
  ¡Buena idea!
  Good idea!
- **¿Por qué no jugamos al fútbol?**
  Why don't we play soccer?
  Mmm... no quiero.
  Hmm... I don't want to.
  Lo siento, pero no puedo.
  I'm sorry, but I can't.

- **¿Quieres ir a pasear por la ciudad/ el pueblo conmigo?**
  Do you want to walk around the city/the town with me?
  Sí, vamos.
  Yes, let's go.
  Sí, si tenemos tiempo.
  Yes, if we have time.

Making plans

- **¿Qué vas a hacer esta noche?**
  What are you going to do tonight?
  No tengo planes.
  I don't have any plans.
  Voy a terminar de escribir unas postales.
  I'm going to finish writing some postcards.

Talking about pastimes

- **¿Eres aficionado/a a los deportes?**
  Are you a sports fan?
  Sí, me gustan todos los deportes.
  Yes, I like all sports.
  Sí, me gusta mucho el fútbol.
  Yes, I like soccer a lot.

- **Me gusta también nadar, correr e ir de excursión a las montañas.**
  I also like to swim, run, and go hiking in the mountains.
  Yo también corro mucho.
  I also run a lot.

Apologizing

- **Mil perdones./Lo siento muchísimo.**
  I'm so sorry.

¿Qué pasó? SUPERSITE

1

Escoger Choose the answer that best completes each sentence.

1. Inés y Javier_____.
   a. toman el sol b. pasean por la ciudad c. corren por el parque

2. Álex desea _____ en el parque.
   a. hablar y tomar el sol b. hablar y leer el periódico c. nadar y tomar el sol

3. A Álex le gusta nadar, _____.
   a. jugar al fútbol y escribir postales b. escalar montañas y esquiar
   c. ir de excursión y correr

4. A Maite le gusta _____.
   a. nadar y correr b. correr y escribir postales c. correr y jugar al fútbol

5. Maite desea _____.
   a. ir de excursión b. jugar al fútbol c. ir al parque

2

Identificar Identify the person who would make each statement.

1. No me gusta practicar el fútbol pero me gusta correr. _____

2. ¿Por qué no vamos a pasear por la ciudad? _____

3. ¿Por qué no exploran ustedes la ciudad? Tienen tiempo. _____

4. ¿Por qué no corres conmigo esta noche? _____

5. No voy al parque. Prefiero estar con mi amigo. _____

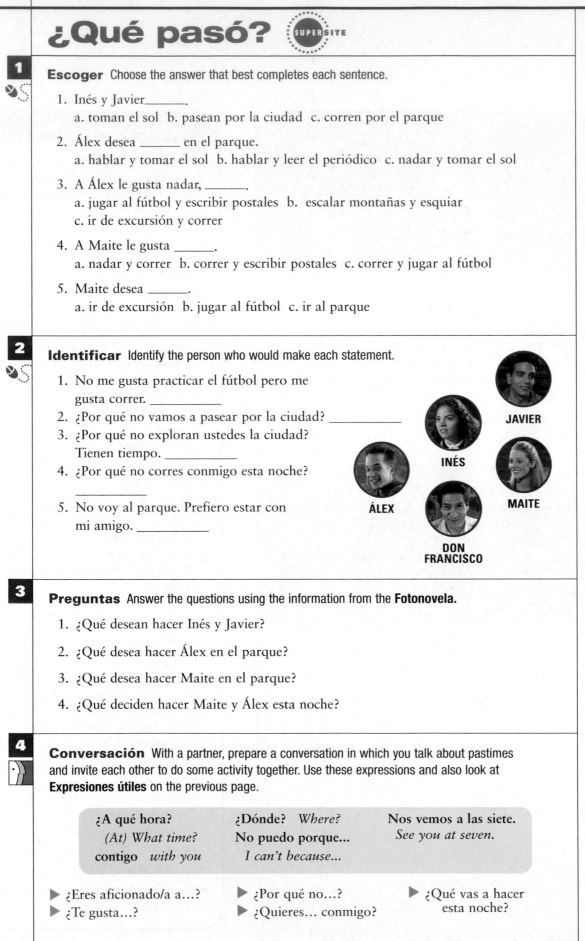

JAVIER

INÉS

MAITE

ÁLEX

DON FRANCISCO

3

Preguntas Answer the questions using the information from the **Fotonovela**.

1. ¿Qué desean hacer Inés y Javier?

2. ¿Qué desea hacer Álex en el parque?

3. ¿Qué desea hacer Maite en el parque?

4. ¿Qué deciden hacer Maite y Álex esta noche?

4

Conversación With a partner, prepare a conversation in which you talk about pastimes and invite each other to do some activity together. Use these expressions and also look at **Expresiones útiles** on the previous page.

¿A qué hora? *(At) What time?*	**¿Dónde?** *Where?*	**Nos vemos a las siete.** *See you at seven.*
contigo *with you*	**No puedo porque...** *I can't because...*	

▶ ¿Eres aficionado/a a...?
▶ ¿Te gusta...?

▶ ¿Por qué no...?
▶ ¿Quieres... conmigo?

▶ ¿Qué vas a hacer esta noche?

Pronunciación
Word stress and accent marks

pe-lí-cu-la   **e-di-fi-cio**   **ver**   **yo**

Every Spanish syllable contains at least one vowel. When two vowels are joined in the same syllable they form a **diphthong***. A **monosyllable** is a word formed by a single syllable.

bi-blio-te-ca   **vi-si-tar**   **par-que**   **fút-bol**

The syllable of a Spanish word that is pronounced most emphatically is the "stressed" syllable.

pe-lo-ta   **pis-ci-na**   **ra-tos**   **ha-blan**

Words that end in **n, s,** or a **vowel** are usually stressed on the next to last syllable.

na-ta-ción   **pa-pá**   **in-glés**   **Jo-sé**

If words that end in **n, s,** or a **vowel** are stressed on the last syllable, they must carry an accent mark on the stressed syllable.

bai-lar   **es-pa-ñol**   **u-ni-ver-si-dad**   **tra-ba-ja-dor**

Words that do *not* end in **n, s,** or a **vowel** are usually stressed on the last syllable.

béis-bol   **lá-piz**   **ár-bol**   **Gó-mez**

If words that do *not* end in **n, s,** or a **vowel** are stressed on the next to last syllable, they must carry an accent mark on the stressed syllable.

The two vowels that form a diphthong are either both weak or one is weak and the other is strong.

Práctica Pronounce each word, stressing the correct syllable. Then give the word stress rule for each word.

1. profesor
2. Puebla
3. ¿Cuántos?
4. Mazatlán
5. examen
6. ¿Cómo?
7. niños
8. Guadalajara
9. programador
10. México
11. están
12. geografía

Oraciones Read the conversation aloud to practice word stress.

MARINA Hola, Carlos. ¿Qué tal?
CARLOS Bien. Oye, ¿a qué hora es el partido de fútbol?
MARINA Creo que es a las siete.
CARLOS ¿Quieres ir?
MARINA Lo siento, pero no puedo.
Tengo que estudiar biología.

Refranes Read these sayings aloud to practice word stress.

En la unión está la fuerza.²

Quien ríe de último, ríe mejor.¹

1 He who laughs last, laughs loudest.   2 United we stand.

recursos

LM
p. 20

SUPERSITE
panorama.vhlcentral.com
Lección 4

EN DETALLE

Real Madrid y Barça: rivalidad total

Soccer in Spain is a force to be reckoned with, and no two teams draw more attention than **Real Madrid** and the **Fútbol Club Barcelona**. Whether the venue is Madrid's **Santiago Bernabéu** or Barcelona's **Camp Nou**, the two cities shut down for the showdown, paralyzed by **fútbol** fever. A ticket to the actual game is always the hottest ticket in town.

The rivalry between **Real Madrid** and **Barça** is about more than soccer. As the two biggest, most powerful cities in Spain, Barcelona and Madrid are constantly compared to one another and have a natural rivalry. There is also a political component to the dynamic. Barcelona, with its distinct language and culture, has long struggled for increased autonomy from Madrid's centralized government. Under Francisco Franco's rule (1939–1975), when repression of the Catalan identity was at its height, a game between **Real Madrid** and **FC Barcelona** was wrapped up with all the symbolism of the regime versus the resistance, even though both teams suffered casualties in Spain's civil war and the subsequent Franco dictatorship.

Although the dictatorship is far behind, the momentum of all those decades of competition still transforms both cities into a frenzied, tense panic leading up to the game. Once the final score is announced, one of those cities transforms again, this time into the best party in the country.

Rivalidades del fútbol

Argentina: Boca Juniors vs River Plate

México: Águilas del América vs Chivas del Guadalajara

Chile: Colo Colo vs Universidad de Chile

Guatemala: Comunicaciones vs Municipal

Uruguay: Peñarol vs Nacional

Colombia: Millonarios vs Independiente Santa Fe

ACTIVIDADES

1 **¿Cierto o falso?** Indicate whether each statement is **cierto** or **falso**. Correct the false statements.

1. People from Spain don't like soccer.
2. Seville is the most important city in Spain.
3. Santiago Bernabéu is a stadium in Madrid.
4. The rivalry between Real Madrid and FC Barcelona is not only in soccer.
5. Only the FC Barcelona team was affected by the civil war.
6. Barcelona has resisted Madrid's centralized government.
7. During Franco's regime, the Catalan culture thrived.
8. There are many famous rivalries between soccer teams in the Spanish-speaking world.

ASÍ SE DICE

Los deportes

el/la árbitro/a	*referee*
el/la atleta	*athlete*
la bola; el balón	**la pelota**
el campeón/ la campeona	*champion*
la carrera	*race*
competir	*to compete*
empatar	*to draw; to tie*
la medalla	*medal*
el/la mejor	*the best*
mundial	*worldwide*
el torneo	*tournament*

EL MUNDO HISPANO

Atletas importantes

World-renowned Hispanic athletes:

○ **Rafael Nadal** (España) is one of the best tennis players in the world.

○ **Sofía Mulanovich** (Perú) was the world champion for surfing in 2004.

○ **Óscar Freire** (España) has been the cycling world champion three times.

○ **Ana Gabriela Guevara** (México) won the silver medal in the 400 meters race at the 2004 Olympic Games in Athens.

PERFILES

Anier García y Luciana Aymar

The sprinter **Anier García Ortiz** was born in Santiago de Cuba in 1976. In 2000, he won the gold medal at the Summer Olympics in Sydney for the 110-meter hurdles (**vallas**). Four years later, in Athens, Greece, he won the bronze medal for the same event.

Luciana Paula Aymar was born in 1977 in Rosario, Argentina. The International Hockey Federation named her the best female player in the world in 2001, 2004, and 2005. With the national women's field hockey team, **La Maga** (*The Magician*), as Luciana is called, won the silver medal at the Sydney Olympics in the year 2000, and bronze medal in Athens in 2004.

Conexión Internet

¿Qué deportes son populares en los países hispanos?

Go to **panorama.vhlcentral.com** to find more cultural information related to this **Cultura** section.

ACTIVIDADES

2 **Comprensión** Write the name of the athlete described in each sentence.

1. Es un atleta de Cuba. _____
2. Es una chica que practica el hockey. _____
3. Es un chico español al que le gusta pasear en bicicleta. _____
4. Es una chica peruana que practica el surfing. _____

3 **¿Quién es?** Write a short paragraph describing an athlete that you like, but do not mention their name. What do they look like? What sport do they play? Where do they live? Read your description aloud to see if the class can guess who they are.

recursos

panorama.vhlcentral.com
Lección 4

4.1 Present tense of ir SUPERSITE

ANTE TODO The verb **ir** (*to go*) is irregular in the present tense. Note that, except for the **yo** form (**voy**) and the lack of a written accent on the **vosotros** form (**vais**), the endings are the same as those for **–ar** verbs.

The verb ir (*to go*)

Singular forms		Plural forms	
yo	**voy**	nosotros/as	**vamos**
tú	**vas**	vosotros/as	**vais**
Ud./él/ella	**va**	Uds./ellos/ellas	**van**

▶ **Ir** is often used with the preposition **a** (*to*). If **a** is followed by the definite article **el**, they combine to form the contraction **al**. If **a** is followed by the other definite articles (**la, las, los**), there is no contraction.

$$a + el = al$$

Voy **al** parque con Juan.
I'm going to the park with Juan.

Mis amigos van **a las** montañas.
My friends are going to the mountains.

CONSULTA

To review the contraction **de + el**, see **Estructura 1.3**, pp. 20–21.

▶ The construction **ir a** + *[infinitive]* is used to talk about actions that are going to happen in the future. It is equivalent to the English *to be going to* + *[infinitive]*.

Va a leer el periódico.
He is going to read the newspaper.

Van a pasear por el pueblo.
They are going to walk around town.

AYUDA

When asking a question that contains a form of the verb **ir**, remember to use **adónde**:
¿Adónde vas?
(To) Where are you going?

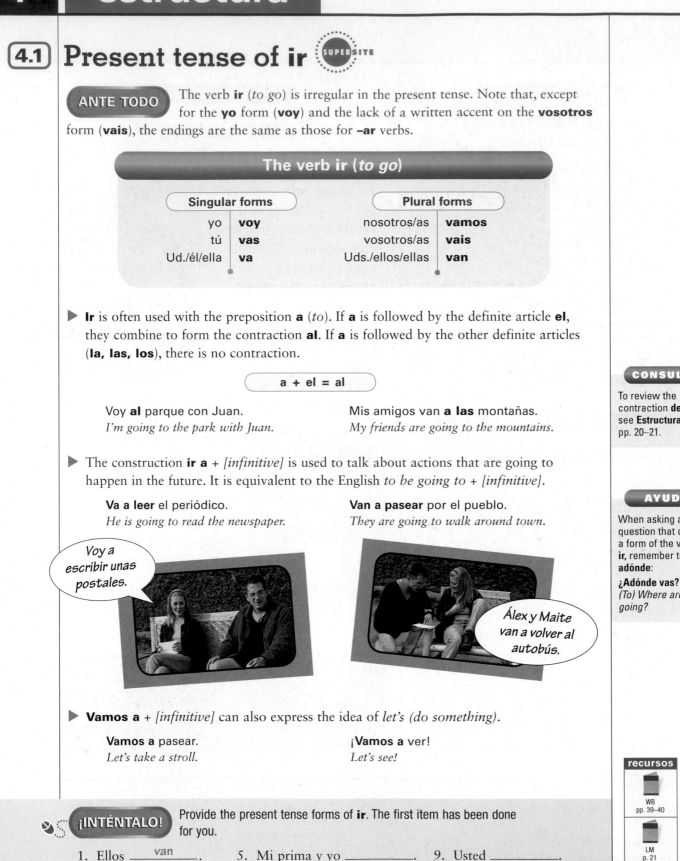

Voy a escribir unas postales.

Álex y Maite van a volver al autobús.

▶ **Vamos a** + *[infinitive]* can also express the idea of *let's (do something)*.

Vamos a pasear.
Let's take a stroll.

¡Vamos a ver!
Let's see!

recursos

WB
pp. 39–40

LM
p. 21

SUPERSITE
panorama.
vhlcentral.com
Lección 4

¡INTÉNTALO! Provide the present tense forms of **ir**. The first item has been done for you.

1. Ellos ___van___.
2. Yo _____.
3. Tu novio _____.
4. Adela _____.
5. Mi prima y yo _____.
6. Tú _____.
7. Ustedes _____.
8. Nosotros _____.
9. Usted _____.
10. Nosotras _____.
11. Miguel _____.
12. Ellas _____.

Práctica

1 **¿Adónde van?** Everyone in your neighborhood is dashing off to various places. Say where they are going.

1. la señora Castillo / el centro
2. las hermanas Gómez / la piscina
3. tu tío y tu papá / el partido de fútbol
4. yo / el Museo de Arte Moderno
5. nosotros / el restaurante Miramar

2 **¿Qué van a hacer?** These sentences describe what several students in a college hiking club are doing today. Use **ir a** + [*infinitive*] to say that they are also going to do the same activities tomorrow.

> **modelo**
>
> Martín y Rodolfo nadan en la piscina.
> *Van a nadar en la piscina mañana también.*

1. Sara lee una revista.
2. Yo practico deportes.
3. Ustedes van de excursión.
4. El presidente del club patina.
5. Tú tomas el sol.
6. Paseamos con nuestros amigos.

3 **Preguntas** With a partner, take turns asking and answering questions about where the people are going and what they are going to do there.

> **modelo**
>
> **Estudiante 1:** ¿Adónde va Estela?
> **Estudiante 2:** Va a la Librería Sol.
> **Estudiante 1:** Va a comprar un libro.

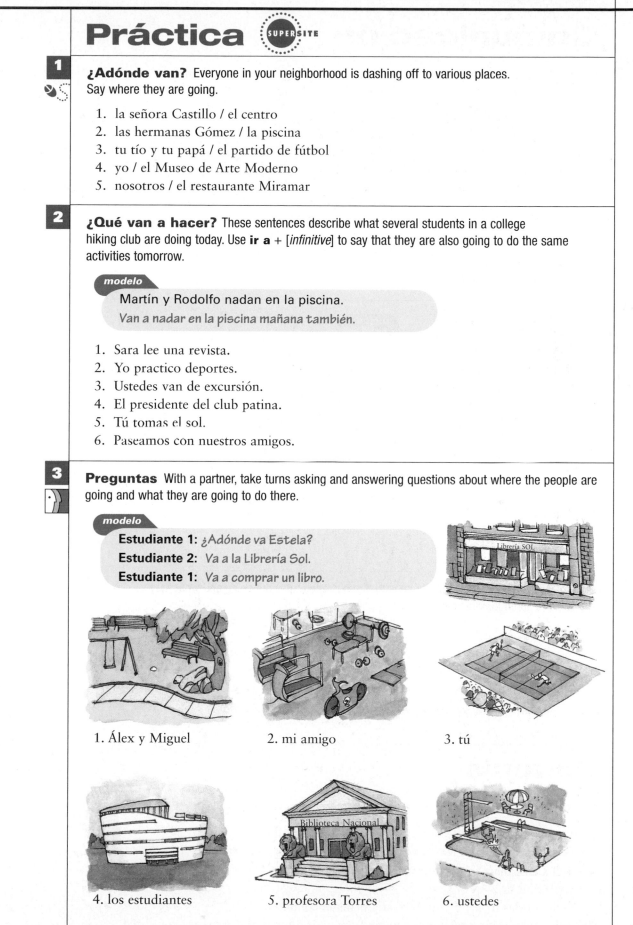

1. Álex y Miguel   2. mi amigo   3. tú

4. los estudiantes   5. profesora Torres   6. ustedes

Comunicación

4 **Situaciones** Work with a partner and say where you and your friends go in these situations.

1. Cuando deseo descansar…
2. Cuando mi novio/a tiene que estudiar…
3. Si mis compañeros de clase necesitan practicar el español…
4. Si deseo hablar con unos amigos…
5. Cuando tengo dinero (*money*)…
6. Cuando mis amigos y yo tenemos hambre…
7. En mis ratos libres…
8. Cuando mis amigos desean esquiar…
9. Si estoy de vacaciones…
10. Si tengo ganas de leer…

5 **Encuesta** Your instructor will give you a worksheet. Walk around the class and ask your classmates if they are going to do these activities today. Find one person to answer **Sí** and one to answer **No** for each item and note their names on the worksheet in the appropriate column. Be prepared to report your findings to the class.

> **modelo**
> **Tú**: ¿Vas a leer el periódico hoy?
> **Ana**: Sí, voy a leer el periódico hoy.
> **Luis**: No, no voy a leer el periódico hoy.

Actividades	Sí	No
1. comer en un restaurante chino		
2. leer el periódico		
3. escribir un mensaje electrónico	Ana	Luis
4. correr 20 kilómetros		
5. ver una película de horror		
6. pasear en bicicleta		

6 **Entrevista** Interview two classmates to find out where they are going and what they are going to do on their next vacation.

> **modelo**
> **Estudiante 1:** ¿Adónde vas de vacaciones (*for vacation*)?
> **Estudiante 2:** Voy a Guadalajara con mis amigos.
> **Estudiante 1:** ¿Y qué van a hacer (*to do*) ustedes en Guadalajara?
> **Estudiante 2:** Vamos a visitar unos monumentos y museos.

Síntesis

7 **El fin de semana** Create a schedule with your activities for this weekend.

▶ For each day, list at least three things you have to do.
▶ For each day, list at least two things you will do for fun.
▶ Tell a classmate what your weekend schedule is like. He or she will write down what you say.
▶ Switch roles to see if you have any plans in common.
▶ Take turns asking each other to participate in some of the activities you listed.

4.2 # Stem-changing verbs: e→ie, o→ue

ANTE TODO Stem-changing verbs deviate from the normal pattern of regular verbs. In stem-changing verbs, the stressed vowel of the stem changes when the verb is conjugated.

CONSULTA

To review the present tense of regular **–ar** verbs, see **Estructura 2.1**, p. 46.

• • •

To review the present tense of regular **–er** and **–ir** verbs, see **Estructura 3.3**, p. 88.

INFINITIVE	VERB STEM	STEM CHANGE	CONJUGATED FORM
empezar	emp**ez**-	emp**iez**-	emp**iez**o
volver	**vo**lv-	**vue**lv-	**vue**lvo

▶ In many verbs, such as **empezar** *(to begin)*, the stem vowel changes from **e** to **ie**. Note that the **nosotros/as** and **vosotros/as** forms don't have a stem change.

The verb empezar (e:ie) (*to begin*)

Singular forms		Plural forms	
yo	emp**ie**zo	nosotros/as	empezamos
tú	emp**ie**zas	vosotros/as	empezáis
Ud./él/ella	emp**ie**za	Uds./ellos/ellas	emp**ie**zan

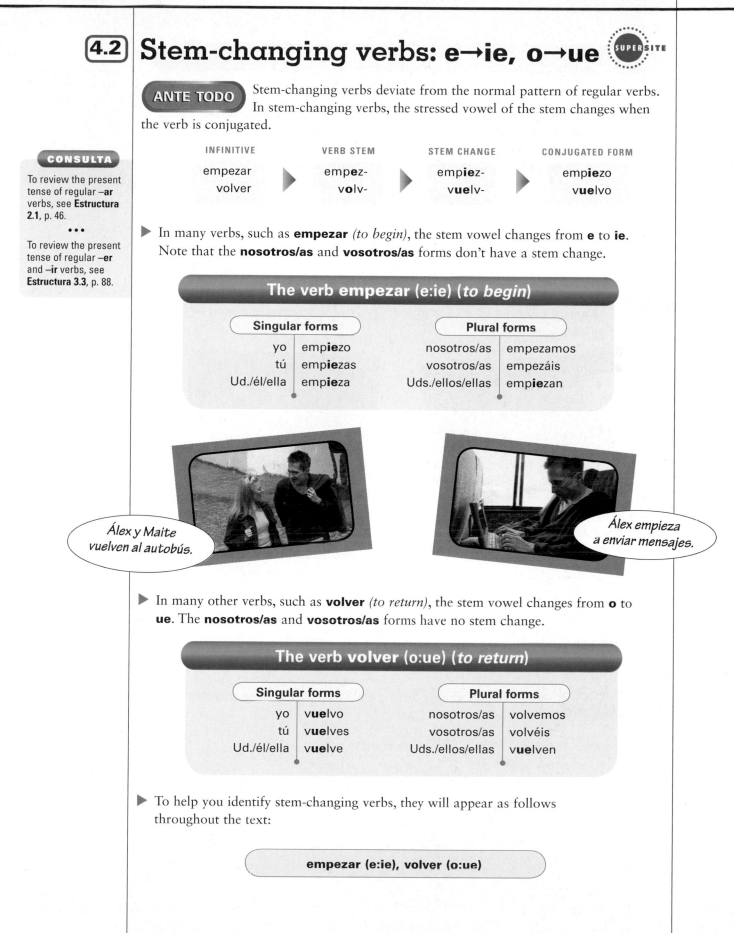

Álex y Maite vuelven al autobús.

Álex empieza a enviar mensajes.

▶ In many other verbs, such as **volver** *(to return)*, the stem vowel changes from **o** to **ue**. The **nosotros/as** and **vosotros/as** forms have no stem change.

The verb volver (o:ue) (*to return*)

Singular forms		Plural forms	
yo	v**ue**lvo	nosotros/as	volvemos
tú	v**ue**lves	vosotros/as	volvéis
Ud./él/ella	v**ue**lve	Uds./ellos/ellas	v**ue**lven

▶ To help you identify stem-changing verbs, they will appear as follows throughout the text:

empezar (e:ie), volver (o:ue)

Common stem-changing verbs

e:ie		o:ue	
cerrar	to close	**almorzar**	to have lunch
comenzar (a + *inf.*)	to begin	**contar**	to count; to tell
empezar (a + *inf.*)	to begin	**dormir**	to sleep
entender	to understand	**encontrar**	to find
pensar	to think	**mostrar**	to show
perder	to lose; to miss	**poder (+ *inf.*)**	to be able to; can
preferir (+ *inf.*)	to prefer	**recordar**	to remember
querer (+ *inf.*)	to want; to love	**volver**	to return

¡LENGUA VIVA!

The verb **perder** can mean *to lose* or *to miss*, in the sense of "to miss a train":

Siempre pierdo mis llaves.
I always lose my keys.

Es importante no perder el autobús.
It's important not to miss the bus.

▶ **Jugar** (*to play* a sport or game) is the only Spanish verb that has a **u:ue** stem change. **Jugar** is followed by **a** + [*definite article*] when the name of a sport or game is mentioned.

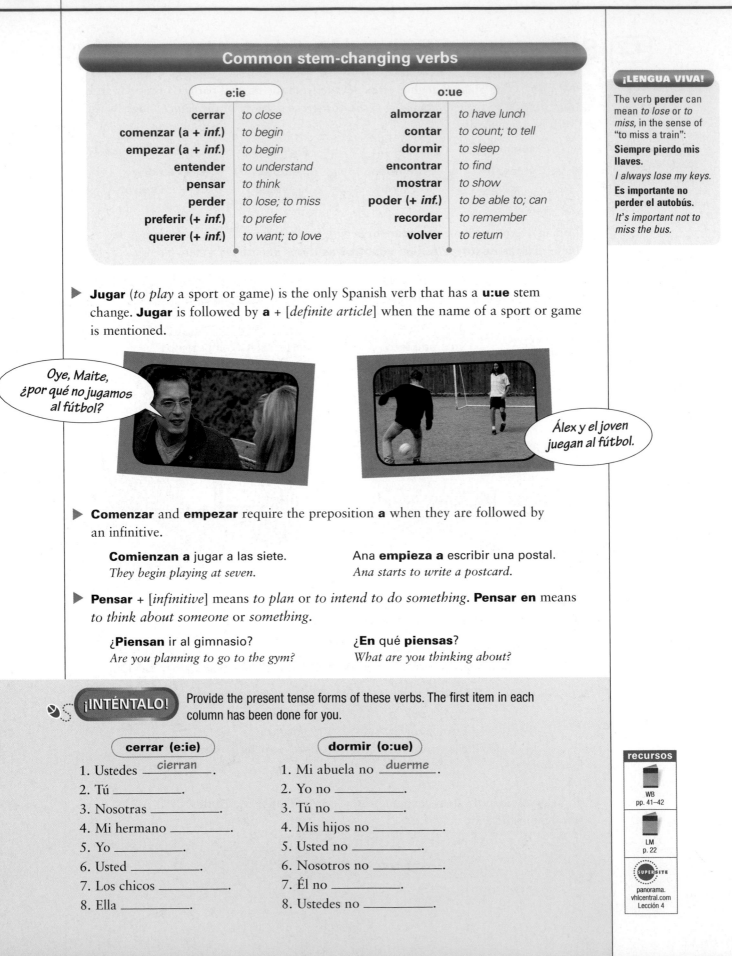

Oye, Maite, ¿por qué no jugamos al fútbol?

Álex y el joven juegan al fútbol.

▶ **Comenzar** and **empezar** require the preposition **a** when they are followed by an infinitive.

> **Comienzan a** jugar a las siete.
> *They begin playing at seven.*

> Ana **empieza a** escribir una postal.
> *Ana starts to write a postcard.*

▶ **Pensar** + [*infinitive*] means *to plan* or *to intend to do something*. **Pensar en** means *to think about someone* or *something*.

> ¿**Piensan** ir al gimnasio?
> *Are you planning to go to the gym?*

> ¿**En** qué **piensas**?
> *What are you thinking about?*

¡INTÉNTALO!   Provide the present tense forms of these verbs. The first item in each column has been done for you.

cerrar (e:ie)

1. Ustedes ___cierran___.
2. Tú _____.
3. Nosotras _____.
4. Mi hermano _____.
5. Yo _____.
6. Usted _____.
7. Los chicos _____.
8. Ella _____.

dormir (o:ue)

1. Mi abuela no ___duerme___.
2. Yo no _____.
3. Tú no _____.
4. Mis hijos no _____.
5. Usted no _____.
6. Nosotros no _____.
7. Él no _____.
8. Ustedes no _____.

recursos

WB
pp. 41–42

LM
p. 22

SUPERSITE
panorama.
vhlcentral.com
Lección 4

Práctica

1

Completar Complete this conversation with the appropriate forms of the verbs. Then act it out with a partner.

PABLO Óscar, voy al centro ahora.

ÓSCAR ¿A qué hora (1)__________ (pensar) volver? El partido de fútbol (2)__________ (empezar) a las dos.

PABLO (3)__________ (Volver) a la una. (4)__________ (Querer) ver el partido.

ÓSCAR (5)¿__________ (Recordar) que (*that*) nuestro equipo es muy bueno? (6)¡ __________ (Poder) ganar!

PABLO No, (7)__________ (pensar) que va a (8)__________ (perder). Los jugadores de Guadalajara son salvajes (*wild*) cuando (9)__________ (jugar).

2

Preferencias With a partner, take turns asking and answering questions about what these people want to do, using the cues provided.

NOTA CULTURAL

Dominó (*Dominoes*) is a popular pastime throughout Colombia, Venezuela, Central America, and the Spanish-speaking countries of the Caribbean. It's played both socially and competitively by people of all ages.

modelo

Guillermo: estudiar / pasear en bicicleta
Estudiante 1: *¿Quiere estudiar Guillermo?*
Estudiante 2: *No, prefiere pasear en bicicleta.*

1. tú: trabajar / dormir
2. ustedes: mirar la televisión / jugar al dominó
3. tus amigos: ir de excursión / descansar
4. tú: comer en la cafetería / ir a un restaurante
5. Elisa: ver una película / leer una revista
6. María y su hermana: tomar el sol / practicar el esquí acuático

3

Describir Use a verb from the list to describe what these people are doing.

almorzar	cerrar	contar	dormir	encontrar	mostrar

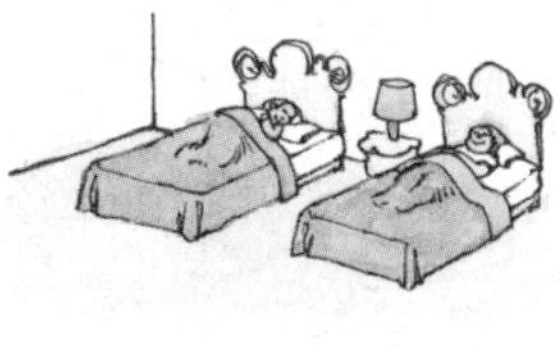

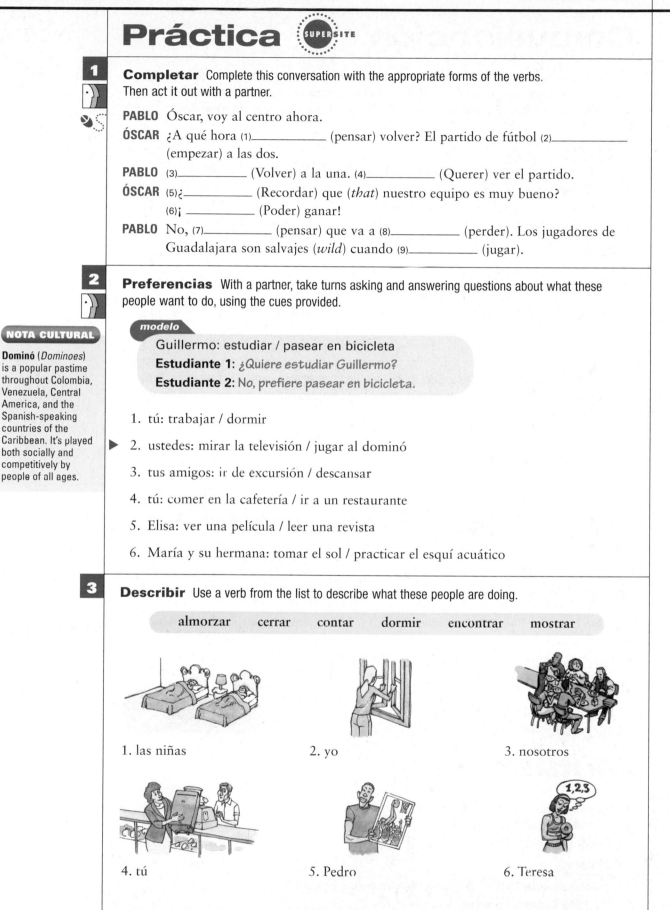

1. las niñas

2. yo

3. nosotros

4. tú

5. Pedro

6. Teresa

Comunicación

4 **Frecuencia** In pairs, use the verbs from the list and other stem-changing verbs you know to create sentences telling your partner which activities you do daily (**todos los días**), which you do once a month (**una vez al mes**), and which you do once a year (**una vez al año**). Then switch roles.

> **modelo**
>
> **Estudiante 1:** Yo recuerdo a mi familia todos los días.
> **Estudiante 2:** Yo pierdo uno de mis libros una vez al año.

cerrar	perder
dormir	poder
empezar	preferir
encontrar	querer
jugar	recordar
¿?	¿?

todos los días	una vez al mes	una vez al año

5 **En la televisión** Read the television listings for Saturday. In pairs, write a conversation between two siblings arguing about what to watch. Be creative and be prepared to act out your conversation for the class.

> **modelo**
>
> **Hermano:** Quiero ver la Copa Mundial.
> **Hermana:** ¡No! Prefiero ver...

	13:00	14:00	15:00	16:00	17:00	18:00	19:00	20:00	21:00	22:00	23:00
7	Copa Mundial (*World Cup*) de fútbol			El tiempo libre		Fútbol internacional: Copa América: México-Argentina				Torneo de Natación	
8	Abierto (*Open*) Mexicano de Tenis: Alejandro Hernández (México) vs. Jacobo Díaz (España). Semifinales			Campeonato (*Championship*) de baloncesto: Los Correcaminos de Tampico vs. los Santos de San Luis				Aficionados al buceo		Cozumel: Aventuras	
12	Gente famosa		Amigos		Médicos jóvenes			Película: **El centro de la ciudad**		Película: **Terror en la plaza mayor**	
13	El padrastro			Periodistas en peligro (*danger*)		El esquí acuático				Patinaje artístico	
17	Biografías: La artista Frida Kahlo			Música de la semana			Entrevista del día: Miguel Indurain y su pasión por el ciclismo			Cine de la noche: **La carta misteriosa**	

NOTA CULTURAL

Miguel Indurain is a famous cyclist from Spain who has won the Tour de France bicycle race five times.

Síntesis

6 **Situación** Your instructor will give you and your partner a partially illustrated itinerary of a city tour. Complete the itineraries by asking each other questions using the verbs in the captions and vocabulary you have learned.

> **modelo**
>
> **Estudiante 1:** Por la mañana, empiezan en el café.
> **Estudiante 2:** Y luego...

(4.3) Stem-changing verbs: e→i

ANTE TODO You've already seen that many verbs in Spanish change their stem vowel when conjugated. There is a third kind of stem-vowel change in some verbs, such as **pedir** (*to ask for; to request*). In these verbs, the stressed vowel in the stem changes from **e** to **i**, as shown in the diagram.

INFINITIVE	VERB STEM	STEM CHANGE	CONJUGATED FORM
pedir	p**e**d-	p**i**d-	p**i**do

▶ As with other stem-changing verbs you have learned, there is no stem change in the **nosotros/as** or **vosotros/as** forms in the present tense.

The verb **pedir** (e:i) (*to ask for; to request*)

	Singular forms		Plural forms
yo	p**i**do	nosotros/as	pedimos
tú	p**i**des	vosotros/as	pedís
Ud./él/ella	p**i**de	Uds./ellos/ellas	p**i**den

▶ To help you identify verbs with the **e:i** stem change, they will appear as follows throughout the text:

pedir (e:i)

▶ These are the most common **e:i** stem-changing verbs:

conseguir	**decir**	**repetir**	**seguir**
to get; to obtain	*to say;*	*to repeat*	*to follow; to continue;*
	to tell		*to keep (doing something)*

Pido favores cuando es necesario.
I ask for favors when it's necessary.

Javier **dice** la verdad.
Javier is telling the truth.

Sigue con su trabajo.
He continues with his job.

Consiguen ver buenas películas.
They get to see good movies.

▶ **¡Atención!** The verb **decir** is irregular in its **yo** form: **yo digo.**

▶ The **yo** forms of **seguir** and **conseguir** have a spelling change as well as the stem change **e→i**.

Sigo su plan.
I'm following their plan.

Consigo novelas en la librería.
I get novels at the bookstore.

¡INTÉNTALO! Provide the correct forms of the verbs.

repetir (e:i)
1. Arturo y Eva _repiten_.
2. Yo _____.
3. Nosotros _____.
4. Julia _____.
5. Sofía y yo _____.

decir (e:i)
1. Yo _digo_.
2. Él _____.
3. Tú _____.
4. Usted _____.
5. Ellas _____.

seguir (e: i)
1. Yo _sigo_.
2. Nosotros _____.
3. Tú _____.
4. Los chicos _____.
5. Usted _____.

Práctica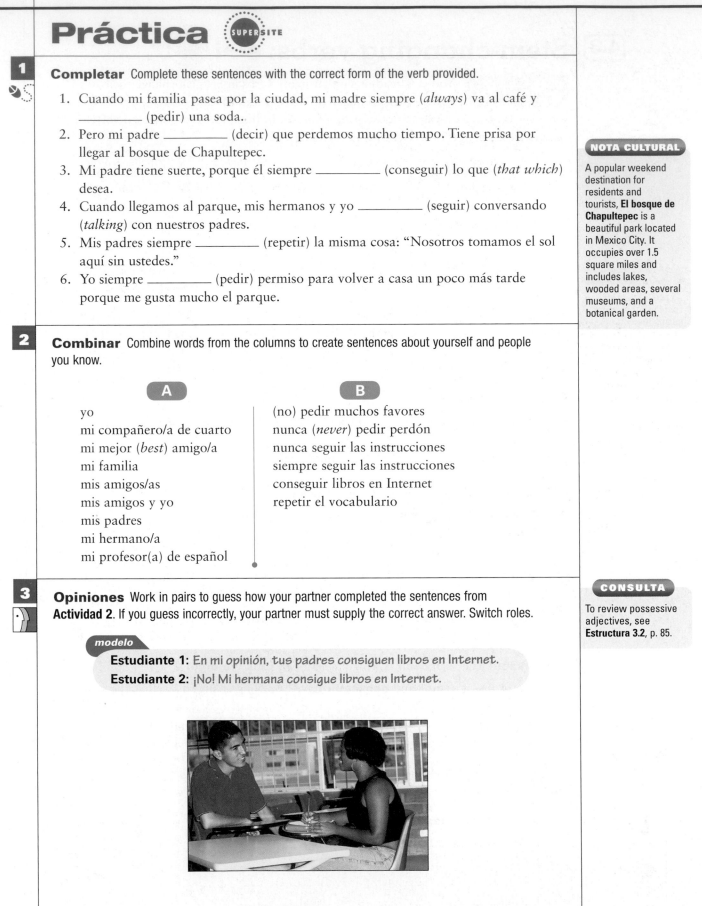

1 **Completar** Complete these sentences with the correct form of the verb provided.

1. Cuando mi familia pasea por la ciudad, mi madre siempre (*always*) va al café y _____ (pedir) una soda.
2. Pero mi padre _____ (decir) que perdemos mucho tiempo. Tiene prisa por llegar al bosque de Chapultepec.
3. Mi padre tiene suerte, porque él siempre _____ (conseguir) lo que (*that which*) desea.
4. Cuando llegamos al parque, mis hermanos y yo _____ (seguir) conversando (*talking*) con nuestros padres.
5. Mis padres siempre _____ (repetir) la misma cosa: "Nosotros tomamos el sol aquí sin ustedes."
6. Yo siempre _____ (pedir) permiso para volver a casa un poco más tarde porque me gusta mucho el parque.

NOTA CULTURAL

A popular weekend destination for residents and tourists, **El bosque de Chapultepec** is a beautiful park located in Mexico City. It occupies over 1.5 square miles and includes lakes, wooded areas, several museums, and a botanical garden.

2 **Combinar** Combine words from the columns to create sentences about yourself and people you know.

A	B
yo	(no) pedir muchos favores
mi compañero/a de cuarto	nunca (*never*) pedir perdón
mi mejor (*best*) amigo/a	nunca seguir las instrucciones
mi familia	siempre seguir las instrucciones
mis amigos/as	conseguir libros en Internet
mis amigos y yo	repetir el vocabulario
mis padres	
mi hermano/a	
mi profesor(a) de español	

3 **Opiniones** Work in pairs to guess how your partner completed the sentences from **Actividad 2**. If you guess incorrectly, your partner must supply the correct answer. Switch roles.

CONSULTA

To review possessive adjectives, see **Estructura 3.2**, p. 85.

> **modelo**
>
> **Estudiante 1:** En mi opinión, tus padres consiguen libros en Internet.
> **Estudiante 2:** ¡No! Mi hermana consigue libros en Internet.

Comunicación

4

Las películas Use these questions to interview a classmate.

1. ¿Prefieres las películas románticas, las películas de acción o las películas de horror? ¿Por qué?

2. ¿Dónde consigues información sobre (*about*) una película?

3. ¿Dónde consigues las entradas (*tickets*) para una película?

4. Para decidir qué películas vas a ver, ¿sigues las recomendaciones de los críticos? ¿Qué dicen los críticos en general?

5. ¿Qué cines en tu comunidad muestran las mejores (*best*) películas?

6. ¿Vas a ver una película esta semana? ¿A qué hora empieza la película?

Síntesis

5

El cine In pairs, first scan the ad and jot down all the stem-changing verbs. Then answer the questions. Be prepared to share your answers with the class.

1. ¿Qué palabras indican que *Un mundo azul oscuro (Dark Blue World)* es una película dramática?

2. ¿Cuántas personas hay en el póster?

3. ¿Cómo son las personas del póster? ¿Qué relación tienen?

4. ¿Te gustan las películas como ésta (*this one*)?

5. Describe tu película favorita con los verbos de la **Lección 4**.

4.4 Verbs with irregular **yo** forms

ANTE TODO In Spanish, several verbs have irregular **yo** forms in the present tense. You have already seen three verbs with the **–go** ending in the **yo** form: decir → **digo**, tener → **tengo**, and venir → **vengo**.

▶ Here are some common expressions with **decir**.

decir la verdad
to tell the truth

decir mentiras
to tell lies

decir que
to say that

decir la respuesta
to say the answer

▶ The verb **hacer** is often used to ask questions about what someone does. Note that, when answering, **hacer** is frequently replaced with another, more specific, action verb.

	hacer (to do; to make)	**poner** (to put; to place)	**salir** (to leave)	**suponer** (to suppose)	**traer** (to bring)
SINGULAR FORMS	**hago**	**pongo**	**salgo**	**supongo**	**traigo**
	haces	pones	sales	supones	traes
	hace	pone	sale	supone	trae
PLURAL FORMS	hacemos	ponemos	salimos	suponemos	traemos
	hacéis	ponéis	salís	suponéis	traéis
	hacen	ponen	salen	suponen	traen

Verbs with irregular yo forms

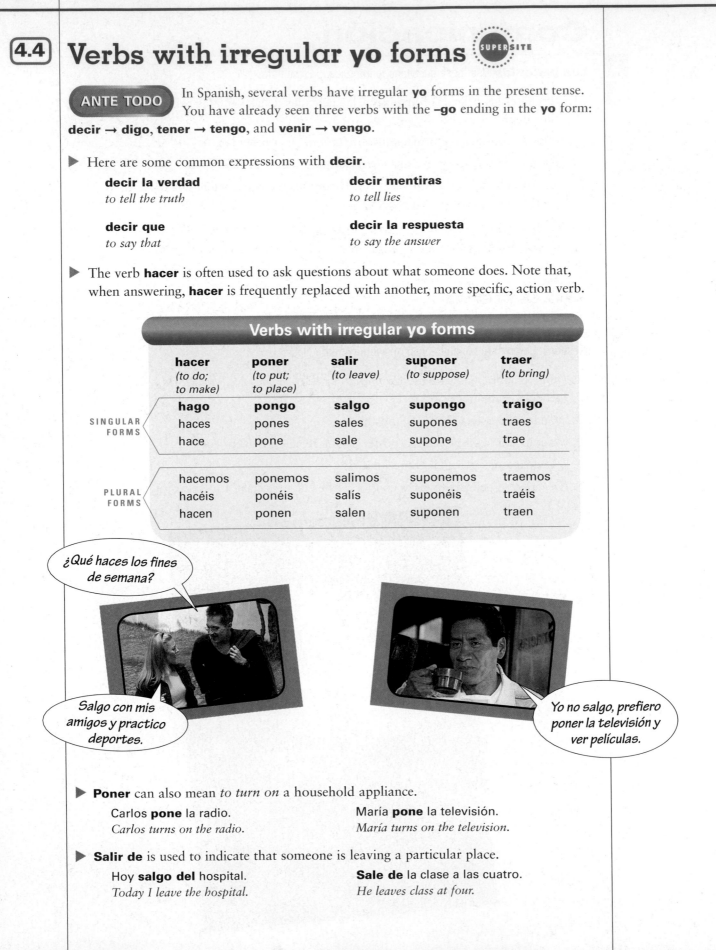

¿Qué haces los fines de semana?

Salgo con mis amigos y practico deportes.

Yo no salgo, prefiero poner la televisión y ver películas.

▶ **Poner** can also mean *to turn on* a household appliance.

Carlos **pone** la radio.
Carlos turns on the radio.

María **pone** la televisión.
María turns on the television.

▶ **Salir de** is used to indicate that someone is leaving a particular place.

Hoy **salgo del** hospital.
Today I leave the hospital.

Sale de la clase a las cuatro.
He leaves class at four.

▶ **Salir para** is used to indicate someone's destination.

Mañana **salgo para** México. Hoy **salen para** España.
Tomorrow I leave for Mexico. *Today they leave for Spain.*

▶ **Salir con** means *to leave with someone* or *something*, or *to date someone.*

Alberto **sale con** su mochila. Margarita **sale con** Guillermo.
Alberto is leaving with his backpack. *Margarita is going out with Guillermo.*

The verbs **ver** and **oír**

▶ The verb **ver** (*to see*) has an irregular **yo** form. The other forms of **ver** are regular.

The verb ver (*to see*)

Singular forms		Plural forms	
yo	**veo**	nosotros/as	vemos
tú	ves	vosotros/as	veis
Ud./él/ella	ve	Uds./ellos/ellas	ven

▶ The verb **oír** (*to hear*) has an irregular **yo** form and the spelling change **i→y** in the **tú, usted, él, ella, ustedes, ellos,** and **ellas** forms. The **nosotros/as** and **vosotros/as** forms have an accent mark.

The verb oír (*to hear*)

Singular forms		Plural forms	
yo	**oigo**	nosotros/as	oímos
tú	o**y**es	vosotros/as	oís
Ud./él/ella	o**y**e	Uds./ellos/ellas	o**y**en

▶ While most commonly translated as *to hear*, **oír** is also used in contexts where English would use *to listen.*

Oigo a unas personas en la otra sala. ¿**Oyes** la radio por la mañana?
I hear some people in the other room. *Do you listen to the radio in the morning?*

¡INTÉNTALO! Provide the appropriate forms of these verbs. The first item has been done for you.

1. salir Isabel ___sale___. Nosotros _____. Yo _____.
2. ver Yo _____. Uds. _____. Tú _____.
3. poner Rita y yo _____. Yo _____. Los niños _____.
4. hacer Yo _____. Tú _____. Ud. _____.
5. oír Él _____. Nosotros _____. Yo _____.
6. traer Ellas _____. Yo _____. Tú _____.
7. suponer Yo _____. Mi amigo _____. Nosotras _____.

Práctica SUPERSITE

1

Completar Complete this conversation with the appropriate forms of the verbs. Then act it out with a partner.

ERNESTO David, ¿qué (1)_____ (hacer) hoy?

DAVID Ahora estudio biología, pero esta noche (2)_____ (salir) con Luisa. Vamos al cine. Los críticos (3)_____ (decir) que la nueva (*new*) película de Almodóvar es buena.

ERNESTO ¿Y Diana? ¿Qué (4)_____ (hacer) ella?

DAVID (5)_____ (Salir) a comer con sus padres.

ERNESTO ¿Qué (6)_____ (hacer) Andrés y Javier?

DAVID Tienen que (7)_____ (hacer) las maletas. (8)_____ (Salir) para Monterrey mañana.

ERNESTO Pues, ¿qué (9)_____ (hacer) yo?

DAVID (10)_____ (Suponer) que puedes estudiar o (11)_____ (ver) la televisión.

ERNESTO No quiero estudiar. Mejor (12)_____ (poner) la televisión. Mi programa favorito empieza en unos minutos.

2

Oraciones Form sentences using the cues provided and verbs from **Estructura 4.4**.

> **modelo**
>
> tú / _____ / cosas / en / su lugar / antes de (*before*) / salir
> Tú *pones las cosas en su lugar antes de salir.*

1. mis amigos / _____ / conmigo / centro
2. tú / _____ / verdad
3. Alberto / _____ / música del café Pasatiempos
4. yo / no / _____ / muchas películas
5. domingo / nosotros / _____ / mucha / tarea
6. si / yo / _____ / que / yo / querer / ir / cine / mis amigos / ir / también

3

Describir Use a verb from **Estructura 4.4** to describe what these people are doing.

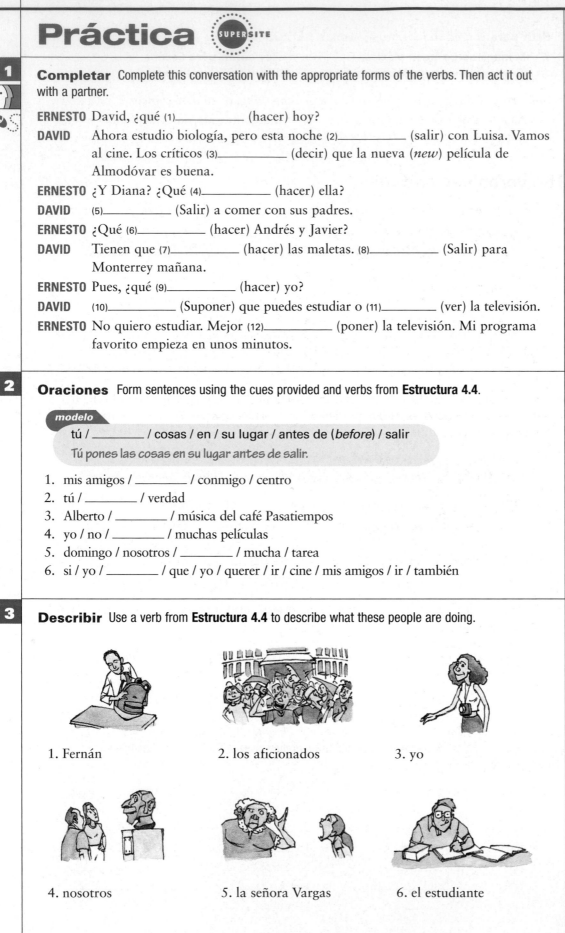

1. Fernán   2. los aficionados   3. yo

4. nosotros   5. la señora Vargas   6. el estudiante

Comunicación

4

Preguntas Get together with a classmate and ask each other these questions.

1. ¿Qué traes a clase?
2. ¿Quiénes traen un diccionario a clase? ¿Por qué traen un diccionario?
3. ¿A qué hora sales de tu residencia estudiantil o de tu casa por la mañana? ¿A qué hora sale tu compañero/a de cuarto o tu esposo/a?
4. ¿Dónde pones tus libros cuando regresas de clase? ¿Siempre (*Always*) pones tus cosas en su lugar?
5. ¿Pones fotos de tu familia en tu casa? ¿Quiénes son las personas que están en las fotos?
6. ¿Oyes la radio cuando estudias?
7. ¿En qué circunstancias dices mentiras?
8. ¿Haces mucha tarea los fines de semana?
9. ¿Sales con tus amigos los fines de semana? ¿A qué hora? ¿Qué hacen?
10. ¿Te gusta ver deportes en la televisión o prefieres ver otros programas? ¿Cuáles?

5

Charadas In groups, play a game of charades. Each person should think of two phrases using the verbs **hacer, oír, poner, salir, traer,** or **ver.** The first person to guess correctly acts out the next charade.

6

Entrevista You are doing a market research report on lifestyles. Interview a classmate to find out when he or she goes out with the following people and what they do for entertainment.

▶ los amigos
▶ el/la novio/a
▶ el/la esposo/a
▶ la familia

Síntesis

7

Situación Imagine that you are speaking with your roommate. With a partner, prepare a conversation using these cues.

Estudiante 1	Estudiante 2
Ask your partner what he or she is doing.	→ Tell your partner that you are watching TV.
Say what you suppose he or she is watching.	→ Say that you like the show _____. Ask if he or she wants to watch.
Say no, because you are going out with friends and tell where you are going.	→ Say you think it's a good idea, and ask what your partner and his or her friends are doing there.
Say what you are going to do, and ask your partner whether he or she wants to come along.	→ Say no and tell your partner what you prefer to do.

Recapitulación

SUPERSITE For self-scoring and diagnostics, go to **panorama.vhlcentral.com.**

Review the grammar concepts you have learned in this lesson by completing these activities.

1

Completar Complete the chart with the correct verb forms. **15 pts.**

Infinitive	yo	nosotros/as	ellos/as
	vuelvo		
comenzar		comenzamos	
		hacemos	hacen
ir			
	juego		
repetir			repiten

2

Un día típico Complete the paragraph with the appropriate forms of the verbs in the word list. Not all verbs will be used. Some may be used more than once. **10 pts.**

almorzar	ir	salir
cerrar	jugar	seguir
empezar	mostrar	ver
hacer	querer	volver

¡Hola! Me llamo Cecilia y vivo en Puerto Vallarta, México. ¿Cómo es un día típico en mi vida (*life*)? Por la mañana bebo café con mis padres y juntos (*together*) (1)_____ las noticias (*news*) en la televisión. A las siete y media, (yo) (2)_____ de mi casa y tomo el autobús. Me gusta llegar temprano (*early*) a la universidad porque siempre (*always*) (3)_____ a mis amigos en la cafetería. Tomamos café y planeamos lo que (4)_____ hacer cada (*each*) día. A las ocho y cuarto, mi amiga Sandra y yo (5)_____ al laboratorio de lenguas. La clase de francés (6)_____ a las ocho y media. ¡Es mi clase favorita! A las doce y media (yo) (7)_____ en la cafetería con mis amigos. Después (*Afterwards*), yo (8)_____ con mis clases. Por las tardes, mis amigos (9)_____ a sus casas, pero yo (10)_____ al vóleibol con mi amigo Tomás.

RESUMEN GRAMATICAL

4.1 **Present tense of ir**   *p. 118*

yo	voy	nos.	vamos
tú	vas	vos.	vais
él	va	ellas	van

▶ **ir a** + [*infinitive*] = *to be going to* + [*infinitive*]

▶ **a** + **el** = **al**

▶ **vamos a** + [*infinitive*] = *let's* (*do something*)

4.2 **Stem-changing verbs e:ie, o:ue, u:ue**   *pp. 121–122*

	empezar	volver	jugar
yo	empiezo	vuelvo	juego
tú	empiezas	vuelves	juegas
él	empieza	vuelve	juega
nos.	empezamos	volvemos	jugamos
vos.	empezáis	volvéis	jugáis
ellas	empiezan	vuelven	juegan

▶ Other e:ie verbs: **cerrar, comenzar, entender, pensar, perder, preferir, querer**

▶ Other o:ue verbs: **almorzar, contar, dormir, encontrar, mostrar, poder, recordar**

4.3 **Stem-changing verbs e:i**   *p. 125*

	pedir		
yo	pido	nos.	pedimos
tú	pides	vos.	pedís
él	pide	ellas	piden

▶ Other e:i verbs: **conseguir, decir, repetir, seguir**

4.4 **Verbs with irregular yo forms**   *pp. 128–129*

hacer	poner	salir	suponer	traer
hago	pongo	salgo	supongo	traigo

▶ **ver: veo, ves, ve, vemos, veis, ven**

▶ **oír: oigo, oyes, oye, oímos, oís, oyen**

3

Oraciones Arrange the cues provided in the correct order to form complete sentences. Make all necessary changes. **14 pts.**

1. tarea / los / hacer / sábados / nosotros / la

_____

2. en / pizza / Andrés / una / restaurante / el / pedir

_____

3. a / ? / museo / ir / ¿ / el / (tú)

_____

4. de / oír / amigos / bien / los / no / Elena

_____

5. libros / traer / yo / clase / mis / a

_____

6. película / ver / en / Jorge y Carlos / pensar / cine / una / el

_____

7. unos / escribir / Mariana / electrónicos / querer / mensajes

_____

4

Escribir Write a short paragraph about what you do on a typical day. Use at least six of the verbs you have learned in this lesson. You can use the paragraph on the opposite page (**Actividad 2**) as a model. **11 pts.**

Un día típico

Hola, me llamo Julia y vivo en Vancouver, Canadá. Por la mañana, yo...

5

Rima Write the missing verbs to solve the rhyme. **2 EXTRA points!**

"Si no _____ dormir
y el sueño deseas,
lo vas a conseguir
si _____ ovejas°."

ovejas *sheep*

Lectura

Antes de leer

Estrategia
Predicting content from visuals

When you are reading in Spanish, be sure to look for visual clues that will orient you as to the content and purpose of what you are reading. Photos and illustrations, for example, will often give you a good idea of the main points that the reading covers. You may also encounter very helpful visuals that are used to summarize large amounts of data in a way that is easy to comprehend; these include bar graphs, pie charts, flow charts, lists of percentages, and other sorts of diagrams.

Examinar el texto

Take a quick look at the visual elements of the magazine article in order to generate a list of ideas about its content. Then compare your list with a classmate's. Are your lists the same or are they different? Discuss your lists and make any changes needed to produce a final list of ideas.

Contestar

Read the list of ideas you wrote in **Examinar el texto,** and look again at the visual elements of the magazine article. Then answer these questions:

1. Who is the woman in the photo, and what is her role?

2. What is the article about?

3. What is the subject of the pie chart?

4. What is the subject of the bar graph?

por María Úrsula Echevarría

El fútbol es el deporte más popular en el mundo° hispano, según° una encuesta° reciente realizada entre jóvenes universitarios. Mucha gente practica este deporte y tiene un equipo de fútbol favorito. Cada cuatro años se realiza la Copa Mundial°. Argentina y Uruguay han ganado° este campeonato° más de una vez°. Los aficionados siguen los partidos de fútbol en casa por tele y en muchos otros lugares como los bares, los restaurantes, los estadios y los clubes deportivos. Los jóvenes juegan al fútbol con sus amigos en parques y gimnasios.

Países hispanos en campeonatos mundiales de fútbol (1930–2002)

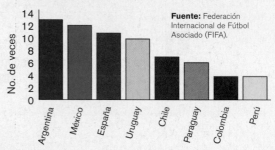

Fuente: Federación Internacional de Fútbol Asociado (FIFA).

Pero, por supuesto°, en los países de habla hispana también hay otros deportes populares. ¿Qué deporte sigue al fútbol en estos países? Bueno, ¡depende del país y de otros factores!

Después de leer

Evaluación y predicción

Which of the following sports events would be most popular among the college students surveyed? Rate them from one (most popular) to five (least popular). Which would be the most popular at your college or university?

_____ 1. La Copa Mundial de Fútbol

_____ 2. Los Juegos Olímpicos

_____ 3. El torneo de tenis de Wimbledon

_____ 4. La Serie Mundial de Béisbol

_____ 5. El Tour de Francia

No sólo el fútbol

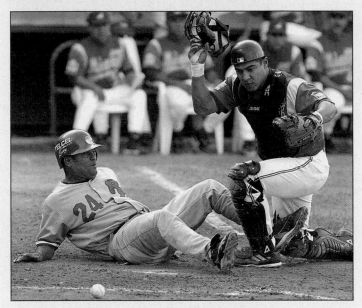

En Colombia, por ejemplo, el béisbol es muy popular después del fútbol, aunque° esto varía según la región del país. En la costa del norte de Colombia, el béisbol es una pasión. Y el ciclismo también es un deporte que los colombianos siguen con mucho interés.

Donde el béisbol es más popular

En los países del Caribe, el béisbol es el deporte predominante. Éste es el caso en Puerto Rico, Cuba y la República Dominicana. Los niños empiezan a jugar cuando son muy pequeños. En Puerto Rico y la República Dominicana, la gente también quiere participar en otros deportes, como el baloncesto, o ver los partidos en la tele. Y para los espectadores aficionados del Caribe, el boxeo es número dos.

Donde el fútbol es más popular

En México el béisbol es el segundo° deporte más popular después° del fútbol. Pero en Argentina, después del fútbol, el rugby tiene mucha importancia. En Perú a la gente le gusta mucho ver partidos de vóleibol. ¿Y en España? Mucha gente prefiere el baloncesto, el tenis y el ciclismo.

Deportes más populares

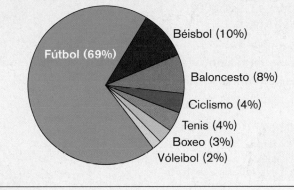

- Fútbol (69%)
- Béisbol (10%)
- Baloncesto (8%)
- Ciclismo (4%)
- Tenis (4%)
- Boxeo (3%)
- Vóleibol (2%)

---

mundo *world* **según** *according to* **encuesta** *survey* **se realiza la Copa Mundial** *the World Cup is held* **han ganado** *have won* **campeonato** *championship* **más de una vez** *more than once* **por supuesto** *of course* **segundo** *second* **después** *after* **aunque** *although*

¿Cierto o falso?

Indicate whether each sentence is **cierto** or **falso,** then correct the false statements.

	Cierto	Falso
1. El vóleibol es el segundo deporte más popular en México.	○	○
2. En España a la gente le gustan varios deportes como el baloncesto y el ciclismo.	○	○
3. En la costa del norte de Colombia, el tenis es una pasión.	○	○
4. En el Caribe el deporte más popular es el béisbol.	○	○

Preguntas

Answer these questions in Spanish.

1. ¿Dónde ven los aficionados el fútbol? Y tú, ¿cómo ves tus deportes favoritos?
2. ¿Te gusta el fútbol? ¿Por qué?
3. ¿Miras la Copa Mundial en la televisión?
4. ¿Qué deportes miras en la televisión?
5. En tu opinión, ¿cuáles son los tres deportes más populares en tu universidad? ¿En tu comunidad? ¿En los Estados Unidos?
6. ¿Qué haces en tus ratos libres?

México

El país en cifras

▶ **Área:** 1.972.550 km^2
(761.603 millas^2), *casi° tres veces°
el área de Texas*

*La situación geográfica de México, al
sur° de los Estados Unidos, ha influido en°
la economía y la sociedad de los dos países.
Una de las consecuencias es la emigración de la
población mexicana al país vecino°. Hoy día, más
de 20 millones de personas de ascendencia
mexicana viven en los Estados Unidos.*

▶ **Población:** 113.271.000

▶ **Capital:** México, D.F.—20.688.000

▶ **Ciudades principales:** Guadalajara—
4.237.000, Monterrey—3.914.000,
Ciudad Juárez—1.841.000,
Puebla—1.801.000

SOURCE: Population Division, UN Secretariat

▶ **Moneda:** peso mexicano

▶ **Idiomas:** español (oficial), náhuatl,
otras lenguas indígenas

Bandera de México

Mexicanos célebres

▶ **Benito Juárez,** héroe nacional (1806–1872)

▶ **Octavio Paz,** poeta (1914–1998)

▶ **Elena Poniatowska,** periodista y escritora
(1933–)

▶ **Julio César Chávez,** boxeador (1962–)

casi *almost* veces *times* sur *south* ha influido en *has influenced*
vecino *neighboring* se llenan de luz *get filled with light* flores *flowers*
Muertos *Dead* se ríen *laugh* muerte *death* lo cual se refleja *which is
reflected* calaveras de azúcar *sugar skulls* pan *bread* huesos *bones*

Un delfín en
Baja California

ESTADOS UNIDOS

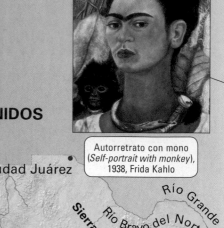

Autorretrato con mono
(*Self-portrait with monkey*),
1938, Frida Kahlo

Ciudad Juárez

Río Grande

Río Bravo del Norte

Golfo de California

Baja California

Sierra Madre Oriental

Sierra Madre Occidental

ESTADOS UNIDOS

MÉXICO

OCÉANO
ATLÁNTICO

OCÉANO
PACÍFICO

AMÉRICA DEL SUR

Monterrey

Océano Pacífico

Puerto
Vallarta

Ciudad de
México

Guadalajara

Puebla

Acapulco

Ruinas aztecas
en México D.F.

Saltador en Acapulco

recursos

WB
pp. 47–48

VM
pp. 231–232

SUPERSITE
panorama.vhlcentral.com
Lección 4

¡Increíble pero cierto!

Cada dos de noviembre los cementerios de
México se llenan de luz°, música y flores°. El Día
de Muertos° no es un evento triste; es una fiesta
en honor a las personas muertas. En ese día,
los mexicanos se ríen° de la muerte°, lo cual se
refleja° en detalles como las calaveras de azúcar°
y el pan° de muerto —pan en forma de huesos°.

Ciudades • México, D.F.

La Ciudad de México, fundada° en 1525, también se llama el D.F. o Distrito Federal. Muchos turistas e inmigrantes vienen a la ciudad porque es el centro cultural y económico del país. El crecimiento° de la población es de los más altos° del mundo. El D.F. tiene una población mayor que las de Nueva York, Madrid o París.

Artes • Diego Rivera y Frida Kahlo

Frida Kahlo y Diego Rivera eran° artistas mexicanos muy famosos. Casados° en 1929, los dos se interesaron° en las condiciones sociales de la gente indígena de su país. Puedes ver algunas° de sus obras° en el Museo de Arte Moderno de la Ciudad de México.

Historia • Los aztecas

Los aztecas dominaron° en México del siglo° XIV hasta el siglo XVI. Sus canales, puentes° y pirámides con templos religiosos eran muy importantes. El imperio azteca terminó° cuando llegaron° los españoles en 1519, pero la presencia azteca sigue hoy. La Ciudad de México está situada en la capital azteca de Tenochtitlán, y muchos turistas van a visitar sus ruinas.

Golfo de México

Península de Yucatán

Mérida

Cancún

Bahía de Campeche

Veracruz

Istmo de Tehuantepec

BELICE

GUATEMALA

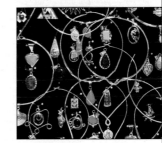

Economía • La plata

México es el mayor productor de plata° del mundo°. Estados como Zacatecas y Durango tienen ciudades fundadas cerca de los más grandes yacimientos° de plata del país. Estas ciudades fueron° en la época colonial unas de las más ricas e importantes. Hoy en día, aún° conservan mucho de su encanto° y esplendor.

¿Qué aprendiste? Responde a cada pregunta con una oración completa.

1. ¿Qué lenguas hablan los mexicanos?

2. ¿Cómo es la población del D.F. en comparación a otras ciudades?

3. ¿En qué se interesaron Frida Kahlo y Diego Rivera?

4. Nombra algunas de las estructuras de la arquitectura azteca.

5. ¿Dónde está situada la capital de México?

6. ¿Qué estados de México tienen los mayores yacimientos de plata?

Conexión Internet Investiga estos temas en **panorama.vhlcentral.com.**

1. Busca información sobre dos lugares de México. ¿Te gustaría (*Would you like*) vivir allí? ¿Por qué?
2. Busca información sobre dos artistas mexicanos. ¿Cómo se llaman sus obras más famosas?

....

fundada *founded* crecimiento *growth* más altos *highest* eran *were* Casados *Married* se interesaron *were interested in* algunas *some* obras *works* dominaron *dominated* siglo *century* puentes *bridges* terminó *ended* llegaron *arrived* plata *silver* mundo *world* yacimientos *deposits* fueron *were* aún *still* encanto *charm*

Pasatiempos

andar en patineta	to skateboard
bucear	to scuba dive
escalar montañas (f. pl.)	to climb mountains
escribir una carta	to write a letter
escribir un mensaje electrónico	to write an e-mail message
esquiar	to ski
ganar	to win
ir de excursión	to go on a hike
leer correo electrónico	to read e-mail
leer un periódico	to read a newspaper
leer una revista	to read a magazine
nadar	to swim
pasear	to take a walk; to stroll
pasear en bicicleta	to ride a bicycle
patinar (en línea)	to (in-line) skate
practicar deportes (m. pl.)	to play sports
tomar el sol	to sunbathe
ver películas (f. pl.)	to see movies
visitar monumentos (m. pl.)	to visit monuments
la diversión	fun activity; entertainment; recreation
el fin de semana	weekend
el pasatiempo	pastime; hobby
los ratos libres	spare (free) time
el videojuego	video game

Deportes

el baloncesto	basketball
el béisbol	baseball
el ciclismo	cycling
el equipo	team
el esquí (acuático)	(water) skiing
el fútbol	soccer
el fútbol americano	football
el golf	golf
el hockey	hockey
el/la jugador(a)	player
la natación	swimming
el partido	game; match
la pelota	ball
el tenis	tennis
el vóleibol	volleyball

Adjetivos

deportivo/a	sports-related
favorito/a	favorite

Lugares

el café	café
el centro	downtown
el cine	movie theater
el gimnasio	gymnasium
la iglesia	church
el lugar	place
el museo	museum
el parque	park
la piscina	swimming pool
la plaza	city or town square
el restaurante	restaurant

Verbos

almorzar (o:ue)	to have lunch
cerrar (e:ie)	to close
comenzar (e:ie)	to begin
conseguir (e:i)	to get; to obtain
contar (o:ue)	to count; to tell
decir (e:i)	to say; to tell
dormir (o:ue)	to sleep
empezar (e:ie)	to begin
encontrar (o:ue)	to find
entender (e:ie)	to understand
hacer	to do; to make
ir	to go
jugar (u:ue)	to play
mostrar (o:ue)	to show
oír	to hear
pedir (e:i)	to ask for; to request
pensar (e:ie)	to think
pensar (+ inf.)	to intend
pensar en	to think about
perder (e:ie)	to lose; to miss
poder (o:ue)	to be able to; can
poner	to put; to place
preferir (e:ie)	to prefer
querer (e:ie)	to want; to love
recordar (o:ue)	to remember
repetir (e:i)	to repeat
salir	to leave
seguir (e:i)	to follow; to continue
suponer	to suppose
traer	to bring
ver	to see
volver (o:ue)	to return

Decir expressions	See page 128.
Expresiones útiles	See page 113.

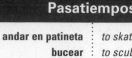

Las vacaciones

5

Communicative Goals

You will learn how to:

- Discuss and plan a vacation
- Describe a hotel
- Talk about how you feel
- Talk about the seasons and the weather

contextos

fotonovela

cultura

estructura

adelante

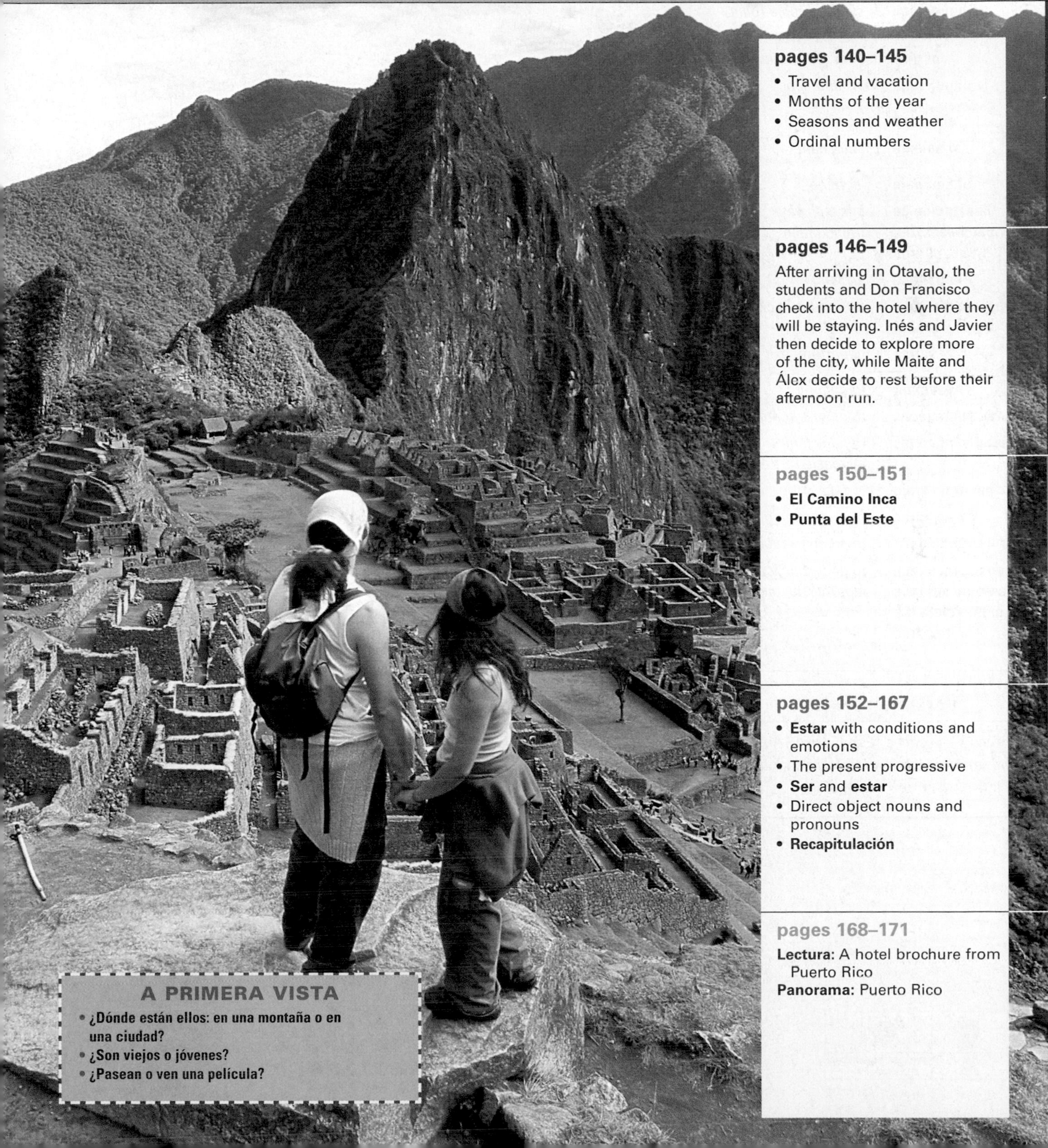

A PRIMERA VISTA

- ¿Dónde están ellos: en una montaña o en una ciudad?
- ¿Son viejos o jóvenes?
- ¿Pasean o ven una película?

Las vacaciones

Más vocabulario

la cama	bed
la habitación individual, doble	single, double room
el piso	floor (of a building)
la planta baja	ground floor
el campo	countryside
el paisaje	landscape
el equipaje	luggage
la estación de autobuses, del metro, de tren	bus, subway, train station
la llegada	arrival
el pasaje (de ida y vuelta)	(round-trip) ticket
la salida	departure; exit
acampar	to camp
estar de vacaciones	to be on vacation
hacer las maletas	to pack (one's suitcases)
hacer un viaje	to take a trip
ir de compras	to go shopping
ir de vacaciones	to go on vacation
ir en autobús (m.), auto(móvil) (m.), motocicleta (f.), taxi (m.)	to go by bus, car, motorcycle, taxi

Variación léxica

automóvil ⟷ coche (*Esp.*), carro (*Amér. L.*)
autobús ⟷ camión (*Méx.*), guagua (*P. Rico*)
motocicleta ⟷ moto (*coloquial*)

la agente de viajes

el pasaporte

Confirma una reservación. (confirmar)

En la agencia de viajes

la habitación

el ascensor

el empleado

la llave

la huésped

el botones

el huésped

En el hotel

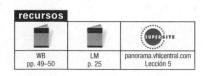

recursos

WB pp. 49–50

LM p. 25

SUPERSITE
panorama.vhlcentral.com
Lección 5

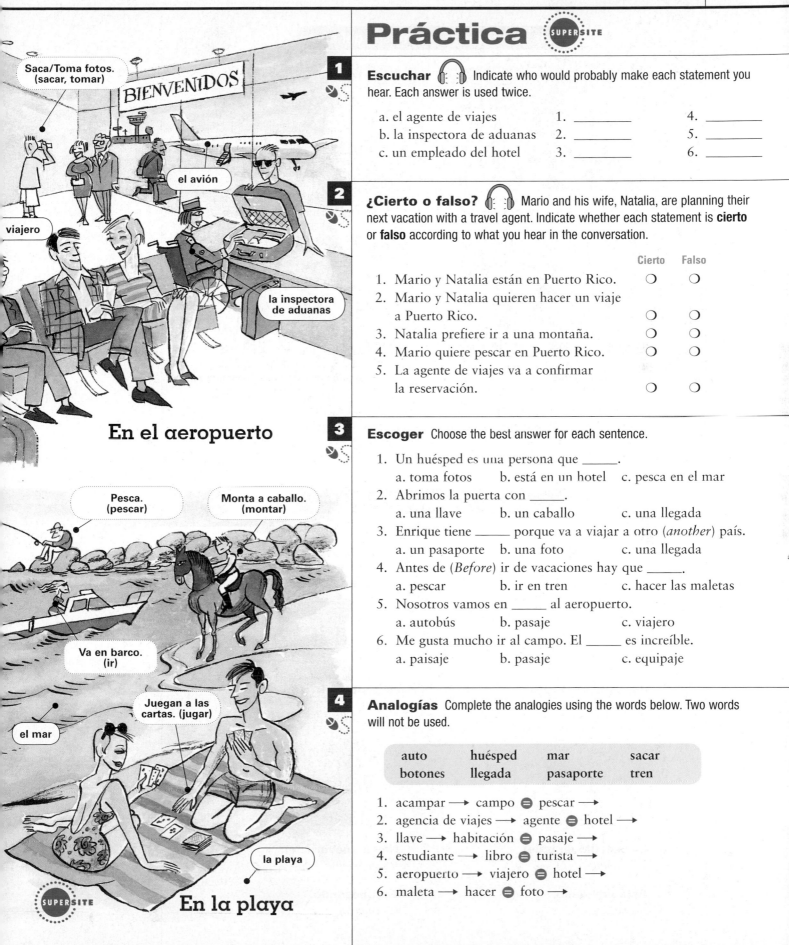

Saca/Toma fotos.
(sacar, tomar)

BIENVENIDOS

el avión

viajero

la inspectora
de aduanas

En el aeropuerto

Pesca.
(pescar)

Monta a caballo.
(montar)

Va en barco.
(ir)

Juegan a las
cartas. (jugar)

el mar

la playa

En la playa

Práctica

1 Escuchar Indicate who would probably make each statement you hear. Each answer is used twice.

a. el agente de viajes   1. _____   4. _____
b. la inspectora de aduanas 2. _____   5. _____
c. un empleado del hotel   3. _____   6. _____

2 ¿Cierto o falso? Mario and his wife, Natalia, are planning their next vacation with a travel agent. Indicate whether each statement is **cierto** or **falso** according to what you hear in the conversation.

	Cierto	Falso
1. Mario y Natalia están en Puerto Rico.	O	O
2. Mario y Natalia quieren hacer un viaje a Puerto Rico.	O	O
3. Natalia prefiere ir a una montaña.	O	O
4. Mario quiere pescar en Puerto Rico.	O	O
5. La agente de viajes va a confirmar la reservación.	O	O

3 Escoger Choose the best answer for each sentence.

1. Un huésped es una persona que _____.
   a. toma fotos   b. está en un hotel   c. pesca en el mar
2. Abrimos la puerta con _____.
   a. una llave   b. un caballo   c. una llegada
3. Enrique tiene _____ porque va a viajar a otro (*another*) país.
   a. un pasaporte   b. una foto   c. una llegada
4. Antes de (*Before*) ir de vacaciones hay que _____.
   a. pescar   b. ir en tren   c. hacer las maletas
5. Nosotros vamos en _____ al aeropuerto.
   a. autobús   b. pasaje   c. viajero
6. Me gusta mucho ir al campo. El _____ es increíble.
   a. paisaje   b. pasaje   c. equipaje

4 Analogías Complete the analogies using the words below. Two words will not be used.

auto	huésped	mar	sacar
botones	llegada	pasaporte	tren

1. acampar ⟶ campo ⊜ pescar ⟶
2. agencia de viajes ⟶ agente ⊜ hotel ⟶
3. llave ⟶ habitación ⊜ pasaje ⟶
4. estudiante ⟶ libro ⊜ turista ⟶
5. aeropuerto ⟶ viajero ⊜ hotel ⟶
6. maleta ⟶ hacer ⊜ foto ⟶

Las estaciones y los meses del año

el invierno: **diciembre, enero, febrero**

la primavera: **marzo, abril, mayo**

el verano: **junio, julio, agosto**

el otoño: **septiembre, octubre, noviembre**

—**¿Cuál es la fecha de hoy?**   *What is today's date?*
—**Es el primero de octubre.**   *It's the first of October.*
—**Es el dos de marzo.**   *It's March 2nd.*
—**Es el diez de noviembre.**   *It's November 10th.*

El tiempo

—**¿Qué tiempo hace?**   *How's the weather?*
—**Hace buen/mal tiempo.**   *The weather is good/bad.*

Hace (mucho) calor.
It's (very) hot.

Hace (mucho) frío.
It's (very) cold.

Llueve. (llover o:ue)
It's raining.

Está lloviendo.
It's raining.

Nieva. (nevar e:ie)
It's snowing.

Está nevando.
It's snowing.

Más vocabulario

Está (muy) nublado.	*It's (very) cloudy.*
Hace fresco.	*It's cool.*
Hace (mucho) sol.	*It's (very) sunny.*
Hace (mucho) viento.	*It's (very) windy.*

5   **El Hotel Regis** Label the floors of the hotel.

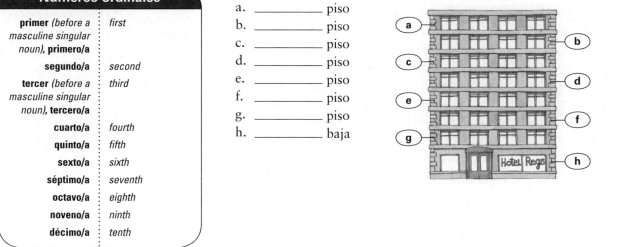

Números ordinales	
primer *(before a masculine singular noun)*, **primero/a**	*first*
segundo/a	*second*
tercer *(before a masculine singular noun)*, **tercero/a**	*third*
cuarto/a	*fourth*
quinto/a	*fifth*
sexto/a	*sixth*
séptimo/a	*seventh*
octavo/a	*eighth*
noveno/a	*ninth*
décimo/a	*tenth*

a. _____ piso
b. _____ piso
c. _____ piso
d. _____ piso
e. _____ piso
f. _____ piso
g. _____ piso
h. _____ baja

6   **Contestar** Look at the illustrations of the months and seasons on the previous page and answer these questions in pairs.

> **modelo**
>
> **Estudiante 1:** *¿Cuál es el primer mes de la primavera?*
> **Estudiante 2:** *marzo*

1. ¿Cuál es el primer mes del invierno?
2. ¿Cuál es el segundo mes de la primavera?
3. ¿Cuál es el tercer mes del otoño?
4. ¿Cuál es el primer mes del año?
5. ¿Cuál es el quinto mes del año?
6. ¿Cuál es el octavo mes del año?
7. ¿Cuál es el décimo mes del año?
8. ¿Cuál es el segundo mes del verano?
9. ¿Cuál es el tercer mes del invierno?
10. ¿Cuál es la cuarta estación del año?

7   **Las estaciones** Name the season that applies to the description.

1. Las clases terminan.
2. Vamos a la playa.
3. Acampamos.
4. Nieva mucho.
5. Las clases empiezan.
6. Hace mucho calor.
7. Llueve mucho.
8. Esquiamos.
9. El entrenamiento (*training*) de béisbol
10. Día de Acción de Gracias (*Thanksgiving*)

8   **¿Cuál es la fecha?** Give the dates for these holidays.

> **modelo**
>
> el día de San Valentín   *14 de febrero*

1. el día de San Patricio
2. el día de Halloween
3. el primer día de verano
4. el Año Nuevo
5. mi cumpleaños (*birthday*)
6. mi fiesta favorita

9 **Seleccionar** Paco is talking about his family and friends. Choose the word or phrase that best completes each sentence.

1. A mis padres les gusta ir a Cancún porque (hace sol, nieva). ◀
2. Mi primo de Kansas dice que durante (*during*) un tornado, hace mucho (sol, viento).
3. Mis amigos van a esquiar si (nieva, está nublado).
4. Tomo el sol cuando (hace calor, llueve).
5. Nosotros vamos a ver una película si hace (buen, mal) tiempo.
6. Mi hermana prefiere correr cuando (hace mucho calor, hace fresco).
7. Mis tíos van de excursión si hace (buen, mal) tiempo.
8. Mi padre no quiere jugar al golf si (hace fresco, llueve).
9. Cuando hace mucho (sol, frío) no salgo de casa y tomo chocolate caliente (*hot*).
10. Hoy mi sobrino va al parque porque (está lloviendo, hace buen tiempo).

NOTA CULTURAL

Cancún, at the tip of Mexico's Yucatán Peninsula, is a popular tourist destination for foreigners and Mexicans alike. It offers beautiful beaches and excellent opportunities for snorkeling, diving, and sailing.

10 **El clima** With a partner, take turns asking and answering questions about the weather and temperatures in these cities.

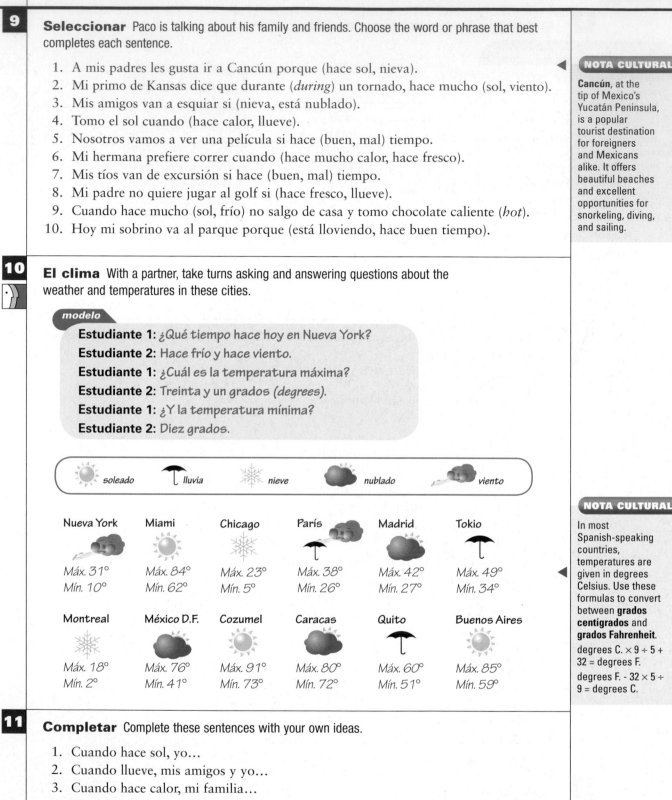

modelo

Estudiante 1: ¿Qué tiempo hace hoy en Nueva York?
Estudiante 2: Hace frío y hace viento.
Estudiante 1: ¿Cuál es la temperatura máxima?
Estudiante 2: Treinta y un grados (*degrees*).
Estudiante 1: ¿Y la temperatura mínima?
Estudiante 2: Diez grados.

soleado   lluvia   nieve   nublado   viento

Nueva York	Miami	Chicago	París	Madrid	Tokio
Máx. 31°	Máx. 84°	Máx. 23°	Máx. 38°	Máx. 42°	Máx. 49°
Mín. 10°	Mín. 62°	Mín. 5°	Mín. 26°	Mín. 27°	Mín. 34°

Montreal	México D.F.	Cozumel	Caracas	Quito	Buenos Aires
Máx. 18°	Máx. 76°	Máx. 91°	Máx. 80°	Máx. 60°	Máx. 85°
Mín. 2°	Mín. 41°	Mín. 73°	Mín. 72°	Mín. 51°	Mín. 59°

NOTA CULTURAL

In most Spanish-speaking countries, temperatures are given in degrees Celsius. Use these formulas to convert between **grados centígrados** and **grados Fahrenheit**.

degrees C. $\times$ 9 $\div$ 5 + 32 = degrees F.

degrees F. - 32 $\times$ 5 $\div$ 9 = degrees C.

11 **Completar** Complete these sentences with your own ideas.

1. Cuando hace sol, yo...
2. Cuando llueve, mis amigos y yo...
3. Cuando hace calor, mi familia...
4. Cuando hace viento, la gente...
5. Cuando hace frío, yo...
6. Cuando hace mal tiempo, mis amigos...
7. Cuando nieva, muchas personas...
8. Cuando está nublado, mis amigos y yo...
9. Cuando hace fresco, mis padres...
10. Cuando hace buen tiempo, mis amigos...

Comunicación

12

Preguntas personales In pairs, ask each other these questions.

1. ¿Cuál es la fecha de hoy?
2. ¿Qué estación es?
3. ¿Te gusta esta estación? ¿Por qué?
4. ¿Qué estación prefieres? ¿Por qué?
5. ¿Prefieres el mar o las montañas? ¿La playa o el campo? ¿Por qué?
6. Cuando estás de vacaciones, ¿qué haces?
7. Cuando haces un viaje, ¿qué te gusta hacer y ver?
8. ¿Piensas ir de vacaciones este verano? ¿Adónde quieres ir? ¿Por qué?
9. ¿Qué deseas ver y qué lugares quieres visitar?
10. ¿Cómo te gusta viajar? ¿En avión? ¿En motocicleta...?

13

Encuesta Your instructor will give you a worksheet. How does the weather affect what you do? Walk around the class and ask your classmates what they prefer or like to do in the weather conditions given. Note their responses on your worksheet. Make sure to personalize your survey by adding a few original questions to the list. Be prepared to report your findings to the class.

> **CONSULTA**
>
> **Calor** and **frío** can apply to both weather and people. Use **hacer** to describe weather conditions or climate.
> (**Hace frío en Santiago.** *It's cold in Santiago.*)
> Use **tener** to refer to people.
> (**El viajero tiene frío.** *The traveler is cold.*)
> See **Estructura 3.4** p. 93.

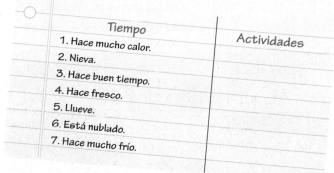

Tiempo	Actividades
1. Hace mucho calor.	
2. Nieva.	
3. Hace buen tiempo.	
4. Hace fresco.	
5. Llueve.	
6. Está nublado.	
7. Hace mucho frío.	

14

Minidrama With two or three classmates, prepare a skit about people who are on vacation or are planning a vacation. The skit should take place in one of these areas.

1. una agencia de viajes
2. una casa
3. un aeropuerto, una estación de tren o una estación de autobuses
4. un hotel
5. el campo o la playa

Síntesis

15

Un viaje You are planning a trip to Mexico and have many questions about your itinerary on which your partner, a travel agent, will advise you. Your instructor will give you and your partner each a sheet with different instructions for acting out the roles.

Tenemos una reservación.

Don Francisco y los estudiantes llegan al hotel.

PERSONAJES

MAITE

INÉS

DON FRANCISCO

ÁLEX

JAVIER

EMPLEADA

BOTONES

1

EMPLEADA ¿En qué puedo servirles?

DON FRANCISCO Mire, yo soy Francisco Castillo Moreno y tenemos una reservación a mi nombre.

EMPLEADA Mmm… no veo su nombre aquí. No está.

2

DON FRANCISCO ¿Está segura, señorita? Quizás la reservación está a nombre de la agencia de viajes, Ecuatur.

EMPLEADA Pues sí, aquí está… dos habitaciones dobles y una individual, de la ciento uno a la ciento tres,… todas en las primeras cabañas.

DON FRANCISCO Gracias, señorita. Muy amable.

3

BOTONES Bueno, la habitación ciento dos… Por favor.

6

INÉS Oigan, yo estoy aburrida. ¿Quieren hacer algo?

JAVIER ¿Por qué no vamos a explorar la ciudad un poco más?

INÉS ¡Excelente idea! ¡Vamos!

7

MAITE No, yo no voy. Estoy cansada y quiero descansar un poco porque a las seis voy a correr con Álex.

ÁLEX Y yo quiero escribir un mensaje electrónico antes de ir a correr.

8

JAVIER Pues nosotros estamos listos, ¿verdad, Inés?

INÉS Sí, vamos.

MAITE Adiós.

INÉS Y JAVIER ¡Chau!

ÁLEX Hola, chicas. ¿Qué están haciendo?

MAITE Estamos descansando.

JAVIER Oigan, no están nada mal las cabañas, ¿verdad?

INÉS Y todo está muy limpio y ordenado.

ÁLEX Sí, es excelente.

MAITE Y las camas son tan cómodas.

ÁLEX Bueno, nos vemos a las seis.

MAITE Sí, hasta luego.

ÁLEX Adiós.

MAITE ¿Inés y Javier? Juntos otra vez.

Expresiones útiles

Talking with hotel personnel

- **¿En qué puedo servirles?**
  How can I help you?
  Tenemos una reservación a mi nombre.
  We have a reservation in my name.
- **Mmm... no veo su nombre. No está.**
  I don't see your name. It's not here.
  ¿Está seguro/a? Quizás/Tal vez está a nombre de Ecuatur.
  Are you sure? Maybe it's under the name of Ecuatur.
- **Aquí está... dos habitaciones dobles y una individual.**
  Here it is, two double rooms and one single.
- **Aquí tienen las llaves.**
  Here are your keys.
  Gracias, señorita. Muy amable.
  Thank you, miss. You're very kind.
- **¿Dónde pongo las maletas?**
  Where do I put the suitcases?
  Allí, encima de la cama.
  There, on the bed.

Describing a hotel

- **No están nada mal las cabañas.**
  The cabins aren't bad at all.
- **Todo está muy limpio y ordenado.**
  Everything is very clean and orderly.
- **Es excelente/estupendo/ fabuloso/fenomenal.**
  It's excellent/stupendous/ fabulous/great.
- **Es increíble/magnífico/ maravilloso/perfecto.**
  It's incredible/magnificent/ marvelous/perfect.
- **Las camas son tan cómodas.**
  The beds are so comfortable.

Talking about how you feel

- **Estoy un poco aburrido/a/ cansado/a.**
  I'm a little bored/tired.

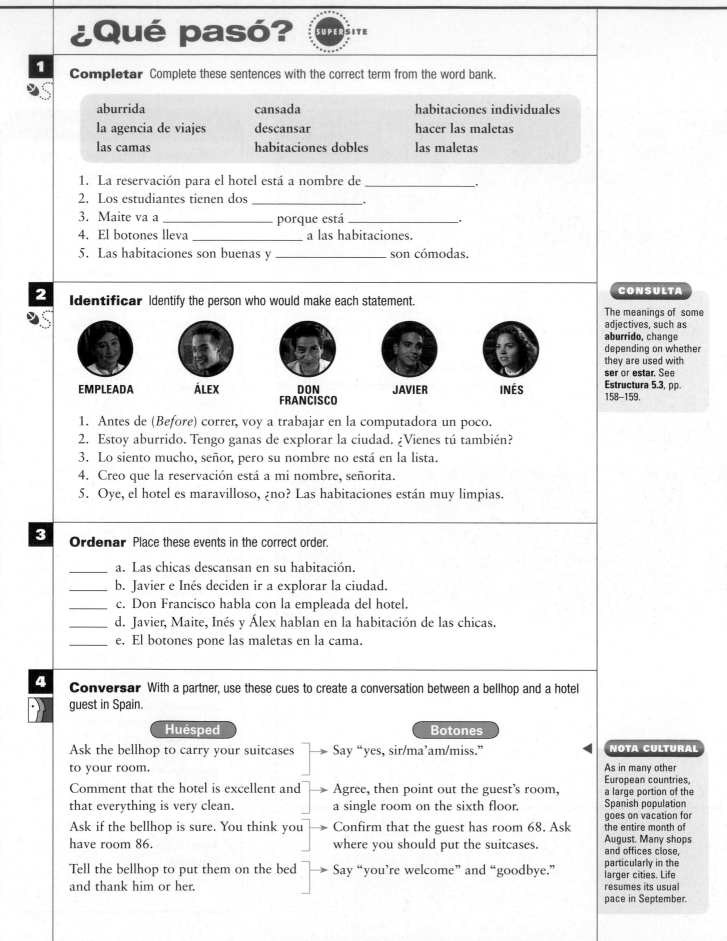

¿Qué pasó?   SUPERSITE

1

Completar Complete these sentences with the correct term from the word bank.

aburrida	cansada	habitaciones individuales
la agencia de viajes	descansar	hacer las maletas
las camas	habitaciones dobles	las maletas

1. La reservación para el hotel está a nombre de _____.
2. Los estudiantes tienen dos _____.
3. Maite va a _____ porque está _____.
4. El botones lleva _____ a las habitaciones.
5. Las habitaciones son buenas y _____ son cómodas.

2

Identificar Identify the person who would make each statement.

EMPLEADA   **ÁLEX**   **DON FRANCISCO**   **JAVIER**   **INÉS**

1. Antes de (*Before*) correr, voy a trabajar en la computadora un poco.
2. Estoy aburrido. Tengo ganas de explorar la ciudad. ¿Vienes tú también?
3. Lo siento mucho, señor, pero su nombre no está en la lista.
4. Creo que la reservación está a mi nombre, señorita.
5. Oye, el hotel es maravilloso, ¿no? Las habitaciones están muy limpias.

3

Ordenar Place these events in the correct order.

_____ a. Las chicas descansan en su habitación.

_____ b. Javier e Inés deciden ir a explorar la ciudad.

_____ c. Don Francisco habla con la empleada del hotel.

_____ d. Javier, Maite, Inés y Álex hablan en la habitación de las chicas.

_____ e. El botones pone las maletas en la cama.

4

Conversar With a partner, use these cues to create a conversation between a bellhop and a hotel guest in Spain.

Huésped

Ask the bellhop to carry your suitcases to your room.

Comment that the hotel is excellent and that everything is very clean.

Ask if the bellhop is sure. You think you have room 86.

Tell the bellhop to put them on the bed and thank him or her.

Botones

Say "yes, sir/ma'am/miss."

Agree, then point out the guest's room, a single room on the sixth floor.

Confirm that the guest has room 68. Ask where you should put the suitcases.

Say "you're welcome" and "goodbye."

CONSULTA

The meanings of some adjectives, such as **aburrido,** change depending on whether they are used with **ser** or **estar.** See **Estructura 5.3,** pp. 158–159.

NOTA CULTURAL

As in many other European countries, a large portion of the Spanish population goes on vacation for the entire month of August. Many shops and offices close, particularly in the larger cities. Life resumes its usual pace in September.

Pronunciación

Spanish b and v

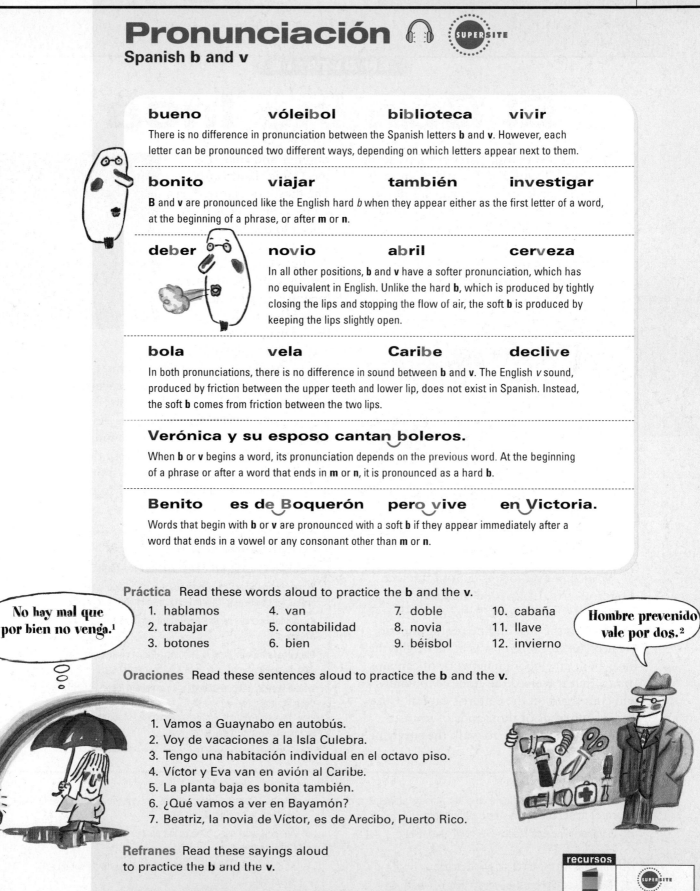

bueno	**vóleibol**	**biblioteca**	**vivir**

There is no difference in pronunciation between the Spanish letters **b** and **v**. However, each letter can be pronounced two different ways, depending on which letters appear next to them.

bonito	**viajar**	**también**	**investigar**

B and **v** are pronounced like the English hard *b* when they appear either as the first letter of a word, at the beginning of a phrase, or after **m** or **n**.

deber	**novio**	**abril**	**cerveza**

In all other positions, **b** and **v** have a softer pronunciation, which has no equivalent in English. Unlike the hard **b**, which is produced by tightly closing the lips and stopping the flow of air, the soft **b** is produced by keeping the lips slightly open.

bola	**vela**	**Caribe**	**declive**

In both pronunciations, there is no difference in sound between **b** and **v**. The English *v* sound, produced by friction between the upper teeth and lower lip, does not exist in Spanish. Instead, the soft **b** comes from friction between the two lips.

Verónica y su esposo cantan boleros.

When **b** or **v** begins a word, its pronunciation depends on the previous word. At the beginning of a phrase or after a word that ends in **m** or **n**, it is pronounced as a hard **b**.

Benito   es de Boquerón   pero vive   en Victoria.

Words that begin with **b** or **v** are pronounced with a soft **b** if they appear immediately after a word that ends in a vowel or any consonant other than **m** or **n**.

Práctica Read these words aloud to practice the **b** and the **v**.

1. hablamos
2. trabajar
3. botones
4. van
5. contabilidad
6. bien
7. doble
8. novia
9. béisbol
10. cabaña
11. llave
12. invierno

No hay mal que por bien no venga.[1]

Hombre prevenido vale por dos.[2]

Oraciones Read these sentences aloud to practice the **b** and the **v**.

1. Vamos a Guaynabo en autobús.
2. Voy de vacaciones a la Isla Culebra.
3. Tengo una habitación individual en el octavo piso.
4. Víctor y Eva van en avión al Caribe.
5. La planta baja es bonita también.
6. ¿Qué vamos a ver en Bayamón?
7. Beatriz, la novia de Víctor, es de Arecibo, Puerto Rico.

Refranes Read these sayings aloud to practice the **b** and the **v**.

1 *Every cloud has a silver lining.*
2 *An ounce of prevention equals a pound of cure.*

recursos

LM p. 26

panorama.vhlcentral.com Lección 5

EN DETALLE

El Camino Inca

Early in the morning, Larry rises, packs up his campsite, fills his water bottle in a stream, eats a quick breakfast, and begins his day. By tonight, the seven miles he and his group hiked yesterday to a height of 9,700 feet will seem easy; today the hikers will cover seven miles to a height of almost 14,000 feet, all the while carrying fifty-pound backpacks.

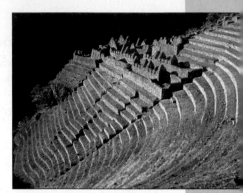
Wiñay Wayna

caminos and enjoy the spectacular landscapes. The most popular trail, **el Camino Inca**, leads from Cuzco to the ancient mountain city of Machu Picchu. Many trekkers opt for a guided four-day itinerary, starting at a suspension bridge over the Urubamba River, and ending at **Intipunku** (*Sun Gate*), the entrance to Machu Picchu. Guides organize campsites and meals for travelers, as well as one night in a hostel en route.

To preserve **el Camino Inca**, the National Cultural Institute of Peru limits the number of hikers to five hundred per day. Those that make the trip must book in advance and should be in good physical condition in order to endure altitude sickness and the terrain.

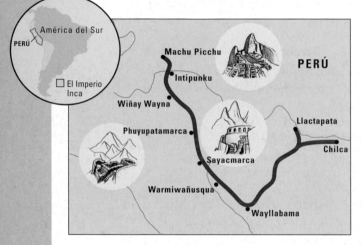
Ruta de cuatro días

While not everyone is cut out for such a rigorous trip, Larry is on the journey of a lifetime: **el Camino Inca.** Between 1438 and 1533, when the vast and powerful **Imperio Incaico** (*Incan Empire*) was at its height, the Incas built an elaborate network of **caminos** (*trails*) that traversed the Andes Mountains and converged on the empire's capital, Cuzco. Today, hundreds of thousands of tourists come to Peru annually to walk the surviving

Sitios en el Camino Inca

Highlights of a four-day hike along the Inca Trail:

Warmiwañusqua (*Dead Woman's Pass*), at 13,800 feet, hiker's first taste of the Andes' extreme sun and wind

Sayacmarca (*Inaccessible Town*), fortress ruins set on a sheer cliff

Phuyupatamarca (*Town in the Clouds*), an ancient town with stone baths, probably used for water worship

Wiñay Wayna (*Forever Young*), a town named for the pink orchid native to the area, famous for its innovative agricultural terraces which transformed the mountainside into arable land

ACTIVIDADES

1 **¿Cierto o falso?** Indicate whether these statements are **cierto** or **falso**. Correct the false statements.

1. **El Imperio Incaico** reached its height between 1438 and 1533.

2. Lima was the capital of the Incan Empire.

3. Hikers on **el Camino Inca** must camp out every night.

4. The Incas invented a series of terraces to make the rough mountain landscape suitable for farming.

5. Along **el Camino Inca**, one can see village ruins, native orchids, and agricultural terraces.

6. Altitude sickness is one of the challenges faced by hikers on **el Camino Inca**.

7. At Sayacmarca, hikers can see Incan pyramids set on a sheer cliff.

8. Travelers can complete **el Camino Inca** on their own at any time.

ASÍ SE DICE

Viajes y turismo

el asiento del medio, del pasillo, de la ventanilla	*center, aisle, window seat*
el itinerario	*itinerary*
media pensión	*breakfast and one meal included*
el ómnibus (Perú)	**el autobús**
pensión completa	*all meals included*
el puente	*long weekend (lit., bridge)*

EL MUNDO HISPANO

Destinos populares

○ **Las playas del Parque Nacional Manuel Antonio** (Costa Rica) ofrecen° la oportunidad de nadar y luego caminar por el bosque tropical°.

○ **Teotihuacán** (México) Desde la época° de los aztecas, aquí se celebra el equinoccio de primavera en la Pirámide del Sol.

○ **Puerto Chicama** (Perú), con sus olas° de cuatro kilómetros de largo°, es un destino para surfistas expertos.

○ **Tikal** (Guatemala) Aquí puedes ver las maravillas de la selva° y ruinas de la civilización maya.

○ **Las playas de Rincón** (Puerto Rico) Son ideales para descansar y observar a las ballenas°.

ofrecen *offer* bosque tropical *rainforest* Desde la época *Since the time* olas *waves* de largo *in length* selva *jungle* ballenas *whales*

PERFIL

Punta del Este

One of South America's largest and most fashionable beach resort towns is Uruguay's **Punta del Este**, a narrow strip of land containing twenty miles of pristine beaches. Its peninsular shape gives it two very different seascapes. **La Playa Mansa**, facing the bay and therefore the more protected side, has calm waters. Here, people practice water sports like swimming, water skiing, windsurfing, and diving. **La Playa Brava**, facing the east, receives the Atlantic Ocean's powerful, wave-producing winds, making it popular for surfing, body boarding, and kite surfing. Besides the beaches, posh shopping, and world-famous nightlife, **Punta** offers its 600,000 yearly visitors yacht and fishing clubs, golf courses, and excursions to observe sea lions at the **Isla de Lobos** nature reserve.

SUPERSITE Conexión Internet

¿Cuáles son los sitios más populares para el turismo en Puerto Rico?

Go to **panorama.vhlcentral.com** to find more cultural information related to this **Cultura** section.

ACTIVIDADES

2 **Comprensión** Complete the sentences.

1. En las playas de Rincón puedes ver _____.
2. Cerca de 600.000 turistas visitan _____ cada año.
3. En el avión pides un _____ si te gusta ver el paisaje.
4. En Punta del Este, la gente prefiere nadar en la Playa _____.
5. El _____ es un medio de transporte en el Perú.

3 **De vacaciones** Spring break is coming up, and you want to go on a short vacation with some friends. Working in a small group, decide which of the locations featured on these pages best suits the group's likes and interests. Come to an agreement about how you will get there, where you prefer to stay and for how long, and what each of you will do during free time. Present your trip to the class.

recursos

SUPERSITE

panorama.vhlcentral.com
Lección 5

5.1 Estar with conditions and emotions

ANTE TODO As you learned in **Lecciones 1** and **2**, the verb **estar** is used to talk about how you feel and to say where people, places, and things are located. **Estar** is also used with adjectives to talk about certain emotional and physical conditions.

▶ Use **estar** with adjectives to describe the physical condition of places and things.

La habitación **está** sucia.
The room is dirty.

La puerta **está** cerrada.
The door is closed.

▶ Use **estar** with adjectives to describe how people feel, both mentally and physically.

Estoy aburrida. ¿Quieren hacer algo?

No, estoy cansada.

▶ **¡Atención!** Two important expressions with **estar** that you can use to talk about conditions and emotions are **estar de buen humor** (*to be in a good mood*) and **estar de mal humor** (*to be in a bad mood*).

Adjectives that describe emotions and conditions

abierto/a	open	**contento/a**	happy; content	**listo/a**	ready
aburrido/a	bored	**desordenado/a**	disorderly	**nervioso/a**	nervous
alegre	happy; joyful	**enamorado/a (de)**	in love (with)	**ocupado/a**	busy
avergonzado/a	embarrassed			**ordenado/a**	orderly
cansado/a	tired	**enojado/a**	mad; angry	**preocupado/a (por)**	worried (about)
cerrado/a	closed	**equivocado/a**	wrong		
cómodo/a	comfortable	**feliz**	happy	**seguro/a**	sure
confundido/a	confused	**limpio/a**	clean	**sucio/a**	dirty
				triste	sad

¡INTÉNTALO! Provide the present tense forms of **estar**, and choose which adjective best completes the sentence. The first item has been done for you.

1. La biblioteca _____está_____ (cerrada / nerviosa) los domingos por la noche. *cerrada*
2. Nosotros _____ muy (ocupados / equivocados) todos los lunes.
3. Ellas _____ (alegres / confundidas) porque tienen vacaciones.
4. Javier _____ (enamorado / ordenado) de Maribel.
5. Diana _____ (enojada / limpia) con su novio.
6. Yo _____ (nerviosa / abierta) por el viaje.
7. La habitación siempre _____ (ordenada / segura) cuando vienen sus padres.
8. Ustedes no comprenden; _____ (equivocados / tristes).

CONSULTA

To review the present tense of **ser**, see **Estructura 1.3**, p. 20.

• • •

To review the present tense of **estar**, see **Estructura 2.3**, p. 55.

recursos

WB
pp. 51–52

LM
p. 27

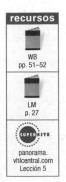

panorama.
vhlcentral.com
Lección 5

Práctica (SUPERSITE)

1 **¿Cómo están?** Complete Martín's statements about how he and other people are feeling. In the first blank, fill in the correct form of **estar**. In the second blank, fill in the adjective that best fits the context.

1. Yo _____ un poco _____ porque tengo un examen mañana.
2. Mi hermana Patricia _____ muy _____ porque mañana va a hacer una excursión al campo.
3. Mis hermanos Juan y José salen de la casa a las cinco de la mañana. Por la noche, siempre _____ muy _____.
4. Mi amigo Ramiro _____ _____; su novia se llama Adela.
5. Mi papá y sus colegas _____ muy _____ hoy. ¡Hay mucho trabajo!
6. Patricia y yo _____ un poco _____ por ellos porque trabajan mucho.
7. Mi amiga Mónica _____ un poco _____ porque su novio no puede salir esta noche.
8. Esta clase no es muy interesante. ¿Tú _____ _____ también?

2 **Describir** Describe these people and places.

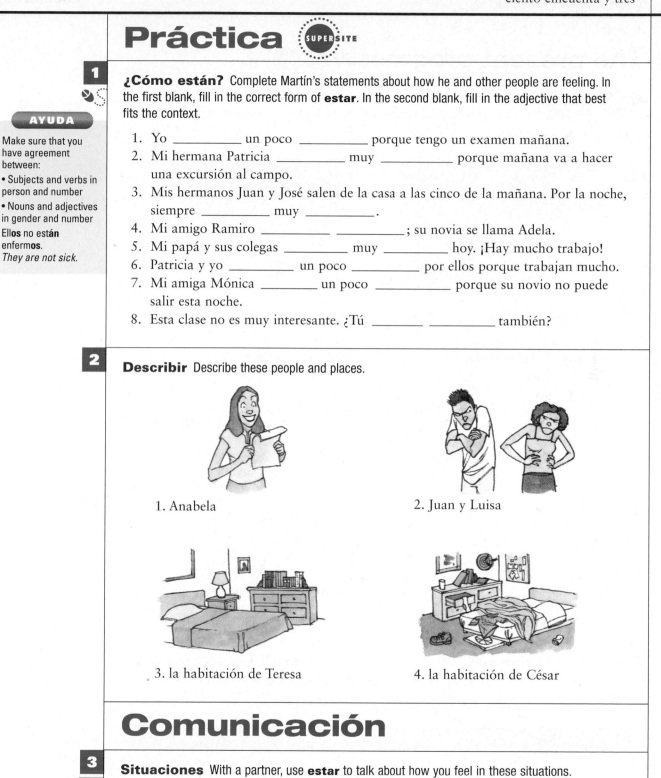

1. Anabela

2. Juan y Luisa

3. la habitación de Teresa

4. la habitación de César

Comunicación

3 **Situaciones** With a partner, use **estar** to talk about how you feel in these situations.

1. Cuando hace sol…
2. Cuando tomas un examen…
3. Cuando estás de vacaciones…
4. Cuando tienes mucho trabajo…
5. Cuando viajas en avión…
6. Cuando estás con la familia…
7. Cuando estás en la clase de español…
8. Cuando ves una película con tu actor/actriz favorito/a…

5.2 The present progressive

ANTE TODO Both Spanish and English use the present progressive, which consists of the present tense of the verb *to be* and the present participle (the *-ing* form in English).

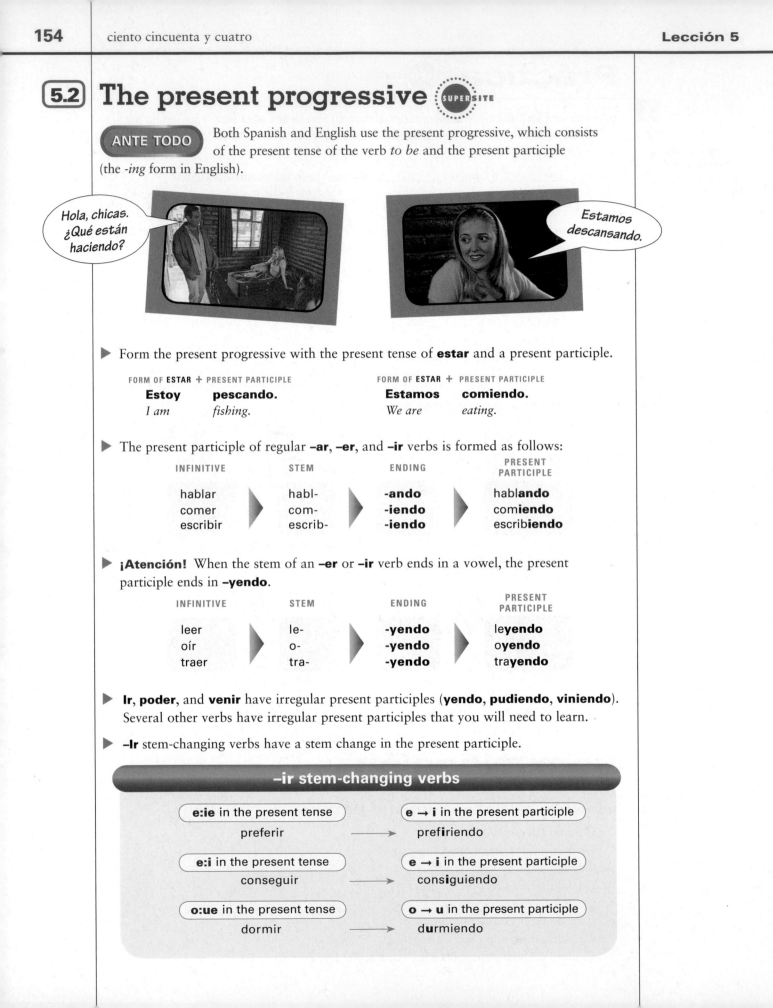

Hola, chicas. ¿Qué están haciendo?

Estamos descansando.

▶ Form the present progressive with the present tense of **estar** and a present participle.

FORM OF **ESTAR** + PRESENT PARTICIPLE		FORM OF **ESTAR** + PRESENT PARTICIPLE	
Estoy	**pescando.**	**Estamos**	**comiendo.**
I am	*fishing.*	*We are*	*eating.*

▶ The present participle of regular **–ar**, **–er**, and **–ir** verbs is formed as follows:

INFINITIVE	STEM	ENDING	PRESENT PARTICIPLE
hablar	habl-	**-ando**	habl**ando**
comer	com-	**-iendo**	com**iendo**
escribir	escrib-	**-iendo**	escrib**iendo**

▶ **¡Atención!** When the stem of an **–er** or **–ir** verb ends in a vowel, the present participle ends in **–yendo**.

INFINITIVE	STEM	ENDING	PRESENT PARTICIPLE
leer	le-	**-yendo**	le**yendo**
oír	o-	**-yendo**	o**yendo**
traer	tra-	**-yendo**	tra**yendo**

▶ **Ir**, **poder**, and **venir** have irregular present participles (**yendo**, **pudiendo**, **viniendo**). Several other verbs have irregular present participles that you will need to learn.

▶ **–Ir** stem-changing verbs have a stem change in the present participle.

–ir stem-changing verbs

e:ie in the present tense	e → i in the present participle
preferir ⟶	pref**i**riendo

e:i in the present tense	e → i in the present participle
conseguir ⟶	consi**g**uiendo

o:ue in the present tense	o → u in the present participle
dormir ⟶	d**u**rmiendo

The use of the present progressive is much more restricted in Spanish than in English. In Spanish, the present progressive is mainly used to emphasize that an action is in progress at the time of speaking.

Inés **está escuchando** música latina **ahora mismo**.
Inés is listening to Latin music right now.

Álex y su amigo **todavía están jugando** al fútbol.
Álex and his friend are still playing soccer.

In English, the present progressive is often used to talk about situations and actions that occur over an extended period of time or in the future. In Spanish, the simple present tense is often used instead.

Javier **estudia** computación este semestre.
Javier is studying computer science this semester.

Inés y Maite **salen** mañana para los Estados Unidos.
Inés and Maite are leaving tomorrow for the United States.

Estamos pensando en lo mismo:

su **F**uturo

Su asesor para ganar

FIDUCOLOMBIA
Sociedad Fiduciaria S.A.

¡INTÉNTALO! Create complete sentences by putting the verbs in the present progressive. The first item has been done for you.

1. mis amigos / descansar en la playa *Mis amigos están descansando en la playa.*
2. nosotros / practicar deportes _____
3. Carmen / comer en casa _____
4. nuestro equipo / ganar el partido _____
5. yo / leer el periódico _____
6. él / pensar comprar una bicicleta _____
7. ustedes / jugar a las cartas _____
8. José y Francisco / dormir _____
9. Marisa / leer correo electrónico _____
10. yo / preparar sándwiches _____
11. Carlos / tomar fotos _____
12. ¿dormir / tú? _____

Práctica SUPERSITE

1 **Completar** Alfredo's Spanish class is preparing to travel to Puerto Rico. Use the present progressive of the verb in parentheses to complete Alfredo's description of what everyone is doing.

1. Yo _____ (investigar) la situación política de la isla (*island*).
2. La esposa del profesor _____ (hacer) las maletas.
3. Marta y José Luis _____ (buscar) información sobre San Juan en Internet.
4. Enrique y yo _____ (leer) un correo electrónico de nuestro amigo puertorriqueño.
5. Javier _____ (aprender) mucho sobre la cultura puertorriqueña.
6. Y tú _____ (practicar) el español, ¿verdad?

2 **¿Qué están haciendo?** María and her friends are vacationing at a resort in San Juan, Puerto Rico. Complete her description of what everyone is doing right now.

CONSULTA

For more information about Puerto Rico, see **Panorama**, pp. 170–171.

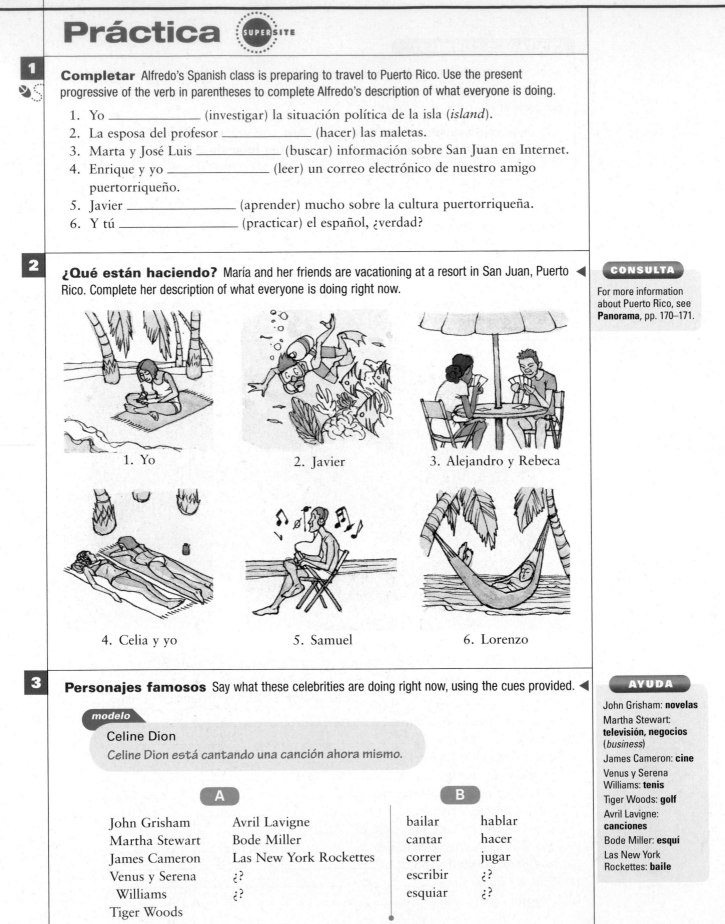

1. Yo

2. Javier

3. Alejandro y Rebeca

4. Celia y yo

5. Samuel

6. Lorenzo

3 **Personajes famosos** Say what these celebrities are doing right now, using the cues provided.

> **modelo**
>
> Celine Dion
> *Celine Dion está cantando una canción ahora mismo.*

A

John Grisham	Avril Lavigne
Martha Stewart	Bode Miller
James Cameron	Las New York Rockettes
Venus y Serena	¿?
Williams	¿?
Tiger Woods	

B

bailar	hablar
cantar	hacer
correr	jugar
escribir	¿?
esquiar	¿?

AYUDA

John Grisham: **novelas**
Martha Stewart: **televisión, negocios** (*business*)
James Cameron: **cine**
Venus y Serena Williams: **tenis**
Tiger Woods: **golf**
Avril Lavigne: **canciones**
Bode Miller: **esquí**
Las New York Rockettes: **baile**

Comunicación

4

Preguntar With a partner, take turns asking each other what you are doing at this times.

> **modelo**
>
> 8:00 a.m.
> **Estudiante 1:** ¡Hola, Andrés! Son las *ocho de la mañana. ¿Qué estás haciendo?*
> **Estudiante 2:** *Estoy desayunando.*

1. 5:00 a.m.
2. 9:30 a.m.
3. 11:00 a.m.
4. 12:00 p.m.
5. 2:00 p.m.
6. 5:00 p.m.
7. 9:00 p.m.
8. 11:30 p.m.

5

Describir Work with a partner and use the present progressive to describe what is going on in this Spanish beach scene.

6

Conversar Imagine that you and a classmate are each babysitting a group of children. With a partner, prepare a telephone conversation using these cues. Be creative and add further comments.

Estudiante 1	**Estudiante 2**
Say hello and ask what the kids are doing.	Say hello and tell your partner that two of your kids are doing their homework. Then ask what the kids at his/her house are doing.
Tell your partner that two of your kids are running and dancing in the house.	Tell your partner that one of the kids is reading.
Tell your partner that you are tired and that two of your kids are watching TV and eating pizza.	Tell your partner that one of the kids is sleeping.
Tell your partner you have to go; the kids are playing soccer in the house.	Say goodbye and good luck (**¡Buena suerte!**).

Síntesis

7

¿Qué están haciendo? A group of classmates is traveling to San Juan, Puerto Rico for a week-long Spanish immersion program. The participants are running late before the flight, and you and your partner must locate them. Your instructor will give you and your partner different handouts that will help you do this.

5.3 Ser and estar ⬤SUPERSITE

ANTE TODO You have already learned that **ser** and **estar** both mean *to be* but are used for different purposes. These charts summarize the key differences in usage between **ser** and **estar**.

Uses of ser

1. **Nationality and place of origin**.......	Martín **es** argentino. **Es** de Buenos Aires.
2. **Profession or occupation**	Adela **es** agente de viajes. Francisco **es** médico.
3. **Characteristics of people and things**...	José y Clara **son** simpáticos. El clima de Puerto Rico **es** agradable.
4. **Generalizations**....................	¡**Es** fabuloso viajar! **Es** difícil estudiar a la una de la mañana.
5. **Possession**	**Es** la pluma de Maite. **Son** las llaves de don Francisco.
6. **What something is made of**	La bicicleta **es** de metal. Los pasajes **son** de papel.
7. **Time and date**	Hoy **es** martes. **Son** las dos. Hoy **es** el primero de julio.
8. **Where or when an event takes place** .	El partido **es** en el estadio Santa Fe. La conferencia **es** a las siete.

Soy Francisco Castillo Moreno. Yo soy de la agencia Ecuatur.

Su nombre no está en mi lista.

Uses of estar

1. **Location or spatial relationships**	El aeropuerto **está** lejos de la ciudad. Tu habitación **está** en el tercer piso.
2. **Health**	¿Cómo **estás**? **Estoy** bien, gracias.
3. **Physical states and conditions**.......	El profesor **está** ocupado. Las ventanas **están** abiertas.
4. **Emotional states**	Marisa **está** feliz hoy. **Estoy** muy enojado con Javier.
5. **Certain weather expressions**	**Está** lloviendo. **Está** nublado.
6. **Ongoing actions (progressive tenses)**..	**Estamos** estudiando para un examen. Ana **está** leyendo una novela.

Ser and estar with adjectives

▶ With many descriptive adjectives, **ser** and **estar** can both be used, but the meaning will change.

Juan **es** delgado.
Juan is thin.

Ana **es** nerviosa.
Ana is a nervous person.

Juan **está** más delgado hoy.
Juan looks thinner today.

Ana **está** nerviosa por el examen.
Ana is nervous because of the exam.

▶ In the examples above, the statements with **ser** are general observations about the inherent qualities of Juan and Ana. The statements with **estar** describe conditions that are variable.

▶ Here are some adjectives that change in meaning when used with **ser** and **estar**.

With ser	With estar
El chico **es listo**.	El chico **está listo**.
The boy is smart.	*The boy is ready.*
La profesora **es mala**.	La profesora **está mala**.
The professor is bad.	*The professor is sick.*
Jaime **es aburrido**.	Jaime **está aburrido**.
Jaime is boring.	*Jaime is bored.*
Las peras **son verdes**.	Las peras **están verdes**.
The pears are green.	*The pears are not ripe.*
El gato **es muy vivo**.	El gato **está vivo**.
The cat is very lively.	*The cat is alive.*
Él **es muy seguro**.	Él no **está seguro**.
He is very confident.	*He's not sure.*

¡ATENCIÓN!

When referring to objects, **ser seguro** means *to be safe*.
El puente es seguro.
The bridge is safe.

¡INTÉNTALO! Form complete sentences by using the correct form of **ser** or **estar** and making any other necessary changes. The first item has been done for you.

1. Alejandra / cansado
   Alejandra está cansada.

2. ellos / pelirrojo

3. Carmen / alto

4. yo / la clase de español

5. película / a las once

6. hoy / viernes

7. nosotras / enojado

8. Antonio / médico

9. Romeo y Julieta / enamorado

10. libros / de Ana

11. Marisa y Juan / estudiando

12. partido de baloncesto / gimnasio

recursos

WB
pp. 54–55

LM
p. 29

SUPERSITE
panorama.
vhlcentral.com
Lección 5

Práctica ⬤ SUPERSITE

1 **¿Ser o estar?** Indicate whether each adjective takes **ser** or **estar**. **¡Ojo!** Three of them can take both verbs.

	ser	estar			ser	estar
1. delgada	○	○		5. seguro	○	○
2. canadiense	○	○		6. enojada	○	○
3. enamorado	○	○		7. importante	○	○
4. lista	○	○		8. avergonzada	○	○

2 **Completar** Complete this conversation with the appropriate forms of **ser** and **estar**.

EDUARDO ¡Hola, Ceci! ¿Cómo (1)_____?

CECILIA Hola, Eduardo. Bien, gracias. ¡Qué guapo (2)_____ hoy!

EDUARDO Gracias. (3)_____ muy amable. Oye, ¿qué (4)_____ haciendo? (5)¿_____ ocupada?

CECILIA No, sólo le (6)_____ escribiendo una carta a mi prima Pilar.

EDUARDO ¿De dónde (7)_____ ella?

CECILIA Pilar (8)_____ del Ecuador. Su papá (9)_____ médico en Quito. Pero ahora Pilar y su familia (10)_____ de vacaciones en Ponce, Puerto Rico.

EDUARDO Y… ¿cómo (11)_____ Pilar?

CECILIA (12)_____ muy lista. Y también (13)_____ alta, rubia y muy bonita.

3 **Describir** With a partner, describe the people in the drawing. Your descriptions should answer the questions provided.

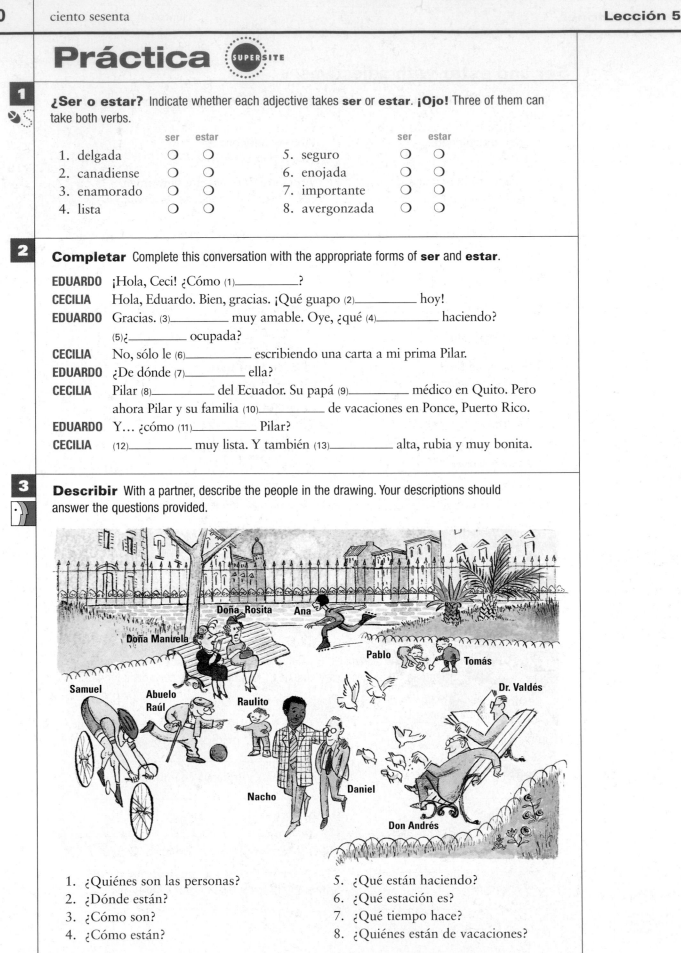

1. ¿Quiénes son las personas?
2. ¿Dónde están?
3. ¿Cómo son?
4. ¿Cómo están?

5. ¿Qué están haciendo?
6. ¿Qué estación es?
7. ¿Qué tiempo hace?
8. ¿Quiénes están de vacaciones?

Comunicación

4

Describir With a classmate, take turns describing these people. First mention where each person is from. Then describe what each person is like, how each person is feeling, and what he or she is doing right now.

> **modelo**
>
> tu compañero/a de cuarto
>
> *Mi compañera de cuarto es de San Juan, Puerto Rico. Es muy inteligente.*
> *Está cansada pero está estudiando porque tiene un examen.*

1. tu mejor (*best*) amigo/a
2. tus padres
3. tu profesor(a) favorito/a
4. tu novio/a o esposo/a
5. tu primo/a favorito/a
6. tus abuelos

5

Adivinar Get together with a partner and describe a celebrity to him or her using these questions as a guide. Don't mention the celebrity's name. Can your partner guess who you are describing?

1. ¿Cómo es?
2. ¿Cómo está?
3. ¿De dónde es?
4. ¿Dónde está?
5. ¿Qué está haciendo?
6. ¿Cuál es su profesión?

6

En el aeropuerto In small groups, take turns using **ser** and **estar** to describe this scene at Luis Muñoz Marín International Airport. What do the people in the picture look like? How are they feeling? What are they doing?

NOTA CULTURAL

Luis Muñoz Marín International Airport in San Juan, Puerto Rico, is a major transportation hub of the Caribbean. It is named after Puerto Rico's first elected governor.

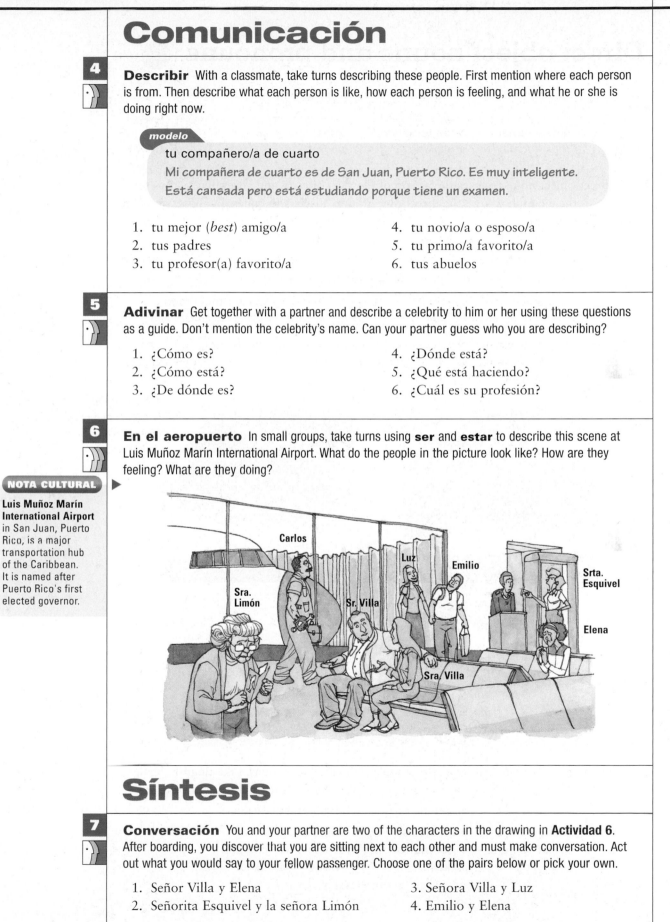

Síntesis

7

Conversación You and your partner are two of the characters in the drawing in **Actividad 6**. After boarding, you discover that you are sitting next to each other and must make conversation. Act out what you would say to your fellow passenger. Choose one of the pairs below or pick your own.

1. Señor Villa y Elena
2. Señorita Esquivel y la señora Limón
3. Señora Villa y Luz
4. Emilio y Elena

5.4 Direct object nouns and pronouns SUPERSITE

SUBJECT	VERB	DIRECT OBJECT NOUN
↓	↓	↓
Álex y Javier	están tomando	fotos.
Álex and Javier	*are taking*	*photos.*

▶ A direct object noun receives the action of the verb directly and generally follows the verb. In the example above, the direct object noun answers the question *What are Álex and Javier taking?*

▶ When a direct object noun in Spanish is a person or a pet, it is preceded by the word **a**. This is called the personal **a**; there is no English equivalent for this construction.

Don Francisco visita **a** la señora Ramos.   Don Francisco visita el Hotel Prado.
Don Francisco is visiting Mrs. Ramos.   *Don Francisco is visiting the Hotel Prado.*

▶ In the first sentence above, the personal **a** is required because the direct object is a person. In the second sentence, the personal **a** is not required because the direct object is a place, not a person.

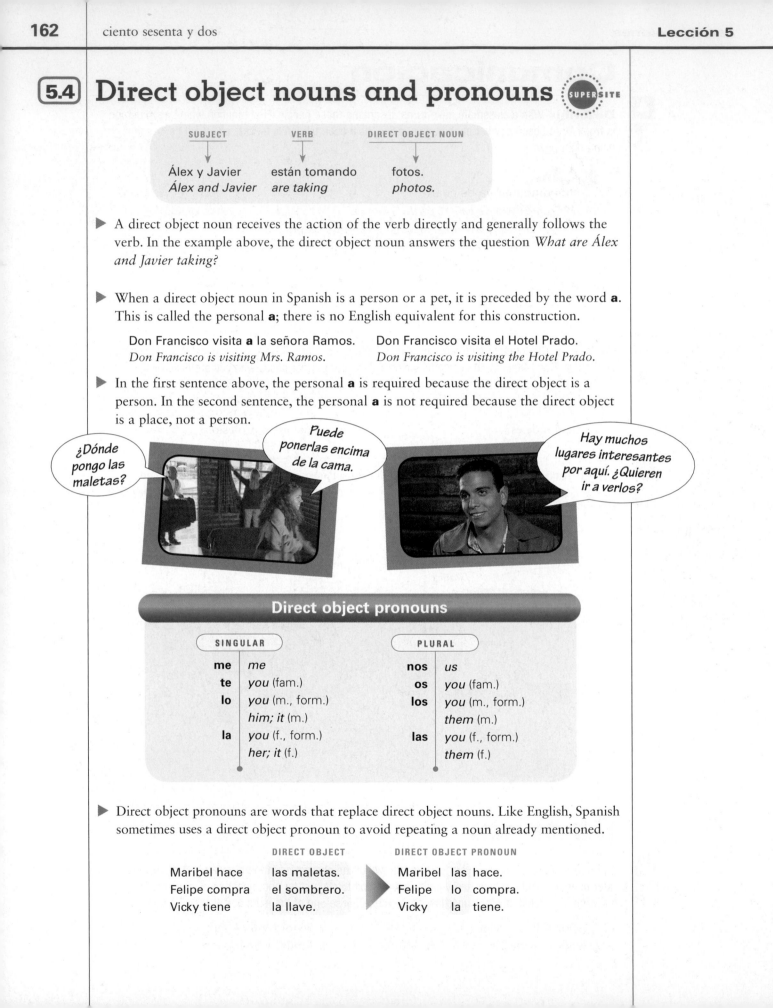

> ¿Dónde pongo las maletas?

> Puede ponerlas encima de la cama.

> Hay muchos lugares interesantes por aquí. ¿Quieren ir a verlos?

Direct object pronouns

SINGULAR			PLURAL	
me	*me*		**nos**	*us*
te	*you* (fam.)		**os**	*you* (fam.)
lo	*you* (m., form.)		**los**	*you* (m., form.)
	him; it (m.)			*them* (m.)
la	*you* (f., form.)		**las**	*you* (f., form.)
	her; it (f.)			*them* (f.)

▶ Direct object pronouns are words that replace direct object nouns. Like English, Spanish sometimes uses a direct object pronoun to avoid repeating a noun already mentioned.

	DIRECT OBJECT			DIRECT OBJECT PRONOUN	
Maribel hace	las maletas.	▶	Maribel	las	hace.
Felipe compra	el sombrero.		Felipe	lo	compra.
Vicky tiene	la llave.		Vicky	la	tiene.

▶ In affirmative sentences, direct object pronouns generally appear before the conjugated verb. In negative sentences, the pronoun is placed between the word **no** and the verb.

Adela practica **el tenis**.   Gabriela no tiene **las llaves**.
Adela **lo** practica.   Gabriela **no las** tiene.

Carmen compra **los pasajes**.   Diego no hace **las maletas**.
Carmen **los** compra.   Diego **no las** hace.

▶ When the verb is an infinitive construction, such as **ir a** + [*infinitive*], the direct object pronoun can be placed before the conjugated form or attached to the infinitive.

Ellos van a escribir **unas postales**.
   Ellos **las** van a escribir.
   Ellos van a escribir**las**.

Lidia quiere ver **una película**.
   Lidia **la** quiere ver.
   Lidia quiere ver**la**.

▶ When the verb is in the present progressive, the direct object pronoun can be placed before the conjugated form or attached to the present participle. **¡Atención!** When a direct object pronoun is attached to the present participle, an accent mark is added to maintain the proper stress.

Gerardo está leyendo **la lección**.
   Gerardo **la** está leyendo.
   Gerardo está leyéndo**la**.

Toni está mirando **el partido**.
   Toni **lo** está mirando.
   Toni está mirándo**lo**.

CONSULTA

To learn more about accents, see **Lección 4**, **Pronunciación**, p. 115, **Lección 10**, **Ortografía**, p. 315, and **Lección 11**, **Ortografía**, p. 349.

¡INTÉNTALO! Choose the correct direct object pronoun for each sentence. The first one has been done for you.

1. Tienes el libro de español. *c*
   a. La tienes.   b. Los tienes.   c. Lo tienes.
2. Voy a ver el partido de baloncesto.
   a. Voy a verlo.   b. Voy a verte.   c. Voy a vernos.
3. El artista quiere dibujar a Luisa con su mamá.
   a. Quiere dibujarme.   b. Quiere dibujarla.   c. Quiere dibujarlas.
4. Marcos busca la llave.
   a. Me busca.   b. La busca.   c. Las busca.
5. Rita me lleva al aeropuerto y también lleva a Tomás.
   a. Nos lleva.   b. Las lleva.   c. Te lleva.
6. Puedo oír a Gerardo y a Miguel.
   a. Puedo oírte.   b. Puedo oírlos.   c. Puedo oírlo.
7. Quieren estudiar la gramática.
   a. Quieren estudiarnos. b. Quieren estudiarlo.   c. Quieren estudiarla.
8. ¿Practicas los verbos irregulares?
   a. ¿Los practicas?   b. ¿Las practicas?   c. ¿Lo practicas?
9. Ignacio ve la película.
   a. La ve.   b. Lo ve.   c. Las ve.
10. Sandra va a invitar a Mario a la excursión. También me va a invitar a mí.
   a. Los va a invitar.   b. Lo va a invitar.   c. Nos va a invitar.

recursos

WB
p. 56

LM
p. 30

SUPERSITE
panorama.
vhlcentral.com
Lección 5

Práctica 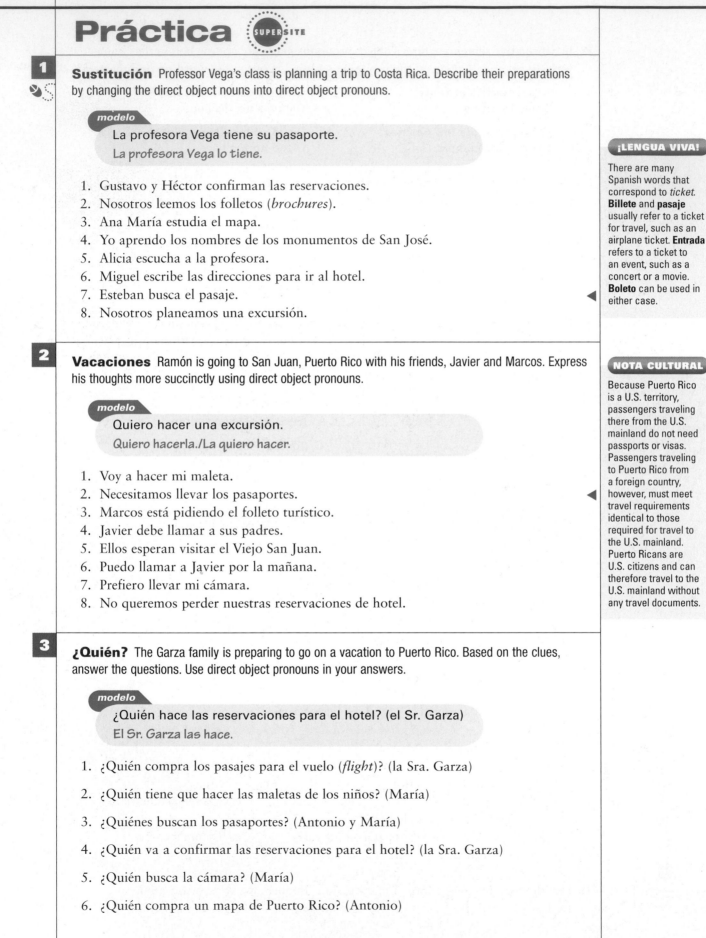 SUPERSITE

1

Sustitución Professor Vega's class is planning a trip to Costa Rica. Describe their preparations by changing the direct object nouns into direct object pronouns.

> **modelo**
>
> La profesora Vega tiene su pasaporte.
> *La profesora Vega lo tiene.*

1. Gustavo y Héctor confirman las reservaciones.
2. Nosotros leemos los folletos (*brochures*).
3. Ana María estudia el mapa.
4. Yo aprendo los nombres de los monumentos de San José.
5. Alicia escucha a la profesora.
6. Miguel escribe las direcciones para ir al hotel.
7. Esteban busca el pasaje.
8. Nosotros planeamos una excursión.

¡LENGUA VIVA!

There are many Spanish words that correspond to *ticket*. **Billete** and **pasaje** usually refer to a ticket for travel, such as an airplane ticket. **Entrada** refers to a ticket to an event, such as a concert or a movie. **Boleto** can be used in either case.

2

Vacaciones Ramón is going to San Juan, Puerto Rico with his friends, Javier and Marcos. Express his thoughts more succinctly using direct object pronouns.

> **modelo**
>
> Quiero hacer una excursión.
> *Quiero hacerla./La quiero hacer.*

1. Voy a hacer mi maleta.
2. Necesitamos llevar los pasaportes.
3. Marcos está pidiendo el folleto turístico.
4. Javier debe llamar a sus padres.
5. Ellos esperan visitar el Viejo San Juan.
6. Puedo llamar a Javier por la mañana.
7. Prefiero llevar mi cámara.
8. No queremos perder nuestras reservaciones de hotel.

NOTA CULTURAL

Because Puerto Rico is a U.S. territory, passengers traveling there from the U.S. mainland do not need passports or visas. Passengers traveling to Puerto Rico from a foreign country, however, must meet travel requirements identical to those required for travel to the U.S. mainland. Puerto Ricans are U.S. citizens and can therefore travel to the U.S. mainland without any travel documents.

3

¿Quién? The Garza family is preparing to go on a vacation to Puerto Rico. Based on the clues, answer the questions. Use direct object pronouns in your answers.

> **modelo**
>
> ¿Quién hace las reservaciones para el hotel? (el Sr. Garza)
> *El Sr. Garza las hace.*

1. ¿Quién compra los pasajes para el vuelo (*flight*)? (la Sra. Garza)

2. ¿Quién tiene que hacer las maletas de los niños? (María)

3. ¿Quiénes buscan los pasaportes? (Antonio y María)

4. ¿Quién va a confirmar las reservaciones para el hotel? (la Sra. Garza)

5. ¿Quién busca la cámara? (María)

6. ¿Quién compra un mapa de Puerto Rico? (Antonio)

Comunicación

4

Entrevista Interview a classmate using these questions. Be sure to use direct object pronouns in your responses.

1. ¿Ves mucho la televisión?
2. ¿Cuándo vas a ver tu programa favorito?
3. ¿Quién prepara la comida (*food*) en tu casa?
4. ¿Te visita mucho tu familia?
5. ¿Visitas mucho a tus abuelos?
6. ¿Nos entienden nuestros padres a nosotros?
7. ¿Cuándo ves a tus amigos/as?
8. ¿Cuándo te llaman tus amigos/as?

5

En el aeropuerto Get together with a partner and take turns asking each other questions about the drawing. Use the word bank and direct object pronouns.

> **modelo**
>
> **Estudiante 1:** ¿Quién está leyendo el libro?
> **Estudiante 2:** Susana lo está leyendo./Susana está leyéndolo.

buscar	confirmar	escribir	leer	tener	vender
comprar	encontrar	escuchar	llevar	traer	¿?

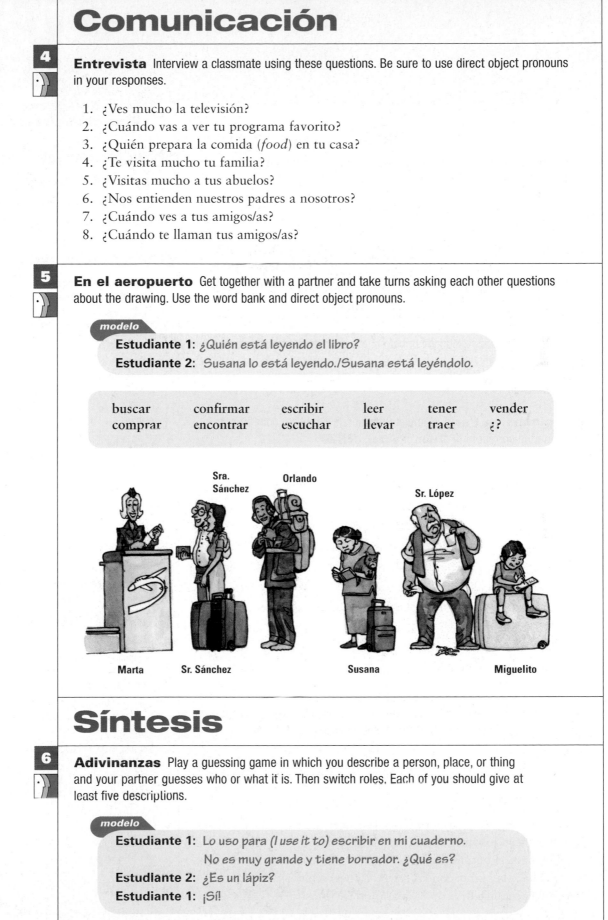

Síntesis

6

Adivinanzas Play a guessing game in which you describe a person, place, or thing and your partner guesses who or what it is. Then switch roles. Each of you should give at least five descriptions.

> **modelo**
>
> **Estudiante 1:** Lo uso para (*I use it to*) escribir en mi cuaderno.
>   No es muy grande y tiene borrador. ¿Qué es?
> **Estudiante 2:** ¿Es un lápiz?
> **Estudiante 1:** ¡Sí!

Recapitulación

SUPERSITE For self-scoring and diagnostics, go to **panorama.vhlcentral.com.**

Review the grammar concepts you have learned in this lesson by completing these activities.

1 **Completar** Complete the chart with the correct present participle of these verbs. **8 pts.**

INFINITIVE	PRESENT PARTICIPLE	INFINITIVE	PRESENT PARTICIPLE
hacer		estar	
acampar		ser	
tener		vivir	
venir		estudiar	

2 **Vacaciones en París** Complete this paragraph about Julia's trip to Paris with the correct form of **ser** or **estar**. **12 pts.**

Hoy (1) _____ (es/está) el 3 de julio y voy a París por tres semanas. (Yo) (2) _____ (Soy/Estoy) muy feliz porque voy a ver a mi mejor amiga. Ella (3) _____ (es/está) de Puerto Rico, pero ahora (4) _____ (es/está) viviendo en París. También (yo) (5) _____ (soy/estoy) un poco nerviosa porque (6) _____ (es/está) mi primer viaje a Francia. El vuelo (*flight*) (7) _____ (es/está) hoy por la tarde pero ahora (8) _____ (es/está) lloviendo. Por eso (9) _____ (somos/estamos) preocupadas, porque probablemente el avión va a salir tarde. Mi equipaje ya (10) _____ (es/está) listo. (11) _____ (Es/Está) tarde y me tengo que ir. ¡Va a (12) _____ (ser/estar) un viaje fenomenal!

3 **¿Qué hacen?** Respond to these questions by indicating what people do with the items mentioned. Use direct object pronouns. **5 pts.**

> **modelo**
> ¿Qué hacen los viajeros con las vacaciones? (planear)
> Las planean.

1. ¿Qué haces tú con el libro de viajes? (leer) _____
2. ¿Qué hacen los turistas en la ciudad? (explorar) _____
3. ¿Qué hace el botones con el equipaje? (llevar) _____
4. ¿Qué hace la agente con las reservaciones? (confirmar) _____
5. ¿Qué hacen ustedes con los pasaportes? (mostrar) _____

RESUMEN GRAMATICAL

5.1 **Estar with conditions and emotions** *p. 152*

▶ Yo **estoy** aburrido/a, feliz, nervioso/a.

▶ El cuarto **está** desordenado, limpio, ordenado.

▶ Estos libros **están** abiertos, cerrados, sucios.

5.2 **The present progressive** *pp. 154–155*

▶ The present progressive is formed with the present tense of **estar** plus the present participle.

Forming the present participle

infinitive	stem	ending	present participle
hablar	habl-	-ando	hablando
comer	com-	-iendo	comiendo
escribir	escrib-	-iendo	escribiendo

-ir stem-changing verbs

	infinitive	present participle
e:ie	preferir	**prefiriendo**
e:i	conseguir	**consiguiendo**
o:ue	dormir	**durmiendo**

▶ Irregular present participles: **yendo (ir), pudiendo (poder), viniendo (venir)**

5.3 **Ser and estar** *pp. 158–159*

▶ Uses of **ser:** nationality, origin, profession or occupation, characteristics, generalizations, possession, what something is made of, time and date, time and place of events

▶ Uses of **estar:** location, health, physical states and conditions, emotional states, weather expressions, ongoing actions

▶ **Ser** and **estar** can both be used with many adjectives, but the meaning will change.

Juan **es** delgado.	Juan **está** más delgado hoy.
Juan is thin.	*Juan looks thinner today.*

4

Opuestos Complete these sentences with the appropriate form of the verb **estar** and an adjective with the opposite meaning of the underlined adjective. **5 pts.**

> **modelo**
>
> Mis respuestas están <u>bien</u>, pero las de Susana *están mal.*

1. Las tiendas están <u>abiertas</u>, pero la agencia de viajes _____ _____.
2. No me gustan las habitaciones <u>desordenadas</u>. Incluso (*Even*) mi habitación de hotel _____ _____.
3. Nosotras estamos <u>tristes</u> cuando trabajamos. Hoy comienzan las vacaciones y _____ _____.
4. En esta ciudad los autobuses están <u>sucios</u>, pero los taxis _____ _____.
5. —El avión sale a las 5:30, ¿verdad? —No, estás <u>confundida</u>. Yo _____ _____ de que el avión sale a las 5:00.

5

En la playa Describe what these people are doing. Complete the sentences using the present progressive tense. **8 pts.**

1. El Sr. Camacho _____.
2. Felicia _____.
3. Leo _____.
4. Nosotros _____.

6

Antes del viaje Write a paragraph of at least six sentences describing the time right before you go on a trip. Say how you feel and what you are doing. You can use **Actividad 2** as a model. **12 pts.**

> **modelo**
>
> *Hoy es viernes, 27 de octubre. Estoy en mi habitación...*

7

Refrán Complete this Spanish saying. Refer to the translation and the drawing. **2 EXTRA points!**

¡LA CIUDAD ESTÁ MUY SUCIA!

" Se consigue más _____ que _____. "

(You can accomplish more by doing than by saying.)

5.4 **Direct object nouns and pronouns** *pp. 162–163*

Direct object pronouns

Singular		Plural	
me	lo	nos	los
te	la	os	las

In affirmative sentences:
Adela practica el tenis. → Adela **lo** practica.

In negative sentences: Adela no **lo** practica.

With an infinitive:
Adela **lo** va a practicar./Adela va a practicar**lo**.

With the present progressive:
Adela **lo** está practicando./Adela está practicándo**lo**.

Lectura

Antes de leer

Estrategia
Scanning

Scanning involves glancing over a document in search of specific information. For example, you can scan a document to identify its format, to find cognates, to locate visual clues about the document's content, or to find specific facts. Scanning allows you to learn a great deal about a text without having to read it word for word.

Examinar el texto

Scan the reading selection for cognates and write a few of them down.

1. _____   4. _____
2. _____   5. _____
3. _____   6. _____

Based on the cognates you found, what do you think this document is about?

_____

Preguntas

Read these questions. Then scan the document again to look for answers.

1. What is the format of the reading selection?

   _____

2. Which place is the document about?

   _____

3. What are some of the visual cues this document provides? What do they tell you about the content of the document?

   _____

4. Who produced the document, and what do you think it is for?

   _____

Turismo ecológico en Puerto Rico

Hotel La Cabaña
~ *Lajas, Puerto Rico* ~

Habitaciones

- 40 individuales
- 15 dobles
- Teléfono / TV / Cable
- Aire acondicionado
- Restaurante (Bar)
- Piscina
- Área de juegos
- Cajero automático°

El hotel está situado en Playa Grande, un pequeño pueblo de pescadores del mar Caribe. Es el lugar perfecto para el viajero que viene de vacaciones. Las playas son seguras y limpias, ideales para tomar el sol, descansar, tomar fotografías y nadar. Está abierto los 365 días del año. Hay una rebaja° especial para estudiantes universitarios.

DIRECCIÓN: Playa Grande 406, Lajas, PR 00667, cerca del Parque Nacional Foresta.

Cajero automático *ATM* rebaja *discount*

Atracciones cercanas

Playa Grande ¿Busca la playa perfecta? Playa Grande es la playa que está buscando. Usted puede pescar, sacar fotos, nadar y pasear en bicicleta. Playa Grande es un paraíso para el turista que quiere practicar deportes acuáticos. El lugar es bonito e interesante y usted tiene muchas oportunidades para descansar y disfrutar en familia.

Valle Niebla Ir de excursión, tomar café, montar a caballo, caminar, acampar, hacer picnic. Más de 100 lugares para acampar.

Bahía Fosforescente Sacar fotos, salidas de noche, excursión en barco. Una maravillosa experiencia con peces° fosforescentes.

Arrecifes de Coral Sacar fotos, bucear, explorar. Es un lugar único en el Caribe.

Playa Vieja Tomar el sol, pasear en bicicleta, jugar a las cartas, escuchar música. Ideal para la familia.

Parque Nacional Foresta Sacar fotos, visitar el Museo de Arte Nativo. Reserva Mundial de la Biosfera.

Santuario de las Aves Sacar fotos, observar aves°, seguir rutas de excursión.

peces *fish* aves *birds*

Después de leer

Listas
Which of the amenities of the Hotel La Cabaña would most interest these potential guests? Explain your choices.

1. dos padres con un hijo de seis años y una hija de ocho años

   _____

2. un hombre y una mujer en su luna de miel (*honeymoon*)

   _____

3. una persona en un viaje de negocios (*business trip*)

   _____

Conversaciones
With a partner, take turns asking each other these questions.

1. ¿Quieres visitar el Hotel La Cabaña? ¿Por qué?
2. Tienes tiempo de visitar sólo tres de las atracciones turísticas que están cerca del hotel. ¿Cuáles vas a visitar? ¿Por qué?
3. ¿Qué prefieres hacer en Valle Niebla? ¿En Playa Vieja? ¿En el Parque Nacional Foresta?

Situaciones
You have just arrived at the Hotel La Cabaña. Your classmate is the concierge. Use the phrases below to express your interests and ask for suggestions about where to go.

1. montar a caballo
2. bucear
3. pasear en bicicleta
4. pescar
5. observar aves

Contestar
Answer these questions.

1. ¿Quieres visitar Puerto Rico? Explica tu respuesta.

   _____

2. ¿Adónde quieres ir de vacaciones el verano que viene? Explica tu respuesta.

   _____

Puerto Rico

El país en cifras

▶ **Área:** 8.959 km² (3.459 millas²)
  menor° que el área de Connecticut
▶ **Población:** 4.060.000
Puerto Rico es una de las islas más densamente pobladas° del mundo. Más de la tercera parte de la población vive en San Juan, la capital.
▶ **Capital:** San Juan—2.758.000

SOURCE: Population Division, UN Secretariat

▶ **Ciudades principales:** Arecibo, Bayamón, Fajardo, Mayagüez, Ponce
▶ **Moneda:** dólar estadounidense
▶ **Idiomas:** español (oficial); inglés (oficial)
Aproximadamente la cuarta parte de la población puertorriqueña habla inglés. Pero, en las zonas turísticas este porcentaje es mucho más alto. El uso del inglés es obligatorio para documentos federales.

Bandera
de Puerto Rico

Puertorriqueños célebres

▶ **Raúl Juliá,** actor (1940–1994)
▶ **Roberto Clemente,** beisbolista (1934–1972)
▶ **Julia de Burgos,** escritora (1914–1953)
▶ **Ricky Martin,** cantante° y actor (1971–)
▶ **Rita Moreno,** actriz, cantante, bailarina (1931–)

menor *less* pobladas *populated* cantante *singer* río subterráneo *underground river* más largo *longest* cuevas *caves* bóveda *vault* fortaleza *fort* caber *fit*

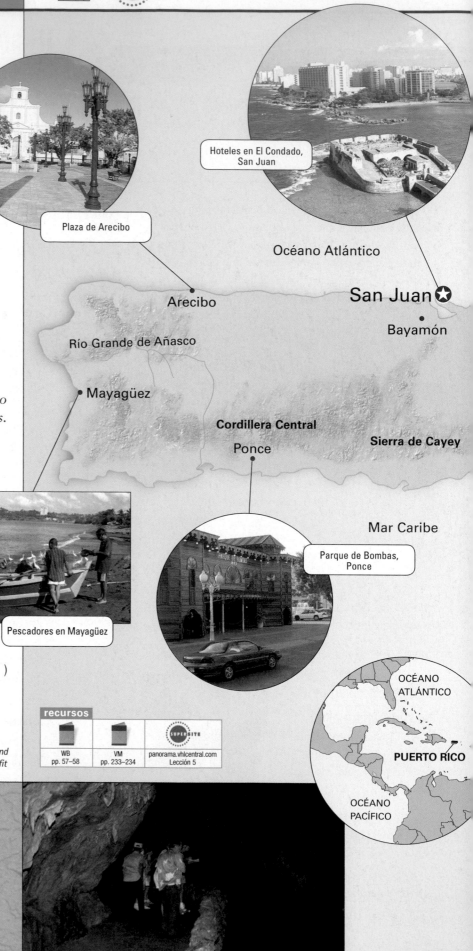

Hoteles en El Condado,
San Juan

Plaza de Arecibo

Océano Atlántico

Arecibo

San Juan ✪

Río Grande de Añasco

Bayamón

Mayagüez

Cordillera Central

Ponce

Sierra de Cayey

Mar Caribe

Pescadores en Mayagüez

Parque de Bombas,
Ponce

recursos

WB pp. 57–58	VM pp. 233–234	SUPERSITE panorama.vhlcentral.com Lección 5

OCÉANO
ATLÁNTICO

PUERTO RICO

OCÉANO
PACÍFICO

¡Increíble pero cierto!

El río Camuy es el tercer río subterráneo° más largo° del mundo y tiene el sistema de cuevas° más grande en el hemisferio occidental. La Cueva de los Tres Pueblos es una gigantesca bóveda°, tan grande que toda la fortaleza° del Morro puede caber° en su interior.

Lugares • **El Morro**

El Morro es una fortaleza que se construyó para proteger° la bahía° de San Juan desde principios del siglo° XVI hasta principios del siglo XX. Hoy día muchos turistas visitan este lugar, convertido en un museo. Es el sitio más fotografiado de Puerto Rico. La arquitectura de la fortaleza es impresionante. Tiene misteriosos túneles, oscuras mazmorras° y vistas fabulosas de la bahía.

Artes • **Salsa**

La salsa, este estilo musical de origen puertorriqueño y cubano, nació° en el barrio latino de la ciudad de Nueva York. Dos de los músicos de salsa más famosos son Tito Puente y Willie Colón, los dos de Nueva York. Las estrellas° de la salsa en Puerto Rico son Felipe Rodríguez y Héctor Lavoe. Hoy en día, Puerto Rico es el centro internacional de la salsa. El Gran Combo de Puerto Rico es una de las orquestas de salsa más famosas del mundo°.

Isla de Culebra

Fajardo

Isla de Vieques

Ciencias • **El Observatorio de Arecibo**

El Observatorio de Arecibo tiene uno de los radiotelescopios más grandes del mundo. Gracias a este telescopio, los científicos° pueden estudiar las propiedades de la Tierra°, la Luna° y otros cuerpos celestes. También pueden analizar fenómenos celestiales como los quasares y pulsares, y detectar emisiones de radio de otras galaxias, en busca de inteligencia extraterrestre.

Historia • **Relación con los Estados Unidos**

Puerto Rico pasó a ser° parte de los Estados Unidos después de° la guerra° de 1898 y se hizo° un estado libre asociado en 1952. Los puertorriqueños, ciudadanos° estadounidenses desde° 1917, tienen representación política en el Congreso pero no votan en las elecciones presidenciales y no pagan impuestos° federales. Hay un debate entre los puertorriqueños: ¿debe la isla seguir como estado libre asociado, hacerse un estado como los otros° o volverse° independiente?

¿Qué aprendiste? Responde a las preguntas con una oración completa.
1. ¿Cuál es la moneda de Puerto Rico?
2. ¿Qué idiomas se hablan (*are spoken*) en Puerto Rico?
3. ¿Cuál es el sitio más fotografiado de Puerto Rico?
4. ¿Qué es el Gran Combo?
5. ¿Qué hacen los científicos en el Observatorio de Arecibo?

Conexión Internet Investiga estos temas en **panorama.vhlcentral.com**.
1. Describe a dos puertorriqueños famosos. ¿Cómo son? ¿Qué hacen? ¿Dónde viven? ¿Por qué son célebres?
2. Busca información sobre lugares buenos para el ecoturismo en Puerto Rico. Luego presenta un informe a la clase.

proteger *protect* bahía *bay* siglo *century* mazmorras *dungeons* nació *was born* estrellas *stars* mundo *world* científicos *scientists* Tierra *Earth* Luna *Moon* pasó a ser *became* después de *after* guerra *war* se hizo *became* ciudadanos *citizens* desde *since* pagan impuestos *pay taxes* debería *should* otros *others* volverse *to become*

Los viajes y las vacaciones

acampar	to camp
confirmar una reservación	to confirm a reservation
estar de vacaciones (*f. pl.*)	to be on vacation
hacer las maletas	to pack (one's suitcases)
hacer un viaje	to take a trip
ir de compras (*f. pl.*)	to go shopping
ir de vacaciones	to go on vacation
ir en autobús (*m.*), auto(móvil) (*m.*), avión (*m.*), barco (*m.*), moto(cicleta) (*f.*), taxi (*m.*)	to go by bus, car, plane, boat, motorcycle, taxi
jugar a las cartas	to play cards
montar a caballo (*m.*)	to ride a horse
pescar	to fish
sacar/tomar fotos (*f. pl.*)	to take photos
el/la agente de viajes	travel agent
el/la inspector(a) de aduanas	customs inspector
el/la viajero/a	traveler
el aeropuerto	airport
la agencia de viajes	travel agency
la cabaña	cabin
el campo	countryside
el equipaje	luggage
la estación de autobuses, del metro, de tren	bus, subway, train station
la llegada	arrival
el mar	sea
el paisaje	landscape
el pasaje (de ida y vuelta)	(round-trip) ticket
el pasaporte	passport
la playa	beach
la salida	departure; exit

El hotel

el ascensor	elevator
el/la botones	bellhop
la cama	bed
el/la empleado/a	employee
la habitación individual, doble	single, double room
el hotel	hotel
el/la huésped	guest
la llave	key
el piso	floor (of a building)
la planta baja	ground floor

Adjetivos

abierto/a	open
aburrido/a	bored; boring
alegre	happy; joyful
amable	nice; friendly
avergonzado/a	embarrassed
cansado/a	tired
cerrado/a	closed
cómodo/a	comfortable
confundido/a	confused
contento/a	happy; content
desordenado/a	disorderly
enamorado/a (de)	in love (with)
enojado/a	mad; angry
equivocado/a	wrong
feliz	happy
limpio/a	clean
listo/a	ready; smart
nervioso/a	nervous
ocupado/a	busy
ordenado/a	orderly
preocupado/a (por)	worried (about)
seguro/a	sure; safe
sucio/a	dirty
triste	sad

Los números ordinales

primer, primero/a	first
segundo/a	second
tercer, tercero/a	third
cuarto/a	fourth
quinto/a	fifth
sexto/a	sixth
séptimo/a	seventh
octavo/a	eighth
noveno/a	ninth
décimo/a	tenth

Palabras adicionales

ahora mismo	right now
el año	year
¿Cuál es la fecha (de hoy)?	What is the date (today)?
de buen/mal humor	in a good/bad mood
la estación	season
el mes	month
todavía	yet; still

Seasons, months, and dates	See page 142.
Weather expressions	See page 142.
Direct object pronouns	See page 162.
Expresiones útiles	See page 147.

¡De compras!

Communicative Goals

You will learn how to:

- Talk about and describe clothing
- Express preferences in a store
- Negotiate and pay for items you buy

A PRIMERA VISTA

- ¿Está comprando algo la mujer?
- ¿Está buscando una maleta?
- ¿Está contenta o enojada?
- ¿Cómo es la mujer?

¡De compras!

Más vocabulario

el abrigo	coat
los calcetines (el calcetín)	sock(s)
el cinturón	belt
las gafas (de sol)	(sun)glasses
los guantes	gloves
el impermeable	raincoat
la ropa	clothing; clothes
la ropa interior	underwear
las sandalias	sandals
el traje	suit
el vestido	dress
los zapatos de tenis	tennis shoes; sneakers
el regalo	gift
el almacén	department store
el centro comercial	shopping mall
el mercado (al aire libre)	(open-air) market
el precio (fijo)	(fixed; set) price
la rebaja	sale
la tienda	shop; store
costar (o:ue)	to cost
gastar	to spend (money)
pagar	to pay
regatear	to bargain
vender	to sell
hacer juego (con)	to match (with)
llevar	to wear; to take
usar	to wear; to use

Variación léxica

calcetines ⟷	medias (Amér. L.)
cinturón ⟷	correa (Col., Venez.)
gafas/lentes ⟷	espejuelos (Cuba, P.R.), anteojos (Arg., Chile)
zapatos de tenis ⟷	zapatillas de deporte (Esp.), zapatillas (Arg., Perú)

Damas

los pantalones cortos · el traje de baño · los pantalones · la camiseta · el dependiente/el vendedor · la camisa · la clienta · el dinero en efectivo · la blusa · la bolsa · el suéter · la falda · las medias

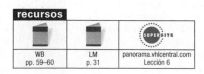

Práctica SUPERSITE

1

Escuchar Listen to Juanita and Vicente talk about what they're packing for their vacations. Indicate who is packing each item. If both are packing an item, write both names. If neither is packing an item, write an X.

1. abrigo _____
2. zapatos de tenis _____
3. impermeable _____
4. chaqueta _____
5. sandalias _____
6. bluejeans _____
7. gafas de sol _____
8. camisetas _____
9. traje de baño _____
10. botas _____
11. pantalones cortos _____
12. suéter _____

2

Lógico o ilógico Listen to Guillermo and Ana talk about vacation destinations. Indicate whether each statement is **lógico** or **ilógico**.

1. _____   3. _____
2. _____   4. _____

3

Completar Anita is talking about going shopping. Complete each sentence with the correct word(s), adding definite or indefinite articles when necessary.

caja	medias	tarjeta de crédito
centro comercial	par	traje de baño
dependientas	ropa	vendedores

1. Hoy voy a ir de compras al _____.
2. Voy a ir a la tienda de ropa para mujeres. Siempre hay muchas rebajas y las _____ son muy simpáticas.
3. Necesito comprar _____ de zapatos.
4. Y tengo que comprar _____ porque el sábado voy a la playa con mis amigos.
5. También voy a comprar unas _____ para mi mamá.
6. Voy a pagar todo (*everything*) en _____.
7. Pero hoy no tengo dinero. Voy a tener que usar mi _____.
8. Mañana voy al mercado al aire libre. Me gusta regatear con los _____.

4

Escoger Choose the item in each group that does not belong.

1. almacén • centro comercial • mercado • sombrero
2. camisa • camiseta • blusa • botas
3. bluejeans • bolsa • falda • pantalones
4. abrigo • suéter • corbata • chaqueta
5. mercado • tienda • almacén • cartera
6. pagar • llevar • hacer juego (con) • usar
7. botas • sandalias • zapatos • traje
8. vender • regatear • ropa interior • gastar

el sombrero · un par de zapatos · los zapatos · la chaqueta · la caja · la cartera · la dependienta/la vendedora · la corbata · la tarjeta de crédito · los bluejeans · la bota · Caballeros

Los colores

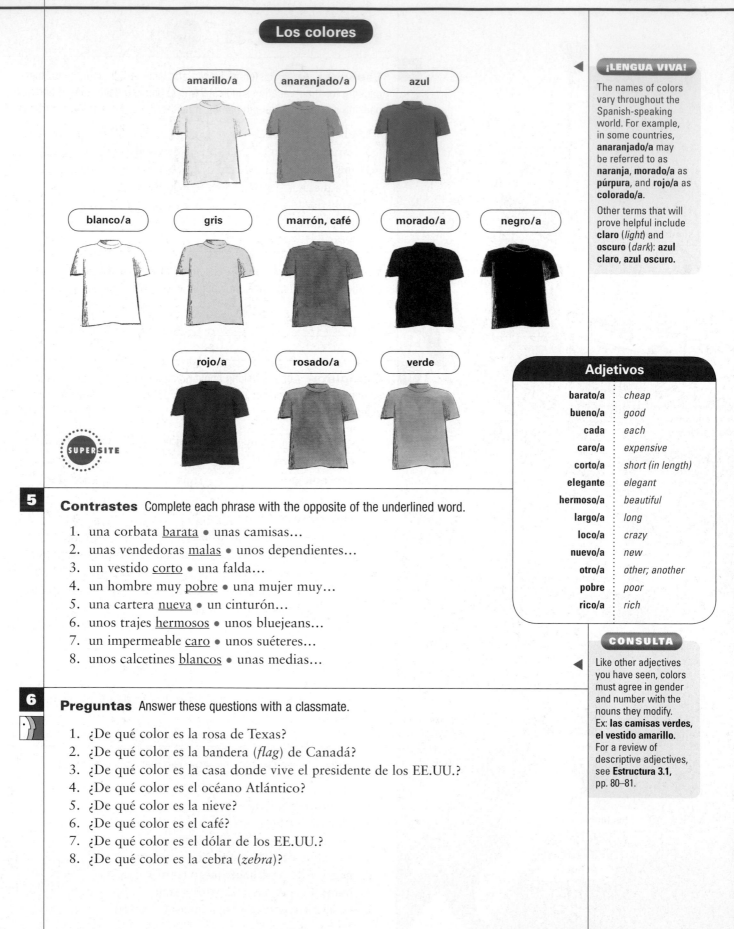

amarillo/a   anaranjado/a   azul

blanco/a   gris   marrón, café   morado/a   negro/a

rojo/a   rosado/a   verde

Adjetivos

barato/a	*cheap*
bueno/a	*good*
cada	*each*
caro/a	*expensive*
corto/a	*short (in length)*
elegante	*elegant*
hermoso/a	*beautiful*
largo/a	*long*
loco/a	*crazy*
nuevo/a	*new*
otro/a	*other; another*
pobre	*poor*
rico/a	*rich*

5

Contrastes Complete each phrase with the opposite of the underlined word.

1. una corbata <u>barata</u> • unas camisas…
2. unas vendedoras <u>malas</u> • unos dependientes…
3. un vestido <u>corto</u> • una falda…
4. un hombre muy <u>pobre</u> • una mujer muy…
5. una cartera <u>nueva</u> • un cinturón…
6. unos trajes <u>hermosos</u> • unos bluejeans…
7. un impermeable <u>caro</u> • unos suéteres…
8. unos calcetines <u>blancos</u> • unas medias…

6

Preguntas Answer these questions with a classmate.

1. ¿De qué color es la rosa de Texas?
2. ¿De qué color es la bandera (*flag*) de Canadá?
3. ¿De qué color es la casa donde vive el presidente de los EE.UU.?
4. ¿De qué color es el océano Atlántico?
5. ¿De qué color es la nieve?
6. ¿De qué color es el café?
7. ¿De qué color es el dólar de los EE.UU.?
8. ¿De qué color es la cebra (*zebra*)?

Comunicación

7

Las maletas With a classmate, answer these questions about the drawings.

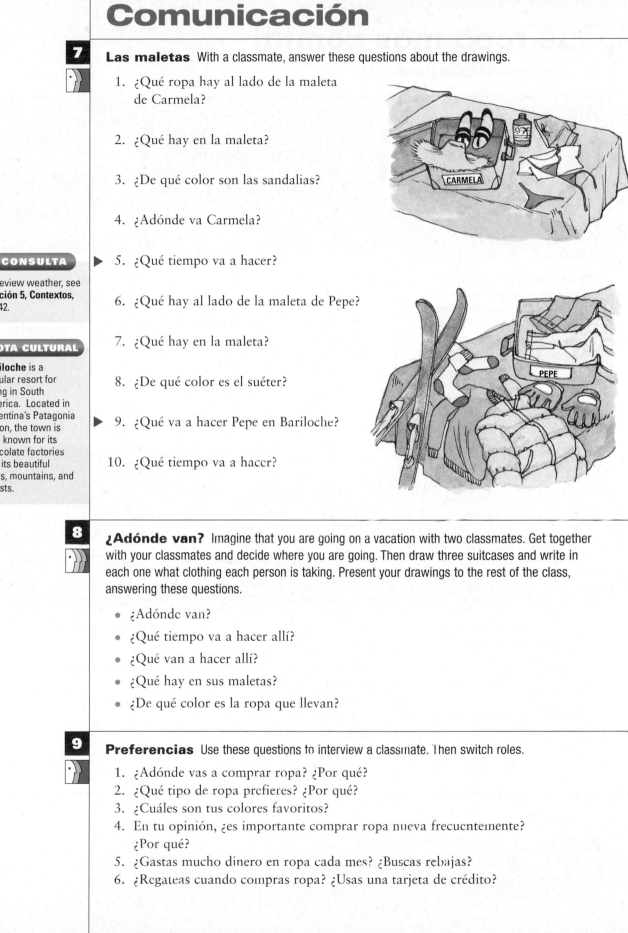

1. ¿Qué ropa hay al lado de la maleta de Carmela?

2. ¿Qué hay en la maleta?

3. ¿De qué color son las sandalias?

4. ¿Adónde va Carmela?

▶ 5. ¿Qué tiempo va a hacer?

6. ¿Qué hay al lado de la maleta de Pepe?

7. ¿Qué hay en la maleta?

8. ¿De qué color es el suéter?

▶ 9. ¿Qué va a hacer Pepe en Bariloche?

10. ¿Qué tiempo va a hacer?

CONSULTA

To review weather, see **Lección 5, Contextos,** p. 142.

NOTA CULTURAL

Bariloche is a popular resort for skiing in South America. Located in Argentina's Patagonia region, the town is also known for its chocolate factories and its beautiful lakes, mountains, and forests.

8

¿Adónde van? Imagine that you are going on a vacation with two classmates. Get together with your classmates and decide where you are going. Then draw three suitcases and write in each one what clothing each person is taking. Present your drawings to the rest of the class, answering these questions.

- ¿Adónde van?
- ¿Qué tiempo va a hacer allí?
- ¿Qué van a hacer allí?
- ¿Qué hay en sus maletas?
- ¿De qué color es la ropa que llevan?

9

Preferencias Use these questions to interview a classmate. Then switch roles.

1. ¿Adónde vas a comprar ropa? ¿Por qué?
2. ¿Qué tipo de ropa prefieres? ¿Por qué?
3. ¿Cuáles son tus colores favoritos?
4. En tu opinión, ¿es importante comprar ropa nueva frecuentemente? ¿Por qué?
5. ¿Gastas mucho dinero en ropa cada mes? ¿Buscas rebajas?
6. ¿Regateas cuando compras ropa? ¿Usas una tarjeta de crédito?

¡Qué ropa más bonita!

Javier e Inés van de compras al mercado.

INÉS

JAVIER

EL VENDEDOR

1

INÉS Javier, ¡qué ropa más bonita! A mí me gusta esa camisa blanca y azul. Debe ser de algodón. ¿Te gusta?

JAVIER Yo prefiero la camisa de la izquierda... la gris con rayas rojas. Hace juego con mis botas marrones.

2

INÉS Está bien, Javier. Mira, necesito comprarle un regalo a mi hermana Graciela. Acaba de empezar un nuevo trabajo...

JAVIER ¿Tal vez una bolsa?

3

VENDEDOR Esas bolsas son típicas de las montañas. ¿Le gusta?

INÉS Sí. Quiero comprarle una a mi hermana.

6

VENDEDOR Buenas tardes, joven. ¿Le puedo servir en algo?

JAVIER Sí. Voy a ir de excursión a las montañas y necesito un buen suéter.

VENDEDOR ¿Qué talla usa usted?

JAVIER Uso talla grande.

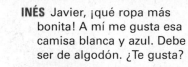

7

VENDEDOR Éstos son de talla grande.

JAVIER ¿Qué precio tiene ése?

VENDEDOR ¿Le gusta este suéter? Le cuesta ciento cincuenta mil sucres.

JAVIER Quiero comprarlo, pero, señor, no soy rico. ¿Ciento veinte mil sucres?

8

VENDEDOR Bueno, para usted... sólo ciento treinta mil sucres.

JAVIER Está bien, señor.

recursos

VM pp. 205–206

panorama.vhlcentral.com Lección 6

INÉS Me gusta aquélla. ¿Cuánto cuesta?

VENDEDOR Ésa cuesta ciento sesenta mil sucres. ¡Es de muy buena calidad!

INÉS Uy, demasiado cara. Quizás otro día.

JAVIER Acabo de comprarme un suéter. Y tú, ¿qué compraste?

INÉS Compré esta bolsa para mi hermana.

INÉS También compré una camisa y un sombrero. ¿Qué tal me veo?

JAVIER ¡Guapa, muy guapa!

Expresiones útiles

Talking about clothing

- **¡Qué ropa más bonita!**
  What nice clothing!
- **Me gusta esta/esa camisa blanca de rayas negras.**
  I like this/that white shirt with black stripes.
- **Está de moda.**
  It's in fashion.
- **Debe ser de algodón/lana/seda.**
  It must be cotton/wool/silk.
- **Es de cuadros/lunares/rayas.**
  It's plaid/polka-dotted/striped.
- **Me gusta este/ese suéter.**
  I like this/that sweater.
- **Es de muy buena calidad.**
  It's very good quality.
- **¿Qué talla lleva/usa usted?**
  What size do you (form.) wear?
  Llevo/Uso talla grande.
  I wear a large.
- **¿Qué número calza usted?**
  What (shoe) size do you (form.) wear?
  Calzo el treinta y seis.
  I wear a size thirty-six.

Talking about how much things cost

- **¿Cuánto cuesta?**
  How much does it cost?
  Sólo cuesta noventa mil sucres.
  It only costs ninety thousand sucres.
  Demasiado caro/a.
  Too expensive.
  Es una ganga.
  It's a bargain.

Saying what you bought

- **¿Qué compró Ud./él/ella?**
  What did you (form.)/he/she buy?
  Compré esta bolsa para mi hermana.
  I bought this purse for my sister.
- **¿Qué compraste?**
  What did you (fam.) buy?
  Acabo de comprarme un sombrero.
  I have just bought myself a hat.

¿Qué pasó? SUPERSITE

1 **¿Cierto o falso?** Indicate whether each sentence is **cierto** or **falso**. Correct the false statements.

	Cierto	Falso
1. A Inés le gusta la camisa verde y amarilla.	○	○
2. Javier necesita comprarle un regalo a su hermana.	○	○
3. Las bolsas en el mercado son típicas de las montañas.	○	○
4. Javier busca un traje de baño.	○	○

2 **Identificar** Provide the first initial of the person who would make each statement.

___ 1. ¿Te gusta el sombrero que compré?
___ 2. Estos suéteres son de talla grande. ¿Qué talla usa usted?
___ 3. ¿Por qué no compras una bolsa para Graciela?
___ 4. Creo que mis botas hacen juego con la camisa.
___ 5. Estas bolsas son excelentes, de muy buena calidad.
___ 6. Creo que las blusas aquí son de algodón.

INÉS

JAVIER

EL VENDEDOR

3 **Completar** Answer the questions using the information in the **Fotonovela**.

1. Inés quiere comprarle un regalo a su hermana. ¿Por qué?

2. ¿Cuánto cuesta la bolsa de las montañas?

3. ¿Por qué necesita Javier un buen suéter?

4. ¿Cuál es el precio final del suéter?

5. ¿Qué compra Inés en el mercado?

◀

AYUDA

When discussing prices, it's important to keep in mind singular and plural forms of verbs.

La **camisa cuesta** diez dólares.

Las **botas cuestan** sesenta dólares.

El **precio** de las botas **es** sesenta dólares.

Los **precios** de la ropa **son** altos.

4 **Conversar** With a partner, role-play a conversation between a customer and a salesperson in an open-air market. Use these expressions and also look at **Expresiones útiles** on the previous page.

¿Qué desea?	Estoy buscando...	Prefiero el/la rojo/a.
What would you like?	*I'm looking for...*	*I prefer the red one.*

Cliente/a

Say good afternoon.

Explain that you are looking for a particular item of clothing.

Discuss colors and sizes.

Ask for the price and begin bargaining.

Settle on a price and purchase the item.

Vendedor(a)

Greet the customer and ask what he/she would like.

Show him/her some items and ask what he/she prefers.

Discuss colors and sizes.

Tell him/her a price. Negotiate a price.

Accept a price and say thank you.

Pronunciación 🎧 SUPERSITE

The consonants **d** and **t**

¿Dónde?   **vender**   **nadar**   **verdad**

Like **b** and **v**, the Spanish **d** can also have a hard sound or a soft sound, depending on which letters appear next to it.

Don   **dinero**   **tienda**   **falda**

At the beginning of a phrase and after **n** or **l**, the letter **d** is pronounced with a hard sound. This sound is similar to the English *d* in *dog*, but a little softer and duller. The tongue should touch the back of the upper teeth, not the roof of the mouth.

medias   **verde**   **vestido**   **huésped**

In all other positions, **d** has a soft sound. It is similar to the English *th* in *there*, but a little softer.

Don Diego no tiene el diccionario.

When **d** begins a word, its pronunciation depends on the previous word. At the beginning of a phrase or after a word that ends in **n** or **l**, it is pronounced as a hard **d**.

Doña Dolores es de la capital.

Words that begin with **d** are pronounced with a soft **d** if they appear immediately after a word that ends in a vowel or any consonant other than **n** or **l**.

traje   **pantalones**   **tarjeta**   **tienda**

When pronouncing the Spanish **t**, the tongue should touch the back of the upper teeth, not the roof of the mouth. Unlike the English *t*, no air is expelled from the mouth.

Práctica Read these phrases aloud to practice the **d** and the **t**.

1. Hasta pronto.
2. De nada.
3. Mucho gusto.
4. Lo siento.
5. No hay de qué.
6. ¿De dónde es usted?
7. ¡Todos a bordo!
8. No puedo.
9. Es estupendo.
10. No tengo computadora.
11. ¿Cuándo vienen?
12. Son las tres y media.

Oraciones Read these sentences aloud to practice the **d** and the **t**.

1. Don Teodoro tiene una tienda en un almacén en La Habana.
2. Don Teodoro vende muchos trajes, vestidos y zapatos todos los días.
3. Un día un turista, Federico Machado, entra en la tienda para comprar un par de botas.
4. Federico regatea con don Teodoro y compra las botas y también un par de sandalias.

Refranes Read these sayings aloud to practice the **d** and the **t**.

En la variedad está el gusto.[1]

Aunque la mona se vista de seda, mona se queda.[2]

1 *Variety is the spice of life.* 2 *You can't make a silk purse out of a sow's ear.*

recursos

LM p. 32   SUPERSITE panorama.vhlcentral.com Lección 6

Los mercados al aire libre

El Rastro

Daily or weekly mercados al aire libre in the Spanish-speaking world are an important part of commerce and culture, where locals, tourists, and vendors interact. People come to the marketplace to shop, socialize, taste local foods, and watch street performers. One can simply wander from one **puesto** (*stand*) to the next, browsing through fresh fruits and vegetables, clothing, CDs and DVDs, jewelry, tapestries, pottery, and crafts (**artesanías**). Used merchandise—such as antiques, clothing, and books—can also be found at markets.

When shoppers see an item they like, they can bargain with the vendor. Friendly bargaining is an expected ritual and usually results in lowering the price by about twenty-five percent. Occasionally vendors may give the customer a little extra quantity of the item they purchase; this free addition is known as **la ñapa**.

Many open-air markets are also tourist attractions. The market in Otavalo, Ecuador, is world-famous and has taken place every Saturday since pre-Incan times. This market is well-known for the colorful textiles woven by the **otavaleños,** the indigenous people of the area. One can also find leather goods and wood carvings from nearby towns. Another popular

Mercado de Otavalo

market is **El Rastro,** held every Sunday in Madrid, Spain. Sellers set up **puestos** along the streets to display their wares, which range from local artwork and antiques to inexpensive clothing and electronics.

Otros mercados famosos

Mercado	Lugar	Productos
Feria Artesanal de Recoleta	Buenos Aires, Argentina	artesanías
Mercado Central	Santiago, Chile	mariscos°, pescado°, frutas, verduras°
Tianguis Cultural del Chopo	Ciudad de México, México	ropa, música, revistas, libros, arte, artesanías
El mercado de Chichicastenango	Chichicastenango, Guatemala	frutas y verduras, flores°, cerámica, textiles

mariscos *seafood* pescado *fish* verduras *vegetables*
flores *flowers*

1 **¿Cierto o falso?** Indicate whether these statements are **cierto** or **falso**. Correct the false statements.

1. Generally, open-air markets specialize in one type of goods.
2. Bargaining is commonplace at outdoor markets.
3. Only new goods can be found at open-air markets.
4. A Spaniard in search of antiques could search at **El Rastro**.
5. If you are in Guatemala and want to buy ceramics, you can go to Chichicastenango.
6. A **ñapa** is a tax on open-air market goods.
7. The **otavaleños** weave colorful textiles to sell on Saturdays.
8. Santiago's **Mercado Central** is known for books and music.

ASÍ SE DICE

La ropa

la chamarra (Méx.)	la chaqueta
de manga corta/larga	*short/long-sleeved*
los mahones (P. Rico); el pantalón de mezclilla (Méx.); los tejanos (Esp.); los vaqueros (Arg., Cuba, Esp., Uru.)	los bluejeans
la marca	*brand*
la playera (Méx.); la remera (Arg.)	la camiseta

EL MUNDO HISPANO

Diseñadores de moda

○ **Adolfo Domínguez** (España) Su ropa tiene un estilo minimalista y práctico. Usa telas° naturales y cómodas en sus diseños.

○ **Silvia Tcherassi** (Colombia) Los colores vivos y líneas asimétricas de sus vestidos y trajes muestran influencias tropicales.

○ **Óscar de la Renta** (República Dominicana) Diseña ropa opulenta para la mujer clásica.

○ **Narciso Rodríguez** (EE.UU.) En sus diseños delicados y finos predominan los colores blanco y negro. Hizo° el vestido de boda° de Carolyn Bessette Kennedy.

telas *fabrics* Hizo *He made* boda *wedding*

PERFIL

Carolina Herrera

In 1980, at the urging of some friends, **Carolina Herrera** created a fashion collection as a "test." The Venezuelan designer received such a favorable response that within one year she moved her family from Caracas to New York City and created her own label, Carolina Herrera, Ltd.

"I love elegance and intricacy, but whether it is in a piece of clothing or a fragrance, the intricacy must appear as simplicity," Herrera once stated. She quickly found that many sophisticated women agreed; from the start, her sleek and glamorous

designs have been in constant demand. Over the years, Herrera has grown her brand into a veritable fashion empire that encompasses her fashion and bridal collections, cosmetics, perfume, and accessories that are sold around the globe.

SUPERSITE Conexión Internet

¿Qué marcas de ropa son populares en el mundo hispano?

Go to **panorama.vhlcentral.com** to find more cultural information related to this **Cultura** section.

ACTIVIDADES

2 **Comprensión** Complete these sentences.
1. Adolfo Domínguez usa telas _____ y _____ en su ropa.
2. Si hace fresco en el D.F., puedes llevar una _____.
3. La diseñadora _____ hace ropa, perfumes y más.
4. La ropa de _____ muestra influencias tropicales.
5. Los _____ son una ropa casual en Puerto Rico.

3 **Mi ropa favorita** Write a brief description of your favorite article of clothing. Mention what store it is from, the brand, colors, fabric, style, and any other information. Then get together with a small group, collect the descriptions, and take turns reading them aloud at random. Can the rest of the group guess whose favorite piece of clothing is being described?

recursos

SUPERSITE
panorama.vhlcentral.com
Lección 6

6.1 Saber and conocer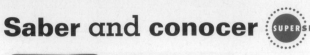

ANTE TODO Spanish has two verbs that mean *to know*: **saber** and **conocer**. They cannot be used interchangeably. Note the irregular **yo** forms.

The verbs saber and conocer

		saber *(to know)*	conocer *(to know)*
SINGULAR FORMS	yo	**sé**	**conozco**
	tú	**sabes**	**conoces**
	Ud./él/ella	**sabe**	**conoce**
PLURAL FORMS	nosotros/as	**sabemos**	**conocemos**
	vosotros/as	**sabéis**	**conocéis**
	Uds./ellos/ellas	**saben**	**conocen**

▶ **Saber** means *to know a fact or piece(s) of information* or *to know how to do something.*

No **sé** tu número de teléfono.
I don't know your telephone number.

Mi hermana **sabe** hablar francés.
My sister knows how to speak French.

▶ **Conocer** means *to know* or *be familiar/acquainted* with a person, place, or thing.

¿**Conoces** la ciudad de Nueva York?
Do you know New York City?

No **conozco** a tu amigo Esteban.
I don't know your friend Esteban.

▶ When the direct object of **conocer** is a person or pet, the personal **a** is used.

¿Conoces La Habana?   *but*   ¿Conoces **a** Celia Cruz?
Do you know Havana?   *Do you know Celia Cruz?*

▶ **¡Atención!** These verbs are also conjugated like **conocer.**

conducir	parecer	ofrecer	traducir
to drive	*to seem*	*to offer*	*to translate*

¡INTÉNTALO! Provide the appropriate forms of these verbs. The first item in each column has been done for you.

saber

1. José no ___sabe___ la hora.
2. Sara y yo _____ jugar al tenis.
3. ¿Por qué no _____ tú estos verbos?
4. Mis padres _____ hablar japonés.
5. Yo _____ a qué hora es la clase.
6. Usted no _____ dónde vivo.
7. Mi hermano no _____ nadar.
8. Nosotros _____ muchas cosas.

conocer

1. Usted y yo ___conocemos___ bien Miami.
2. ¿Tú _____ a mi amigo Manuel?
3. Sergio y Taydé _____ mi pueblo.
4. Emiliano _____ a mis padres.
5. Yo _____ muy bien el centro.
6. ¿Ustedes _____ la tienda Gigante?
7. Nosotras _____ una playa hermosa.
8. ¿Usted _____ a mi profesora?

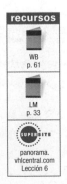

recursos

WB
p. 61

LM
p. 33

panorama.
vhlcentral.com
Lección 6

Práctica y Comunicación SUPERSITE

1 Completar Indicate the correct verb for each sentence.

1. Mis hermanos (conocen/saben) conducir, pero yo no (sé/conozco).
2. —¿(Conocen/Saben) ustedes dónde está el estadio? —No, no (conocemos/sabemos).
3. —¿(Conoces/Sabes) a Cher? —Bueno, (sé/conozco) quién es, pero no la (conozco/sé).
4. Mi profesora (sabe/conoce) Cuba y también (conoce/sabe) bailar salsa.

2 Combinar Combine elements from each column to create sentences.

A	B	C
Shakira	(no) conocer	Jessica Simpson
los Yankees	(no) saber	cantar y bailar
el primer ministro		La Habana Vieja
de Canadá		muchas personas importantes
mis amigos y yo		hablar dos lenguas extranjeras
tú		jugar al béisbol

3 Preguntas In pairs, ask each other these questions. Answer with complete sentences.

1. ¿Conoces a un(a) cantante famoso/a? ¿Te gusta cómo canta?
2. En tu familia, ¿quién sabe cantar? ¿Tu opinión es objetiva?
3. Y tú, ¿conduces bien o mal? ¿Y tus amigos?
4. Si un(a) amigo/a no conduce muy bien, ¿le ofreces crítica constructiva?
5. ¿Cómo parece estar el/la profesor(a) hoy? ¿Y tus compañeros de clase?

4 Entrevista Jot down three things you know how to do, three people you know, and three places you are familiar with. Then, in a small group, find out what you have in common.

> **modelo**
>
> **Estudiante 1:** ¿Conocen ustedes a David Lomas?
> **Estudiante 2:** Sí, conozco a David. Vivimos en la misma residencia estudiantil.
> **Estudiante 3:** No, no lo conozco. ¿Cómo es?

5 Anuncio In groups, read the ad and answer the questions.

1. Busquen ejemplos de los verbos **saber** y **conocer**.
2. ¿Qué saben del Centro Comercial Oviedo?
3. ¿Qué pueden hacer en el Centro Comercial Oviedo?
4. ¿Conocen otros centros comerciales similares? ¿Cómo se llaman? ¿Dónde están?
5. ¿Conocen un centro comercial en otro país? ¿Cómo es?

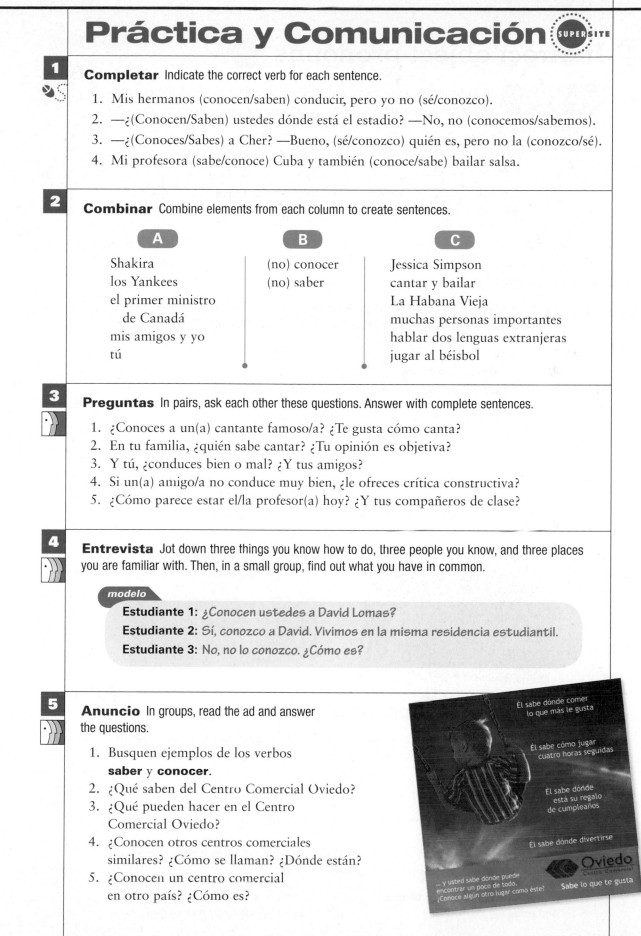

Él sabe dónde comer lo que más le gusta

Él sabe cómo jugar cuatro horas seguidas

Él sabe dónde está su regalo de cumpleaños

Él sabe dónde divertirse

... y usted sabe dónde puede encontrar un poco de todo. ¿Conoce algún otro lugar como éste?

Sabe lo que te gusta

Oviedo Centro Comercial

6.2 Indirect object pronouns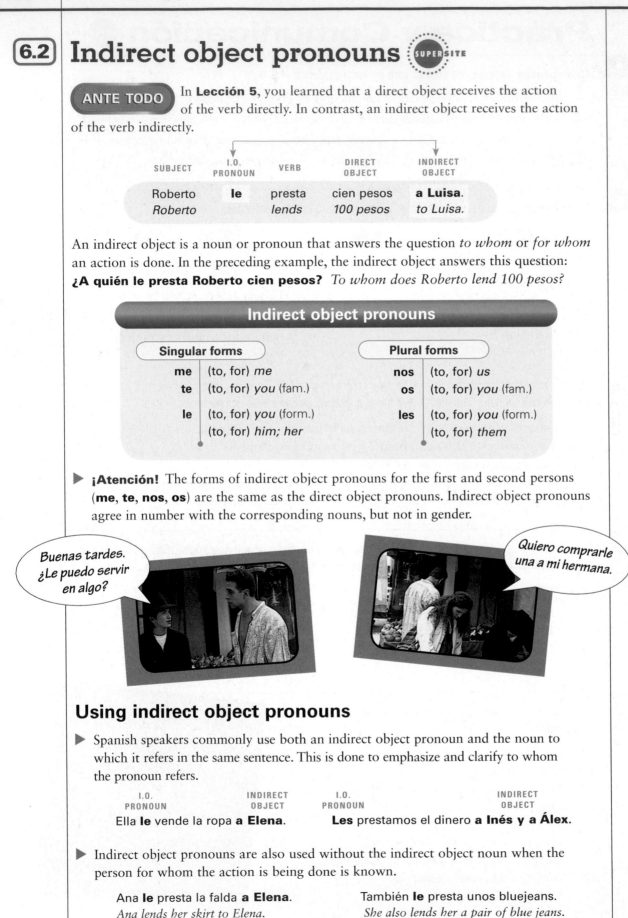

ANTE TODO In **Lección 5**, you learned that a direct object receives the action of the verb directly. In contrast, an indirect object receives the action of the verb indirectly.

SUBJECT	I.O. PRONOUN	VERB	DIRECT OBJECT	INDIRECT OBJECT
Roberto	**le**	presta	cien pesos	**a Luisa**.
Roberto		*lends*	*100 pesos*	*to Luisa.*

An indirect object is a noun or pronoun that answers the question *to whom* or *for whom* an action is done. In the preceding example, the indirect object answers this question:

¿A quién le presta Roberto cien pesos? *To whom does Roberto lend 100 pesos?*

Indirect object pronouns

Singular forms		Plural forms	
me	(to, for) *me*	**nos**	(to, for) *us*
te	(to, for) *you* (fam.)	**os**	(to, for) *you* (fam.)
le	(to, for) *you* (form.)	**les**	(to, for) *you* (form.)
	(to, for) *him; her*		(to, for) *them*

▶ **¡Atención!** The forms of indirect object pronouns for the first and second persons (**me, te, nos, os**) are the same as the direct object pronouns. Indirect object pronouns agree in number with the corresponding nouns, but not in gender.

Buenas tardes. ¿Le puedo servir en algo?

Quiero comprarle una a mi hermana.

Using indirect object pronouns

▶ Spanish speakers commonly use both an indirect object pronoun and the noun to which it refers in the same sentence. This is done to emphasize and clarify to whom the pronoun refers.

| I.O. PRONOUN | | INDIRECT OBJECT | I.O. PRONOUN | | INDIRECT OBJECT |

Ella **le** vende la ropa **a Elena**.   **Les** prestamos el dinero **a Inés y a Álex**.

▶ Indirect object pronouns are also used without the indirect object noun when the person for whom the action is being done is known.

Ana **le** presta la falda **a Elena**.   También **le** presta unos bluejeans.
Ana lends her skirt to Elena.   *She also lends her a pair of blue jeans.*

▶ Indirect object pronouns are usually placed before the conjugated form of the verb. In negative sentences the pronoun is placed between **no** and the conjugated verb.

Martín **me** compra un regalo.	Eva **no me** escribe cartas.
Martín buys me a gift.	*Eva doesn't write me letters.*

CONSULTA

For more information on accents, see **Lección 4**, **Pronunciación**, p. 115, **Lección 10**, **Ortografía**, p. 315, and **Lección 11**, **Ortografía**, p. 349.

▶ When a conjugated verb is followed by an infinitive or the present progressive, the indirect object pronoun may be placed before the conjugated verb or attached to the infinitive or present participle. **¡Atención!** When an indirect object pronoun is attached to a present participle, an accent mark is added to maintain the proper stress.

Él no quiere **pagarte**./	Él está **escribiéndole** una postal a ella./
Él no **te** quiere pagar.	Él **le** está escribiendo una postal a ella.
He does not want to pay you.	*He is writing a postcard to her.*

▶ Because the indirect object pronouns **le** and **les** have multiple meanings, Spanish speakers often clarify to whom the pronouns refer with the preposition **a** + [*pronoun*] or **a** + [*noun*].

UNCLARIFIED STATEMENTS	CLARIFIED STATEMENTS
Yo **le** compro un abrigo.	Yo **le** compro un abrigo **a usted/él/ella.**
Ella **le** describe un libro.	Ella **le** describe un libro **a Juan.**

UNCLARIFIED STATEMENTS	CLARIFIED STATEMENTS
Él **les** vende unos sombreros.	Él **les** vende unos sombreros **a ustedes/ellos/ellas.**
Ellos **les** hablan muy claro.	Ellos **les** hablan muy claro **a los clientes.**

▶ The irregular verbs **dar** (*to give*) and **decir** are often used with direct and indirect object pronouns.

The verb dar (to give)

Singular forms		Plural forms	
yo	**doy**	nosotros/as	**damos**
tú	**das**	vosotros/as	**dais**
Ud./él/ella	**da**	Uds./ellos/ellas	**dan**

CONSULTA

Remember that **decir** is a stem-changing verb (e:i) with an irregular **yo** form: **digo**. To review the present tense of **decir**, see **Estructura 4.3**, p. 125.

Me dan una fiesta cada año.	**Te digo** la verdad.
They give (throw) me a party every year.	*I'm telling you the truth.*
Voy a **darle** consejos.	No **les digo** mentiras a mis padres.
I'm going to give her advice.	*I don't tell lies to my parents.*

recursos

WB
pp. 62–63

LM
p. 34

panorama.
vhlcentral.com
Lección 6

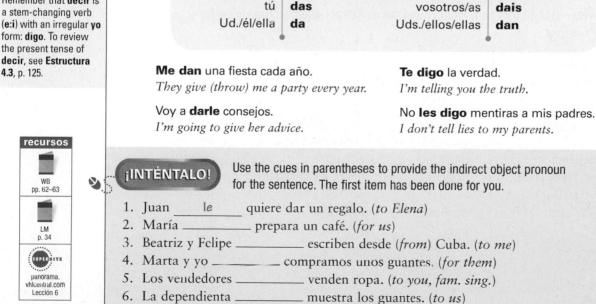

¡INTÉNTALO!   Use the cues in parentheses to provide the indirect object pronoun for the sentence. The first item has been done for you.

1. Juan _____le_____ quiere dar un regalo. (*to Elena*)
2. María _____ prepara un café. (*for us*)
3. Beatriz y Felipe _____ escriben desde (*from*) Cuba. (*to me*)
4. Marta y yo _____ compramos unos guantes. (*for them*)
5. Los vendedores _____ venden ropa. (*to you, fam. sing.*)
6. La dependienta _____ muestra los guantes. (*to us*)

Práctica SUPERSITE

1

Completar Fill in the correct pronouns to complete Mónica's description of her family's holiday shopping.

1. Juan y yo _____ damos una blusa a nuestra hermana Gisela.
2. Mi tía _____ da a nosotros una mesa para la casa.
3. Gisela _____ da dos corbatas a su novio.
4. A mi mamá yo _____ doy un par de guantes negros.
5. A mi profesora _____ doy dos libros de José Martí. ◄
6. Juan _____ da un regalo a mis padres.
7. Mis padres _____ dan a mí un traje nuevo.
8. Y a ti, yo _____ doy un regalo también. ¿Quieres verlo?

NOTA CULTURAL

Cuban writer and patriot **José Martí** (1853–1895) was born in **La Habana Vieja**, the old colonial center of Havana. Founded by Spanish explorers in the early 1500s, Havana, along with San Juan, Puerto Rico, served as a major stopping point for Spaniards traveling to Mexico and South America.

2

Describir Describe what is happening in these photos based on the cues provided.

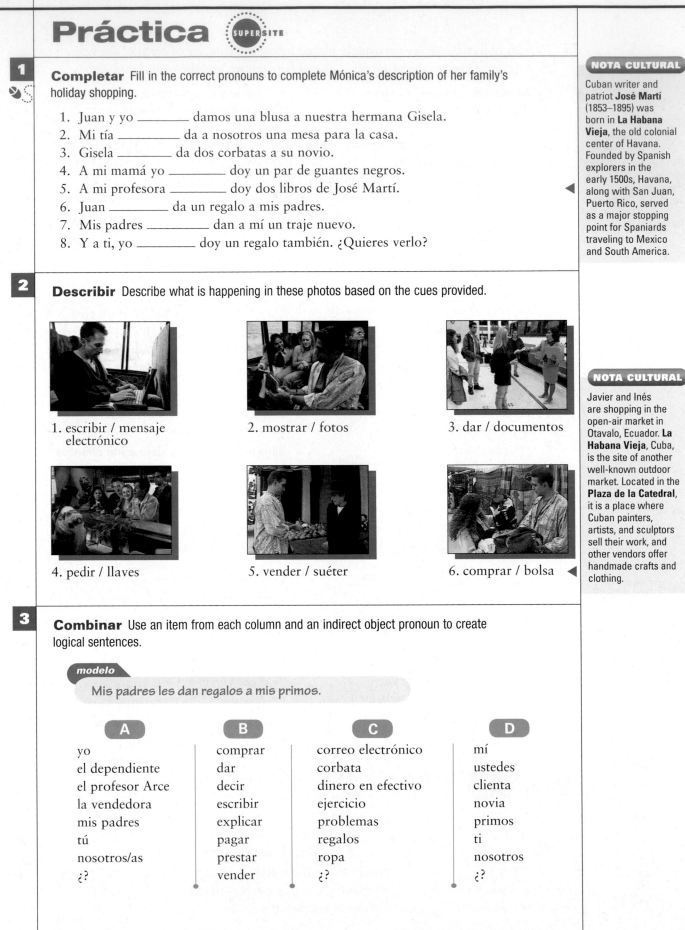

1. escribir / mensaje electrónico

2. mostrar / fotos

3. dar / documentos

4. pedir / llaves

5. vender / suéter

6. comprar / bolsa ◄

NOTA CULTURAL

Javier and Inés are shopping in the open-air market in Otavalo, Ecuador. **La Habana Vieja**, Cuba, is the site of another well-known outdoor market. Located in the **Plaza de la Catedral**, it is a place where Cuban painters, artists, and sculptors sell their work, and other vendors offer handmade crafts and clothing.

3

Combinar Use an item from each column and an indirect object pronoun to create logical sentences.

> **modelo**
>
> Mis padres les dan regalos a mis primos.

A	B	C	D
yo	comprar	correo electrónico	mí
el dependiente	dar	corbata	ustedes
el profesor Arce	decir	dinero en efectivo	clienta
la vendedora	escribir	ejercicio	novia
mis padres	explicar	problemas	primos
tú	pagar	regalos	ti
nosotros/as	prestar	ropa	nosotros
¿?	vender	¿?	¿?

Comunicación

4

Entrevista Take turns with a classmate asking and answering questions using the word bank.

> modelo
>
> escribir mensajes electrónicos
> **Estudiante 1:** ¿A quién le escribes mensajes electrónicos?
> **Estudiante 2:** Le escribo mensajes electrónicos a mi hermano.

cantar canciones de amor (*love songs*)	escribir mensajes electrónicos
comprar ropa	mostrar fotos de un viaje
dar una fiesta	pedir dinero
decir mentiras	preparar comida (*food*) mexicana

5

¡Somos ricos! You and your classmates chipped in on a lottery ticket and you won! Now you want to spend money on your loved ones. In groups of three, discuss what each person is buying for family and friends.

> modelo
>
> **Estudiante 1:** Quiero comprarle un vestido de Carolina Herrera a mi madre.
> **Estudiante 2:** Y yo voy a darles un automóvil nuevo a mis padres.
> **Estudiante 3:** Voy a comprarles una casa a mis padres, pero a mis amigos no les voy a dar nada.

6

Entrevista Use these questions to interview a classmate.

1. ¿Qué tiendas, almacenes o centros comerciales prefieres?
2. ¿A quién le compras regalos cuando hay rebajas?
3. ¿A quién le prestas dinero cuando lo necesita?
4. Quiero ir de compras. ¿Cuánto dinero me puedes prestar?
5. ¿Te dan tus padres su tarjeta de crédito cuando vas de compras?

Síntesis

7

Minidrama With two classmates, take turns playing the roles of two shoppers and a clerk in a clothing store. The shoppers should take turns talking about the articles of clothing they are looking for and for whom they are buying the clothes. The clerk should recommend several items based on the shoppers' descriptions. Use these expressions and also look at **Expresiones útiles** on page 179.

Me queda grande/pequeño.
It's big/small on me.
¿Tiene otro color?
Do you have another color?
¿Está en rebaja?
Is it on sale?

6.3 Preterite tense of regular verbs ⬤ SUPERSITE

ANTE TODO   In order to talk about events in the past, Spanish uses two simple tenses: the preterite and the imperfect. In this lesson, you will learn how to form the preterite tense, which is used to express actions or states completed in the past.

Preterite of regular -ar, -er, and -ir verbs

		-ar verbs **comprar**	-er verbs **vender**	-ir verbs **escribir**
SINGULAR FORMS	yo	compr**é** *I bought*	vend**í** *I sold*	escrib**í** *I wrote*
	tú	compr**aste**	vend**iste**	escrib**iste**
	Ud./él/ella	compr**ó**	vend**ió**	escrib**ió**
PLURAL FORMS	nosotros/as	compr**amos**	vend**imos**	escrib**imos**
	vosotros/as	compr**asteis**	vend**isteis**	escrib**isteis**
	Uds./ellos/ellas	compr**aron**	vend**ieron**	escrib**ieron**

▶ **¡Atención!** The **yo** and **Ud./él/ella** forms of all three conjugations have written accents on the last syllable to show that it is stressed.

▶ As the chart shows, the endings for regular **-er** and **-ir** verbs are identical in the preterite.

¿Qué compraste?

Compré esta bolsa.

▶ Note that the **nosotros/as** forms of regular **-ar** and **-ir** verbs in the preterite are identical to the present tense forms. Context will help you determine which tense is being used.

En invierno **compramos** ropa.   Anoche **compramos** unos zapatos.
In the winter, we buy clothing.   *Last night we bought some shoes.*

▶ **-Ar** and **-er** verbs that have a stem change in the present tense are regular in the preterite. They do *not* have a stem change.

	PRESENT	PRETERITE
cerrar (e:ie)	La tienda **cierra** a las seis.	La tienda **cerró** a las seis.
volver (o:ue)	Carlitos **vuelve** tarde.	Carlitos **volvió** tarde.
jugar (u:ue)	Él **juega** al fútbol.	Él **jugó** al fútbol.

▶ **¡Atención!** **-Ir** verbs that have a stem change in the present tense also have a stem change in the preterite.

CONSULTA

You will learn about stem-changing verbs in **Estructura 8.1**, p. 254.

▶ Verbs that end in **-car**, **-gar**, and **-zar** have a spelling change in the first person singular (**yo** form) in the preterite.

bus**car**	▶	busc-	▶	qu-	▶	yo bus**qu**é
lle**gar**		lleg-		gu-		yo lle**gu**é
empe**zar**		empez-		c-		yo empe**c**é

▶ Except for the **yo** form, all other forms of **-car**, **-gar**, and **-zar** verbs are regular in the preterite.

▶ Three other verbs—**creer**, **leer**, and **oír**—have spelling changes in the preterite. The **i** of the verb endings of **creer**, **leer**, and **oír** carries an accent in the **yo, tú, nosotros/as**, and **vosotros/as** forms, and changes to **y** in the **Ud./él/ella** and **Uds./ellos/ellas** forms.

creer	▶	cre-	▶	cre**í**, cre**í**ste, cre**y**ó, cre**í**mos, cre**í**steis, cre**y**eron
leer		le-o-		le**í**, le**í**ste, le**y**ó, le**í**mos, le**í**steis, le**y**eron
oír		o-		o**í**, o**í**ste, o**y**ó, o**í**mos, o**í**steis, o**y**eron

▶ **Ver** is regular in the preterite, but none of its forms has an accent.
ver ⟶ vi, viste, vio, vimos, visteis, vieron

Words commonly used with the preterite

anoche	last night	pasado/a (*adj.*)	last; past
anteayer	the day before yesterday	el año pasado	last year
		la semana pasada	last week
ayer	yesterday	una vez	once; one time
de repente	suddenly	dos veces	twice; two times
desde... hasta...	from... until...	ya	already

Ayer llegué a Santiago de Cuba.
Yesterday I arrived in Santiago de Cuba.

Anoche oí un ruido extraño.
Last night I heard a strange noise.

▶ **Acabar de** + [*infinitive*] is used to say that something has just occurred. Note that **acabar** is in the present tense in this construction.

Acabo de comprar una falda.
I just bought a skirt.

Acabas de ir de compras.
You just went shopping.

¡INTÉNTALO! Provide the appropriate preterite forms of the verbs. The first item in each column has been done for you.

	comer	salir	comenzar	leer
1. ellas	comieron	salieron	comenzaron	leyeron
2. tú	___	___	___	___
3. usted	___	___	___	___
4. nosotros	___	___	___	___
5. yo	___	___	___	___

Práctica SUPERSITE

1 **Completar** Andrea is talking about what happened last weekend. Complete each sentence by choosing the correct verb and putting it in the preterite.

1. El sábado a las diez de la mañana, la profesora Mora _____
   (asistir, costar, usar) a una reunión (*meeting*) de profesores.
2. A la una, yo _____ (llegar, bucear, llevar) a la tienda con mis amigos.
3. Mis amigos y yo _____ (comprar, regatear, gastar) dos o tres cosas.
4. Yo _____ (costar, comprar, escribir) unos pantalones negros y mi amigo
   Mateo _____ (gastar, pasear, comprar) una camisa azul.
5. Después, nosotros _____ (llevar, vivir, comer) cerca de un mercado.
6. A las tres, Pepe _____ (hablar, pasear, nadar) con su novia por teléfono.
7. El sábado por la tarde, mi mamá _____ (escribir, beber, vivir) una carta.
8. El domingo mi tía _____ (decidir, salir, escribir) comprarme un traje.
9. A las cuatro de la tarde, mi tía _____ (beber, salir, encontrar) el traje y
   después nosotras _____ (acabar, ver, salir) una película.

2 **Preguntas** Imagine that you have a pesky friend who keeps asking you questions. Respond that you already did or have just done what he/she asks.

> **modelo**
>
> leer la lección
> **Estudiante 1:** ¿Leíste la lección?
> **Estudiante 2:** Sí, ya la leí./Sí, acabo de leerla.

1. escribir el correo electrónico
2. lavar (*to wash*) la ropa
3. oír las noticias (*news*)
4. comprar pantalones cortos
5. practicar los verbos
6. pagar la cuenta (*bill*)
7. empezar la composición
8. ver la película *Diarios de motocicleta*

NOTA CULTURAL

Based on Ernesto "Che" Guevara's diaries, ***Diarios de motocicleta*** (2004) traces the road trip of Che (played by Gael García Bernal) with his friend Alberto Granado (played by Rodrigo de la Serna) through Argentina, Chile, Peru, Colombia, and Venezuela.

3 **¿Cuándo?** Use the time expressions from the word bank to talk about when you and others did the activities listed.

anoche	anteayer	el mes pasado	una vez
ayer	la semana pasada	el año pasado	dos veces

1. mi compañero/a de cuarto: llegar tarde a clase
2. mi mejor (*best*) amigo/a: salir con un(a) chico/a guapo/a
3. mis padres: ver una película
4. yo: llevar un traje/vestido
5. el presidente de los EE.UU.: asistir a una conferencia internacional
6. mis amigos y yo: comer en un restaurante
7. ¿?: comprar algo (*something*) bueno, bonito y barato

Comunicación

4

Las vacaciones Imagine that you took these photos on a vacation with friends. Get together with a partner and use the pictures to tell him or her about your trip.

5

El fin de semana Your instructor will give you and your partner different incomplete charts about what four employees at **Almacén Gigante** did last weekend. After you fill out the chart based on each other's information, you will fill out the final column about your partner.

Síntesis

6

Conversación Get together with a partner and have a conversation about what you did last week using verbs from the word bank. Don't forget to include school activities, shopping, and pastimes.

acampar	comer	gastar	tomar
asistir	comprar	hablar	trabajar
bailar	correr	jugar	vender
beber	escribir	leer	ver
buscar	estudiar	oír	viajar

6.4 Demonstrative adjectives and pronouns

Demonstrative adjectives (SUPERSITE)

ANTE TODO   In Spanish, as in English, demonstrative adjectives are words that "demonstrate" or "point out" nouns. Demonstrative adjectives precede the nouns they modify and, like other Spanish adjectives you have studied, agree with them in gender and number. Observe these, then study the following chart.

esta camisa	**ese** vendedor	**aquellos** zapatos
this shirt	*that salesman*	*those shoes (over there)*

Demonstrative adjectives

Singular		Plural		
MASCULINE	FEMININE	MASCULINE	FEMININE	
este	**esta**	**estos**	**estas**	*this; these*
ese	**esa**	**esos**	**esas**	*that; those*
aquel	**aquella**	**aquellos**	**aquellas**	*that; those (over there)*

▶ There are three sets of demonstrative adjectives. To determine which one to use, you must establish the relationship between the speaker and the noun(s) being pointed out.

▶ The demonstrative adjectives **este, esta, estos,** and **estas** are used to point out nouns that are close to the speaker and the listener.

Me gustan estos zapatos.

▶ The demonstrative adjectives **ese, esa, esos,** and **esas** are used to point out nouns that are not close in space and time to the speaker. They may, however, be close to the listener.

Prefiero esos zapatos.

▶ The demonstrative adjectives **aquel, aquella, aquellos,** and **aquellas** are used to point out nouns that are far away from the speaker and the listener.

Aquel auto es de mi hermana.

Demonstrative pronouns

▶ Demonstrative pronouns are identical to their corresponding demonstrative adjectives, with the exception that traditionally they carry an accent mark on the stressed vowel.

—¿Quieres comprar **este suéter**?
Do you want to buy this sweater?

—No, no quiero **éste**. Quiero **ése**.
No, I don't want this one. I want that one.

—¿Vas a leer **estas revistas**?
Are you going to read these magazines?

—Sí, voy a leer **éstas**. También voy a leer **aquéllas**.
Yes, I'm going to read these. I'll also read those (over there).

Demonstrative pronouns			
Singular		**Plural**	
MASCULINE	FEMININE	MASCULINE	FEMININE
éste	**ésta**	**éstos**	**éstas**
ése	**ésa**	**ésos**	**ésas**
aquél	**aquélla**	**aquéllos**	**aquéllas**

▶ **¡Atención!** Like demonstrative adjectives, demonstrative pronouns agree in gender and number with the corresponding noun.

Este libro es de Pablito.   **Éstos** son de Juana.

▶ There are three neuter demonstrative pronouns: **esto, eso,** and **aquello**. These forms refer to unidentified or unspecified nouns, situations, ideas, and concepts. They do not change in gender or number and never carry an accent mark.

¿Qué es **esto**?   **Eso** es interesante.   **Aquello** es bonito.
What's this?   *That's interesting.*   *That's pretty.*

recursos

WB
pp. 66–68

I M
p. 36

SUPERSITE
panorama.
vhlcentral.com
Lección 6

¡INTÉNTALO! Provide the correct form of the demonstrative adjective for these nouns. The first item has been done for you.

1. la falda / este ___*esta falda*___
2. los estudiantes / este _____
3. los países / aquel _____
4. la ventana / ese _____
5. los periodistas / ese _____
6. el chico / aquel _____
7. las sandalias / este _____
8. las chicas / aquel _____

Práctica SUPERSITE

1 **Cambiar** Make the singular sentences plural and the plural sentences singular.

> **modelo**
>
> Estas camisas son blancas.
> *Esta camisa es blanca.*

1. Aquellos sombreros son muy elegantes.
2. Ese abrigo es muy caro.
3. Estos cinturones son hermosos.
4. Esos precios son muy buenos.
5. Estas faldas son muy cortas.
6. ¿Quieres ir a aquel almacén?
7. Esas blusas son baratas.
8. Esta corbata hace juego con mi traje.

2 **Completar** Here are some things people might say while shopping. Complete the sentences with the correct demonstrative pronouns.

1. No me gustan esos zapatos. Voy a comprar _____. (*these*)
2. ¿Vas a comprar ese traje o _____? (*this one*)
3. Esta guayabera es bonita, pero prefiero _____. (*that one*)
4. Estas corbatas rojas son muy bonitas, pero _____ son fabulosas. (*those*)
5. Estos cinturones cuestan demasiado. Prefiero _____. (*those over there*)
6. ¿Te gustan esas botas o _____? (*these*)
7. Esa bolsa roja es bonita, pero prefiero _____. (*that one over there*)
8. No voy a comprar estas botas; voy a comprar _____. (*those over there*)
9. Se que gasté demasiado dinero en zapatos, pero no quiero hablar de _____
10. Me gusta este vestido, pero voy a comprar _____. (*that one*)
11. Me gusta ese almacén, pero _____ es mejor (*better*). (*that one over there*)
12. Esa blusa es bonita pero cuesta demasiado. Voy a comprar _____. (*this one*)

◀ **NOTA CULTURAL**

The **guayabera** is a men's shirt typically worn in some parts of the Caribbean. Never tucked in, it is casual wear, but variations exist for more formal occasions, such as weddings, parties, or the office.

3 **Describir** With your partner, look for two items in the classroom that are one of these colors: **amarillo, azul, blanco, marrón, negro, verde, rojo.** Take turns pointing them out to each other, first using demonstrative adjectives, and then demonstrative pronouns.

> **modelo**
>
> azul
> **Estudiante 1:** Esta silla *es* azul. Aquella mochila *es* azul.
> **Estudiante 2:** *Ésta es* azul. Aquélla *es* azul.

Now use demonstrative adjectives and pronouns to discuss the colors of your classmates' clothing. One of you can ask a question about an article of clothing, using the wrong color. Your partner will correct you and point out that color somewhere else in the room.

> **modelo**
>
> **Estudiante 1:** ¿Esa camisa es negra?
> **Estudiante 2:** No, ésa es azul. Aquélla es negra.

Comunicación

4

Conversación With a classmate, use demonstrative adjectives and pronouns to ask each other questions about the people around you. Use expressions from the word bank and/or your own ideas.

¿Cómo se llama…?	¿Cuántos años tiene(n)…?
¿Cómo es/son…?	¿A qué hora…?
¿De quién es/son…?	¿Cuándo…?
¿De dónde es/son…?	¿Qué clases toma(n)…?

> **modelo**
> **Estudiante 1:** ¿Cómo se llama esa chica?
> **Estudiante 2:** Se llama Rebeca.
> **Estudiante 1:** ¿A qué hora llegó aquel chico a la clase?
> **Estudiante 2:** A las nueve.

5

En una tienda Imagine that you and a classmate are in Madrid shopping at Zara. Study the floor plan, then have a conversation about your surroundings. Use demonstrative adjectives and pronouns.

> **modelo**
> **Estudiante 1:** Me gusta este suéter azul.
> **Estudiante 2:** Yo prefiero aquella chaqueta.

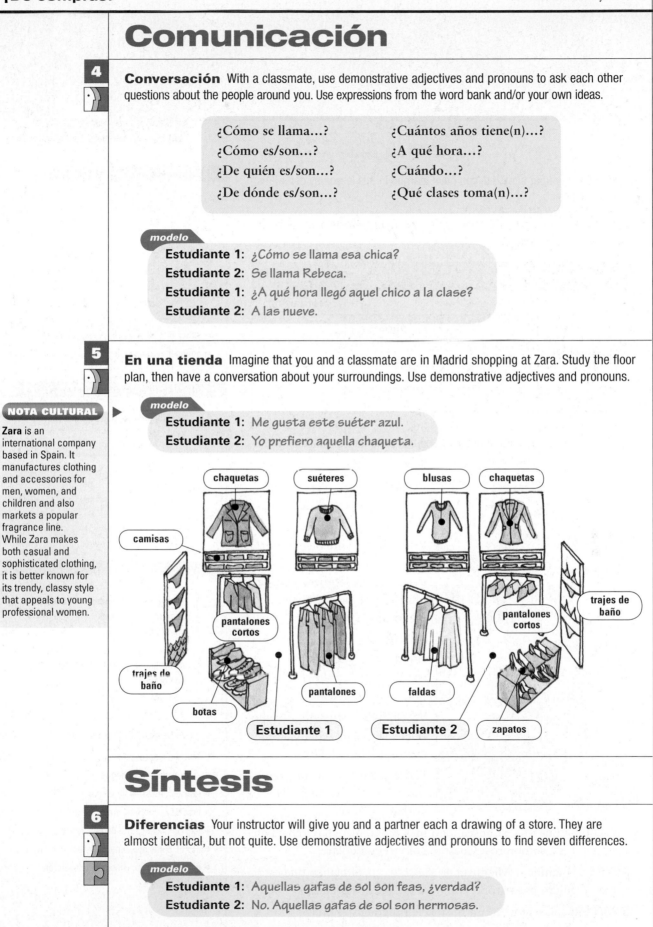

Síntesis

6

Diferencias Your instructor will give you and a partner each a drawing of a store. They are almost identical, but not quite. Use demonstrative adjectives and pronouns to find seven differences.

> **modelo**
> **Estudiante 1:** Aquellas gafas de sol son feas, ¿verdad?
> **Estudiante 2:** No. Aquellas gafas de sol son hermosas.

Recapitulación

SUPERSITE For self-scoring and diagnostics, go to **panorama.vhlcentral.com**.

Review the grammar concepts you have learned in this lesson by completing these activities.

1

Completar Complete the chart with the correct preterite or infinitive form of the verbs. **15 pts.**

Infinitive	yo	ella	ellos
			tomaron
		abrió	
comprender			
	leí		
pagar			

2

En la tienda Look at the drawing and complete the conversation with demonstrative adjectives and pronouns. **7 pts.**

CLIENTE Buenos días, señorita. Deseo comprar (1) _____ corbata.

VENDEDORA Muy bien, señor. ¿No le interesa mirar (2) _____ trajes que están allá? Hay unos que hacen juego con la corbata.

CLIENTE (3) _____ de allá son de lana, ¿no? Prefiero ver (4) _____ traje marrón que está detrás de usted.

VENDEDORA Estupendo. Como puede ver, es de seda. Cuesta ciento ochenta dólares.

CLIENTE Ah… eh… no, creo que sólo voy a comprar la corbata, gracias.

VENDEDORA Bueno… si busca algo más económico, hay rebaja en (5) _____ sombreros. Cuestan sólo treinta dólares.

CLIENTE ¡Magnífico! Me gusta (6) _____, el blanco que está arriba. Y quiero pagar todo con (7) _____ tarjeta.

VENDEDORA Sí, señor. Ahora mismo le traigo el sombrero.

RESUMEN GRAMATICAL

6.1 Saber and conocer *p. 184*

saber	conocer
sé	conozco
sabes	conoces
sabe	conoce
sabemos	conocemos
sabéis	conocéis
saben	conocen

▶ **saber** = to know facts/how to do something
▶ **conocer** = to know a person, place, or thing

6.2 Indirect object pronouns *pp. 186–187*

Indirect object pronouns

Singular	Plural
me	nos
te	os
le	les

▶ **dar** = doy, das, da, damos, dais, dan

6.3 Preterite tense of regular verbs *pp. 190–191*

comprar	vender	escribir
compré	vendí	escribí
compraste	vendiste	escribiste
compró	vendió	escribió
compramos	vendimos	escribimos
comprasteis	vendisteis	escribisteis
compraron	vendieron	escribieron

Verbs with spelling changes in the preterite

▶ **-car:** buscar → yo busqué
▶ **-gar:** llegar → yo llegué
▶ **-zar:** empezar → yo empecé
▶ **creer:** creí, creíste, creyó, creímos, creísteis, creyeron
▶ **leer:** leí, leíste, leyó, leímos, leísteis, leyeron
▶ **oír:** oí, oíste, oyó, oímos, oísteis, oyeron
▶ **ver:** vi, viste, vio, vimos, visteis, vieron

3 **¿Saber o conocer?** Complete each dialogue with the correct form of **saber** or **conocer**. **10 pts.**

1. —¿Qué _____ hacer tú?
   —(Yo) _____ jugar al fútbol.
2. —¿_____ tú esta tienda de ropa?
   —No, (yo) no la _____. ¿Es buena?
3. —¿Tus padres no _____ a tu novio?
   —No, ¡ellos no _____ que tengo novio!
4. —Mi compañero de cuarto todavía no me _____ bien.
   —Y tú, ¿lo quieres _____ a él?
5. —¿_____ ustedes dónde está el mercado?
   —No, nosotros no _____ bien esta ciudad.

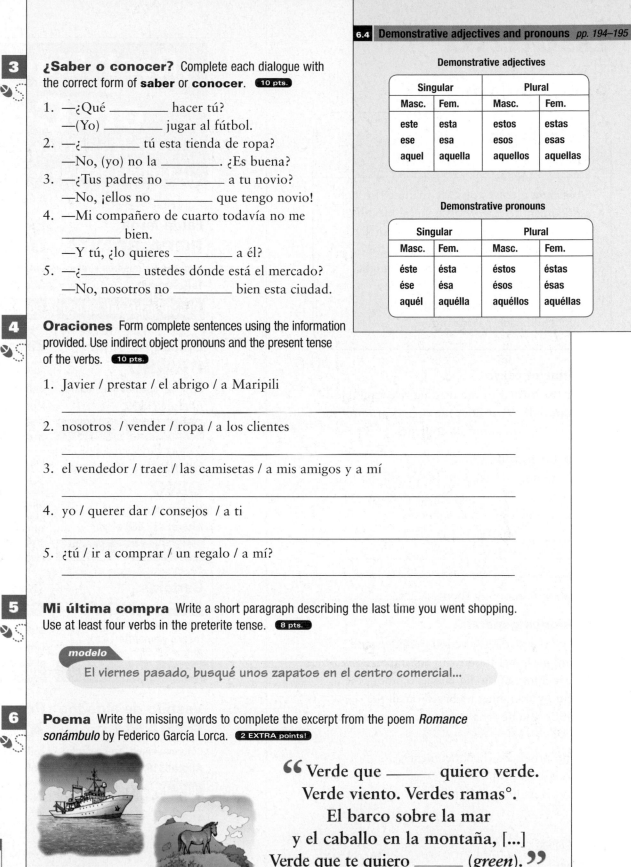

6.4 **Demonstrative adjectives and pronouns** *pp. 194–195*

Demonstrative adjectives

Singular		Plural	
Masc.	Fem.	Masc.	Fem.
este	esta	estos	estas
ese	esa	esos	esas
aquel	aquella	aquellos	aquellas

Demonstrative pronouns

Singular		Plural	
Masc.	Fem.	Masc.	Fem.
éste	ésta	éstos	éstas
ése	ésa	ésos	ésas
aquél	aquélla	aquéllos	aquéllas

4 **Oraciones** Form complete sentences using the information provided. Use indirect object pronouns and the present tense of the verbs. **10 pts.**

1. Javier / prestar / el abrigo / a Maripili

_____

2. nosotros / vender / ropa / a los clientes

_____

3. el vendedor / traer / las camisetas / a mis amigos y a mí

_____

4. yo / querer dar / consejos / a ti

_____

5. ¿tú / ir a comprar / un regalo / a mí?

_____

5 **Mi última compra** Write a short paragraph describing the last time you went shopping. Use at least four verbs in the preterite tense. **8 pts.**

modelo
El viernes pasado, busqué unos zapatos en el centro comercial...

6 **Poema** Write the missing words to complete the excerpt from the poem *Romance sonámbulo* by Federico García Lorca. **2 EXTRA points!**

66 Verde que _____ quiero verde.
Verde viento. Verdes ramas°.
El barco sobre la mar
y el caballo en la montaña, [...]
Verde que te quiero _____ (*green*). 99

ramas *branches*

Lectura

Antes de leer

Estrategia
Skimming

Skimming involves quickly reading through a document to absorb its general meaning. This allows you to understand the main ideas without having to read word for word. When you skim a text, you might want to look at its title and subtitles. You might also want to read the first sentence of each paragraph.

Examinar el texto

Look at the format of the reading selection. How is it organized? What does the organization of the document tell you about its content?

Buscar cognados

Scan the reading selection to locate at least five cognates. Based on the cognates, what do you think the reading selection is about?

1. _____   4. _____
2. _____   5. _____
3. _____

The reading selection is about _____.

Impresiones generales

Now skim the reading selection to understand its general meaning. Jot down your impressions. What new information did you learn about the document by skimming it? Based on all the information you now have, answer these questions in Spanish.

1. Who produced this document?
2. What is its purpose?
3. Who is its intended audience?

¡Corona tiene las ofertas más locas del verano!

30% 40% 50%

La tienda más elegante de la ciudad con precios increíbles y con la tarjeta de crédito más conveniente del mercado.

JÓVENES | NIÑOS

Bluejeans chicos y chicas
PACOS
Americanos. Tradicional
Ahora: $9.000 el par

30% de rebaja

Vestido de niña
GIRASOL
Tallas de la 2 a la 12.
De cuadros y rayas
Ahora: $8.625

30% de rebaja

Suéteres
CARAMELO
Algodón y lana.
Colores blanco, gris y negro
Antes°: $10.500

Ahora: $6.825

Pantalón deportivo de niño
MILÁN
Tallas de la 4 a la 16
Ahora: $13.500

30% de rebaja

Bolsas
LA MODERNA
Americanas.
Estilos variados
Antes: $15.000

Ahora $10.000

Zapatos de tenis
ACUARIO
Números del 20 al 25
Ahora: $15.000 el par

30% de rebaja

Trajes de baño chicos y chicas
SUBMARINO
Microfibra. Todas las tallas
Ahora: $12.500

50% de rebaja

Pantalones cortos
MACARENA
Talla mediana
Ahora: $15.000

30% de rebaja

Gafas de sol
VISIÓN
Origen canadiense
Antes: $23.000

Ahora: $14.950

Camisetas de algodón
POLO
Antes: $15.000
Ahora: $7.500

50% de rebaja

Por la compra de $40.000, puede llevar un regalo gratis.
- Un hermoso cinturón de señora
- Un par de calcetines
- Una corbata de seda
- Una bolsa para la playa
- Una mochila
- Unas medias

Real *Royal* **Liquidación** *Clearance sale* **caballeros** *gentlemen* **Antes** *Before*

Después de leer

Completar

Complete this paragraph about the reading selection with the correct forms of the words from the word bank.

almacén	hacer juego	tarjeta de crédito
caro	increíble	tienda
dinero	pantalones	verano
falda	rebaja	zapato

En este anuncio de periódico el _____ Corona anuncia la liquidación de _____ con grandes _____ en todos los departamentos. Con muy poco _____ usted puede equipar a toda su familia. Si no tiene dinero en efectivo, puede utilizar su _____ y pagar luego. Para el caballero con gustos refinados, hay _____ importados de París y Roma. La señora elegante puede encontrar blusas de seda que _____ con todo tipo de _____ o _____. Los precios de esta liquidación son realmente _____.

¿Cierto o falso?

Indicate whether each statement is **cierto** or **falso**. Correct the false statements.

1. Hay ropa de algodón para jóvenes.
2. La ropa interior tiene una rebaja del 30%.
3. El almacén Corona tiene un departamento de zapatos.
4. Normalmente las sandalias cuestan $22.000 el par.
5. Cuando gastas $3.000 en la tienda, llevas un regalo gratis.
6. Tienen carteras amarillas.

Preguntas

Answer these questions in Spanish.

1. Imagina que vas a ir a la tienda Corona. ¿Qué departamentos vas a visitar? ¿El departamento de ropa para señoras, el departamento de ropa para caballeros…?
2. ¿Qué vas a buscar en Corona?
3. ¿Hay tiendas similares a la tienda Corona en tu pueblo o ciudad? ¿Cómo se llaman? ¿Tienen muchas gangas?

Escritura

Estrategia

How to report an interview

There are several ways to prepare a written report about an interview. For example, you can transcribe the interview verbatim, you can simply summarize it, or you can summarize it but quote the speakers occasionally. In any event, the report should begin with an interesting title and a brief introduction, which may include the five Ws (*who, what, where, when, why*) and the H (*how*) of the interview. The report should end with an interesting conclusion. Note that when you transcribe dialogue in Spanish, you should pay careful attention to format and punctuation.

Writing dialogue in Spanish

- If you need to transcribe an interview verbatim, you can use speakers' names to indicate a change of speaker.

  CARMELA   ¿Qué compraste? ¿Encontraste muchas gangas?

  ROBERTO   Sí, muchas. Compré un suéter, una camisa y dos corbatas. Y tú, ¿qué compraste?

  CARMELA   Una blusa y una falda muy bonitas. ¿Cuánto costó tu camisa?

  ROBERTO   Sólo diez dólares. ¿Cuánto costó tu blusa?

  CARMELA   Veinte dólares.

- You can also use a dash (*raya*) to mark the beginning of each speaker's words.

  — ¿Qué compraste?

  — Un suéter y una camisa muy bonitos. Y tú, ¿encontraste muchas gangas?

  — Sí... compré dos blusas, tres camisetas y un par de zapatos.

  — ¡A ver!

recursos

panorama.vhlcentral.com
Lección 6

Tema

Escribe un informe

Write a report for the school newspaper about an interview you conducted with a student about his or her shopping habits and clothing preferences. First, brainstorm a list of interview questions. Then conduct the interview using the questions below as a guide, but feel free to ask other questions as they occur to you.

Examples of questions:

- ¿Cuándo vas de compras?
- ¿Adónde vas de compras?
- ¿Con quién vas de compras?
- ¿Qué tiendas, almacenes o centros comerciales prefieres?
- ¿Compras ropa de catálogos o por Internet?
- ¿Prefieres comprar ropa cara o barata? ¿Por qué? ¿Te gusta buscar gangas?
- ¿Qué ropa llevas cuando vas a clase?
- ¿Qué ropa llevas cuando sales a bailar?
- ¿Qué ropa llevas cuando practicas un deporte?
- ¿Cuáles son tus colores favoritos? ¿Compras mucha ropa de esos colores?
- ¿Les das ropa a tu familia o a tus amigos/as?

Escuchar

Estrategia
Listening for linguistic cues

You can enhance your listening comprehension by listening for specific linguistic cues. For example, if you listen for the endings of conjugated verbs, or for familiar constructions, such as **acabar de** + [*infinitive*] or **ir a** + [*infinitive*], you can find out whether an event already took place, is taking place now, or will take place in the future. Verb endings also give clues about who is participating in the action.

To practice listening for linguistic cues, you will now listen to four sentences. As you listen, note whether each sentence refers to a past, present, or future action. Also jot down the subject of each sentence.

Preparación

Based on the photograph, what do you think Marisol has recently done? What do you think Marisol and Alicia are talking about? What else can you guess about their conversation from the visual clues in the photograph?

Ahora escucha

Now you are going to hear Marisol and Alicia's conversation. Make a list of the clothing items that each person mentions. Then put a check mark after the item if the person actually purchased it.

Marisol	Alicia
1. _____	1. _____
2. _____	2. _____
3. _____	3. _____
4. _____	4. _____

recursos

panorama.vhlcentral.com
Lección 6

Marisol   Alicia

Comprensión

¿Cierto o falso?

Indicate whether each statement is **cierto** or **falso**. Then correct the false statements.

1. Marisol y Alicia acaban de ir de compras juntas (*together*).
2. Marisol va a comprar unos pantalones y una blusa mañana.
3. Marisol compró una blusa de cuadros.
4. Alicia compró unos zapatos nuevos hoy.
5. Alicia y Marisol van a ir al café.
6. Marisol gastó todo el dinero de la semana en ropa nueva.

Preguntas

Discuss the following questions with a classmate. Be sure to explain your answers.

1. ¿Crees que Alicia y Marisol son buenas amigas? ¿Por qué?
2. ¿Cuál de las dos estudiantes es más ahorradora (*frugal*)? ¿Por qué?
3. ¿Crees que a Alicia le gusta la ropa que Marisol compró?
4. ¿Crees que la moda es importante para Alicia? ¿Para Marisol? ¿Por qué?
5. ¿Es importante para ti estar a la moda? ¿Por qué?

En pantalla

In Spain, during Francisco Franco's dictatorship (1939–1975), students in public schools were required to wear uniforms. After the fall of Franco's regime and the establishment of democracy, educational authorities rejected this former policy and decided it should no longer be obligatory to wear uniforms in public schools. Today, only some private schools in Spain enforce the use of uniforms; even Catholic schools do not have anything more than a basic dress code.

Vocabulario útil	
anoraks	anoraks (Spain)
anchas	loose-fitting
vaqueros	jeans (Spain)
trencas	duffel coats (Spain)
lavables	washable
carteras	book bags (Spain)
chándals	tracksuits (Spain)
resiste	withstands
tanto como	as much as

Identificar
Check off each word that you hear in the ad.

_____ 1. camisetas _____ 5. chaquetas
_____ 2. hijos _____ 6. clientas
_____ 3. zapatos _____ 7. lana
_____ 4. algodón _____ 8. precio

Conversar
Work with a classmate to ask each other these questions. Use as much Spanish as you can.

1. ¿Qué ropa llevas normalmente cuando vienes a la universidad?
2. ¿Y los fines de semana?
3. ¿Tienes una prenda (*garment*) favorita? ¿Cómo es?
4. ¿Qué tipo de ropa no te gusta usar? ¿Por qué?

próximo *next* Tejidos *Fabrics* resistentes *strong, tough*

Anuncio de tiendas Galerías

Presentamos la moda para el próximo° curso.

Formas geométricas y colores vivos.

Tejidos° resistentes°.

recursos

panorama.vhlcentral.com
Lección 6

SUPERSITE Conexión Internet

Go to **panorama.vhlcentral.com** to watch the TV clip featured in this **En pantalla** section.

Oye cómo va

Celia Cruz

Known as the Queen of Salsa, **Úrsula Hilaria Celia Caridad Cruz Alfonso (Celia Cruz)** was born in Havana, Cuba, on October 21, 1924. She began singing at an early age and studied music at Havana's **Conservatorio Musical**. For many years Celia sang with the Sonora Matancera ensemble, recording over 150 songs. Then, on July 15, 1960, she left Cuba, never to return. After a stay in Mexico, Celia settled in New York City, where she recorded over fifty solo albums. Celia formed an engaging stage presence, with eccentric outfits, colorful wigs, and her popular catchword, **¡Azúcar!** (*Sugar!*) Throughout her long and prolific career, Celia received numerous awards and recognitions, such as the National Endowment for the Arts, in 1994. After her cancer-related death on July 16, 2003, Celia Cruz's life was celebrated with public funerals in Miami and New York.

Your instructor will play the song. Listen and then complete these activities.

¿Cierto o falso?

Indicate whether each statement is **cierto** or **falso**.

	Cierto	Falso
1. Celia Cruz es cubana.	O	O
2. Ella comenzó a cantar a los 35 años.	O	O
3. Cantó con la Sonora Matancera.	O	O
4. Usó ropa tradicional.	O	O

Preguntas

Work with a partner to answer these questions.

1. ¿Creen que estos versos de la canción son ciertos? ¿Por qué?
   "Yo sólo sé que en esta vida el amor todo es mentira".
2. ¿Es posible estar enamorado/a de una persona y a la vez odiarla (*hate them*)? ¿Conocen a una persona en una situación como ésa?

abusó *took advantage* **Sacó provecho** *You took advantage* **Sacó partido** *You took advantage* **cariño** *love*

Usted abusó

Usted abusó°.
Sacó provecho° de mí, abusó.
Sacó partido° de mí, abusó.
De mi cariño° usted abusó.

Celia y la moda
Celia Cruz created a unique personal style to match her lively spirit. On stage, she favored large wigs in bright colors, over-the-top dresses, and glittery platform shoes.

SUPERSITE Conexión Internet
Go to **panorama.vhlcentral.com** to learn more about the artist featured in this **Oye cómo va** section.

Cuba

El país en cifras

▶ **Área:** 110.860 km^2 (42.803 millas^2), *aproximadamente el área de Pensilvania*
▶ **Población:** 11.379.000
▶ **Capital:** La Habana—2.159.000

La Habana Vieja fue declarada° Patrimonio° Cultural de la Humanidad por la UNESCO en 1982. Este distrito es uno de los lugares más fascinantes de Cuba. En La Plaza de Armas, se puede visitar el majestuoso Palacio de Capitanes Generales, que ahora es un museo. En la calle° Obispo, frecuentada por el autor Ernest Hemingway, hay hermosos cafés, clubes nocturnos y tiendas elegantes.

▶ **Ciudades principales:** Santiago de Cuba; Camagüey; Holguín; Guantánamo
SOURCE: Population Division, UN Secretariat
▶ **Moneda:** peso cubano
▶ **Idiomas:** español (oficial)

Bandera de Cuba

Cubanos célebres

▶ **Carlos Finlay,** doctor y científico (1833–1915)
▶ **José Martí,** político y poeta (1853–1895)
▶ **Fidel Castro,** ex primer ministro, ex comandante en jefe° de las fuerzas armadas (1926–)
▶ **Zoé Valdés,** escritora (1959–)
▶ **Ibrahim Ferrer,** músico (1927–2005)

fue declarada *was declared* Patrimonio *Heritage* calle *street*
comandante en jefe *commander in chief* liviano *light*
colibrí abeja *hummingbird bee* ave *bird* mundo *world*
miden *measure* pesan *weigh*

Fortaleza El Morro

Golfo de México

ESTADOS UNIDOS

Playa en Santiago de Cuba

Océano Atlántico

Cabaret Tropicana, famoso club de La Habana

La Habana

Cordillera de los Órganos

ESTADOS UNIDOS

CUBA OCÉANO ATLÁNTICO

OCÉANO PACÍFICO

AMÉRICA DEL SUR

Isla de la Juventud

Mar Caribe

Camagüey

Vista aérea de campos de caña de azúcar

recursos

WB pp. 69–70

VM pp. 235–236

SUPERSITE
panorama.vhlcentral.com
Lección 6

¡Increíble pero cierto!

Pequeño y liviano°, el colibrí abeja° de Cuba es una de las 320 especies de colibrí, y es también el ave° más pequeña del mundo°. Menores que muchos insectos, estas aves minúsculas miden° 5 centímetros y pesan° sólo 1,95 gramos.

Baile • Ballet Nacional de Cuba

La bailarina Alicia Alonso fundó el Ballet Nacional de Cuba en 1948, después de° convertirse en una estrella° internacional en el Ballet de Nueva York y en Broadway. El Ballet Nacional de Cuba es famoso en todo el mundo por su creatividad y perfección técnica.

Economía • La caña de azúcar y el tabaco

La caña de azúcar° es el producto agrícola° que más se cultiva en la isla y su exportación es muy importante para la economía del país. El tabaco, que se usa para fabricar los famosos puros° cubanos, es otro cultivo de mucha importancia.

Historia • Los taínos

Los taínos eran° una de las tres tribus indígenas que vivían° en Cuba cuando llegaron los españoles en el siglo XV. Los taínos también vivían en Puerto Rico, la República Dominicana, Haití, Trinidad, Jamaica y en partes de las Bahamas y la Florida.

Música • Buena Vista Social Club

En 1997 nace° el fenómeno musical conocido como *Buena Vista Social Club*. Este proyecto reúne° a un grupo de importantes músicos de Cuba, la mayoría ya mayores, con una larga trayectoria interpretando canciones clásicas del son° cubano. Ese mismo año ganaron un *Grammy*. Hoy en día estos músicos son conocidos en todo el mundo, y personas de todas las edades bailan al ritmo° de su música.

Holguín

Santiago de Cuba

Guantánamo

Sierra Maestra

 ¿Qué aprendiste? Responde a las preguntas con una oración completa.

1. ¿En qué año nació la escritora cubana Zoé Valdés?
2. ¿Qué autor está asociado con la Habana Vieja?
3. ¿Por qué es famoso el Ballet Nacional de Cuba?
4. ¿Cuáles son los dos cultivos más importantes para la economía cubana?
5. ¿Qué fabrican los cubanos con la planta del tabaco?
6. ¿Quiénes son los taínos?
7. ¿En qué año ganó un *Grammy* el disco *Buena Vista Social Club*?

Conexión Internet Investiga estos temas en **panorama.vhlcentral.com**.

1. Busca información sobre un(a) cubano/a célebre. ¿Por qué es célebre? ¿Qué hace? ¿Todavía vive en Cuba?
2. Busca información sobre una de las ciudades principales de Cuba. ¿Qué atracciones hay en esta ciudad?

después de *after* estrella *star* caña de azúcar *sugar cane* agrícola *farming* puros *cigars* eran *were* vivían *lived*
nace *is born* reúne *gets together* son *Cuban musical genre* ritmo *rhythm*

La ropa

el abrigo	coat
los bluejeans	jeans
la blusa	blouse
la bolsa	purse; bag
la bota	boot
los calcetines (el calcetín)	sock(s)
la camisa	shirt
la camiseta	t-shirt
la cartera	wallet
la chaqueta	jacket
el cinturón	belt
la corbata	tie
la falda	skirt
las gafas (de sol)	(sun)glasses
los guantes	gloves
el impermeable	raincoat
las medias	pantyhose; stockings
los pantalones	pants
los pantalones cortos	shorts
la ropa	clothing; clothes
la ropa interior	underwear
las sandalias	sandals
el sombrero	hat
el suéter	sweater
el traje	suit
el traje de baño	bathing suit
el vestido	dress
los zapatos de tenis	tennis shoes, sneakers

Verbos

conducir	to drive
conocer	to know; to be acquainted with
ofrecer	to offer
parecer	to seem
saber	to know; to know how
traducir	to translate

Ir de compras

el almacén	department store
la caja	cash register
el centro comercial	shopping mall
el/la cliente/a	customer
el/la dependiente/a	clerk
el dinero	money
(en) efectivo	cash
el mercado (al aire libre)	(open-air) market
un par (de zapatos)	a pair (of shoes)
el precio (fijo)	(fixed; set) price
la rebaja	sale
el regalo	gift
la tarjeta de crédito	credit card
la tienda	shop; store
el/la vendedor(a)	salesperson
costar (o:ue)	to cost
gastar	to spend (money)
hacer juego (con)	to match (with)
llevar	to wear; to take
pagar	to pay
regatear	to bargain
usar	to wear; to use
vender	to sell

Adjetivos

barato/a	cheap
bueno/a	good
cada	each
caro/a	expensive
corto/a	short (in length)
elegante	elegant
hermoso/a	beautiful
largo/a	long
loco/a	crazy
nuevo/a	new
otro/a	other; another
pobre	poor
rico/a	rich

Los colores

el color	color
amarillo/a	yellow
anaranjado/a	orange
azul	blue
blanco/a	white
gris	gray
marrón, café	brown
morado/a	purple
negro/a	black
rojo/a	red
rosado/a	pink
verde	green

Palabras adicionales

acabar de (+ *inf.*)	to have just done something
anoche	last night
anteayer	the day before yesterday
ayer	yesterday
de repente	suddenly
desde	from
dos veces	twice; two times
hasta	until
pasado/a (*adj.*)	last; past
el año pasado	last year
la semana pasada	last week
prestar	to lend; to loan
una vez	once; one time
ya	already

Indirect object pronouns	See page 186.
Demonstrative adjectives and pronouns	See page 194.
Expresiones útiles	See page 179.

La rutina diaria

Communicative Goals

You will learn how to:

- Describe your daily routine
- Talk about personal hygiene
- Reassure someone

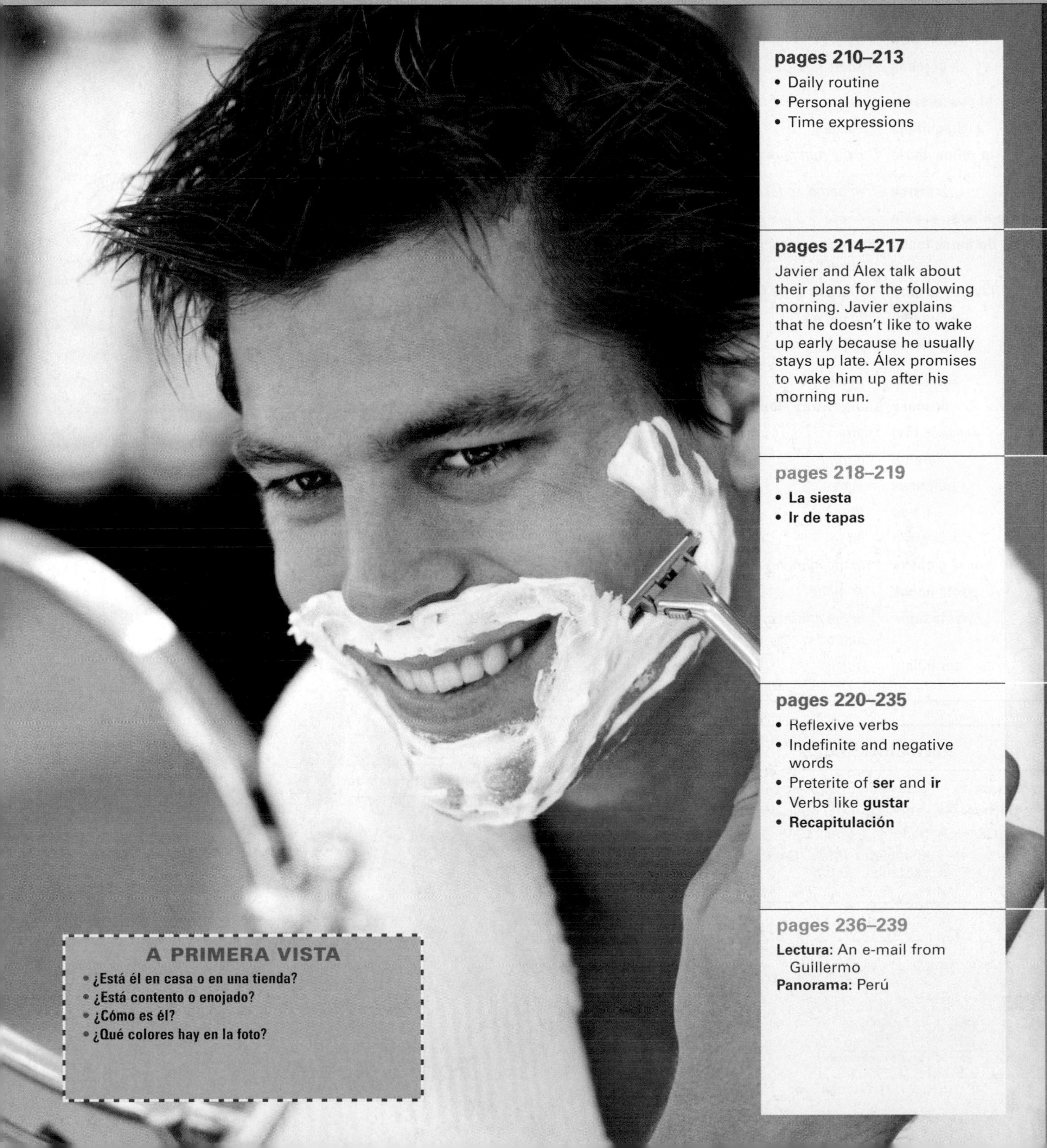

A PRIMERA VISTA

- ¿Está él en casa o en una tienda?
- ¿Está contento o enojado?
- ¿Cómo es él?
- ¿Qué colores hay en la foto?

La rutina diaria

Más vocabulario

el baño, el cuarto de baño	*bathroom*
el inodoro	*toilet*
el jabón	*soap*
el despertador	*alarm clock*
el maquillaje	*makeup*
la rutina diaria	*daily routine*
bañarse	*to bathe; to take a bath*
cepillarse el pelo	*to brush one's hair*
dormirse (o:ue)	*to go to sleep; to fall asleep*
lavarse la cara	*to wash one's face*
levantarse	*to get up*
maquillarse	*to put on makeup*
antes (de)	*before*
después	*afterwards; then*
después (de)	*after*
durante	*during*
entonces	*then*
luego	*then*
más tarde	*later*
por la mañana	*in the morning*
por la noche	*at night*
por la tarde	*in the afternoon; in the evening*
por último	*finally*

Variación léxica

afeitarse ⟷ rasurarse *(Méx., Amér. C.)*

ducha ⟷ regadera *(Col., Méx., Venez.)*

ducharse ⟷ bañarse *(Amér. L.)*

pantuflas ⟷ chancletas *(Méx., Col.);* zapatillas *(Esp.)*

recursos

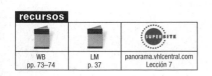

WB pp. 73–74

LM p. 37

SUPERSITE
panorama.vhlcentral.com
Lección 7

En la habitación por la mañana

Por la mañana

Se peina. (peinarse)

Se acuesta. (acostarse)

En la habitación por la noche

Se lava las manos. (lavarse las manos)

Se cepilla los dientes. (cepillarse los dientes)

la toalla

la pasta de dientes

as pantuflas

Por la noche

Práctica SUPERSITE

1 **Escuchar** 🎧 Escucha las oraciones e indica si cada oración es **cierta** o **falsa**, según el dibujo.

1. _____   6. _____
2. _____   7. _____
3. _____   8. _____
4. _____   9. _____
5. _____   10. _____

2 **Ordenar** 🎧 Escucha la rutina diaria de Marta. Después ordena los verbos según lo que escuchaste.

____ a. almorzar   ____ e. desayunar

____ b. ducharse   ____ f. dormirse

____ c. peinarse   ____ g. despertarse

____ d. ver la televisión   ____ h. estudiar en la biblioteca

3 **Seleccionar** Selecciona la palabra que no está relacionada con cada grupo.

1. lavabo • toalla • despertador • jabón _____
2. manos • antes de • después de • por último _____
3. acostarse • jabón • despertarse • dormirse _____
4. espejo • lavabo • despertador • entonces _____
5. dormirse • toalla • vestirse • levantarse _____
6. pelo • cara • manos • inodoro _____
7. espejo • champú • jabón • pasta de dientes _____
8. maquillarse • vestirse • peinarse • dientes _____
9. baño • dormirse • despertador • acostarse _____
10. ducharse • luego • bañarse • lavarse _____

4 **Identificar** Con un(a) compañero/a, identifica las cosas que cada persona necesita. Sigue el modelo.

> **modelo**
> Jorge / lavarse la cara
> **Estudiante 1:** ¿Qué necesita Jorge para lavarse la cara?
> **Estudiante 2:** Necesita jabón y una toalla.

1. Mariana / maquillarse
2. Gerardo / despertarse
3. Celia / bañarse
4. Gabriel / ducharse
5. Roberto / afeitarse
6. Sonia / lavarse el pelo
7. Vanesa / lavarse las manos
8. Manuel / vestirse
9. Simón / acostarse
10. Daniela / cepillarse los dientes

5   **La rutina de Andrés** Ordena esta rutina de una manera lógica.

- a. Se afeita después de cepillarse los dientes. _____
- b. Se acuesta a las once y media de la noche. _____
- c. Por último, se duerme. _____
- d. Después de afeitarse, sale para las clases. _____
- e. Asiste a todas sus clases y vuelve a su casa. _____
- f. Andrés se despierta a las seis y media de la mañana. _____
- g. Después de volver a casa, come un poco. Luego estudia en su habitación. _____
- h. Se viste y entonces se cepilla los dientes. _____
- i. Se cepilla los dientes antes de acostarse. _____
- j. Se ducha antes de vestirse. _____

6   **La rutina diaria** Con un(a) compañero/a, mira los dibujos y describe lo que hacen Ángel y Lupe.

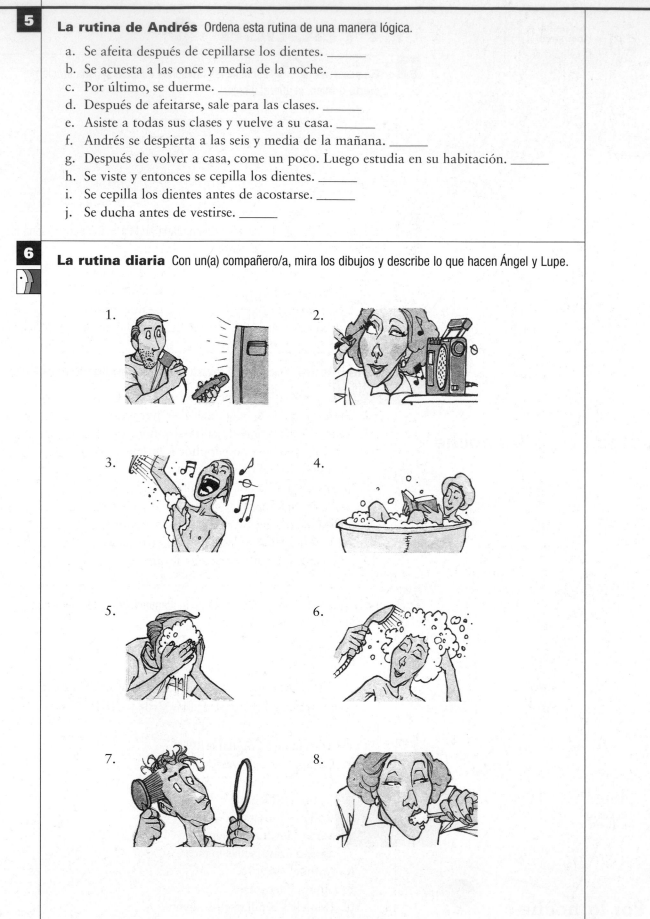

Comunicación

7

La farmacia Lee el anuncio y responde a las preguntas con un(a) compañero/a.

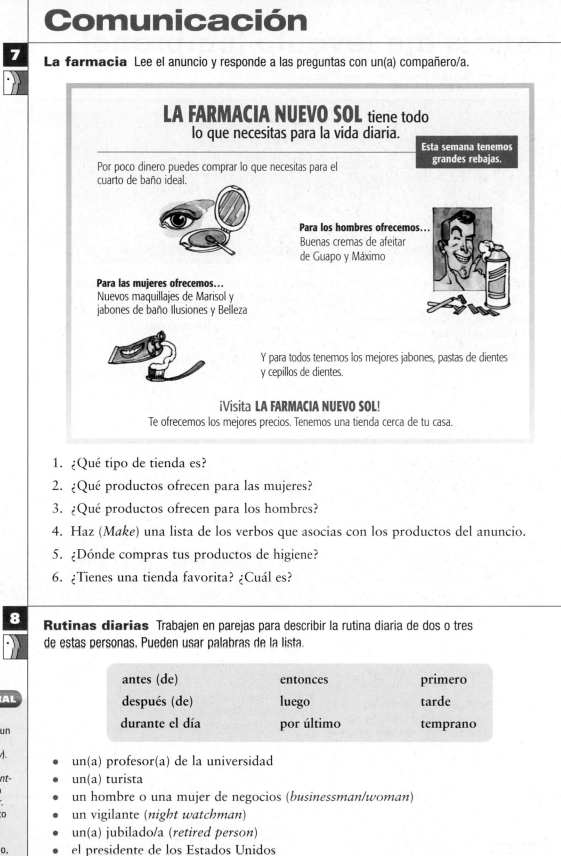

LA FARMACIA NUEVO SOL tiene todo
lo que necesitas para la vida diaria.

Esta semana tenemos
grandes rebajas.

Por poco dinero puedes comprar lo que necesitas para el
cuarto de baño ideal.

Para los hombres ofrecemos…
Buenas cremas de afeitar
de Guapo y Máximo

Para las mujeres ofrecemos…
Nuevos maquillajes de Marisol y
jabones de baño Ilusiones y Belleza

Y para todos tenemos los mejores jabones, pastas de dientes
y cepillos de dientes.

¡Visita **LA FARMACIA NUEVO SOL**!
Te ofrecemos los mejores precios. Tenemos una tienda cerca de tu casa.

1. ¿Qué tipo de tienda es?
2. ¿Qué productos ofrecen para las mujeres?
3. ¿Qué productos ofrecen para los hombres?
4. Haz (*Make*) una lista de los verbos que asocias con los productos del anuncio.
5. ¿Dónde compras tus productos de higiene?
6. ¿Tienes una tienda favorita? ¿Cuál es?

8

Rutinas diarias Trabajen en parejas para describir la rutina diaria de dos o tres
de estas personas. Pueden usar palabras de la lista.

antes (de)	entonces	primero
después (de)	luego	tarde
durante el día	por último	temprano

- un(a) profesor(a) de la universidad
- un(a) turista
- un hombre o una mujer de negocios (*businessman/woman*)
- un vigilante (*night watchman*)
- un(a) jubilado/a (*retired person*)
- el presidente de los Estados Unidos
- un niño de cuatro años
- Daniel Espinosa

NOTA CULTURAL

Daniel Espinosa
(México, 1961) es un
famoso diseñador
de joyería (*jewelry*).
Su trabajo es
vanguardista (*avant-
garde*), arriesgado
(*risky*) e innovador.
Su material favorito
es la plata (*silver*).
Entre sus clientes
están Nelly Furtado,
Eva Longoria, Salma
Hayek, Lindsay Lohan
y Daisy Fuentes.

¡Jamás me levanto temprano!

Álex y Javier hablan de sus rutinas diarias.

JAVIER Hola, Álex. ¿Qué estás haciendo?

ÁLEX Nada... sólo estoy leyendo mi correo electrónico. ¿Adónde fueron?

JAVIER Inés y yo fuimos a un mercado. Fue muy divertido. Mira, compré este suéter. Me encanta. No fue barato pero es chévere, ¿no?

ÁLEX Sí, es ideal para las montañas.

JAVIER ¡Qué interesantes son los mercados al aire libre! Me gustaría volver pero ya es tarde. Oye, Álex, sabes que mañana tenemos que levantarnos temprano.

ÁLEX Ningún problema.

JAVIER ¡Increíble! ¡Álex, el superhombre!

ÁLEX Oye, Javier, ¿por qué no puedes levantarte temprano?

JAVIER Es que por la noche no quiero dormir, sino dibujar y escuchar música. Por eso es difícil despertarme por la mañana.

JAVIER El autobús no sale hasta las ocho y media. ¿Vas a levantarte mañana a las seis también?

ÁLEX No, pero tengo que levantarme a las siete menos cuarto porque voy a correr.

JAVIER Ah, ya... ¿Puedes despertarme después de correr?

ÁLEX Éste es el plan para mañana. Me levanto a las siete menos cuarto y corro por treinta minutos. Vuelvo, me ducho, me visto y a las siete y media te despierto. ¿De acuerdo?

JAVIER ¡Absolutamente ninguna objeción!

JAVIER ¿Seguro? Pues yo jamás me levanto temprano. Nunca oigo el despertador cuando estoy en casa y mi mamá se enoja mucho.

ÁLEX Tranquilo, Javier. Yo tengo una solución.

ÁLEX Cuando estoy en casa en la Ciudad de México, siempre me despierto a las seis en punto. Me ducho en cinco minutos y luego me cepillo los dientes. Después me afeito, me visto y ¡listo! ¡Me voy!

DON FRANCISCO Hola, chicos. Mañana salimos temprano, a las ocho y media... ni un minuto antes ni un minuto después.

ÁLEX No se preocupe, don Francisco. Todo está bajo control.

DON FRANCISCO Bueno, pues, hasta mañana.

DON FRANCISCO ¡Ay, los estudiantes! Siempre se acuestan tarde. ¡Qué vida!

Expresiones útiles

Telling where you went

- **¿Adónde fuiste/fue usted?**
  Where did you go?
  Fui a un mercado.
  I went to a market.
- **¿Adónde fueron ustedes?**
  Where did you go?
  Fuimos a un mercado. Fue divertido.
  We went to a market. It was fun.

Talking about morning routines

- **(Jamás) me levanto temprano/tarde.**
  I (never) get up early/late.
- **Nunca oigo el despertador.**
  I never hear the alarm clock.
- **Es difícil/fácil despertarme.**
  It's hard/easy to wake up.
- **Cuando estoy en casa, siempre me despierto a las seis en punto.**
  When I'm home, I always wake up at six on the dot.
- **Me ducho y luego me cepillo los dientes.**
  I take a shower and then I brush my teeth.
- **Después me afeito y me visto.**
  Afterwards, I shave and get dressed.

Reassuring someone

- **No hay problema.**
  No problem.
- **No te/se preocupes/preocupe.**
  Don't worry. (fam.)/(form.)
- **Tranquilo.**
  Don't worry.; Be cool.

Additional vocabulary

- **sino**
  but (rather)
- **Me encanta este suéter.**
  I love this sweater.
- **Me fascinó la película.**
  I liked the movie a lot.

¿Qué pasó? SUPERSITE

1   **¿Cierto o falso?** Indica si lo que dicen estas oraciones es **cierto** o **falso**. Corrige las oraciones falsas.

1. Álex está mirando la televisión.

2. El suéter que Javier acaba de comprar es caro pero es muy bonito.

3. Javier cree que el mercado es aburrido y no quiere volver.

4. El autobús va a salir mañana a las siete y media en punto.

5. A Javier le gusta mucho dibujar y escuchar música por la noche.

¡LENGUA VIVA!

Remember that **en punto** means *on the dot.* If the group were instead leaving at *around seven thirty,* you would say **a eso de las siete y media.**

2   **Identificar** Identifica quién puede decir estas oraciones. Puedes usar cada nombre más de una vez.

1. ¡Ay, los estudiantes nunca se acuestan temprano!
_____

2. ¿El despertador? ¡Jamás lo oigo por la mañana!
_____

3. Es fácil despertarme temprano. Y sólo necesito cinco minutos para ducharme. _____

4. Mañana vamos a salir a las ocho y media.
_____

5. Acabo de ir a un mercado fabuloso. _____

6. No se preocupe. Tenemos todo bajo control para mañana. _____

DON FRANCISCO

JAVIER

ÁLEX

3   **Ordenar** Ordena correctamente los planes que tiene Álex.

____ a. Me visto.
____ b. Corro por media hora.
____ c. Despierto a Javier a las siete y media.
____ d. Vuelvo a la habitación.
____ e. Me levanto a las siete menos cuarto.
____ f. Me ducho.

4   **Mi rutina** En parejas, hablen de sus rutinas de la mañana y de la noche. Indiquen a qué horas hacen las actividades más importantes.

CONSULTA

To review telling time in Spanish, see **Estructura 1.4**, pp. 24–25.

modelo

Estudiante 1: ¿Prefieres levantarte temprano o tarde?
Estudiante 2: Prefiero levantarme tarde… muy tarde.

Estudiante 1: ¿A qué hora te levantas durante la semana?
Estudiante 2: A las once. ¿Y tú?

Pronunciación 🎧 SUPERSITE

The consonant r

ropa	rutina	rico	Ramón

In Spanish, **r** has a strong trilled sound at the beginning of a word. No English words have a trill, but English speakers often produce a trill when they imitate the sound of a motor.

gustar	durante	primero	crema

In any other position, **r** has a weak sound similar to the English *tt* in *better* or the English *dd* in *ladder*. In contrast to English, the tongue touches the roof of the mouth behind the teeth.

pizarra	corro	marrón	aburrido

The letter combination **rr,** which only appears between vowels, always has a strong trilled sound.

caro	carro	pero	perro

Between vowels, the difference between the strong trilled **rr** and the weak **r** is very important, as a mispronunciation could lead to confusion between two different words.

Práctica Lee las palabras en voz alta, prestando (*paying*) atención a la pronunciación de la **r** y la **rr.**

1. Perú
2. Rosa
3. borrador
4. madre
5. comprar
6. favor
7. rubio
8. reloj
9. Arequipa
10. tarde
11. cerrar
12. despertador

Oraciones Lee las oraciones en voz alta, prestando atención a la pronunciación de la **r** y la **rr.**

1. Ramón Robles Ruiz es programador. Su esposa Rosaura es artista.
2. A Rosaura Robles le encanta regatear en el mercado.
3. Ramón nunca regatea… le aburre regatear.
4. Rosaura siempre compra cosas baratas.
5. Ramón no es rico pero prefiere comprar cosas muy caras.
6. ¡El martes Ramón compró un carro nuevo!

Refranes Lee en voz alta los refranes, prestando atención a la **r** y a la **rr.**

Perro que ladra no muerde.[1]

No se ganó Zamora en una hora.[2]

1 A dog's bark is worse than its bite.
2 Rome wasn't built in a day.

recursos

LM
p. 38

panorama.vhlcentral.com
Lección 7

EN DETALLE

La siesta

¿Sientes cansancio° después de comer? ¿Te cuesta° volver al trabajo° o a clase después del almuerzo? Estas sensaciones son normales. A muchas personas les gusta relajarse° después de almorzar. Este momento de descanso es **la siesta**. La siesta es popular en los países hispanos y viene de una antigua costumbre° del área del Mediterráneo. La palabra *siesta* viene del latín; es una forma corta de decir "sexta hora". La sexta hora del día es después del mediodía, el momento de más calor. Debido al° calor y al cansancio, los habitantes de España, Italia, Grecia e incluso Portugal, tienen la costumbre de dormir la siesta desde hace° más de° dos mil años. Los españoles y los portugueses llevaron la costumbre a los países americanos.

La siesta es muy importante en la cultura hispana. Muchas oficinas° y tiendas cierran dos o tres horas después del mediodía. Los empleados van a su casa, almuerzan, duermen la siesta y regresan al trabajo entre las 2:30 y las 4:30 de la tarde. Esto ocurre especialmente en Suramérica, México y España.

Los estudios científicos explican que una siesta corta después de almorzar ayuda° a trabajar más y mejor° durante la tarde. Pero, ¡cuidado! Esta siesta debe durar° sólo entre veinte y cuarenta minutos. Si dormimos más, entramos en la fase de sueño profundo y es difícil despertarse.

Hoy día, algunas empresas° de los Estados Unidos, Canadá, Japón, Inglaterra y Alemania tienen salas° especiales en las que los empleados pueden dormir la siesta.

¿Dónde duermen la siesta?

■ Costumbre antigua
■ Costumbre nueva

En los lugares donde la siesta es una costumbre antigua, las personas la duermen en su casa. En los países donde la siesta es una costumbre nueva, la gente duerme en sus lugares de trabajo o en centros de siesta.

Sientes cansancio *Do you feel tired* Te cuesta *Is it hard for you* trabajo *work* relajarse *to relax* antigua costumbre *old custom* Debido al *Because (of)* desde hace *for* más de *more than* oficinas *offices* ayuda *helps* mejor *better* durar *last* algunas empresas *some businesses* salas *rooms*

ACTIVIDADES

1 **¿Cierto o falso?** Indica si lo que dicen las oraciones es **cierto** o **falso**. Corrige la información falsa.

1. La costumbre de la siesta empezó en Asia.
2. La palabra *siesta* está relacionada con la sexta hora del día.
3. Los españoles y los portugueses llevaron la costumbre de la siesta a Latinoamérica.
4. La siesta ayuda a trabajar más y mejor durante la tarde.

5. Los horarios de trabajo de los países hispanos son los mismos que los de los Estados Unidos.
6. Una siesta larga siempre es mejor que una siesta corta.
7. En los Estados Unidos, los empleados de algunas empresas pueden dormir la siesta en el trabajo.
8. Es fácil despertar de un sueño profundo.

El cuidado personal

el aseo; el excusado; el servicio; el váter (Esp.)	**el baño**
el cortaúñas	*nail clippers*
el desodorante	*deodorant*
el enjuague bucal	*mouthwash*
el hilo dental/la seda dental	*dental floss*
la máquina de afeitar/ de rasurar (Méx.)	*electric razor*

Costumbres especiales

○ **México y El Salvador** Los vendedores pasan por las calles gritando° su mercancía°: tanques de gas y flores° en México; pan y tortillas en El Salvador.

○ **Costa Rica** Para encontrar las direcciones° los costarricenses usan referencias a anécdotas, lugares o características geográficas. Por ejemplo: *200 metros norte de la Iglesia Católica, frente al° Supermercado Mi Mega.*

○ **Argentina** En El Tigre, una ciudad en una isla del Río° de la Plata, la gente usa barcos particulares°, colectivos° y barcos-taxi para ir de un lugar a otro. Todas las mañanas, un barco colectivo recoge° a los niños y los lleva a la escuela.

gritando *shouting* mercancía *merchandise* flores *flowers*
direcciones *addresses* frente al *opposite* río *river*
particulares *private* colectivos *collective* recoge *picks up*

Ir de tapas

En España, **las tapas** son pequeños platos°. **Ir de tapas** es una costumbre que consiste en comer estos platillos en bares, cafés y restaurantes. Dos tapas muy populares son la tortilla de patatas° y los calamares°. La historia de las tapas empezó cuando los dueños° de las tabernas tuvieron° la idea de servir el vaso de vino° tapado° con una rodaja° de pan°. La comida era° la "tapa"° del vaso; de ahí viene el nombre. Con la tapa, los insectos no podían° entrar en el vaso. Más tarde los dueños de las tabernas pusieron° la

tapa al lado del vaso. Luego, empezaron a servir también pequeñas porciones de platos tradicionales.

Para muchos españoles, ir de tapas con los amigos después del trabajo es una rutina diaria.

platos *dishes* tortilla de patatas *potato omelet* calamares *squid* dueños
owners tuvieron *had* vaso de vino *glass of wine* tapado *covered* rodaja *slice*
pan *bread* era *was* tapa *lid* no podían *couldn't* pusieron *put*

¿Qué costumbres son populares en los países hispanos?

Go to **panorama.vhlcentral.com** to find more cultural information related to this **Cultura** section.

2 **Comprensión** Completa las oraciones.

1. Uso _____ para limpiar (*to clean*) entre los dientes.
2. En _____ las personas compran pan y tortillas a los vendedores que pasan por la calle.
3. Muchos españoles _____ después del trabajo.
4. En Costa Rica usan anécdotas y lugares para dar _____.

3 **¿Qué costumbres tienes?** Escribe cuatro oraciones sobre una costumbre que compartes con tus amigos o con tu familia (por ejemplo: ir al cine, ir a eventos deportivos, leer, comer juntos, etc.). Explica qué haces, cuándo lo haces y con quién.

7.1 Reflexive verbs (SUPERSITE)

ANTE TODO A reflexive verb is used to indicate that the subject does something to or for himself or herself. In other words, it "reflects" the action of the verb back to the subject. Reflexive verbs always use reflexive pronouns.

SUBJECT · REFLEXIVE VERB

Joaquín **se ducha** por la mañana.

The verb lavarse (*to wash oneself*)

SINGULAR FORMS	yo	**me lavo**	*I wash (myself)*
	tú	**te lavas**	*you wash (yourself)*
	Ud.	**se lava**	*you wash (yourself)*
	él/ella	**se lava**	*he/she washes (himself/herself)*
PLURAL FORMS	nosotros/as	**nos lavamos**	*we wash (ourselves)*
	vosotros/as	**os laváis**	*you wash (yourselves)*
	Uds.	**se lavan**	*you wash (yourselves)*
	ellos/ellas	**se lavan**	*they wash (themselves)*

AYUDA

Except for **se**, reflexive pronouns have the same forms as direct and indirect object pronouns.

• • •

Se is used for both singular and plural subjects—there is no individual plural form:
Pablo **se** lava.
Ellos **se** lavan.

▶ The pronoun **se** attached to an infinitive identifies the verb as reflexive: **lavarse**.

▶ When a reflexive verb is conjugated, the reflexive pronoun agrees with the subject.

Me afeito.   **Te despiertas** a las siete.

Me ducho, me cepillo los dientes, me visto y ¡listo!

¡Ay, los estudiantes! Siempre se acuestan tarde.

▶ Like object pronouns, reflexive pronouns generally appear before a conjugated verb. With infinitives and present participles, they may be placed before the conjugated verb or attached to the infinitive or present participle.

Ellos **se** van a vestir.
Ellos van a vestir**se**.
They are going to get dressed.

Nos estamos lavando las manos.
Estamos lavándo**nos** las manos.
We are washing our hands.

▶ **¡Atención!** When a reflexive pronoun is attached to a present participle, an accent mark is added to maintain the original stress.

bañando ⟶ bañ**á**ndo**se**   durmiendo ⟶ durmi**é**ndo**se**

Common reflexive verbs

acordarse (de) (o:ue)	*to remember*	**llamarse**	*to be called; to be named*
acostarse (o:ue)	*to go to bed*		
afeitarse	*to shave*	**maquillarse**	*to put on makeup*
bañarse	*to bathe; to take a bath*	**peinarse**	*to comb one's hair*
cepillarse	*to brush*	**ponerse**	*to put on*
despedirse (de) (e:i)	*to say goodbye (to)*	**ponerse (+ adj.)**	*to become (+ adj.)*
despertarse (e:ie)	*to wake up*	**preocuparse (por)**	*to worry (about)*
dormirse (o:ue)	*to go to sleep; to fall asleep*	**probarse** (o:ue)	*to try on*
		quedarse	*to stay; to remain*
ducharse	*to shower; to take a shower*	**quitarse**	*to take off*
		secarse	*to dry (oneself)*
enojarse (con)	*to get angry (with)*	**sentarse** (e:ie)	*to sit down*
irse	*to go away; to leave*	**sentirse** (e:ie)	*to feel*
lavarse	*to wash (oneself)*	**vestirse** (e:i)	*to get dressed*
levantarse	*to get up*		

AYUDA

You have already learned several adjectives that can be used with **ponerse** when it means *to become*:

alegre, cómodo/a, contento/a, elegante, guapo/a, nervioso/a, rojo/a, and **triste**.

COMPARE & CONTRAST

Unlike English, a number of verbs in Spanish can be reflexive or non-reflexive. If the verb acts upon the subject, the reflexive form is used. If the verb acts upon something other than the subject, the non-reflexive form is used. Compare these sentences.

Lola **lava** los platos.

Lola **se lava** la cara.

As the preceding sentences show, reflexive verbs sometimes have different meanings than their non-reflexive counterparts. For example, **lavar** means *to wash*, while **lavarse** means *to wash oneself, to wash up*.

▶ **¡Atención!** Parts of the body or clothing are generally not referred to with possessives, but with the definite article.

La niña se quitó **los** zapatos.   Necesito cepillarme **los** dientes.

¡INTÉNTALO! Indica el presente de estos verbos reflexivos. El primero de cada columna ya está conjugado.

despertarse
1. Mis hermanos _se despiertan_ tarde.
2. Tú _____ tarde.
3. Nosotros _____ tarde.
4. Benito _____ tarde.
5. Yo _____ tarde.

ponerse
1. Él _se pone_ una chaqueta.
2. Yo _____ una chaqueta.
3. Usted _____ una chaqueta.
4. Nosotras _____ una chaqueta.
5. Las niñas _____ una chaqueta.

recursos
WB pp. 75–76
LM p. 39
panorama. vhlcentral.com Lección 7

Práctica SUPERSITE

1

Nuestra rutina La familia de Blanca sigue la misma rutina todos los días. Según Blanca, ¿qué hacen ellos?

> **modelo**
>
> mamá / despertarse a las 5:00
> Mamá *se despierta a las cinco.*

1. Roberto y yo / levantarse a las 7:00
2. papá / ducharse primero y / luego afeitarse
3. yo / lavarse la cara y / vestirse antes de tomar café ◄
4. mamá / peinarse y / luego maquillarse
5. todos (nosotros) / sentarse a la mesa para comer
6. Roberto / cepillarse los dientes después de comer
7. yo / ponerse el abrigo antes de salir
8. nosotros / despedirse de mamá

NOTA CULTURAL

Como en los EE.UU., **tomar café** en el desayuno es muy común en los países hispanos.

En muchas familias, los niños toman café con leche (*milk*) en el desayuno antes de ir a la escuela.

El café en los países hispanos generalmente es más fuerte que en los EE.UU., y el descafeinado no es muy popular.

2

La fiesta elegante Selecciona el verbo apropiado y completa las oraciones con la forma correcta.

1. Tú _____ (lavar / lavarse) el auto antes de ir a la fiesta. ◄
2. Nosotros no _____ (acordar / acordarse) de comprar regalos.
3. Para llegar a tiempo, Raúl y Marta _____ (acostar / acostarse) a los niños antes de irse.
4. Yo _____ (sentir / sentirse) bien hoy.
5. Mis amigos siempre _____ (vestir / vestirse) con ropa muy cara.
6. ¿_____ (Probar / Probarse) ustedes la ropa antes de comprarla?
7. Usted _____ (preocupar / preocuparse) mucho por sus amigos, ¿no?
8. En general, _____ (afeitar / afeitarse) yo mismo, pero hoy el barbero (*barber*) me _____ (afeitar / afeitarse).

¡LENGUA VIVA!

In Spain a car is called a **coche**, while in many parts of Latin America it is known as a **carro**. Although you'll be understood using any of these terms, using **auto (automóvil)** will surely get you where you want to go.

3

Describir Mira los dibujos y describe lo que estas personas hacen.

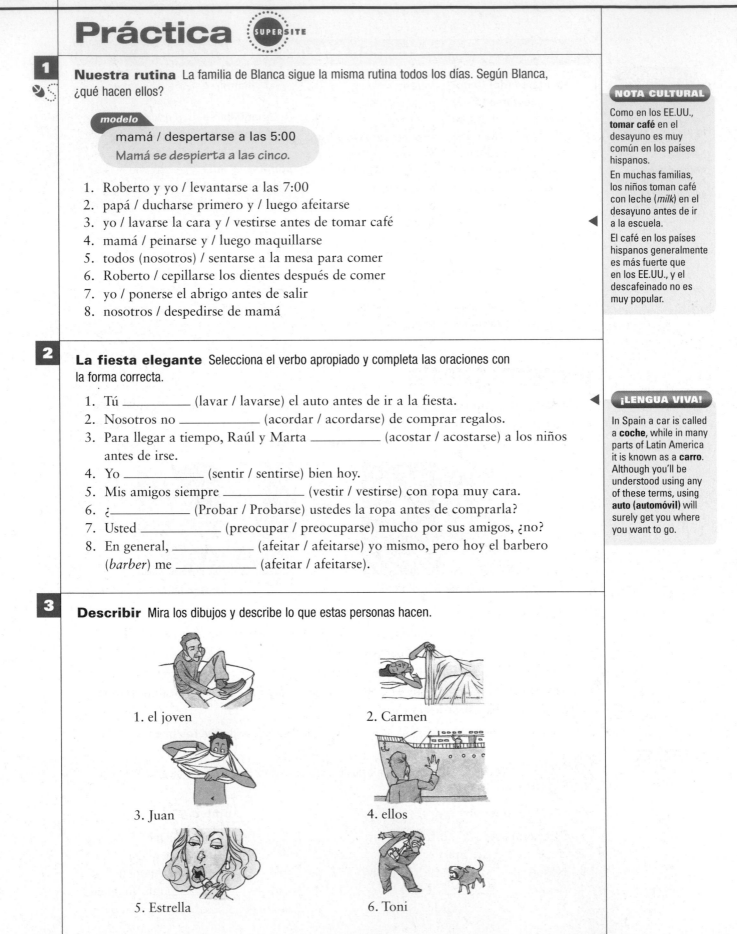

1. el joven

2. Carmen

3. Juan

4. ellos

5. Estrella

6. Toni

Comunicación

4

Preguntas personales En parejas, túrnense para hacerse estas preguntas.

1. ¿A qué hora te levantas durante la semana?
2. ¿A qué hora te levantas los fines de semana?
3. ¿Prefieres levantarte tarde o temprano? ¿Por qué?
4. ¿Te enojas frecuentemente con tus amigos?
5. ¿Te preocupas fácilmente? ¿Qué te preocupa?
6. ¿Qué te pone contento/a?
7. ¿Qué haces cuando te sientes triste?
8. ¿Y cuando te sientes alegre?
9. ¿Te acuestas tarde o temprano durante la semana?
10. ¿A qué hora te acuestas los fines de semana?

5

Charadas En grupos, jueguen a las charadas. Cada persona debe pensar en dos frases con verbos reflexivos. La primera persona que adivina la charada dramatiza la siguiente.

6

Debate En grupos, discutan este tema: ¿Quiénes necesitan más tiempo para arreglarse (*to get ready*) antes de salir, los hombres o las mujeres? Hagan una lista de las razones (*reasons*) que tienen para defender sus ideas e informen a la clase.

Síntesis

7

La familia ocupada Tú y tu compañero/a asisten a un programa de verano en Lima, Perú. Viven con la familia Ramos. Tu profesor(a) te va a dar la rutina incompleta que la familia sigue en las mañanas. Trabaja con tu compañero/a para completarla.

> **modelo**
>
> **Estudiante 1:** ¿Qué hace el señor Ramos a las seis y cuarto?
> **Estudiante 2:** El señor Ramos se levanta.

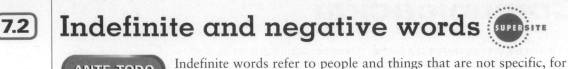

7.2 Indefinite and negative words

ANTE TODO Indefinite words refer to people and things that are not specific, for example, *someone* or *something*. Negative words deny the existence of people and things or contradict statements, for instance, *no one* or *nothing*. Spanish indefinite words have corresponding negative words, which are opposite in meaning.

Indefinite and negative words

Indefinite words		Negative words	
algo	*something; anything*	**nada**	*nothing; not anything*
alguien	*someone; somebody; anyone*	**nadie**	*no one; nobody; not anyone*
alguno/a(s), algún	*some; any*	**ninguno/a, ningún**	*no; none; not any*
o... o	*either... or*	**ni... ni**	*neither... nor*
siempre	*always*	**nunca, jamás**	*never, not ever*
también	*also; too*	**tampoco**	*neither; not either*

▶ There are two ways to form negative sentences in Spanish. You can place the negative word before the verb, or you can place **no** before the verb and the negative word after.

Nadie se levanta temprano.
No one gets up early.

No se levanta nadie temprano.
No one gets up early.

Ellos **nunca gritan**.
They never shout.

Ellos **no gritan nunca**.
They never shout.

> *Yo siempre me despierto a las seis en punto. ¿Y tú?*

> *Pues yo jamás me levanto temprano. Nunca oigo el despertador.*

▶ Because they refer to people, **alguien** and **nadie** are often used with the personal **a**. The personal **a** is also used before **alguno/a, algunos/as,** and **ninguno/a** when these words refer to people and they are the direct object of the verb.

—Perdón, señor, ¿busca usted **a alguien**?
—No, gracias, señorita, no busco **a nadie**.

—Tomás, ¿buscas **a alguno** de tus hermanos?
—No, mamá, no busco **a ninguno**.

▶ **¡Atención!** Before a masculine, singular noun, **alguno** and **ninguno** are shortened to **algún** and **ningún**.

—¿Tienen ustedes **algún** amigo peruano?

—No, no tenemos **ningún** amigo peruano.

AYUDA

Alguno/a, algunos/as are not always used in the same way English uses *some* or *any*. Often, **algún** is used where *a* would be used in English.

¿Tienes algún libro que hable de los incas?
*Do you have **a** book that talks about the Incas?*

Note that **ninguno/a** is rarely used in the plural.

—¿**Visitaste algunos museos?**
—**No, no visité ninguno.**

COMPARE & CONTRAST

In English, it is incorrect to use more than one negative word in a sentence. In Spanish, however, sentences frequently contain two or more negative words. Compare these Spanish and English sentences.

Nunca le escribo a **nadie**.   **No** me preocupo por **nada nunca**.
I never write to anyone.   *I do not ever worry about anything.*

As the preceding sentences show, once an English sentence contains one negative word (for example, *not* or *never*), no other negative word may be used. Instead, indefinite (or affirmative) words are used. In Spanish, however, once a sentence is negative, no other affirmative (that is, indefinite) word may be used. Instead, all indefinite ideas must be expressed in the negative.

▶ Although in Spanish **pero** and **sino** both mean *but*, they are not interchangeable. **Sino** is used when the first part of a sentence is negative and the second part contradicts it. In this context, **sino** means *but rather* or *on the contrary*. In all other cases, **pero** is used to mean *but*.

Los estudiantes no se acuestan   Las toallas son caras,
   temprano **sino** tarde.   **pero** bonitas.
*The students don't go to bed   *The towels are expensive,
   early, but rather late.*   but beautiful.*

María no habla francés   José es inteligente, **pero**
   sino español.   no saca buenas notas.
*María doesn't speak French,   *José is intelligent but
   but rather Spanish.*   doesn't get good grades.*

¡INTÉNTALO!   Cambia las oraciones para que sean negativas. La primera se da como ejemplo.

1. Siempre se viste bien.
   _____Nunca_____ se viste bien.
   _____No_____ se viste bien ____nunca____.
2. Alguien se ducha.
   _____ se ducha.
   _____ se ducha _____.
3. Ellas van también.
   Ellas _____ van.
   Ellas _____ van _____.
4. Alguien se pone nervioso.
   _____ se pone nervioso.
   _____ se pone nervioso _____.
5. Tú siempre te lavas las manos.
   Tú _____ te lavas las manos.
   Tú ___ te lavas las manos _____.
6. Voy a traer algo.
   _____ voy a traer _____.

7. Juan se afeita también.
   Juan _____ se afeita.
   Juan _____ se afeita _____.
8. Mis amigos viven en una residencia o en casa.
   Mis amigos _____ viven _____ en una residencia _____ en casa.
9. La profesora hace algo en su escritorio.
   La profesora _____ hace _____ en su escritorio.
10. Tú y yo vamos al mercado.
    _____ tú _____ yo vamos al mercado.
11. Tienen un espejo en su casa.
    _____ tienen _____ espejo en su casa.
12. Algunos niños se ponen el abrigo.
    _____ niño se pone el abrigo.

recursos

WB
pp. 77–78

LM
p. 40

panorama.
vhlcentral.com
Lección 7

Práctica 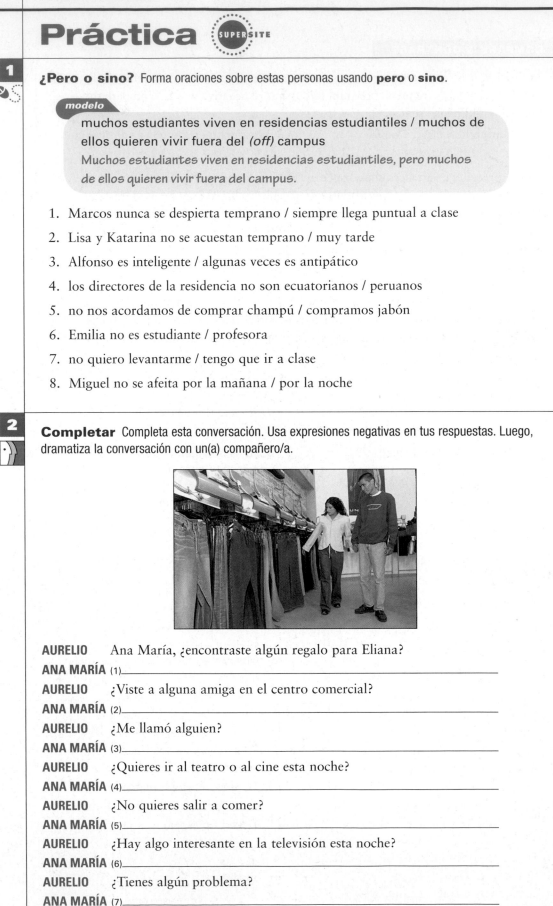SUPERSITE

1 **¿Pero o sino?** Forma oraciones sobre estas personas usando **pero** o **sino**.

> **modelo**
>
> muchos estudiantes viven en residencias estudiantiles / muchos de ellos quieren vivir fuera del *(off)* campus
> *Muchos estudiantes viven en residencias estudiantiles, pero muchos de ellos quieren vivir fuera del campus.*

1. Marcos nunca se despierta temprano / siempre llega puntual a clase
2. Lisa y Katarina no se acuestan temprano / muy tarde
3. Alfonso es inteligente / algunas veces es antipático
4. los directores de la residencia no son ecuatorianos / peruanos
5. no nos acordamos de comprar champú / compramos jabón
6. Emilia no es estudiante / profesora
7. no quiero levantarme / tengo que ir a clase
8. Miguel no se afeita por la mañana / por la noche

2 **Completar** Completa esta conversación. Usa expresiones negativas en tus respuestas. Luego, dramatiza la conversación con un(a) compañero/a.

AURELIO   Ana María, ¿encontraste algún regalo para Eliana?
ANA MARÍA (1)_____

AURELIO   ¿Viste a alguna amiga en el centro comercial?
ANA MARÍA (2)_____

AURELIO   ¿Me llamó alguien?
ANA MARÍA (3)_____

AURELIO   ¿Quieres ir al teatro o al cine esta noche?
ANA MARÍA (4)_____

AURELIO   ¿No quieres salir a comer?
ANA MARÍA (5)_____

AURELIO   ¿Hay algo interesante en la televisión esta noche?
ANA MARÍA (6)_____

AURELIO   ¿Tienes algún problema?
ANA MARÍA (7)_____

Comunicación

3

Opiniones Completa estas oraciones de una manera lógica. Luego, compara tus respuestas con las de un(a) compañero/a.

1. Mi habitación es _____ pero _____.
2. Por la noche me gusta _____ pero _____.
3. Un(a) profesor(a) ideal no es _____ sino _____.
4. Mis amigos son _____ pero _____.

4

En el campus En parejas, háganse preguntas para ver qué hay en su universidad: residencias bonitas, departamento de ingeniería, cines, librerías baratas, estudiantes guapos, equipo de fútbol, playa, clases fáciles, museo, profesores estrictos. Sigan el modelo.

> **modelo**
>
> **Estudiante 1:** ¿Hay algunas residencias bonitas?
> **Estudiante 2:** Sí, hay una/algunas. Está(n) detrás del estadio.
>
> **Estudiante 1:** ¿Hay algún museo?
> **Estudiante 2:** No, no hay ninguno.

5

Quejas (Complaints) En parejas, hagan una lista de cinco quejas comunes que tienen los estudiantes. Usen expresiones negativas.

> **modelo**
>
> Nadie me entiende.

Ahora hagan una lista de cinco quejas que los padres tienen de sus hijos.

> **modelo**
>
> Nunca limpian sus habitaciones.

6

Anuncios En parejas, lean el anuncio y contesten las preguntas.

1. ¿Es el anuncio positivo o negativo? ¿Por qué?
2. ¿Qué palabras indefinidas hay?
3. Escriban el texto del anuncio cambiando todo por expresiones negativas.
4. Ahora preparen su propio (*own*) anuncio usando expresiones afirmativas y negativas.

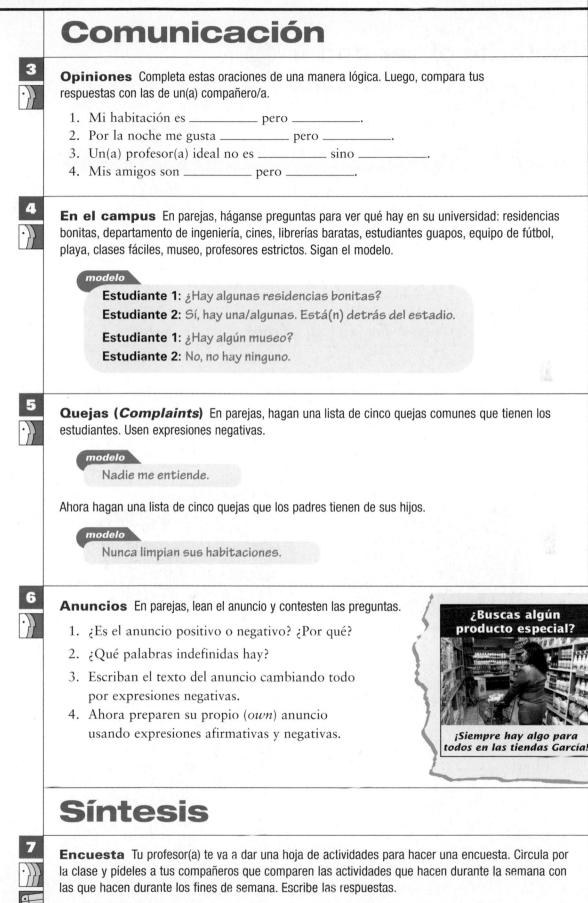

¿Buscas algún producto especial?

¡Siempre hay algo para todos en las tiendas García!

Síntesis

7

Encuesta Tu profesor(a) te va a dar una hoja de actividades para hacer una encuesta. Circula por la clase y pídeles a tus compañeros que comparen las actividades que hacen durante la semana con las que hacen durante los fines de semana. Escribe las respuestas.

7.3 # Preterite of **ser** and **ir**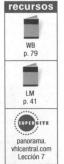

ANTE TODO In **Lección 6**, you learned how to form the preterite tense of regular **-ar**, **-er**, and **-ir** verbs. The following chart contains the preterite forms of **ser** (*to be*) and **ir** (*to go*). Since these forms are irregular, you will need to memorize them.

Preterite of **ser** and **ir**

		ser *(to be)*	**ir** *(to go)*
SINGULAR FORMS	yo	**fui**	**fui**
	tú	**fuiste**	**fuiste**
	Ud./él/ella	**fue**	**fue**
PLURAL FORMS	nosotros/as	**fuimos**	**fuimos**
	vosotros/as	**fuisteis**	**fuisteis**
	Uds./ellos/ellas	**fueron**	**fueron**

AYUDA

Note that, whereas regular **-er** and **-ir** verbs have accent marks in the **yo** and **Ud./él/ella** forms of the preterite, **ser** and **ir** do not.

▶ Since the preterite forms of **ser** and **ir** are identical, context clarifies which of the two verbs is being used.

Él **fue** a comprar champú y jabón.
He went to buy shampoo and soap.

¿Cómo **fue** la película anoche?
How was the movie last night?

¿Adónde fueron ustedes?

Inés y yo fuimos a un mercado. Fue muy divertido.

¡INTÉNTALO! Completa las oraciones usando el pretérito de **ser** e **ir**. La primera oración de cada columna se da como ejemplo.

ir

1. Los viajeros ___fueron___ a Perú.
2. Patricia _____ a Cuzco.
3. Tú _____ a Iquitos.
4. Gregorio y yo _____ a Lima.
5. Yo _____ a Trujillo.
6. Ustedes _____ a Arequipa.
7. Mi padre _____ a Lima.
8. Nosotras _____ a Cuzco.
9. Él _____ a Machu Picchu.
10. Usted _____ a Nazca.

ser

1. Usted ___fue___ muy amable.
2. Yo _____ muy cordial.
3. Ellos _____ simpáticos.
4. Nosotros _____ muy tontos.
5. Ella _____ antipática.
6. Tú _____ muy generoso.
7. Ustedes _____ cordiales.
8. La gente _____ amable.
9. Tomás y yo _____ muy felices.
10. Los profesores _____ buenos.

recursos

WB p. 79

LM p. 41

SUPERSITE
panorama.vhlcentral.com
Lección 7

Práctica SUPERSITE

1

Completar Completa estas conversaciones con la forma correcta del pretérito de **ser** o **ir**. Indica el infinitivo de cada forma verbal.

Conversación 1

RAÚL   ¿Adónde (1)_____ ustedes de vacaciones? _____

PILAR   (2)_____ al Perú. _____

RAÚL   ¿Cómo (3)_____ el viaje? _____

▶ PILAR   ¡(4)_____ estupendo! Machu Picchu y El Callao son increíbles. _____

RAÚL   ¿(5)_____ caro el viaje? _____

PILAR   No, el precio (6)_____ muy bajo. Sólo costó tres mil dólares. _____

Conversación 2

ISABEL   Tina y Vicente (7)_____ novios, ¿no? _____

LUCÍA   Sí, pero ahora no. Anoche Tina (8)_____ a comer con Gregorio y la semana pasada ellos (9)_____ al partido de fútbol. _____ _____

ISABEL   ¿Ah sí? Javier y yo (10)_____ al partido y no los vimos. _____

NOTA CULTURAL

La ciudad peruana de **El Callao**, fundada en 1537, fue por muchos años el puerto (*port*) más activo de la costa del Pacífico en Suramérica. En el siglo XVIII, se construyó (*was built*) una fortaleza allí para proteger (*protect*) la ciudad de los ataques de piratas y bucaneros.

2

Descripciones Forma oraciones con estos elementos. Usa el pretérito.

A	B	C	D
yo	(no) ir	a un restaurante	ayer
tú	(no) ser	en autobús	anoche
mi compañero/a		estudiante	anteayer
nosotros		muy simpático/a	la semana pasada
mis amigos		a la playa	el año pasado
ustedes		dependiente/a en una tienda	

Comunicación

3

Preguntas En parejas, túrnense para hacerse estas preguntas.

1. ¿Adónde fuiste de vacaciones el año pasado? ¿Con quién fuiste?
2. ¿Cómo fueron tus vacaciones?
3. ¿Fuiste de compras la semana pasada? ¿Adónde? ¿Qué compraste?
4. ¿Fuiste al cine la semana pasada? ¿Qué película viste? ¿Cómo fue?
5. ¿Fuiste a la cafetería hoy? ¿A qué hora?
6. ¿Adónde fuiste durante el fin de semana? ¿Por qué?
7. ¿Quién fue tu profesor(a) favorito/a el semestre pasado? ¿Por qué?

4

El viaje En parejas, escriban un diálogo de un(a) viajero/a hablando con el/la agente de viajes sobre un viaje que tomó recientemente. Usen el pretérito de **ser** e **ir**.

> **modelo**
> **Agente:** ¿Cómo fue el viaje?
> **Viajero:** El viaje fue maravilloso/horrible…

7.4 Verbs like **gustar** SUPERSITE

ANTE TODO In **Lección 2**, you learned how to express preferences with **gustar**. You will now learn more about the verb **gustar** and other similar verbs. Observe these examples.

Me gusta ese champú.

ENGLISH EQUIVALENT
I like that shampoo.
LITERAL MEANING
That shampoo is pleasing to me.

¿**Te gustaron** las clases?

ENGLISH EQUIVALENT
Did you like the classes?
LITERAL MEANING
Were the classes pleasing to you?

▶ As the examples show, constructions with **gustar** do not have a direct equivalent in English. The literal meaning of this construction is *to be pleasing to (someone)*, and it requires the use of an indirect object pronoun.

INDIRECT OBJECT PRONOUN		SUBJECT	SUBJECT		DIRECT OBJECT
Me	**gusta**	ese champú.	*I*	*like*	*that shampoo.*

▶ In the diagram above, observe how in the Spanish sentence the object being liked (**ese champú**) is really the subject of the sentence. The person who likes the object, in turn, is an indirect object because it answers the question: *To whom is the shampoo pleasing?*

¿No te gustan las computadoras?

Me gustan mucho los parques.

▶ Other verbs in Spanish are used in the same way as **gustar**. Here is a list of the most common ones.

Verbs like gustar

aburrir	*to bore*	**importar**	*to be important to; to matter*
encantar	*to like very much; to love* (inanimate objects)	**interesar**	*to be interesting to; to interest*
faltar	*to lack; to need*	**molestar**	*to bother; to annoy*
fascinar	*to fascinate; to like very much*	**quedar**	*to be left over; to fit* (clothing)

¡ATENCIÓN!

Faltar expresses what is lacking or missing. **Me falta una página.** *I'm missing one page.*

Quedar expresses how much of something is left. **Nos quedan tres pesos.** *We have three pesos left.*

• • •

Quedar means *to fit.* It's also used to tell how something looks (on someone).

Estos zapatos me quedan bien. *These shoes fit me well.*

Esa camisa te queda muy bien. *That shirt looks good on you.*

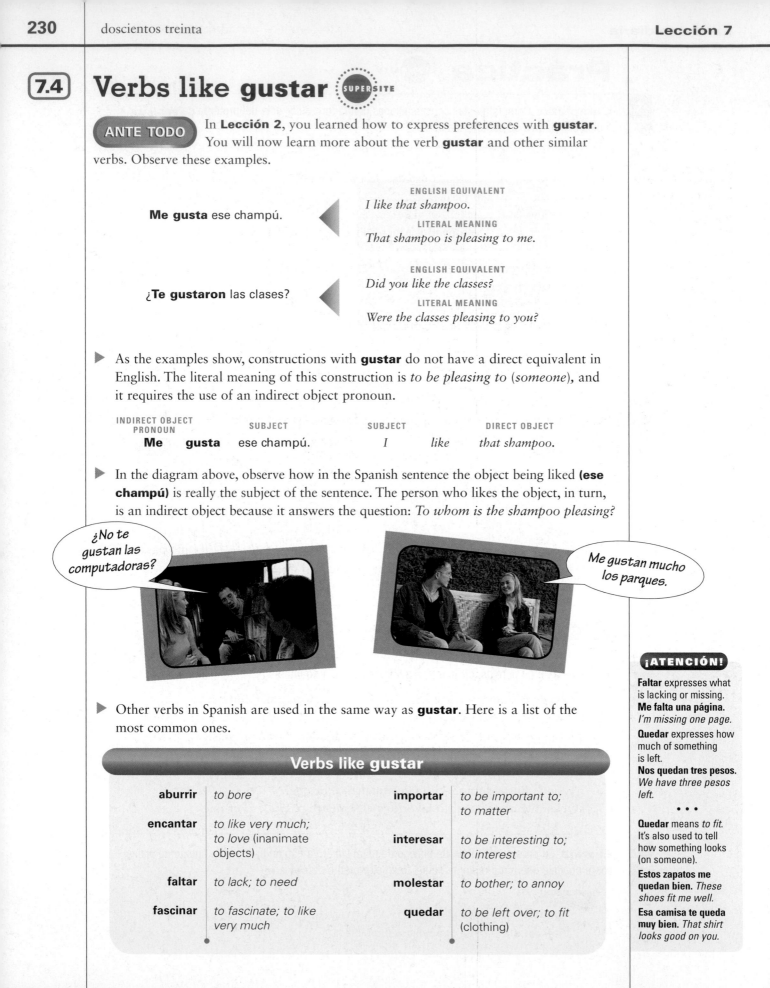

▶ The forms most commonly used with **gustar** and similar verbs are the third person (singular and plural). When the object or person being liked is singular, the singular form (**gusta/molesta**, etc.) is used. When two or more objects or persons are being liked, the plural form (**gustan/molestan**, etc.) is used. Observe the following diagram:

| SINGULAR | me, te, le | | encanta
interesó | | la película
el concierto |
| PLURAL | nos, os, les | | importan
fascinaron | | las vacaciones
los museos de Lima |

▶ To express what someone likes or does not like to do, use an appropriate verb followed by an infinitive. The singular form is used even if there is more than one infinitive.

Nos molesta comer a las nueve.   **Les encanta cantar** y **bailar** en las fiestas.
It bothers us to eat at nine o'clock.   *They love to sing and dance at parties.*

AYUDA

Note that the **a** must be repeated if there is more than one person.
A Armando y **a Cinta** les molesta levantarse temprano.

▶ As you learned in **Lección 2**, the construction **a** + [*pronoun*] (**a mí, a ti, a usted, a él**, etc.) is used to clarify or to emphasize who is pleased, bored, etc. The construction **a** + [*noun*] can also be used before the indirect object pronoun to clarify or to emphasize who is pleased.

A los turistas les gustó mucho   **A ti** te gusta cenar en casa, pero
  Machu Picchu.   **a mí** me aburre.
The tourists liked Machu Picchu a lot.   *You like to eat dinner at home, but I get bored.*

▶ **¡Atención! Mí** (*me*) has an accent mark to distinguish it from the possessive adjective **mi** (*my*).

¡INTÉNTALO! Indica el pronombre del objeto indirecto y la forma del tiempo presente adecuados en cada oración. La primera oración de cada columna se da como ejemplo.

fascinar

1. A él ___le fascina___ viajar.
2. A mí _____ bailar.
3. A nosotras _____ cantar.
4. A ustedes _____ leer.
5. A ti _____ correr.
6. A Pedro _____ gritar.
7. A mis padres _____ caminar.
8. A usted _____ jugar al tenis.
9. A mi esposo y a mí _____ dormir.
10. A Alberto _____ dibujar.
11. A todos _____ opinar.
12. A Pili _____ ir de compras.

aburrir

1. A ellos ___les aburren___ los deportes.
2. A ti _____ las películas.
3. A usted _____ los viajes.
4. A mí _____ las revistas.
5. A Jorge y a Luis _____ los perros.
6. A nosotros _____ las vacaciones.
7. A ustedes _____ las fiestas.
8. A Marcela _____ los libros.
9. A mis amigos _____ los museos.
10. A ella _____ el ciclismo.
11. A Omar _____ el Internet.
12. A ti y a mí _____ el baile.

recursos

WB
pp. 80–82

LM
p. 42

SUPERSITE
panorama.
vhlcentral.com
Lección 7

Práctica SUPERSITE

1 Completar Completa las oraciones con todos los elementos necesarios.

1. _____ Adela _____ (encantar) la música de Enrique Iglesias.
2. A _____ me _____ (interesar) la música de otros países.
3. A mis amigos _____ (encantar) las canciones (*songs*) de Maná.
4. A Juan y _____ Rafael no les _____ (molestar) la música alta (*loud*).
5. _____ nosotros _____ (fascinar) los grupos de pop latino.
6. _____ señor Ruiz _____ (interesar) más la música clásica.
7. A _____ me _____ (aburrir) la música clásica.
8. ¿A _____ te _____ (faltar) dinero para el concierto de Carlos Santana?
9. Sí. Sólo _____ (quedar) cinco dólares.
10. ¿Cuánto dinero te _____ (quedar) a _____?

◀

NOTA CULTURAL

Hoy día, la música latina es popular en los EE.UU. gracias a artistas como **Shakira**, de nacionalidad colombiana, y **Enrique Iglesias**, español. Otros artistas, como **Carlos Santana** y **Gloria Estefan**, difundieron (*spread*) la música latina en los años 60, 70, 80 y 90.

2 Describir Mira los dibujos y describe lo que está pasando. Usa los verbos de la lista.

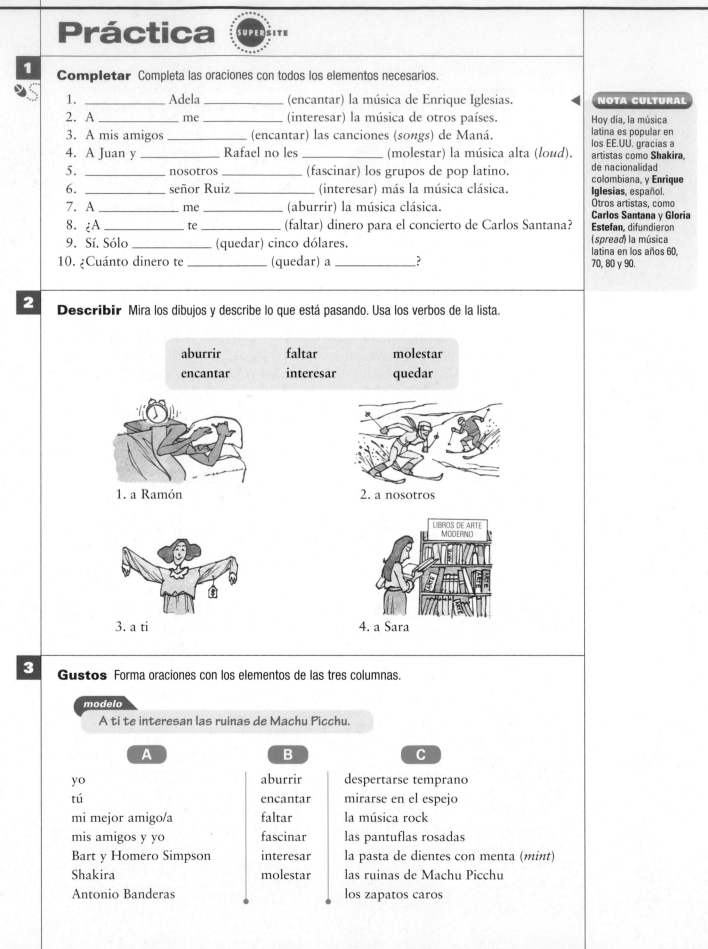

| aburrir | faltar | molestar |
| encantar | interesar | quedar |

1. a Ramón

2. a nosotros

3. a ti

LIBROS DE ARTE MODERNO

4. a Sara

3 Gustos Forma oraciones con los elementos de las tres columnas.

> **modelo**
> A ti te interesan las ruinas de Machu Picchu.

A	B	C
yo	aburrir	despertarse temprano
tú	encantar	mirarse en el espejo
mi mejor amigo/a	faltar	la música rock
mis amigos y yo	fascinar	las pantuflas rosadas
Bart y Homero Simpson	interesar	la pasta de dientes con menta (*mint*)
Shakira	molestar	las ruinas de Machu Picchu
Antonio Banderas		los zapatos caros

Comunicación

4

Preguntas En parejas, túrnense para hacer y contestar estas preguntas.

1. ¿Te gusta levantarte temprano o tarde? ¿Por qué? ¿Y a tu compañero/a de cuarto?
2. ¿Te gusta acostarte temprano o tarde? ¿Y a tu compañero/a de cuarto?
3. ¿Te gusta dormir la siesta?
4. ¿Te encanta acampar o prefieres quedarte en un hotel cuando estás de vacaciones?
5. ¿Qué te gusta hacer en el verano?
6. ¿Qué te fascina de esta universidad? ¿Qué te molesta?
7. ¿Te interesan más las ciencias o las humanidades? ¿Por qué?
8. ¿Qué cosas te molestan?

5

Completar Completa estas frases de una manera lógica.

1. A mi novio/a le fascina(n)…
2. A mi mejor (*best*) amigo/a no le interesa(n)…
3. A mis padres les importa(n)…
4. A nosotros nos molesta(n)…
5. A mis hermanos les aburre(n)…
6. A mi compañero/a de cuarto le aburre(n)…
7. A los turistas les interesa(n)…
8. A los jugadores profesionales les encanta(n)…
9. A nuestro/a profesor(a) le molesta(n)…
10. A mí me importa(n)…

6

La residencia Tú y tu compañero/a de clase son los directores de una residencia estudiantil en Perú. Su profesor(a) les va a dar a cada uno de ustedes las descripciones de cinco estudiantes. Con la información tienen que escoger quiénes van a ser compañeros de cuarto. Después, completen la lista.

Síntesis

7

Situación Trabajen en parejas para representar los papeles de un(a) cliente/a y un(a) dependiente/a en una tienda de ropa. Usen las instrucciones como guía.

Dependiente/a	Cliente/a
Saluda al/a la cliente/a y pregúntale en qué le puedes servir.	→ Saluda al/a la dependiente/a y dile (*tell him/her*) qué quieres comprar y qué colores prefieres.
Pregúntale si le interesan los estilos modernos y empieza a mostrarle la ropa.	→ Explícale que los estilos modernos te interesan. Escoge las cosas que te interesan.
Habla de los gustos del/de la cliente/a.	→ Habla de la ropa (me queda(n) bien/mal, me encanta(n)…).
Da opiniones favorables al/a la cliente/a (las botas te quedan fantásticas…).	→ Decide cuáles son las cosas que te gustan y qué vas a comprar.

Recapitulación

SUPERSITE For self-scoring and diagnostics, go to **panorama.vhlcentral.com**.

Completa estas actividades para repasar los conceptos de gramática que aprendiste en esta lección.

1 **Completar** Completa la tabla con la forma correcta de los verbos. **6 pts.**

yo	tú	nosotros	ellas
me levanto			
	te afeitas		
		nos vestimos	
			se secan

2 **Hoy y ayer** Cambia los verbos del presente al pretérito. **5 pts.**

1. Vamos de compras hoy. _____ de compras hoy.
2. Por último, voy a poner el despertador. Por último, _____ a poner el despertador.
3. Lalo es el primero en levantarse. Lalo _____ el primero en levantarse.
4. ¿Vas a tu habitación? ¿_____ a tu habitación?
5. Ustedes son profesores. Ustedes _____ profesores.

3 **Reflexivos** Completa cada conversación con la forma correcta del presente del verbo reflexivo. **11 pts.**

TOMÁS Yo siempre (1) _____ (bañarse) antes de (2) _____ (acostarse). Esto me relaja porque no (3) _____ (dormirse) fácilmente. Y así puedo (4) _____ (levantarse) más tarde. Y tú, ¿cuándo (5) _____ (ducharse)?

LETI Pues por la mañana, para poder (6) _____ (despertarse).

DAVID ¿Cómo (7) _____ (sentirse) Pepa hoy?

MARÍA Todavía está enojada.

DAVID ¿De verdad? Ella nunca (8) _____ (enojarse) con nadie.

BETO ¿(Nosotros) (9) _____ (Irse) de esta tienda? Estoy cansado.

SARA Pero antes vamos a (10) _____ (probarse) estos sombreros. Si quieres, después (nosotros) (11) _____ (sentarse) un rato.

RESUMEN GRAMATICAL

7.1 **Reflexive verbs** *pp. 220–221*

lavarse	
me lavo	nos lavamos
te lavas	os laváis
se lava	se lavan

7.2 **Indefinite and negative words** *pp. 224–225*

Indefinite words	Negative words
algo	nada
alguien	nadie
alguno/a(s), algún	ninguno/a, ningún
o... o	ni... ni
siempre	nunca, jamás
también	tampoco

7.3 **Preterite of ser and ir** *p. 228*

► The preterite of **ser** and **ir** are identical. Context will determine the meaning.

ser and ir	
fui	fuimos
fuiste	fuisteis
fue	fueron

7.4 **Verbs like gustar** *pp. 230–231*

aburrir	importar
encantar	interesar
faltar	molestar
fascinar	quedar

SINGULAR me, te, le
PLURAL nos, os, les

encanta / interesó > la película / el concierto

importan / fascinaron > las vacaciones / los museos

► Use the construction a + [*noun/pronoun*] to clarify the person in question.

A mí me encanta ver películas, ¿y a ti?

4 **Conversaciones** Completa cada conversación de manera lógica con palabras de la lista. No tienes que usar todas las palabras. **8 pts.**

algo	nada	ningún	siempre
alguien	nadie	nunca	también
algún	ni... ni	o... o	tampoco

1. —¿Tienes _____ plan para esta noche?

   —No, prefiero quedarme en casa. Hoy no quiero ver a _____.

   —Yo _____ me quedo. Estoy muy cansado.

2. —¿Puedo entrar? ¿Hay _____ en el cuarto de baño?

   —Sí. Ahora mismo salgo.

3. —¿Puedes prestarme _____ para peinarme? No encuentro _____ mi cepillo _____ mi peine.

   —Lo siento, yo _____ encuentro los míos (*mine*).

4. —¿Me prestas tu maquillaje?

   —Lo siento, no tengo. _____ me maquillo.

5 **Oraciones** Forma oraciones completas con los elementos dados (*given*). Usa el presente de los verbos. **8 pts.**

1. David y Juan / molestar / levantarse temprano
2. Lucía / encantar / las películas de terror
3. todos (nosotros) / importar / la educación
4. tú / aburrir / ver / la televisión

6 **Rutinas** Escribe seis oraciones describiendo las rutinas de dos personas que conoces. **12 pts.**

> **modelo**
> Mi tía se despierta temprano, pero mi primo...

7 **Adivinanza** Completa la adivinanza con las palabras que faltan y adivina la respuesta. **¡2 puntos EXTRA!**

" **Cuanto más°** _____ (*it dries you*), **más se moja°.** "
¿Qué es? _____

Cuanto más *The more* se moja *it gets wet*

Lectura

Antes de leer

Estrategia
Predicting content from the title

Prediction is an invaluable strategy in reading for comprehension. For example, we can usually predict the content of a newspaper article from its headline. We often decide whether to read the article based on its headline. Predicting content from the title will help you increase your reading comprehension in Spanish.

Examinar el texto

Lee el título de la lectura y haz tres predicciones sobre el contenido. Escribe tus predicciones en una hoja de papel.

Compartir

Comparte tus ideas con un(a) compañero/a de clase.

Cognados

Haz una lista de seis cognados que encuentres en la lectura.

1. _____
2. _____
3. _____
4. _____
5. _____
6. _____

¿Qué te dicen los cognados sobre el tema de la lectura?

¡Qué día!

Anterior ▼ ⬇Siguiente ▼ ⬆ Responder Responder a todos

Fecha: Lunes, 10 de mayo
De: Guillermo Zamora
Asunto: ¡Qué día!
Para: Lupe; Marcos; Sandra; Jorge

Hola, chicos:

La semana pasada me di cuenta° de que necesito organizar mejor° mi rutina... pero especialmente necesito prepararme mejor para los exámenes. Me falta mucha disciplina, me molesta no tener control de mi tiempo y nunca deseo repetir los eventos de la semana pasada.

El miércoles pasé todo el día y toda la noche estudiando para el examen de biología del jueves por la mañana. Me aburre la biología y no empecé a estudiar hasta el día antes del examen. El jueves a las 8, después de no dormir en toda la noche, fui exhausto al examen. Fue difícil, pero afortunadamente° me acordé de todo el material. Esa noche me acosté temprano y dormí mucho.

Me desperté a las 7, y fue extraño° ver a mi compañero de cuarto, Andrés, preparándose para ir a dormir. Como° siempre se enferma° y nunca

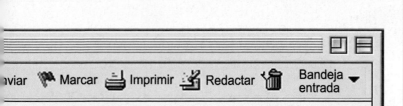

hablamos mucho, no le comenté nada. Fui al baño a cepillarme los dientes para ir a clase. ¿Y Andrés? Él se acostó. "Debe estar enfermo°, ¡otra vez!", pensé.

Mi clase es a las 8, y fue necesario hacer las cosas rápido. Todo empezó a ir mal... eso pasa siempre cuando uno tiene prisa. Cuando busqué mis cosas para el baño, no las encontré. Entonces me duché sin jabón, me cepillé los dientes sin cepillo de dientes y me peiné con las manos. Tampoco encontré ropa limpia, y usé la sucia. Rápido, tomé mis libros. ¿Y Andrés? Roncando°... ¡a las 7:50!

Cuando salí corriendo para la clase, la prisa no me permitió ver el campus desierto. Cuando llegué a la clase, no vi a nadie. No vi al profesor ni a los estudiantes. Por último miré mi reloj, y vi la hora. Las 8 en punto... ¡de la noche!

¡Dormí 24 horas!

Guillermo

me di cuenta *I realized* **mejor** *better* **afortunadamente** *fortunately* **extraño** *strange* **Como** *Since* **se enferma** *he gets sick* **enfermo** *sick* **Roncando** *Snoring*

Después de leer

Seleccionar
Selecciona la respuesta correcta.

1. ¿Quién es el/la narrador(a)?
   a. Andrés
   b. una profesora
   c. Guillermo
2. ¿Qué le molesta al narrador?
   a. Le molestan los exámenes de biología.
   b. Le molesta no tener control de su tiempo.
   c. Le molesta mucho organizar su rutina.
3. ¿Por qué está exhausto?
   a. Porque fue a una fiesta la noche anterior.
   b. Porque no le gusta la biología.
   c. Porque pasó la noche anterior estudiando.
4. ¿Por qué no hay nadie en clase?
   a. Porque es de noche.
   b. Porque todos están de vacaciones.
   c. Porque el profesor canceló la clase.
5. ¿Cómo es la relación de Guillermo y Andrés?
   a. Son buenos amigos.
   b. No hablan mucho.
   c. Tienen una buena relación.

Ordenar
Ordena los sucesos de la narración. Utiliza los números del 1 al 9.

a. Toma el examen de biología. ____
b. No encuentra sus cosas para el baño. ____
c. Andrés se duerme. ____
d. Pasa todo el día y toda la noche estudiando para un examen. ____
e. Se ducha sin jabón. ____
f. Se acuesta temprano. ____
g. Vuelve a su cuarto a las 8 de la noche. ____
h. Se despierta a las 7 y su compañero de cuarto se prepara para dormir. ____
i. Va a clase y no hay nadie. ____

Contestar
Contesta estas preguntas.

1. ¿Cómo es tu rutina diaria? ¿Muy organizada?
2. ¿Cuándo empiezas a estudiar para los exámenes?
3. ¿Tienes compañero/a de cuarto? ¿Son amigos/as?
4. Para comunicarte con tus amigos/as, ¿prefieres el teléfono o el correo electrónico? ¿Por qué?

Perú

El país en cifras

- ► **Área**: 1.285.220 km^2 (496.224 millas^2), *un poco menos que el área de Alaska*
- ► **Población**: 30.063.000
- ► **Capital**: Lima —7.590.000
- ► **Ciudades principales**: Arequipa —915.000, Trujillo, Chiclayo, Callao, Iquitos

SOURCE: Population Division, UN Secretariat

Iquitos es un puerto muy importante en el río Amazonas. Desde Iquitos se envían° muchos productos a otros lugares, incluyendo goma°, nueces°, madera°, arroz°, café y tabaco. Iquitos es también un destino popular para los ecoturistas que visitan la selva°.

- ► **Moneda**: nuevo sol
- ► **Idiomas**: español (oficial), quechua (oficial), aimará

Bandera del Perú

Peruanos célebres

- ► **Clorinda Matto de Turner,** escritora (1854–1901)
- ► **César Vallejo,** poeta (1892–1938)
- ► **Javier Pérez de Cuéllar,** diplomático (1920–)
- ► **Mario Vargas Llosa,** escritor (1936–)

Mario Vargas Llosa

se envían *are shipped* goma *rubber* nueces *nuts* madera *timber* arroz *rice* selva *jungle* Hace más de *More than... ago* grabó *engraved* tamaño *size*

ECUADOR

COLOMBIA

Río Putumayo

Río Napo

Río Tigre

Río Amazonas

Río Pastaza

Iquitos

Río Marañón

Río Huallaga

Bailando marinera norteña en Trujillo

Calle en la ciudad de Iquitos

Cordillera Oriental de los Andes

Cordillera Central de los Andes

Chiclayo •

Río Ucayali

Fuente de la Justicia en Lima

Trujillo •

Río Urubamba

Callao • ✪ Lima

Machu Picchu

Océano Pacífico

Cordillera Occidental de los Andes

Cuzco •

Lago Titicaca

Mercado indígena en Cuzco

Arequipa

ESTADOS UNIDOS

OCÉANO ATLÁNTICO

OCÉANO PACÍFICO

PERÚ

AMÉRICA DEL SUR

CH

recursos

WB
pp. 83–84

VM
pp. 237–238

SUPERSITE
panorama.vhlcentral.com
Lección 7

¡Increíble pero cierto!

Hace más de° dos mil años la civilización nazca de Perú grabó° más de 2.000 kilómetros de líneas en el desierto. Los dibujos sólo son descifrables desde el aire. Uno de ellos es un cóndor del tamaño° de un estadio. Las Líneas de Nazca son uno de los grandes misterios de la humanidad.

Lugares • Lima

Lima es una ciudad moderna y antigua° a la vez°. La Iglesia de San Francisco es notable por la influencia de la arquitectura barroca colonial. También son fascinantes las exhibiciones sobre los incas en el Museo Oro del Perú y en el Museo Nacional de Antropología y Arqueología. Barranco, el barrio° bohemio de la ciudad, es famoso por su ambiente cultural y sus bares y restaurantes.

BRASIL

Historia • Machu Picchu

A 80 kilómetros al noroeste de Cuzco está Machu Picchu, una ciudad antigua del imperio inca. Está a una altitud de 2.350 metros (7.710 pies), entre dos cimas° de los Andes. Cuando los españoles llegaron al Perú, nunca encontraron Machu Picchu. En 1911, el arqueólogo norteamericano Hiram Bingham la descubrió. Todavía no se sabe ni cómo se construyó° una ciudad a esa altura, ni por qué los incas la abandonaron. Sin embargo°, esta ciudad situada en desniveles° naturales es el ejemplo más conocido de la arquitectura inca.

Artes • La música andina

Machu Picchu aún no existía° cuando se originó la música cautivadora° de las antiguas culturas indígenas de los Andes. La influencia española y la música africana contribuyeron a la creación de los ritmos actuales de la música andina. Dos tipos de flauta°, la quena y la antara, producen esta música tan particular. En las décadas de los sesenta y los setenta se popularizó un movimiento para preservar la música andina, y hasta° Simon y Garfunkel la incorporaron en su repertorio con la canción *El cóndor pasa*.

Economía • Llamas y alpacas

El Perú se conoce por sus llamas, alpacas, guanacos y vicuñas, todos ellos animales mamíferos° parientes del camello. Estos animales todavía tienen una enorme importancia en la economía del país. Dan lana para hacer ropa, mantas°, bolsas y artículos para turistas. La llama se usa también para la carga y el transporte.

BOLIVIA

¿Qué aprendiste? Responde a cada pregunta con una oración completa.
1. ¿Qué productos envía Iquitos a otros lugares?
2. ¿Cuáles son las lenguas oficiales del Perú?
3. ¿Por qué es notable la Iglesia de San Francisco en Lima?
4. ¿Qué información sobre Machu Picchu no se sabe todavía?
5. ¿Qué son la quena y la antara?
6. ¿Qué hacen los peruanos con la lana de sus llamas y alpacas?

Conexión Internet Investiga estos temas en **panorama.vhlcentral.com**.
1. Investiga la cultura incaica. ¿Cuáles son algunos de los aspectos interesantes de su cultura?
2. Busca información sobre dos artistas, escritores o músicos peruanos y presenta un breve informe a tu clase.

antigua *old* a la vez *at the same time* barrio *neighborhood* cimas *summits* se construyó *was built* Sin embargo *However* desniveles *uneven pieces of land* aún no existía *didn't exist yet* cautivadora *captivating* flauta *flute* hasta *even* mamíferos *mammalian* mantas *blankets*

Los verbos reflexivos

acordarse (de) (o:ue)	to remember
acostarse (o:ue)	to go to bed
afeitarse	to shave
bañarse	to bathe; to take a bath
cepillarse el pelo	to brush one's hair
cepillarse los dientes	to brush one's teeth
despedirse (de) (e:i)	to say goodbye (to)
despertarse (e:ie)	to wake up
dormirse (o:ue)	to go to sleep; to fall asleep
ducharse	to shower; to take a shower
enojarse (con)	to get angry (with)
irse	to go away; to leave
lavarse la cara	to wash one's face
lavarse las manos	to wash one's hands
levantarse	to get up
llamarse	to be called; to be named
maquillarse	to put on makeup
peinarse	to comb one's hair
ponerse	to put on
ponerse (+ *adj.*)	to become (+ adj.)
preocuparse (por)	to worry (about)
probarse (o:ue)	to try on
quedarse	to stay; to remain
quitarse	to take off
secarse	to dry oneself
sentarse (e:ie)	to sit down
sentirse (e:ie)	to feel
vestirse (e:i)	to get dressed

Palabras de secuencia

antes (de)	before
después	afterwards; then
después (de)	after
durante	during
entonces	then
luego	then
más tarde	later (on)
por último	finally

Palabras afirmativas y negativas

algo	something; anything
alguien	someone; somebody; anyone
alguno/a(s), algún	some; any
jamás	never; not ever
nada	nothing; not anything
nadie	no one; nobody; not anyone
ni… ni	neither… nor
ninguno/a, ningún	no; none; not any
nunca	never; not ever
o… o	either… or
siempre	always
también	also; too
tampoco	neither; not either

En el baño

el baño, el cuarto de baño	bathroom
el champú	shampoo
la crema de afeitar	shaving cream
la ducha	shower
el espejo	mirror
el inodoro	toilet
el jabón	soap
el lavabo	sink
el maquillaje	makeup
la pasta de dientes	toothpaste
la toalla	towel

Verbos similares a gustar

aburrir	to bore
encantar	to like very much; to love (inanimate objects)
faltar	to lack; to need
fascinar	to fascinate; to like very much
importar	to be important to; to matter
interesar	to be interesting to; to interest
molestar	to bother; to annoy
quedar	to be left over; to fit (clothing)

Palabras adicionales

el despertador	alarm clock
las pantuflas	slippers
la rutina diaria	daily routine
por la mañana	in the morning
por la noche	at night
por la tarde	in the afternoon; in the evening

Expresiones útiles	See page 215.

La comida

Communicative Goals

You will learn how to:
- Order food in a restaurant
- Talk about and describe food

A PRIMERA VISTA
- ¿Dónde está ella?
- ¿Qué hace?
- ¿Es parte de su rutina diaria?
- ¿Qué colores hay en la foto?

La comida

Más vocabulario

el/la camarero/a	waiter/waitress
la comida	food; meal
el/la dueño/a	owner; landlord
los entremeses	hors d'oeuvres; appetizers
el menú	menu
el plato (principal)	(main) dish
la sección de (no) fumar	(non) smoking section
el agua (mineral)	(mineral) water
la bebida	drink
la cerveza	beer
la leche	milk
el refresco	soft drink
el ajo	garlic
las arvejas	peas
los cereales	cereal; grain
los frijoles	beans
el melocotón	peach
el pollo (asado)	(roast) chicken
el queso	cheese
el sándwich	sandwich
el yogur	yogurt
el aceite	oil
la margarina	margarine
la mayonesa	mayonnaise
el vinagre	vinegar
delicioso/a	delicious
sabroso/a	tasty; delicious
saber	to taste; to know
saber a	to taste like

Variación léxica

camarones ⟷ gambas (*Esp.*)

camarero ⟷ mesero (*Amér. L.*), mesonero (*Ven.*), mozo (*Arg., Chile, Urug., Perú*)

refresco ⟷ gaseosa (*Amér. C., Amér. S.*)

Las frutas

la pera
la banana
las uvas
la naranja
el limón

Las verduras

el maíz
la cebolla
la lechuga
el champiñón
la zanahoria
el tomate

Práctica SUPERSITE

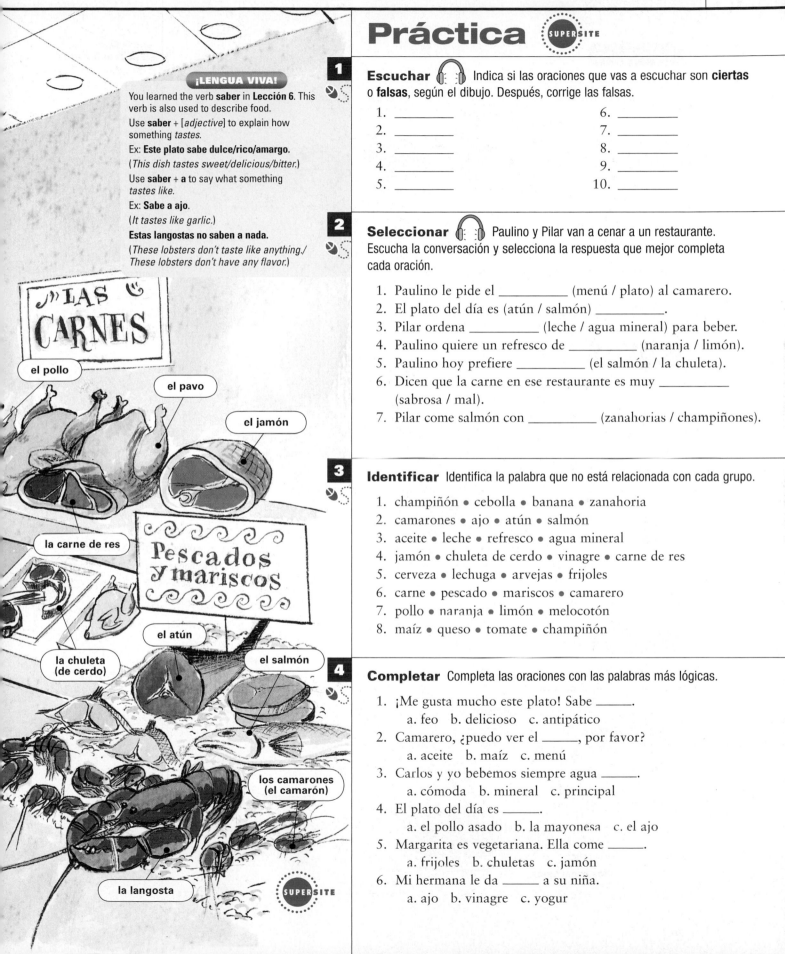

¡LENGUA VIVA!

You learned the verb **saber** in **Lección 6**. This verb is also used to describe food.

Use **saber** + [*adjective*] to explain how something *tastes*.

Ex: **Este plato sabe dulce/rico/amargo.**
(*This dish tastes sweet/delicious/bitter.*)

Use **saber** + **a** to say what something *tastes like*.

Ex: **Sabe a ajo.**
(*It tastes like garlic.*)

Estas langostas no saben a nada.
(*These lobsters don't taste like anything./
These lobsters don't have any flavor.*)

♪LAS CARNES

el pollo

el pavo

el jamón

la carne de res

Pescados y mariscos

la chuleta (de cerdo)

el atún

el salmón

los camarones (el camarón)

la langosta

---

1 **Escuchar** 🎧 Indica si las oraciones que vas a escuchar son **ciertas** o **falsas**, según el dibujo. Después, corrige las falsas.

1. _____
2. _____
3. _____
4. _____
5. _____

6. _____
7. _____
8. _____
9. _____
10. _____

---

2 **Seleccionar** 🎧 Paulino y Pilar van a cenar a un restaurante. Escucha la conversación y selecciona la respuesta que mejor completa cada oración.

1. Paulino le pide el _____ (menú / plato) al camarero.
2. El plato del día es (atún / salmón) _____.
3. Pilar ordena _____ (leche / agua mineral) para beber.
4. Paulino quiere un refresco de _____ (naranja / limón).
5. Paulino hoy prefiere _____ (el salmón / la chuleta).
6. Dicen que la carne en ese restaurante es muy _____ (sabrosa / mal).
7. Pilar come salmón con _____ (zanahorias / champiñones).

---

3 **Identificar** Identifica la palabra que no está relacionada con cada grupo.

1. champiñón • cebolla • banana • zanahoria
2. camarones • ajo • atún • salmón
3. aceite • leche • refresco • agua mineral
4. jamón • chuleta de cerdo • vinagre • carne de res
5. cerveza • lechuga • arvejas • frijoles
6. carne • pescado • mariscos • camarero
7. pollo • naranja • limón • melocotón
8. maíz • queso • tomate • champiñón

---

4 **Completar** Completa las oraciones con las palabras más lógicas.

1. ¡Me gusta mucho este plato! Sabe _____.
   a. feo b. delicioso c. antipático
2. Camarero, ¿puedo ver el _____, por favor?
   a. aceite b. maíz c. menú
3. Carlos y yo bebemos siempre agua _____.
   a. cómoda b. mineral c. principal
4. El plato del día es _____.
   a. el pollo asado b. la mayonesa c. el ajo
5. Margarita es vegetariana. Ella come _____.
   a. frijoles b. chuletas c. jamón
6. Mi hermana le da _____ a su niña.
   a. ajo b. vinagre c. yogur

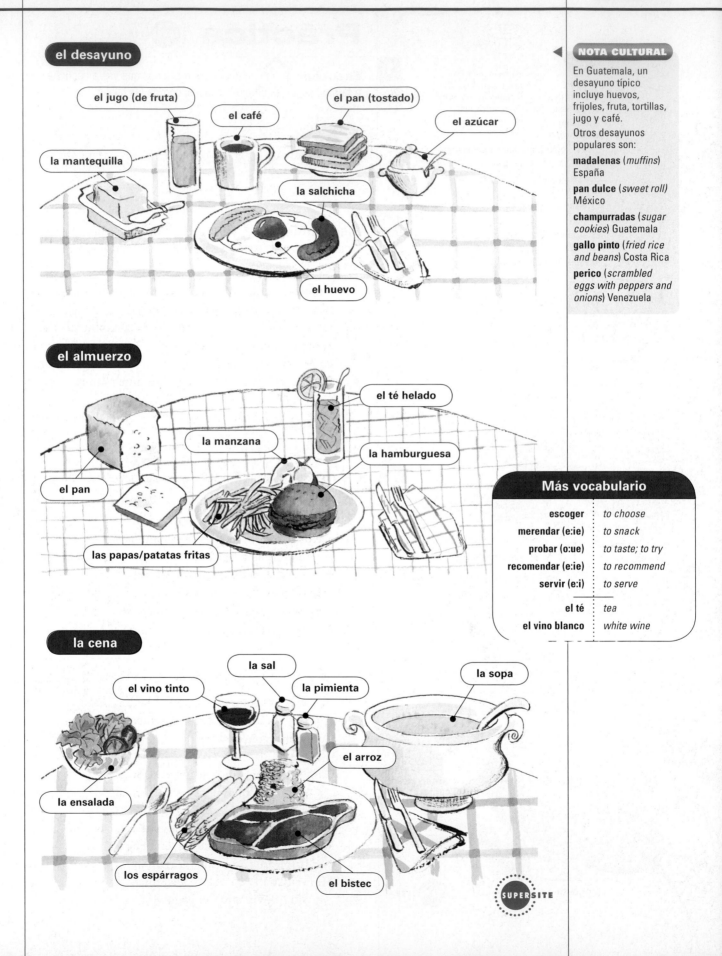

el desayuno

el jugo (de fruta)

el café

el pan (tostado)

el azúcar

la mantequilla

la salchicha

el huevo

el almuerzo

el té helado

la manzana

la hamburguesa

el pan

las papas/patatas fritas

la cena

la sal

el vino tinto

la pimienta

la sopa

el arroz

la ensalada

los espárragos

el bistec

NOTA CULTURAL

En Guatemala, un desayuno típico incluye huevos, frijoles, fruta, tortillas, jugo y café.

Otros desayunos populares son:

madalenas (*muffins*) España

pan dulce (*sweet roll*) México

champurradas (*sugar cookies*) Guatemala

gallo pinto (*fried rice and beans*) Costa Rica

perico (*scrambled eggs with peppers and onions*) Venezuela

Más vocabulario

escoger	to choose
merendar (e:ie)	to snack
probar (o:ue)	to taste; to try
recomendar (e:ie)	to recommend
servir (e:i)	to serve
el té	tea
el vino blanco	white wine

SUPERSITE

5

Completar Trabaja con un(a) compañero/a de clase para relacionar cada producto con el grupo alimenticio (*food group*) correcto.

modelo

La carne es del grupo uno.

el aceite	las bananas	los cereales	la leche
el arroz	el café	los espárragos	el pescado
el azúcar	la carne	los frijoles	el vino

1. _____ y el queso son del grupo cuatro.
2. _____ son del grupo ocho.
3. _____ y el pollo son del grupo tres.
4. _____ es del grupo cinco.
5. _____ es del grupo dos.
6. Las manzanas y _____ son del grupo siete.
7. _____ es del grupo seis.
8. _____ son del grupo diez.
9. _____ y los tomates son del grupo nueve.
10. El pan y _____ son del grupo diez.

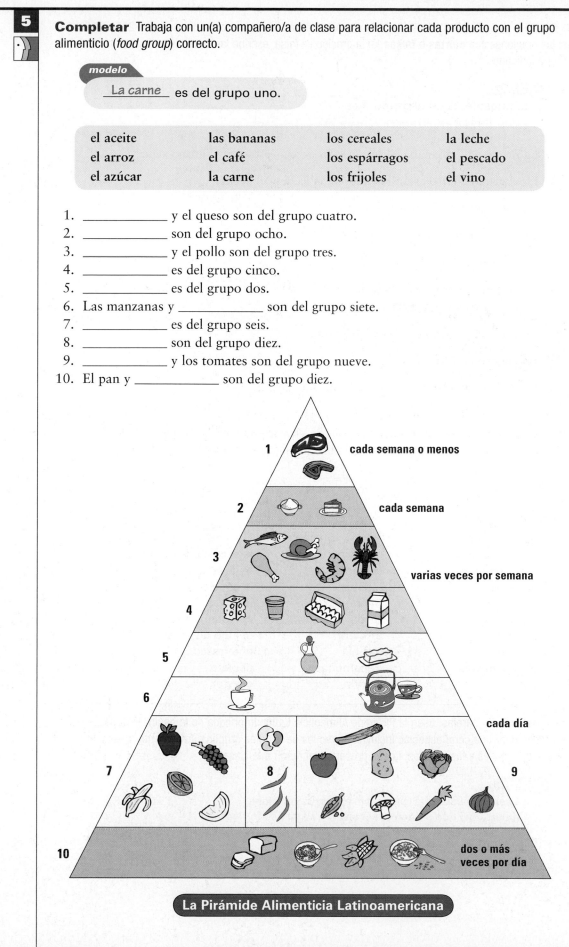

La Pirámide Alimenticia Latinoamericana

6

¿Cierto o falso? Consulta la Pirámide Alimenticia Latinoamericana de la página 245 e indica si las oraciones son **ciertas** o **falsas**. Si la oración es falsa, escribe las comidas que sí están en el grupo indicado.

> **modelo**
>
> El queso está en el grupo diez.
> *Falso. En ese grupo están el maíz, el pan, los cereales y el arroz.*

1. La manzana, la banana, el limón y las arvejas están en el grupo siete.

2. En el grupo cuatro están los huevos, la leche y el aceite.

3. El azúcar está en el grupo dos.

4. En el grupo diez están el pan, el arroz y el maíz.

5. El pollo está en el grupo uno.

6. En el grupo nueve están la lechuga, el tomate, las arvejas, la naranja, la papa, los espárragos y la cebolla.

7. El café y el té están en el mismo grupo.

8. En el grupo cinco está el arroz.

9. El pescado, el yogur y el bistec están en el grupo tres.

7

Combinar Combina palabras de cada columna, en cualquier (*any*) orden, para formar diez oraciones lógicas sobre las comidas. Añade otras palabras si es necesario.

> **modelo**
>
> La camarera nos sirve la ensalada.

A	B	C
el/la camarero/a	almorzar	la sección de no fumar
el/la dueño/a	escoger	el desayuno
mi familia	gustar	la ensalada
mi novio/a	merendar	las uvas
mis amigos y yo	pedir	el restaurante
mis padres	preferir	el jugo de naranja
mi hermano/a	probar	el refresco
el/la médico/a	recomendar	el plato
yo	servir	el arroz

NOTA CULTURAL

El arroz es un alimento básico en el Caribe, Centroamérica y México, entre otros países. Aparece frecuentemente como acompañamiento del plato principal y muchas veces se sirve con frijoles. Un plato muy popular en varios países es el **arroz con pollo** (*chicken and rice casserole*).

8

Un menú En parejas, usen la Pirámide Alimenticia Latinoamericana de la página 245 para crear un menú para una cena especial. Incluyan alimentos de los diez grupos para los entremeses, los platos principales y las bebidas. Luego presenten el menú a la clase.

> **modelo**
>
> La cena especial que vamos a preparar es deliciosa. Primero, hay dos entremeses: una ensalada César y una sopa de langosta. El plato principal es salmón con una salsa de ajo y espárragos. También vamos a servir arroz...

Comunicación

9

Conversación En grupos, contesten estas preguntas.

1. ¿Meriendas mucho durante el día? ¿Qué comes? ¿A qué hora?
2. ¿Qué comidas te gustan más para la cena?
3. ¿A qué hora, dónde y con quién almuerzas?
4. ¿Cuáles son las comidas más (*most*) típicas de tu almuerzo?
5. ¿Desayunas? ¿Qué comes y bebes por la mañana?
6. ¿Qué comida deseas probar?
7. ¿Comes cada día comidas de los diferentes grupos de la pirámide alimenticia? ¿Cuáles son las comidas y bebidas más frecuentes en tu dieta?
8. ¿Qué comida recomiendas a tus amigos? ¿Por qué?
9. ¿Eres vegetariano/a? ¿Crees que ser vegetariano/a es una buena idea? ¿Por qué?
10. ¿Te gusta cocinar (*to cook*)? ¿Qué comidas preparas para tus amigos? ¿Para tu familia?

10

Describir Con dos compañeros/as de clase, describe las dos fotos, contestando estas preguntas.

▶ ¿Quiénes están en las fotos?

▶ ¿Dónde están?

▶ ¿Qué hora es?

▶ ¿Qué comen y qué beben?

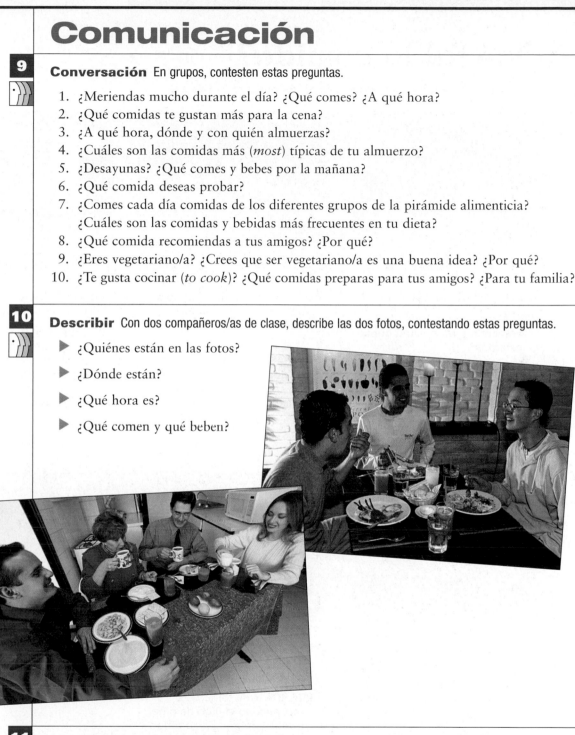

11

Crucigrama (*Crossword puzzle*) Tu profesor(a) les va a dar a ti y a tu compañero/a un crucigrama incompleto. Tú tienes las palabras que necesita tu compañero/a y él/ella tiene las palabras que tú necesitas. Tienen que darse pistas (*clues*) para completarlo. No pueden decir la palabra necesaria; deben utilizar definiciones, ejemplos y frases.

modelo

6 vertical: Es un condimento que normalmente viene con la sal.

2 horizontal: Es una fruta amarilla.

MAITE

INÉS

DON FRANCISCO

ÁLEX

JAVIER

DOÑA RITA

CAMARERO

¿Qué tal la comida?

Don Francisco y los estudiantes van al restaurante El Cráter.

PERSONAJES

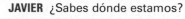

JAVIER ¿Sabes dónde estamos?

INÉS Mmm, no sé. Oiga, don Francisco, ¿sabe usted dónde estamos?

DON FRANCISCO Estamos cerca de Cotacachi.

ÁLEX ¿Dónde vamos a almorzar, don Francisco? ¿Conoce un buen restaurante en Cotacachi?

DON FRANCISCO Pues, conozco a doña Rita Perales, la dueña del mejor restaurante de la ciudad, el restaurante El Cráter.

DOÑA RITA Hombre, don Paco, ¿usted por aquí?

DON FRANCISCO Sí, doña Rita... y hoy le traigo clientes. Le presento a Maite, Inés, Álex y Javier. Los llevo a las montañas para ir de excursión.

MAITE Voy a tomar un caldo de patas y un lomo a la plancha.

JAVIER Para mí las tortillas de maíz y el ceviche de camarón.

ÁLEX Yo también quisiera las tortillas de maíz y el ceviche.

INÉS Voy a pedir caldo de patas y lomo a la plancha.

DON FRANCISCO Yo quiero tortillas de maíz y una fuente de fritada, por favor.

DOÑA RITA Y de tomar, les recomiendo el jugo de piña, frutilla y mora. ¿Se lo traigo a todos?

TODOS Sí, perfecto.

CAMARERO ¿Qué plato pidió usted?

MAITE Un caldo de patas y lomo a la plancha.

recursos

VM
pp. 209–210

panorama.vhlcentral.com
Lección 8

DOÑA RITA ¡Bienvenidos al restaurante El Cráter! Están en muy buenas manos... don Francisco es el mejor conductor del país. Y no hay nada más bonito que nuestras montañas. Pero si van a ir de excursión deben comer bien. Vengan chicos, por aquí.

JAVIER ¿Qué nos recomienda usted?

DOÑA RITA Bueno, las tortillas de maíz son riquísimas. La especialidad de la casa es el caldo de patas... ¡tienen que probarlo! El lomo a la plancha es un poquito más caro que el caldo pero es sabrosísimo. También les recomiendo el ceviche y la fuente de fritada.

DOÑA RITA ¿Qué tal la comida? ¿Rica?

JAVIER Rica, no. ¡Riquísima!

ÁLEX Sí. ¡Y nos la sirvieron tan rápidamente!

MAITE Una comida deliciosa, gracias.

DON FRANCISCO Hoy es el cumpleaños de Maite...

DOÑA RITA ¡Ah! Tenemos unos pasteles que están como para chuparse los dedos...

Expresiones útiles

Finding out where you are

- **¿Sabe usted/Sabes dónde estamos?**
  Do you know where we are?
  Estamos cerca de Cotacachi.
  We're near Cotacachi.

Talking about people and places you're familiar with

- **¿Conoce usted/Conoces un buen restaurante en Cotacachi?**
  Do you know a good restaurant in Cotacachi?
  Sí, conozco varios.
  Yes, I know several.
- **¿Conoce/Conoces a doña Rita?**
  Do you know Doña Rita?

Ordering food

- **¿Qué le puedo traer?**
  What can I bring you?
  Voy a tomar/pedir un caldo de patas y un lomo a la plancha.
  I am going to have/to order the beef soup and grilled flank steak.
  Para mí, las tortillas de maíz y el ceviche de camarón, por favor.
  Corn tortillas and lemon-marinated shrimp for me, please.
  Yo también quisiera...
  I also would like...
  Y de tomar, el jugo de piña, frutilla y mora.
  And pineapple/strawberry/blackberry juice to drink.
- **¿Qué plato pidió usted?**
  What did you order?
  Yo pedí un caldo de patas.
  I ordered the beef soup.

Talking about the food at a restaurant

- **¿Qué tal la comida?**
  How is the food?
  Muy rica, gracias.
  Very tasty, thanks.
  ¡Riquísima!
  Extremely delicious!

¿Qué pasó?

1

Escoger Escoge la respuesta que completa mejor cada oración.

1. Don Francisco lleva a los estudiantes a _____ al restaurante de una amiga.
   a. cenar   b. desayunar   c. almorzar
2. Doña Rita es _____.
   a. la hermana de don Francisco   b. la dueña del restaurante
   c. una camarera que trabaja en El Cráter
3. Doña Rita les recomienda a los viajeros _____.
   a. el caldo de patas y el lomo a la plancha
   b. el bistec, las verduras frescas y el vino tinto   c. unos pasteles (*cakes*)
4. Inés va a pedir _____.
   a. las tortillas de maíz y una fuente de fritada (*mixed grill*)
   b. el ceviche de camarón y el caldo de patas
   c. el caldo de patas y el lomo a la plancha

2

Identificar Indica quién puede decir estas oraciones.

1. No me gusta esperar en los restaurantes.
   ¡Qué bueno que nos sirvieron rápidamente!
2. Les recomiendo la especialidad de la casa.
3. ¡Maite y yo pedimos los mismos platos!
4. Disculpe, señora... ¿qué platos recomienda usted?
5. Yo conozco a una señora que tiene un restaurante
   excelente. Les va a gustar mucho.
6. Hoy es mi cumpleaños (*birthday*).

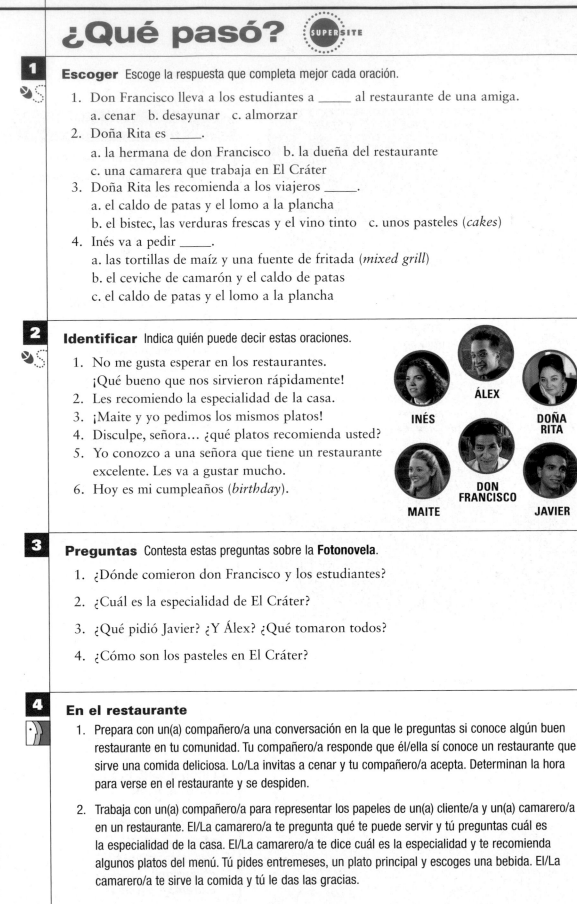

INÉS   ÁLEX   DOÑA RITA

MAITE   DON FRANCISCO   JAVIER

3

Preguntas Contesta estas preguntas sobre la **Fotonovela**.

1. ¿Dónde comieron don Francisco y los estudiantes?

2. ¿Cuál es la especialidad de El Cráter?

3. ¿Qué pidió Javier? ¿Y Álex? ¿Qué tomaron todos?

4. ¿Cómo son los pasteles en El Cráter?

4

En el restaurante

1. Prepara con un(a) compañero/a una conversación en la que le preguntas si conoce algún buen restaurante en tu comunidad. Tu compañero/a responde que él/ella sí conoce un restaurante que sirve una comida deliciosa. Lo/La invitas a cenar y tu compañero/a acepta. Determinan la hora para verse en el restaurante y se despiden.

2. Trabaja con un(a) compañero/a para representar los papeles de un(a) cliente/a y un(a) camarero/a en un restaurante. El/La camarero/a te pregunta qué te puede servir y tú preguntas cuál es la especialidad de la casa. El/La camarero/a te dice cuál es la especialidad y te recomienda algunos platos del menú. Tú pides entremeses, un plato principal y escoges una bebida. El/La camarero/a te sirve la comida y tú le das las gracias.

CONSULTA

To review indefinite words like **algún,** see **Estructura 7.2,** p. 224.

Pronunciación

ll, ñ, c, and z

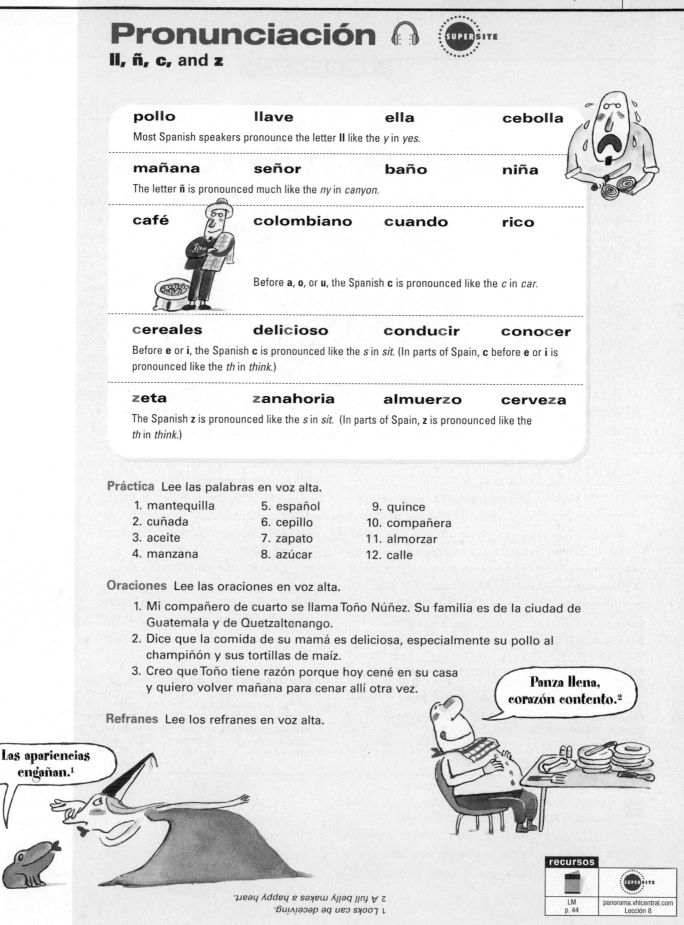

| pollo | llave | ella | cebolla |

Most Spanish speakers pronounce the letter **ll** like the *y* in *yes*.

| mañana | señor | baño | niña |

The letter **ñ** is pronounced much like the *ny* in *canyon*.

| café | colombiano | cuando | rico |

Before **a**, **o**, or **u**, the Spanish **c** is pronounced like the *c* in *car*.

| cereales | delicioso | conducir | conocer |

Before **e** or **i**, the Spanish **c** is pronounced like the *s* in *sit*. (In parts of Spain, **c** before **e** or **i** is pronounced like the *th* in *think*.)

| zeta | zanahoria | almuerzo | cerveza |

The Spanish **z** is pronounced like the *s* in *sit*. (In parts of Spain, **z** is pronounced like the *th* in *think*.)

Práctica Lee las palabras en voz alta.

1. mantequilla
2. cuñada
3. aceite
4. manzana
5. español
6. cepillo
7. zapato
8. azúcar
9. quince
10. compañera
11. almorzar
12. calle

Oraciones Lee las oraciones en voz alta.

1. Mi compañero de cuarto se llama Toño Núñez. Su familia es de la ciudad de Guatemala y de Quetzaltenango.
2. Dice que la comida de su mamá es deliciosa, especialmente su pollo al champiñón y sus tortillas de maíz.
3. Creo que Toño tiene razón porque hoy cené en su casa y quiero volver mañana para cenar allí otra vez.

Refranes Lee los refranes en voz alta.

Las apariencias engañan.[1]

Panza llena, corazón contento.[2]

1 Looks can be deceiving.
2 A full belly makes a happy heart.

recursos

LM p. 44

panorama.vhlcentral.com Lección 8

EN DETALLE

Frutas y verduras de
las Américas

Imagínate una pizza sin salsa° de tomate o una hamburguesa sin papas fritas. Ahora piensa que quieres ver una película, pero las palomitas de maíz° y el chocolate no existen. ¡Qué mundo° tan insípido°! Muchas de las comidas más populares del mundo tienen ingredientes esenciales que son originarios de las Américas. Estas frutas y verduras no fueron introducidas en Europa sino hasta° el siglo° XVI.

El tomate, por ejemplo, era° usado como planta ornamental cuando llegó por primera vez a Europa porque pensaron que era venenoso°. El maíz, por su parte, era ya la base de la comida de muchos países latinoamericanos muchos siglos antes de la llegada de los españoles.

La papa fue un alimento° básico para los incas. Incluso consiguieron deshidratarlas para almacenarlas° durante mucho tiempo. El cacao (planta con la que se hace el chocolate) fue muy importante para los aztecas y los mayas. Ellos usaron sus semillas° como moneda° y como ingrediente de diversas salsas. También las molían° para preparar una bebida, mezclándolas° con agua ¡y con chile!

El aguacate°, la guayaba°, la papaya, la piña y el maracuyá (o fruta de la pasión) son sólo algunos ejemplos de frutas originarias de las Américas que son hoy día conocidas en todo el mundo.

Mole

¿En qué alimentos encontramos estas frutas y verduras?

Tomate: pizza, ketchup, salsa de tomate, sopa de tomate

Maíz: palomitas de maíz, tamales, tortillas, arepas (Colombia y Venezuela), pan

Papa: papas fritas, frituras de papa°, puré de papas°, sopa de papas, tortilla de patatas (España)

Cacao: salsa mole (México), chocolatinas°, cereales, helados°, tartas°

Aguacate: guacamole (México), cóctel de camarones, sopa de aguacate, nachos, enchiladas hondureñas

salsa *sauce* palomitas de maíz *popcorn* mundo *world* insípido *flavorless* hasta *until* siglo *century* era *was* venenoso *poisonous* alimento *food* almacenarlas *to store them* semillas *seeds* moneda *currency* las molían *they used to grind them* mezclándolas *mixing them* aguacate *avocado* guayaba *guava* frituras de papa *chips* puré de papas *mashed potatoes* chocolatinas *chocolate bars* helados *ice cream* tartas *cakes*

ACTIVIDADES

1 **¿Cierto o falso?** Indica si lo que dicen estas oraciones es **cierto** o **falso**. Corrige la información falsa.

1. El tomate se introdujo a Europa como planta ornamental.

2. Los aztecas y los mayas usaron las papas como moneda.

3. Los incas sólo consiguieron almacenar las papas por poco tiempo.

4. En México se hace una salsa con chocolate.

5. El aguacate, la guayaba, la papaya, la piña y el maracuyá son originarios de las Américas.

6. Las arepas se hacen con cacao.

7. El aguacate es un ingrediente del cóctel de camarones.

8. En España hacen una tortilla con papas.

ASÍ SE DICE

La comida

el banano (Col.), el cambur (Ven.), el guineo (Nic.), el plátano (Amér. L., Esp.)	la banana
el choclo (Amér. S.), el elote (Méx.), el jojoto (Ven.), la mazorca (Esp.)	*corncob*
las caraotas (Ven.), los porotos (Amér. S.), las habichuelas	los frijoles
el durazno	el melocotón
el jitomate (Méx.)	el tomate

EL MUNDO HISPANO

Algunos platos típicos

○ **Ceviche peruano:** Es un plato de pescado crudo° que se marina° en jugo de limón, con sal, pimienta, cebolla y ají°. Se sirve con lechuga, maíz, camote° y papa amarilla.

○ **Gazpacho andaluz:** Es una sopa fría típica del sur de España. Se hace con verduras crudas y molidas°: tomate, ají, pepino° y ajo. También lleva pan, sal, aceite y vinagre.

○ **Sancocho colombiano:** Es una sopa de pollo o de carne con plátano, maíz, zanahoria, yuca, papas, cebolla y ajo. Se sirve con arroz blanco.

crudo *raw* se marina *gets marinated* ají *pepper* camote *sweet potato* molidas *mashed* pepino *cucumber*

PERFIL

Ferran Adrià: arte en la cocina°

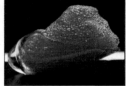

¿Qué haces si un amigo te invita a comer croquetas líquidas o paella de Kellogg's? ¿Piensas que es una broma°? ¡Cuidado! Puedes estar perdiendo la oportunidad de cenar en el restaurante más innovador de España: **El Bulli**.

Aire de zanahorias

Ferran Adrià, el dueño de El Bulli, está entre los mejores° chefs del mundo. Su éxito° se basa en su creatividad. Adrià modifica combinaciones de ingredientes y juega con contrastes de gustos y sensaciones: frío-caliente, crudo-cocido°, dulce°-salado°... Sus platos son sorprendentes° y divertidos: cócteles en forma de espuma°, salsas servidas en tubos y sorbetes salados.

Adrià también creó **Fast Good** (un restaurante de comida rápida de calidad), escribe libros de cocina y participa en programas de televisión.

cocina *kitchen* broma *joke* mejores *best* éxito *success* cocido *cooked* dulce *sweet* salado *savory* sorprendentes *surprising* espuma *foam*

SUPERSITE Conexión Internet

¿Qué platos comen los hispanos en los Estados Unidos?

Go to **panorama.vhlcentral.com** to find more cultural information related to this **Cultura** section.

ACTIVIDADES

2 **Comprensión** Empareja cada palabra con su definición.

1. fruta amarilla
2. sopa típica de Colombia
3. ingrediente del ceviche
4. restaurante español

a. gazpacho
b. El Bulli
c. sancocho
d. guineo
e. pescado

3 **¿Qué plato especial hay en tu región?** Escribe cuatro oraciones sobre un plato típico de tu región. Explica los ingredientes que contiene y cómo se sirve.

8.1 Preterite of stem-changing verbs

ANTE TODO As you learned in **Lección 6**, **–ar** and **–er** stem-changing verbs have no stem change in the preterite. **–Ir** stem-changing verbs, however, do have a stem change. Study the following chart and observe where the stem changes occur.

CONSULTA

There are a few high frequency irregular verbs in the preterite. You will learn more about them in **Estructura 9.1**, p. 286.

		servir (to serve)	**dormir** (to sleep)
SINGULAR FORMS	yo	serví	dormí
	tú	serviste	dormiste
	Ud./él/ella	si**r**vió	d**u**rmió
PLURAL FORMS	nosotros/as	servimos	dormimos
	vosotros/as	servisteis	dormisteis
	Uds./ellos/ellas	si**r**vieron	d**u**rmieron

Preterite of –ir stem-changing verbs

▶ Stem-changing **–ir** verbs, in the preterite only, have a stem change in the third-person singular and plural forms. The stem change consists of either **e** to **i** or **o** to **u**.

(e → i) pedir: p**i**dió, p**i**dieron   (o → u) morir (*to die*): m**u**rió, m**u**rieron

> Perdón, ¿quiénes pidieron las tortillas de maíz?

> ¿Y qué plato pidió usted?

¡INTÉNTALO! Cambia cada infinitivo al pretérito.

1. Yo _____serví_____. (servir, dormir, pedir, preferir, repetir, seguir)

2. Usted _____. (morir, conseguir, pedir, sentirse, despedirse, vestirse)

3. Tú _____. (conseguir, servir, morir, pedir, dormir, repetir)

4. Ellas _____. (repetir, dormir, seguir, preferir, morir, servir)

5. Nosotros _____. (seguir, preferir, servir, vestirse, despedirse, dormirse)

6. Ustedes _____. (sentirse, vestirse, conseguir, pedir, despedirse, dormirse)

7. Él _____. (dormir, morir, preferir, repetir, seguir, pedir)

recursos

WB
pp. 87–88

LM
p. 45

SUPERSITE
panorama.
vhlcentral.com
Lección 8

Práctica SUPERSITE

1

Completar Completa estas oraciones para describir lo que pasó anoche en el restaurante El Famoso.

NOTA CULTURAL

El horario de las comidas en España es distinto al de los EE.UU. El desayuno es ligero (*light*). La hora del almuerzo es entre las 2 y las 3 de la tarde. Es la comida más importante del día. Mucha gente come una merienda o tapas por la tarde. La cena, normalmente ligera, suele (*tends*) ser entre las 9 y las 11 de la noche.

▶ 1. Paula y Humberto Suárez llegaron al restaurante El Famoso a las ocho y _____ (seguir) al camarero a una mesa en la sección de no fumar.
2. El señor Suárez _____ (pedir) una chuleta de cerdo.
3. La señora Suárez _____ (preferir) probar los camarones.
4. De tomar, los dos _____ (pedir) vino tinto.
5. El camarero _____ (repetir) el pedido (*the order*) para confirmarlo.
6. La comida tardó mucho (*took a long time*) en llegar y los señores Suárez _____ (dormirse) esperando la comida.
7. A las nueve y media el camarero les _____ (servir) la comida.
8. Después de comer la chuleta, el señor Suárez _____ (sentirse) muy mal.
9. Pobre señor Suárez... ¿por qué no _____ (pedir) los camarones?

2

El camarero loco En el restaurante La Hermosa trabaja un camarero muy loco que siempre comete muchos errores. Indica lo que los clientes pidieron y lo que el camarero les sirvió.

> **modelo**
>
> Armando / papas fritas
> Armando pidió papas fritas, pero el camarero le sirvió maíz.

1. nosotros / jugo de naranja

2. Beatriz / queso

3. tú / arroz

4. Elena y Alejandro / atún

5. usted / agua mineral

6. yo / hamburguesa

Comunicación

3

El almuerzo Trabajen en parejas. Túrnense para completar las oraciones de César de una manera lógica.

> **modelo**
>
> Mi compañero de cuarto se despertó temprano, pero yo...
> Mi compañero de cuarto se despertó temprano, pero yo me
> desperté tarde.

1. Yo llegué al restaurante a tiempo, pero mis amigos...
2. Beatriz pidió la ensalada de frutas, pero yo...
3. Yolanda les recomendó el bistec, pero Eva y Paco...
4. Nosotros preferimos las papas fritas, pero Yolanda...
5. El camarero sirvió la carne, pero yo...
6. Beatriz y yo pedimos café, pero Yolanda y Paco...
7. Eva se sintió enferma, pero Paco y yo...
8. Nosotros repetimos el postre (*dessert*), pero Eva...
9. Ellos salieron tarde, pero yo...
10. Yo me dormí temprano, pero mi compañero de cuarto...

¡LENGUA VIVA!

In Spanish, the verb **repetir** is used to express *to have a second helping* (*of something*).

Cuando mi mamá prepara sopa de champiñones, yo siempre repito.

When my mom makes mushroom soup, I always have a second helping.

4

Entrevista Trabajen en parejas y túrnense para entrevistar a su compañero/a.

1. ¿Te acostaste tarde o temprano anoche? ¿A qué hora te dormiste? ¿Dormiste bien?
2. ¿A qué hora te despertaste esta mañana? Y ¿a qué hora te levantaste?
3. ¿A qué hora vas a acostarte esta noche?
4. ¿Qué almorzaste ayer? ¿Quién te sirvió el almuerzo?
5. ¿Qué cenaste ayer?
6. ¿Cenaste en un restaurante recientemente? ¿Con quién?
7. ¿Qué pediste en el restaurante? ¿Qué pidieron los demás?
8. ¿Se durmió alguien en alguna de tus clases la semana pasada? ¿En qué clase?

Síntesis

5

Describir En grupos, estudien la foto y las preguntas. Luego, describan la cena romántica de Eduardo y Rosa.

▶ ¿Adónde salieron a cenar?

▶ ¿Qué pidieron?

▶ ¿Les sirvieron la comida rápidamente?

▶ ¿Les gustó la comida?

▶ ¿Cuánto costó?

▶ ¿Van a volver a este restaurante en el futuro?

▶ ¿Recomiendas el restaurante?

CONSULTA

To review words commonly associated with the preterite, such as **anoche**, see **Estructura 6.3**, p. 191.

8.2 Double object pronouns ⬢SUPERSITE

ANTE TODO In **Lecciones 5** and **6**, you learned that direct and indirect object pronouns replace nouns and that they often refer to nouns that have already been referenced. You will now learn how to use direct and indirect object pronouns together. Observe the following diagram.

Indirect Object Pronouns			Direct Object Pronouns	
me	nos	**+**	lo	los
te	os		la	las
le (se)	les (se)			

▶ When direct and indirect object pronouns are used together, the indirect object pronoun always precedes the direct object pronoun.

I.O.	D.O.		**DOUBLE OBJECT PRONOUNS**
El camarero **me** muestra **el menú**.		→	El camarero **me lo** muestra.
The waiter shows me the menu.			*The waiter shows it to me.*

I.O.	D.O.		**DOUBLE OBJECT PRONOUNS**
Nos sirven **los platos**.		→	**Nos los** sirven.
They serve us the dishes.			*They serve them to us.*

I.O.	D.O.		**DOUBLE OBJECT PRONOUNS**
Maribel **te** pidió **una hamburguesa**.		→	Maribel **te la** pidió.
Maribel ordered a hamburger for you.			*Maribel ordered it for you.*

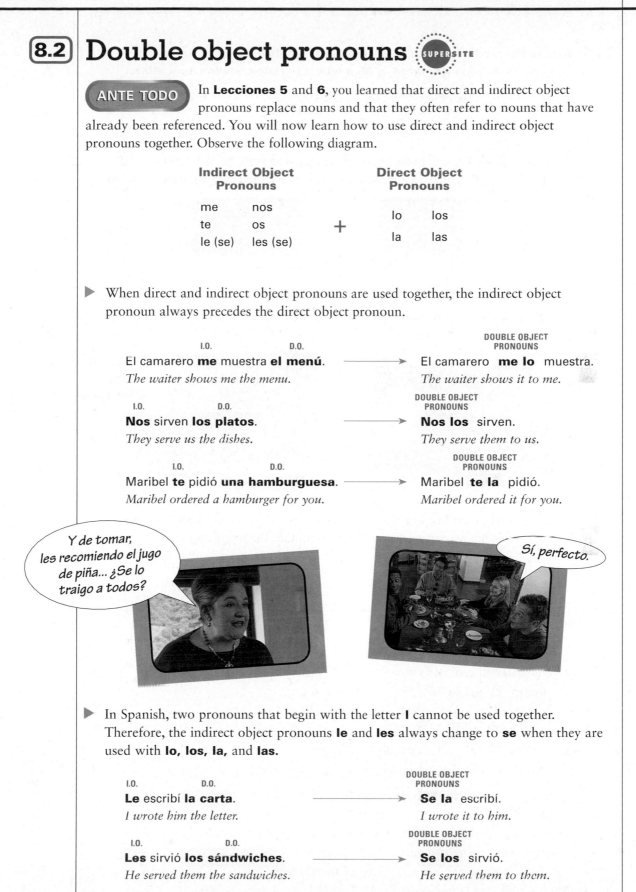

Y de tomar, les recomiendo el jugo de piña... ¿Se lo traigo a todos?

Sí, perfecto.

▶ In Spanish, two pronouns that begin with the letter **l** cannot be used together. Therefore, the indirect object pronouns **le** and **les** always change to **se** when they are used with **lo, los, la,** and **las.**

I.O.	D.O.		**DOUBLE OBJECT PRONOUNS**
Le escribí **la carta**.		→	**Se la** escribí.
I wrote him the letter.			*I wrote it to him.*

I.O.	D.O.		**DOUBLE OBJECT PRONOUNS**
Les sirvió **los sándwiches**.		→	**Se los** sirvió.
He served them the sandwiches.			*He served them to them.*

► Because **se** has multiple meanings, Spanish speakers often clarify to whom the pronoun refers by adding **a usted, a él, a ella, a ustedes, a ellos,** or **a ellas.**

¿El sombrero? Carlos **se** lo vendió **a ella.**
The hat? Carlos sold it to her.

¿Las verduras? Ellos **se** las compran **a usted.**
The vegetables? They buy them for you.

► Double object pronouns are placed before a conjugated verb. With infinitives and present participles, they may be placed before the conjugated verb or attached to the end of the infinitive or present participle.

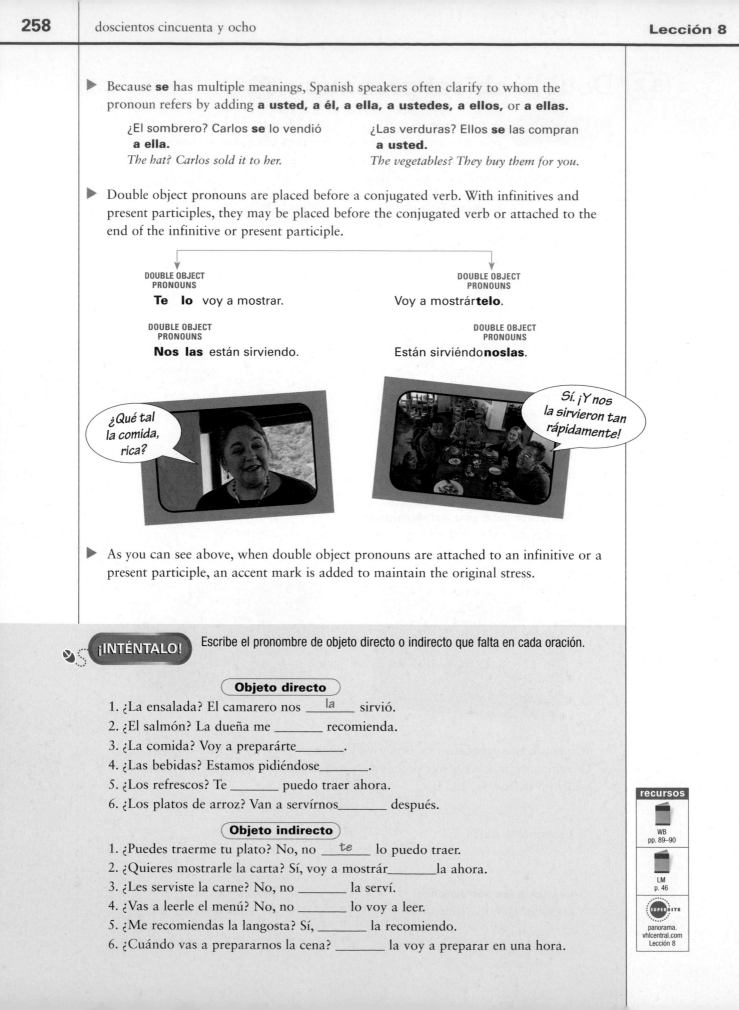

DOUBLE OBJECT PRONOUNS
Te lo voy a mostrar.

DOUBLE OBJECT PRONOUNS
Voy a mostrár**telo**.

DOUBLE OBJECT PRONOUNS
Nos las están sirviendo.

DOUBLE OBJECT PRONOUNS
Están sirviéndo**noslas**.

¿Qué tal la comida, rica?

Sí. ¡Y nos la sirvieron tan rápidamente!

► As you can see above, when double object pronouns are attached to an infinitive or a present participle, an accent mark is added to maintain the original stress.

¡INTÉNTALO!   Escribe el pronombre de objeto directo o indirecto que falta en cada oración.

Objeto directo

1. ¿La ensalada? El camarero nos ___la___ sirvió.
2. ¿El salmón? La dueña me _____ recomienda.
3. ¿La comida? Voy a preparárte_____.
4. ¿Las bebidas? Estamos pidiéndose_____.
5. ¿Los refrescos? Te _____ puedo traer ahora.
6. ¿Los platos de arroz? Van a servírnos_____ después.

Objeto indirecto

1. ¿Puedes traerme tu plato? No, no ___te___ lo puedo traer.
2. ¿Quieres mostrarle la carta? Sí, voy a mostrár_____la ahora.
3. ¿Les serviste la carne? No, no _____ la serví.
4. ¿Vas a leerle el menú? No, no _____ lo voy a leer.
5. ¿Me recomiendas la langosta? Sí, _____ la recomiendo.
6. ¿Cuándo vas a prepararnos la cena? _____ la voy a preparar en una hora.

Práctica

1

Responder Imagínate que trabajas de camarero/a en un restaurante. Responde a las órdenes de estos clientes usando pronombres.

> **modelo**
>
> Sra. Gómez: Una ensalada, por favor.
> Sí, señora. Enseguida *(Right away)* se la traigo.

AYUDA

Here are some other useful expressions:
ahora mismo
right now
inmediatamente
immediately
¡A la orden!
At your service!
¡Ya voy!
I'm on my way!

1. Sres. López: La mantequilla, por favor.
2. Srta. Rivas: Los camarones, por favor.
3. Sra. Lugones: El pollo asado, por favor.
4. Tus compañeros/as de cuarto: Café, por favor.
5. Tu profesor(a) de español: Papas fritas, por favor.
6. Dra. González: La chuleta de cerdo, por favor.
7. Tu padre: Los champiñones, por favor.
8. Dr. Torres: La cuenta *(check)*, por favor.

2

¿Quién? La señora Cevallos está planeando una cena. Se pregunta cómo va a resolver ciertas situaciones. En parejas, túrnense para decir lo que ella está pensando. Cambien los sustantivos subrayados por pronombres de objeto directo y hagan los otros cambios necesarios.

> **modelo**
>
> ¡No tengo carne! ¿Quién va a traerme la carne del supermercado? (mi esposo)
> Mi *esposo* va a traérmela./Mi *esposo* me la va a traer.

NOTA CULTURAL

Los vinos de Chile son conocidos internacionalmente. **Concha y Toro** es el productor y exportador más grande de vinos de Chile. Las zonas más productivas de vino están al norte de Santiago, en el Valle Central.

1. ¡Las invitaciones! ¿Quién les manda las invitaciones a los invitados *(guests)*? (mi hija)
2. No tengo tiempo de ir a la bodega. ¿Quién me puede comprar el vino? (mi hijo)
3. ¡Ay! No tengo suficientes platos *(plates)*. ¿Quién puede prestarme los platos que necesito? (mi mamá)
4. Nos falta mantequilla. ¿Quién nos trae la mantequilla? (mi cuñada)
5. ¡Los entremeses! ¿Quién está preparándonos los entremeses? (Silvia y Renata)
6. No hay suficientes sillas. ¿Quién nos trae las sillas que faltan? (Héctor y Lorena)
7. No tengo tiempo de pedirle el aceite a Mónica. ¿Quién puede pedirle el aceite? (mi hijo)
8. ¿Quién va a servirles la cena a los invitados? (mis hijos)
9. Quiero poner buena música de fondo *(background)*. ¿Quién me va a recomendar la música? (mi esposo)
10. ¡Los postres! ¿Quién va a preparar los postres para los invitados? (Sra. Villalba)

Comunicación

3 **Contestar** Trabajen en parejas. Túrnense para hacer preguntas y para responderlas usando las palabras interrogativas **¿Quién?** o **¿Cuándo?** Sigan el modelo.

> **modelo**
> nos enseña español
> **Estudiante 1:** ¿Quién nos enseña español?
> **Estudiante 2:** La profesora Camacho nos lo enseña.

1. te puede explicar (*explain*) la tarea cuando no la entiendes
2. les vende el almuerzo a los estudiantes
3. vas a comprarme boletos (*tickets*) para un concierto
4. te escribe mensajes electrónicos
5. nos prepara los entremeses
6. me vas a prestar tu computadora
7. te compró esa bebida
8. nos va a recomendar el menú de la cafetería
9. le enseñó español al/a la profesor(a)
10. me vas a mostrar tu casa o apartamento

4 **Preguntas** Hazle estas preguntas a un(a) compañero/a.

> **modelo**
> **Estudiante 1:** ¿Les prestas tu casa a tus amigos? ¿Por qué?
> **Estudiante 2:** No, no se la presto a mis amigos porque no son muy responsables.

1. ¿Me prestas tu auto? ¿Ya le prestaste tu auto a otro/a amigo/a?
2. ¿Quién te presta dinero cuando lo necesitas?
3. ¿Les prestas dinero a tus amigos? ¿Por qué?
4. ¿Nos compras el almuerzo a mí y a los otros compañeros de clase?
5. ¿Les mandas correo electrónico a tus amigos? ¿Y a tu familia?
6. ¿Les das regalos a tus amigos? ¿Cuándo?
7. ¿Quién te va a preparar la cena esta noche?
8. ¿Quién te va a preparar el desayuno mañana?

Síntesis

5 **Regalos de Navidad (*Christmas gifts*)** Tu profesor(a) te va a dar a ti y a un(a) compañero/a una parte de la lista de los regalos de Navidad que Berta pidió y los regalos que sus parientes le compraron. Conversen para completar sus listas.

> **modelo**
> **Estudiante 1:** ¿Qué le pidió Berta a su mamá?
> **Estudiante 2:** Le pidió una computadora. ¿Se la compró?
> **Estudiante 1:** Sí, se la compró.

NOTA CULTURAL

Las fiestas navideñas (*Christmas season*) en los países hispanos duran hasta enero. En muchos lugares celebran **la Navidad** (*Christmas*), pero no se dan los regalos hasta el seis de enero, **el Día de los Reyes Magos** (*Three Kings' Day/The Feast of the Epiphany*).

8.3 Comparisons (SUPERSITE)

ANTE TODO Spanish and English use comparisons to indicate which of two people or things has a lesser, equal, or greater degree of a quality.

(Comparisons)

menos interesante	**más grande**	**tan sabroso como**
less interesting	*bigger*	*as delicious as*

Comparisons of inequality

▶ Comparisons of inequality are formed by placing **más** (*more*) or **menos** (*less*) before adjectives, adverbs, and nouns and **que** (*than*) after them.

$$\textbf{más/menos} + \begin{bmatrix} \textit{adjective} \\ \textit{adverb} \\ \textit{noun} \end{bmatrix} + \textbf{que}$$

▶ **¡Atención!** Note that while English has a comparative form for short adjectives (*tall**er***), such forms do not exist in Spanish (**más** alto).

(adjectives)

Los bistecs son **más caros que** el pollo.	Estas uvas son **menos ricas que** esa pera.
Steaks are more expensive than chicken.	*These grapes are less tasty than that pear.*

(adverbs)

Me acuesto **más tarde que** tú.	Luis se despierta **menos temprano que** yo.
I go to bed later than you (do).	*Luis wakes up less early than I (do).*

(nouns)

Juan prepara **más platos que** José.	Susana come **menos carne que** Enrique.
Juan prepares more dishes than José (does).	*Susana eats less meat than Enrique (does).*

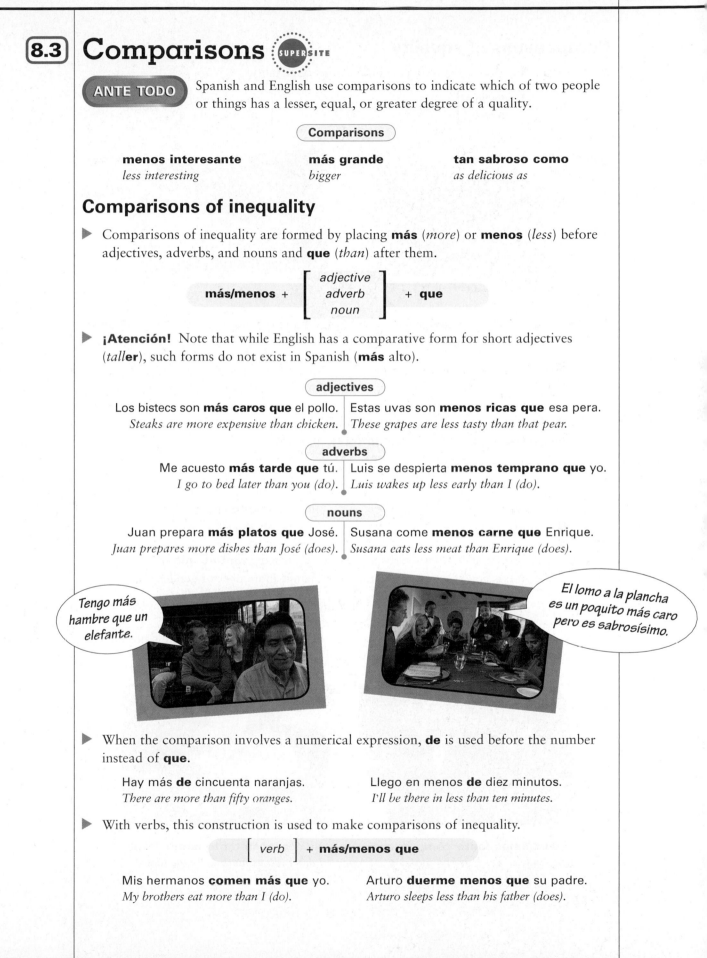

Tengo más hambre que un elefante.

El lomo a la plancha es un poquito más caro pero es sabrosísimo.

▶ When the comparison involves a numerical expression, **de** is used before the number instead of **que**.

Hay más **de** cincuenta naranjas.	Llego en menos **de** diez minutos.
There are more than fifty oranges.	*I'll be there in less than ten minutes.*

▶ With verbs, this construction is used to make comparisons of inequality.

$$\begin{bmatrix} \textit{verb} \end{bmatrix} + \textbf{más/menos que}$$

Mis hermanos **comen más que** yo.	Arturo **duerme menos que** su padre.
My brothers eat more than I (do).	*Arturo sleeps less than his father (does).*

Comparisons of equality

▶ This construction is used to make comparisons of equality.

$$\textbf{tan} + \begin{bmatrix} \textit{adjective} \\ \textit{adverb} \end{bmatrix} + \textbf{como} \qquad \textbf{tanto/a(s)} + \begin{bmatrix} \textit{singular noun} \\ \textit{plural noun} \end{bmatrix} + \textbf{como}$$

¿Qué tal tu ceviche?

La comida es tan buena como en España.

▶ **¡Atención!** Note that **tanto** acts as an adjective and therefore agrees in number and gender with the noun it modifies.

Este plato es **tan rico como** aquél.
This dish is as tasty as that one (is).

Yo probé **tantos platos como** él.
I tried as many dishes as he did.

▶ **Tan** and **tanto** can also be used for emphasis, rather than to compare, with these meanings: **tan** *so*, **tanto** *so much*, **tantos/as** *so many*.

¡Tu almuerzo es **tan** grande!
Your lunch is so big!

¡Comes **tantas** manzanas!
You eat so many apples!

¡Comes **tanto**!
You eat so much!

¡Preparan **tantos** platos!
They prepare so many dishes!

▶ Comparisons of equality with verbs are formed by placing **tanto como** after the verb. Note that in this construction **tanto** does not change in number or gender.

$$\begin{bmatrix} \textit{verb} \end{bmatrix} + \textbf{tanto como}$$

Tú viajas **tanto como** mi tía.
You travel as much as my aunt (does).

Ellos hablan **tanto como** mis hermanas.
They talk as much as my sisters.

Estudiamos tanto como ustedes.
We study as much as you (do).

No **descanso tanto como** Felipe.
I don't rest as much as Felipe (does).

Irregular comparisons

▶ Some adjectives have irregular comparative forms.

Adjective		Comparative form	
bueno/a	*good*	**mejor**	*better*
malo/a	*bad*	**peor**	*worse*
grande	*big*	**mayor**	*bigger*
pequeño/a	*small*	**menor**	*smaller*
joven	*young*	**menor**	*younger*
viejo/a	*old*	**mayor**	*older*

CONSULTA

To review how descriptive adjectives like **bueno**, **malo**, and **grande** shorten before nouns, see **Estructura 3.1**, p. 82.

▶ When **grande** and **pequeño/a** refer to age, the irregular comparative forms, **mayor** and **menor**, are used. However, when these adjectives refer to size, the regular forms, **más grande** and **más pequeño/a**, are used.

Yo soy **menor** que tú.
I'm younger than you.

Pedí un plato **más pequeño**.
I ordered a smaller dish.

El médico es **mayor** que Isabel.
The doctor is older than Isabel.

La ensalada de Inés es **más grande** que ésa.
Inés's salad is bigger than that one.

▶ The adverbs **bien** and **mal** have the same irregular comparative forms as the adjectives **bueno/a** and **malo/a**.

Julio nada **mejor** que los otros chicos.
Julio swims better than the other boys.

Ellas cantan **peor** que las otras chicas.
They sing worse than the other girls.

¡INTÉNTALO! Escribe el equivalente de las palabras en inglés.

1. Ernesto mira más televisión ___*que*___ (*than*) Alberto.
2. Tú eres _____ (*less*) simpático que Federico.
3. La camarera sirve _____ (*as much*) carne como pescado.
4. Conozco _____ (*more*) restaurantes que tú.
5. No estudio _____ (*as much as*) tú.
6. ¿Sabes jugar al tenis tan bien _____ (*as*) tu hermana?
7. ¿Puedes beber _____ (*as many*) refrescos como yo?
8. Mis amigos parecen _____ (*as*) simpáticos como ustedes.

recursos

WB
pp. 91–92

LM
p. 47

SUPERSITE
panorama.
vhlcentral.com
Lección 8

Práctica SUPERSITE

1 Escoger Escoge la palabra correcta para comparar a dos hermanas muy diferentes. Haz los cambios necesarios.

1. Lucila es más alta y más bonita _____ Tita. (de, más, menos, que)
2. Tita es más delgada porque come _____ verduras que su hermana. (de, más, menos, que)
3. Lucila es más _____ que Tita porque es alegre. (listo, simpático, bajo)
4. A Tita le gusta comer en casa. Va a _____ restaurantes que su hermana. (más, menos, que) Es tímida, pero activa. Hace _____ ejercicio (*exercise*) que su hermana. (más, tanto, menos) Todos los días toma más _____ cinco vasos (*glasses*) de agua mineral. (que, tan, de)
5. Lucila come muchas papas fritas y se preocupa _____ que Tita por comer frutas. (de, más, menos) Son _____ diferentes, pero se llevan (*they get along*) bien. (como, tan, tanto)

2 Emparejar Completa las oraciones de la columna A con información de la columna B para comparar a Mario y a Luis, los novios de Lucila y Tita.

A

1. Mario es _____ como Luis.
2. Mario viaja tanto _____ Luis.
3. Luis toma _____ clases de cocina (*cooking*) como Mario.
4. Luis habla _____ tan bien como Mario.
5. Mario tiene tantos _____ como Luis.
6. ¡Qué casualidad (*coincidence*)! Mario y Luis también son hermanos, pero no hay tanta _____ entre ellos como entre Lucila y Tita.

B

tantas
diferencia
tan interesante
amigos extranjeros
como
francés

3 Oraciones Combina elementos de las columnas A, B y C para hacer comparaciones. Usa oraciones completas.

> **modelo**
>
> Arnold Schwarzenegger tiene tantos autos como Jennifer Aniston.
> Jennifer Aniston es menos musculosa que Arnold Schwarzenegger.

A

la comida japonesa
el fútbol
Arnold Schwarzenegger
el pollo
la gente de Nueva York
la primera dama (*lady*) de los EE.UU.
las universidades privadas
las espinacas
la música rap

B

costar
saber
ser
tener
¿?

C

la gente de Los Ángeles
la música *country*
el brócoli
el presidente de los EE.UU.
la comida italiana
el hockey
Jennifer Aniston
las universidades públicas
la carne de res

Comunicación

4 **Intercambiar** En parejas, hagan comparaciones sobre diferentes cosas. Pueden usar las sugerencias de la lista u otras ideas.

> *modelo*
>
> **Estudiante 1:** Los pollos de *Pollitos del Corral* son muy ricos.
> **Estudiante 2:** Pues yo creo que los pollos de *Rostipollos* son tan buenos como los pollos de *Pollitos del Corral*.
> **Estudiante 1:** Mmm… no tienen tanta mantequilla como los pollos de *Pollitos del Corral*. Tienes razón. Son muy sabrosos.

restaurantes en tu ciudad/pueblo
cafés en tu comunidad
tiendas en tu ciudad/pueblo

periódicos en tu ciudad/pueblo
revistas favoritas
libros favoritos

comidas favoritas
los profesores
los cursos que toman

5 **Conversar** En grupos, túrnense para hacer comparaciones entre ustedes mismos (*yourselves*) y una persona de cada categoría de la lista.

▶ una persona de tu familia

▶ un(a) amigo/a especial

▶ una persona famosa

Síntesis

6 **La familia López** En grupos, túrnense para hablar de Sara, Sabrina, Cristina, Ricardo y David y hacer comparaciones entre ellos.

> *modelo*
>
> **Estudiante 1:** Sara es tan alta como Sabrina.
> **Estudiante 2:** Sí, pero David es más alto que ellas.
> **Estudiante 3:** En mi opinión, él es guapo también.

8.4 Superlatives ⓢⓤⓟⓔⓡSITE

ANTE TODO   Both English and Spanish use superlatives to express the highest or lowest degree of a quality.

el/la mejor	**el/la peor**	**la más alta**
the best	*the worst*	*the tallest*

▶ This construction is used to form superlatives. Note that the noun is always preceded by a definite article and that **de** is equivalent to the English *in* or *of*.

> **el/la/los/las** + [*noun*] + **más/menos** + [*adjective*] + **de**

▶ The noun can be omitted if the person, place, or thing referred to is clear.

¿El restaurante El Cráter?
  Es **el más elegante** de la ciudad.
The El Cráter restaurant?
  It's the most elegant (one) in the city.

Recomiendo el pollo asado.
  Es **el más sabroso** del menú.
I recommend the roast chicken.
  It's the most delicious on the menu.

▶ Here are some irregular superlative forms.

Irregular superlatives

Adjective		Superlative form	
bueno/a	*good*	**el/la mejor**	*(the) best*
malo/a	*bad*	**el/la peor**	*(the) worst*
grande	*big*	**el/la mayor**	*(the) biggest*
pequeño/a	*small*	**el/la menor**	*(the) smallest*
joven	*young*	**el/la menor**	*(the) youngest*
viejo/a	*old*	**el/la mayor**	*(the) eldest*

▶ The absolute superlative is equivalent to *extremely, super,* or *very.* To form the absolute superlative of most adjectives and adverbs, drop the final vowel, if there is one, and add **-ísimo/a(s).**

malo ⟶ **mal-** ⟶ **malísimo**   **mucho** ⟶ **much-** ⟶ **muchísimo**

¡El bistec está **malísimo**!   Comes **muchísimo**.

▶ Note these spelling changes.

rico ⟶ **riquísimo**   **largo** ⟶ **larguísimo**   **feliz** ⟶ **felicísimo**

fácil ⟶ **facilísimo**   **joven** ⟶ **jovencísimo**   **trabajador** ⟶ **trabajadorcísimo**

¡ATENCIÓN!

While **más** alone means *more,* after **el, la, los** or **las,** it means *most.* Likewise, **menor** can mean *less* or *least.*

Es **el café más rico del** país.
It's the most delicious coffee in the country.

Es **el menú menos caro de** todos éstos.
It is the least expensive menu of all of these.

CONSULTA

The rule you learned in **Estructura 8.3** (p. 263) regarding the use of **mayor/menor** with age, but not with size, is also true with superlative forms.

¡INTÉNTALO!   Escribe el equivalente de las palabras en inglés.

1. Marisa es <u>la más inteligente</u> (*the most intelligent*) de todas.
2. Ricardo y Tomás son _____ (*the least boring*) de la fiesta.
3. Miguel y Antonio son _____ (*the worst*) estudiantes de la clase.
4. Mi profesor de biología es _____ (*the oldest*) de la universidad.

recursos

WB
pp. 93–94

LM
p. 48

ⓢⓤⓟⓔⓡSITE
panorama.
vhlcentral.com
Lección 8

Práctica y Comunicación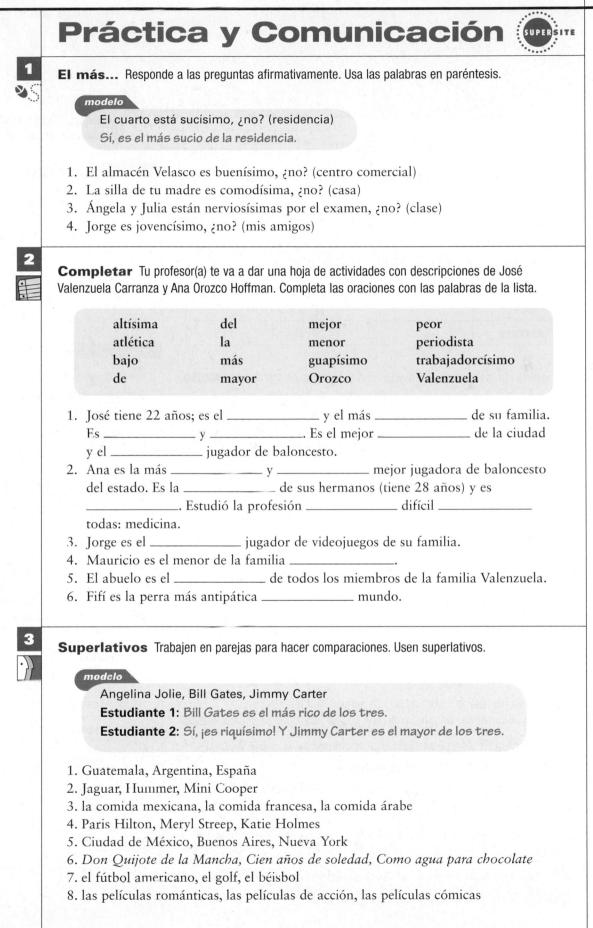

1

El más... Responde a las preguntas afirmativamente. Usa las palabras en paréntesis.

> **modelo**
>
> El cuarto está sucísimo, ¿no? (residencia)
>
> *Sí, es el más sucio de la residencia.*

1. El almacén Velasco es buenísimo, ¿no? (centro comercial)
2. La silla de tu madre es comodísima, ¿no? (casa)
3. Ángela y Julia están nerviosísimas por el examen, ¿no? (clase)
4. Jorge es jovencísimo, ¿no? (mis amigos)

2

Completar Tu profesor(a) te va a dar una hoja de actividades con descripciones de José Valenzuela Carranza y Ana Orozco Hoffman. Completa las oraciones con las palabras de la lista.

altísima	del	mejor	peor
atlética	la	menor	periodista
bajo	más	guapísimo	trabajadorcísimo
de	mayor	Orozco	Valenzuela

1. José tiene 22 años; es el _____ y el más _____ de su familia. Es _____ y _____. Es el mejor _____ de la ciudad y el _____ jugador de baloncesto.
2. Ana es la más _____ y _____ mejor jugadora de baloncesto del estado. Es la _____ de sus hermanos (tiene 28 años) y es _____. Estudió la profesión _____ difícil _____ todas: medicina.
3. Jorge es el _____ jugador de videojuegos de su familia.
4. Mauricio es el menor de la familia _____.
5. El abuelo es el _____ de todos los miembros de la familia Valenzuela.
6. Fifí es la perra más antipática _____ mundo.

3

Superlativos Trabajen en parejas para hacer comparaciones. Usen superlativos.

> **modelo**
>
> Angelina Jolie, Bill Gates, Jimmy Carter
>
> **Estudiante 1:** *Bill Gates es el más rico de los tres.*
>
> **Estudiante 2:** *Sí, ¡es riquísimo! Y Jimmy Carter es el mayor de los tres.*

1. Guatemala, Argentina, España
2. Jaguar, Hummer, Mini Cooper
3. la comida mexicana, la comida francesa, la comida árabe
4. Paris Hilton, Meryl Streep, Katie Holmes
5. Ciudad de México, Buenos Aires, Nueva York
6. *Don Quijote de la Mancha, Cien años de soledad, Como agua para chocolate*
7. el fútbol americano, el golf, el béisbol
8. las películas románticas, las películas de acción, las películas cómicas

Recapitulación

SUPERSITE For self-scoring and diagnostics, go to **panorama.vhlcentral.com**.

Completa estas actividades para repasar los conceptos de gramática que aprendiste en esta lección.

1 **Completar** Completa la tabla con la forma correcta del pretérito. **9 pts.**

Infinitive	yo	usted	ellos
dormir			
servir			
vestirse			

2 **La cena** Completa la conversación con el pretérito de los verbos. **7 pts.**

PAULA ¡Hola, Daniel! ¿Qué tal el fin de semana?

DANIEL Muy bien. Marta y yo (1) _____ (conseguir) hacer muchas cosas, pero lo mejor fue la cena del sábado.

PAULA Ah, ¿sí? ¿Adónde fueron?

DANIEL Al restaurante Vistahermosa. Es elegante, así que (nosotros) (2) _____ (vestirse) bien.

PAULA Y, ¿qué platos (3) _____ (pedir, ustedes)?

DANIEL Yo (4) _____ (pedir) camarones y Marta (5) _____ (preferir) el pollo. Y al final, el camarero nos (6) _____ (servir) flan.

PAULA ¡Qué rico!

DANIEL Sí. Pero después de la cena Marta no (7) _____ (sentirse) bien.

3 **Camareros** Genaro y Úrsula son camareros en un restaurante. Completa la conversación que tienen con su jefe usando pronombres. **8 pts.**

JEFE Úrsula, ¿le ofreciste agua fría al cliente de la mesa 22?

ÚRSULA Sí, (1) _____ de inmediato.

JEFE Genaro, ¿los clientes de la mesa 5 te pidieron ensaladas?

GENARO Sí, (2) _____.

ÚRSULA Genaro, ¿recuerdas si ya me mostraste los vinos nuevos?

GENARO Sí, ya (3) _____.

JEFE Genaro, ¿van a pagarte la cuenta (*bill*) los clientes de la mesa 5?

GENARO Sí, (4) _____ ahora mismo.

RESUMEN GRAMATICAL

8.1 **Preterite of stem-changing verbs** *p. 254*

servir	dormir
serví	dormí
serviste	dormiste
sirvió	durmió
servimos	dormimos
servisteis	dormisteis
sirvieron	durmieron

8.2 **Double object pronouns** *pp. 257–258*

Indirect Object Pronouns: me, te, le (se), nos, os, les (se)

Direct Object Pronouns: lo, la, los, las

Le escribí la carta. → Se la escribí.

Nos van a servir los platos. → Nos los van a servir./ Van a servírnoslos.

8.3 **Comparisons** *pp. 261–263*

Comparisons of inequality		
más/menos +	*adj., adv., n.*	+ que
verb + **más/menos + que**		

Comparisons of equality		
tan +	*adj., adv.*	+ como
tanto/a(s) +	*noun*	+ como
verb + **tanto como**		

Irregular comparative forms	
bueno/a	mejor
malo/a	peor
grande	mayor
pequeño/a	menor
joven	menor
viejo/a	mayor

recursos

SUPERSITE

panorama.vhlcentral.com
Lección 8

4 **El menú** Observa el menú y sus características. Completa las oraciones basándote en los elementos dados. Usa comparativos y superlativos. **14 pts.**

8.4 **Superlatives** *p. 266*

el/la/ los/las +	*noun*	+ más/ menos +	*adjective*	+ de

▶ Irregular superlatives follow the same pattern as irregular comparatives.

Ensaladas	*Precio*	*Calorías*
Ensalada de tomates	$9.00	170
Ensalada de mariscos	$12.99	325
Ensalada de zanahorias	$9.00	200

Platos principales		
Pollo con champiñones	$13.00	495
Cerdo con papas	$10.50	725
Atún con espárragos	$18.95	495

1. ensalada de mariscos / otras ensaladas / costar
   La ensalada de mariscos _____ las otras ensaladas.
2. pollo con champiñones / cerdo con papas / calorías
   El pollo con champiñones tiene _____ el cerdo con papas.
3. atún con espárragos / pollo con champiñones / calorías
   El atún con espárragos tiene _____ el pollo con champiñones.
4. ensalada de tomates / ensalada de zanahorias / caro
   La ensalada de tomates es _____ la ensalada de zanahorias.
5. cerdo con papas / platos principales / caro
   El cerdo con papas es _____ los platos principales.
6. ensalada de zanahorias / ensalada de tomates / costar
   La ensalada de zanahorias _____ la ensalada de tomates.
7. ensalada de mariscos / ensaladas / caro
   La ensalada de mariscos es _____ las ensaladas.

5 **Dos restaurantes** ¿Cuál es el mejor restaurante que conoces? ¿Y el peor? Escribe un párrafo de por lo menos (*at least*) seis oraciones donde expliques por qué piensas así. Puedes hablar de la calidad de la comida, el ambiente, los precios, el servicio, etc. **12 pts.**

6 **Adivinanza** Completa la adivinanza y adivina la respuesta. **¡2 puntos EXTRA!**

❝En el campo yo nací°,
mis hermanos son
los _____ (*garlic, pl.*),
y aquél que llora° por mí
me está partiendo°
en pedazos°.❞
¿Quién soy? _____

naci *was born* llora *cries* partiendo *cutting* pedazos *pieces*

Lectura

Antes de leer

Estrategia
Reading for the main idea

As you know, you can learn a great deal about a reading selection by looking at the format and looking for cognates, titles, and subtitles. You can skim to get the gist of the reading selection and scan it for specific information. Reading for the main idea is another useful strategy; it involves locating the topic sentences of each paragraph to determine the author's purpose for writing a particular piece. Topic sentences can provide clues about the content of each paragraph, as well as the general organization of the reading. Your choice of which reading strategies to use will depend on the style and format of each reading selection.

Examinar el texto

En esta sección tenemos dos textos diferentes. ¿Qué estrategias puedes usar para leer la crítica culinaria (*restaurant review*)? ¿Cuáles son las apropiadas para familiarizarte con el menú? Utiliza las estrategias más eficaces (*efficient*) para cada texto. ¿Qué tienen en común? ¿Qué tipo de comida sirven en el restaurante?

Identificar la idea principal

Lee la primera frase de cada párrafo de la crítica culinaria del restaurante **La feria del maíz.** Apunta (*Jot down*) el tema principal de cada párrafo. Luego lee todo el primer párrafo. ¿Crees que el restaurante le gustó al autor de la crítica culinaria? ¿Por qué? Ahora lee la crítica entera. En tu opinión, ¿cuál es la idea principal de la crítica? ¿Por qué la escribió el autor? Compara tus opiniones con las de un(a) compañero/a.

recursos

panorama.vhlcentral.com
Lección 8

MENÚ

Entremeses
Tortilla servida con
• Ajiaceite (chile, aceite)   • Ajicomino (chile, comino)

Pan tostado servido con
• Queso frito a la pimienta   • Salsa de ajo y mayonesa

Sopas
• Tomate   • Cebolla   • Verduras   • Pollo y huevo
• Carne de res   • Mariscos

Entradas
Tomaticán
(tomate, papas, maíz, chile, arvejas y zanahorias)

Tamales
(maíz, azúcar, ajo, cebolla)

Frijoles enchilados
(frijoles negros, carne de cerdo o de res, arroz, chile)

Chilaquil
(tortilla de maíz, queso, hierbas y chile)

Tacos
(tortillas, pollo, verduras y salsa)

Cóctel de mariscos
(camarones, langosta, vinagre, sal, pimienta, aceite)

Postres°
• Plátanos caribeños   • Cóctel de frutas al ron°
• Uvate (uvas, azúcar de caña y ron)   • Flan napolitano
• Helado° de piña y naranja   • Pastel° de yogur

Después de leer

Preguntas

En parejas, contesten estas preguntas sobre la crítica culinaria de **La feria del maíz.**

1. ¿Quién es el dueño y chef de **La feria del maíz?**

2. ¿Qué tipo de comida se sirve en el restaurante?

3. ¿Cuál es el problema con el servicio?

4. ¿Cómo es el ambiente del restaurante?

5. ¿Qué comidas probó el autor?

6. ¿Quieren ir ustedes al restaurante **La feria del maíz?** ¿Por qué?

23F

Gastronomía
Por Eduardo Fernández

La feria del maíz

Sobresaliente°. En el nuevo restaurante **La feria del maíz** va a encontrar la perfecta combinación entre la comida tradicional y el encanto° de la vieja ciudad de Antigua. Ernesto Sandoval, antiguo jefe de cocina° del famoso restaurante **El fogón**, está teniendo mucho éxito° en su nueva aventura culinaria.

El gerente°, el experimentado José Sierra, controla a la perfección la calidad del servicio. El camarero que me atendió esa noche fue muy amable en todo momento. Sólo hay que comentar que,

La feria del maíz
13 calle 4-41 Zona 1
La Antigua, Guatemala
2329912

lunes a sábado
10:30am-11:30pm
domingo 10:00am-10:00pm

Comida ¶¶¶¶¶

Servicio ¶¶¶

Ambiente ¶¶¶¶

Precio ¶¶¶

debido al éxito inmediato de **La feria del maíz**, se necesitan más camareros para atender a los clientes de una forma más eficaz. En

esta ocasión, el mesero se tomó unos veinte minutos en traerme la bebida.

Afortunadamente, no me importó mucho la espera entre plato y plato, pues el ambiente es tan agradable que me sentí como en casa. El restaurante mantiene el estilo colonial de Antigua. Por dentro°, el estilo es elegante y rústico a la vez. Cuando el tiempo lo permite, se puede comer también en el patio, donde hay muchas flores.

El servicio de camareros y el ambiente agradable del local pasan a un segundo plano cuando llega la comida, de una calidad extraordinaria. Las tortillas

de casa se sirven con un ajiaceite delicioso. La sopa de mariscos es excelente, y los tamales, pues, tengo que confesar que son mejores que los de mi abuelita. También recomiendo los tacos de pollo, servidos con un mole buenísimo. De postre, don Ernesto me preparó su especialidad, unos plátanos caribeños sabrosísimos.

Los precios pueden parecer altos° para una comida tradicional, pero la calidad de los productos con que se cocinan los platos y el exquisito ambiente de **La feria del maíz** le garantizan° una experiencia inolvidable°.

Bebidas
• Cerveza negra • Chilate (bebida de maíz, chile y cacao)
• Jugos de fruta • Agua mineral • Té helado
• Vino tinto/blanco • Ron

Postres *Desserts* ron *rum* Helado *Ice cream* Pastel *Cake* Sobresaliente *Outstanding* encanto *charm* jefe de cocina *head chef* éxito *success* gerente *manager* Por dentro *Inside* altos *high* garantizan *guarantee* inolvidable *unforgettable*

Un(a) guía turístico/a
Tú eres un(a) guía turístico/a en Guatemala. Estás en el restaurante **La feria del maíz** con un grupo de turistas norteamericanos. Ellos no hablan español y quieren pedir de comer, pero necesitan tu ayuda. Lee nuevamente el menú e indica qué error comete cada turista.

1. La señora Johnson es diabética y no puede comer azúcar. Pide sopa de verdura y tamales. No pide nada de postre.

2. Los señores Petit son vegeterianos y piden sopa de tomate, frijoles enchilados y plátanos caribeños.

3. El señor Smith, que es alérgico al chocolate, pide tortilla servida con ajiaceite, chilaquil y chilate para beber.

4. La adorable hija del señor Smith tiene sólo cuatro años y le gustan mucho las verduras y las frutas naturales. Su papá le pide tomaticán y un cóctel de frutas.

5. La señorita Jackson está a dieta y pide uvate, flan napolitano y helado.

Guatemala

El país en cifras

▸ **Área:** 108.890 km² (42.042 millas²),
un poco más pequeño que Tennessee

▸ **Población:** 14.213.000

▸ **Capital:** Ciudad de Guatemala—1.103.000

▸ **Ciudades principales:** Quetzaltenango,
Escuintla, Mazatenango, Puerto Barrios

SOURCE: Population Division, UN Secretariat

▸ **Moneda:** quetzal

▸ **Idiomas:** español (oficial),
lenguas mayas

*El español es la lengua de un
60 por ciento° de la población;
el otro 40 por ciento tiene una
de las lenguas mayas (cakchiquel,
quiché y kekchícomo, entre
otras) como lengua materna.
Una palabra que las lenguas
mayas tienen en común es
ixim, que significa maíz, un
cultivo° de mucha importancia
en estas culturas.*

Bandera de Guatemala

Guatemaltecos célebres

▸ **Carlos Mérida,** pintor (1891–1984)

▸ **Miguel Ángel Asturias,** escritor (1899–1974)

▸ **Margarita Carrera,** poeta y ensayista (1929–)

▸ **Rigoberta Menchú Tum,** activista (1959–),
premio Nobel de la Paz° en 1992

por ciento *percent* cultivo *crop* Paz *Peace* telas *fabrics* tinte *dye*
aplastados *crushed* hace... destiñan *keeps the colors from running*

Vista de una calle céntrica en la Ciudad de Guatemala

Mujeres indígenas limpiando cebollas

ESTADOS UNIDOS

OCÉANO ATLÁNTICO

GUATEMALA

OCÉANO PACÍFICO

AMÉRICA DEL SUR

Sierra de Lacandón

Lago Petén Itzá

MÉXICO

Río Usumacinta

Río de la Pasión

BELI...

Lago de Izabal

Sierra Madre

Quetzaltenango

Lago de Atitlán

Sierra de las Minas

Río Motagua

⭐ Guatemala

Antigua Guatemala

Mazatenango

Escuintla

Iglesia de la Merced en Antigua Guatemala

EL SALVADOR

Océano Pacífico

recursos		
WB pp. 95–96	VM pp. 239–240	panorama.vhlcentral.com Lección 8

¡Increíble pero cierto!

¿Qué "ingrediente" secreto se encuentra en las telas° tradicionales de Guatemala? ¡El mosquito! El excepcional tinte° de estas telas es producto de una combinación de flores y de mosquitos aplastados°. El insecto hace que los colores no se destiñan°. Quizás es por esto que los artesanos representan la figura del mosquito en muchas de sus telas.

Ciudades • **Antigua Guatemala**

Antigua Guatemala fue fundada en 1543. Fue una capital de gran importancia hasta 1773, cuando un terremoto° la destruyó. Sin embargo, conserva el carácter original de su arquitectura y hoy es uno de los centros turísticos del país. Su celebración de la Semana Santa° es, para muchas personas, la más importante del hemisferio.

Naturaleza • **El quetzal**

El quetzal simbolizó la libertad para los antiguos° mayas porque creían° que este pájaro° no podía° vivir en cautividad°. Hoy el quetzal es el símbolo nacional. El pájaro da su nombre a la moneda nacional y aparece también en los billetes° del país. Desafortunadamente, está en peligro° de extinción. Para su protección, el gobierno mantiene una reserva biológica especial.

Historia • **Los mayas**

Desde 1500 a.C. hasta 900 d.C., los mayas habitaron gran parte de lo que ahora es Guatemala. Su civilización fue muy avanzada. Los mayas fueron arquitectos y constructores de pirámides, templos y observatorios. También descubrieron° y usaron el cero antes que los europeos, e inventaron un calendario complejo° y preciso.

Artesanía • **La ropa tradicional**

La ropa tradicional de los guatemaltecos se llama *huipil* y muestra el amor° de la cultura maya por la naturaleza. Ellos se inspiran en las flores°, plantas y animales para crear sus diseños° de colores vivos° y formas geométricas. El diseño y los colores de cada *huipil* indican el pueblo de origen y a veces también el sexo y la edad° de la persona que lo lleva.

¿Qué aprendiste? Responde a cada pregunta con una oración completa.

1. ¿Qué significa la palabra *ixim*?
2. ¿Quién es Rigoberta Menchú?
3. ¿Qué pájaro representa a Guatemala?
4. ¿Qué simbolizó el quetzal para los mayas?
5. ¿Cuál es la moneda nacional de Guatemala?
6. ¿De qué fueron arquitectos los mayas?
7. ¿Qué celebración de la Antigua Guatemala es la más importante del hemisferio para muchas personas?
8. ¿Qué descubrieron los mayas antes que los europeos?
9. ¿Qué muestra la ropa tradicional de los guatemaltecos?
10. ¿Qué indica un *huipil* con su diseño y sus colores?

Conexión Internet Investiga estos temas en **panorama.vhlcentral.com.**

1. Busca información sobre Rigoberta Menchú. ¿De dónde es? ¿Qué libros publicó? ¿Por qué es famosa?
2. Estudia un sitio arqueológico en Guatemala para aprender más sobre los mayas, y prepara un breve informe para tu clase.

terremoto *earthquake* Semana Santa *Holy Week* antiguos *ancient* creían *they believed* pájaro *bird* no podía *couldn't* cautividad *captivity* los billetes *bills* peligro *danger* descubrieron *they discovered* complejo *complex* amor *love* flores *flowers* diseños *designs* vivos *bright* edad *age*

Mar Caribe
Golfo de Honduras
Puerto Barrios
HONDURAS

Las comidas

el/la camarero/a	waiter/waitress
la comida	food; meal
el/la dueño/a	owner; landlord
el menú	menu
la sección de (no) fumar	(non) smoking section
el almuerzo	lunch
la cena	dinner
el desayuno	breakfast
los entremeses	hors d'oeuvres; appetizers
el plato (principal)	(main) dish
delicioso/a	delicious
rico/a	tasty; delicious
sabroso/a	tasty; delicious

Las frutas

la banana	banana
las frutas	fruits
el limón	lemon
la manzana	apple
el melocotón	peach
la naranja	orange
la pera	pear
la uva	grape

Las verduras

las arvejas	peas
la cebolla	onion
el champiñón	mushroom
la ensalada	salad
los espárragos	asparagus
los frijoles	beans
la lechuga	lettuce
el maíz	corn
las papas/patatas (fritas)	(fried) potatoes; French fries
el tomate	tomato
las verduras	vegetables
la zanahoria	carrot

La carne y el pescado

el atún	tuna
el bistec	steak
los camarones	shrimp
la carne	meat
la carne de res	beef
la chuleta (de cerdo)	(pork) chop
la hamburguesa	hamburger
el jamón	ham
la langosta	lobster
los mariscos	shellfish
el pavo	turkey
el pescado	fish
el pollo (asado)	(roast) chicken
la salchicha	sausage
el salmón	salmon

Otras comidas

el aceite	oil
el ajo	garlic
el arroz	rice
el azúcar	sugar
los cereales	cereal; grains
el huevo	egg
la mantequilla	butter
la margarina	margarine
la mayonesa	mayonnaise
el pan (tostado)	(toasted) bread
la pimienta	black pepper
el queso	cheese
la sal	salt
el sándwich	sandwich
la sopa	soup
el vinagre	vinegar
el yogur	yogurt

Las bebidas

el agua (mineral)	(mineral) water
la bebida	drink
el café	coffee
la cerveza	beer
el jugo (de fruta)	(fruit) juice
la leche	milk
el refresco	soft drink
el té (helado)	(iced) tea
el vino (blanco/ tinto)	(white/red) wine

Verbos

escoger	to choose
merendar (e:ie)	to snack
morir (o:ue)	to die
pedir (e:i)	to order (food)
probar (o:ue)	to taste; to try
recomendar (e:ie)	to recommend
saber	to taste; to know
saber a	to taste like
servir (e:i)	to serve

Las comparaciones

como	like; as
más de (+ number)	more than
más… que	more … than
menos de (+ number)	fewer than
menos… que	less … than
tan… como	as … as
tantos/as… como	as many… as
tanto… como	as much… as
el/la mayor	the eldest
el/la mejor	the best
el/la menor	the youngest
el/la peor	the worst
mejor	better
peor	worse

Expresiones útiles	See page 249.

Las fiestas

9

Communicative Goals

You will learn how to:

- Express congratulations
- Express gratitude
- Ask for and pay the bill at a restaurant

contextos · fotonovela · cultura · estructura · adelante

A PRIMERA VISTA
- ¿Se conocen ellas?
- ¿Cómo se sienten, alegres o tristes?
- ¿Está una de las chicas más contenta que la otra?
- ¿De qué color es su ropa, marrón o negra?

Las fiestas

Más vocabulario

la alegría	happiness
la amistad	friendship
el amor	love
el beso	kiss
la sorpresa	surprise
el aniversario (de bodas)	(wedding) anniversary
la boda	wedding
el cumpleaños	birthday
el día de fiesta	holiday
el divorcio	divorce
el matrimonio	marriage
la Navidad	Christmas
el/la recién casado/a	newlywed
la quinceañera	young woman's fifteenth birthday celebration
cambiar (de)	to change
celebrar	to celebrate
divertirse (e:ie)	to have fun
graduarse (de/en)	to graduate (from/in)
invitar	to invite
jubilarse	to retire (from work)
nacer	to be born
odiar	to hate
pasarlo bien/mal	to have a good/bad time
reírse (e:i)	to laugh
relajarse	to relax
sorprender	to surprise
sonreír (e:i)	to smile
juntos/as	together

Variación léxica

pastel ⟷ torta (*Arg., Venez.*)

comprometerse ⟷ prometerse (*Esp.*)

recursos

WB
pp. 97–98

LM
p. 49

SUPERSITE
panorama.vhlcentral.com
Lección 9

la pareja

el pastel de chocolate

la botella de vino

el flan de caramelo

las galletas

los postres

el champán

los dulces

Práctica  SUPERSITE

1 **Escuchar** 🎧 Escucha la conversación e indica si las oraciones son **ciertas** o **falsas**.

1. A Silvia no le gusta mucho el chocolate.
2. Silvia sabe que sus amigos le van a hacer una fiesta.
3. Los amigos de Silvia le compraron un pastel de chocolate.
4. Los amigos brindan por Silvia con refrescos.
5. Silvia y sus amigos van a comer helado.
6. Los amigos de Silvia le van a servir flan y galletas.

2 **Ordenar** 🎧 Escucha la narración y ordena las oraciones de acuerdo con los eventos de la vida de Beatriz.

_____ a. Beatriz se compromete con Roberto.

_____ b. Beatriz se gradúa.

_____ c. Beatriz sale con Emilio.

_____ d. Sus padres le hacen una gran fiesta.

_____ e. La pareja se casa.

_____ f. Beatriz nace en Montevideo.

3 **Emparejar** Indica la letra de la frase que mejor completa cada oración.

a. cambió de	d. nos divertimos	g. se llevan bien
b. lo pasaron mal	e. se casaron	h. sonrió
c. nació	f. se jubiló	i. tenemos una cita

1. María y sus compañeras de cuarto _____. Son buenas amigas.
2. Pablo y yo _____ en la fiesta. Bailamos y comimos mucho.
3. Manuel y Felipe _____ en el cine. La película fue muy mala.
4. ¡Tengo una nueva sobrina! Ella _____ ayer por la mañana.
5. Mi madre _____ profesión. Ahora es artista.
6. Mi padre _____ el año pasado. Ahora no trabaja.
7. Jorge y yo _____ esta noche. Vamos a ir a un restaurante muy elegante.
8. Jaime y Laura _____ el septiembre pasado. La boda fue maravillosa.

4 **Definiciones** En parejas, definan las palabras y escriban una oración para cada ejemplo.

modelo

romper (con) una pareja termina la relación
Marta rompió con su novio.

1. regalar
2. helado
3. pareja
4. invitado
5. casarse
6. pasarlo bien
7. sorpresa
8. quinceañera

FELIZ CUMPLEAÑOS

brindar

el invitado

regalar

el helado

Relaciones personales

casarse (con)	_to get married (to)_
comprometerse (con)	_to get engaged (to)_
divorciarse (de)	_to get divorced (from)_
enamorarse (de)	_to fall in love (with)_
llevarse bien/mal (con)	_to get along well/badly (with)_
romper (con)	_to break up (with)_
salir (con)	_to go out (with); to date_
separarse (de)	_to separate (from)_
tener una cita	_to have a date; to have an appointment_

SUPERSITE

Las etapas de la vida de Sergio

el nacimiento   la niñez   la adolescencia

la juventud   la madurez   la vejez

SUPERSITE

Más vocabulario	
la edad	age
el estado civil	marital status
las etapas de la vida	the stages of life
la muerte	death
casado/a	married
divorciado/a	divorced
separado/a	separated
soltero/a	single
viudo/a	widower/widow

5 **Las etapas de la vida** Identifica las etapas de la vida que se describen en estas oraciones.

1. Mi abuela se jubiló y se mudó (*moved*) a Viña del Mar.
2. Mi padre trabaja para una compañía grande en Santiago.
3. ¿Viste a mi nuevo sobrino en el hospital? Es precioso y ¡tan pequeño!
4. Mi abuelo murió este año.
5. Mi hermana se enamoró de un chico nuevo en la escuela.
6. Mi hermana pequeña juega con muñecas (*dolls*).

NOTA CULTURAL

Viña del Mar es una ciudad en la costa de Chile, situada al oeste de Santiago. Tiene playas hermosas, excelentes hoteles, casinos y buenos restaurantes. El poeta Pablo Neruda pasó muchos años allí.

6 **Cambiar** Tu hermano/a menor no entiende nada de las etapas de la vida. En parejas, túrnense para decir que las afirmaciones son falsas y corríjanlas (*correct them*) cambiando las expresiones subrayadas (*underlined*).

> **modelo**
>
> **Estudiante 1:** La <u>niñez</u> es cuando trabajamos mucho.
> **Estudiante 2:** No, te equivocas (*you're wrong*). La madurez es cuando trabajamos mucho.

1. <u>El nacimiento</u> es el fin de la vida.
2. <u>La juventud</u> es la etapa cuando nos jubilamos.
3. A los sesenta y cinco años, muchas personas <u>comienzan a trabajar.</u>
4. Julián y nuestra prima <u>se divorcian</u> mañana.
5. Mamá <u>odia</u> a su hermana.
6. El abuelo murió, por eso la abuela es <u>separada</u>.
7. Cuando te gradúas de la universidad, estás en la etapa de <u>la adolescencia</u>.
8. Mi tío nunca se casó; es <u>viudo</u>.

AYUDA

Other ways to contradict someone:
No es verdad.
It's not true.
Creo que no.
I don't think so.
¡Claro que no!
Of course not!
¡Qué va!
No way!

Comunicación

7

Una fiesta Trabaja con dos compañeros/as para planear una fiesta. Recuerda incluir la siguiente información.

1. ¿Qué tipo de fiesta es? ¿Dónde va a ser? ¿Cuándo va a ser?
2. ¿A quiénes van a invitar?
3. ¿Qué van a comer? ¿Quiénes van a llevar o a preparar la comida?
4. ¿Qué van a beber? ¿Quiénes van a llevar las bebidas?
5. ¿Qué van a hacer todos durante la fiesta?

8

Encuesta Tu profesor(a) va a darte una hoja de actividades. Haz las preguntas de la hoja a dos o tres compañeros/as de clase para saber qué actitudes tienen en sus relaciones personales. Luego comparte los resultados de la encuesta con la clase y comenta tus conclusiones.

Preguntas	Nombres	Actitudes
1. ¿Te importa la amistad? ¿Por qué?		
2. ¿Es mejor tener un(a) buen(a) amigo/a o muchos/as amigos/as?		
3. ¿Cuáles son las características que buscas en tus amigos/as?		
4. ¿Tienes novio/a? ¿A qué edad es posible enamorarse?		
5. ¿Deben las parejas hacer todo juntos? ¿Deben tener las mismas opiniones? ¿Por qué?		

¡LENGUA VIVA!

While a **buen(a) amigo/a** is a *good friend*, the term **amigo/a íntimo/a** refers to a *close friend*, or a very good friend, without any romantic overtones.

9

Minidrama En parejas, consulten la ilustración en la página 278, y luego, usando las palabras de la lista, preparen un minidrama para representar las etapas de la vida de Sergio. Pueden ser creativos e inventar más información sobre su vida.

amor	celebrar	enamorarse	romper
boda	comprometerse	graduarse	salir
cambiar	cumpleaños	jubilarse	separarse
casarse	divorciarse	nacer	tener una cita

¡Feliz cumpleaños, Maite!

Don Francisco y los estudiantes celebran el cumpleaños de Maite en el restaurante El Cráter.

PERSONAJES

MAITE

INÉS

DON FRANCISCO

ÁLEX

JAVIER

DOÑA RITA

CAMARERO

1

INÉS A mí me encantan los dulces. Maite, ¿tú qué vas a pedir?

MAITE Ay, no sé. Todo parece tan delicioso. Quizás el pastel de chocolate.

2

JAVIER Para mí el pastel de chocolate con helado. Me encanta el chocolate. Y tú, Álex, ¿qué vas a pedir?

ÁLEX Generalmente prefiero la fruta, pero hoy creo que voy a probar el pastel de chocolate.

DON FRANCISCO Yo siempre tomo un flan y un café.

3

DOÑA RITA ¡Feliz cumpleaños, Maite!

INÉS ¿Hoy es tu cumpleaños, Maite?

MAITE Sí, el 22 de junio. Y parece que vamos a celebrarlo.

TODOS MENOS MAITE ¡Felicidades!

6

ÁLEX Yo también acabo de cumplir los veintitrés años.

MAITE ¿Cuándo?

ÁLEX El cuatro de mayo.

7

DOÑA RITA Aquí tienen un flan, pastel de chocolate con helado... y una botella de vino para dar alegría.

MAITE ¡Qué sorpresa! ¡No sé qué decir! Muchísimas gracias.

8

DON FRANCISCO El conductor no puede tomar vino. Doña Rita, gracias por todo. ¿Puede traernos la cuenta?

DOÑA RITA Enseguida, Paco.

recursos

VM pp. 211–212

panorama.vhlcentral.com Lección 9

MAITE ¡Gracias! Pero, ¿quién le dijo que es mi cumpleaños?

DOÑA RITA Lo supe por don Francisco.

ÁLEX Ayer te lo pregunté, ¡y no quisiste decírmelo! ¿Eh? ¡Qué mala eres!

JAVIER ¿Cuántos años cumples?

MAITE Veintitrés.

INÉS Creo que debemos dejar una buena propina. ¿Qué les parece?

MAITE Sí, vamos a darle una buena propina a la señora Perales. Es simpatiquísima.

DON FRANCISCO Gracias una vez más. Siempre lo paso muy bien aquí.

MAITE Muchísimas gracias, señora Perales. Por la comida, por la sorpresa y por ser tan amable con nosotros.

Expresiones útiles

Celebrating a birthday party

- **¡Feliz cumpleaños!**
  Happy birthday!
- **¡Felicidades!/¡Felicitaciones!**
  Congratulations!
- **¿Quién le dijo que es mi cumpleaños?**
  Who told you (form.) *that it's my birthday?*
  Lo supe por don Francisco.
  I found out through Don Francisco.
- **¿Cuántos años cumples/ cumple Ud.?**
  How old are you now?
  Veintitrés.
  Twenty-three.

Asking for and getting the bill

- **¿Puede traernos la cuenta?**
  Can you bring us the bill?
- **La cuenta, por favor.**
  The bill, please.
  Enseguida, señor/señora/señorita.
  Right away, sir/ma'am/miss.

Expressing gratitude

- **¡(Muchas) gracias!**
  Thank you (very much)!
- **Muchísimas gracias.**
  Thank you very, very much.
- **Gracias por todo.**
  Thanks for everything.
- **Gracias una vez más.**
  Thanks again. (lit. Thanks one more time.)

Leaving a tip

- **Creo que debemos dejar una buena propina. ¿Qué les parece?**
  I think we should leave a good tip. What do you guys think?
  Sí, vamos a darle/dejarle una buena propina.
  Yes, let's give her/leave her a good tip.

¿Qué pasó? SUPERSITE

1 Completar Completa las oraciones con la información correcta, según la **Fotonovela**.

1. De postre, don Francisco siempre pide _____.
2. A Javier le encanta _____.
3. Álex cumplió los _____ años _____.
4. Hoy Álex quiere tomar algo diferente. De postre, quiere pedir _____.
5. Los estudiantes le van a dejar _____ a doña Rita.

2 Identificar Identifica quién puede decir estas oraciones.

1. Gracias, doña Rita, pero no puedo tomar vino.
2. ¡Qué simpática es doña Rita! Fue tan amable conmigo.
3. A mí me encantan los dulces y los pasteles, ¡especialmente si son de chocolate!
4. Mi amigo acaba de informarme que hoy es el cumpleaños de Maite.
5. ¿Tienen algún postre de fruta? Los postres de fruta son los mejores.
6. Me parece una buena idea dejarle una buena propina a la dueña. ¿Qué piensan ustedes?

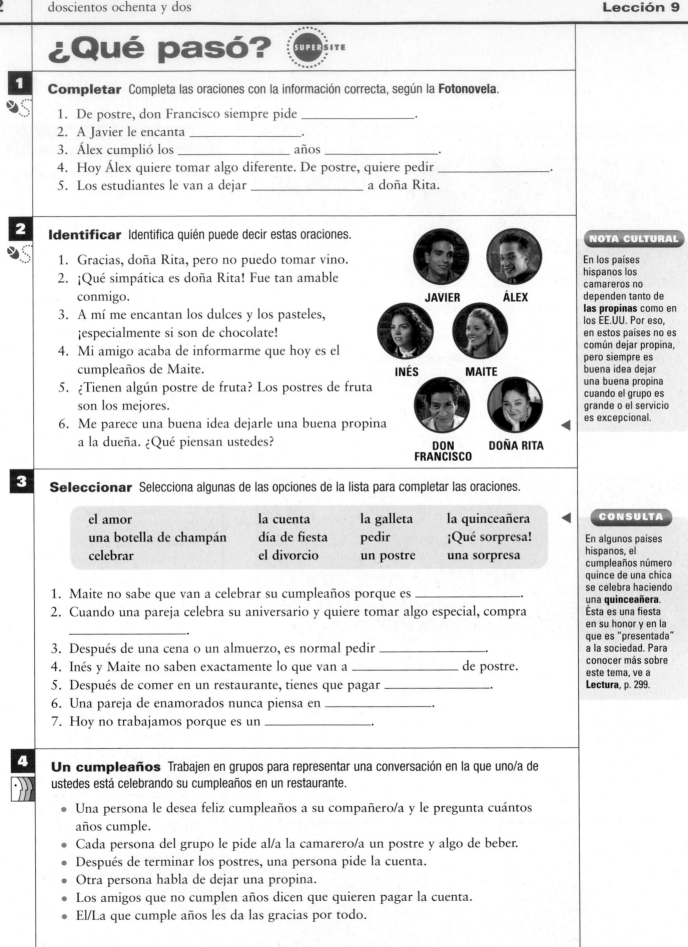

JAVIER ÁLEX

INÉS MAITE

DON FRANCISCO DOÑA RITA

NOTA CULTURAL

En los países hispanos los camareros no dependen tanto de **las propinas** como en los EE.UU. Por eso, en estos países no es común dejar propina, pero siempre es buena idea dejar una buena propina cuando el grupo es grande o el servicio es excepcional.

3 Seleccionar Selecciona algunas de las opciones de la lista para completar las oraciones.

el amor	la cuenta	la galleta	la quinceañera
una botella de champán	día de fiesta	pedir	¡Qué sorpresa!
celebrar	el divorcio	un postre	una sorpresa

1. Maite no sabe que van a celebrar su cumpleaños porque es _____.
2. Cuando una pareja celebra su aniversario y quiere tomar algo especial, compra _____.
3. Después de una cena o un almuerzo, es normal pedir _____.
4. Inés y Maite no saben exactamente lo que van a _____ de postre.
5. Después de comer en un restaurante, tienes que pagar _____.
6. Una pareja de enamorados nunca piensa en _____.
7. Hoy no trabajamos porque es un _____.

CONSULTA

En algunos países hispanos, el cumpleaños número quince de una chica se celebra haciendo una **quinceañera**. Ésta es una fiesta en su honor y en la que es "presentada" a la sociedad. Para conocer más sobre este tema, ve a **Lectura**, p. 299.

4 Un cumpleaños Trabajen en grupos para representar una conversación en la que uno/a de ustedes está celebrando su cumpleaños en un restaurante.

- Una persona le desea feliz cumpleaños a su compañero/a y le pregunta cuántos años cumple.
- Cada persona del grupo le pide al/a la camarero/a un postre y algo de beber.
- Después de terminar los postres, una persona pide la cuenta.
- Otra persona habla de dejar una propina.
- Los amigos que no cumplen años dicen que quieren pagar la cuenta.
- El/La que cumple años les da las gracias por todo.

Pronunciación 🎧 SUPERSITE

The letters h, j, and g

helado	**hombre**	**hola**	**hermosa**

The Spanish **h** is always silent.

José	**jubilarse**	**dejar**	**pareja**

The letter **j** is pronounced much like the English *h* in *his*.

agencia	**general**	**Gil**	**Gisela**

The letter **g** can be pronounced three different ways. Before **e** or **i**, the letter **g** is pronounced much like the English *h*.

Gustavo, gracias por llamar el domingo.

At the beginning of a phrase or after the letter **n**, the Spanish **g** is pronounced like the English *g* in *girl*.

Me gradué en agosto.

In any other position, the Spanish **g** has a somewhat softer sound.

Guerra	**conseguir**	**guantes**	**agua**

In the combinations **gue** and **gui**, the **g** has a hard sound and the **u** is silent. In the combination **gua**, the **g** has a hard sound and the **u** is pronounced like the English *w*.

Práctica Lee las palabras en voz alta, prestando atención a la **h**, la **j** y la **g**.

1. hamburguesa	5. geografía	9. seguir	13. Jorge
2. jugar	6. magnífico	10. gracias	14. tengo
3. oreja	7. espejo	11. hijo	15. ahora
4. guapa	8. hago	12. galleta	16. guantes

Oraciones Lee las oraciones en voz alta, prestando atención a la **h**, la **j** y la **g**.

1. Hola. Me llamo Gustavo Hinojosa Lugones y vivo en Santiago de Chile.
2. Tengo una familia grande; somos tres hermanos y tres hermanas.
3. Voy a graduarme en mayo.
4. Para celebrar mi graduación mis padres van a regalarme un viaje a Egipto.
5. ¡Qué generosos son!

Refranes Lee los refranes en voz alta, prestando atención a la **h**, la **j** y la **g**.

A la larga, lo más dulce amarga.[1]

El hábito no hace al monje.[2]

1 *Too much of a good thing.* 2 *The clothes don't make the man.*

recursos

LM
p. 50

panorama.vhlcentral.com
Lección 9

SUPERSITE flash CULTURA

Semana Santa: vacaciones y tradición

¿Te imaginas pasar veinticuatro horas tocando un tambor° entre miles de personas? Así es como mucha gente celebra el Viernes Santo° en el pequeño pueblo de **Calanda**, España. De todas las celebraciones hispanas, la **Semana Santa°** es una de las más espectaculares y únicas.

Procesión en Sevilla, España

Semana Santa es la semana antes de Pascua°, una celebración religiosa que conmemora la Pasión de Jesucristo. Generalmente, la gente tiene unos días de vacaciones en esta semana. Algunas personas aprovechan° estos días para viajar, pero otras prefieren participar en las tradicionales celebraciones religiosas en las calles. En **Antigua**, Guatemala, hacen alfombras° de flores° y altares; también organizan Vía Crucis° y danzas. En las famosas procesiones y desfiles° religiosos de **Sevilla**, España, los fieles°

sacan a las calles imágenes religiosas. Las imágenes van encima de plataformas ricamente decoradas con abundantes flores y velas°. En la procesión, los penitentes llevan túnicas y unos sombreros cónicos que les cubren° la cara°. En sus manos llevan faroles° o velas encendidas.

Si visitas algún país hispano durante la Semana Santa, debes asistir a un desfile. Las playas pueden esperar hasta la semana siguiente.

Alfombra de flores en Antigua, Guatemala

Otras celebraciones famosas

Ayacucho, Perú: Además de alfombras de flores y procesiones, aquí hay una antigua tradición llamada "quema de la chamiza"°.

Iztapalapa, Ciudad de México: Es famoso el Vía Crucis del cerro° de la Estrella. Es una representación del recorrido° de Jesucristo con la cruz°.

Popayán, Colombia: En las procesiones "chiquitas" los niños llevan imágenes que son copias pequeñas de las que llevan los mayores.

tocando un tambor *playing a drum* Viernes Santo *Good Friday* Semana Santa *Holy Week* Pascua *Easter Sunday* aprovechan *take advantage of* alfombras *carpets* flores *flowers* Vía Crucis *Stations of the Cross* desfiles *parades* fieles *faithful* velas *candles* cubren *cover* cara *face* faroles *lamps* quema de la chamiza *burning of brushwood* cerro *hill* recorrido *route* cruz *cross*

1 **¿Cierto o falso?** Indica si lo que dicen estas oraciones es **cierto** o **falso**. Corrige la información falsa.

1. La Semana Santa se celebra después de Pascua.

2. En los países hispanos, las personas tienen días libres durante la Semana Santa.

3. En los países hispanos, todas las personas asisten a las celebraciones religiosas.

4. En los países hispanos, las celebraciones se hacen en las calles.

5. El Vía Crucis de Iztapalapa es en el interior de una iglesia.

6. En Antigua y en Ayacucho es típico hacer alfombras de flores en Semana Santa.

7. Las procesiones "chiquitas" son famosas en Sevilla, España.

8. En Sevilla, sacan imágenes religiosas a las calles.

Fiestas y celebraciones

la despedida de soltero/a	*bachelor(ette) party*
el día feriado/festivo	**el día de fiesta**
disfrutar	*to enjoy*
festejar	**celebrar**
los fuegos artificiales	*fireworks*
pasarlo en grande	**divertirse mucho**
la vela	*candle*

Celebraciones latinoamericanas

○ **Oruro, Bolivia** Durante el carnaval de Oruro se realiza la famosa Diablada, una antigua danza° que muestra la lucha° entre el bien y el mal: ángeles contra° demonios.

○ **Panchimalco, El Salvador** La primera semana de mayo, Panchimalco se cubre de flores y de color. También hacen el Desfile de las palmas° y bailan danzas antiguas.

○ **Quito, Ecuador** El mes de agosto es el Mes de las Artes. Danza, teatro, música, cine, artesanías° y otros eventos culturales inundan la ciudad.

○ **San Pedro Sula, Honduras** En junio se celebra la Feria Juniana. Hay comida típica, bailes, desfiles, conciertos, rodeos, exposiciones ganaderas° y eventos deportivos y culturales.

danza *dance* lucha *fight* contra *versus* palmas *palm leaves* artesanías *handcrafts* exposiciones ganaderas *cattle shows*

Festival de Viña del Mar

En 1959 unos estudiantes de **Viña del Mar,** Chile, celebraron una fiesta en una casa de campo conocida como la Quinta Vergara donde hubo° un espectáculo° musical. En 1960 repitieron el evento. Asistió tanta gente que muchos vieron el espectáculo parados° o sentados en el suelo°. Algunos se subieron a los árboles°.

Años después, se convirtió en el **Festival Internacional de la Canción**. Este evento se celebra en febrero, en el mismo lugar donde empezó. ¡Pero ahora nadie necesita subirse a un árbol para verlo! Hay un anfiteatro con capacidad para quince mil personas.

En el festival hay concursos° musicales y conciertos de artistas famosos como Daddy Yankee y Paulina Rubio.

Daddy Yankee

hubo *there was* espectáculo *show* parados *standing* suelo *floor* se subieron a los árboles *climbed trees* concursos *competitions*

Conexión Internet

¿Qué celebraciones hispanas hay en los Estados Unidos y Canadá?

Go to **panorama.vhlcentral.com** to find more cultural information related to this **Cultura** section.

2 Comprensión Responde a las preguntas.
1. ¿Cuántas personas pueden asistir al Festival de Viña del Mar hoy día?
2. ¿Qué es la Diablada?
3. ¿Qué celebran en Quito en agosto?
4. Nombra dos atracciones en la Feria Juniana de San Pedro Sula.
5. ¿Qué es la Quinta Vergara?

3 ¿Cuál es tu celebración favorita? Escribe un pequeño párrafo sobre la celebración que más te gusta de tu comunidad. Explica cómo se llama, cuándo ocurre y cómo es.

recursos

panorama.vhlcentral.com
Lección 9

9.1 Irregular preterites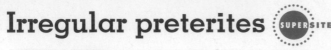

ANTE TODO You already know that the verbs **ir** and **ser** are irregular in the preterite. You will now learn other verbs whose preterite forms are also irregular.

Preterite of tener, venir, and decir

		tener (u-stem)	venir (i-stem)	decir (j-stem)
SINGULAR FORMS	yo	tuve	vine	dije
	tú	tuviste	viniste	dijiste
	Ud./él/ella	tuvo	vino	dijo
PLURAL FORMS	nosotros/as	tuvimos	vinimos	dijimos
	vosotros/as	tuvisteis	vinisteis	dijisteis
	Uds./ellos/ellas	tuvieron	vinieron	dijeron

▶ **¡Atención!** The endings of these verbs are the regular preterite endings of **–er/–ir** verbs, except for the **yo** and **usted** forms. Note that these two endings are unaccented.

▶ These verbs observe similar stem changes to **tener, venir,** and **decir**.

INFINITIVE	U-STEM	PRETERITE FORMS
poder	pud-	pude, pudiste, pudo, pudimos, pudisteis, pudieron
poner	pus-	puse, pusiste, puso, pusimos, pusisteis, pusieron
saber	sup-	supe, supiste, supo, supimos, supisteis, supieron
estar	estuv-	estuve, estuviste, estuvo, estuvimos, estuvisteis, estuvieron

INFINITIVE	I-STEM	PRETERITE FORMS
querer	quis-	quise, quisiste, quiso, quisimos, quisisteis, quisieron
hacer	hic-	hice, hiciste, hizo, hicimos, hicisteis, hicieron

INFINITIVE	J-STEM	PRETERITE FORMS
traer	traj-	traje, trajiste, trajo, trajimos, trajisteis, trajeron
conducir	conduj-	conduje, condujiste, condujo, condujimos, condujisteis, condujeron
traducir	traduj-	traduje, tradujiste, tradujo, tradujimos, tradujisteis, tradujeron

▶ **¡Atención!** Most verbs that end in **-cir** are **j**-stem verbs in the preterite. For example, **producir → produje, produjiste,** etc.

> **Produjimos** un documental sobre los accidentes en la casa.
> *We produced a documentary about accidents in the home.*

▶ Notice that the preterites with **j**-stems omit the letter **i** in the **ustedes/ellos/ellas** form.

> Mis amigos **trajeron** comida a la fiesta. Ellos **dijeron** la verdad.

The preterite of dar

	SINGULAR FORMS		PLURAL FORMS
yo	d**i**	nosotros/as	d**imos**
tú	d**iste**	vosotros/as	d**isteis**
Ud./él/ella	d**io**	Uds./ellos/ellas	d**ieron**

▶ The endings for **dar** are the same as the regular preterite endings for **–er** and **–ir** verbs, except that there are no accent marks.

La camarera me **dio** el menú.
The waitress gave me the menu.

Le **di** a Juan algunos consejos.
I gave Juan some advice.

Los invitados le **dieron** un regalo.
The guests gave him/her a gift.

Nosotros **dimos** una gran fiesta.
We gave a great party.

▶ The preterite of **hay** (*inf.* **haber**) is **hubo** (*there was; there were*).

CONSULTA

Note that there are other ways to say *there was* or *there were* in Spanish. See **Estructura 10.1**, p. 318.

Doña Rita les dio una botella de vino a los viajeros.

Hubo una fiesta en el restaurante El Cráter.

¡INTÉNTALO! Escribe la forma correcta del pretérito de cada verbo que está entre paréntesis.

1. (querer) tú __quisiste__
2. (decir) usted _____
3. (hacer) nosotras _____
4. (traer) yo _____
5. (conducir) ellas _____
6. (estar) ella _____
7. (tener) tú _____
8. (dar) ella y yo _____
9. (traducir) yo _____
10. (haber) ayer _____
11. (saber) usted _____
12. (poner) ellos _____

13. (venir) yo _____
14. (poder) tú _____
15. (querer) ustedes _____
16. (estar) nosotros _____
17. (decir) tú _____
18. (saber) ellos _____
19. (hacer) él _____
20. (poner) yo _____
21. (traer) nosotras _____
22. (tener) yo _____
23. (dar) tú _____
24. (poder) ustedes _____

recursos

WB
pp. 99–100

LM
p. 51

SUPERSITE
panorama.
vhlcentral.com
Lección 9

Práctica

1 **Completar** Completa estas oraciones con el pretérito de los verbos entre paréntesis.

1. El sábado _____ (haber) una fiesta sorpresa para Elsa en mi casa.
2. Sofía _____ (hacer) un pastel para la fiesta y Miguel _____ (traer) un flan.
3. Los amigos y parientes de Elsa _____ (venir) y _____ (traer) regalos.
4. El hermano de Elsa no _____ (venir) porque _____ (tener) que trabajar.
5. Su tía María Dolores tampoco _____ (poder) venir.
6. Cuando Elsa abrió la puerta, todos gritaron: "¡Feliz cumpleaños!" y su esposo le _____ (dar) un beso.
7. Al final de la fiesta, todos _____ (decir) que se divirtieron mucho.
8. La historia (*story*) le _____ (dar) a Elsa tanta risa (*laughter*) que no _____ (poder) dejar de reírse (*stop laughing*) durante toda la noche.

2 **Describir** En parejas, usen verbos de la lista para describir lo que estas personas hicieron. Deben dar por lo menos dos oraciones por cada dibujo.

dar	hacer	tener	traer
estar	poner	traducir	venir

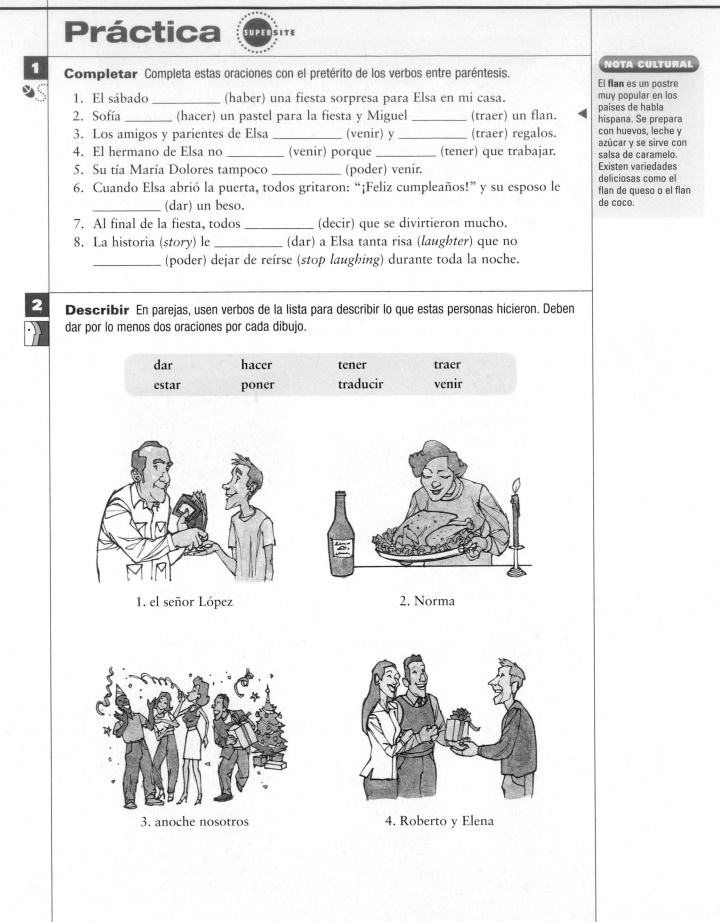

1. el señor López

2. Norma

3. anoche nosotros

4. Roberto y Elena

Comunicación

3

Preguntas En parejas, túrnense para hacerse y responder a estas preguntas.

1. ¿Fuiste a una fiesta de cumpleaños el año pasado? ¿De quién?
2. ¿Quiénes fueron a la fiesta?
3. ¿Quién condujo el auto?
4. ¿Cómo estuvo la fiesta?
5. ¿Quién llevó regalos, bebidas o comida? ¿Llevaste algo especial?
6. ¿Hubo comida? ¿Quién la hizo? ¿Hubo champán?
7. ¿Qué regalo diste tú? ¿Qué otros regalos dieron los invitados?
8. ¿Cuántos invitados hubo en la fiesta?
9. ¿Qué tipo de música hubo?
10. ¿Qué dijeron los invitados de la fiesta?

4

Encuesta Tu profesor(a) va a darte una hoja de actividades. Para cada una de las actividades de la lista, encuentra a alguien que hizo esa actividad en el tiempo indicado.

> **modelo**
>
> traer dulces a clase
> **Estudiante 1:** ¿Trajiste dulces a clase?
> **Estudiante 2:** Sí, traje galletas y helado a la fiesta del fin del semestre.

NOTA CULTURAL

Halloween es una fiesta que también se celebra en algunos países hispanos, como México, por su proximidad con los Estados Unidos, pero no es parte de la cultura hispana. El Día de todos los Santos (1 de noviembre) y el Día de los Muertos (2 de noviembre) sí son celebraciones muy arraigadas (*deeply rooted*) entre los hispanos.

Actividades   Nombres

1. ponerse un disfraz (*costume*) de Halloween
2. traer dulces a clase
3. conducir su auto a clase
4. estar en la biblioteca ayer
5. dar un regalo a alguien ayer
6. poder levantarse temprano esta mañana
7. hacer un viaje a un país hispano en el verano
8. tener una cita anoche
9. ir a una fiesta el fin de semana pasado
10. tener que trabajar el sábado pasado

Síntesis

5

Conversación En parejas, preparen una conversación en la que uno/a de ustedes va a visitar a su hermano/a para explicarle por qué no fue a su fiesta de graduación y para saber cómo estuvo la fiesta. Incluyan esta información en la conversación:

- cuál fue el menú
- quiénes vinieron a la fiesta y quiénes no pudieron venir
- quiénes prepararon la comida o trajeron algo
- si él/ella tuvo que preparar algo
- lo que la gente hizo antes y después de comer
- cómo lo pasaron, bien o mal

9.2 Verbs that change meaning in the preterite

ANTE TODO The verbs **conocer, saber, poder,** and **querer** change meanings when used in the preterite. Because of this, each of them corresponds to more than one verb in English, depending on its tense.

Verbs that change meaning in the preterite

Present	**Preterite**

conocer

to know; to be acquainted with	*to meet*
Conozco a esa pareja.	**Conocí** a esa pareja ayer.
I know that couple.	*I met that couple yesterday.*

saber

to know information;	*to find out; to learn*
to know how to do something	**Supimos** la verdad anoche.
Sabemos la verdad.	*We found out (learned) the truth*
We know the truth.	*last night.*

poder

to be able; can	*to manage; to succeed (could and did)*
Podemos hacerlo.	**Pudimos** hacerlo ayer.
We can do it.	*We managed to do it yesterday.*

querer

to want; to love	*to try*
Quiero ir pero tengo que trabajar.	**Quise** evitarlo pero fue imposible.
I want to go but I have to work.	*I tried to avoid it, but it was impossible.*

¡ATENCIÓN!

In the preterite, the verbs **poder** and **querer** have different meanings, depending on whether they are used in affirmative or negative sentences.

pude *I succeeded*
no pude *I failed (to)*
quise *I tried (to)*
no quise *I refused (to)*

¡INTÉNTALO! Elige la respuesta más lógica.

1. Yo no hice lo que me pidieron mis padres. ¡Tengo mis principios!
   a. No quise hacerlo.   b. No supe hacerlo.

2. Hablamos por primera vez con Nuria y Ana en la boda.
   a. Las conocimos en la boda.   b. Las supimos en la boda.

3. Por fin hablé con mi hermano después de llamarlo siete veces.
   a. No quise hablar con él.   b. Pude hablar con él.

4. Josefina se acostó para relajarse. Se durmió inmediatamente.
   a. Pudo relajarse.   b. No pudo relajarse.

5. Después de mucho buscar, encontraste la definición en el diccionario.
   a. No supiste la respuesta.   b. Supiste la respuesta.

6. Las chicas fueron a la fiesta. Cantaron y bailaron mucho.
   a. Ellas pudieron divertirse.   b. Ellas no supieron divertirse.

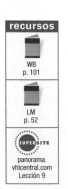

Práctica

1 **Carlos y Eva** Forma oraciones con los siguientes elementos. Usa el pretérito y haz todos los cambios necesarios. Al final, inventa la razón del divorcio de Carlos y Eva.

1. anoche / mi esposa y yo / saber / que / Carlos y Eva / divorciarse
▶ 2. los / conocer / viaje / isla de Pascua
3. no / poder / hablar / mucho / con / ellos / ese día
4. pero / ellos / ser / simpático / y / nosotros / hacer planes / vernos / con más / frecuencia
5. yo / poder / encontrar / su / número / teléfono / páginas / amarillo
6. (yo) querer / llamar / les / ese día / pero / no / tener / tiempo
7. cuando / los / llamar / nosotros / poder / hablar / Eva
8. nosotros / saber / razón / divorcio / después / hablar / ella

> **NOTA CULTURAL**
>
> **La isla de Pascua** es un remoto territorio chileno situado en el océano Pacífico Sur. Sus inmensas estatuas son uno de los mayores misterios del mundo: nadie sabe cómo o por qué se construyeron. Para más información, véase **Panorama**, p. 305.

2 **Completar** Completa estas frases de una manera lógica.

1. Ayer mi compañero/a de cuarto supo…
2. Esta mañana no pude…
3. Conocí a mi mejor amigo/a en…
4. Mis padres no quisieron…
5. Mi mejor amigo/a no pudo…
6. Mi novio/a y yo nos conocimos en…
7. La semana pasada supe…
8. Ayer mis amigos quisieron…

Comunicación

3 **Telenovela (*Soap opera*)** En parejas, escriban el diálogo para una escena de una telenovela. La escena trata de una situación amorosa entre tres personas: Mirta, Daniel y Raúl. Usen el pretérito de **conocer, poder, querer** y **saber** en su diálogo.

Síntesis

4 **Conversación** En una hoja de papel, escribe dos listas: las cosas que hiciste durante el fin de semana y las cosas que quisiste hacer pero no pudiste. Luego, compara tu lista con la de un(a) compañero/a, y expliquen por qué no pudieron hacer esas cosas.

9.3

¿Qué? and ¿cuál?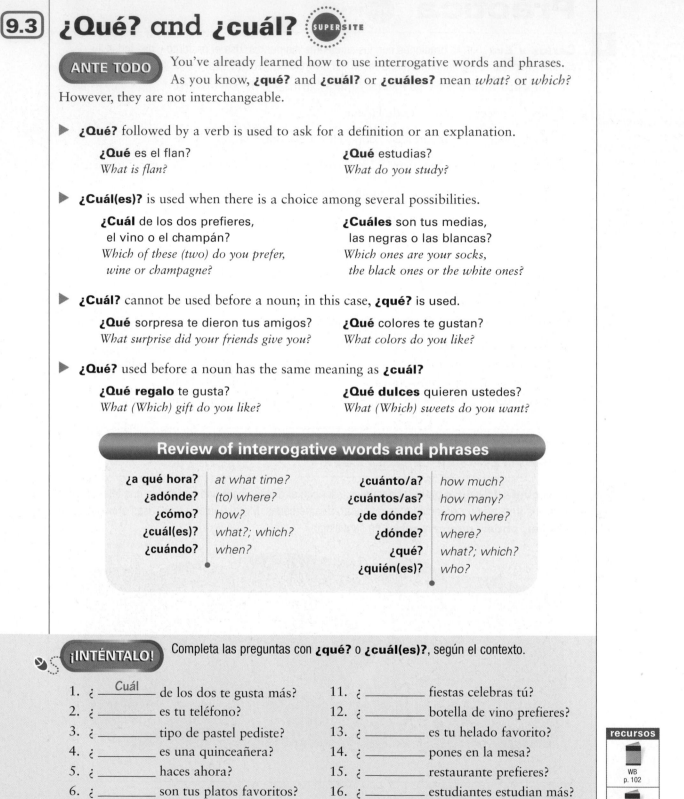

ANTE TODO You've already learned how to use interrogative words and phrases. As you know, **¿qué?** and **¿cuál?** or **¿cuáles?** mean *what?* or *which?* However, they are not interchangeable.

▶ **¿Qué?** followed by a verb is used to ask for a definition or an explanation.

> **¿Qué** es el flan?
> *What is flan?*

> **¿Qué** estudias?
> *What do you study?*

▶ **¿Cuál(es)?** is used when there is a choice among several possibilities.

> **¿Cuál** de los dos prefieres, el vino o el champán?
> *Which of these (two) do you prefer, wine or champagne?*

> **¿Cuáles** son tus medias, las negras o las blancas?
> *Which ones are your socks, the black ones or the white ones?*

▶ **¿Cuál?** cannot be used before a noun; in this case, **¿qué?** is used.

> **¿Qué** sorpresa te dieron tus amigos?
> *What surprise did your friends give you?*

> **¿Qué** colores te gustan?
> *What colors do you like?*

▶ **¿Qué?** used before a noun has the same meaning as **¿cuál?**

> **¿Qué regalo** te gusta?
> *What (Which) gift do you like?*

> **¿Qué dulces** quieren ustedes?
> *What (Which) sweets do you want?*

Review of interrogative words and phrases

¿a qué hora?	at what time?	**¿cuánto/a?**	how much?
¿adónde?	(to) where?	**¿cuántos/as?**	how many?
¿cómo?	how?	**¿de dónde?**	from where?
¿cuál(es)?	what?; which?	**¿dónde?**	where?
¿cuándo?	when?	**¿qué?**	what?; which?
		¿quién(es)?	who?

¡INTÉNTALO! Completa las preguntas con **¿qué?** o **¿cuál(es)?**, según el contexto.

1. ¿ _Cuál_ de los dos te gusta más?
2. ¿ _____ es tu teléfono?
3. ¿ _____ tipo de pastel pediste?
4. ¿ _____ es una quinceañera?
5. ¿ _____ haces ahora?
6. ¿ _____ son tus platos favoritos?
7. ¿ _____ bebidas te gustan más?
8. ¿ _____ es esto?
9. ¿ _____ es el mejor?
10. ¿ _____ es tu opinión?

11. ¿ _____ fiestas celebras tú?
12. ¿ _____ botella de vino prefieres?
13. ¿ _____ es tu helado favorito?
14. ¿ _____ pones en la mesa?
15. ¿ _____ restaurante prefieres?
16. ¿ _____ estudiantes estudian más?
17. ¿ _____ quieres comer esta noche?
18. ¿ _____ es la sorpresa mañana?
19. ¿ _____ postre prefieres?
20. ¿ _____ opinas?

Práctica

1 **Completar** Tu clase de español va a crear un sitio web. Completa estas preguntas con alguna(s) palabra(s) interrogativa(s). Luego, con un(a) compañero/a, hagan y contesten las preguntas para obtener la información para el sitio web.

1. ¿_____ es la fecha de tu cumpleaños?
2. ¿_____ naciste?
3. ¿_____ es tu estado civil?
4. ¿_____ te relajas?
5. ¿_____ es tu mejor amigo/a?
6. ¿_____ cosas te hacen reír?
7. ¿_____ postres te gustan? ¿_____ te gusta más?
8. ¿_____ problemas tuviste en la primera cita con alguien?

Comunicación

2 **Una invitación** En parejas, lean esta invitación. Luego, túrnense para hacer y contestar preguntas con **qué** y **cuál** basadas en la información de la invitación.

modelo

Estudiante 1: ¿Cuál es el nombre del padre de la novia?
Estudiante 2: Su nombre es Fernando Sandoval Valera.

> Fernando Sandoval Valera   Lorenzo Vásquez Amaral
> Isabel Arzipe de Sandoval   Elena Soto de Vásquez
>
> tienen el agrado de invitarlos
> a la boda de sus hijos
>
> María Luisa y José Antonio
>
> La ceremonia religiosa tendrá lugar
> el sábado 10 de junio a las dos de la tarde
> en el Templo de Santo Domingo
> (Calle Santo Domingo, 961).
>
> Después de la ceremonia sírvanse pasar a la recepción en el salón
> de baile del Hotel Metrópoli (Sotero del Río, 465).

¡LENGUA VIVA!

The word **invitar** is not always used exactly like *invite*. Sometimes, if you say **Te invito a un café**, it means that you are offering to buy that person a coffee.

3 **Quinceañera** Trabaja con un(a) compañero/a. Uno/a de ustedes es el/la director(a) del salón de fiestas "Renacimiento". La otra persona es el padre/la madre de Ana María, quien quiere hacer la fiesta de quinceañera de su hija sin gastar más de $25 por invitado. Su profesor(a) va a darles la información necesaria para confirmar la reservación.

modelo

Estudiante 1: ¿Cuánto cuestan los entremeses?
Estudiante 2: Depende. Puede escoger champiñones por 50 centavos o camarones por dos dólares.
Estudiante 1: ¡Uf! A mi hija le gustan los camarones, pero son muy caros.
Estudiante 2: Bueno, también puede escoger quesos por un dólar por invitado.

9.4 Pronouns after prepositions ⬤ SUPERSITE

ANTE TODO   In Spanish, as in English, the object of a preposition is the noun or pronoun that follows a preposition. Observe the following diagram.

PREPOSITION   NOUN   PREPOSITION   PRONOUN

La sopa es para   Alicia   y para   él.

Prepositional pronouns

	Singular		Plural	
	mí	me	**nosotros/as**	us
	ti	you (fam.)	**vosotros/as**	you (fam.)
preposition +	**Ud.**	you (form.)	**Uds.**	you (form.)
	él	him	**ellos**	them (m.)
	ella	her	**ellas**	them (f.)

▶ Note that, except for **mí** and **ti,** these pronouns are the same as the subject pronouns. **¡Atención! Mí** (*me*) has an accent mark to distinguish it from the possessive adjective **mi** (*my*).

▶ The preposition **con** combines with **mí** and **ti** to form **conmigo** and **contigo,** respectively.

—¿Quieres venir **conmigo** a Concepción?   —Sí, gracias, me gustaría ir **contigo.**
Do you want to come with me to Concepción?   *Yes, thanks, I would like to go with you.*

▶ The preposition **entre** is followed by **tú** and **yo** instead of **ti** and **mí.**

Papá va a sentarse **entre tú y yo.**
Dad is going to sit between you and me.

CONSULTA

For more prepositions, refer to **Estructura 2.3,** p. 56.

¡INTÉNTALO!   Completa estas oraciones con las preposiciones y los pronombres apropiados.

1. *(with him)* No quiero ir ___con él___ .
2. *(for her)* Las galletas son _____.
3. *(for me)* Los mariscos son _____.
4. *(with you, pl. form.)* Preferimos estar _____.
5. *(with you, sing. fam.)* Me gusta salir _____.
6. *(with me)* ¿Por qué no quieres tener una cita _____?
7. *(for her)* La cuenta es _____.
8. *(for them,* m.*)* La habitación es muy pequeña _____.
9. *(with them,* f.*)* Anoche celebré la Navidad _____.
10. *(for you,* sing. fam.*)* Este beso es _____.
11. *(with you,* sing. fam.*)* Nunca me aburro _____.
12. *(with you,* pl. form.*)* ¡Qué bien que vamos _____!
13. *(for you,* sing. fam.*)* _____ la vida es muy fácil.
14. *(for them,* f.*)* _____ no hay sorpresas.

recursos

WB
pp. 103–104

LM
p. 54

SUPERSITE
panorama.
vhlcentral.com
Lección 9

Práctica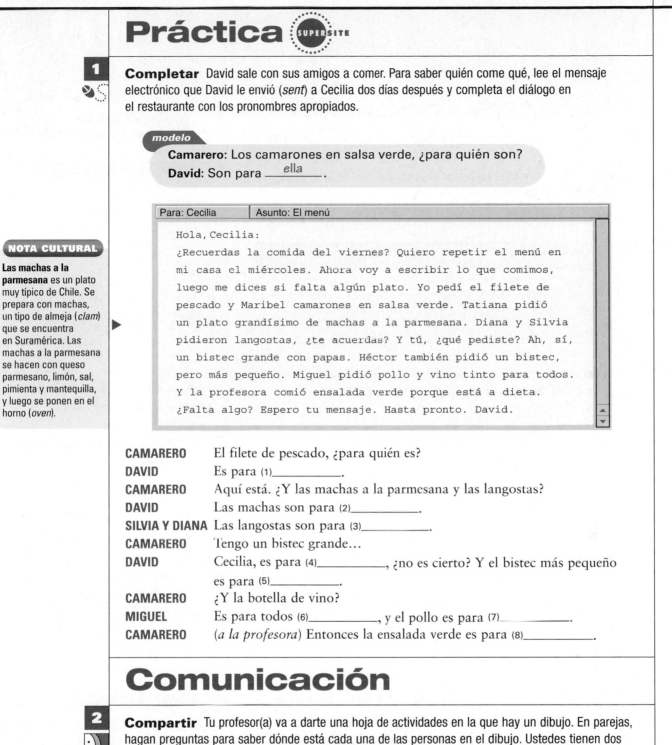

1

Completar David sale con sus amigos a comer. Para saber quién come qué, lee el mensaje electrónico que David le envió (*sent*) a Cecilia dos días después y completa el diálogo en el restaurante con los pronombres apropiados.

> **modelo**
>
> **Camarero:** Los camarones en salsa verde, ¿para quién son?
> **David:** Son para _____ella_____ .

> Para: Cecilia   Asunto: El menú
>
> Hola, Cecilia:
>
> ¿Recuerdas la comida del viernes? Quiero repetir el menú en mi casa el miércoles. Ahora voy a escribir lo que comimos, luego me dices si falta algún plato. Yo pedí el filete de pescado y Maribel camarones en salsa verde. Tatiana pidió un plato grandísimo de machas a la parmesana. Diana y Silvia pidieron langostas, ¿te acuerdas? Y tú, ¿qué pediste? Ah, sí, un bistec grande con papas. Héctor también pidió un bistec, pero más pequeño. Miguel pidió pollo y vino tinto para todos. Y la profesora comió ensalada verde porque está a dieta. ¿Falta algo? Espero tu mensaje. Hasta pronto. David.

CAMARERO	El filete de pescado, ¿para quién es?
DAVID	Es para (1)_____.
CAMARERO	Aquí está. ¿Y las machas a la parmesana y las langostas?
DAVID	Las machas son para (2)_____.
SILVIA Y DIANA	Las langostas son para (3)_____.
CAMARERO	Tengo un bistec grande…
DAVID	Cecilia, es para (4)_____, ¿no es cierto? Y el bistec más pequeño es para (5)_____.
CAMARERO	¿Y la botella de vino?
MIGUEL	Es para todos (6)_____, y el pollo es para (7)_____.
CAMARERO	(*a la profesora*) Entonces la ensalada verde es para (8)_____.

Comunicación

2

Compartir Tu profesor(a) va a darte una hoja de actividades en la que hay un dibujo. En parejas, hagan preguntas para saber dónde está cada una de las personas en el dibujo. Ustedes tienen dos versiones diferentes de la ilustración. Al final deben saber dónde está cada persona.

> **modelo**
>
> **Estudiante 1:** ¿Quién está al lado de Óscar?
> **Estudiante 2:** Alfredo está al lado de él.

Alfredo	Dolores	Graciela	Raúl
Sra. Blanco	Enrique	Leonor	Rubén
Carlos	Sra. Gómez	Óscar	Yolanda

Recapitulación

For self-scoring and diagnostics, go to **panorama.vhlcentral.com.**

Completa estas actividades para repasar los conceptos de gramática que aprendiste en esta lección.

1 **Completar** Completa la tabla con el pretérito de los verbos. **9 pts.**

Infinitive	yo	ella	nosotros
conducir			
hacer			
saber			

2 **Mi fiesta** Completa este mensaje electrónico con el pretérito de los verbos de la lista. Vas a usar cada verbo sólo una vez. **10 pts.**

dar	haber	tener
decir	hacer	traer
estar	poder	venir
	poner	

Hola, Omar:

Como tú no (1) _____ venir a mi fiesta de cumpleaños, quiero contarte cómo fue. El día de mi cumpleaños muy temprano por la mañana mis hermanos me (2) _____ una gran sorpresa: ellos (3) _____ un regalo delante de la puerta de mi habitación: ¡una bicicleta roja preciosa! Mi madre nos preparó un desayuno riquísimo. Después de desayunar, mis hermanos y yo (4) _____ que limpiar toda la casa, así que (*therefore*) no (5) _____ más celebración hasta la tarde. A las seis y media (nosotros) (6) _____ una barbacoa en el patio de la casa. Todos los invitados (7) _____ bebidas y regalos. (8) _____ todos mis amigos, excepto tú, ¡qué pena! :-(

La fiesta (9) _____ muy animada hasta las diez de la noche, cuando mis padres (10) _____ que los vecinos (*neighbors*) iban a (*were going to*) protestar y entonces todos se fueron a sus casas.

RESUMEN GRAMATICAL

9.1 **Irregular preterites** *pp. 286–287*

u-stem	estar poder poner saber tener	estuv- pud- pus- sup- tuv-	
i-stem	hacer querer venir	hic- quis- vin-	-e, -iste, -o, -imos, -isteis, -(i)eron
j-stem	conducir decir traducir traer	conduj- dij- traduj- traj-	

▶ Preterite of **dar**: di, diste, dio, dimos, disteis, dieron

▶ Preterite of **hay** (*inf.* **haber**): hubo

9.2 **Verbs that change meaning in the preterite** *p. 290*

Present	Preterite
conocer	
to know; to be acquainted with	to meet
saber	
to know info.; to know how to do something	to find out; to learn
poder	
to be able; can	to manage; to succeed
querer	
to want; to love	to try

9.3 **¿Qué? and ¿cuál?** *p. 292*

▶ Use **¿qué?** to ask for a definition or an explanation.

▶ Use **¿cuál(es)?** when there is a choice among several possibilities.

▶ **¿Cuál?** cannot be used before a noun; use **¿qué?** instead.

▶ **¿Qué?** used before a noun has the same meaning as **¿cuál?**

3 **¿Presente o pretérito?** Escoge la forma correcta de los verbos en paréntesis. **6 pts.**

1. Después de muchos intentos (*tries*), (podemos/pudimos) hacer una piñata.
2. —¿Conoces a Pepe?
   —Sí, lo (conozco/conocí) en tu fiesta.
3. Como no es de aquí, Cristina no (sabe/supo) mucho de las celebraciones locales.
4. Yo no (quiero/quise) ir a un restaurante grande, pero tú decides.
5. Ellos (quieren/quisieron) darme una sorpresa, pero Nina me lo dijo todo.
6. Mañana se terminan las clases; por fin (podemos/pudimos) divertirnos.

9.4 **Pronouns after prepositions** *p. 294*

Prepositional pronouns

	Singular	Plural
Preposition +	mí	nosotros/as
	ti	vosotros/as
	Ud.	Uds.
	él	ellos
	ella	ellas

▶ Exceptions: **conmigo, contigo, entre tú y yo**

---

4 **Preguntas** Escribe una pregunta para cada respuesta con los elementos dados. Empieza con **qué**, **cuál** o **cuáles** de acuerdo con el contexto y haz los cambios necesarios. **8 pts.**

1. —¿? / pastel / querer —Quiero el pastel de chocolate.
2. —¿? / ser / sangría —La sangría es una bebida típica española.
3. —¿? / ser / restaurante favorito —Mis restaurantes favoritos son Dalí y Jaleo.
4. —¿? / ser / dirección electrónica —Mi dirección electrónica es paco@cmail.com.

5 **¿Dónde me siento?** Completa la conversación con los pronombres apropiados. **7 pts.**

JUAN A ver, te voy a decir dónde te vas a sentar. Manuel, ¿ves esa silla? Es para
_____. Y esa otra silla es para tu novia, que todavía no está aquí.

MANUEL Muy bien, yo la reservo para _____.

HUGO ¿Y esta silla es para _____?

JUAN No, Hugo. No es para _____. Es para Carmina, que viene con Julio.

HUGO No, Carmina y Julio no pueden venir. Hablé con _____ y me lo dijeron.

JUAN Pues ellos se lo pierden (*it's their loss*). ¡Más comida para _____ (*us*)!

CAMARERO Aquí tienen el menú. Les doy un minuto y enseguida estoy con _____.

6 **Cumpleaños feliz** Escribe cinco oraciones describiendo cómo celebraste tu último cumpleaños. Usa el pretérito y los pronombres que aprendiste en esta lección. **10 pts.**

7 **Poema** Completa este fragmento del poema *Elegía nocturna* de Carlos Pellicer con el pretérito de los verbos entre paréntesis. **¡2 puntos EXTRA!**

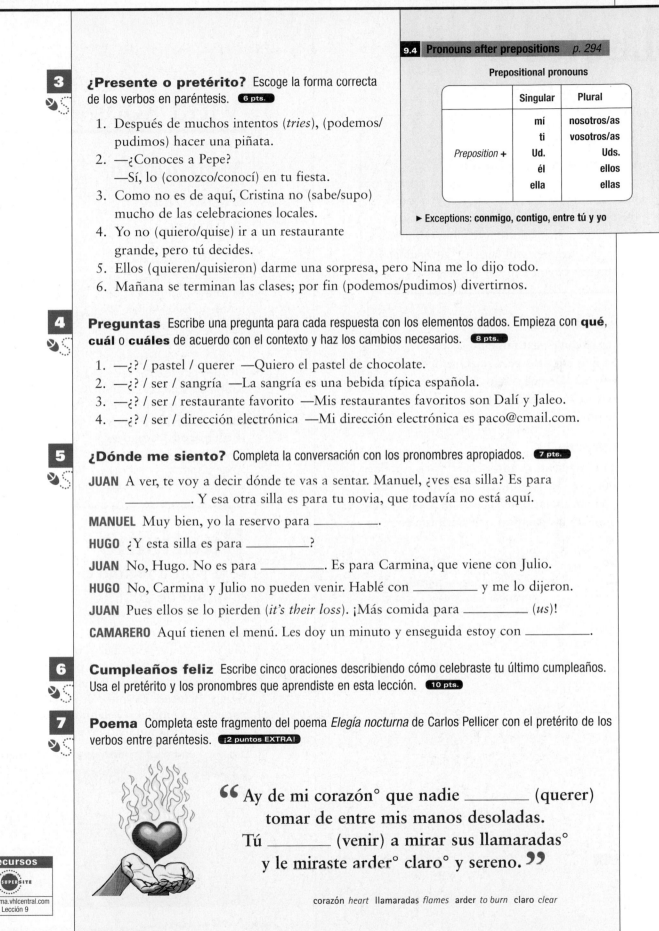

❝ Ay de mi corazón° que nadie _____ (querer)
tomar de entre mis manos desoladas.
Tú _____ (venir) a mirar sus llamaradas°
y le miraste arder° claro° y sereno. ❞

corazón *heart* llamaradas *flames* arder *to burn* claro *clear*

Lectura

Antes de leer

> ### Estrategia
> **Recognizing word families**
>
> Recognizing root words can help you guess the meaning of words in context, ensuring better comprehension of a reading selection. Using this strategy will enrich your Spanish vocabulary as you will see below.

Examinar el texto

Familiarízate con el texto usando las estrategias de lectura más efectivas para ti. ¿Qué tipo de documento es? ¿De qué tratan (*What are… about?*) las cuatro secciones del documento? Explica tus respuestas.

Raíces (*Roots*)

Completa el siguiente cuadro (*chart*) para ampliar tu vocabulario. Usa palabras de la lectura de esta lección y el vocabulario de las lecciones anteriores. ¿Qué significan las palabras que escribiste en el cuadro?

Verbo	Sustantivos	Otras formas
1. agradecer	agradecimiento/gracias	agradecido
2. estudiar	_____	_____
3. _____	_____	celebrado
4. _____	baile	_____
5. bautizar	_____	_____

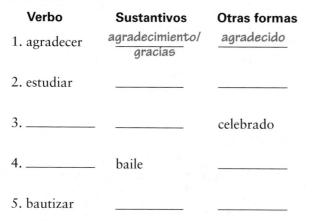

Vida social

Matrimonio
Espinoza Álvarez-Reyes Salazar

El día sábado 17 de junio de 2006 a las 19 horas, se celebró el matrimonio de Silvia Reyes y Carlos Espinoza en la catedral de Santiago. La ceremonia fue oficiada por el pastor Federico Salas y participaron los padres de los novios, el señor Jorge Espinoza y señora y el señor José Alfredo

Reyes y señora. Después de la ceremonia, los padres de los recién casados ofrecieron una fiesta bailable en el restaurante La Misión.

Bautismo

José María recibió el bautismo el 26 de junio de 2006.

Sus padres, don Roberto Lagos Moreno y doña María Angélica Sánchez, compartieron la alegría de la fiesta con todos sus parientes y amigos. La ceremonia religiosa tuvo lugar° en la catedral de Aguas Blancas. Después de la ceremonia, padres, parientes y amigos celebraron una fiesta en la residencia de la familia Lagos.

Fiesta quinceañera

El doctor don Amador Larenas Fernández y la señora Felisa Vera de Larenas celebraron los quince años de su hija Ana Ester junto a sus parientes y amigos. La quinceañera° reside en la ciudad de Valparaíso y es estudiante del Colegio Francés. La fiesta de presentación en sociedad de la señorita Ana Ester fue el día viernes 2 de mayo a las 19 horas, en el Club Español. Entre los invitados especiales asistieron el alcalde° de la ciudad, don Pedro Castedo, y su esposa. La música estuvo a cargo de la Orquesta Americana. ¡Feliz cumpleaños le deseamos a la señorita Ana Ester en su fiesta bailable!

32B

Expresión de gracias
Carmen Godoy Tapia

Agradecemos° sinceramente a todas las personas que nos acompañaron en el último adiós a nuestra apreciada esposa, madre, abuela y tía, la señora Carmen Godoy Tapia. El funeral tuvo lugar el día 28 de junio de 2006 en la ciudad de Viña del Mar. La vida de Carmen Godoy fue un ejemplo de trabajo, amistad, alegría y amor para todos nosotros. La familia agradece de todo corazón° su asistencia° al funeral a todos los parientes y amigos. Su esposo, hijos y familia.

---

tuvo lugar *took place* quinceañera *fifteen year-old girl* alcalde *mayor*
Agradecemos *We thank* de todo corazón *sincerely* asistencia *attendance*

Después de leer

Corregir
Escribe estos comentarios otra vez para corregir la información errónea.

1. El alcalde y su esposa asistieron a la boda de Silvia y Carlos.

2. Todos los anuncios (*announcement*) describen eventos felices.

3. Ana Ester Larenas cumple dieciséis años.

4. Roberto Lagos y María Angélica Sánchez son hermanos.

5. Carmen Godoy Tapia les dio las gracias a las personas que asistieron al funeral.

Identificar
Escribe el nombre de la(s) persona(s) descrita(s) (*described*).

1. Dejó viudo a su esposo en junio de 2006.

2. Sus padres y todos los invitados brindaron por él, pero él no entendió por qué.

3. El Club Español les presentó una cuenta considerable para pagar.

4. Unió a los novios en santo matrimonio.

5. La celebración de su cumpleaños marcó el comienzo de su vida adulta.

Un anuncio
Trabaja con dos o tres compañeros/as de clase e inventen un anuncio breve sobre una celebración importante. Esta celebración puede ser una graduación, un matrimonio o una gran fiesta en la que ustedes participan. Incluyan la siguiente información.

1. nombres de los participantes
2. la fecha, la hora y el lugar
3. qué se celebra
4. otros detalles de interés

Escritura SUPERSITE

Estrategia

Planning and writing a comparative analysis

Writing any kind of comparative analysis requires careful planning. Venn diagrams are useful for organizing your ideas visually before comparing and contrasting people, places, objects, events, or issues. To create a Venn diagram, draw two circles that overlap and label the top of each circle. List the differences between the two elements in the outer rings of the two circles, then list their similarities where the two circles overlap. Review the following example.

Diferencias y similitudes

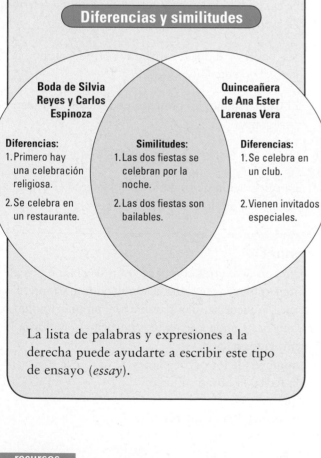

Boda de Silvia Reyes y Carlos Espinoza

Diferencias:
1. Primero hay una celebración religiosa.
2. Se celebra en un restaurante.

Similitudes:
1. Las dos fiestas se celebran por la noche.
2. Las dos fiestas son bailables.

Quinceañera de Ana Ester Larenas Vera

Diferencias:
1. Se celebra en un club.
2. Vienen invitados especiales.

La lista de palabras y expresiones a la derecha puede ayudarte a escribir este tipo de ensayo (*essay*).

Tema

Escribir una composición

Compara una celebración familiar (como una boda, una fiesta de cumpleaños o una graduación) a la que tú asististe recientemente, con otro tipo de celebración. Utiliza palabras y expresiones de esta lista.

Para expresar similitudes	
además; también	*in addition; also*
al igual que	*the same as*
como	*as; like*
de la misma manera	*in the same manner (way)*
del mismo modo	*in the same manner (way)*
tan + [*adjetivo*] + como	*as + [adjective] + as*
tanto/a(s) + [*sustantivo*] + como	*as many/much + [noun] + as*

Para expresar diferencias	
a diferencia de	*unlike*
a pesar de	*in spite of*
aunque	*although*
en cambio	*on the other hand*
más/menos… que	*more/less . . . than*
no obstante	*nevertheless; however*
por otro lado	*on the other hand*
por el contrario	*on the contrary*
sin embargo	*nevertheless; however*

Escuchar

Estrategia

Guessing the meaning of words through context

When you hear an unfamiliar word, you can often guess its meaning by listening to the words and phrases around it.

To practice this strategy, you will now listen to a paragraph. Jot down the unfamiliar words that you hear. Then listen to the paragraph again and jot down the word or words that are the most useful clues to the meaning of each unfamiliar word.

Preparación

Lee la invitación. ¿De qué crees que van a hablar Rosa y Josefina?

Ahora escucha

Ahora escucha la conversación entre Josefina y Rosa. Cuando oigas una de las palabras de la columna A, usa el contexto para identificar el sinónimo o la definición en la columna B.

A	B
____ festejar	a. conmemoración religiosa de una muerte
____ dicha	b. tolera
____ bien parecido	c. suerte
____ finge (fingir)	d. celebrar
____ soporta (soportar)	e. me divertí
____ yo lo disfruté (disfrutar)	f. horror
	g. crea una ficción
	h. guapo

Margarita Robles de García
y Roberto García Olmos

Piden su presencia en la celebración
del décimo aniversario de bodas
el día 13 de marzo de 2006
con una misa en la Iglesia Virgen del Coromoto
a las 6:30

❧

seguida por cena y baile
en el restaurante El Campanero,
Calle Principal, Las Mercedes
a las 8:30

Comprensión

¿Cierto o falso?

Lee cada oración e indica si lo que dice es **cierto** o **falso**. Corrige las oraciones falsas.

1. No invitaron a mucha gente a la fiesta de Margarita y Roberto porque ellos no conocen a muchas personas.

2. Algunos fueron a la fiesta con pareja y otros fueron sin compañero/a.

3. Margarita y Roberto decidieron celebrar el décimo aniversario porque no tuvieron ninguna celebración en su matrimonio.

4. A Rosa y a Josefina les parece interesante Rafael.

5. Josefina se divirtió mucho en la fiesta porque bailó toda la noche con Rafael.

Preguntas

1. ¿Son solteras Rosa y Josefina? ¿Cómo lo sabes?

2. ¿Tienen las chicas una amistad de mucho tiempo con la pareja que celebra su aniversario? ¿Cómo lo sabes?

En pantalla

En México existe una franja° de tierra° a lo largo de° toda la costa del país que es considerada parte del territorio público federal. Esta área abarca° aproximadamente cincuenta metros a partir de° la línea del mar. Sin embargo°, existe la posibilidad de que los propietarios de la tierra que está al lado de la zona federal puedan pedir una concesión. Así pueden utilizar el área adyacente a su propiedad, por ejemplo, para hacer un festival musical o una fiesta privada. Casos similares ocurren en otros países hispanos.

Vocabulario útil

conejo | bunny

Opciones

Elige la opción correcta.

1. El chico está comprando en ____.
   a. una farmacia b. un supermercado c. un almacén
2. Él imagina ____ en la playa.
   a. una fiesta   b. un examen   c. un almuerzo
3. El chico de la guitarra canta ____.
   a. bien   b. mal   c. fabulosamente bien
4. Al final (*At the end*), el chico ____ compra las baterías.
   a. sí   b. no   c. nunca

Fiesta

Trabajen en grupos de tres. Imaginen que van a organizar una fiesta en la playa. Escriban una invitación electrónica para invitar a sus amigos a la fiesta. Describan los planes que tienen para la fiesta y díganles a sus amigos qué tiene que traer cada uno.

franja *strip* tierra *land* a lo largo de *along* abarca *covers* a partir de *from* Sin embargo *However* ¿Y si no compraras... *And what if you didn't buy...?* cómpralas *buy them*

¿Y si no compraras° las *Energizer Max*?

Hey, no se preocupen.

Sí, mejor cómpralas°.

recursos

panorama.vhlcentral.com
Lección 9

SUPERSITE **Conexión Internet**

Go to panorama.vhlcentral.com to watch the TV clip featured in this En pantalla section.

Oye cómo va

Myriam Hernández

La actriz° y cantante° **Myriam Hernández** nació
en Chile y empezó su carrera a los diez años
cuando ganó un festival estudiantil. Más tarde,
trabajó en la telenovela *De cara al mañana*.
Desde 1988, año en que salió a la venta° su
primer álbum, su éxito° se extendió por toda
Latinoamérica y los Estados Unidos. En 1989
su canción *El hombre que yo amo* fue incluida
en la lista *Hot Latin* de la revista *Billboard*.
También se ha presentado° en escenarios° como
el Madison Square Garden en Nueva York y el
Festival de Viña del Mar, en Chile.

Tu profesor(a) va a poner la canción en la clase.
Escúchala y completa las actividades.

Emparejar

Indica qué elemento del segundo grupo está relacionado
con cada elemento del primer grupo.

_____ 1. lugar donde nació Myriam Hernández
_____ 2. telenovela en la que trabajó
_____ 3. año en que salió a la venta su primer álbum
_____ 4. canción incluida en la lista *Hot Latin*

a. Festival de Viña del Mar   d. Chile
b. 1986   e. 1988
c. *El hombre que yo amo*   f. *De cara al mañana*

Preguntas

En parejas, respondan a las preguntas.

1. ¿Creen que la cantante está triste o feliz? ¿Cómo
   lo saben?
2. ¿Es el amor el motor del universo? ¿Por qué?
3. Completen estos versos con sus propias (*your
   own*) ideas. Tomen la canción de Myriam
   Hernández como modelo.

   Quiero cantarle a _____
   en tres o cuatro versos;
   cantarle porque _____,
   porque _____.

Quiero cantarle al amor

Quiero cantarle al amor
porque me supo hallar°.
Quiero cantarle al amor,
que me vino a buscar.
Se llevó mi soledad°
y a cambio me dejó
su fantasía en el alma°.
Quiero cantarle al amor,
que me dio libertad.
Quiero cantarle al amor
porque me hizo volar°.
Se llevó mi soledad
y a cambio me dejó
su fantasía en el alma.

Discografía selecta

1990 *Dos*
1998 *Todo el amor*
2000 *+ y más*
2001 *El amor en concierto*
2004 *Huellas*

actriz *actress* cantante *singer* salió a la venta *was released*
éxito *success* se ha presentado *she has performed* escenarios *stages*
hallar *to find* soledad *loneliness* alma *soul* volar *fly*

recursos

SUPERSITE

panorama.vhlcentral.com
Lección 9

SUPERSITE **Conexión Internet**

Go to **panorama.vhlcentral.com** to learn more about
the artist featured in this **Oye cómo va** section.

SUPERSITE

Chile

El país en cifras

▸ **Área:** 756.950 km² (292.259 millas²), *dos veces el área de Montana*

▸ **Población:** 17.134.000
Aproximadamente el 80 por ciento de la población del país es urbana.

▸ **Capital:** Santiago de Chile—5.982.000

▸ **Ciudades principales:** Concepción, Viña del Mar, Valparaíso, Temuco

SOURCE: Population Division, UN Secretariat

▸ **Moneda:** peso chileno

▸ **Idiomas:** español (oficial), mapuche

Bandera de Chile

Chilenos célebres

▸ **Bernardo O'Higgins,** militar° y héroe nacional (1778–1842)

▸ **Gabriela Mistral,** Premio Nobel de Literatura, 1945; poeta y diplomática (1889–1957)

▸ **Pablo Neruda,** Premio Nobel de Literatura, 1971; poeta (1904–1973)

▸ **Isabel Allende,** novelista (1942–)

Pablo Neruda

militar *soldier* terremoto *earthquake* heridas *wounded*
hogar *home*

PERÚ

Palacio de la Moneda en Santiago

Pampa del Tamarugal

BOLIVIA

Cordillera de los Andes

Una calle de Santiago

Vista de la costa de Viña del Mar

Océano Pacífico

Viña del Mar
Valparaíso

⬢ Santiago de Chile

ARGENTINA

• Concepción

•Temuco

Pescadores de Valparaíso

Una celebración en Temuco

Lago Buenos Aires

Océano Atlántico

Punta Arenas

Estrecho de Magallanes

recursos		
WB pp. 105–106	VM pp. 241–242	SUPERSITE panorama.vhlcentral.com Lección 9

Isla Grande de Tierra del Fuego

¡Increíble pero cierto!

El terremoto° de mayor intensidad registrado tuvo lugar en Chile el 22 de mayo de 1960. Registró una intensidad récord de 9.5 en la escala de Richter. Murieron 2.000 personas, 3.000 resultaron heridas° y 2.000.000 perdieron su hogar°. La geografía del país se modificó notablemente.

Lugares • La isla de Pascua

La isla de Pascuaº recibió ese nombre porque los exploradores holandesesº llegaron a la isla por primera vez el día de Pascua de 1722. Ahora es parte del territorio de Chile. La isla de Pascua es famosa por los *moai*, estatuas enormes que representan personas con rasgosº muy exagerados. Estas estatuas las construyeron los *rapa nui*, los antiguos habitantes de la zona. Todavía no se sabe mucho sobre los *rapa nui*, ni tampoco se sabe por qué decidieron abandonar la isla.

Deportes • Los deportes de invierno

Hay muchos lugares para practicar los deportes de invierno en Chile porque las montañas nevadas de los Andes ocupan gran parte del país. El Parque Nacional de Villarrica, por ejemplo, situado al pie de un volcán y junto aº un lago, es un sitio popular para el esquí y el *snowboard*. Para los que prefieren deportes más extremos, el centro de esquí Valle Nevado organiza excursiones para practicar el heliesquí.

Ciencias • Astronomía

Los observatorios chilenos, situados en los Andes, son lugares excelentes para las observaciones astronómicas. Científicosº de todo el mundo van a Chile para estudiar las estrellasº y otros cuerpos celestes. Hoy día Chile está construyendo nuevos observatorios y telescopios para mejorar las imágenes del universo.

Economía • El vino

La producción de vino comenzó en Chile en el sigloº XVI. Ahora la industria del vino constituye una parte importante de la actividad agrícola del país y la exportación de sus productos está subiendoº cada vez más. Los vinos chilenos reciben el aprecio internacional por su gran variedad, sus ricos y complejos saboresº y su precio moderado. Los más conocidos internacionalmente son los vinos de Aconcagua, de Santiago y de Huasco.

¿Qué aprendiste? Responde a cada pregunta con una oración completa.

1. ¿Qué porcentaje (*percentage*) de la población chilena es urbana?

2. ¿Qué son los *moai*? ¿Dónde están?

3. ¿Qué deporte extremo ofrece el centro de esquí Valle Nevado?

4. ¿Por qué van a Chile científicos de todo el mundo?

5. ¿Cuándo comenzó la producción de vino en Chile?

6. ¿Por qué reciben los vinos chilenos el aprecio internacional?

Conexión Internet Investiga estos temas en **panorama.vhlcentral.com**.

1. Busca información sobre Pablo Neruda e Isabel Allende. ¿Dónde y cuándo nacieron? ¿Cuáles son algunas de sus obras (*works*)? ¿Cuáles son algunos de los temas de sus obras?

2. Busca información sobre sitios donde los chilenos y los turistas practican deportes de invierno en Chile. Selecciona un sitio y descríbeselo a tu clase.

La isla de Pascua *Easter Island*   holandeses *Dutch*   rasgos *features*   junto a *beside*   Científicos *Scientists*   estrellas *stars*
siglo *century*   subiendo *increasing*   complejos sabores *complex flavors*

Las celebraciones

el aniversario (de bodas)	(wedding) anniversary
la boda	wedding
el cumpleaños	birthday
el día de fiesta	holiday
la fiesta	party
el/la invitado/a	guest
la Navidad	Christmas
la quinceañera	young woman's fifteenth birthday celebration
la sorpresa	surprise
brindar	to toast (drink)
celebrar	to celebrate
divertirse (e:ie)	to have fun
invitar	to invite
pasarlo bien/mal	to have a good/bad time
regalar	to give (a gift)
reírse (e:i)	to laugh
relajarse	to relax
sonreír (e:i)	to smile
sorprender	to surprise

Los postres y otras comidas

la botella (de vino)	bottle (of wine)
el champán	champagne
los dulces	sweets; candy
el flan (de caramelo)	baked (caramel) custard
la galleta	cookie
el helado	ice cream
el pastel (de chocolate)	(chocolate) cake; pie
el postre	dessert

Las relaciones personales

la amistad	friendship
el amor	love
el divorcio	divorce
el estado civil	marital status
el matrimonio	marriage
la pareja	(married) couple; partner
el/la recién casado/a	newlywed
casarse (con)	to get married (to)
comprometerse (con)	to get engaged (to)
divorciarse (de)	to get divorced (from)
enamorarse (de)	to fall in love (with)
llevarse bien/mal (con)	to get along well/badly (with)
odiar	to hate
romper (con)	to break up (with)
salir (con)	to go out (with); to date
separarse (de)	to separate (from)
tener una cita	to have a date; to have an appointment
casado/a	married
divorciado/a	divorced
juntos/as	together
separado/a	separated
soltero/a	single
viudo/a	widower/widow

Las etapas de la vida

la adolescencia	adolescence
la edad	age
el estado civil	marital status
las etapas de la vida	the stages of life
la juventud	youth
la madurez	maturity; middle age
la muerte	death
el nacimiento	birth
la niñez	childhood
la vejez	old age
cambiar (de)	to change
graduarse (de/en)	to graduate (from/in)
jubilarse	to retire (from work)
nacer	to be born

Palabras adicionales

la alegría	happiness
el beso	kiss
conmigo	with me
contigo	with you

Expresiones útiles	See page 281.

En el consultorio

10

A PRIMERA VISTA

- ¿Cuál de ellas es la doctora? ¿La mujer de pelo largo o la mujer de pelo corto?
- ¿En qué etapa de la vida está la doctora, la vejez o la madurez?
- ¿Es una de ellas mayor que la otra o son aproximadamente de la misma edad?

En el consultorio

Más vocabulario

la clínica	clinic
el consultorio	doctor's office
el/la dentista	dentist
el examen médico	physical exam
la farmacia	pharmacy
el hospital	hospital
la operación	operation
la sala de emergencia(s)	emergency room
el cuerpo	body
el oído	(sense of) hearing; inner ear
el accidente	accident
la salud	health
el síntoma	symptom
caerse	to fall (down)
darse con	to bump into; to run into
doler (o:ue)	to hurt
enfermarse	to get sick
estar enfermo/a	to be sick
poner una inyección	to give an injection
recetar	to prescribe
romperse (la pierna)	to break (one's leg)
sacar(se) un diente	to have a tooth removed
sufrir una enfermedad	to suffer an illness
torcerse (o:ue) (el tobillo)	to sprain (one's ankle)
toser	to cough

Variación léxica

gripe ⟷ gripa (*Col., Gua., Méx.*)

resfriado ⟷ catarro (*Cuba, Esp., Gua.*)

sala de ⟷ sala de urgencias
emergencia(s)   (*Arg., Esp., Méx.*)

romperse ⟷ quebrarse (*Arg., Gua.*)

el corazón

el paciente

el ojo

la nariz

la cabeza

la doctora

SALIDA

la oreja

el cuello

la boca

la garganta

el estómago

el dedo

la rodilla

Síntomas y condiciones médicas

el dolor (de cabeza)	(head)ache; pain
la gripe	flu
el resfriado	cold
la tos	cough
congestionado/a	congested; stuffed up
embarazada	pregnant
grave	grave; serious
mareado/a	dizzy; nauseated
médico/a	medical
saludable	healthy
sano/a	healthy
tener dolor (m.)	to have pain
tener fiebre	to have a fever

el dedo del pie

recursos

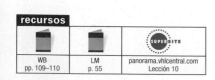

WB
pp. 109–110

LM
p. 55

SUPERSITE
panorama.vhlcentral.com
Lección 10

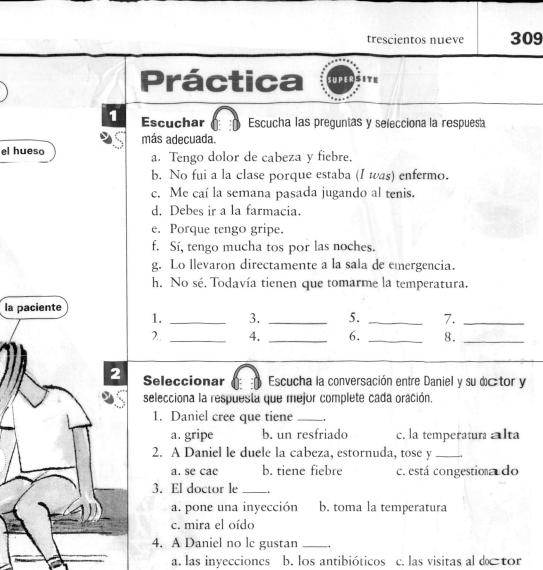

la radiografía

el hueso

la enfermera

la paciente

Estornuda.

Toma la temperatura.

el brazo

la pierna

el tobillo

La medicina

el antibiótico	antibiotic
la aspirina	aspirin
la pastilla	pill; tablet
la receta	prescription

Práctica SUPERSITE

1

Escuchar Escucha las preguntas y selecciona la respuesta más adecuada.

a. Tengo dolor de cabeza y fiebre.
b. No fui a la clase porque estaba (*I was*) enfermo.
c. Me caí la semana pasada jugando al tenis.
d. Debes ir a la farmacia.
e. Porque tengo gripe.
f. Sí, tengo mucha tos por las noches.
g. Lo llevaron directamente a la sala de emergencia.
h. No sé. Todavía tienen que tomarme la temperatura.

1. _____   3. _____   5. _____   7. _____
2. _____   4. _____   6. _____   8. _____

2

Seleccionar Escucha la conversación entre Daniel y su doctor y selecciona la respuesta que mejor complete cada oración.

1. Daniel cree que tiene ____.
   a. gripe   b. un resfriado   c. la temperatura alta
2. A Daniel le duele la cabeza, estornuda, tose y ____.
   a. se cae   b. tiene fiebre   c. está congestionado
3. El doctor le ____.
   a. pone una inyección   b. toma la temperatura
   c. mira el oído
4. A Daniel no le gustan ____.
   a. las inyecciones   b. los antibióticos   c. las visitas al doctor
5. El doctor dice que Daniel tiene ____.
   a. gripe   b. un resfriado   c. fiebre
6. Después de la consulta Daniel va a ____.
   a. la sala de emergencia   b. la clínica   c. la farmacia

3

Completar Completa las oraciones con una palabra de la misma familia de la palabra subrayada. Usa la forma correcta de cada palabra.

1. Cuando <u>oyes</u> algo, usas el _____.
2. Cuando te <u>enfermas</u>, te sientes _____ y necesitas ir al consultorio para ver a la _____.
3. ¿Alguien _____? Creo que oí un <u>estornudo</u> (*sneeze*).
4. No puedo <u>arrodillarme</u> (*kneel down*) porque me lastimé la _____ en un accidente de coche.
5. ¿Vas al _____ para <u>consultar</u> al médico?
6. Si te rompes un <u>diente</u>, vas al _____.

4

Contestar Mira el dibujo y contesta las preguntas.

1. ¿Qué hace la doctora?   4. ¿Qué hace el paciente?
2. ¿Qué hay en   5. ¿A quién le duele
   la pared (*wall*)?   la garganta?
3. ¿Qué hace la enfermera?   6. ¿Qué tiene la paciente?

5 **Asociaciones** Trabajen en parejas para identificar las partes del cuerpo que ustedes asocian con estas actividades. Sigan el modelo.

> **modelo**
> nadar
> **Estudiante 1:** Usamos los brazos para nadar.
> **Estudiante 2:** Usamos las piernas también.

1. hablar por teléfono
2. tocar el piano
3. correr en el parque
4. escuchar música
5. ver una película
6. toser
7. llevar zapatos
8. comprar perfume
9. estudiar biología
10. comer lomo a la plancha

AYUDA

Remember that in Spanish, body parts are usually referred to with an article and not a possessive adjective: **Me duelen los pies.** The idea of *my* is expressed by the indirect object pronoun **me**.

6 **Cuestionario** Contesta el cuestionario seleccionando las respuestas que reflejen mejor tus experiencias. Suma (*Add*) los puntos de cada respuesta y anota el resultado. Después, con el resto de la clase, compara y analiza los resultados del cuestionario y comenta lo que dicen de la salud y de los hábitos de todo el grupo.

¿Tienes buena salud?

27–30 puntos	Salud y hábitos excelentes
23–26 puntos	Salud y hábitos buenos
22 puntos o menos	Salud y hábitos problemáticos

1. ¿Con qué frecuencia te enfermas? (resfriados, gripe, etc.)
Cuatro veces por año o más. (1 punto)
Dos o tres veces por año. (2 puntos)
Casi nunca. (3 puntos)

2. ¿Con qué frecuencia tienes dolores de estómago o problemas digestivos?
Con mucha frecuencia. (1 punto)
A veces. (2 puntos)
Casi nunca. (3 puntos)

3. ¿Con qué frecuencia sufres de dolores de cabeza?
Frecuentemente. (1 punto)
A veces. (2 puntos)
Casi nunca. (3 puntos)

4. ¿Comes verduras y frutas?
No, casi nunca como verduras ni frutas. (1 punto)
Sí, a veces. (2 puntos)
Sí, todos los días. (3 puntos)

5. ¿Eres alérgico/a a algo?
Sí, a muchas cosas. (1 punto)
Sí, a algunas cosas. (2 puntos)
No. (3 puntos)

6. ¿Haces ejercicios aeróbicos?
No, casi nunca hago ejercicios aeróbicos. (1 punto)
Sí, a veces. (2 puntos)
Sí, con frecuencia. (3 puntos)

7. ¿Con qué frecuencia te haces un examen médico?
Nunca o casi nunca. (1 punto)
Cada dos años. (2 puntos)
Cada año y/o antes de practicar un deporte. (3 puntos)

8. ¿Con qué frecuencia vas al dentista?
Nunca voy al dentista. (1 punto)
Sólo cuando me duele un diente. (2 puntos)
Por lo menos una vez por año. (3 puntos)

9. ¿Qué comes normalmente por la mañana?
No como nada por la mañana. (1 punto)
Tomo una bebida dietética. (2 puntos)
Como cereal y fruta. (3 puntos)

10. ¿Con qué frecuencia te sientes mareado/a?
Frecuentemente. (1 punto)
A veces. (2 puntos)
Casi nunca. (3 puntos)

Comunicación

7 **¿Qué le pasó?** Trabajen en un grupo de dos o tres personas. Hablen de lo que les pasó y de cómo se sienten las personas que aparecen en los dibujos.

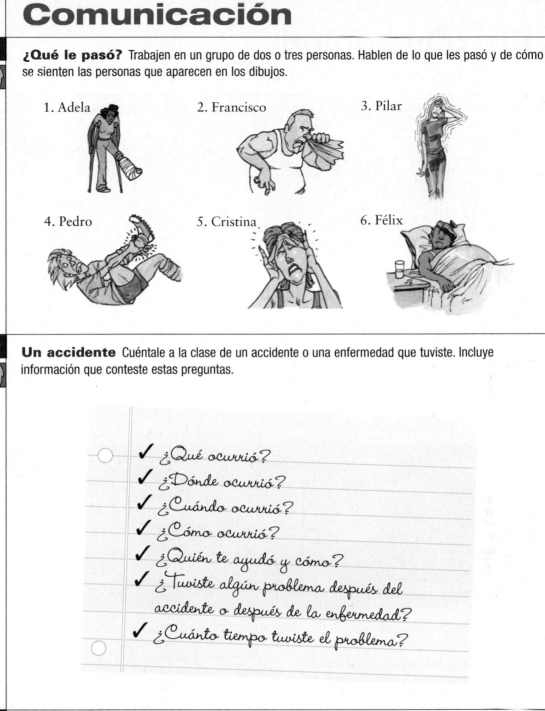

1. Adela
2. Francisco
3. Pilar
4. Pedro
5. Cristina
6. Félix

8 **Un accidente** Cuéntale a la clase de un accidente o una enfermedad que tuviste. Incluye información que conteste estas preguntas.

✓ ¿Qué ocurrió?
✓ ¿Dónde ocurrió?
✓ ¿Cuándo ocurrió?
✓ ¿Cómo ocurrió?
✓ ¿Quién te ayudó y cómo?
✓ ¿Tuviste algún problema después del accidente o después de la enfermedad?
✓ ¿Cuánto tiempo tuviste el problema?

9 **Crucigrama (*Crossword*)** Tu profesor(a) les va a dar a ti y a tu compañero/a un crucigrama incompleto. Tú tienes las palabras que necesita tu compañero/a y él/ella tiene las palabras que tú necesitas. Tienen que darse pistas para completarlo. No pueden decir la palabra necesaria; deben utilizar definiciones, ejemplos y frases.

modelo

10 horizontal: La usamos para hablar.

14 vertical: Es el médico que examina los dientes.

SUPERSITE

¡Uf! ¡Qué dolor!

Don Francisco y Javier van a la clínica de la doctora Márquez.

PERSONAJES

INÉS

DON FRANCISCO

JAVIER

DRA. MÁRQUEZ

JAVIER Estoy aburrido... tengo ganas de dibujar. Con permiso.

INÉS ¡Javier! ¿Qué te pasó?

JAVIER ¡Ay! ¡Uf! ¡Qué dolor! ¡Creo que me rompí el tobillo!

DON FRANCISCO No te preocupes, Javier. Estamos cerca de la clínica donde trabaja la doctora Márquez, mi amiga.

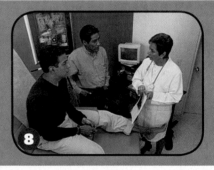

DRA. MÁRQUEZ ¿Cuánto tiempo hace que se cayó?

JAVIER Ya se me olvidó... déjeme ver... este... eran más o menos las dos o dos y media cuando me caí... o sea hace más de una hora. ¡Me duele mucho!

DRA. MÁRQUEZ Bueno, vamos a sacarle una radiografía.

DON FRANCISCO Sabes, Javier, cuando era chico yo les tenía mucho miedo a los médicos. Visitaba mucho al doctor porque me enfermaba con mucha frecuencia y tenía muchas infecciones de la garganta. No me gustaban las inyecciones ni las pastillas. Una vez me rompí la pierna jugando al fútbol...

JAVIER ¡Doctora! ¿Qué dice? ¿Está roto el tobillo?

DRA. MÁRQUEZ Tranquilo, le tengo buenas noticias, Javier. No está roto el tobillo. Apenas está torcido.

recursos

VM
pp. 213–214

panorama.vhlcentral.com
Lección 10

JAVIER ¿Tengo dolor? Sí, mucho. ¿Dónde? En el tobillo. ¿Tengo fiebre? No lo creo. ¿Estoy mareado? Un poco. ¿Soy alérgico a algún medicamento? No. ¿Embarazada? Definitivamente NO.

DRA. MÁRQUEZ ¿Cómo se lastimó el pie?

JAVIER Me caí cuando estaba en el autobús.

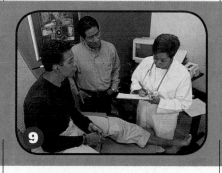

JAVIER Pero, ¿voy a poder ir de excursión con mis amigos?

DRA. MÁRQUEZ Creo que sí. Pero debe descansar y no caminar mucho durante un par de días. Le receto unas pastillas para el dolor.

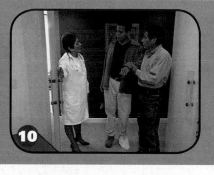

DRA. MÁRQUEZ Adiós, Francisco. Adiós, Javier. ¡Cuidado! ¡Buena suerte en las montañas!

Expresiones útiles

Discussing medical conditions

- **¿Cómo se lastimó el pie? (lastimarse)**
  How did you hurt your foot?
  Me caí en el autobús.
  I fell when I was on the bus.

- **¿Te duele el tobillo?**
  Does your ankle hurt? (fam.)
- **¿Le duele el tobillo?**
  Does your ankle hurt? (form.)
  Sí, (me duele) mucho.
  Yes, (it hurts) a lot.

- **¿Es usted alérgico/a a algún medicamento?**
  Are you allergic to any medication?
  Sí, soy alérgico/a a la penicilina.
  Yes, I'm allergic to penicillin.

- **¿Está roto el tobillo?**
  Is my ankle broken?
  No está roto. Apenas está torcido.
  It's not broken. It's just twisted.

- **¿Te enfermabas frecuentemente?**
  Did you get sick frequently? (fam.)
  Sí, me enfermaba frecuentemente.
  Yes, I used to get sick frequently.
  Tenía muchas infecciones.
  I used to get a lot of infections.

Other expressions

- **hace +** [*period of time*] **+ que +** [*present tense*]:
- **¿Cuánto tiempo hace que te duele?**
  How long has it been hurting?
  Hace una hora que me duele.
  It's been hurting for an hour.

- **hace +** [*period of time*] **+ que +** [*preterite*]:
- **¿Cuánto tiempo hace que se cayó?**
  How long ago did you fall?
  Me caí hace más de una hora./
  Hace más de una hora que me caí.
  I fell more than an hour ago.

¿Qué pasó? SUPERSITE

1 **¿Cierto o falso?** Decide si lo que dicen estas oraciones sobre Javier es **cierto** o **falso**. Corrige las oraciones falsas.

	Cierto	Falso
1. Está aburrido y tiene ganas de hacer algo creativo.	○	○
2. Cree que se rompió la rodilla.	○	○
3. Se lastimó cuando se cayó en el autobús.	○	○
4. Es alérgico a dos medicamentos.	○	○
5. No está mareado pero sí tiene un poco de fiebre.	○	○

2 **Identificar** Identifica quién puede decir estas oraciones.

1. Hace años me rompí la pierna cuando estaba jugando al fútbol.
2. Hace más de una hora que me lastimé el pie. Me duele muchísimo.
3. Tengo que sacarle una radiografía. No sé si se rompió uno de los huesos del pie.
4. No hay problema, vamos a ver a mi amiga, la doctora Márquez.
5. Bueno, parece que el tobillo no está roto. Qué bueno, ¿no?
6. No sé si voy a poder ir de excursión con el grupo.

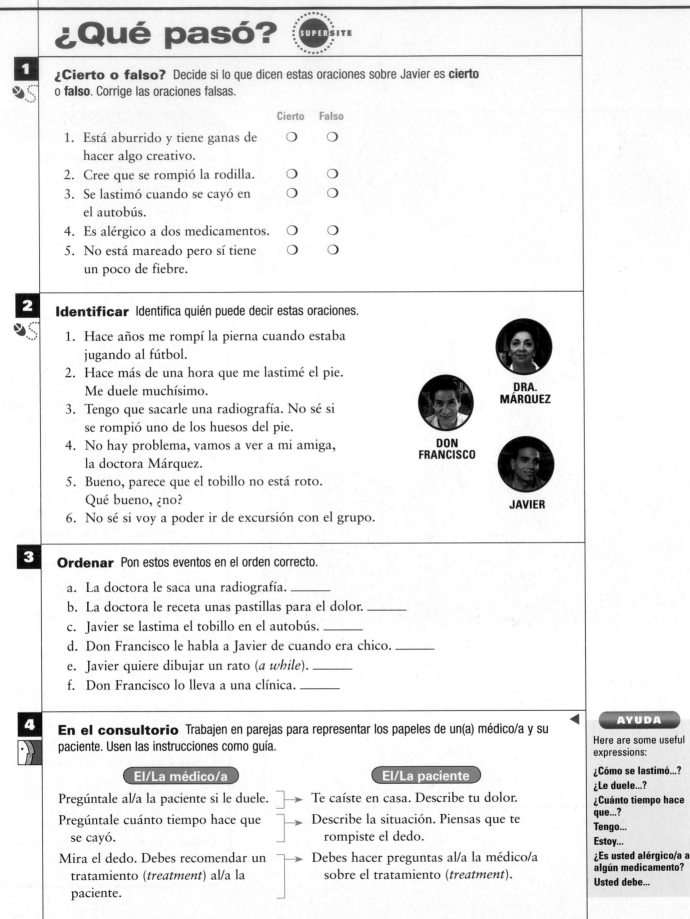

DRA. MÁRQUEZ

DON FRANCISCO

JAVIER

3 **Ordenar** Pon estos eventos en el orden correcto.

a. La doctora le saca una radiografía. _____
b. La doctora le receta unas pastillas para el dolor. _____
c. Javier se lastima el tobillo en el autobús. _____
d. Don Francisco le habla a Javier de cuando era chico. _____
e. Javier quiere dibujar un rato (*a while*). _____
f. Don Francisco lo lleva a una clínica. _____

4 **En el consultorio** Trabajen en parejas para representar los papeles de un(a) médico/a y su paciente. Usen las instrucciones como guía. ◄

El/La médico/a

Pregúntale al/a la paciente si le duele. ⟶ Te caíste en casa. Describe tu dolor.

Pregúntale cuánto tiempo hace que se cayó. ⟶ Describe la situación. Piensas que te rompiste el dedo.

Mira el dedo. Debes recomendar un tratamiento (*treatment*) al/a la paciente. ⟶ Debes hacer preguntas al/a la médico/a sobre el tratamiento (*treatment*).

El/La paciente

AYUDA

Here are some useful expressions:

¿Cómo se lastimó...?
¿Le duele...?
¿Cuánto tiempo hace que...?
Tengo...
Estoy...
¿Es usted alérgico/a a algún medicamento?
Usted debe...

Ortografía SUPERSITE

El acento y las sílabas fuertes

In Spanish, written accent marks are used on many words. Here is a review of some of the principles governing word stress and the use of written accents.

---

as-pi-ri-na   gri-pe   to-man   an-tes

In Spanish, when a word ends in a vowel, **-n**, or **-s**, the spoken stress usually falls on the next-to-last syllable. Words of this type are very common and do not need a written accent.

---

a-sí   in-glés   in-fec-ción   hé-ro-e

When a word ends in a vowel, **-n**, or **-s**, and the spoken stress does *not* fall on the next-to-last syllable, then a written accent is needed.

---

hos-pi-tal   na-riz   re-ce-tar   to-ser

When a word ends in any consonant *other* than **-n** or **-s**, the spoken stress usually falls on the last syllable. Words of this type are very common and do not need a written accent.

---

lá-piz   fút-bol   hués-ped   sué-ter

When a word ends in any consonant *other* than **-n** or **-s** and the spoken stress does *not* fall on the last syllable, then a written accent is needed.

---

far-ma-cia   bio-lo-gí-a   su-cio   frí-o

Diphthongs (two weak vowels or a strong and weak vowel together) are normally pronounced as a single syllable. A written accent is needed when a diphthong is broken into two syllables.

---

sol   pan   mar   tos

Spanish words of only one syllable do not usually carry a written accent (unless it is to distinguish meaning: **se** and **sé**.)

> **CONSULTA**
>
> In Spanish, **a**, **e**, and **o** are considered strong vowels while **i** and **u** are weak vowels. To review this concept, see **Lección 3**, **Pronunciación**, p. 77.

Práctica Busca las palabras que necesitan acento escrito y escribe su forma correcta.

1. sal-mon
2. ins-pec-tor
3. nu-me-ro
4. fa-cil
5. ju-go
6. a-bri-go
7. ra-pi-do
8. sa-ba-do
9. vez
10. me-nu
11. o-pe-ra-cion
12. im-per-me-a-ble
13. a-de-mas
14. re-ga-te-ar
15. an-ti-pa-ti-co
16. far-ma-cia
17. es-qui
18. pen-sion
19. pa-is
20. per-don

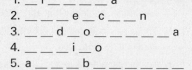

El ahorcado (*Hangman***)** Juega al ahorcado para adivinar las palabras.

1. __ l __ __ __ __ __ a   Vas allí cuando estás enfermo.
2. __ __ __ __ e __ c __ __ n   Se usa para poner una vacuna (*vaccination*).
3. __ __ d __ o __ __ __ __ __ a   Ves los huesos.
4. __ __ __ i __ o   Trabaja en un hospital.
5. a __ __ __ b __ __ __ __ __   Es una medicina.

recursos

LM p. 56

panorama.vhlcentral.com Lección 10

Servicios de salud

¿Pensaste alguna vez en visitar un país hispano? Si lo haces, vas a encontrar algunas diferencias respecto a la vida en los Estados Unidos. Una de ellas está en los servicios de salud.

En la mayor parte de los países hispanos, el gobierno ofrece servicios médicos muy baratos o gratuitos° a sus ciudadanos°. Los turistas y extranjeros también pueden tener acceso a los servicios médicos a bajo° costo. La Seguridad Social y organizaciones similares son las responsables de gestionar° estos servicios.

Naturalmente, esto no funciona igual° en todos los países. En Colombia, Ecuador, México y Perú, la situación varía según las regiones. Los habitantes de las ciudades y pueblos grandes tienen acceso a más servicios médicos, mientras que quienes viven en pueblos remotos sólo cuentan con° pequeñas clínicas.

Cruz verde de farmacia en Madrid, España

Por su parte, Argentina, Costa Rica, Cuba, Uruguay y España tienen sistemas de salud muy desarrollados°. Toda la población tiene acceso a ellos y en muchos casos son completamente gratuitos. Costa Rica ofrece servicios gratuitos también a los extranjeros.

¡Así que ya lo sabes! Si vas a viajar a otro país, antes de ir debes obtener información sobre los servicios médicos en el lugar de destino°. Prepara todos los documentos necesarios. ¡Y disfruta° tu estadía° en el extranjero sin problemas!

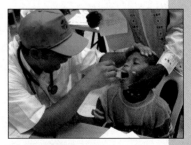

Consulta médica en la República Dominicana

Las farmacias

Farmacia de guardia: Las farmacias generalmente tienen un horario comercial. Sin embargo°, en cada barrio° hay una farmacia de guardia que abre las veinticuatro horas del día.

Productos farmacéuticos: Todavía hay muchas farmacias tradicionales que están más especializadas en medicinas y productos farmacéuticos. No venden una gran variedad de productos.

Recetas: Muchos medicamentos se venden sin receta médica. Los farmacéuticos aconsejan° a las personas sobre problemas de salud y les dan las medicinas.

Cruz° verde: En muchos países, las farmacias tienen el signo de una cruz verde. Cuando la cruz verde está encendida°, la farmacia está abierta.

gratuitos *free (of charge)* ciudadanos *citizens* bajo *low* gestionar *to manage* igual *in the same way* cuentan con *have* desarrollados *developed* destino *destination* disfruta *enjoy* estadía *stay* Sin embargo *However* barrio *neighborhood* aconsejan *advise* Cruz *Cross* encendida *lit (up)*

1 **¿Cierto o falso?** Indica si lo que dicen las oraciones es **cierto** o **falso**. Corrige la información falsa.

1. En los países hispanos los gobiernos ofrecen servicios de salud accesibles a sus ciudadanos.

2. En los países hispanos los extranjeros tienen que pagar mucho dinero por los servicios médicos.

3. En Costa Rica los extranjeros pueden recibir servicios médicos gratuitos.

4. Las farmacias de guardia abren sólo los sábados y domingos.

5. En los países hispanos las farmacias venden una gran variedad de productos.

6. Los farmacéuticos de los países hispanos aconsejan a los enfermos y venden algunas medicinas sin necesidad de receta.

7. En México y otros países, los pueblos remotos cuentan con grandes centros médicos.

8. Muchas farmacias usan una cruz verde como símbolo.

ASÍ SE DICE

La salud

el chequeo (Esp., Méx.)	el examen médico
la droguería (Col.)	la farmacia
la herida	*injury; wound*
la píldora	la pastilla
los primeros auxilios	*first aid*
la sangre	*blood*

EL MUNDO HISPANO

Remedios caseros° y plantas medicinales

○ **Achiote°** En Suramérica se usa para curar inflamaciones de garganta. Las hojas° de achiote se cuecen° en agua, se cuelan° y se hacen gargarismos° con esa agua.

○ **Ají** En Perú se usan cataplasmas° de las semillas° de ají para aliviar los dolores reumáticos y la tortícolis°.

○ **Azúcar** En Nicaragua y otros países centroamericanos se usa el azúcar para detener° la sangre en pequeñas heridas.

○ **Sábila (aloe vera)** En Latinoamérica, el jugo de las hojas de sábila se usa para reducir cicatrices°. Se recomienda aplicarlo sobre la cicatriz dos veces al día, durante varios meses.

Remedios caseros *Home remedies* Achiote *Annatto* hojas *leaves* se cuecen *are cooked* se cuelan *they are drained* gargarismos *gargles* cataplasmas *pastes* semillas *seeds* tortícolis *stiff neck* detener *to stop* cicatrices *scars*

PERFILES

Curanderos° y chamanes

¿Quieres ser doctor(a), juez(a)°, político/a o psicólogo/a? En algunas sociedades de las Américas **los curanderos** y **los chamanes** no tienen que escoger entre estas profesiones porque ellos son mediadores de conflictos y dan consejos a la comunidad. Su opinión es muy respetada.

Códice Florentino, México, siglo XVI

Desde las culturas antiguas° de las Américas muchas personas piensan que la salud del cuerpo y de la mente sólo puede existir si hay un equilibrio entre el ser humano y la naturaleza. Los curanderos y los chamanes son quienes cuidan este equilibrio.

Los curanderos se especializan más en enfermedades físicas, mientras que los chamanes están más relacionados con los males° de la mente y el alma°. Ambos° usan plantas, masajes y rituales, y sus conocimientos se basan en la tradición, la experiencia, la observación y la intuición.

Cuzco, Perú

Curanderos *Healers* juez(a) *judge* antiguas *ancient* males *illnesses* alma *soul* Ambos *Both*

SUPERSITE Conexión Internet

¿Cuáles son algunos hospitales importantes del mundo hispano?

Go to **panorama.vhlcentral.com** to find more cultural information related to this **Cultura** section.

ACTIVIDADES

2 **Comprensión** Responde a las preguntas.

1. ¿Cómo se les llama a las farmacias en Colombia?
2. ¿Qué parte del achiote se usa para curar la garganta?
3. ¿Cómo se aplica la sábila para reducir cicatrices?
4. En algunas partes de las Américas, ¿quiénes mantienen el equilibrio entre el ser humano y la naturaleza?
5. ¿Qué usan los curanderos y chamanes para curar?

3 **¿Qué haces cuando tienes gripe?** Escribe cuatro oraciones sobre las cosas que haces cuando tienes gripe. Explica si vas al médico, si tomas medicamentos o si sigues alguna dieta especial. Después, comparte tu texto con un(a) compañero/a.

recursos

panorama.vhlcentral.com
Lección 10

10.1 The imperfect tense

ANTE TODO In **Lecciones 6–9,** you learned the preterite tense. You will now learn the imperfect, which describes past activities in a different way.

The imperfect of regular verbs

		cantar	beber	escribir
SINGULAR FORMS	yo	cant**aba**	beb**ía**	escrib**ía**
	tú	cant**abas**	beb**ías**	escrib**ías**
	Ud./él/ella	cant**aba**	beb**ía**	escrib**ía**
PLURAL FORMS	nosotros/as	cant**ábamos**	beb**íamos**	escrib**íamos**
	vosotros/as	cant**abais**	beb**íais**	escrib**íais**
	Uds./ellos/ellas	cant**aban**	beb**ían**	escrib**ían**

¡ATENCIÓN!

Note that the imperfect endings of –**er** and –**ir** verbs are the same. Also note that the **nosotros** form of –**ar** verbs always carries an accent mark on the first **a** of the ending. All forms of –**er** and –**ir** verbs in the imperfect carry an accent on the first **i** of the ending.

Sabes, Javier, cuando era chico yo les tenía mucho miedo a los médicos.

De niño tenía que ir mucho a una clínica en Quito. ¡No me gustaban nada las inyecciones!

▶ There are no stem changes in the imperfect.

entender (e:ie)	**Entendíamos** japonés.
	We used to understand Japanese.
servir (e:i)	El camarero les **servía** el café.
	The waiter was serving them coffee.
doler (o:ue)	A Javier le **dolía** el tobillo.
	Javier's ankle was hurting.

▶ The imperfect form of **hay** is **había** (*there was; there were; there used to be*).

▶ **¡Atención!** Ir, ser, and ver are the only verbs that are irregular in the imperfect.

AYUDA

Like **hay, había** can be followed by a singular or plural noun.
Había un solo médico en la sala.
Había dos pacientes allí.

The imperfect of irregular verbs

		ir	ser	ver
SINGULAR FORMS	yo	ib**a**	**era**	ve**ía**
	tú	ib**as**	**eras**	ve**ías**
	Ud./él/ella	ib**a**	**era**	ve**ía**
PLURAL FORMS	nosotros/as	**íbamos**	**éramos**	ve**íamos**
	vosotros/as	ib**ais**	**erais**	ve**íais**
	Uds./ellos/ellas	ib**an**	**eran**	ve**ían**

CONSULTA

You will learn more about the contrast between the preterite and the imperfect in **Estructura 10.2**, pp. 322–323.

Uses of the imperfect

▶ As a general rule, the imperfect is used to describe actions which are seen by the speaker as incomplete or "continuing," while the preterite is used to describe actions which have been completed. The imperfect expresses what was happening at a certain time or how things used to be. The preterite, in contrast, expresses a completed action.

—¿Qué te **pasó**?
What happened to you?

—Me **torcí** el tobillo.
I sprained my ankle.

—¿Dónde **vivías** de niño?
Where did you live as a child?

—**Vivía** en San José.
I lived in San José.

▶ These expressions are often used with the imperfect because they express habitual or repeated actions: **de niño/a** (*as a child*), **todos los días** (*every day*), **mientras** (*while*).

Uses of the imperfect

1. **Habitual or repeated actions** . . . .
   Íbamos al parque los domingos.
   We used to go to the park on Sundays.

2. **Events or actions that were in progress**
   Yo **leía** mientras él **estudiaba**.
   I was reading while he was studying.

3. **Physical characteristics** . . . .
   Era alto y guapo.
   He was tall and handsome.

4. **Mental or emotional states** . . . .
   Quería mucho a su familia.
   He loved his family very much.

5. **Telling time** . . . .
   Eran las tres y media.
   It was 3:30.

6. **Age** . . . .
   Los niños **tenían** seis años.
   The children were six years old.

¡INTÉNTALO! Indica la forma correcta de cada verbo en el imperfecto.

1. Mis hermanos _____*veían*_____ (ver) la televisión.
2. Yo _____ (viajar) a la playa.
3. ¿Dónde _____ (vivir) Samuel de niño?
4. Tú _____ (hablar) con Javier.
5. Leonardo y yo _____ (correr) por el parque.
6. Ustedes _____ (ir) a la clínica.
7. Nadia _____ (bailar) merengue.
8. ¿Cuándo _____ (asistir) tú a clase de español?
9. Yo _____ (ser) muy feliz.
10. Nosotras _____ (comprender) las preguntas.

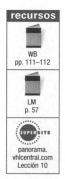

recursos

WB
pp. 111–112

LM
p. 57

panorama.
vhlcentral.com
Lección 10

Práctica · SUPERSITE

1 **Completar** Primero, completa las oraciones con el imperfecto de los verbos. Luego, pon las oraciones en orden lógico y compáralas con las de un(a) compañero/a.

_____ a. El doctor dijo que no _____ (ser) nada grave.

_____ b. El doctor _____ (querer) ver la nariz del niño.

_____ c. Su mamá _____ (estar) dibujando cuando Miguelito entró llorando.

_____ d. Miguelito _____ (tener) la nariz hinchada (*swollen*). Fueron al hospital.

_____ e. Miguelito no _____ (ir) a jugar más. Ahora quería ir a casa a descansar.

_____ f. Miguelito y sus amigos _____ (jugar) al béisbol en el patio.

_____ g. _____ (Ser) las dos de la tarde.

_____ h. Miguelito le dijo a la enfermera que _____ (dolerle) la nariz.

2 **Transformar** Forma oraciones completas para describir lo que hacían Julieta y César. Usa las formas correctas del imperfecto y añade todas las palabras necesarias.

1. Julieta y César / ser / paramédicos

2. trabajar / juntos y / llevarse / muy bien

3. cuando / haber / accidente, / siempre / analizar / situación / con cuidado

4. preocuparse / mucho / por / pacientes

5. si / paciente / tener / mucho / dolor, / ponerle / inyección

3 **En la escuela de medicina** Usa los verbos de la lista para completar las oraciones con las formas correctas del imperfecto. Algunos verbos se usan más de una vez.

caerse	enfermarse	ir	querer	tener
comprender	estornudar	pensar	sentirse	tomar
doler	hacer	poder	ser	toser

1. Cuando Javier y Victoria _____ estudiantes de medicina, siempre _____ que ir al médico.

2. Cada vez que él _____ un examen, a Javier le _____ mucho la cabeza.

3. Cuando Victoria _____ ejercicios aeróbicos, siempre _____ mareada.

4. Todas las primaveras, Javier _____ mucho porque es alérgico al polen.

5. Victoria también _____ de su bicicleta en camino a clase.

6. Después de comer en la cafetería, a Victoria siempre le _____ el estómago.

7. Javier _____ ser médico para ayudar a los demás.

8. Pero no _____ por qué él _____ con tanta frecuencia.

9. Cuando Victoria _____ fiebre, no _____ ni leer el termómetro.

10. A Javier _____ los dientes, pero nunca _____ ir al dentista.

11. Victoria _____ mucho cuando _____ congestionada.

12. Javier y Victoria _____ que nunca _____ a graduarse.

Comunicación

4

Entrevista Trabajen en parejas. Un(a) estudiante usa estas preguntas para entrevistar a su compañero/a. Luego compartan los resultados de la entrevista con la clase.

1. Cuando eras estudiante de primaria, ¿te gustaban tus profesores/as?
2. ¿Veías mucha televisión cuando eras niño/a?
3. Cuando tenías diez años, ¿cuál era tu programa de televisión favorito?
4. Cuando eras niño/a, ¿qué hacía tu familia durante las vacaciones?
5. ¿Cuántos años tenías en 2000?
6. Cuando estabas en el quinto año escolar, ¿qué hacías con tus amigos/as?
7. Cuando tenías once años, ¿cuál era tu grupo musical favorito?
8. Antes de tomar esta clase, ¿sabías hablar español?

5

Describir En parejas, túrnense para describir cómo eran sus vidas cuando eran niños. Pueden usar las sugerencias de la lista u otras ideas. Luego informen a la clase sobre la vida de su compañero/a.

NOTA CULTURAL

El Parque Nacional Tortuguero está en la costa del Caribe, al norte de la ciudad de Limón, en Costa Rica. Varias especies de tortuga (*turtle*) utilizan las playas del parque para poner (*lay*) sus huevos. Esto ocurre de noche, y hay guías que llevan pequeños grupos de turistas a observar este fenómeno biológico.

modelo

> Cuando yo era niña, mi familia y yo siempre íbamos a Tortuguero. Tomábamos un barco desde Limón, y por las noches mirábamos las tortugas (*turtles*) en la playa. Algunas veces teníamos suerte, porque las tortugas venían a poner (*lay*) huevos. Otras veces, volvíamos al hotel sin ver ninguna tortuga.

- las vacaciones
- ocasiones especiales
- qué hacías durante el verano
- celebraciones con tus amigos/as
- celebraciones con tu familia

- cómo era tu escuela
- cómo eran tus amigos/as
- los viajes que hacías
- a qué jugabas
- qué hacías cuando te sentías enfermo/a

Síntesis

6

En el consultorio Tu profesor(a) te va a dar una lista incompleta con los pacientes que fueron al consultorio del doctor Donoso ayer. En parejas, conversen para completar sus listas y saber a qué hora llegaron las personas al consultorio y cuáles eran sus problemas.

10.2 The preterite and the imperfect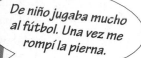

ANTE TODO Now that you have learned the forms of the preterite and the imperfect, you will learn more about how they are used. The preterite and the imperfect are not interchangeable. In Spanish, the choice between these two tenses depends on the context and on the point of view of the speaker.

De niño jugaba mucho al fútbol. Una vez me rompí la pierna.

Me caí cuando estaba en el autobús.

COMPARE & CONTRAST

Use the preterite to...	Use the imperfect to...

1. Express actions that are viewed by the speaker as completed

Don Francisco **se rompió** la pierna.
Don Francisco broke his leg.

Fueron a Buenos Aires ayer.
They went to Buenos Aires yesterday.

2. Express the beginning or end of a past action

La película **empezó** a las nueve.
The movie began at nine o'clock.

Ayer **terminé** el proyecto para la clase de química.
Yesterday I finished the project for chemistry class.

3. Narrate a series of past actions or events

La doctora me **miró** los oídos, me **hizo** unas preguntas y **escribió** la receta.
The doctor looked in my ears, asked me some questions, and wrote the prescription.

Me di con la mesa, **me caí** y **me lastimé** el pie.
I bumped into the table, I fell, and I injured my foot.

1. Describe an ongoing past action with no reference to its beginning or end

Don Francisco **esperaba** a Javier.
Don Francisco was waiting for Javier.

El médico **se preocupaba** por sus pacientes.
The doctor worried about his patients.

2. Express habitual past actions and events

Cuando **era** joven, **jugaba** al tenis.
When I was young, I used to play tennis.

De niño, don Francisco **se enfermaba** con mucha frecuencia.
As a child, Don Francisco used to get sick very frequently.

3. Describe physical and emotional states or characteristics

La chica **quería** descansar. **Se sentía** mal y **tenía** dolor de cabeza.
The girl wanted to rest. She felt ill and had a headache.

Ellos **eran** altos y **tenían** ojos verdes.
They were tall and had green eyes.

Estábamos felices de ver a la familia.
We were happy to see the family.

AYUDA

These words and expressions, as well as similar ones, commonly occur with the preterite: **ayer, anteayer, una vez, dos veces, tres veces, el año pasado, de repente.**

They usually imply that an action has happened at a specific point in time. For a review, see **Estructura 6.3,** p. 191.

AYUDA

These words and expressions, as well as similar ones, commonly occur with the imperfect: **de niño/a, todos los días, mientras, siempre, con frecuencia, todas las semanas.** They usually express habitual or repeated actions in the past.

▶ The preterite and the imperfect often appear in the same sentence. In such cases the imperfect describes what *was happening*, while the preterite describes the action that "interrupted" the ongoing activity.

Miraba la tele cuando **sonó** el teléfono.
I was watching TV when the phone rang.

Maite **leía** el periódico cuando **llegó** Álex.
Maite was reading the newspaper when Álex arrived.

▶ You will also see the preterite and the imperfect together in narratives such as fiction, news, and retelling of events. The imperfect provides background information, such as time, weather, and location, while the preterite indicates the specific events that occurred.

Eran las dos de la mañana y el detective ya no **podía** mantenerse despierto. **Se bajó** lentamente del coche, **estiró** las piernas y **levantó** los brazos hacia el cielo oscuro.
It was two in the morning, and the detective could no longer stay awake. He slowly stepped out of the car, stretched his legs, and raised his arms toward the dark sky.

La luna **estaba** llena y no **había** en el cielo ni una sola nube. De repente, el detective **escuchó** un grito espeluznante proveniente del parque.
The moon was full and there wasn't a single cloud in the sky. Suddenly, the detective heard a piercing scream coming from the park.

Un médico colombiano descubrió la vacuna contra la malaria
El doctor colombiano Manuel Elkin Patarroyo descubrió una vacuna contra la malaria. Esta enfermedad se erradicó hace décadas en muchas partes del mundo. Sin embargo, los casos de malaria empezaban a aumentar otra vez, justo cuando salió la vacuna de Patarroyo. En mayo de 1993, el doctor Patarroyo donó la vacuna, a nombre de Colombia, a la Organización Mundial de la Salud. Los grandes laboratorios farmacéuticos presionaron a la OMS porque querían la vacuna. Pero en 1995 las dos partes, el doctor Patarroyo y la OMS, ratificaron el pacto original.

¡INTÉNTALO! Elige el pretérito o el imperfecto para completar la historia. Explica por qué se usa ese tiempo verbal en cada ocasión.

1. _____Eran_____ (Fueron/Eran) las doce.
2. _____ (Hubo/Había) mucha gente en la calle.
3. A las doce y media, Tomás y yo _____ (entramos/entrábamos) en el restaurante Tárcoles.
4. Todos los días yo _____ (almorcé/almorzaba) con Tomás al mediodía.
5. El camarero _____ (llegó/llegaba) inmediatamente, para darnos el menú.
6. Nosotros _____ (empezamos/empezábamos) a leerlo.
7. Yo _____ (pedí/pedía) el pescado.
8. De repente, el camarero _____ (volvió/volvía) a nuestra mesa.
9. Y nos _____ (dio/daba) una mala noticia.
10. Desafortunadamente, no _____ (tuvieron/tenían) más pescado.
11. Por eso Tomás y yo _____ (decidimos/decidíamos) comer en otro lugar.
12. _____ (Llovió/Llovía) mucho cuando _____ (salimos/salíamos) del restaurante.
13. Así que _____ (regresamos/regresábamos) al restaurante Tárcoles.
14. Esta vez, _____ (pedí/pedía) el arroz con pollo.

recursos

WB
pp. 113–116

LM
p. 58

panorama.
vhlcentral.com
Lección 10

Práctica SUPERSITE

1 **Seleccionar** Utiliza el tiempo verbal adecuado, según el contexto.

1. La semana pasada, Manolo y Aurora _____ (querer) dar una fiesta. _____ (Decidir) invitar a seis amigos y servirles mucha comida.

2. Manolo y Aurora _____ (estar) preparando la comida cuando Elena _____ (llamar). Como siempre, _____ (tener) que estudiar para un examen.

3. A las seis, _____ (volver) a sonar el teléfono. Su amigo Francisco tampoco _____ (poder) ir a la fiesta, porque _____ (tener) fiebre. Manolo y Aurora _____ (sentirse) muy tristes, pero _____ (tener) que preparar la comida.

4. Después de otros 15 minutos, _____ (sonar) el teléfono. Sus amigos, los señores Vega, _____ (estar) en camino (*en route*) al hospital: a su hijo le _____ (doler) mucho el estómago. Sólo dos de los amigos _____ (poder) ir a la cena.

5. Por supuesto, _____ (ir) a tener demasiada comida. Finalmente, cinco minutos antes de las ocho, _____ (llamar) Ramón y Javier. Ellos _____ (pensar) que la fiesta _____ (ser) la próxima semana.

6. Tristes, Manolo y Aurora _____ (sentarse) a comer solos. Mientras _____ (comer), pronto _____ (llegar) a la conclusión de que _____ (ser) mejor estar solos: ¡La comida _____ (estar) malísima!

2 **En el periódico** Completa esta noticia con la forma correcta del pretérito o el imperfecto.

Un accidente trágico

Ayer temprano por la mañana (1)_____ (haber) un trágico accidente en el centro de San José cuando el conductor de un autobús no (2)_____ (ver) venir un carro. La mujer que (3)_____ (manejar) el carro (4)_____ (morir) al instante y los paramédicos (5)_____ (tener) que llevar al pasajero al hospital porque (6)_____ (sufrir) varias fracturas. El conductor del autobús (7)_____ (decir) que no (8)_____ (ver) el carro hasta el último momento porque (9)_____ (estar) muy nublado y (10)_____ (llover). Él (11)_____ (intentar) (*to attempt*) dar un viraje brusco (*to swerve*), pero (12)_____ (perder) el control del autobús y no (13)_____ (poder) evitar (*to avoid*) el accidente. Según nos informaron, no (14)_____ (lastimarse) ningún pasajero del autobús.

Reading Spanish-language newspapers is a good way to practice verb tenses. You will find that both the imperfect and the preterite occur with great regularity. Many newsstands carry international papers, and many Spanish-language newspapers (such as Spain's *El País*, Mexico's *Reforma*, and Argentina's *Clarín*) are on the Web.

3 **Completar** Completa las frases de una manera lógica. Usa el pretérito o el imperfecto. En parejas, comparen sus respuestas.

1. De niño/a, yo...
2. Yo conducía el auto mientras...
3. Anoche mi novio/a...
4. Ayer el/la profesor(a)...
5. La semana pasada un(a) amigo/a...
6. Con frecuencia mis padres...
7. Esta mañana en la cafetería...
8. Hablábamos con el doctor cuando...

Comunicación

4

Entrevista Usa estas preguntas para entrevistar a un(a) compañero/a acerca de su primer(a) novio/a. Si quieres, puedes añadir otras preguntas.

1. ¿Quién fue tu primer(a) novio/a?
2. ¿Cuántos años tenían ustedes cuando se conocieron?
3. ¿Cómo era él/ella?
4. ¿Qué le gustaba hacer? ¿Le interesaban los deportes?
5. ¿Por cuánto tiempo salieron ustedes?
6. ¿Qué hacían ustedes cuando salían?
7. ¿Pensaban casarse?
8. ¿Cuándo y por qué rompieron ustedes?

5

La sala de emergencias En parejas, miren la lista e inventen qué les pasó a estas personas que están en la sala de emergencias.

> **modelo**
>
> Eran las tres de la tarde. Como todos los días, Pablo jugaba al fútbol con sus amigos. Estaba muy contento. De repente, se cayó y se rompió el brazo. Después fue a la sala de emergencias.

Paciente	Edad	Hora	Condición
1. Pablo Romero	9 años	15:20	hueso roto (el brazo)
2. Estela Rodríguez	45 años	15:25	tobillo torcido
3. Lupe Quintana	29 años	15:37	embarazada, dolores
4. Manuel López	52 años	15:45	infección de garganta
5. Marta Díaz	3 años	16:00	temperatura muy alta, fiebre
6. Roberto Salazar	32 años	16:06	dolor de oído
7. Marco Brito	18 años	16:18	daño en el cuello, posible fractura
8. Ana María Ortiz	66 años	16:29	reacción alérgica a un medicamento

6

Situación Anoche alguien robó (*stole*) el examen de la **Lección 10** de la oficina de tu profesor(a) y tú tienes que averiguar quién lo hizo. Pregúntales a tres compañeros dónde estaban, con quién estaban y qué hicieron entre las ocho y las doce de la noche.

Síntesis

7

La primera vez En grupos, cuéntense cómo fue la primera vez que les pusieron una inyección, se rompieron un hueso, pasaron la noche en un hospital, estuvieron mareados/as, etc. Incluyan estos puntos en su conversación: una descripción del tiempo que hacía, sus edades, qué pasó y cómo se sentían.

10.3 Constructions with se (SUPERSITE)

ANTE TODO In **Lección 7,** you learned how to use **se** as the third person reflexive pronoun (**Él se despierta. Ellos se visten. Ella se baña.**). **Se** can also be used to form constructions in which the person performing the action is not expressed or is de-emphasized.

Impersonal constructions with se

▶ In Spanish, verbs that are not reflexive can be used with **se** to form impersonal constructions. These are statements in which the person performing the action is not defined.

Se habla español en Costa Rica.
Spanish is spoken in Costa Rica.

Se hacen operaciones aquí.
They perform operations here.

Se puede leer en la sala de espera.
You can read in the waiting room.

Se necesitan medicinas enseguida.
They need medicine right away.

AYUDA

In English, the passive voice or indefinite subjects (*you, they, one*) are used where Spanish uses impersonal constructions with **se**.

▶ **¡Atención!** Note that the third person singular verb form is used with singular nouns and the third person plural form is used with plural nouns.

Se vende ropa. **Se venden** camisas.

▶ You often see the impersonal **se** in signs, advertisements, and directions.

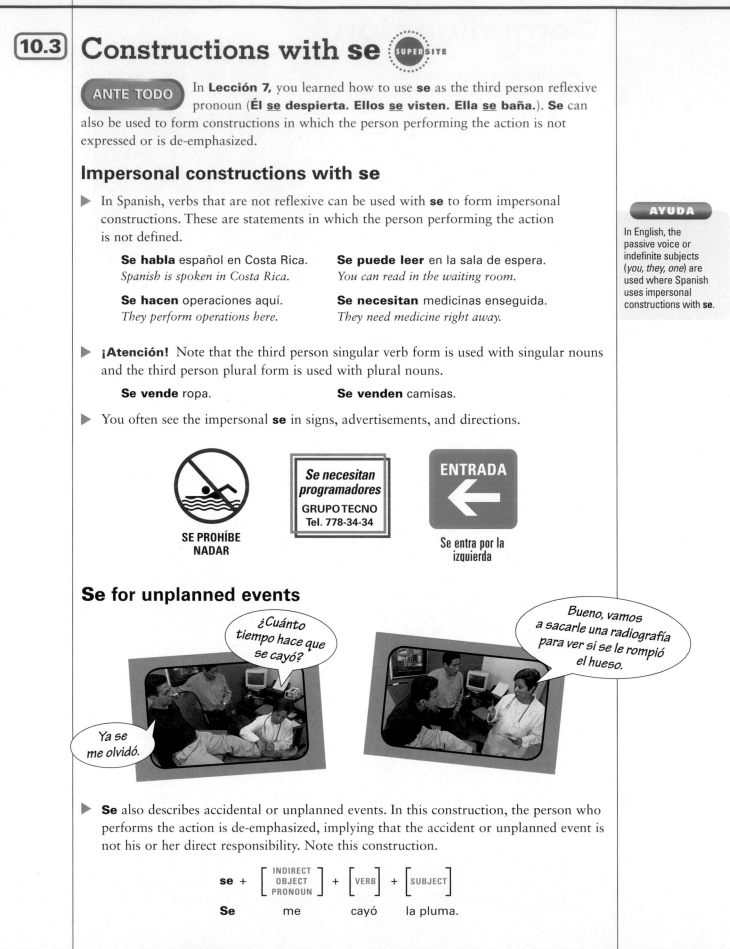

SE PROHÍBE NADAR

Se necesitan programadores
GRUPO TECNO
Tel. 778-34-34

ENTRADA

Se entra por la izquierda

Se for unplanned events

¿Cuánto tiempo hace que se cayó?

Ya se me olvidó.

Bueno, vamos a sacarle una radiografía para ver si se le rompió el hueso.

▶ **Se** also describes accidental or unplanned events. In this construction, the person who performs the action is de-emphasized, implying that the accident or unplanned event is not his or her direct responsibility. Note this construction.

se + [INDIRECT OBJECT PRONOUN] + [VERB] + [SUBJECT]

Se me cayó la pluma.

▶ In this type of construction, what would normally be the direct object of the sentence becomes the subject, and it agrees with the verb, not with the indirect object pronoun.

	I.O. PRONOUN	VERB			SUBJECT
Se	me, te, le	quedó / cayó / dañó		SINGULAR	la receta. / la taza. / el radio.
	nos, os, les	rompieron / olvidaron / perdieron		PLURAL	las botellas. / las pastillas. / las llaves.

▶ These verbs are the ones most frequently used with **se** to describe unplanned events.

Verbs commonly used with se

caer	to fall; to drop	**perder (e:ie)**	to lose
dañar	to damage; to break down	**quedar**	to be left behind
olvidar	to forget	**romper**	to break

Se me perdió el teléfono de la farmacia.
I lost the pharmacy's phone number.

Se nos olvidaron los pasajes.
We forgot the tickets.

▶ **¡Atención!** While Spanish has a verb for *to fall* (**caer**), there is no direct translation for *to drop*. **Dejar caer** (*To let fall*) or a **se** construction is often used to mean *to drop*.

El médico **dejó caer** la aspirina.
The doctor dropped the aspirin.

A mí **se me cayeron** los cuadernos.
I dropped the notebooks.

CONSULTA

For an explanation of prepositional pronouns, refer to **Estructura 9.4,** p. 294.

▶ To clarify or emphasize who the person involved in the action is, this construction commonly begins with the preposition **a** + [*noun*] or **a** + [*prepositional pronoun*].

Al paciente se le perdió la receta.
The patient lost his prescription.

A ustedes se les quedaron los libros en casa.
You left the books at home.

¡INTÉNTALO! Completa las oraciones con **se** impersonal y los verbos en presente.

A

1. <u>Se enseñan</u> (enseñar) cinco lenguas en esta universidad.
2. _____ (comer) muy bien en El Cráter.
3. _____ (vender) muchas camisetas allí.
4. _____ (servir) platos exquisitos cada noche.

Completa las oraciones con **se** y los verbos en pretérito.

B

1. <u>Se me rompieron</u> (*I broke*) las gafas.
2. _____ (*You* (fam., sing.) *dropped*) las pastillas.
3. _____ (*They lost*) la receta.
4. _____ (*You* (form., sing.) *left*) aquí la radiografía.

Práctica

1 **¿Cierto o falso?** Lee estas oraciones sobre la vida en 1901. Indica si lo que dice cada oración es **cierto** o **falso**. Luego corrige las oraciones falsas.

1. Se veía mucha televisión.
2. Se escribían muchos libros.
3. Se viajaba mucho en tren.
4. Se montaba a caballo.
5. Se mandaba mucho correo electrónico.
6. Se preparaban muchas comidas en casa.
7. Se llevaban minifaldas.
8. Se pasaba mucho tiempo con la familia.

2 **Traducir** Traduce estos letreros *(signs)* y anuncios al español.

1. Nurses needed
2. Eating and drinking prohibited
3. Programmers sought
4. English is spoken
5. Computers sold
6. No talking
7. Teacher needed
8. Books sold
9. Do not enter
10. Spanish is spoken

3 **¿Qué pasó?** Mira los dibujos e indica lo que pasó en cada uno.

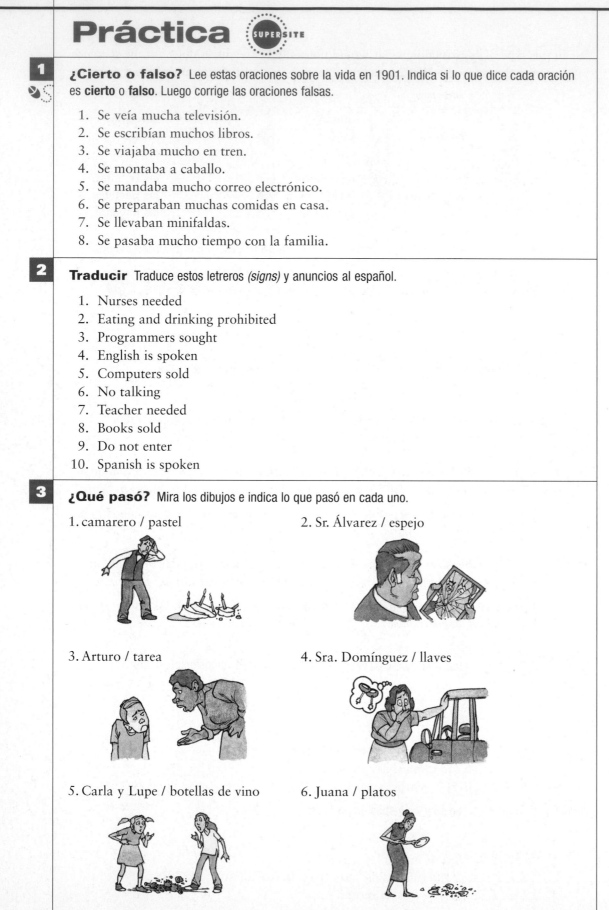

1. camarero / pastel
2. Sr. Álvarez / espejo
3. Arturo / tarea
4. Sra. Domínguez / llaves
5. Carla y Lupe / botellas de vino
6. Juana / platos

Comunicación

4

Preguntas Trabajen en parejas y usen estas preguntas para entrevistarse.

1. ¿Qué comidas se sirven en tu restaurante favorito?
2. ¿Se te olvidó invitar a alguien a tu última fiesta o comida? ¿A quién?
3. ¿A qué hora se abre la cafetería de tu universidad?
4. ¿Alguna vez se te quedó algo importante en la casa? ¿Qué?
5. ¿Alguna vez se te perdió algo importante durante un viaje? ¿Qué?
6. ¿Qué se vende en una farmacia?
7. ¿Sabes si en la farmacia se aceptan cheques?
8. ¿Alguna vez se te rompió algo muy caro? ¿Qué?

5

Opiniones En parejas, terminen cada oración con ideas originales. Después, comparen los resultados con la clase para ver qué pareja tuvo las mejores ideas.

1. No se tiene que dejar propina cuando…
2. Antes de viajar, se debe…
3. Si se come bien,…
4. Para tener una vida sana, se debe…
5. Se sirve la mejor comida en…
6. Se hablan muchas lenguas en…

Síntesis

6

Anuncios En grupos, preparen dos anuncios de televisión para presentar a la clase. Usen el imperfecto y por lo menos dos construcciones con **se** en cada uno.

> **modelo**
>
> Se me cayeron unos libros en el pie y me dolía mucho. Pero ahora no, gracias a SuperAspirina 500. ¡Dos pastillas y se me fue el dolor! Se puede comprar SuperAspirina 500 en todas las farmacias Recetamax.

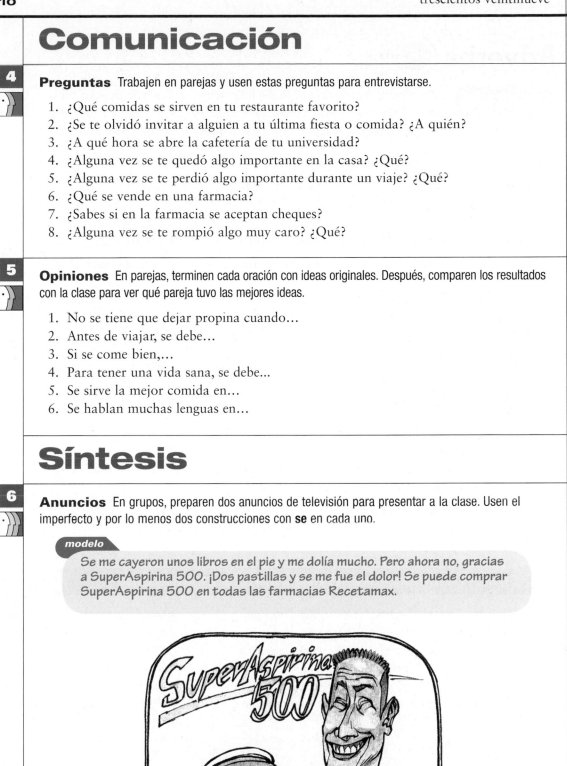

10.4 Adverbs ⓈⓊⓅⒺⓇⓈⒾⓉⒺ

ANTE TODO Adverbs are words that describe how, when, and where actions take place. They can modify verbs, adjectives, and even other adverbs. In previous lessons, you have already learned many Spanish adverbs, such as the ones below.

aquí	hoy	nunca
ayer	mal	siempre
bien	muy	temprano

▶ The most common adverbs end in **–mente**, equivalent to the English ending *-ly*.

verdaderamente *truly, really*   **generalmente** *generally*   **simplemente** *simply*

▶ To form these adverbs, add **–mente** to the feminine form of the adjective. If the adjective does not have a special feminine form, just add **–mente** to the standard form. **¡Atención!** Adjectives do not lose their accents when adding **–mente**.

ADJECTIVE	FEMININE FORM	SUFFIX	ADVERB
seguro	segura	-mente	seguramente
fabuloso	fabulosa	-mente	fabulosamente
enorme		-mente	enormemente
fácil		-mente	fácilmente

▶ Adverbs that end in **–mente** generally follow the verb, while adverbs that modify an adjective or another adverb precede the word they modify.

Javier dibuja **maravillosamente**.
Javier draws wonderfully.

Inés está **casi siempre** ocupada.
Inés is almost always busy.

Common adverbs and adverbial expressions

a menudo	*often*	**así**	*like this; so*	**menos**	*less*
a tiempo	*on time*	**bastante**	*enough; rather*	**muchas**	*a lot; many*
a veces	*sometimes*	**casi**	*almost*	**veces**	*times*
además (de)	*furthermore; besides*	**con frecuencia**	*frequently*	**poco**	*little*
				por lo menos	*at least*
apenas	*hardly; scarcely*	**de vez en cuando**	*from time to time*	**pronto**	*soon*
		despacio	*slowly*	**rápido**	*quickly*

¡ATENCIÓN!

When a sentence contains two or more adverbs in sequence, the suffix –**mente** is dropped from all but the last adverb.

Ex: **El médico nos habló simple y abiertamente.** *The doctor spoke to us simply and openly.*

¡ATENCIÓN!

Rápido functions as an adjective (**Ella tiene una computadora rápida.**) as well as an adverb (**Ella corre rápido.**). Note that as an adverb, **rápido** does not need to agree with any other word in the sentence. You can also use the adverb **rápidamente** (**Ella corre rápidamente**).

recursos

WB pp. 119–120

LM p. 60

ⓈⓊⓅⒺⓇⓈⒾⓉⒺ panorama. vhlcentral.com Lección 10

¡INTÉNTALO! Transforma los adjetivos en adverbios.

1. alegre ___alegremente___
2. constante _____
3. gradual _____
4. perfecto _____

5. real _____
6. frecuente _____
7. tranquilo _____
8. regular _____

9. maravilloso _____
10. normal _____
11. básico _____
12. afortunado _____

Práctica SUPERSITE

1

Escoger Completa las oraciones con los adverbios adecuados.

1. La cita era a las dos, pero llegamos _____. (mientras, nunca, tarde)
2. El problema fue que _____ se nos dañó el despertador. (aquí, ayer, despacio)
3. La recepcionista no se enojó porque sabe que normalmente llego _____. (a veces, a tiempo, poco)
4. _____ el doctor estaba listo. (Por lo menos, Muchas veces, Casi)
5. _____ tuvimos que esperar cinco minutos. (Así, Además, Apenas)
6. El doctor dijo que nuestra hija Irene necesitaba cambiar su rutina diaria _____. (temprano, menos, inmediatamente)
▶ 7. El doctor nos explicó _____ las recomendaciones del Cirujano General (*Surgeon General*) sobre la salud de los jóvenes. (de vez en cuando, bien, apenas)
8. _____ nos dijo que Irene estaba bien, pero tenía que hacer más ejercicio y comer mejor. (Bastante, Afortunadamente, A menudo)

NOTA CULTURAL

La doctora Antonia Novello, de Puerto Rico, fue la primera mujer y la primera hispana en tomar el cargo de **Cirujana General** de los Estados Unidos (1990–1993).

Comunicación

2

Aspirina Lee el anuncio y responde a las preguntas con un(a) compañero/a.

No Hay Tiempo Para el Dolor de Cabeza

Si tienes prisa, o simplemente quieres que tu dolor de cabeza se vaya muy pronto, piensa en Bayer. Se asimila mejor y actúa rápidamente. Ya no se puede perder tiempo por un dolor de cabeza.

ASPIRINA

Bayer
Siempre a tu lado.

1. ¿Cuáles son los adverbios que aparecen en el anuncio?
2. Según el anuncio, ¿cuáles son las ventajas (*advantages*) de este tipo de aspirina?
3. ¿Tienen ustedes muchos dolores de cabeza? ¿Qué toman para curarlos?
4. ¿Qué medicamentos ven con frecuencia en los anuncios de televisión? Escriban descripciones de varios de estos anuncios. Usen adverbios en sus descripciones.

Recapitulación

For self-scoring and diagnostics, go to **panorama.vhlcentral.com**.

Completa estas actividades para repasar los conceptos de gramática que aprendiste en esta lección.

1 Completar
Completa el cuadro con la forma correspondiente del imperfecto. **12 pts.**

yo/Ud./él/ella	tú	nosotros	Uds./ellos/ellas
era			
	cantabas		
		veníamos	
			querían

2 Adverbios
Escoge el adverbio correcto de la lista para completar estas oraciones. Lee con cuidado las oraciones; los adverbios sólo se usan una vez. No vas a usar uno de los adverbios. **8 pts.**

a menudo	apenas	fácilmente
a tiempo	casi	maravillosamente
además	despacio	por lo menos

1. Pablito se cae _____; cuatro veces por semana en promedio (*average*).

2. No me duele nada y no sufro de ninguna enfermedad; me siento _____ bien.

3. —Doctor, ¿cómo supo que tuve una operación de garganta?
   —Muy _____, lo leí en su historial médico.

4. ¿Le duele mucho la espalda? Entonces tiene que levantarse _____.

5. Ya te sientes mucho mejor, ¿verdad? Mañana puedes volver al trabajo; tu temperatura es _____ normal.

6. Es importante hacer ejercicio con regularidad, _____ tres veces a la semana.

7. El examen médico no comenzó ni tarde ni temprano. Comenzó _____, a las tres de la tarde.

8. Parece que ya te estás curando del resfriado. _____ estás congestionada.

RESUMEN GRAMATICAL

10.1 The imperfect tense *pp. 318–319*

The imperfect of regular verbs

cantar	beber	escribir
cantaba	bebía	escribía
cantabas	bebías	escribías
cantaba	bebía	escribía
cantábamos	bebíamos	escribíamos
cantabais	bebíais	escribíais
cantaban	bebían	escribían

▶ There are no stem changes in the imperfect: entender (e:ie) → entendía; servir (e:i) → servía; doler (o:ue) → dolía

▶ The imperfect of **hay** is **había**.

▶ Only three verbs are irregular in the imperfect.
  ir: iba, ibas, iba, íbamos, ibais, iban
  ser: era, eras, era, éramos, erais, eran
  ver: veía, veías, veía, veíamos, veíais, veían

10.2 The preterite and the imperfect *pp. 322–323*

Preterite	Imperfect
1. Completed actions	1. Ongoing past action
Fueron a Buenos Aires el mes pasado.	De niño, usted jugaba al fútbol.
2. Beginning or end of past action	2. Habitual past actions
La película empezó a las nueve.	Todos los días yo jugaba al tenis.
3. Series of past actions or events	3. Description of states or characteristics
Me caí y me lastimé el pie.	Ella era alta. Quería descansar.

10.3 Constructions with se *pp. 326–327*

Impersonal constructions with se

	prohíbe fumar.
Se	habla español.
	hablan varios idiomas.

3 Un accidente Escoge el imperfecto o el pretérito según el contexto para completar esta conversación. **10 pts.**

NURIA Hola, Felipe. ¿Estás bien? ¿Qué es eso? ¿(1) (Te lastimaste/Te lastimabas) el pie?

FELIPE Ayer (2) (tuve/tenía) un pequeño accidente.

NURIA Cuéntame. ¿Cómo (3) (pasó/pasaba)?

FELIPE Bueno, (4) (fueron/eran) las cinco de la tarde y (5) (llovió/llovía) mucho cuando (6) (salí/salía) de la casa en mi bicicleta. No (7) (vi/veía) a una chica que (8) (caminó/caminaba) en mi dirección, y los dos (9) (nos caímos/nos caíamos) al suelo (*ground*).

NURIA Y la chica, ¿está bien ella?

FELIPE Sí. Cuando llegamos al hospital, ella sólo (10) (tuvo/tenía) dolor de cabeza.

Se for unplanned events

Se	me, te, le, nos, os, les	cayó la taza.
		dañó el radio.
		rompieron las botellas.
		olvidaron las llaves.

10.4 Adverbs *p. 330*

Formation of adverbs

fácil	→	fácilmente
seguro	→	seguramente
verdadero	→	verdaderamente

4 Oraciones Escribe oraciones con **se** a partir de los elementos dados (*given*). Usa el tiempo especificado entre paréntesis y añade pronombres cuando sea necesario. **10 pts.**

> **modelo**
> Carlos / quedar / la tarea en casa (pretérito)
> A *Carlos se le quedó la tarea en casa.*

1. en la farmacia / vender / medicamentos (presente)
2. ¿(tú) / olvidar / las llaves / otra vez? (pretérito)
3. (yo) / dañar / la computadora (pretérito)
4. en esta clase / prohibir / hablar inglés (presente)
5. ellos / romper / las gafas / en el accidente (pretérito)

5 En la consulta Escribe al menos cinco oraciones describiendo tu última visita al médico. Incluye cinco verbos en pretérito y cinco en imperfecto. Habla de qué te pasó, cómo te sentías, cómo era el/la doctor(a), qué te dijo, etc. Usa tu imaginación. **10 pts.**

6 Refrán Completa el refrán con las palabras que faltan. **¡2 puntos EXTRA!**

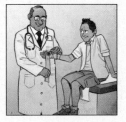

" Lo que _____ (*well*) se aprende, nunca _____ pierde. "

Lectura

Antes de leer

Estrategia
Activating background knowledge

Using what you already know about a particular subject will often help you better understand a reading selection. For example, if you read an article about a recent medical discovery, you might think about what you already know about health in order to understand unfamiliar words or concepts.

Examinar el texto

Utiliza las estrategias de lectura que tú consideras más efectivas para hacer unas observaciones preliminares acerca del texto. Después trabajen en parejas para comparar sus observaciones acerca del texto. Luego contesten estas preguntas:

- Analicen el formato del texto. ¿Qué tipo de texto es? ¿Dónde creen que se publicó este artículo?
- ¿Quiénes son Carla Baron y Tomás Monterrey?
- Miren la foto del libro. ¿Qué sugiere el título del libro sobre su contenido?

Conocimiento previo (*Background Knowledge*)

Ahora piensen en su conocimiento previo sobre el cuidado de la salud en los viajes. Consideren estas preguntas:

- ¿Viajaron alguna vez a otro estado o a otro país?
- ¿Tuvieron algunos problemas durante sus viajes con el agua, la comida o el clima del lugar?
- ¿Olvidaron poner en su maleta algún medicamento que después necesitaron?
- Imaginen que su amigo/a se va de viaje. Díganle por lo menos cinco cosas que debe hacer para prevenir cualquier problema de salud.

Libro de la semana

Cómo hacer un viaje saludable y feliz

Carla Baron

Después de leer

Correspondencias

Busca las correspondencias entre los problemas y las recomendaciones.

Problemas
1. el agua _____
2. el sol _____
3. la comida _____
4. la identificación _____
5. el clima _____

Recomendaciones
a. Hay que adaptarse a los ingredientes no familiares.
b. Toma sólo productos purificados (*purified*).
c. Es importante llevar ropa adecuada cuando viajas.
d. Lleva loción o crema con alta protección solar.
e. Lleva tu pasaporte.

Entrevista a Carla Baron
por Tomás Monterrey

Tomás: ¿Por qué escribió su libro *Cómo hacer un viaje saludable y feliz?*

Carla: Me encanta viajar, conocer otras culturas y escribir. Mi primer viaje lo hice cuando era estudiante universitaria. Todavía recuerdo el día en que llegamos a San Juan, Puerto Rico. Era el panorama ideal para unas vacaciones maravillosas, pero al llegar a la habitación del hotel, bebí mucha agua de la llave° y luego pedí un jugo de frutas con mucho hielo°. El clima en San Juan es tropical y yo tenía mucha sed y calor. Los síntomas llegaron en menos de media hora: pasé dos días con dolor de estómago y corriendo al cuarto de baño cada diez minutos. Desde entonces, siempre que viajo sólo bebo agua mineral y llevo un pequeño bolso con medicinas necesarias como pastillas para el dolor y también bloqueador solar, una crema repelente de mosquitos y un desinfectante.

Tomás: ¿Son reales° las situaciones que se narran en su libro?

Carla: Sí, son reales y son mis propias° historias°. A menudo los autores crean caricaturas divertidas de un turista en dificultades. ¡En mi libro la turista en dificultades soy yo!

Tomás: ¿Qué recomendaciones puede encontrar el lector en su libro?

Carla: Bueno, mi libro es anecdótico y humorístico, pero el tema de la salud se trata° de manera seria. En general, se dan recomendaciones sobre ropa adecuada para cada sitio, consejos para protegerse del sol, y comidas y bebidas adecuadas para el turista que viaja al Caribe o Suramérica.

Tomás: ¿Tiene algún consejo para las personas que se enferman cuando viajan?

Carla: Muchas veces los turistas toman el avión sin saber nada acerca del país que van a visitar. Ponen toda su ropa en la maleta, toman el pasaporte, la cámara fotográfica y ¡a volar°! Es necesario tomar precauciones porque nuestro cuerpo necesita adaptarse al clima, al sol, a la humedad, al agua y a la comida. Se trata de° viajar, admirar las maravillas del mundo y regresar a casa con hermosos recuerdos. En resumen, el secreto es "prevenir en vez de° curar".

llave *faucet* **hielo** *ice* **reales** *true* **propias** *own* **historias** *stories* **se trata** *is treated* **¡a volar!** *Off they go!* **Se trata de** *It's a question of* **en vez de** *instead of*

Seleccionar

Selecciona la respuesta correcta.

1. El tema principal de este libro es _____.
   a. Puerto Rico b. la salud y el agua c. otras culturas
   d. el cuidado de la salud en los viajes

2. Las situaciones narradas en el libro son _____.
   a. autobiográficas b. inventadas c. ficticias
   d. imaginarias

3. ¿Qué recomendaciones no vas a encontrar en este libro? _____
   a. cómo vestirse adecuadamente
   b. cómo prevenir las quemaduras solares
   c. consejos sobre la comida y la bebida
   d. cómo dar propina en los países del Caribe o de Suramérica

4. En opinión de la señorita Baron, _____.
   a. es bueno tomar agua de la llave y beber jugo de frutas con mucho hielo
   b. es mejor tomar solamente agua embotellada (*bottled*)
   c. los minerales son buenos para el dolor abdominal
   d. es importante visitar el cuarto de baño cada diez minutos

5. ¿Cuál de estos productos no lleva la autora cuando viaja a otros países? _____
   a. desinfectante
   b. crema repelente
   c. detergente
   d. pastillas medicinales

Costa Rica

El país en cifras

▸ **Área:** 51.100 km^2 (19.730 millas^2), *aproximadamente el área de Virginia Occidental°*

▸ **Población:** 4.665.000

Costa Rica es el país de Centroamérica con la población más homogénea. El 98% de sus habitantes es blanco y mestizo°. Más del 50% de la población es de ascendencia° española y un alto porcentaje tiene sus orígenes en otros países europeos.

▸ **Capital:** San José —1.374.000

▸ **Ciudades principales:** Alajuela, Cartago, Puntarenas, Heredia

SOURCE: Population Division, UN Secretariat

▸ **Moneda:** colón costarricense°

▸ **Idioma:** español (oficial)

Bandera de Costa Rica

Costarricenses célebres

▸ **Carmen Lyra,** escritora (1888–1949)

▸ **Chavela Vargas,** cantante° (1919–)

▸ **Óscar Arias Sánchez,** presidente de Costa Rica (1949–)

▸ **Claudia Poll,** nadadora° olímpica (1972–)

Óscar Arias recibió el Premio Nobel de la Paz en 1987.

Virginia Occidental *West Virginia* mestizo *of indigenous and white parentage* ascendencia *descent* costarricense *Costa Rican* cantante *singer* nadadora *swimmer* ejército *army* gastos *expenditures* invertir *to invest* cuartel *barracks*

Carreta pintada a mano

NICARAGUA

Volcán Arenal

Río San Juan

Río Tempisque

Cordillera de Guanacaste

Cordillera Central

Volcán Arenal

Cordillera de Tilarán

Alajuela

Puntarenas

Río Grande de Tárcoles

Heredia

Volcán Irazú

San José

Cartago

Cordillera

Edificio Metálico en San José

Océano Pacífico

Basílica de Nuestra Señora de los Ángeles en Cartago

ESTADOS UNIDOS

OCÉANO ATLÁNTICO

COSTA RICA

OCÉANO PACÍFICO

AMÉRICA DEL SUR

recursos

WB pp. 121–122	VM pp. 243–244	panorama.vhlcentral.com Lección 10

¡Increíble pero cierto!

Costa Rica es el único país latinoamericano que no tiene ejército°. Sin gastos° militares, el gobierno puede invertir° más dinero en la educación y las artes. En la foto aparece el Museo Nacional de Costa Rica, antiguo cuartel° del ejército.

MUSEO NACIONAL DE COSTA

Lugares • **Los parques nacionales**

El sistema de parques nacionales de Costa Rica ocupa el 9,3% de su territorio y fue establecido° para la protección de su biodiversidad. En los parques, los ecoturistas pueden admirar montañas, cataratas° y una gran variedad de plantas exóticas. Algunos ofrecen también la oportunidad de ver quetzales°, monos°, jaguares, armadillos y serpientes° en su hábitat natural.

Mar Caribe

Economía • **Las plantaciones de café**

Costa Rica fue el primer país centroamericano en desarrollar° la industria del café. En el siglo° XIX, los costarricenses empezaron a exportar esta semilla a Inglaterra°, lo que significó una contribución importante a la economía de la nación. Actualmente, más de 50.000 costarricenses trabajan en el cultivo del café. Este producto representa cerca del 15% de sus exportaciones anuales.

Limón

Sociedad • **Una nación progresista**

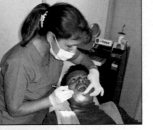

Costa Rica es un país progresista. Tiene un nivel de alfabetización° del 96%, uno de los más altos de Latinoamérica. En 1870, esta nación centroamericana abolió la pena de muerte° y en 1948 eliminó el ejército e hizo obligatoria y gratuita° la educación para todos sus ciudadanos.

amanca

PANAMÁ

¿Qué aprendiste? Responde a cada pregunta con una oración completa.

1. ¿Cómo se llama la capital de Costa Rica?

2. ¿Quién es Claudia Poll?

3. ¿Qué porcentaje del territorio de Costa Rica ocupan los parques nacionales?

4. ¿Para qué se establecen los parques nacionales?

5. ¿Qué pueden ver los turistas en los parques nacionales?

6. ¿Cuántos costarricenses trabajan en las plantaciones de café hoy día?

7. ¿Cuándo eliminó Costa Rica la pena de muerte?

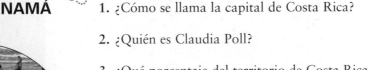

Bañistas en Limón

Conexión Internet Investiga estos temas en **panorama.vhlcentral.com.**

1. Busca información sobre Óscar Arias Sánchez. ¿Quién es? ¿Por qué se le considera (*is he considered*) un costarricense célebre?

2. Busca información sobre los artistas de Costa Rica. ¿Qué artista, escritor o cantante te interesa más? ¿Por qué?

....

establecido *established* **cataratas** *waterfalls* **quetzales** *type of tropical bird* **monos** *monkeys* **serpientes** *snakes*
en desarrollar *to develop* **siglo** *century* **Inglaterra** *England* **nivel de alfabetización** *literacy rate* **pena de muerte** *death penalty* **gratuita** *free*

Nicaragua

El país en cifras

▶ **Área:** 129.494 km² (49.998 millas²), *aproximadamente el área de Nueva York. Nicaragua es el país más grande de Centroamérica. Su terreno es muy variado e incluye bosques tropicales, montañas, sabanas° y marismas°, además de unos 40 volcanes.*

▶ **Población:** 6.066.000

▶ **Capital:** Managua—1.312.000
Managua está en una región de una notable inestabilidad geográfica, con muchos volcanes y terremotos°. En décadas recientes, los nicaragüenses han decidido que no vale la pena° construir rascacielos° porque no resisten los terremotos.

▶ **Ciudades principales:** León, Masaya, Granada

SOURCE: Population Division, UN Secretariat

▶ **Moneda:** córdoba

▶ **Idiomas:** español (oficial), misquito, inglés

Bandera de Nicaragua

Nicaragüenses célebres

▶ **Rubén Darío,** poeta (1867–1916)
▶ **Violeta Barrios de Chamorro,** política y ex-presidenta (1930–)
▶ **Daniel Ortega,** político y ex-presidente (1945–)
▶ **Gioconda Belli,** poeta (1948–)

sabanas *grasslands* marismas *marshes* Pintada *Political graffiti*
terremotos *earthquakes* no vale la pena *it's not worthwhile*
rascacielos *skyscrapers* tiburón *shark* agua dulce *freshwater*
bahía *bay* fue cercada *was closed off* atunes *tuna*

Típico hogar misquito en la costa atlántica

Pintada° en una pared de Managua

Río Coco

HONDURAS

Cordillera Isabelia ▲ Saslaya
Chachagón ▲ Piu
Río Tuma   Río Grande

Cordillera Dariense

León •

Océano Pacífico

Sierra Madre

Lago de Managua

Managua ★

Lago Nicaragua
Masaya • • Granada
Isla Zapatera

▲ Concepción
Maderas ▲ Isla Ometepe

Archipiélago Solentiname

Río San Juan

COSTA RICA

Violeta Barrios de Chamorro

ESTADOS UNIDOS
OCÉANO ATLÁNTICO
NICARAGUA
OCÉANO PACÍFICO   AMÉRICA DEL SUR

recursos

WB pp. 123–124

VM pp. 245–246

panorama.vhlcentral.com Lección 10

¡Increíble pero cierto!

En el lago Nicaragua está la única especie de tiburón° de agua dulce° del mundo. Los científicos creen que el lago fue antes una enorme bahía° que luego fue cercada° por erupciones volcánicas. Esta teoría explicaría la presencia de tiburones, atunes° y otras especies de peces que normalmente sólo viven en mares y océanos.

Historia • Las huellas° de Acahualinca

La región de Managua se caracteriza por tener un gran número de sitios prehistóricos. Las huellas de Acahualinca son uno de los restos° más famosos y antiguos°. Se formaron hace más de 6.000 años, a orillas° del lago Managua. Las huellas, tanto de humanos como de animales, se dirigen° hacia una misma dirección. Esto hace pensar a los expertos que corrían hacia el lago para escapar de una erupción volcánica.

Artes • Ernesto Cardenal (1925–)

Ernesto Cardenal, poeta, escultor y sacerdote° católico, es uno de los escritores más famosos de Nicaragua, país conocido por sus grandes poetas. Ha escrito° más de 35 libros y se le considera uno de los principales autores de Latinoamérica. Desde joven creyó en el poder° de la poesía°. En los años 60, Cardenal organizó la comunidad artística del archipiélago Solentiname en el lago Nicaragua. Fue ministro de cultura del país desde 1979 hasta 1988, y también fue vicepresidente de Casa de los Tres Mundos, una organización creada para el intercambio cultural internacional.

Naturaleza • El lago Nicaragua

El lago Nicaragua, con un área de más de 8.000 km^2 (3.100 millas^2), es el lago más grande de Centroamérica. Tiene más de 370 islas°, formadas por las erupciones del volcán Mombacho. La isla Zapatera, casi deshabitada ahora, fue un cementerio° indígena donde todavía se encuentran estatuas prehistóricas. En el lago también encontramos muchos peces exóticos.

¿Qué aprendiste? Responde a cada pregunta con una oración completa.

1. ¿Por qué no hay muchos rascacielos en Managua?

2. Nombra dos ex-presidentes de Nicaragua.

3. ¿Qué especie única vive en el lago Nicaragua?

4. ¿Cuál es una de las teorías sobre la formación de las huellas de Acahualinca?

5. ¿Por qué es famoso el archipiélago Solentiname?

6. ¿Quién es Ernesto Cardenal?

7. ¿Cómo se formaron las islas del lago Nicaragua?

8. ¿Qué hay de interés arqueológico en la isla Zapatera?

Conexión Internet Investiga estos temas en **panorama.vhlcentral.com**.

1. ¿Dónde se habla inglés en Nicaragua y por qué?

2. ¿Qué información hay ahora sobre la economía y/o los derechos humanos en Nicaragua?

....

huellas *footprints* restos *remains* antiguos *ancient* orillas *shores* se dirigen *are headed* sacerdote *priest*
Ha escrito *He has written* poder *power* poesía *poetry* islas *islands* cementerio *cemetery*

El cuerpo

la boca	mouth
el brazo	arm
la cabeza	head
el corazón	heart
el cuello	neck
el cuerpo	body
el dedo	finger
el dedo del pie	toe
el estómago	stomach
la garganta	throat
el hueso	bone
la nariz	nose
el oído	(sense of) hearing; inner ear
el ojo	eye
la oreja	(outer) ear
el pie	foot
la pierna	leg
la rodilla	knee
el tobillo	ankle

La salud

el accidente	accident
el antibiótico	antibiotic
la aspirina	aspirin
la clínica	clinic
el consultorio	doctor's office
el/la dentista	dentist
el/la doctor(a)	doctor
el dolor (de cabeza)	(head)ache; pain
el/la enfermero/a	nurse
el examen médico	physical exam
la farmacia	pharmacy
la gripe	flu
el hospital	hospital
la infección	infection
el medicamento	medication
la medicina	medicine
la operación	operation
el/la paciente	patient
la pastilla	pill; tablet
la radiografía	X-ray
la receta	prescription
el resfriado	cold (illness)
la sala de emergencia(s)	emergency room
la salud	health
el síntoma	symptom
la tos	cough

Verbos

caerse	to fall (down)
dañar	to damage; to break down
darse con	to bump into; to run into
doler (o:ue)	to hurt
enfermarse	to get sick
estar enfermo/a	to be sick
estornudar	to sneeze
lastimarse (el pie)	to injure (one's foot)
olvidar	to forget
poner una inyección	to give an injection
prohibir	to prohibit
recetar	to prescribe
romper	to break
romperse (la pierna)	to break (one's leg)
sacar(se) un diente	to have a tooth removed
ser alérgico/a (a)	to be allergic (to)
sufrir una enfermedad	to suffer an illness
tener dolor (m.)	to have a pain
tener fiebre	to have a fever
tomar la temperatura	to take someone's temperature
torcerse (o:ue) (el tobillo)	to sprain (one's ankle)
toser	to cough

Adjetivos

congestionado/a	congested; stuffed-up
embarazada	pregnant
grave	grave; serious
mareado/a	dizzy; nauseated
médico/a	medical
saludable	healthy
sano/a	healthy

Adverbios

a menudo	often
a tiempo	on time
a veces	sometimes
además (de)	furthermore; besides
apenas	hardly; scarcely
así	like this; so
bastante	enough; rather
casi	almost
con frecuencia	frequently
de niño/a	as a child
de vez en cuando	from time to time
despacio	slowly
menos	less
mientras	while
muchas veces	a lot; many times
poco	little
por lo menos	at least
pronto	soon
rápido	quickly
todos los días	every day

Expresiones útiles	See page 313.

recursos

LM p. 60

panorama.vhlcentral.com
Lección 10

La tecnología

11

Communicative Goals

You will learn how to:

- Talk about using technology and electronic products
- Use common expressions on the telephone
- Talk about car trouble

A PRIMERA VISTA
- ¿Se llevan ellos bien o mal?
- ¿Crees que hace mucho tiempo que se conocen?
- ¿Son saludables?
- ¿Qué partes del cuerpo se ven en la foto?

La tecnología

Más vocabulario

la calculadora	*calculator*
la cámara de video, digital	*video, digital camera*
el canal	*(TV) channel*
la contestadora	*answering machine*
el estéreo	*stereo*
el *fax*	*fax (machine)*
la televisión por cable	*cable television*
el tocadiscos compacto	*compact disc player*
el video(casete)	*video(cassette)*
el archivo	*file*
arroba	*@ symbol*
la dirección electrónica	*e-mail address*
Internet	*Internet*
el mensaje de texto	*text message*
la página principal	*home page*
el programa de computación	*software*
la red	*network; Web*
el sitio web	*website*
apagar	*to turn off*
borrar	*to erase*
descargar	*to download*
funcionar	*to work*
grabar	*to record*
guardar	*to save*
imprimir	*to print*
llamar	*to call*
navegar (en Internet)	*to surf (the Internet)*
poner, prender	*to turn on*
quemar	*to burn (a CD)*
sonar (o:ue)	*to ring*
descompuesto/a	*not working; out of order*
lento/a	*slow*
lleno/a	*full*

Variación léxica

computadora ⟷ ordenador (*Esp.*), computador (*Col.*)

descargar ⟷ bajar (*Esp., Col., Arg., Ven.*)

el televisor

la pantalla

el reproductor de DVD

la videocasetera

la impresora

la computadora (portátil)

la computadora

el monitor

el (teléfono) celular

el ratón

el teclado

el cederrón

recursos

WB pp. 125–126

LM p. 61

SUPERSITE
panorama.vhlcentral.com
Lección 11

Práctica SUPERSITE

1

Escuchar 🎧 Escucha la conversación entre dos amigas. Después completa las oraciones.

1. María y Ana están en _____.
   a. una tienda   b. un cibercafé   c. un restaurante
2. A María le encantan _____.
   a. los celulares   b. las cámaras digitales   c. los cibercafés
3. Ana prefiere guardar las fotos en _____.
   a. la pantalla   b. un archivo   c. un cederrón
4. María quiere tomar un café y _____.
   a. poner la computadora   b. sacar fotos digitales
   c. navegar en Internet
5. Ana paga por el café y _____.
   a. el uso de Internet   b. la impresora   c. el cederrón

2

¿Cierto o falso? 🎧 Escucha las oraciones e indica si lo que dice cada una es **cierto** o **falso**, según el dibujo.

1. _____   5. _____
2. _____   6. _____
3. _____   7. _____
4. _____   8. _____

3

Oraciones Escribe oraciones usando estos elementos. Usa el pretérito y añade las palabras necesarias.

1. yo / descargar / fotos digitales / Internet

2. tú / apagar / televisor / diez / noche

3. Daniel y su esposa / comprar / computadora portátil / ayer

4. Sara y yo / ir / cibercafé / para / navegar en Internet

5. Jaime / decidir / comprar / reproductor de MP3

6. teléfono celular / sonar / pero / yo / no contestar

4

Preguntas Mira el dibujo y contesta las preguntas.

1. ¿Qué tipo de café es?
2. ¿Cuántas impresoras hay? ¿Cuántos ratones?
3. ¿Por qué vinieron estas personas al café?
4. ¿Qué hace el camarero?
5. ¿Qué hace la mujer en la computadora? ¿Y el hombre?
6. ¿Qué máquinas están cerca del televisor?
7. ¿Dónde hay un cibercafé en tu comunidad?
8. ¿Por qué puedes tú necesitar un cibercafé?

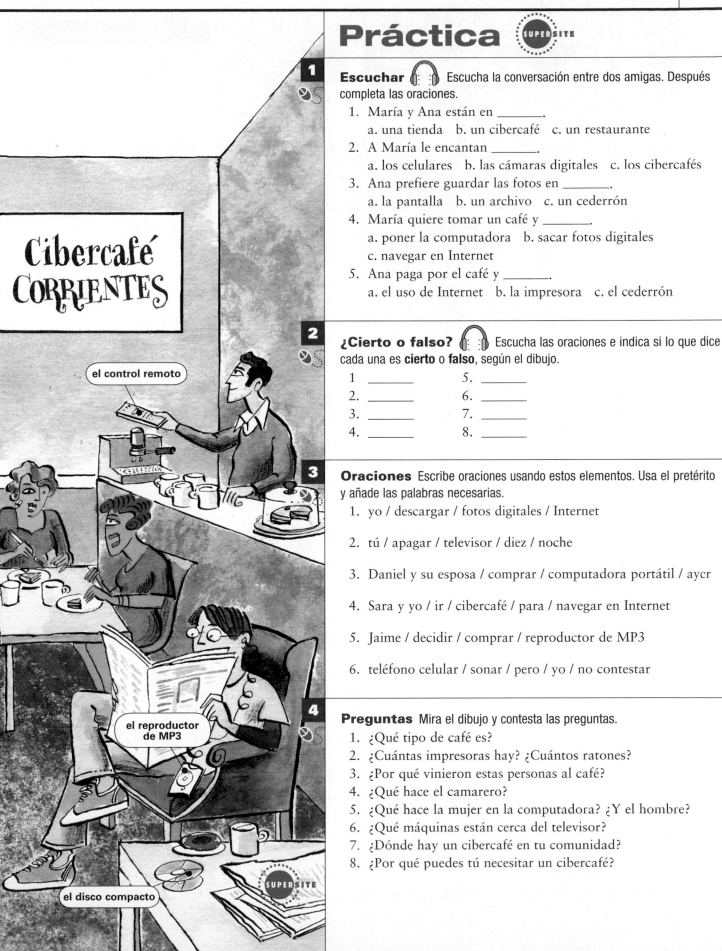

Cibercafé CORRIENTES

el control remoto

el reproductor de MP3

el disco compacto

SUPERSITE

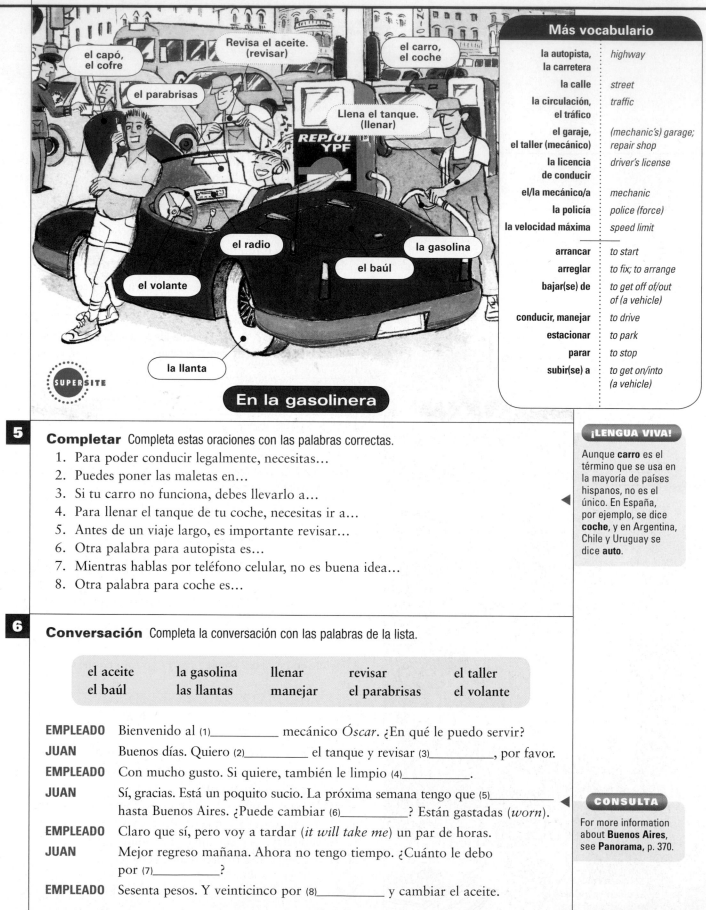

el capó, el cofre

Revisa el aceite. (revisar)

el parabrisas

el carro, el coche

Llena el tanque. (llenar)

REPSOL YPF

el radio

la gasolina

el baúl

el volante

la llanta

SUPERSITE

En la gasolinera

Más vocabulario

la autopista, la carretera	highway
la calle	street
la circulación, el tráfico	traffic
el garaje, el taller (mecánico)	(mechanic's) garage; repair shop
la licencia de conducir	driver's license
el/la mecánico/a	mechanic
la policía	police (force)
la velocidad máxima	speed limit
arrancar	to start
arreglar	to fix; to arrange
bajar(se) de	to get off of/out of (a vehicle)
conducir, manejar	to drive
estacionar	to park
parar	to stop
subir(se) a	to get on/into (a vehicle)

---

5   **Completar** Completa estas oraciones con las palabras correctas.

1. Para poder conducir legalmente, necesitas…
2. Puedes poner las maletas en…
3. Si tu carro no funciona, debes llevarlo a…
4. Para llenar el tanque de tu coche, necesitas ir a…
5. Antes de un viaje largo, es importante revisar…
6. Otra palabra para autopista es…
7. Mientras hablas por teléfono celular, no es buena idea…
8. Otra palabra para coche es…

¡LENGUA VIVA!

Aunque **carro** es el término que se usa en la mayoría de países hispanos, no es el único. En España, por ejemplo, se dice **coche**, y en Argentina, Chile y Uruguay se dice **auto**.

---

6   **Conversación** Completa la conversación con las palabras de la lista.

el aceite	la gasolina	llenar	revisar	el taller
el baúl	las llantas	manejar	el parabrisas	el volante

EMPLEADO   Bienvenido al (1)_____ mecánico Óscar. ¿En qué le puedo servir?

JUAN   Buenos días. Quiero (2)_____ el tanque y revisar (3)_____, por favor.

EMPLEADO   Con mucho gusto. Si quiere, también le limpio (4)_____.

JUAN   Sí, gracias. Está un poquito sucio. La próxima semana tengo que (5)_____ hasta Buenos Aires. ¿Puede cambiar (6)_____? Están gastadas (*worn*).

EMPLEADO   Claro que sí, pero voy a tardar (*it will take me*) un par de horas.

JUAN   Mejor regreso mañana. Ahora no tengo tiempo. ¿Cuánto le debo por (7)_____?

EMPLEADO   Sesenta pesos. Y veinticinco por (8)_____ y cambiar el aceite.

CONSULTA

For more information about **Buenos Aires**, see **Panorama**, p. 370.

Comunicación

7 **Preguntas** Trabajen en grupos para contestar estas preguntas. Después compartan sus respuestas con la clase.

CONSULTA

To review expressions like **hace…que**, see **Lección 10, Expresiones útiles**, p. 313.

1. a. ¿Tienes un teléfono celular? ¿Para qué lo usas?
   b. ¿Qué utilizas más: el teléfono o el correo electrónico? ¿Por qué?
   c. En tu opinión, ¿cuáles son las ventajas (*advantages*) y desventajas de los diferentes modos de comunicación?
2. a. ¿Con qué frecuencia usas la computadora?
   b. ¿Para qué usas Internet?
   c. ¿Tienes tu propio sitio web? ¿Cómo es?
3. a. ¿Miras la televisión con frecuencia? ¿Qué programas ves?
   b. ¿Tienes televisión por cable? ¿Por qué?
   c. ¿Tienes una videocasetera? ¿Un reproductor de DVD? ¿Un reproductor de DVD en la computadora?
   d. ¿A través de (*By*) qué medio escuchas música? ¿Radio, estéreo, tocadiscos compacto, reproductor de MP3 o computadora?
4. a. ¿Tienes licencia de conducir?
   b. ¿Cuánto tiempo hace que la conseguiste?
   c. ¿Tienes carro? Descríbelo.
   d. ¿Llevas tu carro al taller? ¿Para qué?

8 **Postal** En parejas, lean la tarjeta postal. Después contesten las preguntas.

19 julio de 1979

Hola, Paco:

¡Saludos! Estamos de viaje por unas semanas. La Costa del Sol es muy bonita. No hemos encontrado (we haven't found) a tus amigos porque nunca están en casa cuando llamamos. El teléfono suena y suena y nadie contesta. Vamos a seguir llamando.

Sacamos muchas fotos muy divertidas. Cuando regresemos y las revelemos (get them developed), te las voy a enseñar. Las playas son preciosas. Hasta ahora el único problema fue que la oficina en la cual reservamos un carro perdió nuestros papeles y tuvimos que esperar mucho tiempo.

También tuvimos un pequeño problema con el hotel. La agencia de viajes nos reservó una habitación en un hotel que está muy lejos de todo. No podemos cambiarla, pero no me importa mucho. A pesar de eso, estamos contentos.

Tu hermana, Gabriela

Francisco Jiménez
San Lorenzo 3250
Rosario, Argentina 2000

EUROPA 12 ESPAÑA

1. ¿Cuáles son los problemas que ocurren en el viaje de Gabriela?
2. Con la tecnología de hoy, ¿existen los mismos problemas cuando se viaja? ¿Por qué?
3. Hagan una comparación entre la tecnología de los años 70 y 80 y la de hoy.
4. Imaginen que la hija de Gabriela escribe un correo electrónico sobre el mismo tema con fecha de hoy. Escriban ese correo, incorporando la tecnología de hoy (teléfonos celulares, Internet, cámaras digitales, etc.). Inventen nuevos problemas.

Tecnohombre, ¡mi héroe!

El autobús se daña.

PERSONAJES

MAITE

INÉS

DON FRANCISCO

ÁLEX

JAVIER

SR. FONSECA

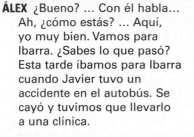

ÁLEX ¿Bueno? ... Con él habla... Ah, ¿cómo estás? ... Aquí, yo muy bien. Vamos para Ibarra. ¿Sabes lo que pasó? Esta tarde íbamos para Ibarra cuando Javier tuvo un accidente en el autobús. Se cayó y tuvimos que llevarlo a una clínica.

JAVIER Episodio veintiuno: Tecnohombre y los superamigos suyos salvan el mundo una vez más.

INÉS Oh, Tecnohombre, ¡mi héroe!

MAITE ¡Qué cómicos! Un día de éstos, ya van a ver...

ÁLEX Van a ver quién es realmente Tecnohombre. Mis superamigos y yo nos hablamos todos los días por el teléfono Internet, trabajando para salvar el mundo. Pero ahora, con su permiso, quiero escribirle un mensaje electrónico a mi mamá y navegar en la red un ratito.

INÉS Pues... no sé... creo que es el alternador. A ver... sí... Mire, don Francisco... está quemado el alternador.

DON FRANCISCO Ah, sí. Pero aquí no podemos arreglarlo. Conozco a un mecánico pero está en Ibarra, a veinte kilómetros de aquí.

ÁLEX ¡Tecnohombre, a sus órdenes!

DON FRANCISCO ¡Eres la salvación, Álex! Llama al Sr. Fonseca al cinco, treinta y dos, cuarenta y siete, noventa y uno. Nos conocemos muy bien. Seguro que nos ayuda.

ÁLEX Buenas tardes. ¿Con el Sr. Fonseca por favor? ... Soy Álex Morales, cliente de Ecuatur. Le hablo de parte del señor Francisco Castillo... Es que íbamos para Ibarra y se nos dañó el autobús. ... Pensamos que es el... el alternador... Estamos a veinte kilómetros de la ciudad...

recursos

VM pp. 215–216

SUPERSITE
panorama.vhlcentral.com
Lección 11

DON FRANCISCO Chicos, creo que tenemos un problema con el autobús. ¿Por qué no se bajan?

DON FRANCISCO Mmm, no veo el problema.

INÉS Cuando estaba en la escuela secundaria, trabajé en el taller de mi tío. Me enseñó mucho sobre mecánica. Por suerte, arreglé unos autobuses como éste.

DON FRANCISCO ¡No me digas!

SR. FONSECA Creo que va a ser mejor arreglar el autobús allí mismo. Tranquilo, enseguida salgo.

ÁLEX Buenas noticias. El señor Fonseca viene enseguida. Piensa que puede arreglar el autobús aquí mismo.

MAITE ¡La Mujer Mecánica y Tecnohombre, mis héroes!

DON FRANCISCO ¡Y los míos también!

Expresiones útiles

Talking on the telephone

- **Aló./¿Bueno?/Diga.**
  Hello.
- **¿Quién habla?**
  Who is speaking?
- **¿De parte de quién?**
  Who is calling?
  Con él/ella habla.
  This is he/she.
  Le hablo de parte de Francisco Castillo.
  I'm speaking to you on behalf of Francisco Castillo.
- **¿Puedo dejar un recado?**
  May I leave a message?
  Está bien. Llamo más tarde.
  That's fine. I'll call later.

Talking about bus or car problems

- **¿Qué pasó?**
  What happened?
  Se nos dañó el autobús.
  The bus broke down.
  Se nos pinchó una llanta.
  We had a flat tire.
  Está quemado el alternador.
  The alternator is burned out.

Saying how far away things are

- **Está a veinte kilómetros de aquí.**
  It's twenty kilometers from here.
- **Estamos a veinte millas de la ciudad.**
  We're twenty miles from the city.

Expressing surprise

- **¡No me digas!**
  You don't say! (fam.)
- **¡No me diga!**
  You don't say! (form.)

Offering assistance

- **A sus órdenes.**
  At your service.

Additional vocabulary

- **aquí mismo**
  right here

¿Qué pasó? SUPERSITE

1 Seleccionar Selecciona las respuestas que completan correctamente estas oraciones.

1. Álex quiere_____.
   a. llamar a su mamá por teléfono celular   b. escribirle a su mamá y navegar en la red
   c. hablar por teléfono Internet y navegar en la red
2. Se les dañó el autobús. Inés dice que _____.
   a. el alternador está quemado   b. se pinchó una llanta   c. el taller está lejos
3. Álex llama al mecánico, el señor _____.
   a. Castillo   b. Ibarra   c. Fonseca
4. Maite llama a Inés la "Mujer Mecánica" porque antes _____.
   a. trabajaba en el taller de su tío   b. arreglaba computadoras
   c. conocía a muchos mecánicos
5. El grupo está a _____ de la ciudad.
   a. veinte millas   b. veinte grados centígrados   c. veinte kilómetros

2 Identificar Identifica quién puede decir estas oraciones.

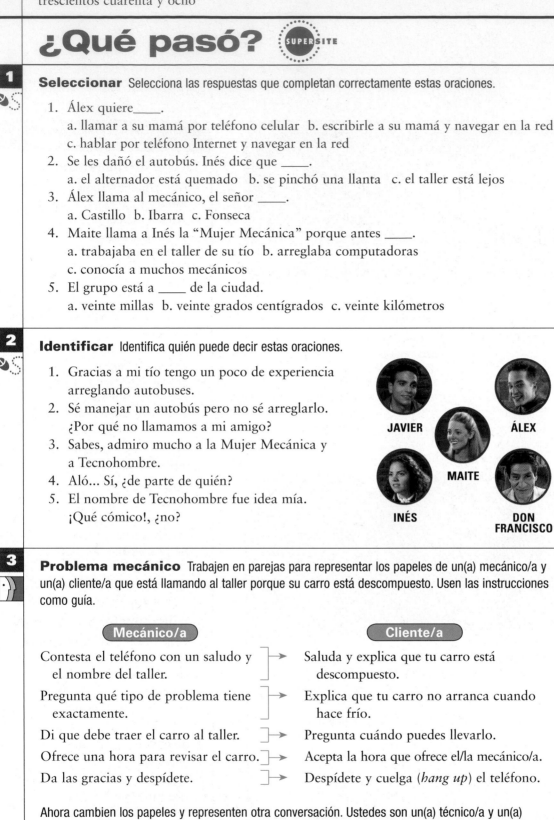

1. Gracias a mi tío tengo un poco de experiencia arreglando autobuses.
2. Sé manejar un autobús pero no sé arreglarlo. ¿Por qué no llamamos a mi amigo?
3. Sabes, admiro mucho a la Mujer Mecánica y a Tecnohombre.
4. Aló... Sí, ¿de parte de quién?
5. El nombre de Tecnohombre fue idea mía. ¡Qué cómico!, ¿no?

JAVIER   ÁLEX

MAITE

INÉS   DON FRANCISCO

3 Problema mecánico Trabajen en parejas para representar los papeles de un(a) mecánico/a y un(a) cliente/a que está llamando al taller porque su carro está descompuesto. Usen las instrucciones como guía.

Mecánico/a	Cliente/a
Contesta el teléfono con un saludo y el nombre del taller.	Saluda y explica que tu carro está descompuesto.
Pregunta qué tipo de problema tiene exactamente.	Explica que tu carro no arranca cuando hace frío.
Di que debe traer el carro al taller.	Pregunta cuándo puedes llevarlo.
Ofrece una hora para revisar el carro.	Acepta la hora que ofrece el/la mecánico/a.
Da las gracias y despídete.	Despídete y cuelga (*hang up*) el teléfono.

Ahora cambien los papeles y representen otra conversación. Ustedes son un(a) técnico/a y un(a) cliente/a. Usen estas ideas:

el celular no guarda mensajes	la impresora imprime muy lentamente
la computadora no descarga fotos	el reproductor de DVD está descompuesto

Ortografía

La acentuación de palabras similares

Although accent marks usually indicate which syllable in a word is stressed, they are also used to distinguish between words that have the same or similar spellings.

Él maneja el coche.   Sí, voy si quieres.

Although one-syllable words do not usually carry written accents, some *do* have accent marks to distinguish them from words that have the same spelling but different meanings.

Sé cocinar.   Se baña.   ¿Tomas té?   Te duermes.

Sé (*I know*) and **té** (*tea*) have accent marks to distinguish them from the pronouns **se** and **te**.

---

para mí   mi cámara   Tú lees.   tu estéreo

Mí (*Me*) and **tú** (*you*) have accent marks to distinguish them from the possessive adjectives **mi** and **tu**.

¿Por qué vas?   Voy porque quiero.

Several words of more than one syllable also have accent marks to distinguish them from words that have the same or similar spellings.

Éste es rápido.   Este módem es rápido.

Demonstrative pronouns have accent marks to distinguish them from demonstrative adjectives.

¿Cuándo fuiste?   Fui cuando me llamó.
¿Dónde trabajas?   Voy al taller donde trabajo.

Adverbs have accent marks when they are used to convey a question.

Práctica Marca los acentos en las palabras que los necesitan.

ANA Alo, soy Ana. ¿Que tal?
JUAN Hola, pero... ¿por que me llamas tan tarde?
ANA Porque mañana tienes que llevarme a la universidad. Mi auto esta dañado.
JUAN ¿Como se daño?
ANA Se daño el sabado. Un vecino (*neighbor*) choco con (*crashed into*) el.

Crucigrama Utiliza las siguientes pistas (*clues*) para completar el crucigrama. ¡Ojo con los acentos!

Horizontales

1. Él _____ levanta.
4. No voy _____ no puedo.
7. Tú _____ acuestas.
9. ¿_____ es el examen?
10. Quiero este video y _____.

Verticales

2. ¿Cómo _____ usted?
3. Eres _____ mi hermano.
5. ¿_____ tal?
6. Me gusta _____ suéter.
8. Navego _____ la red.

recursos

LM
p. 62

panorama.vhlcentral.com
Lección 11

EN DETALLE

El teléfono
celular

¿Cómo te comunicas con tus amigos y familia? En países como Argentina y España, el servicio de teléfono común° es bastante caro, por lo que **el teléfono celular**, más accesible y barato, es el favorito de mucha gente.

El servicio más popular entre los jóvenes es el sistema de tarjetas prepagadas°, porque no requiere de un contrato ni de cuotas° extras. En muchas ciudades puedes encontrar estas tarjetas en cualquier° tienda. Para tener un servicio todavía más económico, mucha gente usa el mensaje de texto en sus teléfonos celulares. Un mensaje típico de un joven frugal podría° ser, por ejemplo: **N LLMS X TL. ¡S MY KRO!** (No llames por teléfono. ¡Es muy caro!)

Los celulares de la década de 1980 eran grandes e incómodos, y estaban limitados al uso de la voz°. Los celulares de hoy tienen muchas funciones más. Se pueden usar como despertadores, como cámara de fotos y hasta para leer y escribir correo electrónico. Sin embargo°, la función favorita de muchos jóvenes es la de poder descargar música de Internet en sus teléfonos para poder escucharla cuando lo deseen°, es decir, ¡casi todo el tiempo!

Mensajes de texto en español

¿K TL?	¿Qué tal?	**CONT, XFA**	Contesta, por favor.
STY S3A2	Estoy estresado°.	**TB**	también
TQ MXO.	Te quiero mucho.	**¿A K ORA S**	¿A qué hora es
A2	Adiós.	**L FSTA?**	la fiesta?
¿XQ?	¿Por qué?	**M DBS $**	Me debes dinero.
GNL	genial	**5MNTRIOS**	Sin comentarios.
¡K RSA!	¡Qué risa!°	**¿K ACS?**	¿Qué haces?
¡QT 1 BD!	¡Que tengas un	**STY N L BBLIOTK**	Estoy en la biblioteca.
	buen día!°	**1 BSO**	Un beso.
SALU2, PP	Saludos, Pepe.	**NS VMS + TRD**	Nos vemos más tarde.

común *ordinary* prepagadas *prepaid* cuotas *fees* cualquier *any* podría *could* voz *voice* Sin embargo *However* cuando lo deseen *whenever they wish* estresado *stressed out* ¡Qué risa! *So funny!* ¡Que tengas un buen día! *Have a nice day!*

ACTIVIDADES

1 **¿Cierto o falso?** Indica si lo que dicen estas oraciones es **cierto** o **falso**. Corrige la información falsa.

1. El teléfono común es un servicio caro en Argentina.

2. Muchas personas usan más el teléfono celular que el teléfono común.

3. Es difícil encontrar tarjetas prepagadas en las ciudades hispanas.

4. Los jóvenes suelen (*tend to*) usar el mensaje de texto para pagar menos por el servicio de teléfono celular.

5. Los primeros teléfonos celulares eran muy cómodos y pequeños.

6. En la década de 1980, los teléfonos celulares tenían muchas funciones.

7. **STY S3A2** significa "Te quiero mucho".

La tecnología

los audífonos (Méx., Col.), los auriculares (Arg.), los cascos (Esp.)	*headset; earphones*
el móvil (Esp.)	el celular
(teléfono) deslizable	*slider (phone)*
inalámbrico/a	*cordless; wireless*
el manos libres (Amér. S.)	*free-hands system*
(teléfono) plegable	*flip (phone)*

Las bicimotos

○ **Argentina** El ciclomotor se usa mayormente° para repartir a domicilio° comidas y medicinas.

○ **Perú** La motito se usa mucho para el reparto a domicilio de pan fresco todos los días.

○ **México** La *Vespa* se usa para evitar° el tráfico en grandes ciudades.

○ **España** La población usa el *Vespino* para ir y volver al trabajo cada día.

○ **Puerto Rico** Una *scooter* es el medio de transporte favorito en las zonas rurales.

○ **República Dominicana** Las moto-taxis son el medio de transporte más económico, ¡pero no olvides el casco°!

mayormente *mainly* repartir a domicilio *home delivery of* evitar *to avoid* casco *helmet*

Los cibercafés

Hoy día, en casi cualquier ciudad grande latinoamericana te puedes encontrar en cada esquina° un nuevo tipo de café: **el cibercafé**. Allí uno puede disfrutar de° un refresco o un café mientras navega en Internet, escribe correo electrónico o chatea° en múltiples foros virtuales.

De hecho°, el negocio° del cibercafé está mucho más desarrollado° en Latinoamérica que en los Estados Unidos. En una ciudad hispana, es común ver varios en una misma cuadra°. Los extranjeros piensan que no puede haber suficientes clientes para todos, pero los cibercafés ofrecen servicios especializados que permiten su coexistencia. Por ejemplo, mientras que el cibercafé Videomax atrae° a los niños con videojuegos, el Conécta-T ofrece servicio de chat con cámara para jóvenes, y el Mundo° Ejecutivo atrae a profesionales, todo en la misma calle.

esquina *corner* disfrutar de *enjoy* chatea *chat (from the English verb to chat)* De hecho *In fact* negocio *business* desarrollado *developed* cuadra *(city) block* atrae *attracts* Mundo *World*

SUPERSITE

Conexión Internet

¿Qué sitios web son populares entre los jóvenes hispanos?	Go to **panorama.vhlcentral.com** to find more cultural information related to this **Cultura** section.

2 **Comprensión** Responde a las preguntas.

1. ¿Cuáles son tres formas de decir *headset*?
2. ¿Para qué se usan las bicimotos en Argentina?
3. ¿Qué puedes hacer mientras tomas un refresco en un cibercafé?
4. ¿Qué tienen de especial los cibercafés en Latinoamérica?

3 **¿Cómo te comunicas?** Escribe un párrafo breve en donde expliques qué utilizas para comunicarte con tus amigos/as (correo electrónico, teléfono, etc.) y de qué hablan cuando se llaman por teléfono.

11.1 Familiar commands SUPERSITE

ANTE TODO   In Spanish, the command forms are used to give orders or advice. You use **tú** commands (**mandatos familiares**) when you want to give an order or advice to someone you normally address with the familiar **tú**.

Affirmative tú commands

Infinitive	Present tense él/ella form	Affirmative tú command
hablar	habla	**habla** (tú)
guardar	guarda	**guarda** (tú)
prender	prende	**prende** (tú)
volver	vuelve	**vuelve** (tú)
pedir	pide	**pide** (tú)
imprimir	imprime	**imprime** (tú)

▶ Affirmative **tú** commands usually have the same form as the **él/ella** form of the present indicative.

Guarda el documento antes de cerrarlo.
Save the document before closing it.

Imprime tu tarea para la clase de inglés.
Print your homework for English class.

▶ There are eight irregular affirmative **tú** commands.

Irregular affirmative tú commands

decir	**di**	salir	**sal**
hacer	**haz**	ser	**sé**
ir	**ve**	tener	**ten**
poner	**pon**	venir	**ven**

¡**Sal** de aquí ahora mismo!
Leave here at once!

Haz los ejercicios.
Do the exercises.

▶ Since **ir** and **ver** have the same **tú** command (**ve**), context will determine the meaning.

Ve al cibercafé con Yolanda.
Go to the cybercafé with Yolanda.

Ve ese programa… es muy interesante.
See that program… it's very interesting.

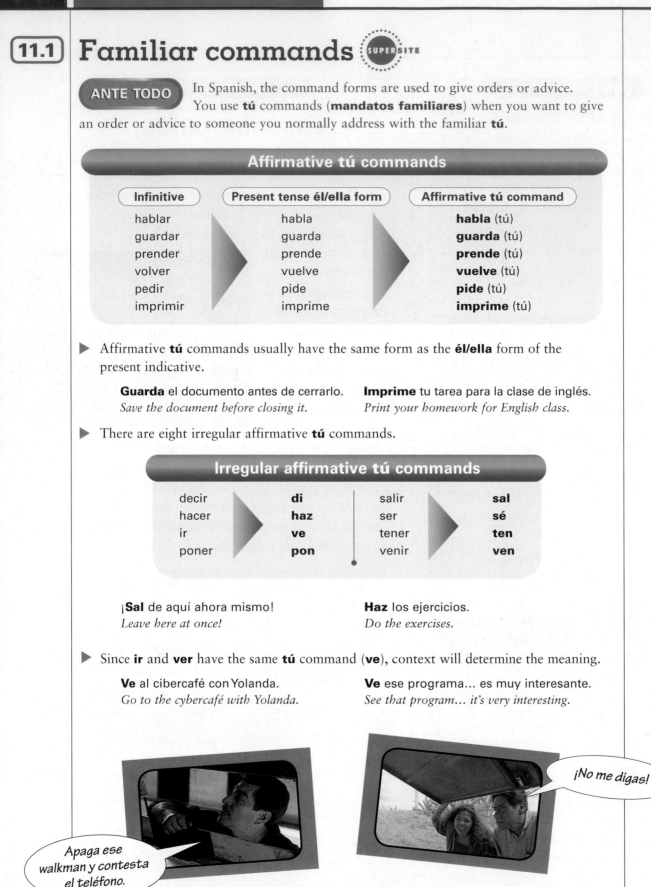

Apaga ese walkman y contesta el teléfono.

¡No me digas!

Negative tú commands

Infinitive	Present tense yo form	Negative tú command
hablar	hablo	**no hables** (tú)
guardar	guardo	**no guardes** (tú)
prender	prendo	**no prendas** (tú)
volver	vuelvo	**no vuelvas** (tú)
pedir	pido	**no pidas** (tú)

▶ The negative **tú** commands are formed by dropping the final **-o** of the **yo** form of the present tense. For **-ar** verbs, add **-es**. For **-er** and **-ir** verbs, add **-as**.

Héctor, **no pares** el carro aquí. **No prendas** la computadora todavía.
Héctor, don't stop the car here. *Don't turn on the computer yet.*

▶ Verbs with irregular **yo** forms maintain the same irregularity in their negative **tú** commands. These verbs include **conducir, conocer, decir, hacer, ofrecer, oír, poner, salir, tener, traducir, traer, venir,** and **ver**.

No pongas el cederrón en la computadora. **No conduzcas** tan rápido.
Don't put the CD-ROM in the computer. *Don't drive so fast.*

▶ Note also that stem-changing verbs keep their stem changes in negative **tú** commands.

No p**ie**rdas tu celular. No v**ue**lvas a esa gasolinera. No rep**i**tas las instrucciones.
Don't lose your cell phone. *Don't go back to that gas station.* *Don't repeat the instructions.*

▶ Verbs ending in **-car, -gar,** and **-zar** have a spelling change in the negative **tú** commands.

sa**car**	c → **qu**	no sa**qu**es
apa**gar**	g → **gu**	no apa**gu**es
almor**zar**	z → **c**	no almuer**c**es

▶ The following verbs have irregular negative **tú** commands.

Irregular negative tú commands

dar	**no des**
estar	**no estés**
ir	**no vayas**
saber	**no sepas**
ser	**no seas**

¡ATENCIÓN!

In affirmative commands, reflexive, indirect, and direct object pronouns are always attached to the end of the verb. In negative commands, these pronouns always precede the verb.

Bórralos./No los borres.

Escríbeles un correo electrónico./**No les escribas** un correo electrónico.

• • •

When a pronoun is attached to an affirmative command that has two or more syllables, an accent mark is added to maintain the original stress:

borra → bórralos
prende → préndela
imprime → imprímelo

recursos

WB
pp. 127–128

LM
p. 63

SUPERSITE
panorama.
vhlcentral.com
Lección 11

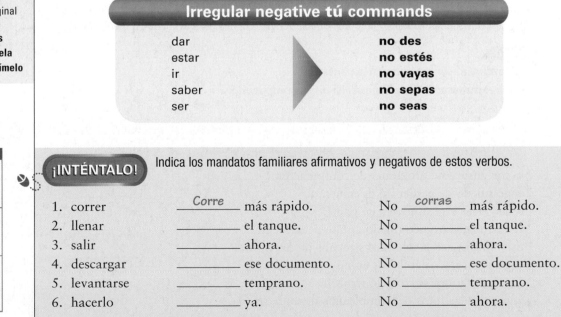

¡INTÉNTALO! Indica los mandatos familiares afirmativos y negativos de estos verbos.

1. correr — _Corre_ más rápido. No _corras_ más rápido.
2. llenar — _____ el tanque. No _____ el tanque.
3. salir — _____ ahora. No _____ ahora.
4. descargar — _____ ese documento. No _____ ese documento.
5. levantarse — _____ temprano. No _____ temprano.
6. hacerlo — _____ ya. No _____ ahora.

Práctica ⬤ SUPERSITE

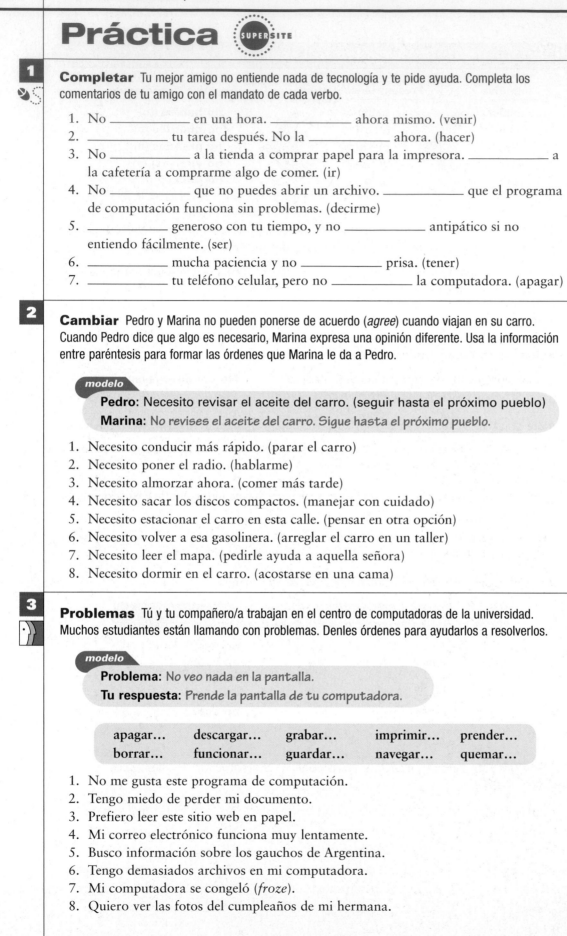

1 **Completar** Tu mejor amigo no entiende nada de tecnología y te pide ayuda. Completa los comentarios de tu amigo con el mandato de cada verbo.

1. No _____ en una hora. _____ ahora mismo. (venir)
2. _____ tu tarea después. No la _____ ahora. (hacer)
3. No _____ a la tienda a comprar papel para la impresora. _____ a la cafetería a comprarme algo de comer. (ir)
4. No _____ que no puedes abrir un archivo. _____ que el programa de computación funciona sin problemas. (decirme)
5. _____ generoso con tu tiempo, y no _____ antipático si no entiendo fácilmente. (ser)
6. _____ mucha paciencia y no _____ prisa. (tener)
7. _____ tu teléfono celular, pero no _____ la computadora. (apagar)

2 **Cambiar** Pedro y Marina no pueden ponerse de acuerdo (*agree*) cuando viajan en su carro. Cuando Pedro dice que algo es necesario, Marina expresa una opinión diferente. Usa la información entre paréntesis para formar las órdenes que Marina le da a Pedro.

> **modelo**
>
> **Pedro:** Necesito revisar el aceite del carro. (seguir hasta el próximo pueblo)
> **Marina:** *No revises el aceite del carro. Sigue hasta el próximo pueblo.*

1. Necesito conducir más rápido. (parar el carro)
2. Necesito poner el radio. (hablarme)
3. Necesito almorzar ahora. (comer más tarde)
4. Necesito sacar los discos compactos. (manejar con cuidado)
5. Necesito estacionar el carro en esta calle. (pensar en otra opción)
6. Necesito volver a esa gasolinera. (arreglar el carro en un taller)
7. Necesito leer el mapa. (pedirle ayuda a aquella señora)
8. Necesito dormir en el carro. (acostarse en una cama)

3 **Problemas** Tú y tu compañero/a trabajan en el centro de computadoras de la universidad. Muchos estudiantes están llamando con problemas. Denles órdenes para ayudarlos a resolverlos.

> **modelo**
>
> **Problema:** *No veo nada en la pantalla.*
> **Tu respuesta:** *Prende la pantalla de tu computadora.*

apagar...	descargar...	grabar...	imprimir...	prender...
borrar...	funcionar...	guardar...	navegar...	quemar...

1. No me gusta este programa de computación.
2. Tengo miedo de perder mi documento.
3. Prefiero leer este sitio web en papel.
4. Mi correo electrónico funciona muy lentamente.
5. Busco información sobre los gauchos de Argentina.
6. Tengo demasiados archivos en mi computadora.
7. Mi computadora se congeló (*froze*).
8. Quiero ver las fotos del cumpleaños de mi hermana.

NOTA CULTURAL

Los gauchos (*nomadic cowboys*), conocidos por su habilidad (*skill*) para montar caballos y utilizar lazos, viven en la región más extensa de Argentina, la Patagonia. Esta región ocupa casi la mitad (*half*) de la superficie (*land area*) del país.

Comunicación

4

Órdenes Circula por la clase e intercambia mandatos negativos y afirmativos con tus compañeros/as. Debes seguir las órdenes que ellos te dan o reaccionar apropiadamente.

> **modelo**
>
> **Estudiante 1:** Dame todo tu dinero.
> **Estudiante 2:** No, no quiero dártelo. Muéstrame tu cuaderno.
> **Estudiante 1:** Aquí está.
> **Estudiante 3:** Ve a la pizarra y escribe tu nombre.
> **Estudiante 4:** No quiero. Hazlo tú.

5

Anuncios Miren este anuncio. Luego, en grupos pequeños, preparen tres anuncios adicionales para tres escuelas que compiten (*compete*) con ésta.

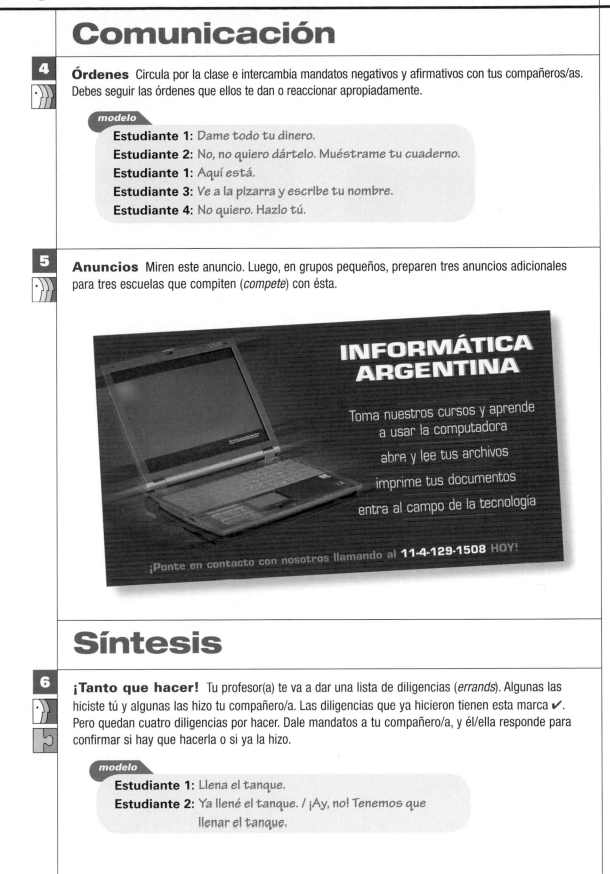

INFORMÁTICA ARGENTINA

Toma nuestros cursos y aprende a usar la computadora

abre y lee tus archivos

imprime tus documentos

entra al campo de la tecnología

¡Ponte en contacto con nosotros llamando al **11-4-129-1508** HOY!

Síntesis

6

¡Tanto que hacer! Tu profesor(a) te va a dar una lista de diligencias (*errands*). Algunas las hiciste tú y algunas las hizo tu compañero/a. Las diligencias que ya hicieron tienen esta marca ✔. Pero quedan cuatro diligencias por hacer. Dale mandatos a tu compañero/a, y él/ella responde para confirmar si hay que hacerla o si ya la hizo.

> **modelo**
>
> **Estudiante 1:** Llena el tanque.
> **Estudiante 2:** Ya llené el tanque. / ¡Ay, no! Tenemos que
>   llenar el tanque.

11.2 Por and para SUPERSITE

ANTE TODO Unlike English, Spanish has two words that mean *for*: **por** and **para**. These two prepositions are not interchangeable. Study the following charts to see how they are used.

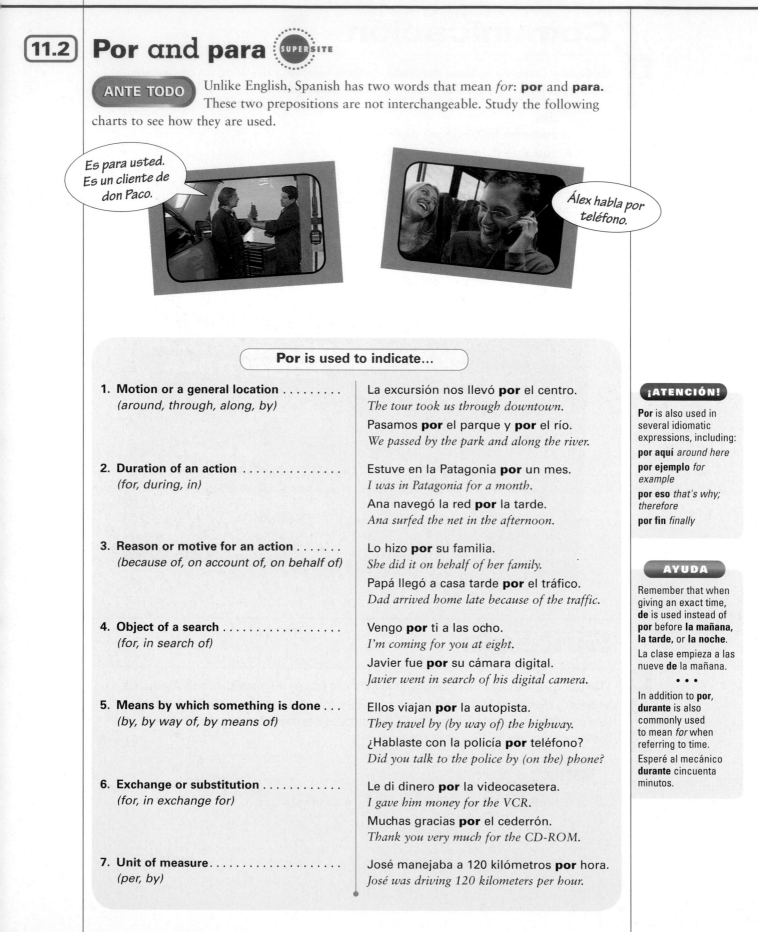

Es para usted. Es un cliente de don Paco.

Álex habla por teléfono.

Por is used to indicate...

1. Motion or a general location . . . .
(around, through, along, by)

La excursión nos llevó **por** el centro.
The tour took us through downtown.

Pasamos **por** el parque y **por** el río.
We passed by the park and along the river.

2. Duration of an action . . . .
(for, during, in)

Estuve en la Patagonia **por** un mes.
I was in Patagonia for a month.

Ana navegó la red **por** la tarde.
Ana surfed the net in the afternoon.

3. Reason or motive for an action . . . .
(because of, on account of, on behalf of)

Lo hizo **por** su familia.
She did it on behalf of her family.

Papá llegó a casa tarde **por** el tráfico.
Dad arrived home late because of the traffic.

4. Object of a search . . . .
(for, in search of)

Vengo **por** ti a las ocho.
I'm coming for you at eight.

Javier fue **por** su cámara digital.
Javier went in search of his digital camera.

5. Means by which something is done . . .
(by, by way of, by means of)

Ellos viajan **por** la autopista.
They travel by (by way of) the highway.

¿Hablaste con la policía **por** teléfono?
Did you talk to the police by (on the) phone?

6. Exchange or substitution . . . .
(for, in exchange for)

Le di dinero **por** la videocasetera.
I gave him money for the VCR.

Muchas gracias **por** el cederrón.
Thank you very much for the CD-ROM.

7. Unit of measure . . . .
(per, by)

José manejaba a 120 kilómetros **por** hora.
José was driving 120 kilometers per hour.

¡ATENCIÓN!

Por is also used in several idiomatic expressions, including:
por aquí *around here*
por ejemplo *for example*
por eso *that's why; therefore*
por fin *finally*

AYUDA

Remember that when giving an exact time, **de** is used instead of **por** before **la mañana**, **la tarde**, or **la noche**.
La clase empieza a las nueve **de** la mañana.

• • •

In addition to **por**, **durante** is also commonly used to mean *for* when referring to time.
Esperé al mecánico **durante** cincuenta minutos.

Para is used to indicate...

1. **Destination** . . . . (*toward, in the direction of*)	Salimos **para** Córdoba el sábado. *We are leaving for Córdoba on Saturday.*
2. **Deadline or a specific time in the future** . . . (*by, for*)	Él va a arreglar el carro **para** el viernes. *He will fix the car by Friday.*
3. **Purpose or goal** + [*infinitive*] . . . . (*in order to*)	Juan estudia **para** (ser) mecánico. *Juan is studying to be a mechanic.*
4. **Purpose** + [*noun*] . . . . (*for, used for*)	Es una llanta **para** el carro. *It's a tire for the car.*
5. **The recipient of something** . . . . (*for*)	Compré una impresora **para** mi hijo. *I bought a printer for my son.*
6. **Comparison with others or an opinion**. . (*for, considering*)	**Para** un joven, es demasiado serio. *For a young person, he is too serious.* **Para** mí, esta lección no es difícil. *For me, this lesson isn't difficult.*
7. **In the employ of** . . . . (*for*)	Sara trabaja **para** Telecom Argentina. *Sara works for Telecom Argentina.*

▶ In many cases it is grammatically correct to use either **por** or **para** in a sentence. The meaning of the sentence is different, however, depending on which preposition is used.

Caminé **por** el parque. *I walked through the park.*

Caminé **para** el parque. *I walked to (toward) the park.*

Trabajó **por** su padre. *He worked for (in place of) his father.*

Trabajó **para** su padre. *He worked for his father('s company).*

¡INTÉNTALO! Completa estas oraciones con las preposiciones **por** o **para**.

1. Fuimos al cibercafé ___por___ la tarde.
2. Necesitas un módem _____ navegar en la red.
3. Entraron _____ la puerta.
4. Quiero un pasaje _____ Buenos Aires.
5. _____ arrancar el carro, necesito la llave.
6. Arreglé el televisor _____ mi amigo.
7. Estuvieron nerviosos _____ el examen.
8. ¿No hay una gasolinera _____ aquí?
9. El reproductor de MP3 es _____ usted.
10. Juan está enfermo. Tengo que trabajar _____ él.
11. Estuvimos en Canadá _____ dos meses.
12. _____ mí, el español es fácil.
13. Tengo que estudiar la lección _____ el lunes.
14. Voy a ir _____ la carretera.
15. Compré dulces _____ mi novia.
16. Compramos el auto _____ un buen precio.

recursos

WB
pp. 129–130

LM
p. 64

SUPERSITE
panorama.
vhlcentral.com
Lección 11

Práctica

1 Completar Completa este párrafo con las preposiciones **por** o **para**.

El mes pasado mi esposo y yo hicimos un viaje a Buenos Aires y sólo pagamos dos mil dólares (1)_____ los pasajes. Estuvimos en Buenos Aires (2)_____ una semana y paseamos por toda la ciudad. Durante el día caminamos (3)_____ la plaza San Martín, el microcentro y el barrio de La Boca, donde viven muchos artistas. (4)_____ la noche fuimos a una tanguería, que es una especie de teatro, (5)_____ mirar a la gente bailar tango. Dos días después decidimos hacer una excursión (6)_____ las pampas (7)_____ ver el paisaje y un rodeo con gauchos. Alquilamos (*We rented*) un carro y manejamos (8)_____ todas partes y pasamos unos días muy agradables. El último día que estuvimos en Buenos Aires fuimos a Galerías Pacífico (9)_____ comprar recuerdos (*souvenirs*) (10)_____ nuestros hijos y nietos. Compramos tantos regalos que tuvimos que pagar impuestos (*duties*) en la aduana al regresar.

2 Oraciones Crea oraciones originales con los elementos de las columnas. Une los elementos usando **por** o **para**.

modelo
> Fuimos a Mar del Plata por razones de salud para visitar a un especialista.

(no) fuimos al mercado	por/para	comprar frutas	por/para	¿?
(no) fuimos a las montañas	por/para	tres días	por/para	¿?
(no) fuiste a Mar del Plata	por/para	razones de salud	por/para	¿?
(no) fueron a Buenos Aires	por/para	tomar el sol	por/para	¿?

3 Describir Usa **por** o **para** y el tiempo presente para describir estos dibujos.

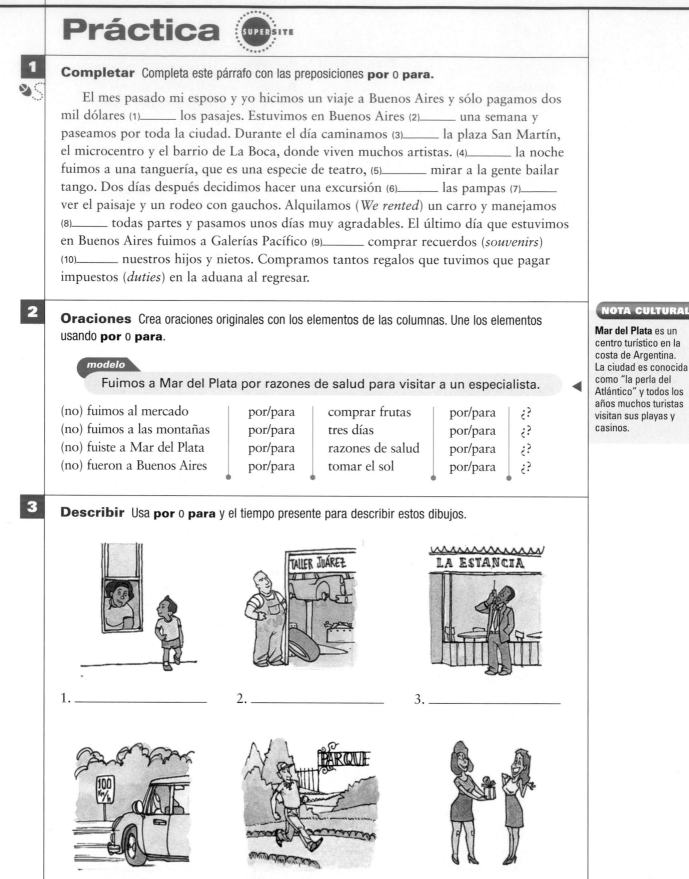

1. _____ 2. _____ 3. _____

4. _____ 5. _____ 6. _____

Comunicación

4

Descripciones Usa **por** o **para** y completa estas frases de manera lógica. Luego, compara tus respuestas con las de un(a) compañero/a.

1. En casa, hablo con mis amigos…
2. Mi padre/madre trabaja…
3. Ayer fui al taller…
4. Los miércoles tengo clases…
5. A veces voy a la biblioteca…

6. Esta noche tengo que estudiar…
7. Necesito… dólares…
8. Compré un regalo…
9. Mi mejor amigo/a estudia…
10. Necesito hacer la tarea…

5

Situación En parejas, dramaticen esta situación. Utilicen muchos ejemplos de **por** y **para**.

Hijo/a		Padre/Madre
Pídele dinero a tu padre/madre.	→	Pregúntale a tu hijo/a para qué lo necesita.
Dile que quieres comprar un carro.	→	Pregúntale por qué necesita un carro.
Explica tres razones por las que necesitas un carro.	→	Explica por qué sus razones son buenas o malas.
Dile que por no tener un carro tu vida es muy difícil.	→	Decide si vas a darle el dinero y explica por qué.

Síntesis

6

Una subasta (*auction*) Cada estudiante debe traer a la clase un objeto o una foto del objeto para vender. En grupos, túrnense para ser el/la vendedor(a) y los postores (*bidders*). Para empezar, el/la vendedor(a) describe el objeto y explica para qué se usa y por qué alguien debe comprarlo.

modelo

Vendedora: Aquí tengo una videocasetera Sony. Pueden usar esta videocasetera para ver películas en su casa o para grabar sus programas favoritos. Sólo hace un año que la compré y todavía funciona perfectamente. ¿Quién ofrece $ 1.500 para empezar?

Postor(a) 1: Pero las videocaseteras son anticuadas y no tienen buena imagen. Te doy $ 5,00.

Vendedora: Ah, pero ésta es muy especial porque viene con el video de mi fiesta de quinceañera.

Postor(a) 2: ¡Yo te doy $ 2.000!

11.3 Reciprocal reflexives

ANTE TODO   In **Lección 7**, you learned that reflexive verbs indicate that the subject of a sentence does the action to itself. Reciprocal reflexives, on the other hand, express a shared or reciprocal action between two or more people or things. In this context, the pronoun means *(to) each other* or *(to) one another.*

Luis y Marta **se** miran en el espejo.
Luis and Marta look at themselves in the mirror.

Luis y Marta **se** miran.
Luis and Marta look at each other.

▶ Only the plural forms of the reflexive pronouns (**nos, os, se**) are used to express reciprocal actions because the action must involve more than one person or thing.

Cuando **nos vimos** en la calle,
nos abrazamos.
When we saw each other on the street, we hugged one another.

Ustedes **se** van a **encontrar** en el cibercafé, ¿no?
You are meeting each other at the cybercafé, right?

Nos ayudamos cuando usamos la computadora.
We help each other when we use the computer.

Las amigas **se saludaron** y **se besaron**.
The friends greeted each other and kissed one another.

¡ATENCIÓN!

Here is a list of common verbs that can express reciprocal actions:

abrazar(se) *to hug; to embrace (each other)*

ayudar(se) *to help (each other)*

besar(se) *to kiss (each other)*

encontrar(se) *to meet (each other); to run into (each other)*

saludar(se) *to greet (each other)*

¡INTÉNTALO!    Indica el reflexivo recíproco adecuado y el presente o el pretérito de estos verbos.

presente	pretérito
1. (escribir) Los novios _se escriben_.	1. (saludar) Nicolás y tú _se saludaron_.
Nosotros _____.	Nuestros vecinos _____.
Ana y Ernesto _____.	Nosotros _____.
2. (escuchar) Mis tíos _____.	2. (hablar) Los amigos _____.
Nosotros _____.	Elena y yo _____.
Ellos _____.	Nosotras _____.
3. (ver) Nosotros _____.	3. (conocer) Alberto y yo _____.
Fernando y Tomás _____.	Ustedes _____.
Ustedes _____.	Ellos _____.
4. (llamar) Ellas _____.	4. (encontrar) Ana y Javier _____.
Mis hermanos _____.	Los primos _____.
Pepa y yo _____.	Mi hermana y yo _____.

recursos

WB
pp. 131–132

LM
p. 65

panorama.
vhlcentral.com
Lección 11

Práctica (SUPERSITE)

1

Un amor recíproco Describe a Laura y a Elián usando los verbos recíprocos.

> **modelo**
>
> Laura veía a Elián todos los días. Elián veía a Laura todos los días.
> Laura y Elián *se veían todos los días.*

1. Laura conocía bien a Elián. Elián conocía bien a Laura.

2. Laura miraba a Elián con amor. Elián la miraba con amor también.

3. Laura entendía bien a Elián. Elián entendía bien a Laura.

4. Laura hablaba con Elián todas las noches por teléfono. Elián hablaba con Laura todas las noches por teléfono.

5. Laura ayudaba a Elián con sus problemas. Elián la ayudaba también con sus problemas.

2

Describir Mira los dibujos y describe lo que estas personas hicieron.

1. Las hermanas _____.

2. Ellos _____.

3. Gilberto y Mercedes _____ /
_____ / _____.

4. Tú y yo _____ /
_____.

Comunicación

3

Preguntas En parejas, túrnense para hacerse estas preguntas.

1. ¿Se vieron tú y tu mejor amigo/a ayer? ¿Cuándo se ven ustedes normalmente?
2. ¿Dónde se encuentran tú y tus amigos?
3. ¿Se ayudan tú y tu mejor amigo/a con sus problemas?
4. ¿Se entienden bien tú y tu novio/a?
5. ¿Dónde se conocieron tú y tu novio/a? ¿Cuánto tiempo hace que se conocen ustedes?
6. ¿Cuándo se dan regalos tú y tu novio/a?
7. ¿Se escriben tú y tus amigos mensajes de texto o prefieren llamarse por teléfono?
8. ¿Siempre se llevan bien tú y tu compañero/a de cuarto? Explica.

(11.4) Stressed possessive adjectives and pronouns (SUPERSITE)

ANTE TODO   Spanish has two types of possessive adjectives: the unstressed (or short) forms you learned in **Lección 3** and the stressed (or long) forms. The stressed forms are used for emphasis or to express *of mine, of yours,* and so on.

Stressed possessive adjectives

Masculine singular	Feminine singular	Masculine plural	Feminine plural	
mío	**mía**	**míos**	**mías**	*my; (of) mine*
tuyo	**tuya**	**tuyos**	**tuyas**	*your; (of) yours* (fam.)
suyo	**suya**	**suyos**	**suyas**	*your; (of) yours* (form.); *his; (of) his; her; (of) hers; its*
nuestro	**nuestra**	**nuestros**	**nuestras**	*our; (of) ours*
vuestro	**vuestra**	**vuestros**	**vuestras**	*your; (of) yours* (fam.)
suyo	**suya**	**suyos**	**suyas**	*your; (of) yours* (form.); *their; (of) theirs*

▶ **¡Atención!** Used with **un/una**, these possessives are similar in meaning to the English expression *of mine/yours/*etc.

> Juancho es **un** amigo **mío.**
> *Juancho is a friend of mine.*

> Ella es **una** compañera **nuestra.**
> *She is a classmate of ours.*

▶ Stressed possessive adjectives agree in gender and number with the nouns they modify. Stressed possessive adjectives are placed after the noun they modify, while unstressed possessive adjectives are placed before the noun.

> **su** impresora
> *her printer*
>
> **nuestros** televisores
> *our television sets*

> la impresora **suya**
> *her printer*
>
> los televisores **nuestros**
> *our television sets*

▶ A definite article, an indefinite article, or a demonstrative adjective usually precedes a noun modified by a stressed possessive adjective.

> Me encantan {
>   **unos** discos compactos **tuyos.**   *I love some of your CDs.*
>   **los** discos compactos **tuyos.**   *I love your CDs.*
>   **estos** discos compactos **tuyos.**   *I love these CDs of yours.*

▶ Since **suyo, suya, suyos,** and **suyas** have more than one meaning, you can avoid confusion by using the construction: [*article*] + [*noun*] + **de** + [*subject pronoun*].

> **el** teclado **suyo**

> el teclado **de él/ella**   *his/her keyboard*
> el teclado **de ustedes**   *your keyboard*

CONSULTA

This is the same construction you learned in **Lección 3** for clarifying **su** and **sus**. To review unstressed possessive adjectives, see **Estructura 3.2,** p. 85.

Possessive pronouns

▶ Possessive pronouns are used to replace a noun + [*possessive adjective*]. In Spanish, the possessive pronouns have the same forms as the stressed possessive adjectives, and they are preceded by a definite article.

la calculadora **nuestra**	**la nuestra**
el *fax* **tuyo**	**el tuyo**
los archivos **suyos**	**los suyos**

▶ A possessive pronoun agrees in number and gender with the noun it replaces.

—Aquí está **mi coche**. ¿Dónde está **el tuyo**?
Here's my car. Where is yours?

—**El mío** está en el taller de mi hermano.
Mine is at my brother's garage.

—¿Tienes **las revistas** de Carlos?
Do you have Carlos' magazines?

—No, pero tengo **las nuestras**.
No, but I have ours.

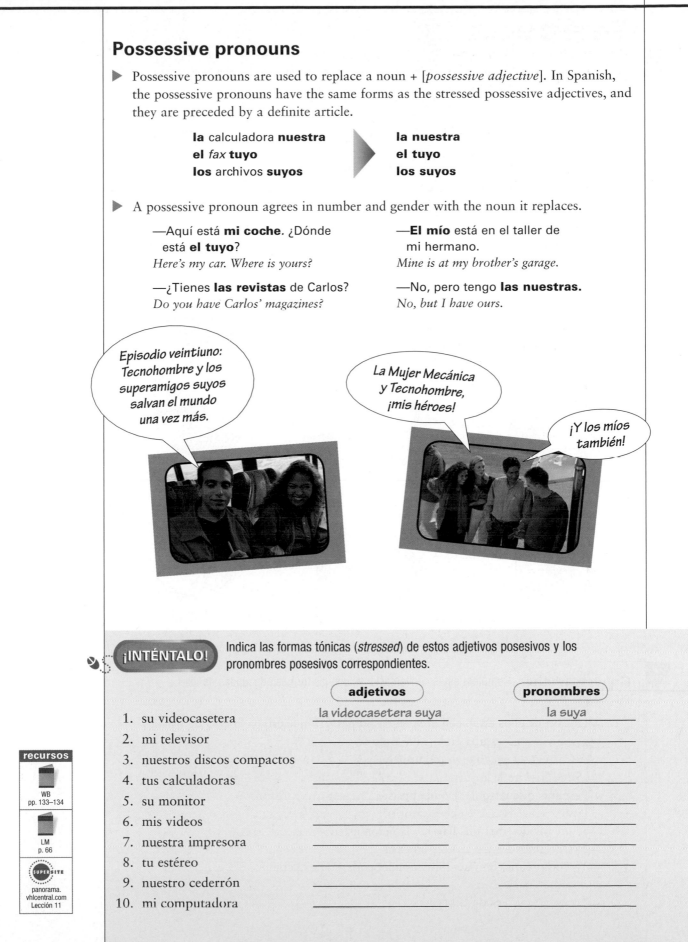

Episodio veintiuno: Tecnohombre y los superamigos suyos salvan el mundo una vez más.

La Mujer Mecánica y Tecnohombre, ¡mis héroes!

¡Y los míos también!

¡INTÉNTALO! Indica las formas tónicas (*stressed*) de estos adjetivos posesivos y los pronombres posesivos correspondientes.

	adjetivos	pronombres
1. su videocasetera	la videocasetera suya	la suya
2. mi televisor		
3. nuestros discos compactos		
4. tus calculadoras		
5. su monitor		
6. mis videos		
7. nuestra impresora		
8. tu estéreo		
9. nuestro cederrón		
10. mi computadora		

Práctica

1

Oraciones Forma oraciones con estas palabras. Usa el presente y haz los cambios necesarios.

1. un / amiga / suyo / vivir / Mendoza
2. ¿me / prestar / calculadora / tuyo?
3. el / coche / suyo / nunca / funcionar / bien
4. no / nos / interesar / problemas / suyo
5. yo / querer / cámara digital / mío / ahora mismo
6. un / amigos / nuestro / manejar / como / loco

2

¿Es suyo? Un policía ha capturado (*has captured*) al hombre que robó (*robbed*) en tu casa. Ahora quiere saber qué cosas son tuyas. Túrnate con un(a) compañero/a para hacer el papel del policía y usa las pistas para contestar las preguntas.

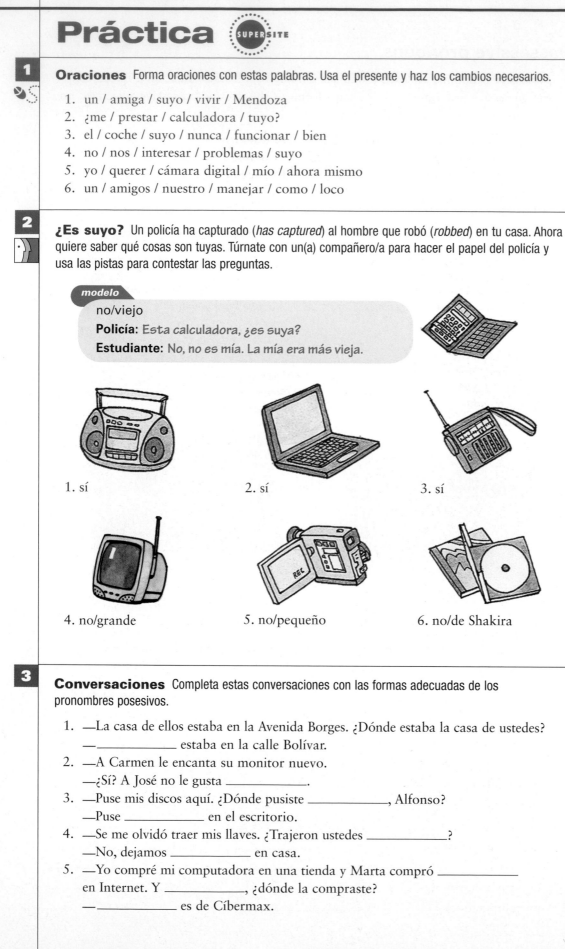

> **modelo**
>
> no/viejo
> **Policía:** Esta calculadora, ¿es suya?
> **Estudiante:** No, no es mía. La mía era más vieja.

1. sí

2. sí

3. sí

4. no/grande

5. no/pequeño

6. no/de Shakira

3

Conversaciones Completa estas conversaciones con las formas adecuadas de los pronombres posesivos.

1. —La casa de ellos estaba en la Avenida Borges. ¿Dónde estaba la casa de ustedes?
   —_____ estaba en la calle Bolívar.
2. —A Carmen le encanta su monitor nuevo.
   —¿Sí? A José no le gusta _____.
3. —Puse mis discos aquí. ¿Dónde pusiste _____, Alfonso?
   —Puse _____ en el escritorio.
4. —Se me olvidó traer mis llaves. ¿Trajeron ustedes _____?
   —No, dejamos _____ en casa.
5. —Yo compré mi computadora en una tienda y Marta compró _____ en Internet. Y _____, ¿dónde la compraste?
   —_____ es de Cíbermax.

Comunicación

4 **Identificar** Trabajen en grupos. Cada estudiante da tres objetos. Pongan todos los objetos juntos. Luego, un(a) estudiante escoge uno o dos objetos y le pregunta a otro/a si esos objetos son suyos. Usen los adjetivos posesivos en sus preguntas.

> **modelo**
>
> **Estudiante 1:** Felipe, ¿son tuyos estos discos compactos?
> **Estudiante 2:** Sí, son míos.
> No, no son míos. Son los discos compactos de Bárbara.

5 **Comparar** Trabaja con un(a) compañero/a. Intenta (*Try to*) convencerlo/la de que algo que tú tienes es mejor que el que él/ella tiene. Pueden hablar de sus carros, estéreos, discos compactos, clases, horarios o trabajos.

> **modelo**
>
> **Estudiante 1:** Mi computadora tiene una pantalla de quince pulgadas *(inches).* ¿Y la tuya?
> **Estudiante 2:** La mía es mejor porque tiene una pantalla de diecisiete pulgadas.
> **Estudiante 1:** Pues la mía…

Síntesis

6 **Inventos locos** En grupos pequeños, lean la descripción de este invento fantástico. Después diseñen su propio invento y expliquen por qué es mejor que el de los demás grupos. Utilicen los posesivos, **por** y **para** y el vocabulario de **Contextos**.

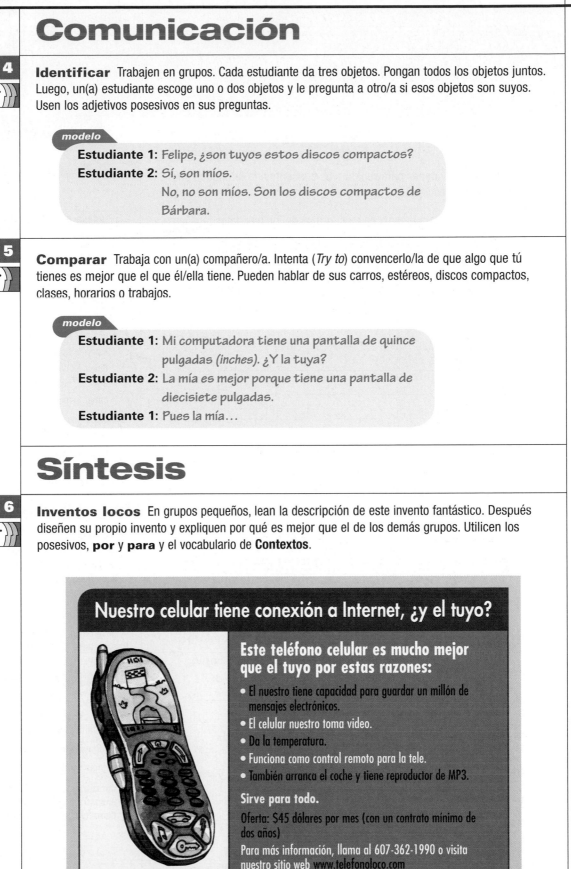

Nuestro celular tiene conexión a Internet, ¿y el tuyo?

Este teléfono celular es mucho mejor que el tuyo por estas razones:

- El nuestro tiene capacidad para guardar un millón de mensajes electrónicos.
- El celular nuestro toma video.
- Da la temperatura.
- Funciona como control remoto para la tele.
- También arranca el coche y tiene reproductor de MP3.

Sirve para todo.

Oferta: $45 dólares por mes (con un contrato mínimo de dos años)

Para más información, llama al 607-362-1990 o visita nuestro sitio web www.telefonoloco.com

Recapitulación

Completa estas actividades para repasar los conceptos de gramática que aprendiste en esta lección.

1 **Completar** Completa la tabla con las formas de los mandatos familiares. **8 pts.**

Infinitivo	Mandato	
	Afirmativo	**Negativo**
comer	**come**	**no comas**
hacer		
sacar		
venir		
ir		

2 **Por y para** Completa el diálogo con **por** o **para**. **10 pts.**

MARIO Hola, yo trabajo (1) _____ el periódico de la universidad. ¿Puedo hacerte unas preguntas?

INÉS Sí, claro.

MARIO ¿Navegas mucho (2) _____ la red?

INÉS Sí, todos los días me conecto a Internet (3) _____ leer mi correo y navego (4) _____ una hora. También me gusta hablar (5) _____ el *messenger* con mis amigos. Es barato y, (6) _____ mí, es divertido.

MARIO ¿Y qué piensas sobre hacer la tarea en la computadora?

INÉS En general, me parece bien, pero (7) _____ ejemplo, anoche hice unos ejercicios (8) _____ la clase de álgebra y al final me dolieron los ojos. (9) _____ eso a veces prefiero hacer la tarea a mano.

MARIO Muy bien. Muchas gracias (10) _____ tu ayuda.

3 **Posesivos** Completa las oraciones y confirma de quién son las cosas. **6 pts.**

1. —¿Éste es mi bolígrafo? —Sí, es el _____ (*fam.*).

2. —¿Ésta es la cámara de tu papá? —Sí, es la _____.

3. —¿Ese teléfono es de Pilar? —Sí, es el _____.

4. —¿Éstos son los cederrones de ustedes? —No, no son _____.

5. —¿Ésta es tu computadora portátil? —No, no es _____.

6. —¿Ésas son mis calculadoras? —Sí, son las _____ (*form.*).

RESUMEN GRAMATICAL

11.1 Familiar commands *pp. 352–353*

tú commands		
Infinitive	**Affirmative**	**Negative**
guardar	guarda	no guardes
volver	vuelve	no vuelvas
imprimir	imprime	no imprimas

Irregular **tú** command forms

dar → no des   saber → no sepas
decir → di   salir → sal
estar → no estés   ser → sé, no seas
hacer → haz   tener → ten
ir → ve, no vayas   venir → ven
poner → pon

▶ Verbs ending in **-car**, **-gar**, **-zar** have a spelling change in the negative **tú** commands:

sacar → no saques
apagar → no apagues
almorzar → no almuerces

11.2 Por and para *pp. 356–357*

▶ Uses of **por**:

motion or general location; duration; reason or motive; object of a search; means by which something is done; exchange or substitution; unit of measure

▶ Uses of **para**:

destination; deadline; purpose or goal; recipient of something; comparison or opinion; in the employ of

11.3 Reciprocal reflexives *p. 360*

▶ Reciprocal reflexives express a shared or reciprocal action between two or more people or things. Only the plural forms (**nos, os, se**) are used.

Cuando **nos vimos** en la calle, **nos abrazamos**.

▶ Common verbs that can express reciprocal actions:

abrazar(se), ayudar(se), besar(se), conocer(se), encontrar(se), escribir(se), escuchar(se), hablar(se), llamar(se), mirar(se), saludar(se), ver(se)

11.4   **Stressed possessive adjectives and pronouns**

pp. 362–363

Stressed possessive adjectives	
Masculine	**Feminine**
mío(s)	mía(s)
tuyo(s)	tuya(s)
suyo(s)	suya(s)
nuestro(s)	nuestra(s)
vuestro(s)	vuestra(s)
suyo(s)	suya(s)

la impresora **suya** → **la suya**

las llaves **mías** → **las mías**

4   **Ángel y diablito** A Juan le gusta pedir consejos a su ángel y a su diablito imaginarios. Completa las respuestas con mandatos familiares desde las dos perspectivas. **8 pts.**

1. Estoy manejando. ¿Voy más rápido?
   Á No, no _____ más rápido.
   D Sí, _____ más rápido.
2. Es el disco compacto favorito de mi hermana. ¿Lo pongo en mi mochila?
   Á No, no _____ en tu mochila.
   D Sí, _____ en tu mochila.
3. Necesito estirar (*to stretch*) las piernas. ¿Doy un paseo?
   Á Sí, _____ un paseo.
   D No, no _____ un paseo.
4. Mi amigo necesita imprimir algo. ¿Apago la impresora?
   Á No, no _____ la impresora.
   D Sí, _____ la impresora.

5   **Oraciones** Forma oraciones para expresar acciones recíprocas con el tiempo indicado. **6 pts.**

> **modelo**
>
> tú y yo / conocer / bien (presente) *Tú y yo nos conocemos bien.*

1. José y Paco / llamar / una vez por semana (imperfecto)
2. mi novia y yo / ver / todos los días (presente)
3. los compañeros de clase / ayudar / con la tarea (pretérito)
4. tú y tu mamá / escribir / por correo electrónico / cada semana (imperfecto)
5. mis hermanas y yo / entender / perfectamente (presente)
6. los profesores / saludar / con mucho respeto (pretérito)

6   **La tecnología** Escribe al menos seis oraciones diciéndole a un(a) amigo/a qué hacer para tener "una buena relación" con la tecnología. Usa mandatos familiares afirmativos y negativos. **12 pts.**

7   **Saber compartir** Completa la expresión con los dos pronombres posesivos que faltan.
¡2 puntos EXTRA!

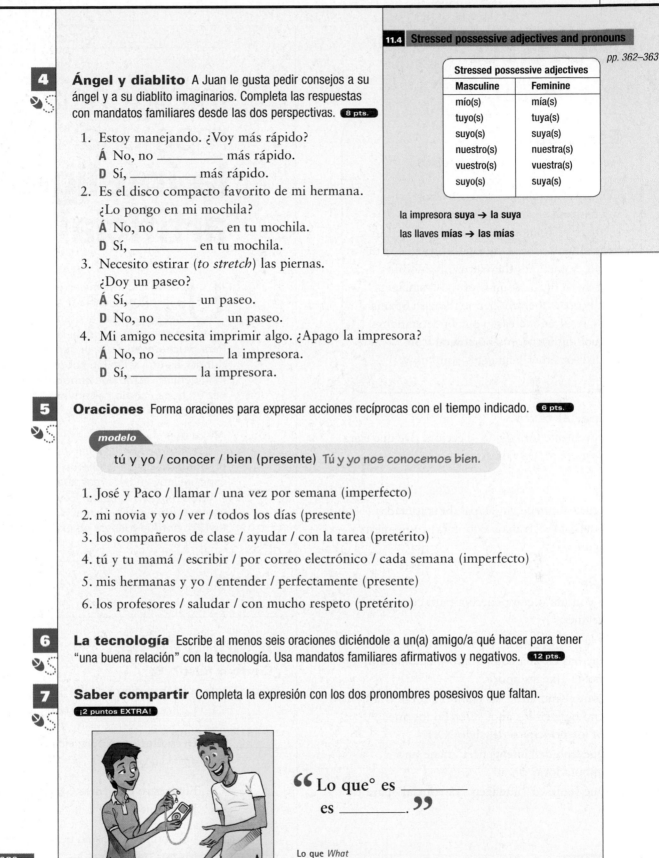

“ Lo que° es _____ es _____. ”

Lo que *What*

Lectura

Antes de leer

Estrategia
Recognizing borrowed words

One way languages grow is by borrowing words from each other. English words that relate to technology often are borrowed by Spanish and other languages throughout the world. Sometimes the words are modified slightly to fit the sounds of the languages that borrow them. When reading in Spanish, you can often increase your understanding by looking for words borrowed from English or other languages you know.

Examinar el texto

Mira brevemente (*briefly*) la selección. ¿De qué trata (*What is it about?*)? ¿Cómo lo sabes?

Buscar

Esta lectura contiene varias palabras tomadas (*taken*) del inglés. Trabaja con un(a) compañero/a para encontrarlas.

Predecir

Trabaja con un(a) compañero/a para contestar estas preguntas.

1. En la foto, ¿quiénes participan en el juego?
2. ¿Jugabas en una computadora cuando eras niño/a? ¿Juegas ahora?
3. ¿Cómo cambiaron las computadoras y la tecnología en los años 80? ¿En los años 90? ¿En los principios del siglo XXI?
4. ¿Qué tipo de "inteligencia" tiene una computadora?
5. ¿Qué significa "inteligencia artificial" para ti?

Inteligencia y memoria: la inteligencia artificial por **Alfonso Santamaría**

Una de las principales características de la película de ciencia ficción *2001: una odisea del espacio*, es la gran inteligencia de su protagonista no humano, la computadora HAL-9000. Para muchas personas, la genial película de Stanley Kubrick es una reflexión sobre la evolución de la inteligencia, desde que el hombre utilizó por primera vez un hueso como herramienta° hasta la llegada de la inteligencia artificial (I.A.).

Ahora que vivimos en el siglo XXI, un mundo en el que Internet y el *fax* son ya comunes, podemos preguntarnos: ¿consiguieron los científicos especialistas en I.A. crear una computadora como HAL? La respuesta es no. Hoy día no existe una computadora con las capacidades intelectuales de HAL porque todavía no existen *inteligencias*

herramienta *tool*

Después de leer

¿Cierto o falso?

Indica si cada oración es **cierta** o **falsa**. Corrige las falsas.

_____ 1. La computadora HAL-9000 era muy inteligente.

_____ 2. Deep Blue es un buen ejemplo de la inteligencia artificial general.

_____ 3. El maestro de ajedrez Garry Kasparov le ganó a Deep Blue en 1997.

_____ 4. Las computadoras no tienen la creatividad de Mozart o Picasso.

_____ 5. Hoy hay computadoras como HAL-9000.

Thomas J. Watson de Nueva York para desarrollar Deep Blue, la computadora que en 1997 derrotó° al campeón mundial de ajedrez, Garry Kasparov. Esta extraordinaria computadora pudo ganarle al maestro ruso de ajedrez porque estaba diseñada para procesar 200 millones de jugadas° por segundo. Además, Deep Blue guardaba en su memoria una recopilación de los movimientos de ajedrez más brillantes de toda la historia, entre ellos los que Kasparov efectuó en sus competiciones anteriores.

Para muchas personas, la victoria de Deep Blue sobre Kasparov simbolizó la victoria de la inteligencia artificial sobre la del ser humano°. Debemos reconocer los grandes avances científicos en el área de las computadoras y las ventajas° que pueden traernos en un futuro, pero también tenemos que entender sus limitaciones. Las computadoras generan nuevos modelos con conocimientos° muy definidos, pero todavía no tienen sentido común: una computadora como Deep Blue puede ganar una partida° de ajedrez, pero no puede explicar la diferencia entre una reina° y un peón°. Tampoco puede crear algo nuevo y original a partir de lo establecido, como hicieron Mozart o Picasso.

artificiales generales que demuestren lo que llamamos "sentido común"°. Sin embargo, la I.A. está progresando mucho en el desarrollo° de las inteligencias especializadas. El ejemplo más famoso es Deep Blue, la computadora de IBM especializada en jugar al ajedrez°.

La idea de crear una máquina con capacidad para jugar al ajedrez se originó en 1950. En esa década, el científico Claude Shannon desarrolló una teoría que se convirtió en realidad en 1967, cuando apareció el primer programa que permitió a una computadora competir, aunque sin éxito°, en un campeonato° de ajedrez. Más de veinte años después, un grupo de expertos en I.A. fue al centro de investigación

Las inteligencias artificiales especializadas son una realidad. ¿Pero una inteligencia como la de HAL-9000? Pura ciencia ficción. ■

---

sentido común *common sense* desarrollo *development* ajedrez *chess* éxito *success* campeonato *championship* derrotó *defeated* jugadas *moves* la del ser humano *that of the human being* ventajas *advantages* conocimientos *knowledge* partida *match* reina *queen* peón *pawn*

Preguntas

Contesta las preguntas.

1. ¿Qué tipo de inteligencia se relaciona con HAL-9000?

2. ¿Qué tipo de inteligencia tienen las computadoras como Deep Blue?

3. ¿Cuándo se originó la idea de crear una máquina para jugar al ajedrez?

4. ¿Qué compañía inventó Deep Blue?

5. ¿Por qué Deep Blue le pudo ganar a Garry Kasparov?

Conversar

En grupos pequeños, hablen de estos temas.

1. ¿Son las computadoras más inteligentes que los seres humanos?

2. ¿Para qué cosas son mejores las computadoras, y para qué cosas son mejores los seres humanos? ¿Por qué?

3. En el futuro, ¿van a tener las computadoras la inteligencia de los seres humanos? ¿Cuándo?

SUPERSITE

Argentina

El país en cifras

▶ **Área:** 2.780.400 km² (1.074.000 millas²)
Argentina es el país de habla española más grande del mundo. Su territorio es dos veces el tamaño° de Alaska.

▶ **Población:** 40.738.000

▶ **Capital:** Buenos Aires —13.067.000
En Buenos Aires vive más del treinta por ciento de la población total del país. La ciudad es conocida° como el "París de Suramérica" por el estilo parisino° de muchas de sus calles y edificios.

Buenos Aires

▶ **Ciudades principales:** Córdoba —1.492.000, Rosario —1.231.000, Mendoza —917.000

SOURCE: Population Division, UN Secretariat

▶ **Moneda:** peso argentino

▶ **Idiomas:** español (oficial), guaraní

Bandera de Argentina

Argentinos célebres

▶ **Jorge Luis Borges,** escritor (1899–1986)
▶ **María Eva Duarte de Perón ("Evita"),** primera dama° (1919–1952)
▶ **Mercedes Sosa,** cantante (1935–)
▶ **Gato Barbieri,** saxofonista (1935–)

tamaño *size*   conocida *known*   parisino *Parisian*   primera dama *First Lady*
ancha *wide*   mide *it measures*   campo *field*

Gaucho

ESTADOS UNIDOS
OCÉANO ATLÁNTICO
OCÉANO PACÍFICO
AMÉRICA DEL SUR
ARGENTINA

BOLIVIA

PARAGUAY

Las catara de Iguaz

San Miguel de Tucumán

La Cordillera de los Andes

Córdoba

URUGUA

Aconcagua

Mendoza

Rosario

Río Paraná

CHILE

Buenos Aires

Mar del Plata

La Pampa

Océano Atlántico

San Carlos de Bariloche

Montañas de Patagonia

Patagonia

Vista de San Carlos de Bariloche

Tierra del Fuego

recursos

WB
pp. 135–136

VM
pp. 247–248

SUPERSITE
panorama.vhlcentral.com
Lección 11

¡Increíble pero cierto!

La Avenida 9 de Julio en Buenos Aires es la calle más ancha° del mundo. De lado a lado mide° cerca de 140 metros, lo que es equivalente a un campo° y medio de fútbol. Su nombre conmemora el Día de la Independencia de Argentina.

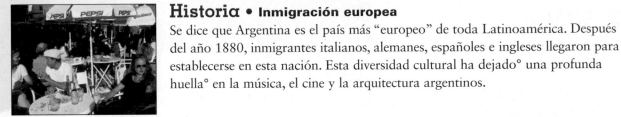

BRASIL

Historia • **Inmigración europea**

Se dice que Argentina es el país más "europeo" de toda Latinoamérica. Después del año 1880, inmigrantes italianos, alemanes, españoles e ingleses llegaron para establecerse en esta nación. Esta diversidad cultural ha dejado° una profunda huella° en la música, el cine y la arquitectura argentinos.

Artes • **El tango**

El tango es uno de los símbolos culturales más importantes de Argentina. Este género° musical es una mezcla de ritmos de origen africano, italiano y español, y se originó a finales del siglo XIX entre los porteños°. Poco después se hizo popular entre el resto de los argentinos y su fama llegó hasta París. Como baile, el tango en un principio° era provocativo y violento, pero se hizo más romántico durante los años 30. Hoy día, este estilo musical es popular en muchas partes del mundo°.

Lugares • **Las cataratas de Iguazú**

Las famosas cataratas° de Iguazú se encuentran entre las fronteras de Argentina, Paraguay y Brasil, al norte de Buenos Aires. Cerca de ellas confluyen° los ríos Iguazú y Paraná. Estas extensas caídas de agua tienen unos 70 metros (230 pies) de altura° y en época° de lluvias llegan a medir 4 kilómetros (2,5 millas) de ancho. Situadas en el Parque Nacional Iguazú, las cataratas son un destino° turístico muy visitado.

Artesano en
Buenos Aires

¿Qué aprendiste? Responde a cada pregunta con una oración completa.

1. ¿Qué porcentaje de la población de Argentina vive en la capital?

2. ¿Quién es Mercedes Sosa?

3. Se dice que Argentina es el país más europeo de Latinoamérica. ¿Por qué?

4. ¿Qué tipo de baile es uno de los símbolos culturales más importantes de Argentina?

5. ¿Dónde y cuándo se originó el tango?

6. ¿Cómo era el tango originalmente?

7. ¿En qué parque nacional están las cataratas de Iguazú?

Conexión Internet Investiga estos temas en **panorama.vhlcentral.com**.

1. Busca información sobre el tango. ¿Te gustan los ritmos y sonidos del tango? ¿Por qué? ¿Se baila el tango en tu comunidad?

2. ¿Quiénes fueron Juan y Eva Perón y qué importancia tienen en la historia de Argentina?

....

ha dejado *has left* **huella** *mark* **género** *genre* **porteños** *people of Buenos Aires* **en un principio** *at first* **mundo** *world*
cataratas *waterfalls* **confluyen** *converge* **altura** *height* **época** *season* **destino** *destination*

Uruguay

El país en cifras

▶ **Área:** 176.220 km² (68.039 millas²),
el tamaño° del estado de Washington

▶ **Población:** 3.575.000

▶ **Capital:** Montevideo—1.260.000

*Casi la mitad° de la población de Uruguay vive
en Montevideo. Situada en la desembocadura° del
famoso Río de la Plata, esta ciudad cosmopolita
e intelectual es también un destino popular para
las vacaciones, debido a sus numerosas playas de
arena° blanca que se extienden hasta la ciudad de
Punta del Este.*

▶ **Ciudades principales:** Salto, Paysandú,
Las Piedras, Rivera

SOURCE: Population Division, UN Secretariat

▶ **Moneda:** peso uruguayo

▶ **Idiomas:** español (oficial)

Bandera de Uruguay

Uruguayos célebres

▶ **Horacio Quiroga,** escritor (1878–1937)

▶ **Juana de Ibarbourou,** escritora (1895–1979)

▶ **Mario Benedetti,** escritor (1920–)

▶ **Cristina Peri Rossi,** escritora y profesora (1941–)

tamaño *size* mitad *half* desembocadura *mouth* arena *sand*
avestruz *ostrich* no voladora *flightless* medir *measure* cotizado *valued*

Gaucho uruguayo

Entrada a la Ciudad Vieja,
Colonia del Sacramento

recursos

WB pp. 137–138	VM pp. 249–250	**SUPERSITE** panorama.vhlcentral.com Lección 11

¡Increíble pero cierto!

En Uruguay hay muchos animales curiosos,
entre ellos el ñandú. De la misma familia del
avestruz°, el ñandú es el ave no voladora° más
grande del hemisferio occidental. Puede llegar a
medir° dos metros. Normalmente, va en grupos
de veinte o treinta y vive en el campo. Es muy
cotizado° por su carne, sus plumas y sus huevos.

Costumbres • La carne y el mate

En Uruguay y Argentina, la carne es un elemento esencial de la dieta diaria. Algunos platillos representativos de estas naciones son el asado°, la parrillada° y el chivito°. El mate, una infusión similar al té, también es típico de la región. Esta bebida de origen indígena está muy presente en la vida social y familiar de estos países aunque, curiosamente, no se puede consumir en bares o restaurante.

Deportes • El fútbol

El fútbol es el deporte nacional de Uruguay. El primer equipo de balompié° uruguayo se formó en 1891 y en 1930 el país suramericano fue la sede° de la primera Copa Mundial de esta disciplina. El equipo nacional ha conseguido° grandes éxitos a lo largo de los años: dos campeonatos olímpicos, en 1923 y 1928, y dos campeonatos mundiales, en 1930 y 1950. De hecho, los uruguayos están trabajando para que la Copa Mundial de Fútbol de 2030 se celebre en su país.

Costumbres • El Carnaval

El Carnaval de Montevideo es el de mayor duración en el mundo. A lo largo de 40 días, los uruguayos disfrutan° de los desfiles° y la música que inundan las calles de su capital. La celebración más conocida es el Desfile de las Llamadas, en el que participan bailarines al ritmo del candombe, una danza° de tradición africana.

Edificio del Parlamento
en Montevideo

¿Qué aprendiste? Responde a cada pregunta con una oración completa.

1. ¿Qué tienen en común los uruguayos célebres mencionados en la página 372?

2. ¿Cuál es el elemento esencial de la dieta uruguaya?

3. ¿En qué países es importante la producción ganadera?

4. ¿Qué es el mate?

5. ¿Cuándo se formó el primer equipo uruguayo de fútbol?

6. ¿Cuándo se celebró la primera Copa Mundial de fútbol?

7. ¿Cómo se llama la celebración más conocida del Carnaval de Montevideo?

8. ¿De qué origen es el candombe?

Conexión Internet Investiga estos temas en **panorama.vhlcentral.com.**

1. Uruguay es conocido como un país de muchos escritores. Busca información sobre uno de ellos y escribe una biografía.

2. Investiga cuáles son las comidas y bebidas favoritas de los uruguayos. Descríbelas e indica cuáles te gustaría probar y por qué.

....

asado *barbecued beef* parrillada *barbecue* chivito *goat* balompié *soccer* sede *site* ha conseguido *has achieved*
disfrutan *enjoy* desfiles *parades* danza *dance*

La tecnología

la calculadora	calculator
la cámara digital, de video	digital, video camera
el canal	(TV) channel
el cibercafé	cybercafé
la contestadora	answering machine
el control remoto	remote control
el disco compacto	compact disc
el estéreo	stereo
el *fax*	fax (machine)
el radio	radio (set)
el reproductor de MP3	MP3 player
el (teléfono) celular	(cell) telephone
la televisión por cable	cable television
el televisor	televison set
el tocadiscos compacto	compact disc player
el video(casete)	video(cassette)
la videocasetera	VCR
apagar	to turn off
funcionar	to work
llamar	to call
poner, prender	to turn on
sonar (o:ue)	to ring
descompuesto/a	not working; out of order
lento/a	slow
lleno/a	full

La computadora

el archivo	file
arroba	@ symbol
el cederrón	CD-ROM
la computadora (portátil)	(portable) computer; (laptop)
la dirección electrónica	e-mail address
el disco compacto	compact disc
la impresora	printer
Internet	Internet
el mensaje de texto	text message
el monitor	(computer) monitor
la página principal	home page
la pantalla	screen
el programa de computación	software
el ratón	mouse
la red	network; Web
el reproductor de DVD	DVD player
el sitio web	website
el teclado	keyboard
borrar	to erase
descargar	to download
grabar	to record
guardar	to save
imprimir	to print
navegar (en Internet)	to surf (the Internet)
quemar	to burn (a CD)

El carro

la autopista, la carretera	highway
el baúl	trunk
la calle	street
el capó, el cofre	hood
el carro, el coche	car
la circulación, el tráfico	traffic
el garaje, el taller (mecánico)	garage; (mechanic's) repair shop
la gasolina	gasoline
la gasolinera	gas station
la licencia de conducir	driver's license
la llanta	tire
el/la mecánico/a	mechanic
el parabrisas	windshield
la policía	police (force)
la velocidad máxima	speed limit
el volante	steering wheel
arrancar	to start
arreglar	to fix; to arrange
bajar(se) de	to get off of/out of (a vehicle)
conducir, manejar	to drive
estacionar	to park
llenar (el tanque)	to fill (the tank)
parar	to stop
revisar (el aceite)	to check (the oil)
subir(se) a	to get on/into (a vehicle)

Verbos

abrazar(se)	to hug; to embrace (each other)
ayudar(se)	to help (each other)
besar(se)	to kiss (each other)
encontrar(se) (o:ue)	to meet (each other); to run into (each other)
saludar(se)	to greet (each other)

Otras palabras y expresiones

por aquí	around here
por ejemplo	for example
por eso	that's why; therefore
por fin	finally

Por and **para**	See pages 356–357.
Stressed possessive adjectives and pronouns	See pages 362–363.
Expresiones útiles	See page 347.

La vivienda

Communicative Goals

You will learn how to:

- Welcome people to your home
- Describe your house or apartment
- Talk about household chores
- Give instructions

A PRIMERA VISTA

- ¿Están los chicos en casa?
- ¿Viven en una casa o en un apartamento?
- ¿Ya comieron o van a comer?
- ¿Están ellos de buen humor o de mal humor?

La vivienda

Más vocabulario

las afueras	*suburbs; outskirts*
el alquiler	*rent (payment)*
el ama (*m., f.*) de casa	*housekeeper; caretaker*
el barrio	*neighborhood*
el edificio de apartamentos	*apartment building*
el/la vecino/a	*neighbor*
la vivienda	*housing*
el balcón	*balcony*
la entrada	*entrance*
la escalera	*stairs; stairway*
el garaje	*garage*
el jardín	*garden; yard*
el patio	*patio; yard*
el sótano	*basement; cellar*
la cafetera	*coffee maker*
el electrodoméstico	*electrical appliance*
el horno (de microondas)	*(microwave) oven*
la lavadora	*washing machine*
la luz	*light; electricity*
la secadora	*clothes dryer*
la tostadora	*toaster*
el cartel	*poster*
la mesita de noche	*night stand*
los muebles	*furniture*
alquilar	*to rent*
mudarse	*to move (from one house to another)*

Variación léxica

dormitorio ⟷ aposento (*Rep. Dom.*); recámara (*Méx.*)

apartamento ⟷ departamento (*Arg., Chile*); piso (*Esp.*)

lavar los platos ⟷ lavar/fregar los trastes (*Amér. C., Rep. Dom.*)

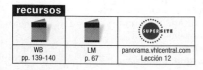

el altillo

el dormitorio

la cómoda

el armario

el cuadro/ la pintura

Hace la cama. (hacer)

la almohada

la manta

Los quehaceres domésticos

arreglar	*to neaten; to straighten up*
barrer el suelo	*to sweep the floor*
cocinar	*to cook*
ensuciar	*to get (something) dirty*
hacer quehaceres domésticos	*to do household chores*
lavar (el suelo, los platos)	*to wash (the floor, the dishes)*
limpiar la casa	*to clean the house*
planchar la ropa	*to iron the clothes*
quitar la mesa	*to clear the table*
quitar el polvo	*to dust*

la sala

las cortinas

la lámpara

la mesita

el sofá

Pasa la aspiradora. (pasar)

la alfombra

Práctica SUPERSITE

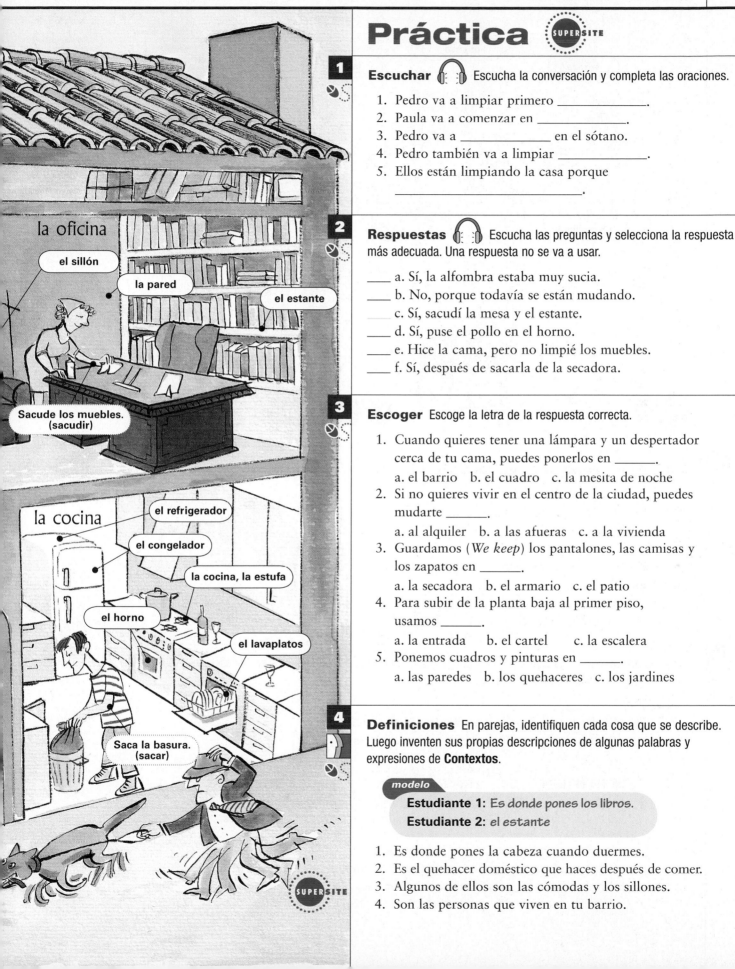

la oficina

el sillón
la pared
el estante

Sacude los muebles.
(sacudir)

la cocina

el refrigerador
el congelador
la cocina, la estufa
el horno
el lavaplatos

Saca la basura.
(sacar)

1 Escuchar 🎧 Escucha la conversación y completa las oraciones.

1. Pedro va a limpiar primero _____.
2. Paula va a comenzar en _____.
3. Pedro va a _____ en el sótano.
4. Pedro también va a limpiar _____.
5. Ellos están limpiando la casa porque
_____.

2 Respuestas 🎧 Escucha las preguntas y selecciona la respuesta más adecuada. Una respuesta no se va a usar.

____ a. Sí, la alfombra estaba muy sucia.
____ b. No, porque todavía se están mudando.
____ c. Sí, sacudí la mesa y el estante.
____ d. Sí, puse el pollo en el horno.
____ e. Hice la cama, pero no limpié los muebles.
____ f. Sí, después de sacarla de la secadora.

3 Escoger Escoge la letra de la respuesta correcta.

1. Cuando quieres tener una lámpara y un despertador cerca de tu cama, puedes ponerlos en _____.
a. el barrio   b. el cuadro   c. la mesita de noche
2. Si no quieres vivir en el centro de la ciudad, puedes mudarte _____.
a. al alquiler   b. a las afueras   c. a la vivienda
3. Guardamos (*We keep*) los pantalones, las camisas y los zapatos en _____.
a. la secadora   b. el armario   c. el patio
4. Para subir de la planta baja al primer piso, usamos _____.
a. la entrada   b. el cartel   c. la escalera
5. Ponemos cuadros y pinturas en _____.
a. las paredes   b. los quehaceres   c. los jardines

4 Definiciones En parejas, identifiquen cada cosa que se describe. Luego inventen sus propias descripciones de algunas palabras y expresiones de **Contextos**.

modelo
Estudiante 1: *Es donde pones los libros.*
Estudiante 2: *el estante*

1. Es donde pones la cabeza cuando duermes.
2. Es el quehacer doméstico que haces después de comer.
3. Algunos de ellos son las cómodas y los sillones.
4. Son las personas que viven en tu barrio.

SUPERSITE

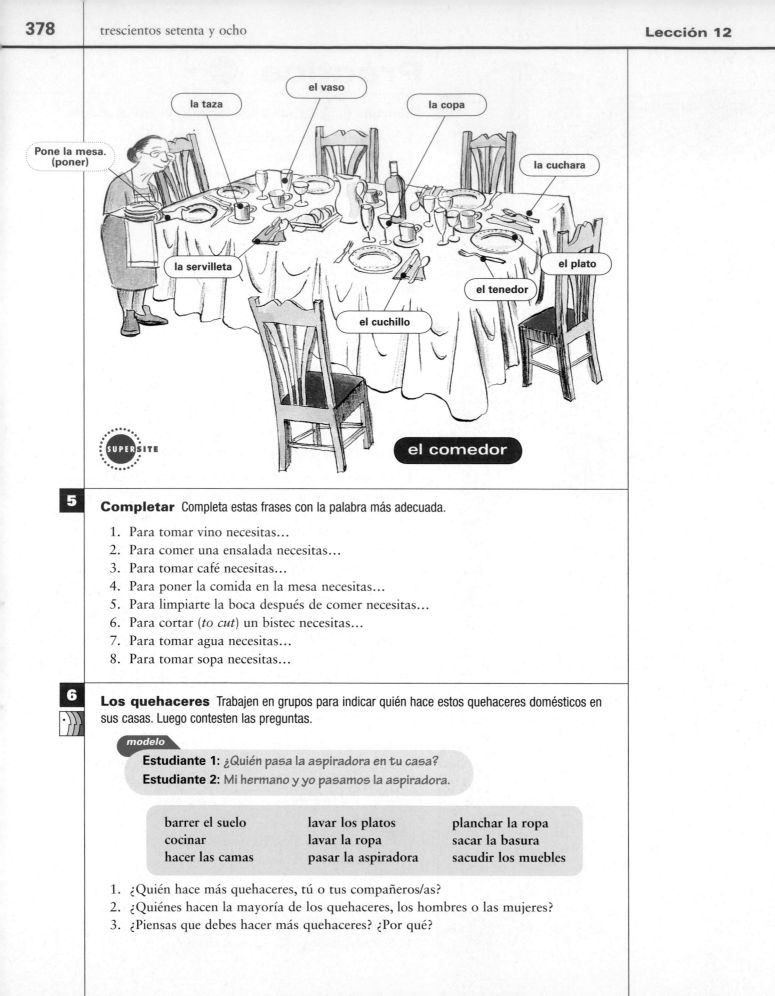

la taza

el vaso

la copa

la cuchara

Pone la mesa. (poner)

la servilleta

el cuchillo

el tenedor

el plato

SUPERSITE

el comedor

5 **Completar** Completa estas frases con la palabra más adecuada.

1. Para tomar vino necesitas…
2. Para comer una ensalada necesitas…
3. Para tomar café necesitas…
4. Para poner la comida en la mesa necesitas…
5. Para limpiarte la boca después de comer necesitas…
6. Para cortar (*to cut*) un bistec necesitas…
7. Para tomar agua necesitas…
8. Para tomar sopa necesitas…

6 **Los quehaceres** Trabajen en grupos para indicar quién hace estos quehaceres domésticos en sus casas. Luego contesten las preguntas.

> **modelo**
>
> **Estudiante 1:** ¿Quién pasa la aspiradora en tu casa?
> **Estudiante 2:** Mi hermano y yo pasamos la aspiradora.

barrer el suelo	lavar los platos	planchar la ropa
cocinar	lavar la ropa	sacar la basura
hacer las camas	pasar la aspiradora	sacudir los muebles

1. ¿Quién hace más quehaceres, tú o tus compañeros/as?
2. ¿Quiénes hacen la mayoría de los quehaceres, los hombres o las mujeres?
3. ¿Piensas que debes hacer más quehaceres? ¿Por qué?

Comunicación

7

La vida doméstica En parejas, describan las habitaciones que ven en estas fotos. Identifiquen y describan cinco muebles o adornos (*accessories*) de cada foto y digan dos quehaceres que se pueden hacer en cada habitación.

8

Mi apartamento Dibuja el plano (*floor plan*) de un apartamento amueblado (*furnished*) imaginario y escribe los nombres de las habitaciones y de los muebles. En parejas, pónganse espalda contra espalda (*sit back to back*). Uno/a de ustedes describe su apartamento mientras su compañero/a lo dibuja según la descripción. Cuando terminen, miren el segundo dibujo. ¿Es similar al dibujo original? Hablen de los cambios que se necesitan hacer para mejorar el dibujo. Repitan la actividad intercambiando los papeles.

CONSULTA
To review bathroom-related vocabulary, see **Lección 7, Contextos**, p. 210.

9

¡Corre, corre! Tu profesor(a) va a darte una serie incompleta de dibujos que forman una historia. Tú y tu compañero/a tienen dos series diferentes. Descríbanse los dibujos para completar la historia.

modelo
Estudiante 1: Marta quita la mesa.
Estudiante 2: Francisco...

SUPERSITE

¡Les va a encantar la casa!

Don Francisco y los estudiantes llegan a Ibarra.

INÉS

DON FRANCISCO

ÁLEX

JAVIER

SRA. VIVES

1

2

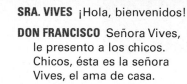
3

SRA. VIVES ¡Hola, bienvenidos!

DON FRANCISCO Señora Vives, le presento a los chicos. Chicos, ésta es la señora Vives, el ama de casa.

SRA. VIVES Encantada. Síganme que quiero mostrarles la casa. ¡Les va a encantar!

SRA. VIVES Esta alcoba es para los chicos. Tienen dos camas, una mesita de noche, una cómoda… En el armario hay más mantas y almohadas por si las necesitan.

6

7

8

SRA. VIVES Ésta es la sala. El sofá y los sillones son muy cómodos. Pero, por favor, ¡no los ensucien!

SRA. VIVES Allí están la cocina y el comedor. Al fondo del pasillo hay un baño.

DON FRANCISCO Chicos, a ver… ¡atención! La señora Vives les va a preparar las comidas. Pero quiero que ustedes la ayuden con los quehaceres domésticos. Quiero que arreglen sus alcobas, que hagan las camas, que pongan la mesa… ¿entendido?

JAVIER No se preocupe… la vamos a ayudar en todo lo posible.

ÁLEX Sí, cuente con nosotros.

recursos

VM
pp. 217-218

panorama.vhlcentral.com
Lección 12

SRA. VIVES Javier, no ponga las maletas en la cama. Póngalas en el piso, por favor.

SRA. VIVES Tomen ustedes esta alcoba, chicas.

INÉS Insistimos en que nos deje ayudarla a preparar la comida.

SRA. VIVES No, chicos, no es para tanto, pero gracias por la oferta. Descansen un rato que seguramente están cansados.

ÁLEX Gracias. A mí me gustaría pasear por la ciudad.

INÉS Perdone, don Francisco, ¿a qué hora viene el guía mañana?

DON FRANCISCO ¿Martín? Viene temprano, a las siete de la mañana. Les aconsejo que se acuesten temprano esta noche. ¡Nada de televisión ni de conversaciones largas!

ESTUDIANTES ¡Ay, don Francisco!

Expresiones útiles

Welcoming people

- **¡Bienvenido(s)/a(s)!**
  Welcome!

Showing people around the house

- **Síganme... que quiero mostrarles la casa.**
  Follow me... I want to show you the house.
- **Esta alcoba es para los chicos.**
  This bedroom is for the guys.
- **Ésta es la sala.**
  This is the living room.
- **Allí están la cocina y el comedor.**
  The kitchen and dining room are over there.
- **Al fondo del pasillo hay un baño.**
  At the end of the hall there is a bathroom.

Telling people what to do

- **Quiero que la ayude(n) con los quehaceres domésticos.**
  I want you to help her with the household chores.
- **Quiero que arregle(n) su(s) alcoba(s).**
  I want you to straighten your room(s).
- **Quiero que haga(n) las camas.**
  I want you to make the beds.
- **Quiero que ponga(n) la mesa.**
  I want you to set the table.
- **Cuente con nosotros.**
  (You can) count on us.
- **Insistimos en que nos deje ayudarla a preparar la comida.**
  We insist that you let us help you make the food.
- **Le (Les) aconsejo que se acueste(n) temprano.**
  I recommend that you go to bed early.

Other expressions

- **No es para tanto.**
  It's not a big deal.
- **Gracias por la oferta.**
  Thanks for the offer.

¿Qué pasó? SUPERSITE

1

¿Cierto o falso? Indica si lo que dicen estas oraciones es **cierto** o **falso**. Corrige las oraciones falsas.

		Cierto	Falso
1.	Las alcobas de los estudiantes tienen dos camas, dos mesitas de noche y una cómoda.	○	○
2.	La señora Vives no quiere que Javier ponga las maletas en la cama.	○	○
3.	El sofá y los sillones están en la sala.	○	○
4.	Los estudiantes tienen que sacudir los muebles y sacar la basura.	○	○
5.	Los estudiantes van a preparar las comidas.	○	○

2

Identificar Identifica quién puede decir estas oraciones.

1. Nos gustaría preparar la comida esta noche. ¿Le parece bien a usted?
2. Miren, si quieren otra almohada o manta, hay más en el armario.
3. Tranquilo, tranquilo, que nosotros vamos a ayudarla muchísimo.
4. Tengo ganas de caminar un poco por la ciudad.
5. No quiero que nadie mire la televisión esta noche. ¡Tenemos que levantarnos temprano mañana!

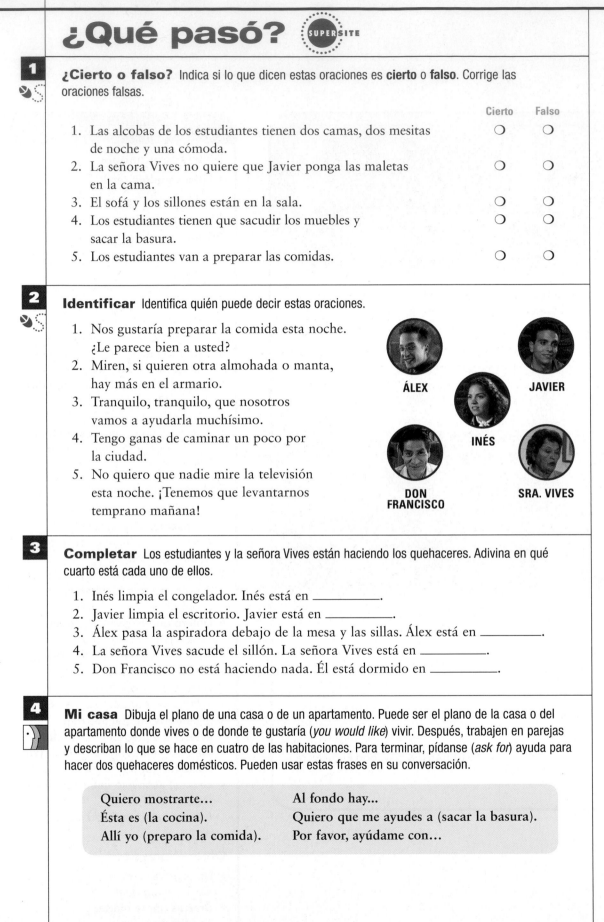

ÁLEX   JAVIER

INÉS

DON FRANCISCO   SRA. VIVES

3

Completar Los estudiantes y la señora Vives están haciendo los quehaceres. Adivina en qué cuarto está cada uno de ellos.

1. Inés limpia el congelador. Inés está en _____.
2. Javier limpia el escritorio. Javier está en _____.
3. Álex pasa la aspiradora debajo de la mesa y las sillas. Álex está en _____.
4. La señora Vives sacude el sillón. La señora Vives está en _____.
5. Don Francisco no está haciendo nada. Él está dormido en _____.

4

Mi casa Dibuja el plano de una casa o de un apartamento. Puede ser el plano de la casa o del apartamento donde vives o de donde te gustaría (*you would like*) vivir. Después, trabajen en parejas y describan lo que se hace en cuatro de las habitaciones. Para terminar, pídanse (*ask for*) ayuda para hacer dos quehaceres domésticos. Pueden usar estas frases en su conversación.

Quiero mostrarte...	Al fondo hay...
Ésta es (la cocina).	Quiero que me ayudes a (sacar la basura).
Allí yo (preparo la comida).	Por favor, ayúdame con...

Ortografía
SUPERSITE

Mayúsculas y minúsculas

Here are some of the rules that govern the use of capital letters (**mayúsculas**) and lowercase letters (**minúsculas**) in Spanish.

Los estudiantes llegaron al aeropuerto a las dos. Luego fueron al hotel.

In both Spanish and English, the first letter of every sentence is capitalized.

Rubén Blades   Panamá   Colón   los Andes

The first letter of all proper nouns (names of people, countries, cities, geographical features, etc.) is capitalized.

**Cien años de soledad   Don Quijote de la Mancha
El País   Muy Interesante**

The first letter of the first word in titles of books, films, and works of art is generally capitalized, as well as the first letter of any proper names. In newspaper and magazine titles, as well as other short titles, the initial letter of each word is often capitalized.

**la señora Ramos   don Francisco
el presidente   Sra. Vives**

Titles associated with people are *not* capitalized unless they appear as the first word in a sentence. Note, however, that the first letter of an abbreviated title is capitalized.

Último   Álex   MENÚ   PERDÓN

Accent marks should be retained on capital letters. In practice, however, this rule is often ignored.

---

lunes   viernes   marzo   primavera

The first letter of days, months, and seasons is _not_ capitalized.

---

español   estadounidense   japonés   panameños

The first letter of nationalities and languages is _not_ capitalized.

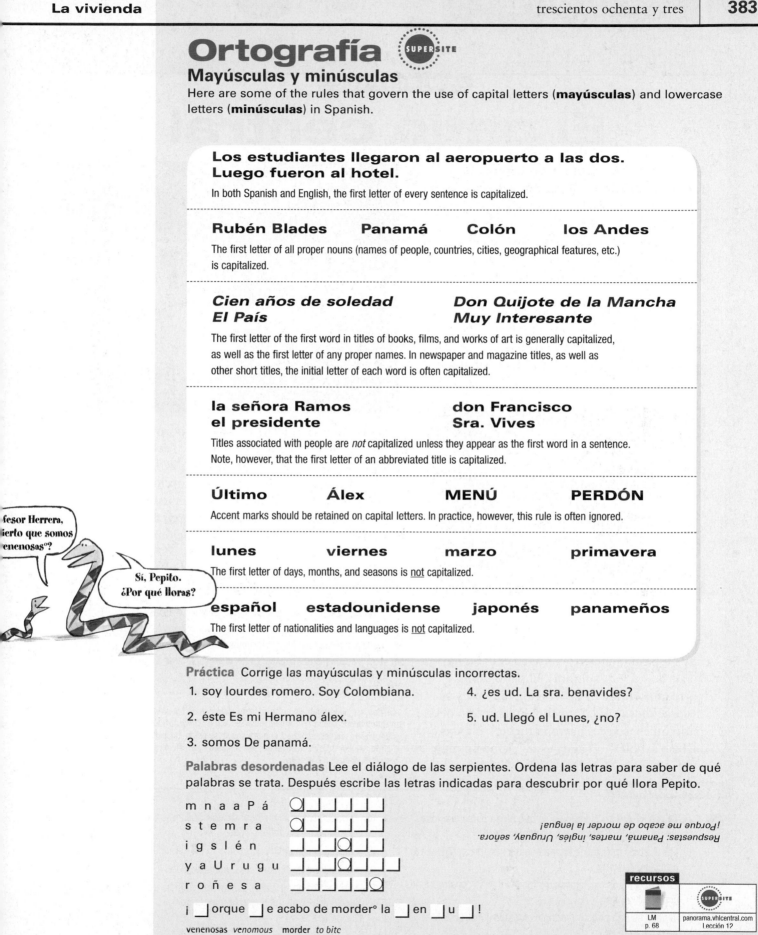

fesor Herrera,
ierto que somos
enenosas°?

Sí, Pepito.
¿Por qué lloras?

Práctica Corrige las mayúsculas y minúsculas incorrectas.

1. soy lourdes romero. Soy Colombiana.
2. éste Es mi Hermano álex.
3. somos De panamá.
4. ¿es ud. La sra. benavides?
5. ud. Llegó el Lunes, ¿no?

Palabras desordenadas Lee el diálogo de las serpientes. Ordena las letras para saber de qué palabras se trata. Después escribe las letras indicadas para descubrir por qué llora Pepito.

m n a a P á ⊙ _ _ _ _ _

s t e m r a ⊙ _ _ _ _ _

i g s l é n _ _ _ ⊙ _

y a U r u g u _ _ _ ⊙ _ _

r o ñ e s a _ _ _ _ _ ⊙

¡ _ orque _ e acabo de morder° la _ en _ u _ !

*¡Porque me acabo de morder la lengua!
Respuestas: Panamá, martes, inglés, Uruguay, señora.*

venenosas *venomous*   morder *to bite*

recursos — LM p. 68 — panorama.vhlcentral.com Lección 12

EN DETALLE

El patio central

En las tardes cálidas° de Oaxaca, México; Córdoba, España, o Popayán, Colombia, es un placer sentarse en el patio central de una casa y tomar un refresco disfrutando de° una buena conversación. De influencia árabe, esta característica arquitectónica° fue traída° a las Américas por los españoles. En la época° colonial, se construyeron casas, palacios, monasterios, hospitales y escuelas con patio central. Éste es un espacio privado e íntimo en donde se puede disfrutar del sol y de la brisa° estando aislado° de la calle.

El centro del patio es un espacio abierto. Alrededor de° él, separado por columnas, hay un pasillo cubierto°. Así, en el patio hay zonas de sol y de sombra°. El patio es una parte importante de la vivienda familiar y su decoración se cuida° mucho. En el centro del patio muchas veces hay una fuente°, plantas e incluso árboles°. El agua es un elemento muy importante en la ideología islámica porque simboliza la purificación del cuerpo y del alma°. Por esta razón y para disminuir° la temperatura, el agua en estas construcciones es muy importante. El agua y la vegetación ayudan a mantener la temperatura fresca y el patio proporciona° luz y ventilación a todas las habitaciones.

La distribución

Las casas con patio central eran usualmente las viviendas de familias adineradas°. Son casas de dos o tres pisos. Los cuartos de la planta baja son las áreas comunes: cocina, comedor, sala, etc., y tienen puertas al patio. En los pisos superiores están las habitaciones privadas de la familia.

cálidas *hot* disfrutando de *enjoying* arquitectónica *architectural* traída *brought* época *era* brisa *breeze* aislado *isolated* Alrededor de *Surrounding* cubierto *covered* sombra *shade* se cuida *is looked after* fuente *fountain* árboles *trees* alma *soul* disminuir *lower* proporciona *provides* adineradas *wealthy*

ACTIVIDADES

1. **¿Cierto o falso?** Indica si lo que dicen estas oraciones es **cierto** o **falso**. Corrige la información falsa.

   1. Los patios centrales de Latinoamérica tienen su origen en la tradición indígena.
   2. En la época colonial las casas eran las únicas construcciones con patio central.
   3. El patio es una parte importante en estas construcciones.
   4. El patio central es un lugar de descanso que da luz y ventilación a las habitaciones.
   5. Las casas con patio central eran para personas adineradas.
   6. Los cuartos de la planta baja son privados.
   7. Las fuentes en los patios tienen importancia por razones ideológicas y porque bajan la temperatura.

ASÍ SE DICE

La vivienda

el ático, el desván	el altillo
la cobija (Méx.), la frazada (Arg., Cuba, Ven.)	la manta
el escaparate (Cuba, Ven.), el ropero (Méx.)	el armario
el fregadero	*kitchen sink*
el frigidaire (Perú); el frigorífico (Esp.), la nevera	el refrigerador
el lavavajillas (Arg., Esp., Méx.)	el lavaplatos

EL MUNDO HISPANO

Los muebles

○ **Mecedora°** La mecedora es un mueble típico de Latinoamérica, especialmente de la zona del Caribe. A las personas les gusta relajarse mientras se mecen° en el patio.

○ **Mesa camilla** Era un mueble popular en España hasta hace algunos años. Es una mesa con un bastidor° en la parte inferior° para poner un brasero°. En invierno, las personas se sentaban alrededor de la mesa camilla para conversar, jugar a las cartas o tomar café.

○ **Hamaca** Se cree que los taínos hicieron las primeras hamacas con fibras vegetales. Su uso es muy popular en toda Latinoamérica para dormir y descansar.

Mecedora *Rocking chair* se mecen *they rock themselves* bastidor *frame* inferior *bottom* brasero *container for hot coals*

PERFIL

Las islas flotantes del lago Titicaca

Bolivia y Perú comparten **el lago Titicaca**, donde viven **los uros**, uno de los pueblos indígenas más antiguos de América. Hace muchos años, los uros fueron a vivir al lago escapando de **los incas**.

Hoy en día, siguen viviendo allí en cuarenta **islas flotantes** que ellos mismos hacen con unos juncos° llamados **totora**. Primero tejen° grandes plataformas. Luego, con el mismo material, construyen sus casas sobre las plataformas. La totora es resistente, pero con el tiempo el agua la pudre°. Los habitantes de las islas

PERÚ

Lago Titicaca

BOLIVIA

necesitan renovar continuamente las plataformas y las casas. Sus muebles y sus barcos también están hechos° de juncos. Los uros viven de la pesca y del turismo; en las islas hay unas tiendas donde venden artesanías° hechas con totora.

juncos *reeds* tejen *they weave* la pudre *rots it* hechos *made* artesanías *handcrafts*

Conexión Internet

¿Cómo son las casas modernas en los países hispanos?

Go to **panorama.vhlcentral.com** to find more cultural information related to this **Cultura** section.

ACTIVIDADES

2 **Comprensión** Responde a las preguntas.

1. Tu amigo mexicano te dice: "La **cobija** azul está en el **ropero**". ¿Qué quiere decir?

2. ¿Quiénes hicieron las primeras hamacas? ¿Qué material usaron?

3. ¿Qué grupo indígena vive en el lago Titicaca?

4. ¿Qué pueden comprar los turistas en las islas flotantes del lago Titicaca?

3 **Viviendas tradicionales** Escribe cuatro oraciones sobre una vivienda tradicional que conoces. Explica en qué lugar se encuentra, de qué materiales está hecha y cómo es.

recursos

panorama.vhlcentral.com
Lección 12

12.1 Relative pronouns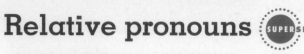

ANTE TODO In both English and Spanish, relative pronouns are used to combine two sentences or clauses that share a common element, such as a noun or pronoun. Study this diagram.

> Mis padres me regalaron **la aspiradora**.
> *My parents gave me the vacuum cleaner.*

> **La aspiradora** funciona muy bien.
> *The vacuum cleaner works really well.*

> La aspiradora **que** me regalaron mis padres funciona muy bien.
> *The vacuum cleaner that my parents gave me works really well.*

> **Lourdes** es muy inteligente.
> *Lourdes is very intelligent.*

> **Lourdes** estudia español.
> *Lourdes is studying Spanish.*

> Lourdes, **quien** estudia español, es muy inteligente.
> *Lourdes, who studies Spanish, is very intelligent.*

> *Pueden usar las almohadas que están en el armario.*

> *Chicos, ésta es la señora Vives, quien les va a mostrar la casa.*

▶ Spanish has three frequently-used relative pronouns. **¡Atención!** Interrogative words (**qué**, **quién**, etc.) always carry an accent. Relative pronouns, however, never carry a written accent.

que	that; which; who
quien(es)	who; whom; that
lo que	that which; what

▶ **Que** is the most frequently used relative pronoun. It can refer to things or to people. Unlike its English counterpart, *that*, **que** is never omitted.

> ¿Dónde está la cafetera **que** compré?
> *Where is the coffee maker (that) I bought?*

> El hombre **que** limpia es Pedro.
> *The man who is cleaning is Pedro.*

▶ The relative pronoun **quien** refers only to people, and is often used after a preposition or the personal **a**. **Quien** has only two forms: **quien** (singular) and **quienes** (plural).

> ¿Son las chicas **de quienes** me hablaste la semana pasada?
> *Are they the girls (that) you told me about last week?*

> Eva, **a quien** conocí anoche, es mi nueva vecina.
> *Eva, whom I met last night, is my new neighbor.*

¡LENGUA VIVA!

In English, it is generally recommended that *who(m)* be used to refer to people, and that *that* and *which* be used to refer to things. In Spanish, however, it is perfectly acceptable to use **que** when referring to people.

▶ **Quien(es)** is occasionally used in written Spanish instead of **que** in clauses set off by commas.

Lola, **quien** es cubana, es médica.
Lola, who is Cuban, is a doctor.

Su tía, **que** es alemana, ya llegó.
His aunt, who is German, already arrived.

▶ Unlike **que** and **quien(es)**, **lo que** doesn't refer to a specific noun. It refers to a specified or unspecified object, idea, situation, or past event and means *what, that which,* or *the thing that.*

Este mercado tiene todo lo que Inés necesita.

A la señora Vives no le gustó lo que hizo Javier.

Lo que me molesta es el calor.
What bothers me is the heat.

Lo que quiero es una casa.
What I want is a house.

¡INTÉNTALO! Completa estas oraciones con pronombres relativos.

1. Voy a utilizar los platos ___*que*___ me regaló mi abuela.
2. Ana comparte un apartamento con la chica a _____ conocimos en la fiesta de Jorge.
3. Esta oficina tiene todo _____ necesitamos.
4. Puedes estudiar en el dormitorio _____ está a la derecha de la cocina.
5. Los señores _____ viven en esa casa acaban de llegar de Centroamérica.
6. Los niños a _____ viste en nuestro jardín son mis sobrinos.
7. La piscina _____ ves desde la ventana es la piscina de mis vecinos.
8. Fue Úrsula _____ ayudó a mamá a limpiar el refrigerador.
9. Ya te dije que fue mi padre _____ alquiló el apartamento.
10. _____ te dijo Pablo no es cierto.
11. Tengo que sacudir los muebles _____ están en el altillo una vez al mes.
12. No entiendo por qué no lavaste los vasos _____ te dije.
13. La mujer a _____ saludaste vive en las afueras.
14. ¿Sabes _____ necesita este dormitorio? ¡Unas cortinas!
15. No quiero volver a hacer _____ hice ayer.
16. No me gusta vivir con personas a _____ no conozco.

recursos

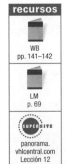

WB
pp. 141–142

LM
p. 69

SUPERSITE
panorama.
vhlcentral.com
Lección 12

Práctica SUPERSITE

1

Combinar Combina elementos de la columna A y la columna B para formar oraciones lógicas.

A

1. Ése es el hombre _____.
2. Rubén Blades, _____.
3. No traje _____.
4. ¿Te gusta la manta _____?
5. ¿Cómo se llama el programa _____?
6. La mujer _____.

B

a. con quien bailaba es mi vecina
b. que te compró Cecilia
c. quien es de Panamá, es un cantante muy bueno
d. que arregló mi lavadora
e. lo que necesito para la clase de matemáticas
f. que comiste en el restaurante
g. que escuchaste en la radio anoche

NOTA CULTURAL

Rubén Blades es un cantante y actor panameño muy famoso. Para más información sobre este artista, ve a la página 409.

2

Completar Completa la historia sobre la casa que Jaime y Tina quieren comprar, usando los pronombres relativos **que, quien, quienes** o **lo que**.

1. Jaime y Tina son los chicos a _____ conocí la semana pasada.
2. Quieren comprar una casa _____ está en las afueras de la ciudad.
3. Es una casa _____ era de una artista famosa.
4. La artista, a _____ yo conocía, murió el año pasado y no tenía hijos.
5. Ahora se vende la casa con todos los muebles _____ ella tenía.
6. La sala tiene una alfombra _____ ella trajo de Kuwait.
7. La casa tiene muchos estantes, _____ a Tina le encanta.

3

Oraciones Javier y Ana acaban de casarse y han comprado (*they have bought*) una casa y muchas otras cosas. Combina sus declaraciones para formar una sola oración con los pronombres relativos **que, quien(es)** y **lo que**.

modelo

Vamos a usar los vasos nuevos mañana. Los pusimos en el comedor.

Mañana vamos a usar los vasos nuevos que pusimos en el comedor.

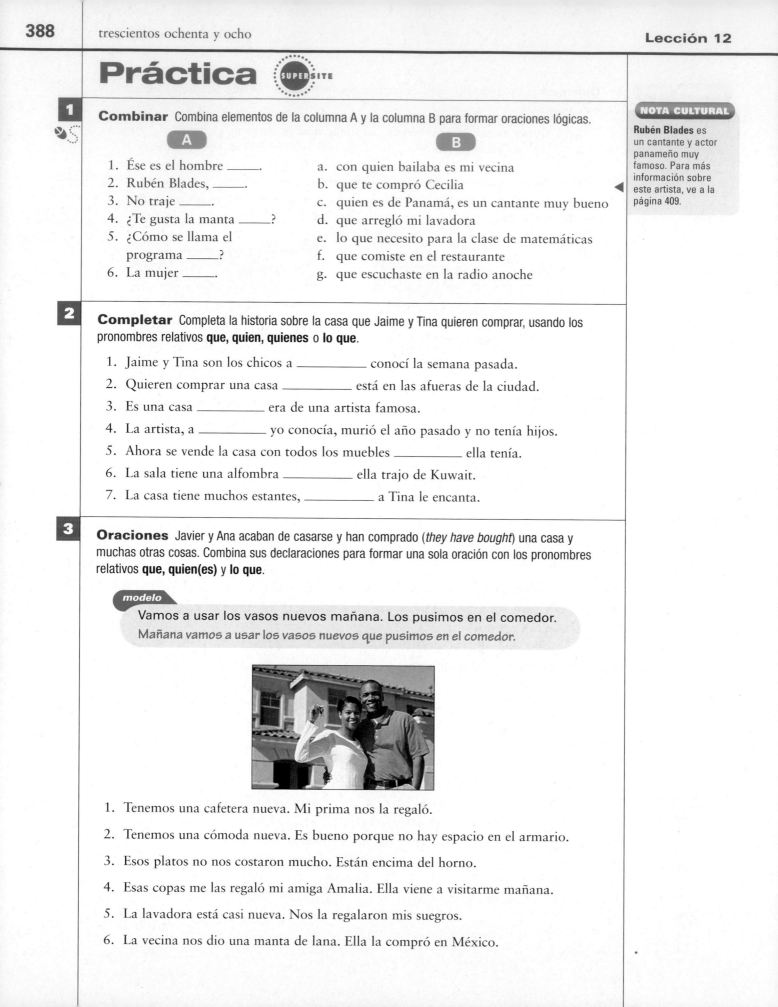

1. Tenemos una cafetera nueva. Mi prima nos la regaló.
2. Tenemos una cómoda nueva. Es bueno porque no hay espacio en el armario.
3. Esos platos no nos costaron mucho. Están encima del horno.
4. Esas copas me las regaló mi amiga Amalia. Ella viene a visitarme mañana.
5. La lavadora está casi nueva. Nos la regalaron mis suegros.
6. La vecina nos dio una manta de lana. Ella la compró en México.

Comunicación

4

Entrevista En parejas, túrnense para hacerse estas preguntas.

1. ¿Qué es lo que más te gusta de vivir en las afueras o en la ciudad?
2. ¿Cómo son las personas que viven en tu barrio?
3. ¿Cuál es el quehacer doméstico que menos te gusta? ¿Y el que más te gusta?
4. ¿Quién es la persona que hace los quehaceres domésticos en tu casa?
5. ¿Quiénes son las personas con quienes más sales los fines de semana? ¿Quién es la persona a quien más llamas por teléfono?
6. ¿Cuál es el deporte que más te gusta? ¿Cuál es el que menos te gusta?
7. ¿Cuál es el barrio de tu ciudad que más te gusta y por qué?
8. ¿Quién es la persona a quien más llamas cuando tienes problemas?
9. ¿Quién es la persona a quien más admiras? ¿Por qué?
10. ¿Qué es lo que más te gusta de tu casa?
11. ¿Qué es lo que más te molesta de tus amigos?
12. ¿Qué es lo que menos te gusta de tu barrio?

5

Adivinanza En grupos, túrnense para describir distintas partes de una vivienda usando pronombres relativos. Los demás compañeros tienen que hacer preguntas hasta que adivinen la palabra.

> **modelo**
>
> **Estudiante 1:** Es lo que tenemos en el dormitorio.
> **Estudiante 2:** ¿Es el mueble que usamos para dormir?
> **Estudiante 1:** No. Es lo que usamos para guardar la ropa.
> **Estudiante 3:** Lo sé. Es la cómoda.

Síntesis

6

Definir En parejas, definan las palabras. Usen los pronombres relativos **que, quien(es)** y **lo que.** Luego compartan sus definiciones con la clase.

AYUDA

Remember that **de**, followed by the name of a material, means *made of.*

Es de algodón.
It's made of cotton.

• • •

Es un tipo de means *It's a kind/sort of…*

Es un tipo de flor.
It's a kind of flower.

> **modelo**
>
> lavadora   Es lo que se usa para lavar la ropa.
> pastel   Es un postre que comes en tu cumpleaños.

alquiler	flan	patio	tenedor
amigos	guantes	postre	termómetro
aspiradora	jabón	sillón	vaso
enfermera	manta	sótano	vecino

12.2 Formal commands (SUPERSITE)

ANTE TODO As you learned in **Lección 11**, the command forms are used to give orders or advice. Formal commands are used with people you address as **usted** or **ustedes**. Observe these examples, then study the chart.

AYUDA

By learning formal commands, it will be easier for you to learn the subjunctive forms that are presented in **Estructura 12.3**, p. 394.

Hable con ellos, don Francisco.
Talk with them, Don Francisco.

Coma frutas y verduras.
Eat fruits and vegetables.

Laven los platos ahora mismo.
Wash the dishes right now.

Beban menos té y café.
Drink less tea and coffee.

Formal commands (Ud. and Uds.)

Infinitive	Present tense yo form	Ud. command	Uds. command
limpiar	limpi**o**	limpi**e**	limpi**en**
barrer	barr**o**	barr**a**	barr**an**
sacudir	sacud**o**	sacud**a**	sacud**an**
decir (e:i)	dig**o**	dig**a**	dig**an**
pensar (e:ie)	piens**o**	piens**e**	piens**en**
volver (o:ue)	vuelv**o**	vuelv**a**	vuelv**an**
servir (e:i)	sirv**o**	sirv**a**	sirv**an**

▶ The **usted** and **ustedes** commands, like the negative **tú** commands, are formed by dropping the final **-o** of the **yo** form of the present tense. For **-ar** verbs, add **-e** or **-en**. For **-er** and **-ir** verbs, add **-a** or **-an**.

No se preocupe...
La vamos a ayudar en
todo lo posible.

Sí, cuente
con nosotros.

▶ Verbs with irregular **yo** forms maintain the same irregularity in their formal commands. These verbs include **conducir, conocer, decir, hacer, ofrecer, oír, poner, salir, tener, traducir, traer, venir,** and **ver.**

Oiga, don Francisco...
Listen, Don Francisco...

¡Salga inmediatamente!
Leave immediately!

Ponga la mesa, por favor.
Set the table, please.

Hagan la cama antes de salir.
Make the bed before leaving.

▶ Note also that verbs maintain their stem changes in **usted** and **ustedes** commands.

e:ie	o:ue	e:i
No **pierda** la llave.	**Vuelva** temprano, joven.	**Sirva** la sopa, por favor.
Cierren la puerta.	**Duerman** bien, chicos.	**Repitan** las frases.

AYUDA

These spelling changes are necessary to ensure that the words are pronounced correctly. See **Lección 8, Pronunciación,** p. 251, and **Lección 9, Pronunciación,** p.283.

• • •

It may help you to study the following five series of syllables. Note that, within each series, the consonant sound doesn't change.

ca que qui co cu

za ce ci zo zu

ga gue gui go gu

ja ge gi jo ju

▶ Verbs ending in **-car, -gar,** and **-zar** have a spelling change in the command forms.

sa**car**	c → qu	sa**que**, sa**que**n
ju**gar**	g → gu	jue**gue**, jue**gue**n
almor**zar**	z → c	almuer**ce**, almuer**ce**n

▶ These verbs have irregular formal commands.

Infinitive	Ud. command	Uds. command
dar	**dé**	**den**
estar	**esté**	**estén**
ir	**vaya**	**vayan**
saber	**sepa**	**sepan**
ser	**sea**	**sean**

▶ To make a formal command negative, simply place **no** before the verb.

No ponga las maletas en la cama.   **No ensucien** los sillones.
Don't put the suitcases on the bed.   *Don't dirty the armchairs.*

▶ In affirmative commands, reflexive, indirect and direct object pronouns are always attached to the end of the verb.

Siénten**se**, por favor.   Acuésten**se** ahora.
Síga**me**, Laura.   Póngan**las** en el suelo, por favor.

▶ **¡Atención!** When a pronoun is attached to an affirmative command that has two or more syllables, an accent mark is added to maintain the original stress.

limpie ⟶ **límpielo**   **lean** ⟶ **léanlo**
diga ⟶ **dígamelo**   **sacudan** ⟶ **sacúdanlos**

▶ In negative commands, these pronouns always precede the verb.

No **se** preocupe.   No **los** ensucien.
No **me lo** dé.   No **nos las** traigan.

▶ **Usted** and **ustedes** can be used with the command forms to strike a more formal tone. In such instances they follow the command form.

Muéstrele usted la foto a su amigo.   **Tomen ustedes** esta alcoba.
Show the photo to your friend.   *Take this bedroom.*

recursos

WB
pp. 143–144

LM
p. 70

SUPERSITE
panorama.
vhlcentral.com
Lección 12

¡INTÉNTALO!   Indica los mandatos (*commands*) afirmativos y negativos correspondientes.

1. escucharlo (Ud.) __Escúchelo__ . __No lo escuche__ .
2. decírmelo (Uds.) _____ . _____ .
3. salir (Ud.) _____ . _____ .
4. servírnoslo (Uds.) _____ . _____ .
5. barrerla (Ud.) _____ . _____ .
6. hacerlo (Ud.) _____ . _____ .

Práctica SUPERSITE

1 **Completar** La señora González quiere mudarse de casa. Ayúdala a organizarse. Indica el mandato formal de cada verbo.

1. _____ los anuncios del periódico y _____. (Leer, guardarlos)

2. _____ personalmente y _____ las casas usted misma. (Ir, ver)

3. Decida qué casa quiere y _____ al agente. _____ un contrato de alquiler. (llamar, Pedirle)

4. _____ un camión *(truck)* para ese día y _____ la hora exacta de llegada. (Contratar, preguntarles)

5. El día de la mudanza *(On moving day)* _____ tranquila. _____ a revisar su lista para completar todo lo que tiene que hacer. (estar, Volver)

6. Primero, _____ a todos en casa que usted va a estar ocupada. No _____ que usted va a hacerlo todo. (decirles, decirles)

7. _____ tiempo para hacer las maletas tranquilamente. No _____ las maletas a los niños más grandes. (Sacar, hacerles)

8. No _____. _____ que todo va a salir bien. (preocuparse, Saber)

2 **¿Qué dicen?** Mira los dibujos y escribe un mandato lógico para cada uno. Usa palabras que aprendiste en **Contextos**.

1. _____   2. _____

3. _____   4. _____

5. _____   6. _____

Comunicación

3

Solucionar Trabajen en parejas para presentar estos problemas. Un(a) estudiante presenta los problemas de la columna A y el/la otro/a los de la columna B. Usen mandatos formales y túrnense para ofrecer soluciones.

> **modelo**
>
> **Estudiante 1:** Vilma se torció un tobillo jugando al tenis. Es la tercera vez.
> **Estudiante 2:** *No juegue más al tenis. / Vaya a ver a un especialista.*

A

1. Se me perdió el libro de español con todas mis notas.
2. A Vicente se le cayó la botella de vino para la cena.
3. ¿Cómo? ¿Se le olvidó traer el traje de baño a la playa?
4. Se nos quedaron los boletos en la casa. El avión sale en una hora.

B

1. Mis hijas no se levantan temprano. Siempre llegan tarde a la escuela.
2. A mi abuela le robaron (*stole*) las maletas. Era su primer día de vacaciones.
3. Nuestra casa es demasiado pequeña para nuestra familia.
4. Me preocupo constantemente por Roberto. Trabaja demasiado.

4

Conversaciones En parejas, escojan dos situaciones y preparen conversaciones para presentar a la clase. Usen mandatos formales.

> **modelo**
>
> **Lupita:** Señor Ramírez, siento mucho llegar tan tarde. Mi niño se enfermó. ¿Qué debo hacer?
> **Sr. Ramírez:** *No se preocupe. Siéntese y descanse un poco.*

NOTA CULTURAL

El 31 de diciembre de 1999, los Estados Unidos cedió el control del **Canal de Panamá** al gobierno de Panamá, terminando así con casi 100 años de administración estadounidense.

SITUACIÓN 1 Profesor Rosado, no vine la semana pasada porque el equipo jugaba en Boquete. ¿Qué debo hacer para ponerme al día (*catch up*)?

SITUACIÓN 2 Los invitados de la boda llegan a las cuatro de la tarde, las mesas están sin poner y el champán sin servir. Los camareros apenas están llegando. ¿Qué deben hacer los camareros?

SITUACIÓN 3 Mi novio es un poco aburrido. No le gustan ni el cine, ni los deportes, ni salir a comer. Tampoco habla mucho. ¿Qué puedo hacer?

▶ **SITUACIÓN 4** Tengo que preparar una presentación para mañana sobre el Canal de Panamá. ¿Por dónde comienzo?

Síntesis

5

Presentar En grupos, preparen un anuncio de televisión para presentar a la clase. El anuncio debe tratar de un detergente, un electrodoméstico o una agencia inmobiliaria (*real estate agency*). Usen mandatos, los pronombres relativos (**que, quien(es)** o **lo que**) y el **se** impersonal.

> **modelo**
>
> *Compre el lavaplatos Siglo XXI. Tiene todo lo que usted desea. Es el lavaplatos que mejor funciona. Venga a verlo ahora mismo… No pierda ni un minuto más. Se aceptan tarjetas de crédito.*

(12.3) The present subjunctive SUPERSITE

ANTE TODO   With the exception of commands, all the verb forms you have been using have been in the indicative mood. The indicative is used to state facts and to express actions or states that the speaker considers to be real and definite. In contrast, the subjunctive mood expresses the speaker's attitudes toward events, as well as actions or states the speaker views as uncertain or hypothetical.

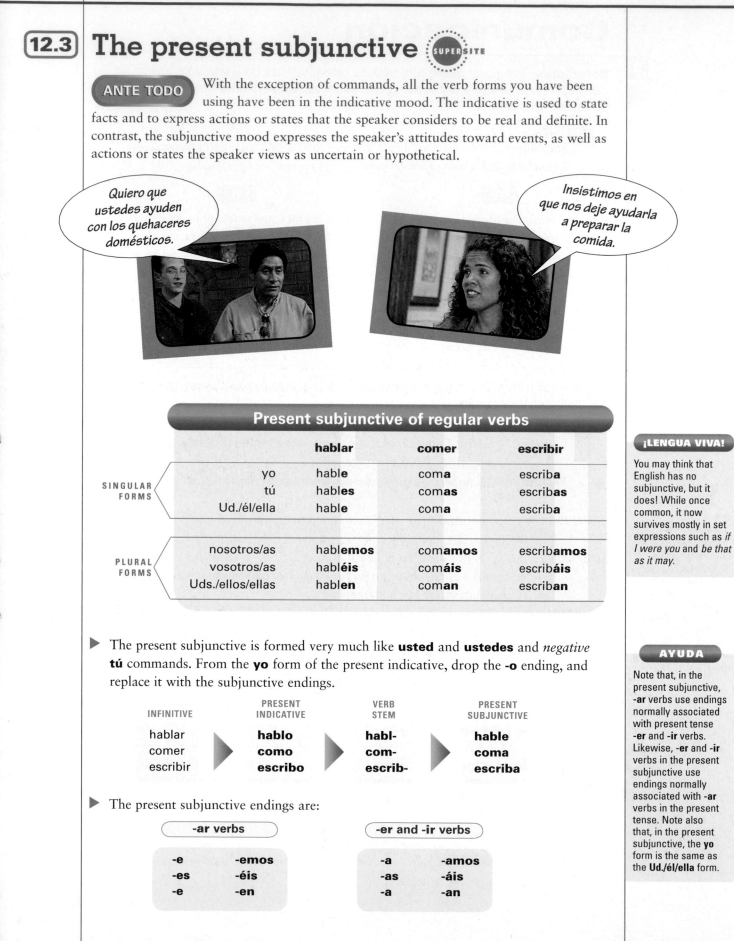

Quiero que ustedes ayuden con los quehaceres domésticos.

Insistimos en que nos deje ayudarla a preparar la comida.

Present subjunctive of regular verbs

		hablar	**comer**	**escribir**
SINGULAR FORMS	yo	habl**e**	com**a**	escrib**a**
	tú	habl**es**	com**as**	escrib**as**
	Ud./él/ella	habl**e**	com**a**	escrib**a**
PLURAL FORMS	nosotros/as	habl**emos**	com**amos**	escrib**amos**
	vosotros/as	habl**éis**	com**áis**	escrib**áis**
	Uds./ellos/ellas	habl**en**	com**an**	escrib**an**

▶ The present subjunctive is formed very much like **usted** and **ustedes** and *negative* **tú** commands. From the **yo** form of the present indicative, drop the **-o** ending, and replace it with the subjunctive endings.

INFINITIVE	PRESENT INDICATIVE	VERB STEM	PRESENT SUBJUNCTIVE
hablar	**hablo**	**habl-**	**hable**
comer	**como**	**com-**	**coma**
escribir	**escribo**	**escrib-**	**escriba**

▶ The present subjunctive endings are:

-ar verbs	
-e	-emos
-es	-éis
-e	-en

-er and -ir verbs	
-a	-amos
-as	-áis
-a	-an

▶ Verbs with irregular **yo** forms show the same irregularity in all forms of the present subjunctive.

Infinitive	Present indicative	Verb stem	Present subjunctive
conducir	conduzco	**conduzc-**	**conduzca**
conocer	conozco	**conozc-**	**conozca**
decir	digo	**dig-**	**diga**
hacer	hago	**hag-**	**haga**
ofrecer	ofrezco	**ofrezc-**	**ofrezca**
oír	oigo	**oig-**	**oiga**
parecer	parezco	**parezc-**	**parezca**
poner	pongo	**pong-**	**ponga**
tener	tengo	**teng-**	**tenga**
traducir	traduzco	**traduzc-**	**traduzca**
traer	traigo	**traig-**	**traiga**
venir	vengo	**veng-**	**venga**
ver	veo	**ve-**	**vea**

▶ To maintain the **-c, -g,** and **-z** sounds, verbs ending in **-car, -gar,** and **-zar** have a spelling change in all forms of the present subjunctive.

sacar:	sa**qu**e, sa**qu**es, sa**qu**e, sa**qu**emos, sa**qu**éis, sa**qu**en
jugar:	jue**gu**e, jue**gu**es, jue**gu**e, ju**gu**emos, ju**gu**éis, jue**gu**en
almorzar:	almuer**c**e, almuer**c**es, almuer**c**e, almor**c**emos, almor**c**éis, almuer**c**en

Present subjunctive of stem-changing verbs

AYUDA

Note that stem-changing verbs and verbs that have a spelling change have the same ending as regular verbs in the present subjunctive.

▶ **-Ar** and **-er** stem-changing verbs have the same stem changes in the subjunctive as they do in the present indicative.

pensar (e:ie):	p**ie**nse, p**ie**nses, p**ie**nse, pensemos, penséis, p**ie**nsen
mostrar (o:ue):	m**ue**stre, m**ue**stres, m**ue**stre, mostremos, mostréis, m**ue**stren
entender (e:ie):	ent**ie**nda, ent**ie**ndas, ent**ie**nda, entendamos, entendáis, ent**ie**ndan
volver (o:ue):	v**ue**lva, v**ue**lvas, v**ue**lva, volvamos, volváis, v**ue**lvan

▶ **-Ir** stem-changing verbs have the same stem changes in the subjunctive as they do in the present indicative, but in addition, the **nosotros/as** and **vosotros/as** forms undergo a stem change. The unstressed **e** changes to **i,** while the unstressed **o** changes to **u.**

pedir (e:i):	p**i**da, p**i**das, p**i**da, p**i**damos, p**i**dáis, p**i**dan
sentir (e:ie):	s**ie**nta, s**ie**ntas, s**ie**nta, s**i**ntamos, s**i**ntáis, s**ie**ntan
dormir (o:ue):	d**ue**rma, d**ue**rmas, d**ue**rma, d**u**rmamos, d**u**rmáis, d**ue**rman

Irregular verbs in the present subjunctive

▶ These five verbs are irregular in the present subjunctive.

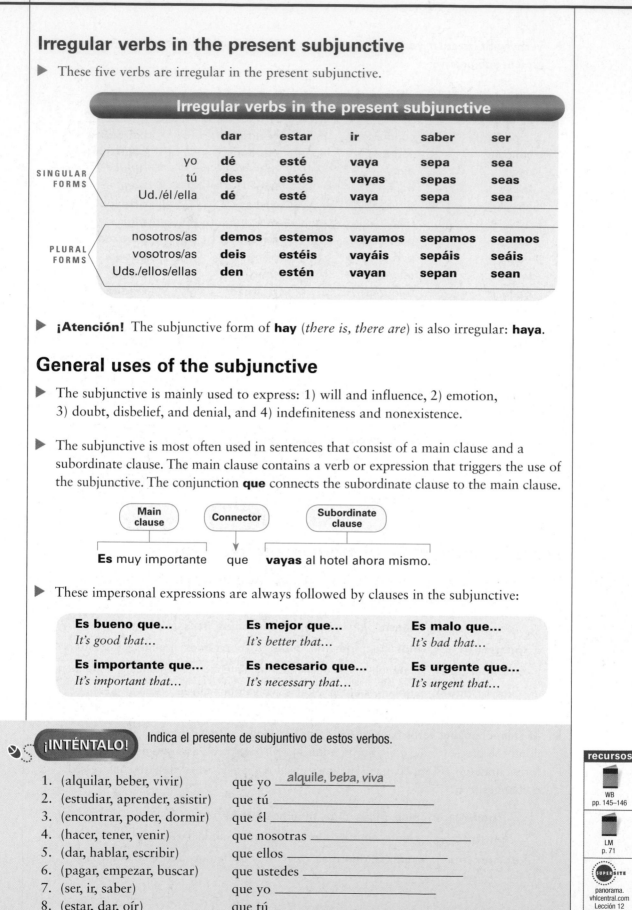

		dar	estar	ir	saber	ser
SINGULAR FORMS	yo	dé	esté	vaya	sepa	sea
	tú	des	estés	vayas	sepas	seas
	Ud./él/ella	dé	esté	vaya	sepa	sea
PLURAL FORMS	nosotros/as	demos	estemos	vayamos	sepamos	seamos
	vosotros/as	deis	estéis	vayáis	sepáis	seáis
	Uds./ellos/ellas	den	estén	vayan	sepan	sean

▶ **¡Atención!** The subjunctive form of **hay** (*there is, there are*) is also irregular: **haya**.

General uses of the subjunctive

▶ The subjunctive is mainly used to express: 1) will and influence, 2) emotion, 3) doubt, disbelief, and denial, and 4) indefiniteness and nonexistence.

▶ The subjunctive is most often used in sentences that consist of a main clause and a subordinate clause. The main clause contains a verb or expression that triggers the use of the subjunctive. The conjunction **que** connects the subordinate clause to the main clause.

Main clause	Connector	Subordinate clause
Es muy importante	que	**vayas** al hotel ahora mismo.

▶ These impersonal expressions are always followed by clauses in the subjunctive:

Es bueno que...	**Es mejor que...**	**Es malo que...**
It's good that...	*It's better that...*	*It's bad that...*
Es importante que...	**Es necesario que...**	**Es urgente que...**
It's important that...	*It's necessary that...*	*It's urgent that...*

¡INTÉNTALO!   Indica el presente de subjuntivo de estos verbos.

1. (alquilar, beber, vivir)   que yo <u>alquile, beba, viva</u>
2. (estudiar, aprender, asistir)   que tú _____
3. (encontrar, poder, dormir)   que él _____
4. (hacer, tener, venir)   que nosotras _____
5. (dar, hablar, escribir)   que ellos _____
6. (pagar, empezar, buscar)   que ustedes _____
7. (ser, ir, saber)   que yo _____
8. (estar, dar, oír)   que tú _____

Práctica SUPERSITE

1 **Completar** Completa las oraciones con el presente de subjuntivo de los verbos entre paréntesis. Luego empareja las oraciones del primer grupo con las del segundo grupo.

A

1. Es mejor que _____ en casa. (nosotros, cenar)
2. Es importante que _____ las casas colgantes de Cuenca. (tú, visitar)
3. Señora, es urgente que le _____ el diente. Tiene una infección. (yo, sacar)
4. Es malo que Ana les _____ tantos dulces a los niños. (dar)
5. Es necesario que _____ a la una de la tarde. (ustedes, llegar)
6. Es importante que _____ temprano. (nosotros, acostarse)

B

a. Es importante que _____ más verduras. (ellos, comer)
b. No, es mejor que _____ a comer. (nosotros, salir)
c. Y yo creo que es bueno que _____ a Madrid después. (yo, ir)
d. En mi opinión, no es necesario que _____ tanto. (nosotros, dormir)
e. ¿Ah, sí? ¿Es necesario que me _____ un antibiótico también? (yo, tomar)
f. Para llegar a tiempo, es necesario que _____ temprano. (nosotros, almorzar)

NOTA CULTURAL

Las casas colgantes (*hanging*) de Cuenca, España, son muy famosas. Situadas en un acantilado (*cliff*), forman parte del paisaje de la ciudad.

Comunicación

2 **Minidiálogos** En parejas, completen los minidiálogos con expresiones impersonales de una manera lógica.

> **modelo**
>
> **Miguelito:** Mamá, no quiero arreglar mi cuarto.
> **Sra. Casas:** Es necesario que lo arregles. Y es importante que sacudas los muebles también.

1. **MIGUELITO** Mamá, no quiero estudiar. Quiero salir a jugar con mis amigos.
   SRA. CASAS _____

2. **MIGUELITO** Mamá, es que no me gustan las verduras. Prefiero comer pasteles.
   SRA. CASAS _____

3. **MIGUELITO** ¿Tengo que poner la mesa, mamá?
   SRA. CASAS _____

4. **MIGUELITO** No me siento bien, mamá. Me duele todo el cuerpo y tengo fiebre.
   SRA. CASAS _____

3 **Entrevista** Trabajen en parejas. Entrevístense usando estas preguntas. Expliquen sus respuestas.

1. ¿Es importante que los niños ayuden con los quehaceres domésticos?
2. ¿Es urgente que los norteamericanos aprendan otras lenguas?
3. Si un(a) norteamericano/a quiere aprender francés, ¿es mejor que lo aprenda en Francia?
4. En su universidad, ¿es necesario que los estudiantes vivan en residencias estudiantiles?
5. ¿Es importante que todas las personas asistan a la universidad?

12.4 # Subjunctive with verbs of will and influence

ANTE TODO   You will now learn how to use the subjunctive with verbs and expressions of will and influence.

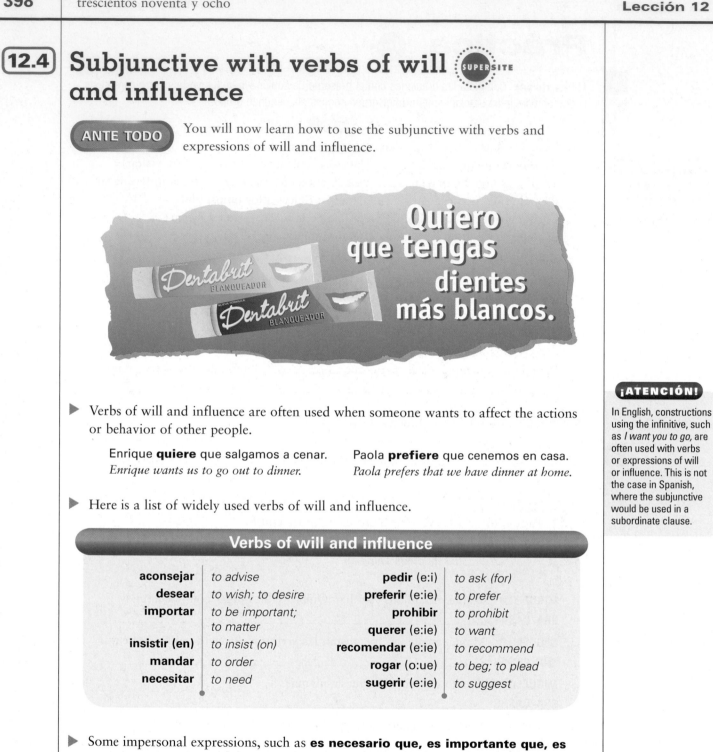

Quiero
que tengas
dientes
más blancos.

¡ATENCIÓN!

In English, constructions using the infinitive, such as *I want you to go*, are often used with verbs or expressions of will or influence. This is not the case in Spanish, where the subjunctive would be used in a subordinate clause.

▶ Verbs of will and influence are often used when someone wants to affect the actions or behavior of other people.

> Enrique **quiere** que salgamos a cenar.
> *Enrique wants us to go out to dinner.*

> Paola **prefiere** que cenemos en casa.
> *Paola prefers that we have dinner at home.*

▶ Here is a list of widely used verbs of will and influence.

Verbs of will and influence

aconsejar	to advise	**pedir** (e:i)	to ask (for)
desear	to wish; to desire	**preferir** (e:ie)	to prefer
importar	to be important; to matter	**prohibir**	to prohibit
		querer (e:ie)	to want
insistir (en)	to insist (on)	**recomendar** (e:ie)	to recommend
mandar	to order	**rogar** (o:ue)	to beg; to plead
necesitar	to need	**sugerir** (e:ie)	to suggest

▶ Some impersonal expressions, such as **es necesario que, es importante que, es mejor que,** and **es urgente que,** are considered expressions of will or influence.

▶ When the main clause contains an expression of will or influence, the subjunctive is required in the subordinate clause, provided that the two clauses have different subjects.

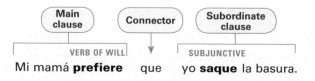

Main clause	Connector	Subordinate clause
VERB OF WILL	↓	SUBJUNCTIVE
Mi mamá **prefiere**	que	yo **saque** la basura.

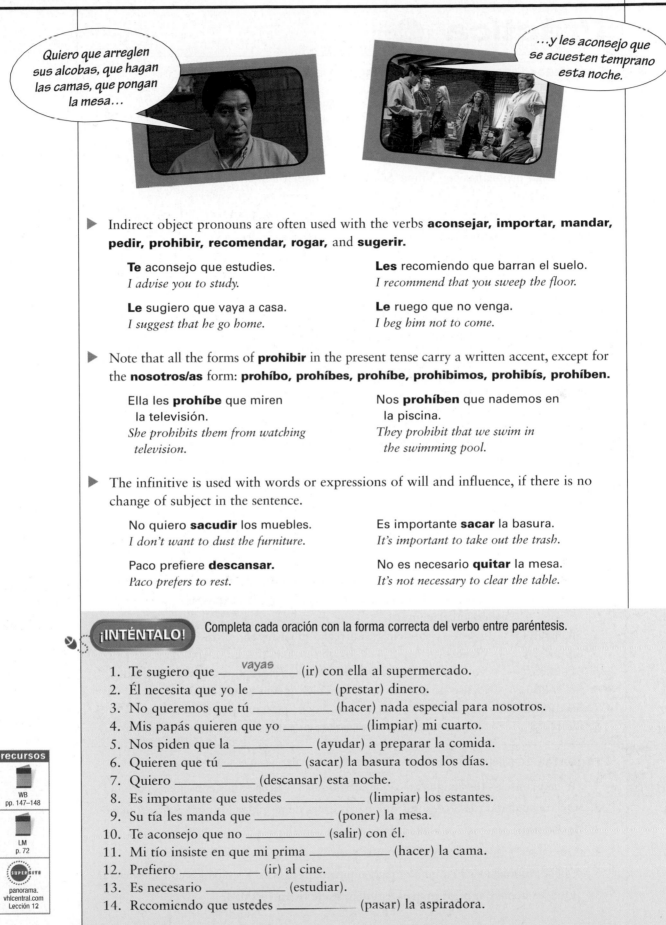

Quiero que arreglen sus alcobas, que hagan las camas, que pongan la mesa…

…y les aconsejo que se acuesten temprano esta noche.

▶ Indirect object pronouns are often used with the verbs **aconsejar, importar, mandar, pedir, prohibir, recomendar, rogar,** and **sugerir.**

Te aconsejo que estudies.
I advise you to study.

Le sugiero que vaya a casa.
I suggest that he go home.

Les recomiendo que barran el suelo.
I recommend that you sweep the floor.

Le ruego que no venga.
I beg him not to come.

▶ Note that all the forms of **prohibir** in the present tense carry a written accent, except for the **nosotros/as** form: **prohíbo, prohíbes, prohíbe, prohibimos, prohibís, prohíben.**

Ella les **prohíbe** que miren la televisión.
She prohibits them from watching television.

Nos **prohíben** que nademos en la piscina.
They prohibit that we swim in the swimming pool.

▶ The infinitive is used with words or expressions of will and influence, if there is no change of subject in the sentence.

No quiero **sacudir** los muebles.
I don't want to dust the furniture.

Paco prefiere **descansar.**
Paco prefers to rest.

Es importante **sacar** la basura.
It's important to take out the trash.

No es necesario **quitar** la mesa.
It's not necessary to clear the table.

¡INTÉNTALO!   Completa cada oración con la forma correcta del verbo entre paréntesis.

1. Te sugiero que _____vayas_____ (ir) con ella al supermercado.
2. Él necesita que yo le _____ (prestar) dinero.
3. No queremos que tú _____ (hacer) nada especial para nosotros.
4. Mis papás quieren que yo _____ (limpiar) mi cuarto.
5. Nos piden que la _____ (ayudar) a preparar la comida.
6. Quieren que tú _____ (sacar) la basura todos los días.
7. Quiero _____ (descansar) esta noche.
8. Es importante que ustedes _____ (limpiar) los estantes.
9. Su tía les manda que _____ (poner) la mesa.
10. Te aconsejo que no _____ (salir) con él.
11. Mi tío insiste en que mi prima _____ (hacer) la cama.
12. Prefiero _____ (ir) al cine.
13. Es necesario _____ (estudiar).
14. Recomiendo que ustedes _____ (pasar) la aspiradora.

recursos

WB
pp. 147–148

LM
p. 72

SUPERSITE
panorama.
vhlcentral.com
Lección 12

Práctica ⬤SUPERSITE

1 **Completar** Completa el diálogo con palabras de la lista.

cocina	haga	quiere	sea
comas	ponga	saber	ser
diga	prohíbe	sé	vaya

IRENE Tengo problemas con Vilma. Sé que debo hablar con ella. ¿Qué me recomiendas que le (1)_____?

JULIA Pues, necesito (2)_____ más antes de darte consejos.

IRENE Bueno, para empezar me (3)_____ que traiga dulces a la casa.

JULIA Pero chica, tiene razón. Es mejor que tú no (4)_____ cosas dulces.

IRENE Sí, ya lo sé. Pero quiero que (5)_____ más flexible. Además, insiste en que yo (6)_____ todo en la casa.

JULIA Yo (7)_____ que Vilma (8)_____ y hace los quehaceres todos los días.

IRENE Sí, pero siempre que hay fiesta me pide que (9)_____ los cubiertos y las copas en la mesa y que (10)_____ al sótano por las servilletas y los platos. ¡Es lo que más odio: ir al sótano!

JULIA Mujer, ¡Vilma sólo (11)_____ que ayudes en la casa!

2 **Aconsejar** En parejas, lean lo que dice cada persona. Luego den consejos lógicos usando verbos como **aconsejar, recomendar** y **prohibir**. Sus consejos deben ser diferentes de lo que la persona quiere hacer.

> **modelo**
> **Isabel:** Quiero conseguir un comedor con los muebles más caros del mundo.
> **Consejo:** *Te aconsejamos que consigas unos muebles menos caros.*

1. **DAVID** Pienso poner el cuadro del lago de Maracaibo en la cocina.
2. **SARA** Voy a ir a la gasolinera para comprar unas copas de cristal elegantes.
3. **SR. ALARCÓN** Insisto en comenzar a arreglar el jardín en marzo.
4. **SRA. VILLA** Quiero ver las tazas y los platos de la tienda El Ama de Casa Feliz.
5. **DOLORES** Voy a poner servilletas de tela (*cloth*) para los cuarenta invitados.
6. **SR. PARDO** Pienso poner todos mis muebles nuevos en el altillo.
7. **SRA. GONZÁLEZ** Hay una fiesta en casa esta noche pero no quiero limpiarla.
8. **CARLITOS** Hoy no tengo ganas de hacer las camas ni de quitar la mesa.

NOTA CULTURAL

En el **lago de Maracaibo,** en Venezuela, hay casas suspendidas sobre el agua que se llaman palafitos. Los palafitos son reminiscencias de Venecia, Italia, de donde viene el nombre "Venezuela", que significa "pequeña Venecia".

3 **Preguntas** En parejas, túrnense para contestar las preguntas. Usen el subjuntivo.

1. ¿Te dan consejos tus amigos/as? ¿Qué te aconsejan? ¿Aceptas sus consejos? ¿Por qué?
2. ¿Qué te sugieren tus profesores que hagas antes de terminar los cursos que tomas?
3. ¿Insisten tus amigos/as en que salgas mucho con ellos?
4. ¿Qué quieres que te regalen tu familia y tus amigos/as en tu cumpleaños?
5. ¿Qué le recomiendas tú a un(a) amigo/a que no quiere salir los sábados con su novio/a?
6. ¿Qué les aconsejas a los nuevos estudiantes de tu universidad?

Comunicación

4 **Inventar** En parejas, preparen una lista de seis personas famosas. Un(a) estudiante da el nombre de una persona famosa y el/la otro/a le da un consejo.

> **modelo**
>
> **Estudiante 1:** Judge Judy.
> **Estudiante 2:** Le recomiendo que sea más simpática con la gente.
> **Estudiante 2:** Orlando Bloom.
> **Estudiante 1:** Le aconsejo que haga más películas.

5 **Hablar** En parejas, miren la ilustración. Imaginen que Gerardo es su hermano y necesita ayuda para arreglar su casa y resolver sus problemas románticos y económicos. Usen expresiones impersonales y verbos como **aconsejar, sugerir** y **recomendar**.

> **modelo**
>
> Es mejor que arregles el apartamento más a menudo.
> Te aconsejo que no dejes para mañana lo que puedes hacer hoy.

Síntesis

6 **La doctora Salvamórez** Hernán tiene problemas con su novia y le escribe a la doctora Salvamórez, columnista del periódico *Panamá y su gente*. Ella responde a las cartas de personas con problemas románticos. En parejas, lean la carta de Hernán y después usen el subjuntivo para escribir los consejos de la doctora.

> Estimada doctora Salvamórez:
>
> Mi novia nunca quiere que yo salga de casa. No le molesta que vengan mis amigos a visitarme. Pero insiste en que nosotros sólo miremos los programas de televisión que ella quiere. Necesita saber dónde estoy en cada momento, y yo necesito que ella me dé un poco de independencia. ¿Qué hago?
>
> Hernán

Recapitulación

SUPERSITE   For self-scoring and diagnostics, go to **panorama.vhlcentral.com**.

Completa estas actividades para repasar los conceptos de gramática que aprendiste en esta lección.

1 **Completar** Completa el cuadro con la forma correspondiente del presente de subjuntivo. **12 pts.**

yo/él/ella	tú	nosotros/as	Uds./ellos/ellas
limpie			
	vengas		
		queramos	
			ofrezcan

2 **El apartamento ideal** Completa este folleto (*brochure*) informativo con las formas correctas del presente de subjuntivo. **8 pts.**

A los jóvenes que buscan su primera vivienda, les ofrecemos estos consejos:

■ Te sugiero que primero (tú) (1) _____ (escribir) una lista de las cosas que quieres en un apartamento.

■ Quiero que después (2) _____ (pensar) muy bien cuáles son tus prioridades. Es necesario que cada persona (3) _____ (tener) sus prioridades claras, porque el hogar (*home*) perfecto no existe.

■ Antes de decidir en qué área quieren vivir, les aconsejo a ti y a tu futuro/a compañero/a de apartamento que (4) _____ (salir) a ver la ciudad y que (5) _____ (conocer) los distintos barrios y las afueras.

■ Pidan que el agente les (6) _____ (mostrar) todas las partes de cada casa.

■ Finalmente, como consumidores, es importante que nosotros (7) _____ (saber) bien nuestros derechos (*rights*); por eso, deben insistir en que todos los puntos del contrato (8) _____ (estar) muy claros antes de firmarlo (*signing it*).

¡Buena suerte!

RESUMEN GRAMATICAL

12.1 **Relative pronouns** *pp. 386–387*

Relative pronouns	
que	*that; which; who*
quien(es)	*who; whom; that*
lo que	*that which; what*

12.2 **Formal commands** *pp. 390–391*

Formal commands (Ud. and Uds.)		
Infinitive	**Present tense yo form**	**Ud(s). command**
limpiar	limpio	limpie(n)
barrer	barro	barra(n)
sacudir	sacudo	sacuda(n)

▶ Verbs with stem changes or irregular **yo** forms maintain the same irregularity in the formal commands:

hacer: yo **hago** → **Hagan** la cama.

Irregular formal commands	
dar	**dé (Ud.); den (Uds.)**
estar	**esté(n)**
ir	**vaya(n)**
saber	**sepa(n)**
ser	**sea(n)**

12.3 **The present subjunctive** *pp. 394–396*

Present subjunctive of regular verbs		
hablar	**comer**	**escribir**
hable	coma	escriba
hables	comas	escribas
hable	coma	escriba
hablemos	comamos	escribamos
habléis	comáis	escribáis
hablen	coman	escriban

3 **Relativos** Completa las oraciones con **lo que**, **que** o **quien**. **8 pts.**

1. Me encanta la alfombra _____ está en el comedor.
2. Mi amiga Tere, con _____ trabajo, me regaló ese cuadro.
3. Todas las cosas _____ tenemos vienen de la casa de mis abuelos.
4. Hija, no compres más cosas. _____ debes hacer ahora es organizarlo todo.
5. La agencia de decoración de _____ le hablé se llama Casabella.
6. Esas flores las dejaron en la puerta mis nuevos vecinos, a _____ aún (*yet*) no conozco.
7. Leonor no compró nada, porque _____ le gustaba era muy caro.
8. Mi amigo Aldo, a _____ visité ayer, es un cocinero excelente.

Irregular verbs in the present subjunctive		
dar		dé, des, dé, demos, deis, den
estar	est- +	-é, -és, -é, -emos, -éis, -én
ir	vay- +	
saber	sep- +	-a, -as, -a, -amos, -áis, -an
ser	se- +	

12.4 **Subjunctive with verbs of will and influence**
pp. 398–399

▶ Verbs of will and influence: **aconsejar, desear, importar, insistir (en), mandar, necesitar, pedir (e:i), preferir (e:ie), prohibir, querer (e:ie), recomendar (e:ie), rogar (o:ue), sugerir (e:ie)**

4 **Preparando la casa** Martín y Ángela van a hacer un curso de verano en Costa Rica y una vecina va a cuidarles (*take care of*) la casa mientras ellos no están. Completa las instrucciones de la vecina con mandatos formales. Usa cada verbo una sola vez y agrega pronombres de objeto directo o indirecto si es necesario. **10 pts.**

arreglar	dejar	hacer	pedir	sacudir
barrer	ensuciar	limpiar	poner	tener

Primero, (1) _____ ustedes las maletas. Las cosas que no se llevan a Costa Rica, (2) _____ en el altillo. Ángela, (3) _____ las habitaciones y Martín, (4) _____ usted la cocina y el baño. Después, los dos (5) _____ el suelo y (6) _____ los muebles de toda la casa. Ángela, no (7) _____ sus joyas (*jewelry*) en el apartamento. (8) _____ cuidado ¡y (9) _____ nada antes de irse! Por último, (10) _____ a alguien que recoja (*pick up*) su correo.

5 **Los quehaceres** A tu compañero/a de cuarto no le gusta ayudar con los quehaceres. Escribe al menos seis oraciones dándole consejos para hacer los quehaceres más divertidos. **12 pts.**

> **modelo**
> *Pon música mientras lavas los platos....*

6 **El circo (*circus*)** Completa esta famosa frase que tiene su origen en el circo. **¡2 puntos EXTRA!**

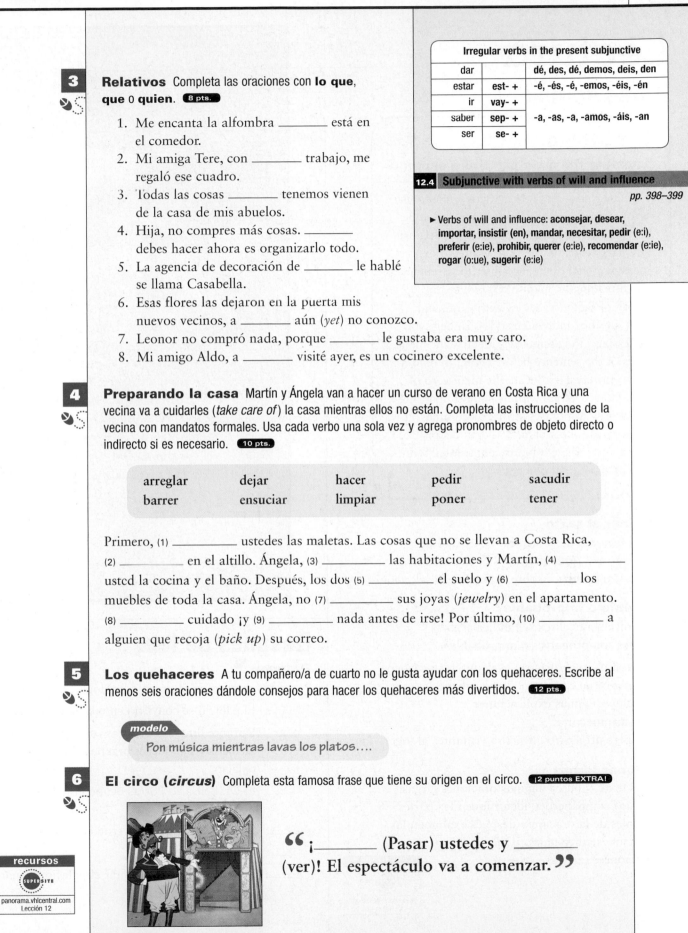

" ¡_____ (Pasar) ustedes y _____ (ver)! El espectáculo va a comenzar. "

Lectura

Antes de leer

Estrategia
Locating the main parts of a sentence

Did you know that a text written in Spanish is an average of 15% longer than the same text written in English? Because the Spanish language tends to use more words to express ideas, you will often encounter long sentences when reading in Spanish. Of course, the length of sentences varies with genre and with authors' individual styles. To help you understand long sentences, identify the main parts of the sentence before trying to read it in its entirety. First locate the main verb of the sentence, along with its subject, ignoring any words or phrases set off by commas. Then reread the sentence, adding details like direct and indirect objects, transitional words, and prepositional phrases.

Examinar el texto
Mira el formato de la lectura. ¿Qué tipo de documento es? ¿Qué cognados encuentras en la lectura? ¿Qué te dicen sobre el tema de la selección?

¿Probable o improbable?
Mira brevemente el texto e indica si estas oraciones son probables o improbables.

1. Este folleto (*brochure*) es de interés turístico.
2. Describe un edificio moderno cubano.
3. Incluye algunas explicaciones de arquitectura.
4. Espera atraer (*to attract*) a visitantes al lugar.

Oraciones largas
Mira el texto y busca algunas oraciones largas. Con un(a) compañero/a, identifiquen las partes principales de la oración y después examinen las descripciones adicionales. ¿Qué significan las oraciones?

Bienvenidos al Palacio de Las Garzas

El palacio está abierto de martes a domingo. Para más información, llame al teléfono 507-226-7000. También puede solicitar° un folleto a la casilla° 3467, Ciudad de Panamá, Panamá.

Después de leer

Ordenar
Pon estos eventos en el orden cronológico adecuado.

_____ El palacio se convirtió en residencia presidencial.

_____ Durante diferentes épocas (*time periods*), maestros, médicos y banqueros practicaron su profesión en el palacio.

_____ El Dr. Belisario Porras ocupó el palacio por primera vez.

_____ Los españoles construyeron el palacio.

_____ Se renovó el palacio.

_____ Los turistas pueden visitar el palacio de martes a domingo.

El Palacio de Las Garzas° es la residencia oficial del Presidente de Panamá desde 1903. Fue construido en 1673 para ser la casa de un gobernador español. Con el paso de los años fue almacén, escuela, hospital, aduana, banco y por último, palacio presidencial.

En la actualidad el edificio tiene tres pisos, pero los planos originales muestran una construcción de un piso con un gran patio en el centro. La restauración del palacio comenzó en el año 1922 y los trabajos fueron realizados por el arquitecto Villanueva-Myers y el pintor Roberto Lewis. El palacio, un monumento al estilo colonial, todavía conserva su elegancia y buen gusto, y es una de las principales atracciones turísticas del barrio Casco Viejo°.

Planta baja

EL PATIO DE LAS GARZAS

Una antigua puerta de hierro° recibe a los visitantes. El patio interior todavía conserva los elementos originales de la construcción: piso de mármol°, columnas cubiertas° de nácar° y una magnífica fuente° de agua en el centro. Aquí están las nueve garzas que le dan el nombre al palacio y que representan las nueve provincias de Panamá.

Primer piso

EL SALÓN AMARILLO

Aquí el turista puede visitar una galería de cuarenta y un retratos° de gobernadores y personajes ilustres de Panamá. La principal atracción de este salón es el sillón presidencial, que se usa especialmente cuando hay cambio de presidente. Otros atractivos de esta área son el comedor de Los Tamarindos, que se destaca° por la elegancia de sus muebles y sus lámparas de cristal, y el patio andaluz, con sus coloridos mosaicos que representan la unión de la cultura indígena y la española.

EL SALÓN DR. BELISARIO PORRAS

Este elegante y majestuoso salón es uno de los lugares más importantes del Palacio de Las Garzas. Lleva su nombre en honor al Dr. Belisario Porras, quien fue tres veces presidente de Panamá (1912–1916, 1918–1920 y 1920–1924).

Segundo piso

Es el área residencial del palacio y el visitante no tiene acceso a ella. Los armarios, las cómodas y los espejos de la alcoba fueron comprados en Italia y Francia por el presidente Porras, mientras que las alfombras, cortinas y frazadas° son originarias de España.

solicitar *request* casilla *post office box* Garzas *Herons* Casco Viejo *Old Quarter* hierro *iron* mármol *marble* cubiertas *covered* nácar *mother-of-pearl* fuente *fountain* retratos *portraits* se destaca *stands out* frazadas *blankets*

Preguntas

Contesta las preguntas.

1. ¿Qué sala es notable por sus muebles elegantes y sus lámparas de cristal?
2. ¿En qué parte del palacio se encuentra la residencia del presidente?
3. ¿Dónde empiezan los turistas su visita al palacio?
4. ¿En qué lugar se representa artísticamente la rica herencia cultural de Panamá?
5. ¿Qué salón honra la memoria de un gran panameño?
6. ¿Qué partes del palacio te gustaría (*would you like*) más visitar? ¿Por qué? Explica tu respuesta.

Conversación

En grupos de tres o cuatro estudiantes, hablen sobre lo siguiente:

1. ¿Qué tiene en común el Palacio de Las Garzas con otras residencias presidenciales u otras casas muy grandes?
2. ¿Te gustaría vivir en el Palacio de Las Garzas? ¿Por qué?
3. Imagina que puedes diseñar tu palacio ideal. Describe los planos para cada piso del palacio.

Escritura

Estrategia
Using linking words

You can make your writing sound more sophisticated by using linking words to connect simple sentences or ideas and create more complex sentences. Consider these passages, which illustrate this effect:

Without linking words

En la actualidad el edificio tiene tres pisos. Los planos originales muestran una construcción de un piso con un gran patio en el centro. La restauración del palacio comenzó en el año 1922. Los trabajos fueron realizados por el arquitecto Villanueva-Myers y el pintor Roberto Lewis.

With linking words

En la actualidad el edificio tiene tres pisos, pero los planos originales muestran una construcción de un piso con un gran patio en el centro. La restauración del palacio comenzó en el año 1922 y los trabajos fueron realizados por el arquitecto Villanueva-Myers y el pintor Roberto Lewis.

Linking words

cuando	*when*
mientras	*while*
o	*or*
pero	*but*
porque	*because*
pues	*since*
que	*that; who; which*
quien	*who*
sino	*but (rather)*
y	*and*

Tema

Escribir un contrato de arrendamiento°

Eres el/la administrador(a)° de un edificio de apartamentos. Prepara un contrato de arrendamiento para los nuevos inquilinos°. El contrato debe incluir estos detalles:

▶ la dirección° del apartamento y del/de la administrador(a)

▶ las fechas del contrato

▶ el precio del alquiler y el día que se debe pagar

▶ el precio del depósito

▶ información y reglas° acerca de:
  la basura
  el correo
  los animales domésticos
  el ruido°
  los servicios de electricidad y agua
  el uso de electrodomésticos

▶ otros aspectos importantes de la vida comunitaria

contrato de arrendamiento *lease*   administrador(a) *manager*   inquilinos *tenants*
dirección *address*   reglas *rules*   ruido *noise*

Escuchar

Estrategia
Using visual cues

Visual cues like illustrations and headings provide useful clues about what you will hear.

To practice this strategy, you will listen to a passage related to the following photo. Jot down the clues the photo gives you as you listen.

Preparación

Mira el dibujo. ¿Qué pistas te da para comprender la conversación que vas a escuchar? ¿Qué significa *bienes raíces*?

Ahora escucha

Mira los anuncios de esta página y escucha la conversación entre el señor Núñez, Adriana y Felipe. Luego indica si cada descripción se refiere a la casa ideal de Adriana y Felipe, a la casa del anuncio o al apartamento del anuncio.

Frases	La casa ideal	La casa del anuncio	El apartamento del anuncio
Es barato.	____	____	____
Tiene cuatro alcobas.	____	____	____
Tiene una oficina.	____	____	____
Tiene un balcón.	____	____	____
Tiene una cocina moderna.	____	____	____
Tiene un jardín muy grande.	____	____	____
Tiene un patio.	____	____	____

18G

Bienes raíces

Se vende.
4 alcobas, 3 baños, cocina moderna, jardín con árboles frutales.
B/. 225.000

Se alquila.
2 alcobas, 1 baño. Balcón.
Urbanización Las Brisas. B/. 525

Comprensión

Preguntas

1. ¿Cuál es la relación entre el señor Núñez, Adriana y Felipe? ¿Cómo lo sabes?

2. ¿Qué diferencia de opinión hay entre Adriana y Felipe sobre dónde quieren vivir?

3. Usa la información de los dibujos y la conversación para entender lo que dice Adriana al final. ¿Qué significa "todo a su debido tiempo"?

Conversación En parejas, túrnense para hacer y responder a las preguntas.

1. ¿Qué tienen en común el apartamento y la casa del anuncio con el lugar donde tú vives?
2. ¿Qué piensas de la recomendación del señor Núñez?
3. ¿Qué tipo de sugerencias te da tu familia sobre dónde vivir?
4. ¿Dónde prefieres vivir tú, en un apartamento o en una casa? Explica por qué.

En pantalla

En los países hispanos el costo del servicio de electricidad y de los electrodomésticos es muy caro. Es por esto que no es muy común tener muchos electrodomésticos. Por ejemplo, en los lugares donde hace mucho calor, mucha gente no tiene aire acondicionado°; utiliza los ventiladores°, que usan menos electricidad. Muchas personas lavan los platos a mano o barren el suelo en vez de usar un lavaplatos o una aspiradora.

Vocabulario útil	
fabrica	*manufactures*
lavavajillas	lavaplatos
aislante	*insulation*
campanas	*hoods*

Identificar

Indica lo que veas en el anuncio.

_____ 1. llaves
_____ 2. sofá
_____ 3. puerta
_____ 4. oficina
_____ 5. bebé (*baby*)
_____ 6. calle
_____ 7. despertador
_____ 8. altillo

El apartamento

Trabajen en grupos pequeños. Imaginen que terminaron la universidad, consiguieron el trabajo (*job*) de sus sueños (*dreams*) y comparten un apartamento en el centro de una gran ciudad. Describan el apartamento, los muebles y los electrodomésticos y digan qué quehaceres hace cada quien.

aire acondicionado *air conditioning* **ventiladores** *fans*
se agradece *it's appreciated*

Anuncio de Balay

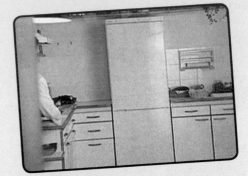

Sabemos lo mucho que se agradece°...

...en algunos momentos...

...un poco de silencio.

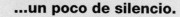

SUPERSITE **Conexión Internet**

Go to **panorama.vhlcentral.com** to watch the TV clip featured in this **En pantalla** section.

Oye cómo va

Rubén Blades

Rubén Blades es uno de los vocalistas con más éxito° en la historia de la música panameña. En 1974 se graduó en Derecho° en la Universidad Nacional de Panamá y diez años más tarde hizo un máster de Derecho en la Universidad de Harvard. Ha sido compositor, cantante y también actor de cine. Ha grabado° más de veinte álbumes y ha actuado° en más de treinta películas. En sus canciones expresa su amor por la literatura y la política. En el año 2000 fue nombrado° embajador mundial° contra° el racismo por las Naciones Unidas. Desde el año 2004 es ministro del Instituto Panameño de Turismo.

Tu profesor(a) va a poner la canción en la clase. Escúchala y completa las actividades.

Completar

Completa las oraciones con la opción correcta.

1. En _____, Rubén Blades se graduó en Derecho.
   a. 1979   b. 1974   c. 1971
2. Le interesan la literatura y _____.
   a. la política   b. los deportes   c. la tecnología
3. Desde _____ es ministro de Turismo de Panamá.
   a. 2002   b. 2003   c. 2004
4. Trabajó en la película _____.
   a. *Brick*   b. *Spin*   c. *Elf*

Preguntas

En parejas, respondan a las preguntas.

1. ¿Esta canción tiene un mensaje positivo o negativo? ¿Cómo lo saben?
2. ¿Qué actitud creen que se debe tomar al final de una etapa (*phase*) o en una despedida importante?
3. ¿Cuáles son las seis cosas más importantes que se van a llevar con ustedes cuando se gradúen?

La canción del final del mundo

Prepárense ciudadanos°:
se acabó lo que se daba°;
a darse el último trago°.
No se me pueden quejar;
el *show* fue bueno y barato.
Ante el dolor, buen humor es esencial.
Por eso saca a tu pareja y ponte a bailar
la canción del final del mundo°;
la canción del final del mundo.

Rubén Blades en el cine

Una de las facetas artísticas de Rubén Blades es la de actor de cine y televisión en varios países. Algunas de las películas en las que ha participado° son *All the Pretty Horses* (2000), *Once Upon a Time in Mexico* (2003, véase la foto), *Imagining Argentina* (2003) y *Spin* (2005), entre muchas otras.

éxito *success* Derecho *Law* Ha grabado *He has recorded* ha actuado *he has acted* nombrado *appointed* embajador mundial *world ambassador* contra *against* ciudadanos *citizens* se acabó lo que se daba *what was being given has come to an end* trago *sip* mundo *world* ha participado *has taken part*

SUPERSITE Conexión Internet

Go to **panorama.vhlcentral.com** to learn more about the artist featured in this **Oye cómo va** section.

Panamá

El país en cifras

▶ **Área:** 78.200 km² (30.193 millas²), *aproximadamente el área de Carolina del Sur*

▶ **Población:** 3.509.000

▶ **Capital:** La Ciudad de Panamá —1.379.000

▶ **Ciudades principales:** Colón, David

SOURCE: Population Division, UN Secretariat

▶ **Moneda:** balboa; Es equivalente al dólar estadounidense.

En Panamá circulan los billetes de dólar estadounidense. El país centroamericano, sin embargo, acuña° sus propias monedas. "El peso" es una moneda grande equivalente a cincuenta centavos°. La moneda de cinco centavos es llamada frecuentemente "real".

▶ **Idiomas:** español (oficial), chibcha, inglés
La mayoría de los panameños es bilingüe. La lengua materna del 14% de los panameños es el inglés.

Bandera de Panamá

Panameños célebres

▶ **Rod Carew,** beisbolista (1945–)

▶ **Mireya Moscoso,** política (1947–)

▶ **Rubén Blades,** músico y político (1948–)

acuña *mints* centavos *cents*
Actualmente *Currently*
peaje *toll* promedio *average*

recursos

| WB pp. 149–150 | VM pp. 251–252 | SUPERSITE panorama.vhlcentral.com Lección 12 |

Un turista disfruta del bosque tropical colgado de un cable.

Mujer kuna lavando una mola

Lago Gatún
COSTA RICA
Canal de Panamá
Islas San Blas
Bocas del Toro
Mar Caribe
Colón
Cordillera de San Blas
Río Chepo
Serranía de Tabasará
Ciudad de Panamá
David
Río Cobre
Isla del Rey
Océano Pacífico
Golfo de Panamá
Isla de Coiba

ESTADOS UNIDOS
OCÉANO ATLÁNTICO
PANAMÁ
AMÉRICA DEL SUR

Ruinas de un fuerte panameño

¡Increíble pero cierto!

¿Conocías estos datos sobre el Canal de Panamá?

• Gracias al Canal de Panamá, el viaje en barco de Nueva York a Tokio es 3.000 millas más corto.

• Su construcción costó 639 millones de dólares.

• Actualmente° lo usan 38 barcos al día.

• El peaje° promedio° cuesta 40.000 dólares.

Tokio
Nueva York
PANAMÁ

Lugares • El Canal de Panamá

El Canal de Panamá conecta el océano Pacífico con el océano Atlántico. La construcción de este cauce° artificial empezó en 1903 y concluyó diez años después. Es la fuente° principal de ingresos° del país, gracias al dinero que aportan los más de 12.000 buques° que transitan anualmente por esta ruta.

Artes • La mola

La mola es una forma de arte textil de los kunas, una tribu indígena que vive en las islas San Blas. Esta pieza artesanal se confecciona con fragmentos de tela° de colores vivos. Algunos de sus diseños son abstractos, inspirados en las formas del coral, y otros son geométricos, como en las molas más tradicionales. Antiguamente, estos tejidos se usaban como ropa, pero hoy día también sirven para decorar las casas.

Naturaleza • El mar

Panamá, cuyo° nombre significa "lugar de muchos peces°", es un país muy frecuentado por los aficionados del buceo y la pesca. El territorio panameño cuenta con una gran variedad de playas en los dos lados del istmo°, con el mar Caribe a un lado y el océano Pacífico al otro. Algunas de las zonas costeras de esta nación están destinadas al turismo y otras son protegidas por la diversidad de su fauna marina, en la que abundan los arrecifes° de coral. En la playa Bluff, por ejemplo, se pueden observar cuatro especies de tortugas° en peligro° de extinción.

COLOMBIA

Vista de la Ciudad de Panamá

¿Qué aprendiste? Responde a cada pregunta con una oración completa.

1. ¿Cuál es la lengua materna del catorce por ciento de los panameños?

2. ¿A qué unidad monetaria (*monetary unit*) es equivalente el balboa?

3. ¿Qué océanos une el Canal de Panamá?

4. ¿Quién es Rod Carew?

5. ¿Qué son las molas?

6. ¿Cómo son los diseños de las molas?

7. ¿Para qué se usaban las molas antes?

8. ¿Cómo son las playas de Panamá?

9. ¿Qué significa "Panamá"?

Conexión Internet Investiga estos temas en **panorama.vhlcentral.com**.

1. Investiga la historia de las relaciones entre Panamá y los Estados Unidos y la decisión de devolver (*give back*) el Canal de Panamá. ¿Estás de acuerdo con la decisión? Explica tu opinión.

2. Investiga sobre los kunas u otro grupo indígena de Panamá. ¿En qué partes del país viven? ¿Qué lenguas hablan? ¿Cómo es su cultura?

---

cauce *channel*   **fuente** *source*   **ingresos** *income*   **buques** *ships*   **tela** *fabric*   **cuyo** *whose*   **peces** *fish*   **istmo** *isthmus*
arrecifes *reefs*   **tortugas** *turtles*   **peligro** *danger*

El Salvador

El país en cifras

▸ **Área:** 21.040 km² (8.124 millas²),
el tamaño° de Massachusetts

▸ **Población:** 7.461.000

El Salvador es el país centroamericano más pequeño y el más densamente° poblado. Su población, al igual que la de Honduras, es muy homogénea: casi el 95 por ciento de la población es mestiza.

▸ **Capital:** San Salvador—1.662.000

▸ **Ciudades principales:** Soyapango, Santa Ana, San Miguel, Mejicanos

SOURCE: Population Division, UN Secretariat

▸ **Moneda:** dólar estadounidense

▸ **Idiomas:** español (oficial), náhuatl, lenca

Bandera de El Salvador

Salvadoreños célebres

▸ **Óscar Romero,** arzobispo° y activista por los derechos humanos° (1917–1980)

▸ **Claribel Alegría,** poeta, novelista y cuentista (1924–)

▸ **Roque Dalton,** poeta, ensayista y novelista (1935–1975)

▸ **María Eugenia Brizuela,** política (1956–)

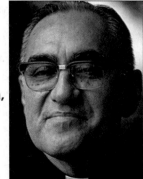

Óscar Romero

tamaño *size* densamente *densely* arzobispo *archbishop* derechos humanos *human rights* laguna *lagoon* sirena *mermaid*

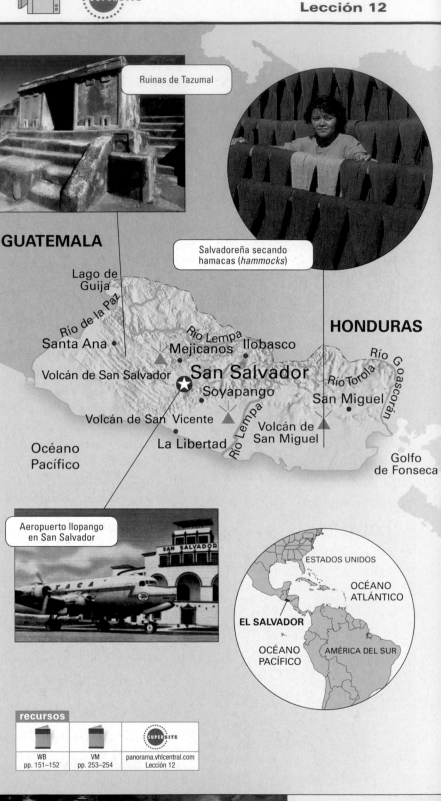

Ruinas de Tazumal

Salvadoreña secando hamacas (*hammocks*)

GUATEMALA

Lago de Guija

Río de la Paz

Santa Ana

Río Lempa

Mejicanos

Ilobasco

HONDURAS

Volcán de San Salvador

San Salvador

Río Torola

Río Goascorán

Soyapango

San Miguel

Volcán de San Vicente

Río Lempa

Volcán de San Miguel

Océano Pacífico

La Libertad

Golfo de Fonseca

Aeropuerto Ilopango en San Salvador

ESTADOS UNIDOS

OCÉANO ATLÁNTICO

EL SALVADOR

OCÉANO PACÍFICO

AMÉRICA DEL SUR

recursos

WB pp. 151–152

VM pp. 253–254

panorama.vhlcentral.com Lección 12

¡Increíble pero cierto!

El rico folklore salvadoreño se basa sobre todo en sus extraordinarios recursos naturales. Por ejemplo, según una leyenda, las muertes que se producen en la laguna° de Alegría tienen su explicación en la existencia de una sirena° solitaria que vive en el lago y captura a los jóvenes atractivos.

Deportes • El surfing

El Salvador es uno de los destinos favoritos en Latinoamérica para la práctica del surfing. Cuenta con 300 kilómetros de costa a lo largo del océano Pacífico y sus olas° altas son ideales para quienes practican este deporte. De sus playas, La Libertad es la más visitada por surfistas de todo el mundo, gracias a que está muy cerca de la capital salvadoreña. Sin embargo°, los fines de semana muchos visitantes prefieren viajar a la Costa del Bálsamo, donde se concentra menos gente.

Naturaleza • El Parque Nacional Montecristo

El Parque Nacional Montecristo se encuentra en la región norte del país. Se le conoce también como El Trifinio porque se ubica° en el punto donde se unen° Guatemala, Honduras y El Salvador. En este bosque hay muchas especies vegetales y animales, como orquídeas, monos araña°, pumas, quetzales y tucanes. Además, las copas de sus enormes árboles forman una bóveda° que impide° el paso de la luz solar. Este espacio natural se encuentra a una altitud de 2.400 metros (7.900 pies) sobre el nivel del mar y recibe 200 centímetros (80 pulgadas°) de lluvia al año.

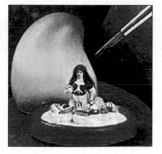

Artes • La artesanía de Ilobasco

Ilobasco es un pueblo conocido por sus artesanías°. En él se elaboran objetos con arcilla° y cerámica pintada a mano, como juguetes°, adornos° y utensilios de cocina. Además, son famosas sus "sorpresas", que son pequeñas piezas° de cerámica en cuyo interior se representan escenas de la vida diaria. Los turistas realizan excursiones para conocer paso a paso° la fabricación de estos productos.

¿Qué aprendiste? Responde a cada pregunta con una oración completa.

1. ¿Qué tienen en común las poblaciones de El Salvador y Honduras?

2. ¿Qué es el náhuatl?

3. ¿Quién es María Eugenia Brizuela?

4. Hay muchos lugares ideales para el surfing en El Salvador. ¿Por qué?

5. ¿A qué altitud se encuentra el Parque Nacional Montecristo?

6. ¿Cuáles son algunos de los animales y las plantas que viven en este parque?

7. ¿Por qué al Parque Nacional Montecristo se le llama también El Trifinio?

8. ¿Por qué es famoso el pueblo de Ilobasco?

9. ¿Qué se puede ver en un viaje a Ilobasco?

10. ¿Qué son las "sorpresas" de Ilobasco?

Conexión Internet Investiga estos temas en **panorama.vhlcentral.com**.

1. El Parque Nacional Montecristo es una reserva natural; busca información sobre otros parques o zonas protegidas en El Salvador. ¿Cómo son estos lugares? ¿Qué tipos de plantas y animales se encuentran allí?

2. Busca información sobre museos u otros lugares turísticos en San Salvador (u otra ciudad de El Salvador).

olas *waves* Sin embargo *However* se ubica *it is located* se unen *come together* monos araña *spider monkeys* bóveda *canopy* impide *blocks* pulgadas *inches* artesanías *crafts* arcilla *clay* juguetes *toys* adornos *ornaments* piezas *pieces* paso a paso *step by step*

Las viviendas

las afueras	suburbs; outskirts
el alquiler	rent (payment)
el ama (m., f.) de casa	housekeeper; caretaker
el barrio	neighborhood
el edificio de apartamentos	apartment building
el/la vecino/a	neighbor
la vivienda	housing
alquilar	to rent
mudarse	to move (from one house to another)

Los cuartos y otros lugares

el altillo	attic
el balcón	balcony
la cocina	kitchen
el comedor	dining room
el dormitorio	bedroom
la entrada	entrance
la escalera	stairs; stairway
el garaje	garage
el jardín	garden; yard
la oficina	office
el pasillo	hallway
el patio	patio; yard
la sala	living room
el sótano	basement; cellar

Los muebles y otras cosas

la alfombra	carpet; rug
la almohada	pillow
el armario	closet
el cartel	poster
la cómoda	chest of drawers
las cortinas	curtains
el cuadro	picture
el estante	bookcase; bookshelves
la lámpara	lamp
la luz	light; electricity
la manta	blanket
la mesita	end table
la mesita de noche	night stand
los muebles	furniture
la pared	wall
la pintura	painting; picture
el sillón	armchair
el sofá	couch; sofa

Los electrodomésticos

la cafetera	coffee maker
la cocina, la estufa	stove
el congelador	freezer
el electrodoméstico	electric appliance
el horno (de microondas)	(microwave) oven
la lavadora	washing machine
el lavaplatos	dishwasher
el refrigerador	refrigerator
la secadora	clothes dryer
la tostadora	toaster

La mesa

la copa	wineglass; goblet
la cuchara	(table or large) spoon
el cuchillo	knife
el plato	plate
la servilleta	napkin
la taza	cup
el tenedor	fork
el vaso	glass

Los quehaceres domésticos

arreglar	to neaten; to straighten up
barrer el suelo	to sweep the floor
cocinar	to cook
ensuciar	to get (something) dirty
hacer la cama	to make the bed
hacer quehaceres domésticos	to do household chores
lavar (el suelo, los platos)	to wash (the floor, the dishes)
limpiar la casa	to clean the house
pasar la aspiradora	to vacuum
planchar la ropa	to iron the clothes
poner la mesa	to set the table
quitar la mesa	to clear the table
quitar el polvo	to dust
sacar la basura	to take out the trash
sacudir los muebles	to dust the furniture

Verbos y expresiones verbales

aconsejar	to advise
insistir (en)	to insist (on)
mandar	to order
recomendar (e:ie)	to recommend
rogar (o:ue)	to beg; to plead
sugerir (e:ie)	to suggest
Es bueno que…	It's good that…
Es importante que…	It's important that…
Es malo que…	It's bad that…
Es mejor que…	It's better that…
Es necesario que…	It's necessary that…
Es urgente que…	It's urgent that…

Expresiones útiles	See page 381.
Relative pronouns	See page 386.

La naturaleza

13

Communicative Goals

You will learn how to:

- **Talk about and discuss the environment**
- **Express your beliefs and opinions about issues**

A PRIMERA VISTA
- ¿Son estas personas excursionistas?
- ¿Es importante que usen zapatos deportivos?
- ¿Se llevan bien o mal?
- ¿Se divierten o no?

La naturaleza

Más vocabulario

el animal	animal
el bosque (tropical)	(tropical; rain) forest
el desierto	desert
la naturaleza	nature
la planta	plant
la selva, la jungla	jungle
la tierra	land; soil
el cielo	sky
la estrella	star
la luna	moon
la conservación	conservation
la contaminación (del aire; del agua)	(air; water) pollution
la deforestación	deforestation
la ecología	ecology
el ecoturismo	ecotourism
la energía (nuclear; solar)	(nuclear; solar) energy
la extinción	extinction
la lluvia (ácida)	(acid) rain
el medio ambiente	environment
el peligro	danger
el recurso natural	natural resource
la solución	solution
el gobierno	government
la ley	law
la población	population
puro/a	pure

Variación léxica

hierba ⟷ pasto (*Perú*); grama (*Venez., Col.*); zacate (*Méx.*)

el ave, el pájaro

el cráter

el volcán

el pez

la vaca

el árbol

la hierba

el perro

el gato

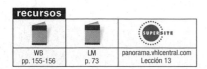

la nube

el sol

el valle

el sendero

el lago

la piedra

el río

la flor

Práctica SUPERSITE

1

Escuchar Mientras escuchas estas oraciones, anota los sustantivos (*nouns*) que se refieren a las plantas, los animales, la tierra y el cielo.

Plantas	Animales	Tierra	Cielo
_____	_____	_____	_____
_____	_____	_____	_____
_____	_____	_____	_____

2

¿Cierto o falso? Escucha las oraciones e indica si lo que dice cada una es **cierto** o **falso**, según el dibujo.

1. _____   4. _____
2. _____   5. _____
3. _____   6. _____

3

Seleccionar Selecciona la palabra que no está relacionada.

1. estrella • gobierno • luna • sol
2. lago • río • mar • peligro
3. vaca • gato • pájaro • población
4. cielo • cráter • aire • nube
5. desierto • solución • selva • bosque
6. flor • hierba • sendero • árbol

4

Definir Trabaja con un(a) compañero/a para definir o describir cada palabra. Sigue el modelo.

> **modelo**
>
> **Estudiante 1:** ¿Qué es el cielo?
> **Estudiante 2:** El cielo está sobre la tierra y tiene nubes.

1. la población   4. la naturaleza   7. la ecología
2. un valle   5. un desierto   8. un sendero
3. la lluvia   6. la extinción

5

Describir Trabajen en parejas para describir estas fotos.

SUPERSITE

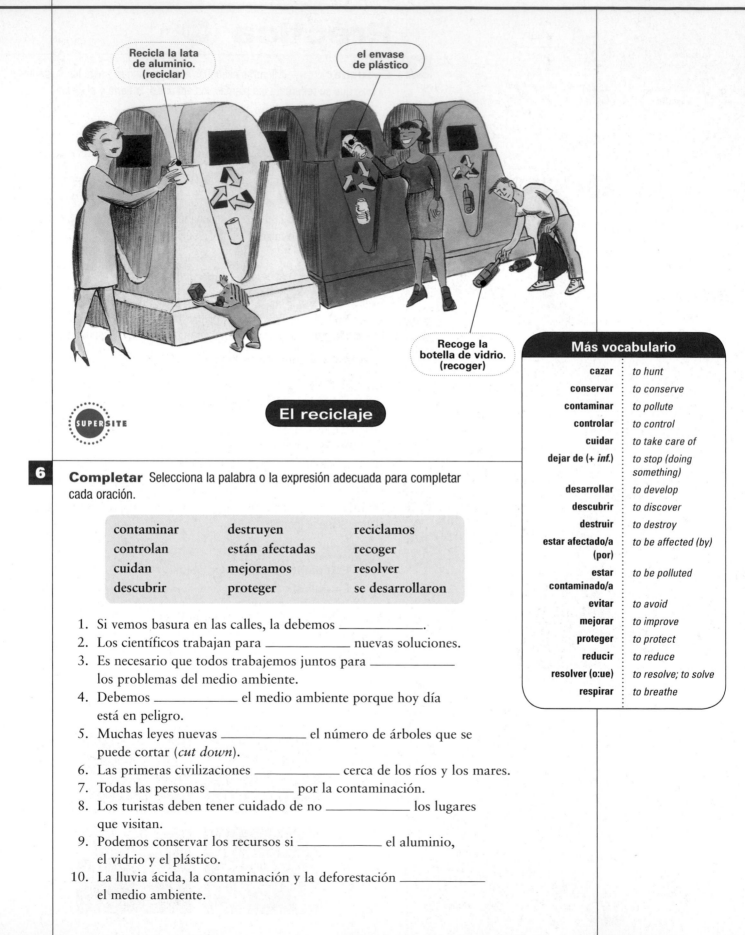

Recicla la lata
de aluminio.
(reciclar)

el envase
de plástico

Recoge la
botella de vidrio.
(recoger)

SUPERSITE

El reciclaje

Más vocabulario

cazar	*to hunt*
conservar	*to conserve*
contaminar	*to pollute*
controlar	*to control*
cuidar	*to take care of*
dejar de (+ *inf.*)	*to stop (doing something)*
desarrollar	*to develop*
descubrir	*to discover*
destruir	*to destroy*
estar afectado/a (por)	*to be affected (by)*
estar contaminado/a	*to be polluted*
evitar	*to avoid*
mejorar	*to improve*
proteger	*to protect*
reducir	*to reduce*
resolver (o:ue)	*to resolve; to solve*
respirar	*to breathe*

6

Completar Selecciona la palabra o la expresión adecuada para completar cada oración.

contaminar	destruyen	reciclamos
controlan	están afectadas	recoger
cuidan	mejoramos	resolver
descubrir	proteger	se desarrollaron

1. Si vemos basura en las calles, la debemos _____.
2. Los científicos trabajan para _____ nuevas soluciones.
3. Es necesario que todos trabajemos juntos para _____ los problemas del medio ambiente.
4. Debemos _____ el medio ambiente porque hoy día está en peligro.
5. Muchas leyes nuevas _____ el número de árboles que se puede cortar (*cut down*).
6. Las primeras civilizaciones _____ cerca de los ríos y los mares.
7. Todas las personas _____ por la contaminación.
8. Los turistas deben tener cuidado de no _____ los lugares que visitan.
9. Podemos conservar los recursos si _____ el aluminio, el vidrio y el plástico.
10. La lluvia ácida, la contaminación y la deforestación _____ el medio ambiente.

Comunicación

7 **¿Es importante?**   Lee este párrafo y, en parejas, contesta las preguntas.

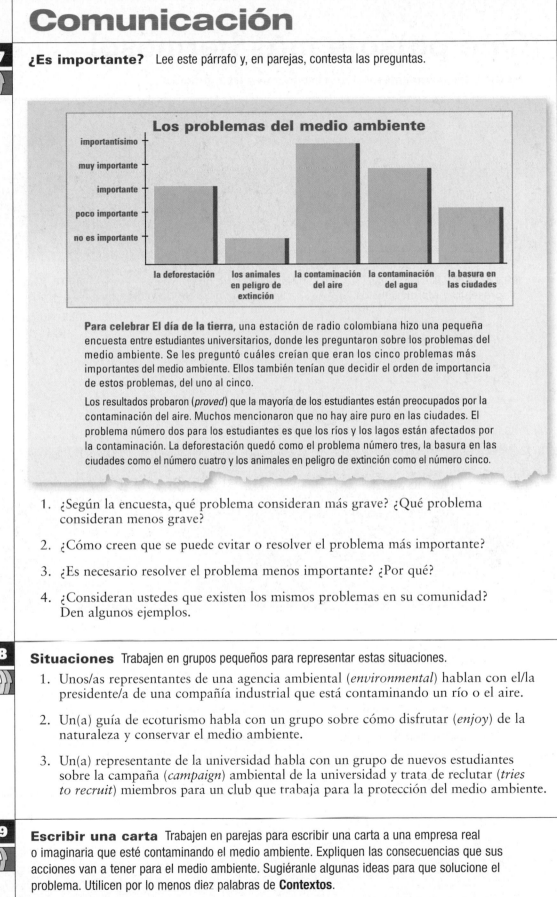

Los problemas del medio ambiente

| | la deforestación | los animales en peligro de extinción | la contaminación del aire | la contaminación del agua | la basura en las ciudades |

Para celebrar El día de la tierra, una estación de radio colombiana hizo una pequeña encuesta entre estudiantes universitarios, donde les preguntaron sobre los problemas del medio ambiente. Se les preguntó cuáles creían que eran los cinco problemas más importantes del medio ambiente. Ellos también tenían que decidir el orden de importancia de estos problemas, del uno al cinco.

Los resultados probaron (*proved*) que la mayoría de los estudiantes están preocupados por la contaminación del aire. Muchos mencionaron que no hay aire puro en las ciudades. El problema número dos para los estudiantes es que los ríos y los lagos están afectados por la contaminación. La deforestación quedó como el problema número tres, la basura en las ciudades como el número cuatro y los animales en peligro de extinción como el número cinco.

1. ¿Según la encuesta, qué problema consideran más grave? ¿Qué problema consideran menos grave?

2. ¿Cómo creen que se puede evitar o resolver el problema más importante?

3. ¿Es necesario resolver el problema menos importante? ¿Por qué?

4. ¿Consideran ustedes que existen los mismos problemas en su comunidad? Den algunos ejemplos.

8 **Situaciones** Trabajen en grupos pequeños para representar estas situaciones.

1. Unos/as representantes de una agencia ambiental (*environmental*) hablan con el/la presidente/a de una compañía industrial que está contaminando un río o el aire.

2. Un(a) guía de ecoturismo habla con un grupo sobre cómo disfrutar (*enjoy*) de la naturaleza y conservar el medio ambiente.

3. Un(a) representante de la universidad habla con un grupo de nuevos estudiantes sobre la campaña (*campaign*) ambiental de la universidad y trata de reclutar (*tries to recruit*) miembros para un club que trabaja para la protección del medio ambiente.

9 **Escribir una carta** Trabajen en parejas para escribir una carta a una empresa real o imaginaria que esté contaminando el medio ambiente. Expliquen las consecuencias que sus acciones van a tener para el medio ambiente. Sugiéranle algunas ideas para que solucione el problema. Utilicen por lo menos diez palabras de **Contextos**.

¡Qué paisaje más hermoso!

Martín y los estudiantes visitan el sendero en las montañas.

PERSONAJES

MAITE

INÉS

DON FRANCISCO

ÁLEX

JAVIER

MARTÍN

1

DON FRANCISCO Chicos, les presento a Martín Dávalos, el guía de la excursión. Martín, nuestros pasajeros: Maite, Javier, Inés y Álex.

2

MARTÍN Mucho gusto. Voy a llevarlos al área donde vamos a ir de excursión mañana. ¿Qué les parece?

ESTUDIANTES ¡Sí! ¡Vamos!

3

MAITE ¡Qué paisaje más hermoso!

INÉS No creo que haya lugares más bonitos en el mundo.

6

JAVIER Entiendo que mañana vamos a cruzar un río. ¿Está contaminado?

MARTÍN En las montañas el río no parece estar afectado por la contaminación. Cerca de las ciudades, sin embargo, el río tiene bastante contaminación.

7

ÁLEX ¡Qué aire tan puro se respira aquí! No es como en la Ciudad de México... Tenemos un problema gravísimo de contaminación.

MARTÍN A menos que resuelvan ese problema, los habitantes van a sufrir muchas enfermedades en el futuro.

8

INÉS Creo que todos debemos hacer algo para proteger el medio ambiente.

MAITE Yo creo que todos los países deben establecer leyes que controlen el uso de automóviles.

recursos

VM
pp. 219-220

panorama.vhlcentral.com
Lección 13

4

MARTÍN Esperamos que ustedes se diviertan mucho, pero es necesario que cuiden la naturaleza.

JAVIER Se pueden tomar fotos, ¿verdad?

MARTÍN Sí, con tal de que no toques las flores o las plantas.

5

ÁLEX ¿Hay problemas de contaminación en esta región?

MARTÍN La contaminación es un problema en todo el mundo. Pero aquí tenemos un programa de reciclaje. Si ves por el sendero botellas, papeles o latas, recógelos.

9

JAVIER Pero Maite, ¿tú vas a dejar de usar tu carro en Madrid?

MAITE Pues voy a tener que usar el metro... Pero tú sabes que mi coche es tan pequeñito... casi no contamina nada.

10

INÉS ¡Ven, Javier!

JAVIER ¡¡Ya voy!!

Expresiones útiles

Talking about the environment

- **¿Hay problemas de contaminación en esta región?**
  Are there problems with pollution in this region/area?
  La contaminación es un problema en todo el mundo.
  Pollution is a problem throughout the world.

- **¿Está contaminado el río?**
  Is the river polluted?
  En las montañas el río no parece estar afectado por la contaminación.
  In the mountains, the river does not seem to be affected by pollution.
  Cerca de las ciudades el río tiene bastante contaminación.
  Near the cities, the river is pretty polluted.

- **¡Qué aire tan puro se respira aquí!**
  The air you breathe here is so pure!

- **Puedes tomar fotos, con tal de que no toques las plantas.**
  You can take pictures, provided that you don't touch the plants.

- **Es necesario que cuiden la naturaleza.**
  It's necessary that you take care of nature/respect the environment.

- **Tenemos un problema gravísimo de contaminación.**
  We have an extremely serious problem with pollution.

- **A menos que resuelvan el problema, los habitantes van a sufrir muchas enfermedades.**
  Unless they solve the problem, the inhabitants are going to suffer many illnesses.

- **Tenemos un programa de reciclaje.**
  We have a recycling program.

- **Si ves por el sendero botellas, papeles o latas, recógelos.**
  If you see bottles, papers, or cans along the trail, pick them up.

¿Qué pasó? SUPERSITE

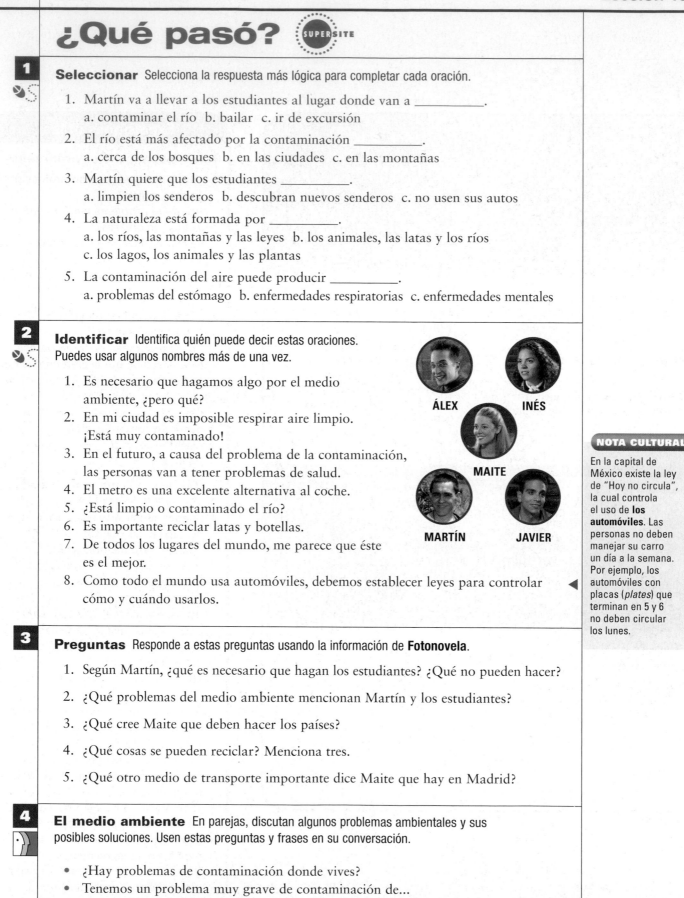

1

Seleccionar Selecciona la respuesta más lógica para completar cada oración.

1. Martín va a llevar a los estudiantes al lugar donde van a _____.
   a. contaminar el río   b. bailar   c. ir de excursión

2. El río está más afectado por la contaminación _____.
   a. cerca de los bosques   b. en las ciudades   c. en las montañas

3. Martín quiere que los estudiantes _____.
   a. limpien los senderos   b. descubran nuevos senderos   c. no usen sus autos

4. La naturaleza está formada por _____.
   a. los ríos, las montañas y las leyes   b. los animales, las latas y los ríos
   c. los lagos, los animales y las plantas

5. La contaminación del aire puede producir _____.
   a. problemas del estómago   b. enfermedades respiratorias   c. enfermedades mentales

2

Identificar Identifica quién puede decir estas oraciones.
Puedes usar algunos nombres más de una vez.

1. Es necesario que hagamos algo por el medio
   ambiente, ¿pero qué?
2. En mi ciudad es imposible respirar aire limpio.
   ¡Está muy contaminado!
3. En el futuro, a causa del problema de la contaminación,
   las personas van a tener problemas de salud.
4. El metro es una excelente alternativa al coche.
5. ¿Está limpio o contaminado el río?
6. Es importante reciclar latas y botellas.
7. De todos los lugares del mundo, me parece que éste
   es el mejor.
8. Como todo el mundo usa automóviles, debemos establecer leyes para controlar
   cómo y cuándo usarlos.

ÁLEX   INÉS

MAITE

MARTÍN   JAVIER

NOTA CULTURAL

En la capital de México existe la ley de "Hoy no circula", la cual controla el uso de **los automóviles**. Las personas no deben manejar su carro un día a la semana. Por ejemplo, los automóviles con placas (*plates*) que terminan en 5 y 6 no deben circular los lunes.

3

Preguntas Responde a estas preguntas usando la información de **Fotonovela**.

1. Según Martín, ¿qué es necesario que hagan los estudiantes? ¿Qué no pueden hacer?

2. ¿Qué problemas del medio ambiente mencionan Martín y los estudiantes?

3. ¿Qué cree Maite que deben hacer los países?

4. ¿Qué cosas se pueden reciclar? Menciona tres.

5. ¿Qué otro medio de transporte importante dice Maite que hay en Madrid?

4

El medio ambiente En parejas, discutan algunos problemas ambientales y sus
posibles soluciones. Usen estas preguntas y frases en su conversación.

- ¿Hay problemas de contaminación donde vives?
- Tenemos un problema muy grave de contaminación de...
- ¿Cómo podemos resolver los problemas de la contaminación?

Ortografía

Los signos de puntuación

In Spanish, as in English, punctuation marks are important because they help you express your ideas in a clear, organized way.

No podía ver las llaves. Las buscó por los estantes, las mesas, las sillas, el suelo; minutos después, decidió mirar por la ventana. Allí estaban…

The **punto y coma (;)**, the **tres puntos (…)**, and the **punto (.)** are used in very similar ways in Spanish and English.

Argentina, Brasil, Paraguay y Uruguay son miembros de Mercosur.

In Spanish, the **coma (,)** is not used before **y** or **o** in a series.

13,5%   29,2°   3.000.000 $2.999,99

In numbers, Spanish uses a **coma** where English uses a decimal point and a **punto** where English uses a comma.

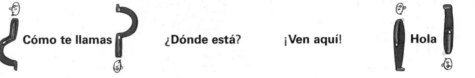

¿Cómo te llamas?   ¿Dónde está?   ¡Ven aquí!   Hola

Questions in Spanish are preceded and followed by **signos de interrogación (¿ ?)**, and exclamations are preceded and followed by **signos de exclamación (¡ !)**.

Práctica Lee el párrafo e indica los signos de puntuación necesarios.

Ayer recibí la invitación de boda de Marta mi amiga colombiana inmediatamente empecé a pensar en un posible regalo fui al almacén donde Marta y su novio tenían una lista de regalos había de todo copas cafeteras tostadoras finalmente decidí regalarles un perro ya sé que es un regalo extraño pero espero que les guste a los dos

¿Palabras de amor? El siguiente diálogo tiene diferentes significados (*meanings*) dependiendo de los signos de puntuación que utilices y el lugar donde los pongas. Intenta encontrar los diferentes significados.

JULIÁN   me quieres
MARISOL no puedo vivir sin ti
JULIÁN   me quieres dejar
MARISOL no me parece mala idea
JULIÁN   no eres feliz conmigo
MARISOL no soy feliz

EN DETALLE

¡Los Andes se mueven!

Los Andes, la cadena° de montañas más extensa de las Américas, son conocidos como "la espina dorsal° de Suramérica". Sus 7.240 kilómetros (4.500 millas) van desde el norte° de la región entre Venezuela y Colombia, hasta el extremo sur°, entre Argentina y Chile, y pasan por casi todos los países suramericanos. La cordillera° de los Andes, formada hace 27 millones de años, es la segunda más alta del mundo, después de los Himalayas (aunque° ésta última es mucho más "joven", ya que se formó hace apenas cinco millones de años).

Para poder atravesar° de un lado a otro de los Andes, existen varios pasos o puertos° de montaña. Situados a grandes alturas°, son generalmente estrechos° y peligrosos. En algunos de ellos hay, también, vías ferroviarias°.

De acuerdo con° varias instituciones científicas, la cordillera de los Andes se eleva° y se hace más angosta° cada año. La capital de Chile se acerca° a la capital de Argentina a un ritmo° de 19,4 milímetros por año. Si ese ritmo se mantiene°, Santiago y Buenos Aires podrían unirse° en unos... ¡63 millones de años, casi el mismo tiempo que ha transcurrido° desde la extinción de los dinosaurios!

cadena *range* espina dorsal *spine* norte *north* sur *south* cordillera *mountain range* aunque *although* atravesar *to cross* puertos *passes* alturas *heights* estrechos *narrow* vías ferroviarias *railroad tracks* De acuerdo con *According to* se eleva *rises* angosta *narrow* se acerca *gets closer* ritmo *rate* se mantiene *keeps going* podrían unirse *could join together* ha transcurrido *has gone by* A.C. *Before Christ* desarrollo *development* pico *peak*

Arequipa, Perú

Los Andes en números

3 Cordilleras que forman los Andes: Las cordilleras Central, Occidental y Oriental

900 (A.C.°) Año aproximado en que empezó el desarrollo° de la cultura chavín, en los Andes peruanos

600 Número aproximado de volcanes que hay en los Andes

6.960 Metros (22.835 pies) de altura del Aconcagua (Argentina), el pico° más alto de los Andes

ACTIVIDADES

1   **Escoger** Escoge la opción que completa mejor cada oración.

1. "La espina dorsal de Suramérica" es...
   a. los Andes.   b. los Himalayas.   c. el Aconcagua.

2. La cordillera de los Andes se extiende…
   a. de este a oeste.   b. de sur a oeste.   c. de norte a sur.

3. Los Himalayas y los Andes tienen…
   a. diferente altura.   b. la misma altura.   c. el mismo color.

4. Los Andes es la cadena montañosa más extensa del...
   a. mundo.   b. continente americano.   c. hemisferio norte.

5. En 63 millones de años, Buenos Aires y Santiago podrían...
   a. separarse.   b. desarrollarse.   c. unirse.

6. El Aconcagua es...
   a. una montaña.   b. un grupo indígena.   c. un volcán.

7. En algunos de los puertos de montaña de los Andes hay…
   a. puertas.   b. vías ferroviarias.   c. cordilleras.

ASÍ SE DICE

La naturaleza

el arco iris	*rainbow*
la cascada; la catarata	*waterfall*
el cerro; la colina; la loma	*hill, hillock*
la cima; la cumbre; el tope (Col.)	*summit; mountain top*
la maleza; los rastrojos (Col.); la yerba mala (Cuba); los hierbajos (Méx.); los yuyos (Arg.)	*weeds*
la niebla	*fog*

EL MUNDO HISPANO

Lagos importantes

○ **Lago de Maracaibo** es el único lago de agua dulce° en el mundo que tiene una conexión directa y natural con el mar. Además, es el lago más grande de Suramérica.

○ **Lago Titicaca** es el lago navegable más alto del mundo. Se encuentra a más de 3.000 metros de altitud.

○ **Lago de Nicaragua** tiene los únicos tiburones° de agua dulce del mundo y es el mayor lago de Centroamérica.

agua dulce *fresh water* tiburones *sharks*

PERFIL

La Sierra Nevada de Santa Marta

La Sierra Nevada de Santa Marta es una cadena de montañas en la costa norte de Colombia. Se eleva abruptamente desde las costas del mar Caribe y en apenas 42 kilómetros llega a una altura de 5.775 metros (18.947 pies) en sus picos nevados°. Tiene las montañas más altas de Colombia y es la formación montañosa costera° más alta del mundo.

Los pueblos indígenas que habitan esta zona lograron° mantener los frágiles ecosistemas de estas montañas a través de° un sofisticado sistema de terrazas° y senderos empedrados° que permitieron° el control de las aguas en una región de muchas lluvias, evitando° así la erosión de la tierra.

nevados *snowcapped* costera *coastal* lograron *managed* a través de *by means of* terrazas *terraces* empedrados *cobblestone* permitieron *allowed* evitando *avoiding*

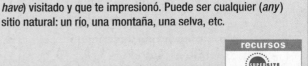

Conexión Internet

¿Dónde se puede hacer ecoturismo en Latinoamérica?

Go to **panorama.vhlcentral.com** to find more cultural information related to this **Cultura** section.

ACTIVIDADES

2 **Comprensión** Indica si lo que dice cada oración es **cierto** o **falso**. Corrige la información falsa.

1. En Colombia, *weeds* se dice hierbajos.
2. El lago Titicaca es el más grande del mundo.
3. La Sierra Nevada de Santa Marta es la formación montañosa costera más alta del mundo.
4. Los indígenas destruyeron el ecosistema de Santa Marta.

3 **Maravillas de la naturaleza** Escribe un párrafo breve donde describas alguna maravilla de la naturaleza que has (*you have*) visitado y que te impresionó. Puede ser cualquier (*any*) sitio natural: un río, una montaña, una selva, etc.

13.1 The subjunctive with verbs of emotion

ANTE TODO In the previous lesson, you learned how to use the subjunctive with expressions of will and influence. You will now learn how to use the subjunctive with verbs and expressions of emotion.

Main clause — **Subordinate clause**

Marta **espera** (que) yo **vaya** al lago este fin de semana.

▶ When the verb in the main clause of a sentence expresses an emotion or feeling such as hope, fear, joy, pity, surprise, etc., the subjunctive is required in the subordinate clause.

Nos alegramos de que te **gusten** las flores.
We are happy that you like the flowers.

Siento que tú no **puedas** venir mañana.
I'm sorry that you can't come tomorrow.

Temo que Ana no **pueda** ir mañana con nosotros.
I'm afraid that Ana won't be able to go with us tomorrow.

Le **sorprende** que Juan **sea** tan joven.
It surprises him that Juan is so young.

Esperamos que ustedes se diviertan mucho en la excursión.

Es triste que tengamos un problema grave de contaminación en la Ciudad de México.

Common verbs and expressions of emotion

alegrarse (de)	to be happy	**tener miedo (de)**	to be afraid (of)
esperar	to hope; to wish	**es extraño**	it's strange
gustar	to be pleasing; to like	**es una lástima**	it's a shame
molestar	to bother	**es ridículo**	it's ridiculous
sentir (e:ie)	to be sorry; to regret	**es terrible**	it's terrible
sorprender	to surprise	**es triste**	it's sad
temer	to be afraid; to fear	**ojalá (que)**	I hope (that); I wish (that)

CONSULTA

Certain verbs of emotion, like **gustar, molestar,** and **sorprender,** require indirect object pronouns. For more examples, see **Estructura 7.4,** pp. 230-231.

Me molesta que la gente no **recicle** el plástico.
It bothers me that people don't recycle plastic.

Es triste que **tengamos** problemas con la deforestación.
It's sad that we have problems with deforestation.

▶ As with expressions of will and influence, the infinitive, not the subjunctive, is used after an expression of emotion when there is no change of subject from the main clause to the subordinate clause. Compare these sentences.

Temo **llegar** tarde.
I'm afraid I'll arrive late.

Temo que mi novio **llegue** tarde.
I'm afraid my boyfriend will arrive late.

▶ The expression **ojalá (que)** means *I hope* or *I wish*, and it is always followed by the subjunctive. Note that the use of **que** with this expression is optional.

Ojalá (que) se conserven
nuestros recursos naturales.
*I hope (that) our natural resources
will be conserved.*

Ojalá (que) recojan la
basura hoy.
*I hope (that) they collect the
garbage today.*

Ojalá que

su aseguradora escuche
sus necesidades con la
misma atención.

COLMENA
salud - medicina
Con su familia, por su futuro.

Por fin usted se puede poner en manos
de una compañía confiable.

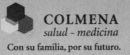 **¡INTÉNTALO!** Completa las oraciones con las formas correctas de los verbos.

1. Ojalá que ellos __descubran__ (descubrir) nuevas formas de energía.
2. Espero que Ana nos _____ (ayudar) a recoger la basura en la carretera.
3. Es una lástima que la gente no _____ (reciclar) más.
4. Esperamos _____ (proteger) el aire de nuestra comunidad.
5. Me alegro de que mis amigos _____ (querer) conservar la naturaleza.
6. Espero que tú _____ (venir) a la reunión (*meeting*) del Club de Ecología.
7. Es malo _____ (contaminar) el medio ambiente.
8. A mis padres les gusta que nosotros _____ (participar) en las reuniones.
9. Siento que nuestras ciudades _____ (estar) afectadas por la contaminación.
10. Ojalá que yo _____ (poder) hacer algo para reducir la contaminación.

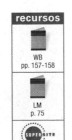

recursos

WB
pp. 157-158

LM
p. 75

SUPERSITE
panorama.
vhlcentral.com
Lección 13

Práctica SUPERSITE

1

Completar Completa el diálogo con palabras de la lista. Compara tus respuestas con las de un(a) compañero/a.

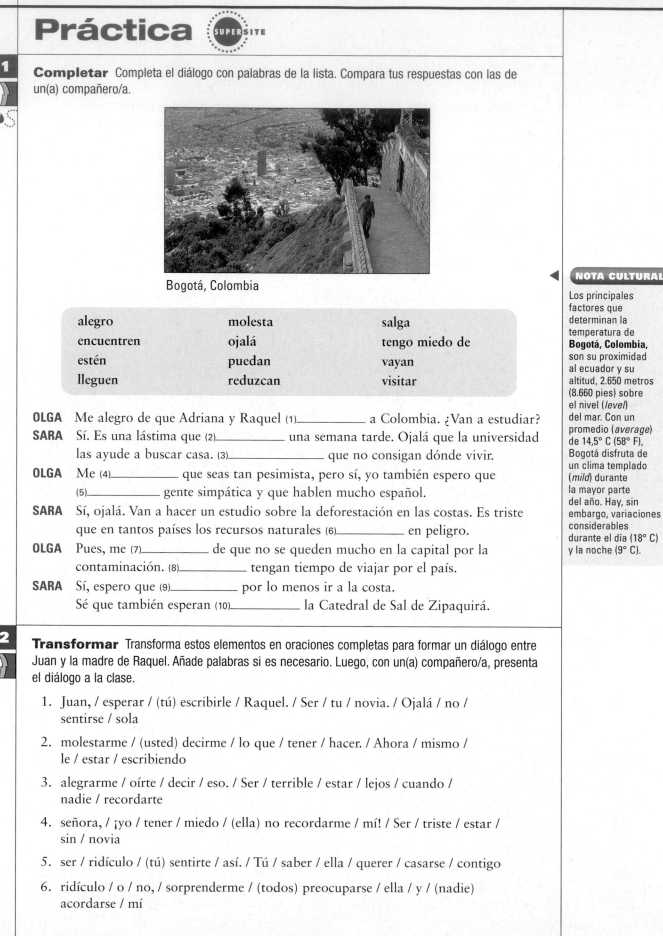

Bogotá, Colombia

alegro	molesta	salga
encuentren	ojalá	tengo miedo de
estén	puedan	vayan
lleguen	reduzcan	visitar

OLGA   Me alegro de que Adriana y Raquel (1)_____ a Colombia. ¿Van a estudiar?

SARA   Sí. Es una lástima que (2)_____ una semana tarde. Ojalá que la universidad las ayude a buscar casa. (3)_____ que no consigan dónde vivir.

OLGA   Me (4)_____ que seas tan pesimista, pero sí, yo también espero que (5)_____ gente simpática y que hablen mucho español.

SARA   Sí, ojalá. Van a hacer un estudio sobre la deforestación en las costas. Es triste que en tantos países los recursos naturales (6)_____ en peligro.

OLGA   Pues, me (7)_____ de que no se queden mucho en la capital por la contaminación. (8)_____ tengan tiempo de viajar por el país.

SARA   Sí, espero que (9)_____ por lo menos ir a la costa. Sé que también esperan (10)_____ la Catedral de Sal de Zipaquirá.

> **NOTA CULTURAL**
>
> Los principales factores que determinan la temperatura de **Bogotá, Colombia**, son su proximidad al ecuador y su altitud, 2.650 metros (8.660 pies) sobre el nivel (*level*) del mar. Con un promedio (*average*) de 14,5° C (58° F), Bogotá disfruta de un clima templado (*mild*) durante la mayor parte del año. Hay, sin embargo, variaciones considerables durante el día (18° C) y la noche (9° C).

2

Transformar Transforma estos elementos en oraciones completas para formar un diálogo entre Juan y la madre de Raquel. Añade palabras si es necesario. Luego, con un(a) compañero/a, presenta el diálogo a la clase.

1. Juan, / esperar / (tú) escribirle / Raquel. / Ser / tu / novia. / Ojalá / no / sentirse / sola

2. molestarme / (usted) decirme / lo que / tener / hacer. / Ahora / mismo / le / estar / escribiendo

3. alegrarme / oírte / decir / eso. / Ser / terrible / estar / lejos / cuando / nadie / recordarte

4. señora, / ¡yo / tener / miedo / (ella) no recordarme / mí! / Ser / triste / estar / sin / novia

5. ser / ridículo / (tú) sentirte / así. / Tú / saber / ella / querer / casarse / contigo

6. ridículo / o / no, / sorprenderme / (todos) preocuparse / ella / y / (nadie) acordarse / mí

Comunicación

3 **Comentar** En parejas, túrnense para formar oraciones sobre su ciudad, sus clases, su gobierno o algún otro tema, usando expresiones como **me alegro de que, temo que** y **es extraño que.** Luego reaccionen a los comentarios de su compañero/a.

> *modelo*
>
> **Estudiante 1:** *Me alegro de que vayan a limpiar el río.*
> **Estudiante 2:** *Yo también. Me preocupa que el agua del río esté tan sucia.*

4 **Contestar** Lee el mensaje electrónico que Raquel le escribió a su novio Juan. Luego, en parejas, contesten el mensaje usando expresiones como **me sorprende que, me molesta que** y **es una lástima que.**

↩ Para: Juan | De: Raquel

Hola, Juan:

Mi amor, siento no escribirte más frecuentemente. La verdad es que estoy muy ocupada todo el tiempo. No sabes cuánto me estoy divirtiendo en Colombia. Me sorprende haber podido adaptarme tan bien. Es bueno tener tanto trabajo. Aprendo mucho más aquí que en el laboratorio de la universidad. Me encanta que me den responsabilidades y que compartan sus muchos conocimientos conmigo. Ay, pero pienso mucho en ti. Qué triste es que no podamos estar juntos por tanto tiempo. Ojalá que los días pasen rápido. Bueno, querido, es todo por ahora. Escríbeme pronto.

Te quiero y te extraño mucho,

Raquel

AYUDA

Echar de menos (a alguien) and **extrañar (a alguien)** are two ways of saying *to miss (someone).*

Síntesis

5 **No te preocupes** Estás muy preocupado/a por los problemas del medio ambiente y le comentas a tu compañero/a todas tus preocupaciones. Él/Ella va a darte la solución adecuada para tus preocupaciones. Su profesor(a) les va a dar una hoja distinta a cada uno/a con la información necesaria para completar la actividad.

> *modelo*
>
> **Estudiante 1:** *Me molesta que las personas tiren basura en las calles.*
> **Estudiante 2:** *Por eso es muy importante que los políticos hagan leyes para conservar las ciudades limpias.*

13.2 The subjunctive with doubt, disbelief, and denial

SUPERSITE

ANTE TODO Just as the subjunctive is required with expressions of emotion, influence, and will, it is also used with expressions of doubt, disbelief, and denial.

Main clause		Subordinate clause
Dudan	que	su hijo les **diga** la verdad.

▶ The subjunctive is always used in a subordinate clause when there is a change of subject and the expression in the main clause implies negation or uncertainty.

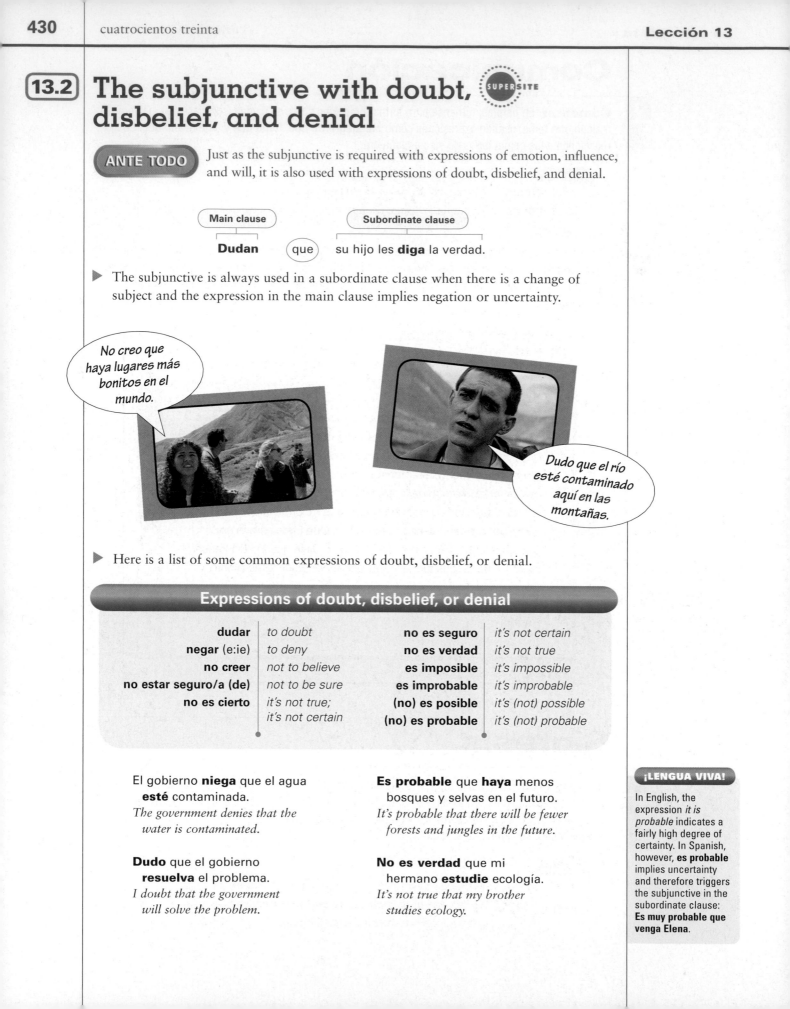

No creo que haya lugares más bonitos en el mundo.

Dudo que el río esté contaminado aquí en las montañas.

▶ Here is a list of some common expressions of doubt, disbelief, or denial.

Expressions of doubt, disbelief, or denial

dudar	*to doubt*	**no es seguro**	*it's not certain*
negar (e:ie)	*to deny*	**no es verdad**	*it's not true*
no creer	*not to believe*	**es imposible**	*it's impossible*
no estar seguro/a (de)	*not to be sure*	**es improbable**	*it's improbable*
no es cierto	*it's not true;*	**(no) es posible**	*it's (not) possible*
	it's not certain	**(no) es probable**	*it's (not) probable*

El gobierno **niega** que el agua **esté** contaminada.
The government denies that the water is contaminated.

Dudo que el gobierno **resuelva** el problema.
I doubt that the government will solve the problem.

Es probable que **haya** menos bosques y selvas en el futuro.
It's probable that there will be fewer forests and jungles in the future.

No es verdad que mi hermano **estudie** ecología.
It's not true that my brother studies ecology.

¡LENGUA VIVA!

In English, the expression *it is probable* indicates a fairly high degree of certainty. In Spanish, however, **es probable** implies uncertainty and therefore triggers the subjunctive in the subordinate clause: **Es muy probable que venga Elena.**

▶ The indicative is used in a subordinate clause when there is no doubt or uncertainty in the main clause. Here is a list of some expressions of certainty.

Expressions of certainty

no dudar	not to doubt	**estar seguro/a (de)**	to be sure
no cabe duda de	there is no doubt	**es cierto**	it's true; it's certain
no hay duda de	there is no doubt	**es seguro**	it's certain
no negar (e:ie)	not to deny	**es verdad**	it's true
creer	to believe	**es obvio**	it's obvious

No negamos que **hay** demasiados carros en las carreteras.
We don't deny that there are too many cars on the highways.

Es verdad que Colombia **es** un país bonito.
It's true that Colombia is a beautiful country.

No hay duda de que el Amazonas **es** uno de los ríos más largos.
There is no doubt that the Amazon is one of the longest rivers.

Es obvio que los tigres **están** en peligro de extinción.
It's obvious that tigers are in danger of extinction.

▶ In affirmative sentences, the verb **creer** expresses belief or certainty, so it is followed by the indicative. In negative sentences, however, when doubt is implied, **creer** is followed by the subjunctive.

No creo que **haya** vida en el planeta Marte.
I don't believe that there is life on the planet Mars.

Creo que **debemos** usar exclusivamente la energía solar.
I believe we should use solar energy exclusively.

▶ The expressions **quizás** and **tal vez** are usually followed by the subjunctive because they imply doubt about something.

Quizás haga sol mañana.
Perhaps it will be sunny tomorrow.

Tal vez veamos la luna esta noche.
Perhaps we will see the moon tonight.

¡INTÉNTALO! Completa estas oraciones con la forma correcta del verbo.

1. Dudo que ellos ___trabajen___ (trabajar).
2. Es cierto que él _____ (comer) mucho.
3. Es imposible que ellos _____ (salir).
4. Es probable que ustedes _____ (ganar).
5. No creo que ella _____ (volver).
6. Es posible que nosotros _____ (ir).
7. Dudamos que tú _____ (reciclar).
8. Creo que ellos _____ (jugar) al fútbol.
9. No niego que ustedes _____ (estudiar).
10. Es posible que ella no _____ (venir) a casa.
11. Es probable que Lucio y Carmen _____ (dormir).
12. Es posible que mi prima Marta _____ (llamar).
13. Tal vez Juan no nos _____ (oír).
14. No es cierto que Paco y Daniel nos _____ (ayudar).

Práctica

1 **Escoger** Escoge las respuestas correctas para completar el diálogo. Luego dramatiza el diálogo con un(a) compañero/a.

RAÚL Ustedes dudan que yo realmente (1)_____ (estudio/estudie). No niego que a veces me (2)_____ (divierto/divierta) demasiado, pero no cabe duda de que (3)_____ (tomo/tome) mis estudios en serio. Estoy seguro de que cuando me vean graduarme van a pensar de manera diferente. Creo que no (4)_____ (tienen/tengan) razón con sus críticas.

PAPÁ Es posible que tu mamá y yo no (5)_____ (tenemos/tengamos) razón. Es cierto que a veces (6)_____ (dudamos/dudemos) de ti. Pero no hay duda de que te (7)_____ (pasas/pases) toda la noche en Internet y oyendo música. No es nada seguro que (8)_____ (estás/estés) estudiando.

RAÚL Es verdad que (9)_____ (uso/use) mucho la computadora pero, ¡piensen! ¿No es posible que (10)_____ (es/sea) para buscar información para mis clases? ¡No hay duda de que Internet (11)_____ (es/sea) el mejor recurso del mundo! Es obvio que ustedes (12)_____ (piensan/piensen) que no hago nada, pero no es cierto.

PAPÁ No dudo que esta conversación nos (13)_____ (va/vaya) a ayudar. Pero tal vez esta noche (14)_____ (puedes/puedas) trabajar sin música. ¿Está bien?

2 **Dudas** Carolina es una chica que siempre miente. Expresa tus dudas sobre lo que Carolina está diciendo ahora. Usa las expresiones entre paréntesis para tus respuestas.

> **modelo**
>
> El próximo año Marta y yo vamos de vacaciones por diez meses. (dudar)
> *¡Ja! Dudo que vayan de vacaciones por ese tiempo. ¡Ustedes no son ricas!*

1. Estoy escribiendo una novela en español. (no creer)

2. Mi tía es la directora del *Sierra Club*. (no ser verdad)

3. Dos profesores míos juegan para los Osos *(Bears)* de Chicago. (ser imposible)

4. Mi mejor amiga conoce al chef Emeril. (no ser cierto)

5. Mi padre es dueño del Centro Rockefeller. (no ser posible)

6. Yo ya tengo un doctorado *(doctorate)* en lenguas. (ser improbable)

Comunicación

3

Entrevista En parejas, imaginen que trabajan para un periódico y que tienen que hacerle una entrevista a la conservacionista Mary Axtmann, quien colaboró en la fundación del programa Ciudadanos Pro Bosque San Patricio, en Puerto Rico. Escriban seis preguntas para la entrevista después de leer las declaraciones de Mary Axtmann. Al final, inventen las respuestas de Axtmann.

Declaraciones de Mary Axtmann:

"...que el bosque es un recurso ecológico educativo para la comunidad."

"El bosque San Patricio es un pulmón (lung) que produce oxígeno para la ciudad."

"El bosque San Patricio está en medio de la ciudad de San Juan. Por eso digo que este bosque es una esmeralda (emerald) en un mar de concreto."

"El bosque pertenece (belongs) a la comunidad."

"Nosotros salvamos este bosque mediante la propuesta (proposal) y no la protesta."

4

Adivinar Escribe cinco oraciones sobre tu vida presente y futura. Cuatro deben ser falsas y sólo una debe ser cierta. Presenta tus oraciones al grupo. El grupo adivina cuál es la oración cierta y expresa sus dudas sobre las oraciones falsas.

modelo

Estudiante 1: Quiero irme un año a la selva a trabajar.
Estudiante 2: Dudo que te guste vivir en la selva.
Estudiante 3: En cinco años voy a ser presidente de los Estados Unidos.
Estudiante 2: No creo que seas presidente de los Estados Unidos en cinco años. ¡Tal vez en treinta!

Síntesis

5

Intercambiar En grupos, escriban un párrafo sobre los problemas del medio ambiente en su estado o en su comunidad. Compartan su párrafo con otro grupo, que va a ofrecer opiniones y soluciones. Luego presenten su párrafo, con las opiniones y soluciones del otro grupo, a la clase.

13.3 The subjunctive with conjunctions

SUPERSITE

ANTE TODO Conjunctions are words or phrases that connect other words and clauses in sentences. Certain conjunctions commonly introduce adverbial clauses, which describe *how, why, when,* and *where* an action takes place.

Main clause	Conjunction	Adverbial clause
Vamos a visitar a Carlos	**antes de que**	**regrese** a California.

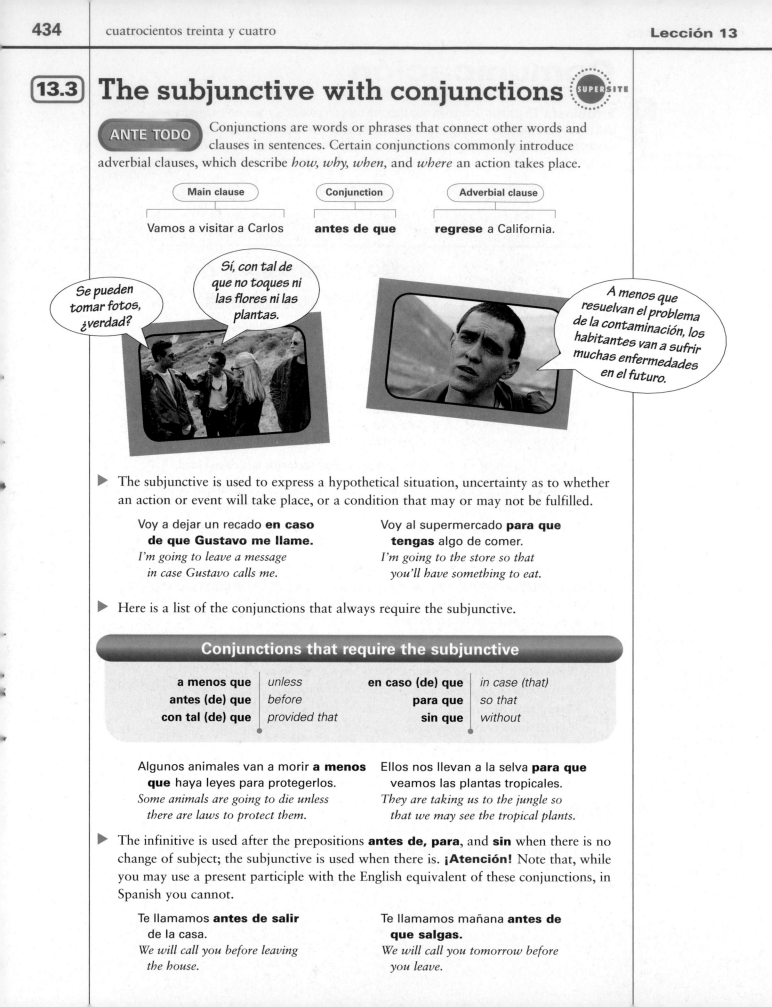

> Se pueden tomar fotos, ¿verdad?

> Sí, con tal de que no toques ni las flores ni las plantas.

> A menos que resuelvan el problema de la contaminación, los habitantes van a sufrir muchas enfermedades en el futuro.

▶ The subjunctive is used to express a hypothetical situation, uncertainty as to whether an action or event will take place, or a condition that may or may not be fulfilled.

Voy a dejar un recado **en caso de que Gustavo me llame.**
I'm going to leave a message in case Gustavo calls me.

Voy al supermercado **para que tengas** algo de comer.
I'm going to the store so that you'll have something to eat.

▶ Here is a list of the conjunctions that always require the subjunctive.

Conjunctions that require the subjunctive

a menos que	*unless*	**en caso (de) que**	*in case (that)*
antes (de) que	*before*	**para que**	*so that*
con tal (de) que	*provided that*	**sin que**	*without*

Algunos animales van a morir **a menos que** haya leyes para protegerlos.
Some animals are going to die unless there are laws to protect them.

Ellos nos llevan a la selva **para que** veamos las plantas tropicales.
They are taking us to the jungle so that we may see the tropical plants.

▶ The infinitive is used after the prepositions **antes de, para,** and **sin** when there is no change of subject; the subjunctive is used when there is. **¡Atención!** Note that, while you may use a present participle with the English equivalent of these conjunctions, in Spanish you cannot.

Te llamamos **antes de salir** de la casa.
We will call you before leaving the house.

Te llamamos mañana **antes de que salgas.**
We will call you tomorrow before you leave.

Conjunctions with subjunctive or indicative

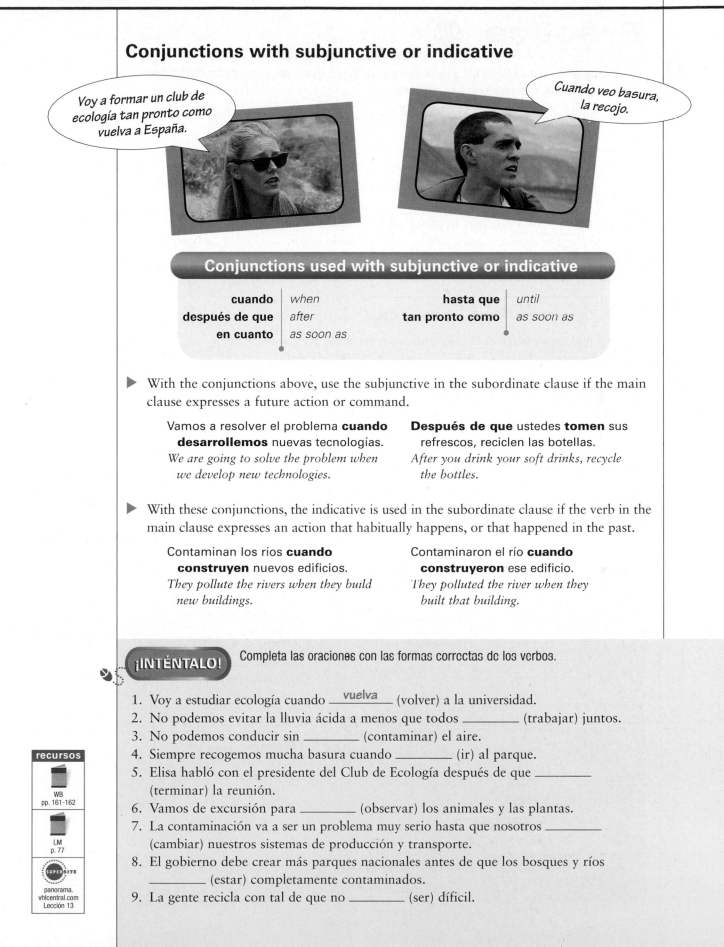

Voy a formar un club de ecología tan pronto como vuelva a España.

Cuando veo basura, la recojo.

Conjunctions used with subjunctive or indicative

cuando	when		hasta que	until
después de que	after		tan pronto como	as soon as
en cuanto	as soon as			

▶ With the conjunctions above, use the subjunctive in the subordinate clause if the main clause expresses a future action or command.

Vamos a resolver el problema **cuando desarrollemos** nuevas tecnologías.
We are going to solve the problem when we develop new technologies.

Después de que ustedes **tomen** sus refrescos, reciclen las botellas.
After you drink your soft drinks, recycle the bottles.

▶ With these conjunctions, the indicative is used in the subordinate clause if the verb in the main clause expresses an action that habitually happens, or that happened in the past.

Contaminan los ríos **cuando construyen** nuevos edificios.
They pollute the rivers when they build new buildings.

Contaminaron el río **cuando construyeron** ese edificio.
They polluted the river when they built that building.

¡INTÉNTALO!   Completa las oraciones con las formas correctas de los verbos.

1. Voy a estudiar ecología cuando ___vuelva___ (volver) a la universidad.
2. No podemos evitar la lluvia ácida a menos que todos _____ (trabajar) juntos.
3. No podemos conducir sin _____ (contaminar) el aire.
4. Siempre recogemos mucha basura cuando _____ (ir) al parque.
5. Elisa habló con el presidente del Club de Ecología después de que _____ (terminar) la reunión.
6. Vamos de excursión para _____ (observar) los animales y las plantas.
7. La contaminación va a ser un problema muy serio hasta que nosotros _____ (cambiar) nuestros sistemas de producción y transporte.
8. El gobierno debe crear más parques nacionales antes de que los bosques y ríos _____ (estar) completamente contaminados.
9. La gente recicla con tal de que no _____ (ser) difícil.

recursos

WB
pp. 161–162

LM
p. 77

panorama.
vhlcentral.com
Lección 13

Práctica

1

Completar La señora Montero habla de una excursión que quiere hacer con su familia. Completa las oraciones con la forma correcta de cada verbo.

1. Voy a llevar a mis hijos al parque para que _____ (aprender) sobre la naturaleza.
2. Voy a pasar todo el día allí a menos que _____ (hacer) mucho frío.
3. En bicicleta podemos explorar el parque sin _____ (caminar) demasiado.
4. Vamos a bajar al cráter con tal de que no se _____ (prohibir).
5. Siempre llevamos al perro cuando _____ (ir) al parque.
6. No pensamos ir muy lejos en caso de que _____ (llover).
7. Vamos a almorzar a la orilla (*shore*) del río cuando nosotros _____ (terminar) de preparar la comida.
8. Mis hijos van a dejar todo limpio antes de _____ (salir) del parque.

2

Frases Completa estas frases de una manera lógica.

1. No podemos controlar la contaminación del aire a menos que…
2. Voy a reciclar los productos de papel y de vidrio en cuanto…
3. Debemos comprar coches eléctricos tan pronto como…
4. Protegemos los animales en peligro de extinción para que…
5. Mis amigos y yo vamos a recoger la basura de la universidad después de que…
6. No podemos desarrollar nuevas fuentes (*sources*) de energía sin…
7. Hay que eliminar la contaminación del agua para…
8. No podemos proteger la naturaleza sin que…

3

Organizaciones En parejas, lean las descripciones de las organizaciones de conservación. Luego expresen en sus propias (*own*) palabras las opiniones de cada organización.

Organización:
Fundación Río Orinoco

Problema:
La destrucción de los ríos

Solución:
Programa para limpiar las orillas de los ríos y reducir la erosión y así proteger los ríos

Organización:
Oficina de Turismo Internacional

Problema:
Necesidad de mejorar la imagen del país en el mercado turístico internacional

Solución:
Plan para promover el ecoturismo en los 33 parques nacionales, usando agencias de publicidad e implementando un plan agresivo de conservación

Organización:
Asociación Nabusimake-Pico Colón

Problema:
Un lugar turístico popular en la Sierra Nevada de Santa Marta necesita mejor mantenimiento

Solución:
Programa de voluntarios para limpiar y mejorar los senderos

AYUDA

Here are some expressions you can use as you complete **Actividad 3.**

**Se puede evitar…
con tal de que…**

**Es necesario…
para que…**

**Debemos prohibir…
antes de que…**

**No es posible…
sin que…**

**Vamos a… tan
pronto como…**

**A menos que… no
vamos a…**

Comunicación

4

Preguntas En parejas, túrnense para hacerse estas preguntas.

1. ¿Qué haces cada noche antes de acostarte?
2. ¿Qué haces después de salir de la universidad?
3. ¿Qué hace tu familia para que puedas asistir a la universidad?
4. ¿Qué piensas hacer tan pronto como te gradúes?
5. ¿Qué quieres hacer mañana, a menos que haga mal tiempo?
6. ¿Qué haces en tus clases sin que los profesores lo sepan?

5

Comparar En parejas, comparen una actividad rutinaria que ustedes hacen con algo que van a hacer en el futuro. Usen palabras de la lista.

antes de	después de que	hasta que	sin (que)
antes de que	en caso de que	para (que)	tan pronto como

> **modelo**
>
> **Estudiante 1:** El sábado vamos al lago. Tan pronto como volvamos, vamos a estudiar para el examen.
>
> **Estudiante 2:** Todos los sábados llevo a mi primo al parque para que juegue. Pero el sábado que viene, con tal de que no llueva, lo voy a llevar a las montañas.

Síntesis

6

Tres en raya (*Tic-Tac-Toe*) Formen dos equipos. Una persona comienza una frase y otra persona de su equipo la termina usando palabras de la gráfica. El primer equipo que forme tres oraciones seguidas *(in a row)* gana el tres en raya. Hay que usar la conjunción o la preposición y el verbo correctamente. Si no, ¡no cuenta!

> **modelo**
>
> *Equipo 1*
> **Estudiante 1:** Dudo que podamos eliminar la deforestación...
> **Estudiante 2:** sin que nos ayude el gobierno.
> *Equipo 2*
> **Estudiante 1:** Creo que podemos conservar nuestros recursos naturales...
> **Estudiante 2:** con tal de que todos hagamos algo para ayudar.

cuando	con tal de que	para que
antes de que	para	sin que
hasta que	en caso de que	antes de

13.4 Past participles used as adjectives

ANTE TODO In **Lección 5**, you learned about present participles (**estudiando**). Both Spanish and English have past participles. The past participles of English verbs often end in **–ed** (*to turn* → *turned*), but many are also irregular (*to buy* → *bought; to drive* → *driven*).

▶ In Spanish, regular **–ar** verbs form the past participle with **–ado**. Regular **–er** and **–ir** verbs form the past participle with **–ido**.

INFINITIVE	STEM	PAST PARTICIPLE
bailar	bail-	**bailado**
comer	com-	**comido**
vivir	viv-	**vivido**

▶ **¡Atención!** The past participles of **–er** and **–ir** verbs whose stems end in **–a, –e,** or **–o** carry a written accent mark on the **i** of the **–ido** ending.

caer	**caído**	reír	**reído**
creer	**creído**	sonreír	**sonreído**
leer	**leído**	traer	**traído**
oír	**oído**		

Irregular past participles

abrir	**abierto**	morir	**muerto**
decir	**dicho**	poner	**puesto**
describir	**descrito**	resolver	**resuelto**
descubrir	**descubierto**	romper	**roto**
escribir	**escrito**	ver	**visto**
hacer	**hecho**	volver	**vuelto**

▶ In Spanish, as in English, past participles can be used as adjectives. They are often used with the verb **estar** to describe a condition or state that results from an action. Like other Spanish adjectives, they must agree in gender and number with the nouns they modify.

Me gusta usar papel **reciclado**.
I like to use recycled paper.

Tenemos la mesa **puesta** y la cena **hecha**.
We have the table set and dinner made.

AYUDA

You already know several past participles used as adjectives:
aburrido, interesado, nublado, perdido, etc.
• • •
Note that all irregular past participles except **dicho** and **hecho** end in **–to**.

¡INTÉNTALO! Indica la forma correcta del participio pasado de estos verbos.

1. hablar _____hablado_____
2. beber _____
3. decidir _____
4. romper _____

5. escribir _____
6. cantar _____
7. oír _____
8. traer _____

9. correr _____
10. leer _____
11. ver _____
12. hacer_____

recursos

WB pp. 163–164

LM p. 78

SUPERSITE
panorama. vhlcentral.com
Lección 13

Práctica

1

Completar Completa las oraciones con la forma adecuada del participio pasado del verbo que está entre paréntesis.

1. Nuestra excursión a la selva ya está _____ (preparar).
2. Todos los detalles están _____ (escribir) en español.
3. Tenemos que comprar los pasajes, pero Sara no encuentra el mapa. ¡Oh no! Creo que estamos _____ (perder).
4. Sabemos que la agencia de viajes está en una plaza muy _____ (conocer), la Plaza Bolívar. Está _____ (abrir) de nueve a tres.
5. El nombre de la agencia está _____ (escribir) en el letrero y en la acera (*sidewalk*).
6. Pero ya son las tres y diez.... que mala suerte. Seguramente la oficina ya está _____ (cerrar).

2

Preparativos Tú y tu compañero/a van a hacer un viaje. Túrnense para hacerse estas preguntas sobre los preparativos (preparations). Usen el participio pasado en sus respuestas.

> **modelo**
> **Estudiante 1:** ¿Compraste los pasajes del avión?
> **Estudiante 2:** Sí, los pasajes ya están comprados.

1. ¿Hiciste las maletas?
2. ¿Confirmaste las reservaciones para el hotel?
3. ¿Compraste tus medicinas?
4. ¿Lavaste la ropa?
5. ¿Apagaste todas las luces?
6. ¿Cerraste bien la puerta?

Comunicación

3

Describir Tú y un(a) compañero/a son agentes de policía y tienen que investigar un crimen. Miren el dibujo y describan lo que encontraron en la habitación del señor Villalonga. Usen el participio pasado en la descripción. Luego, comparen su descripción con la de otra pareja.

> **modelo**
> La puerta del baño no estaba cerrada.

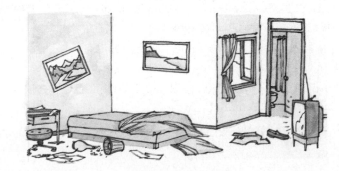

Recapitulación

SUPERSITE For self-scoring and diagnostics, go to **panorama.vhlcentral.com**.

Completa estas actividades para repasar los conceptos de gramática que aprendiste en esta lección.

1 **Completar** Completa la tabla con la forma correcta de los verbos. `6 pts.`

Infinitivo	Participio (f.)	Infinitivo	Participio (m.)
completar	completada	hacer	
cubrir		pagar	pagado
decir		perder	
escribir		poner	

2 **Subjuntivo con conjunciones** Escoge la forma correcta del verbo para completar las oraciones. `6 pts.`

1. En cuanto (empiecen/empiezan) las vacaciones, vamos a viajar.
2. Por favor, llámeme a las siete y media en caso de que no (me despierto/me despierte).
3. Toni va a usar su bicicleta hasta que los coches híbridos (cuesten/cuestan) menos dinero.
4. Estudiantes, pueden entrar al parque natural con tal de que (van/vayan) todos juntos.
5. Debemos conservar el agua antes de que no (queda/quede) nada para beber.
6. Siempre quiero vender mi coche cuando (yo) (piense/pienso) en la contaminación.

3 **Creer o no creer** Completa esta conversación con la forma correcta del presente de indicativo o de subjuntivo, según el contexto. `6 pts.`

CAROLA Creo que (1) _____ (nosotras, deber) escribir nuestra presentación sobre el reciclaje.

MÓNICA Hmm, no estoy segura de que el reciclaje (2) _____ (ser) un buen tema. No hay duda de que la gente ya (3) _____ (saber) reciclar.

CAROLA Sí, pero dudo que todos lo (4) _____ (practicar).

MÓNICA ¿Sabes, Néstor? El sábado vamos a ir a limpiar la playa con un grupo de voluntarios. ¿Quieres venir?

NÉSTOR No creo que (5) _____ (yo, poder) ir, tengo que estudiar.

CAROLA ¿Estás seguro? ¡Es imposible que (6) _____ (tú, ir) a estudiar todo el fin de semana!

NÉSTOR Bueno, sí, tengo un par de horas en la tarde para ir a la playa...

RESUMEN GRAMATICAL

13.1 **The subjunctive with verbs of emotion**
pp. 426-427

Verbs and expressions of emotion	
alegrarse (de)	tener miedo (de)
esperar	es extraño
gustar	es una lástima
molestar	es ridículo
sentir (e:ie)	es terrible
sorprender	es triste
temer	ojalá (que)

Main clause		Subordinate clause
Marta **espera**	que	yo **vaya** al lago mañana.
Ojalá		**comamos** en casa.

13.2 **The subjunctive with doubt, disbelief, and denial**
pp. 430-431

Expressions of doubt, disbelief, or denial (used with subjunctive)	
dudar	no es verdad
negar (e:ie)	es imposible
no creer	es improbable
no estar seguro/a (de)	(no) es posible
no es cierto	(no) es probable
no es seguro	

Expressions of certainty (used with indicative)	
no dudar	estar seguro/a (de)
no cabe duda de	es cierto
no hay duda de	es seguro
no negar (e:ie)	es verdad
creer	es obvio

▶ The infinitive is used after these expressions when there is no change of subject.

13.3 **The subjunctive with conjunctions**
pp. 434-435

Conjunctions that require the subjunctive	
a menos que	en caso (de) que
antes (de) que	para que
con tal (de) que	sin que

4   **Oraciones** Escribe oraciones con estos elementos. Usa el subjuntivo y el participio de pasado cuando sea necesario. **20 pts.**

1. ser ridículo / los coches / contaminar tanto

2. el gobierno / ir a proteger / las ciudades / afectar / por la lluvia ácida

3. no caber duda de / tú y yo / poder / hacer mucho más

4. los ecologistas / temer / los recursos naturales / desaparecer / poco a poco

5. (yo) no estar seguro / los niños / poder ir / porque / el parque / estar / cerrar

6. (yo) alegrarse de / en mi ciudad / reciclarse / el plástico y el vidrio

7. (nosotros) no creer que / la casa / estar / abrir

8. estar prohibido / tocar o dar de comer a / estos animales / proteger

9. es improbable / existir / leyes / contra la deforestación

10. ojalá que / la situación / mejorar / día a día

5   **Escribir** Escribe un diálogo de al menos seis oraciones en el que un(a) amigo/a hace comentarios pesimistas sobre la situación del medio ambiente en tu ciudad o región y tú respondes con comentarios y reacciones optimistas. Usa verbos y expresiones de esta lección. **12 pts.**

6   **Canción** Completa estos versos de una canción de Juan Luis Guerra. **¡2 puntos EXTRA!**

66 Ojalá que _____ (llover) café en el campo. Pa'° que todos los niños _____ (cantar) en el campo. 99

Pa' *short for* Para

► The infinitive is used after the prepositions **antes de**, **para**, and **sin** when there is no change of subject.

Te llamamos **antes de salir** de casa.

Te llamamos mañana **antes de que salgas**.

Conjunctions used with subjunctive or indicative	
cuando después de que en cuanto	hasta que tan pronto como

13.4   **Past participles used as adjectives**   *p. 438*

Past participles		
Infinitive	Stem	Past participle
bailar	bail-	**bailado**
comer	com-	**comido**
vivir	viv-	**vivido**

Irregular past participles			
abrir	**abierto**	morir	**muerto**
decir	**dicho**	poner	**puesto**
describir	**descrito**	resolver	**resuelto**
descubrir	**descubierto**	romper	**roto**
escribir	**escrito**	ver	**visto**
hacer	**hecho**	volver	**vuelto**

► Like common adjectives, past participles must agree with the noun they modify.

Hay unos letreros **escritos** en español.

Lectura

Antes de leer

Estrategia
Recognizing the purpose of a text

When you are faced with an unfamiliar text, it is important to determine the writer's purpose. If you are reading an editorial in a newspaper, for example, you know that the journalist's objective is to persuade you of his or her point of view. Identifying the purpose of a text will help you better comprehend its meaning.

Examinar los textos

Primero, utiliza la estrategia de lectura para familiarizarte con los textos. Después contesta estas preguntas y compara tus respuestas con las de un(a) compañero/a.

- ¿De qué tratan los textos (*What are the texts about?*)?
- ¿Son fábulas (*fables*), poemas, artículos de periódico…?
- ¿Cómo lo sabes?

Predicciones

Lee estas predicciones sobre la lectura e indica si estás de acuerdo (*you agree*) con ellas. Después compara tus opiniones con las de un(a) compañero/a.

1. Los textos son del género (*genre*) de ficción.
2. Los personajes son animales.
3. La acción de los textos tiene lugar en un zoológico.
4. Hay alguna moraleja (*moral*).

Determinar el propósito

Con un(a) compañero/a, hablen de los posibles propósitos (*purposes*) de los textos. Consideren estas preguntas:

- ¿Qué te dice el género de los textos sobre los posibles propósitos de los textos?
- ¿Piensas que los textos pueden tener más de un propósito? ¿Por qué?

recursos

SUPERSITE

panorama.vhlcentral.com
Lección 13

Sobre los autores

Félix María Samaniego (1745–1801) nació en España y escribió las *Fábulas morales* que ilustran de manera humorística el carácter humano. Los protagonistas de muchas de sus fábulas son animales que hablan.

El perro y el cocodrilo

Bebiendo un perro en el Nilo°,

al mismo tiempo corría.

"Bebe quieto°", le decía

un taimado° cocodrilo.

Díjole° el perro prudente:

"Dañoso° es beber y andar°;

pero ¿es sano el aguardar

a que me claves el diente°? "

¡Oh qué docto° perro viejo!

Yo venero° su sentir°

en esto de no seguir

del enemigo el consejo.

Tomás de Iriarte (1750–1791) nació en las islas Canarias y tuvo gran éxito° con su libro *Fábulas literarias*. Su tendencia a representar la lógica a través de° símbolos de la naturaleza fue de gran influencia para muchos autores de su época°.

El pato° y la serpiente

A orillas° de un estanque°,

diciendo estaba un pato:

"¿A qué animal dio el cielo°

los dones que me ha dado°?

"Soy de agua, tierra y aire:

cuando de andar me canso°,

si se me antoja, vuelo°;

si se me antoja, nado".

Una serpiente astuta

que le estaba escuchando,

le llamó con un silbo°,

y le dijo "¡Seo° guapo!

"No hay que echar tantas plantas°;

pues ni anda como el gamo°,

ni vuela como el sacre°,

ni nada como el barbo°;

"y así tenga sabido

que lo importante y raro°

no es entender de todo,

sino ser diestro° en algo".

Nilo *Nile* quieto *in peace* taimado *sly* Díjole *Said to him* Dañoso *Harmful* andar *to walk* ¿es sano... diente? *Is it good for me to wait for you to sink your teeth into me?* docto *wise* venero *revere* sentir *wisdom* éxito *success* a través de *through* época *time* pato *duck* orillas *banks* estanque *pond* cielo *heaven* los dones... dado *the gifts that it has given me* me canso *I get tired* si se... vuelo *if I feel like it, I fly* silbo *hiss* Seo *Señor* No hay... plantas *There's no reason to boast* gamo *deer* sacre *falcon* barbo *barbel (a type of fish)* raro *rare* diestro *skillful*

Después de leer

Comprensión 🔊🔗

Escoge la mejor opción para completar cada oración.
1. El cocodrilo _____ perro.
   a. está preocupado por el   b. quiere comerse al
   c. tiene miedo del
2. El perro _____ cocodrilo.
   a. tiene miedo del   b. es amigo del
   c. quiere quedarse con el
3. El pato cree que es un animal _____.
   a. muy famoso   b. muy hermoso
   c. de muchos talentos
4. La serpiente cree que el pato es _____.
   a. muy inteligente   b. muy tonto   c. muy feo

Preguntas 🔊🔗

Responde a las preguntas.
1. ¿Qué representa el cocodrilo?
   _____
2. ¿Qué representa el pato?
   _____
3. ¿Cuál es la moraleja (*moral*) de "El perro y el cocodrilo"?
   _____
4. ¿Cuál es la moraleja de "El pato y la serpiente"?
   _____

Coméntalo

En parejas, túrnense para hacerse estas preguntas. ¿Estás de acuerdo con las moralejas de estas fábulas? ¿Por qué? ¿Cuál de estas fábulas te gusta más? ¿Por qué? ¿Conoces otras fábulas? ¿Cuál es su propósito?

Escribir

Escribe una fábula para compartir con la clase. Puedes escoger algunos animales de la lista o escoger tus propios (*own*). ¿Qué características deben tener estos animales?
- una abeja (*bee*)
- un gato
- un burro
- un perro
- un águila (*eagle*)
- un pavo real (*peacock*)

SUPERSITE

Colombia

El país en cifras

▶ **Área:** 1.138.910 km^2 (439.734 millas^2), *tres veces el área de Montana*

▶ **Población:** 48.930.000

De todos los países de habla hispana, sólo México tiene más habitantes que Colombia. Casi toda la población colombiana vive en las áreas montañosas y la costa occidental° del país. Aproximadamente el 55% de la superficie° del país está sin poblar°.

▶ **Capital:** Santa Fe de Bogotá —8.416.000

▶ **Ciudades principales:** Medellín —3.304.000, Cali —2.767.000, Barranquilla —2.042.000, Cartagena —1.067.000

SOURCE: Population Division, UN Secretariat

Medellín

▶ **Moneda:** peso colombiano

▶ **Idiomas:** español (oficial)

Bandera de Colombia

Colombianos célebres

▶ **Edgar Negret,** escultor°, pintor (1920–)

▶ **Gabriel García Márquez,** escritor (1928–)

▶ **Juan Pablo Montoya,** automovilista (1975–)

▶ **Fernando Botero,** pintor, escultor (1932–)

▶ **Shakira,** cantante (1977–)

occidental *western* superficie *surface* sin poblar *unpopulated*
escultor *sculptor* dioses *gods* arrojaban *threw* oro *gold*
cacique *chief* llevó *led*

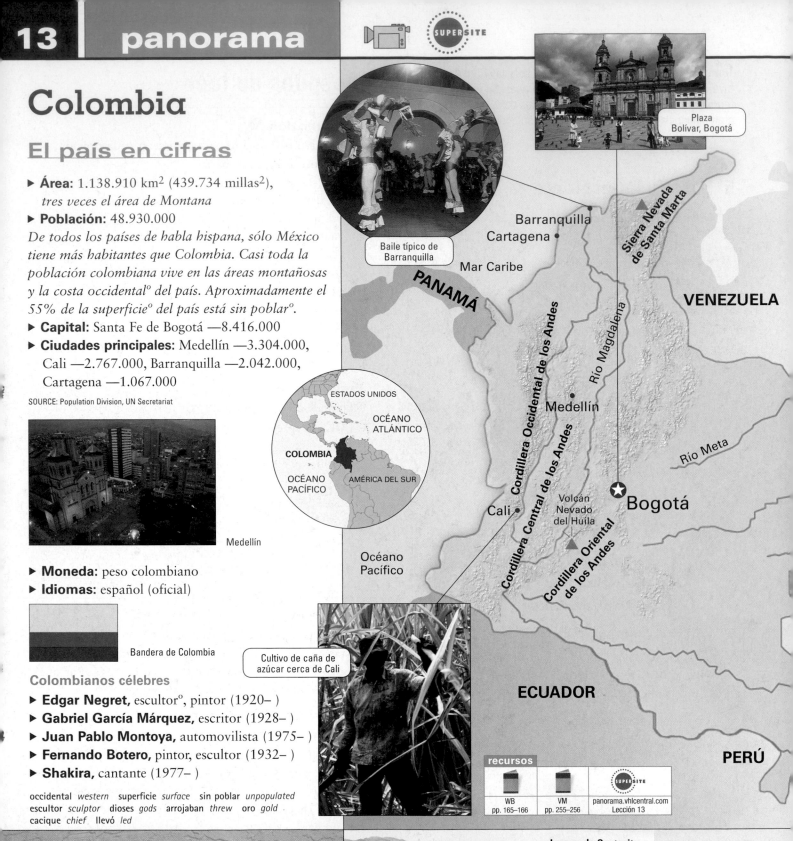

Plaza Bolívar, Bogotá

Baile típico de Barranquilla

Barranquilla
Cartagena
Mar Caribe
PANAMÁ

Sierra Nevada de Santa Marta

VENEZUELA

Cordillera Occidental de los Andes
Cordillera Central de los Andes
Río Magdalena

ESTADOS UNIDOS
OCÉANO ATLÁNTICO
COLOMBIA
OCÉANO PACÍFICO
AMÉRICA DEL SUR

Medellín

Río Meta

Cali

Volcán Nevado del Huíla

Bogotá

Cordillera Oriental de los Andes

Océano Pacífico

Cultivo de caña de azúcar cerca de Cali

ECUADOR

PERÚ

recursos

| WB pp. 165–166 | VM pp. 255–256 | SUPERSITE panorama.vhlcentral.com Lección 13 |

¡Increíble pero cierto!

En el siglo XVI los exploradores españoles oyeron la leyenda de El Dorado. Esta leyenda cuenta que los indios, como parte de un ritual en honor a los dioses°, arrojaban° oro° a la laguna de Guatavita y el cacique° se sumergía en sus aguas cubierto de oro. Aunque esto era cierto, muy pronto la exageración llevó° al mito de una ciudad de oro.

Laguna de Guatavita

Lugares • El Museo del Oro

El famoso Museo del Oro del Banco de la República fue fundado° en Bogotá en 1939 para preservar las piezas de orfebrería° de la época precolombina. En el museo, que tiene más de 30.000 piezas de oro, se pueden ver joyas°, ornamentos religiosos y figuras que sirvieron de ídolos. El cuidado con el que se hicieron los objetos de oro refleja la creencia° de las tribus indígenas de que el oro era la expresión física de la energía creadora° de los dioses.

Literatura • Gabriel García Márquez (1928–)

Gabriel García Márquez, ganador del Premio Nobel de Literatura en 1982, es uno de los escritores contemporáneos más importantes del mundo. García Márquez publicó su primer cuento° en 1947, cuando era estudiante universitario. Su libro más conocido, *Cien años de soledad*, está escrito en el estilo° literario llamado "realismo mágico", un estilo que mezcla° la realidad con lo irreal y lo mítico°.

Historia • Cartagena de Indias

Los españoles fundaron la ciudad de Cartagena de Indias en 1533 y construyeron a su lado la fortaleza° más grande de las Américas, el Castillo de San Felipe de Barajas. En la ciudad de Cartagena se conservan muchos edificios de la época colonial, como iglesias, monasterios, palacios y mansiones. Cartagena es conocida también por el Festival de Música del Caribe y su prestigioso Festival Internacional de Cine.

Costumbres • El Carnaval

Durante el Carnaval de Barranquilla, la ciudad vive casi exclusivamente para esta fiesta. Este festival es una fusión de las culturas que han llegado° a las costas caribeñas de Colombia y de sus grupos autóctonos°. El evento más importante es la Batalla° de las Flores, un desfile° de carrozas° decoradas con flores. En 2003, la UNESCO declaró este carnaval como Patrimonio de la Humanidad°.

¿Qué aprendiste? Responde a cada pregunta con una oración completa.

1. ¿Cuáles son las principales ciudades de Colombia?
2. ¿Qué país de habla hispana tiene más habitantes que Colombia?
3. ¿Quién es Edgar Negret?
4. ¿Cuándo oyeron los españoles la leyenda de El Dorado?
5. ¿Para qué fue fundado el Museo del Oro?
6. ¿Quién ganó el Premio Nobel de Literatura en 1982?
7. ¿Qué construyeron los españoles al lado de la ciudad de Cartagena de Indias?
8. ¿Cuál es el evento más importante del Carnaval de Barranquilla?

Conexión Internet Investiga estos temas en **panorama.vhlcentral.com**.

1. Busca información sobre las ciudades más grandes de Colombia. ¿Qué lugares de interés hay en estas ciudades? ¿Qué puede hacer un(a) turista en estas ciudades?
2. Busca información sobre pintores y escultores colombianos como Edgar Negret, Débora Arango o Fernando Botero. ¿Cuáles son algunas de sus obras más conocidas? ¿Cuáles son sus temas?

....

fundado *founded* orfebrería *goldsmithing* joyas *jewels* creencia *belief* creadora *creative* cuento *story* estilo *style* mezcla *mixes* mítico *mythical* fortaleza *fortress* han llegado *have arrived* autóctonos *indigenous* Batalla *Battle* desfile *parade* carrozas *floats* Patrimonio de la Humanidad *World Heritage*

Honduras

El país en cifras

▶ **Área:** 112.492 km² (43.870 millas²),
un poco más grande que Tennessee

▶ **Población:** 7.997.000

Cerca del 90 por ciento de la población de Honduras es mestiza. Todavía hay pequeños grupos indígenas como los jicaque, los miskito y los paya, que han mantenido su cultura sin influencias exteriores y que no hablan español.

▶ **Capital:** Tegucigalpa—1.075.000

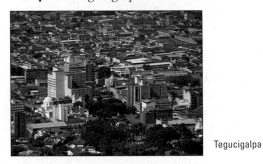
Tegucigalpa

▶ **Ciudades principales:** San Pedro Sula, El Progreso, La Ceiba

SOURCE: Population Division, UN Secretariat

▶ **Moneda:** lempira

▶ **Idiomas:** español (oficial), miskito, garífuna

Bandera de Honduras

Hondureños célebres

▶ **José Antonio Velásquez,** pintor (1906–1983)

▶ **Argentina Díaz Lozano,** escritora (1917–1999)

▶ **Carlos Roberto Reina,** juez° y presidente del país (1926–2003)

▶ **Roberto Sosa,** escritor (1930–)

juez *judge* presos *prisoners* madera *wood* hamacas *hammocks* artesanías *crafts*

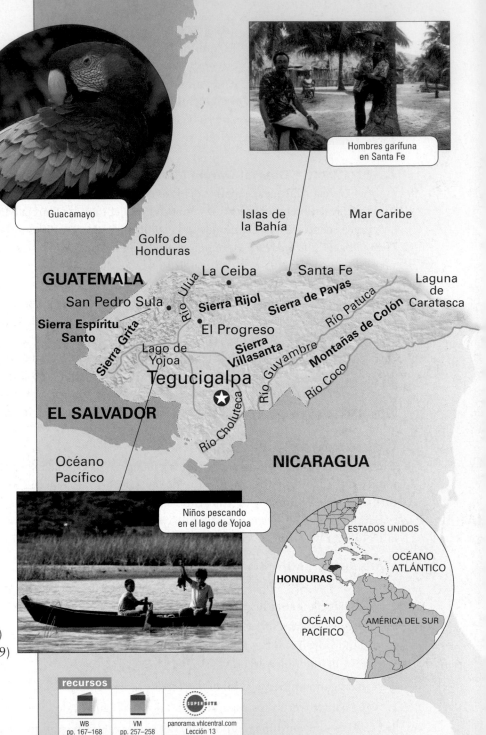

Guacamayo

Hombres garífuna en Santa Fe

Mar Caribe
Islas de la Bahía
Golfo de Honduras
GUATEMALA
Santa Fe
Laguna de Caratasca
La Ceiba
Río Ulúa
Sierra Rijol
Sierra de Payas
Río Patuca
San Pedro Sula
Sierra Espíritu Santo
Sierra Grita
El Progreso
Montañas de Colón
Lago de Yojoa
Sierra Villasanta
Río Guayambre
Tegucigalpa
Río Coco
EL SALVADOR
Río Choluteca
Océano Pacífico
NICARAGUA

Niños pescando en el lago de Yojoa

ESTADOS UNIDOS
OCÉANO ATLÁNTICO
HONDURAS
OCÉANO PACÍFICO
AMÉRICA DEL SUR

recursos
WB pp. 167–168
VM pp. 257–258
panorama.vhlcentral.com Lección 13

¡Increíble pero cierto!

Los presos° de la Penitenciaría Central de Tegucigalpa hacen objetos de madera°, hamacas° y hasta instrumentos musicales. Sus artesanías° son tan populares que los funcionarios de la prisión han abierto una pequeña tienda donde los turistas pueden regatear con este especial grupo de artesanos.

Lugares • Copán

Copán es una zona arqueológica muy importante de Honduras. Fue construida por los mayas y se calcula que en el año 400 d.C. albergaba a° una ciudad con más de 150 edificios y una gran cantidad de plazas, patios, templos y canchas° para el juego de pelota°. Las ruinas más famosas del lugar son los edificios adornados con esculturas pintadas a mano, los cetros° ceremoniales de piedra y el templo Rosalila.

Economía • Las plantaciones de bananas

Desde hace más de cien años, las bananas son la exportación principal de Honduras y han tenido un papel fundamental en su historia. En 1889, la Standard Fruit Company empezó a exportar bananas del país centroamericano hacia Nueva Orleans. Esta fruta resultó tan popular en los Estados Unidos que generó grandes beneficios° para esta compañía y para la United Fruit Company, otra empresa norteamericana. Estas trasnacionales intervinieron muchas veces en la política hondureña gracias al enorme poder° económico que alcanzaron° en la nación.

San Antonio de Oriente, 1957,
José Antonio Velásquez

Artes • José Antonio Velásquez (1906–1983)

José Antonio Velásquez fue un famoso pintor hondureño. Es catalogado como primitivista° porque sus obras° representan aspectos de la vida cotidiana. En la pintura° de Velásquez es notorio el énfasis en los detalles°, la falta casi total de los juegos de perspectiva y la pureza en el uso del color. Por todo ello, el artista ha sido comparado con importantes pintores europeos del mismo género° como Paul Gauguin o Emil Nolde.

¿Qué aprendiste? Responde a cada pregunta con una oración completa.

1. ¿Qué es el lempira?
2. ¿Por qué es famoso Copán?
3. ¿Dónde está el templo Rosalila?
4. ¿Cuál es la exportación principal de Honduras?
5. ¿Qué es la Standard Fruit Company?
6. ¿Cómo es el estilo de José Antonio Velásquez?

Conexión Internet Investiga estos temas en **panorama.vhlcentral.com**.

1. ¿Cuáles son algunas de las exportaciones principales de Honduras, además de las bananas? ¿A qué países exporta Honduras sus productos?
2. Busca información sobre Copán u otro sitio arqueológico en Honduras. En tu opinión, ¿cuáles son los aspectos más interesantes del sitio?

albergaba a *was home for* canchas *courts* juego de pelota *pre-Columbian ceremonial ball game* cetros *scepters* beneficios *profits* poder *power* alcanzaron *reached* primitivista *primitivist* obras *works* pintura *painting* detalles *details* género *genre*

La naturaleza

el árbol	tree
el bosque (tropical)	(tropical; rain) forest
el cielo	sky
el cráter	crater
el desierto	desert
la estrella	star
la flor	flower
la hierba	grass
el lago	lake
la luna	moon
la naturaleza	nature
la nube	cloud
la piedra	stone
la planta	plant
el río	river
la selva, la jungla	jungle
el sendero	trail; trailhead
el sol	sun
la tierra	land; soil
el valle	valley
el volcán	volcano

Los animales

el animal	animal
el ave, el pájaro	bird
el gato	cat
el perro	dog
el pez	fish
la vaca	cow

El medio ambiente

la conservación	conservation
la contaminación (del aire; del agua)	(air; water) pollution
la deforestación	deforestation
la ecología	ecology
el ecoturismo	ecotourism
la energía (nuclear, solar)	(nuclear, solar) energy
el envase	container
la extinción	extinction
el gobierno	government
la lata	(tin) can
la ley	law
la lluvia (ácida)	(acid) rain
el medio ambiente	environment
el peligro	danger
la población	population
el reciclaje	recycling
el recurso natural	natural resource
la solución	solution
cazar	to hunt
conservar	to conserve
contaminar	to pollute
controlar	to control
cuidar	to take care of
dejar de (+ inf.)	to stop (doing something)
desarrollar	to develop
descubrir	to discover
destruir	to destroy
estar afectado/a (por)	to be affected (by)
estar contaminado/a	to be polluted
evitar	to avoid
mejorar	to improve
proteger	to protect
reciclar	to recycle
recoger	to pick up
reducir	to reduce
resolver (o:ue)	to resolve; to solve
respirar	to breathe
de aluminio	(made) of aluminum
de plástico	(made) of plastic
de vidrio	(made) of glass
puro/a	pure

Las emociones

alegrarse (de)	to be happy
esperar	to hope; to wish
sentir (e:ie)	to be sorry; to regret
temer	to fear
es extraño	it's strange
es una lástima	it's a shame
es ridículo	it's ridiculous
es terrible	it's terrible
es triste	it's sad
ojalá (que)	I hope (that); I wish (that)

Las dudas y certezas

(no) creer	(not) to believe
(no) dudar	(not) to doubt
(no) negar (e:ie)	(not) to deny
es imposible	it's impossible
es improbable	it's improbable
es obvio	it's obvious
No cabe duda de	There is no doubt that…
No hay duda de	There is no doubt that…
(no) es cierto	it's (not) certain
(no) es posible	it's (not) possible
(no) es probable	it's (not) probable
(no) es seguro	it's (not) certain
(no) es verdad	it's (not) true

Conjunciones

a menos que	unless
antes (de) que	before
con tal (de) que	provided (that)
cuando	when
después de que	after
en caso (de) que	in case (that)
en cuanto	as soon as
hasta que	until
para que	so that
sin que	without
tan pronto como	as soon as

Expresiones útiles	See page 421.
Past participles used as adjectives	See page 438.

En la ciudad

Communicative Goals

You will learn how to:

- **Give advice to others**
- **Give and receive directions**
- **Discuss daily errands and city life**

A PRIMERA VISTA

- ¿Viven estas personas en un bosque, un pueblo o una ciudad?
- ¿Dónde están, en una calle o en un sendero?
- ¿Es posible que estén afectadas por la contaminación?
- ¿Está limpio o sucio el lugar donde están?

En la ciudad

Más vocabulario

la frutería	fruit store
la heladería	ice cream shop
la pastelería	pastry shop
la pescadería	fish market
la cuadra	(city) block
la dirección	address
la esquina	corner
el estacionamiento	parking lot
derecho	straight (ahead)
enfrente de	opposite; facing
hacia	toward
cruzar	to cross
doblar	to turn
hacer diligencias	to run errands
quedar	to be located
el cheque (de viajero)	(traveler's) check
la cuenta corriente	checking account
la cuenta de ahorros	savings account
ahorrar	to save (money)
cobrar	to cash (a check)
depositar	to deposit
firmar	to sign
llenar (un formulario)	to fill out (a form)
pagar a plazos	to pay in installments
pagar al contado, en efectivo	to pay in cash
pedir prestado/a	to borrow
pedir un préstamo	to apply for a loan
ser gratis	to be free of charge

Variación léxica

cuadra ←→ manzana (*Esp.*)

direcciones ←→ indicaciones (*Esp.*)

doblar ←→ girar; virar; voltear

hacer diligencias ←→ hacer mandados

la peluquería, el salón de belleza

el banco

el supermercado

la panadería

la joyería

el cajero automático

Da direcciones. (dar)

Está perdida. (estar)

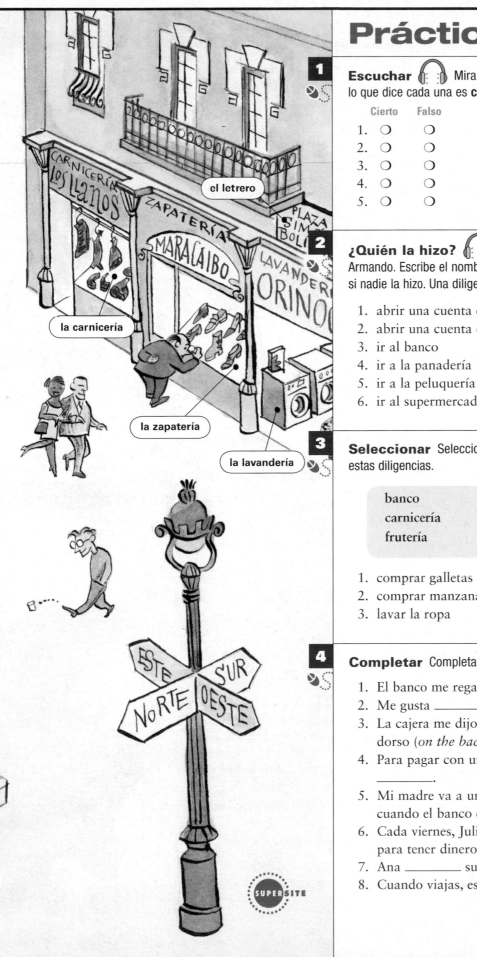

la carnicería

el letrero

la zapatería

la lavandería

Práctica SUPERSITE

1 **Escuchar** 🎧 Mira el dibujo. Luego escucha las oraciones e indica si lo que dice cada una es **cierto** o **falso**.

	Cierto	Falso		Cierto	Falso
1.	○	○	6.	○	○
2.	○	○	7.	○	○
3.	○	○	8.	○	○
4.	○	○	9.	○	○
5.	○	○	10.	○	○

2 **¿Quién la hizo?** 🎧 Escucha la conversación entre Telma y Armando. Escribe el nombre de la persona que hizo cada diligencia o una **X** si nadie la hizo. Una diligencia la hicieron los dos.

1. abrir una cuenta corriente
2. abrir una cuenta de ahorros
3. ir al banco
4. ir a la panadería
5. ir a la peluquería
6. ir al supermercado

3 **Seleccionar** Selecciona los lugares de la lista en los que haces estas diligencias.

banco	joyería	pescadería
carnicería	lavandería	salón de belleza
frutería	pastelería	zapatería

1. comprar galletas
2. comprar manzanas
3. lavar la ropa
4. comprar mariscos
5. comprar pollo
6. comprar sandalias

4 **Completar** Completa las oraciones con las palabras más adecuadas.

1. El banco me regaló un reloj. Fue _____.
2. Me gusta _____ dinero, pero no me molesta gastarlo.
3. La cajera me dijo que tenía que _____ el cheque en el dorso (*on the back*) para cobrarlo.
4. Para pagar con un cheque, necesito tener dinero en mi _____.
5. Mi madre va a un _____ para obtener dinero en efectivo cuando el banco está cerrado.
6. Cada viernes, Julio lleva su cheque al banco y lo _____ para tener dinero en efectivo.
7. Ana _____ su cheque en su cuenta de ahorros.
8. Cuando viajas, es buena idea llevar cheques _____.

SUPERSITE

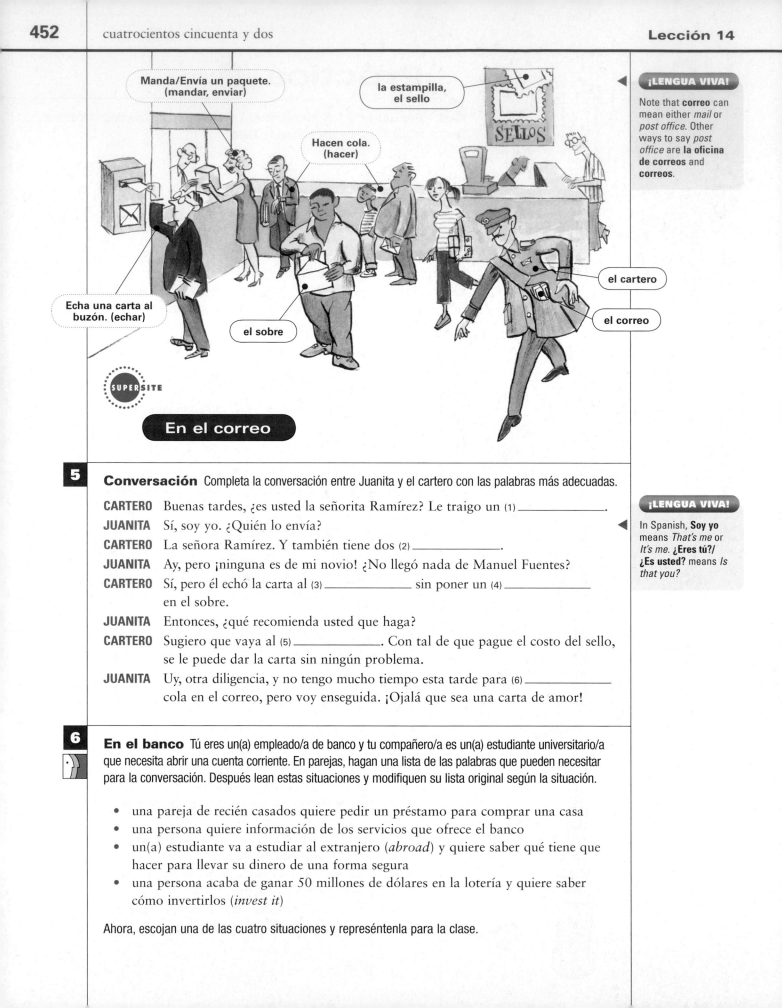

Manda/Envía un paquete.
(mandar, enviar)

la estampilla,
el sello

SELLOS

Hacen cola.
(hacer)

el cartero

el correo

Echa una carta al
buzón. (echar)

el sobre

SUPERSITE

En el correo

¡LENGUA VIVA!

Note that **correo** can mean either *mail* or *post office*. Other ways to say *post office* are **la oficina de correos** and **correos**.

---

5   **Conversación** Completa la conversación entre Juanita y el cartero con las palabras más adecuadas.

CARTERO   Buenas tardes, ¿es usted la señorita Ramírez? Le traigo un (1) _____.

JUANITA   Sí, soy yo. ¿Quién lo envía?

CARTERO   La señora Ramírez. Y también tiene dos (2) _____.

JUANITA   Ay, pero ¡ninguna es de mi novio! ¿No llegó nada de Manuel Fuentes?

CARTERO   Sí, pero él echó la carta al (3) _____ sin poner un (4) _____ en el sobre.

JUANITA   Entonces, ¿qué recomienda usted que haga?

CARTERO   Sugiero que vaya al (5) _____. Con tal de que pague el costo del sello, se le puede dar la carta sin ningún problema.

JUANITA   Uy, otra diligencia, y no tengo mucho tiempo esta tarde para (6) _____ cola en el correo, pero voy enseguida. ¡Ojalá que sea una carta de amor!

¡LENGUA VIVA!

In Spanish, **Soy yo** means *That's me* or *It's me*. **¿Eres tú?/ ¿Es usted?** means *Is that you?*

---

6   **En el banco** Tú eres un(a) empleado/a de banco y tu compañero/a es un(a) estudiante universitario/a que necesita abrir una cuenta corriente. En parejas, hagan una lista de las palabras que pueden necesitar para la conversación. Después lean estas situaciones y modifiquen su lista original según la situación.

- una pareja de recién casados quiere pedir un préstamo para comprar una casa
- una persona quiere información de los servicios que ofrece el banco
- un(a) estudiante va a estudiar al extranjero (*abroad*) y quiere saber qué tiene que hacer para llevar su dinero de una forma segura
- una persona acaba de ganar 50 millones de dólares en la lotería y quiere saber cómo invertirlos (*invest it*)

Ahora, escojan una de las cuatro situaciones y represéntenla para la clase.

Comunicación

7

Diligencias En parejas, decidan quién va a hacer cada diligencia y cuál es la manera más rápida de llegar a los diferentes lugares desde el campus.

AYUDA

Note these different meanings:

quedar *to be located; to be left over; to fit*

quedarse *to stay, to remain*

> **modelo**
>
> cobrar unos cheques
> **Estudiante 1:** *Yo voy a cobrar unos cheques. ¿Cómo llego al banco?*
> **Estudiante 2:** *Conduce hacia el norte hasta cruzar la calle Oak.*
> *El banco queda en la esquina a la izquierda.*

1. enviar un paquete
2. comprar botas nuevas
3. comprar un pastel de cumpleaños
4. lavar unas camisas
5. comprar helado
6. cortarte (*to cut*) el pelo

8

El Hatillo Trabajen en parejas para representar los papeles de un(a) turista que está perdido/a en El Hatillo y de un(a) residente de la ciudad que quiere ayudarlo/la.

NOTA CULTURAL

El Hatillo es una ciudad cerca de Caracas, popular por su arquitectura pintoresca, sus restaurantes y sus tiendas de artesanía.

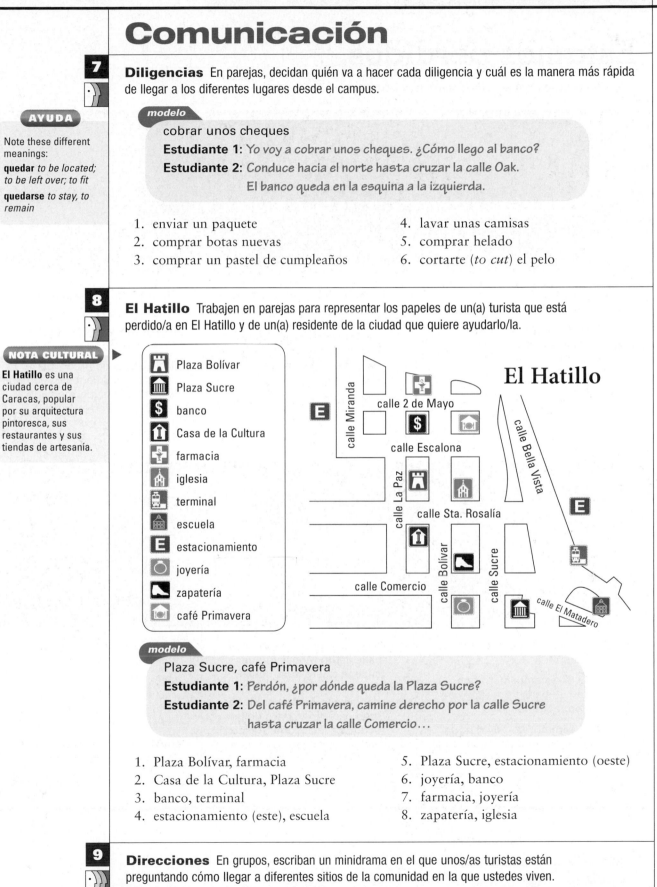

- Plaza Bolívar
- Plaza Sucre
- banco
- Casa de la Cultura
- farmacia
- iglesia
- terminal
- escuela
- estacionamiento
- joyería
- zapatería
- café Primavera

> **modelo**
>
> Plaza Sucre, café Primavera
> **Estudiante 1:** *Perdón, ¿por dónde queda la Plaza Sucre?*
> **Estudiante 2:** *Del café Primavera, camine derecho por la calle Sucre*
> *hasta cruzar la calle Comercio…*

1. Plaza Bolívar, farmacia
2. Casa de la Cultura, Plaza Sucre
3. banco, terminal
4. estacionamiento (este), escuela
5. Plaza Sucre, estacionamiento (oeste)
6. joyería, banco
7. farmacia, joyería
8. zapatería, iglesia

9

Direcciones En grupos, escriban un minidrama en el que unos/as turistas están preguntando cómo llegar a diferentes sitios de la comunidad en la que ustedes viven.

SUPERSITE

Estamos perdidos.

Maite y Álex hacen diligencias en el centro.

1

MARTÍN Y DON FRANCISCO Buenas tardes.

JAVIER Hola. ¿Qué tal? Estamos conversando sobre la excursión de mañana.

2

DON FRANCISCO ¿Ya tienen todo lo que necesitan? A todos los excursionistas yo siempre les recomiendo llevar zapatos cómodos, una mochila, gafas oscuras y un suéter por si hace frío.

JAVIER Todo listo, don Francisco.

3

MARTÍN Les aconsejo que traigan algo de comer.

ÁLEX Mmm... no pensamos en eso.

MAITE ¡Deja de preocuparte tanto, Álex! Podemos comprar algo en el supermercado ahora mismo. ¿Vamos?

6

JOVEN ¡Hola! ¿Puedo ayudarte en algo?

MAITE Sí, estamos perdidos. ¿Hay un banco por aquí con cajero automático?

JOVEN Mmm... no hay ningún banco en esta calle que tenga cajero automático.

7

JOVEN Pero conozco uno en la calle Pedro Moncayo que sí tiene cajero automático. Cruzas esta calle y luego doblas a la izquierda. Sigues todo derecho y antes de que lleguen a la Joyería Crespo van a ver un letrero grande del Banco del Pacífico.

8

MAITE También buscamos un supermercado.

JOVEN Pues, allí mismo enfrente del banco hay un supermercado pequeño. Fácil, ¿no?

MAITE Creo que sí. Muchas gracias por su ayuda.

recursos

VM pp. 221–222

SUPERSITE
panorama.vhlcentral.com
Lección 14

ÁLEX ¡Excelente idea! En cuanto termine mi café te acompaño.

MAITE Necesito pasar por el banco y por el correo para mandar unas cartas.

ÁLEX Está bien.

ÁLEX ¿Necesitan algo del centro?

INÉS ¡Sí! Cuando vayan al correo, ¿pueden echar estas postales al buzón? Además necesito unas estampillas.

ÁLEX Por supuesto.

MAITE Ten, guapa, tus sellos.

INÉS Gracias, Maite. ¿Qué tal les fue en el centro?

MAITE ¡Súper bien! Fuimos al banco y al correo. Luego en el supermercado compramos comida para la excursión. Y antes de regresar, paramos en una heladería.

MAITE ¡Ah! Y otra cosa. Cuando llegamos al centro conocimos a un joven muy simpático que nos dio direcciones. Era muy amable... ¡y muy guapo!

Expresiones útiles

Giving advice

- **Les recomiendo/Hay que llevar zapatos cómodos.**
  I recommend that you/It's necessary to wear comfortable shoes.
- **Les aconsejo que traigan algo de comer.**
  I advise you to bring something to eat.

Talking about errands

- **Necesito pasar por el banco.**
  I need to go by the bank.
  En cuanto termine mi café te acompaño.
  As soon as I finish my coffee, I'll go with you.

Getting directions

- **Estamos perdidos.**
  We're lost.
- **¿Hay un banco por aquí con cajero automático?**
  Is there a bank around here with an ATM?
  Crucen esta calle y luego doblen a la izquierda/derecha.
  Cross this street and then turn to the left/right.
  Sigan todo derecho.
  Go straight ahead.
  Antes de que lleguen a la joyería van a ver un letrero grande.
  Before you get to the jewelry store, you're going to see a big sign.
- **¿Por dónde queda el supermercado?**
  Where is the supermarket?
  Está a dos cuadras de aquí.
  It's two blocks from here.
  Queda en la calle Flores.
  It's on Flores Street.
  Pues, allí mismo enfrente del banco hay un supermercado.
  Well, right in front of the bank there is a supermarket.

¿Qué pasó? SUPERSITE

1

¿Cierto o falso? Decide si lo que dicen estas oraciones es **cierto** o **falso**. Corrige las oraciones falsas.

	Cierto	Falso
1. Don Francisco insiste en que los chicos lleven una cámara.	○	○
2. Inés escribió unas postales y ahora necesita mandarlas por correo.	○	○
3. El joven dice que el Banco del Atlántico tiene un cajero automático.	○	○
4. Enfrente del banco hay una heladería.	○	○

CONSULTA

To review the use of verbs like **insistir**, see **Estructura 12.4**, p. 398.

2

Ordenar Pon los eventos de la **Fotonovela** en el orden correcto.

a. Un joven ayuda a Álex y a Maite a encontrar el banco porque están perdidos. _____

b. Álex y Maite comen un helado. _____

c. Inés les da unas postales a Maite y a Álex para echar al buzón. _____

d. Maite y Álex van al banco y al correo. _____

e. Álex termina su café. _____

f. Maite y Álex van al supermercado y compran comida. _____

3

Otras diligencias En parejas, hagan una lista de las diligencias que Maite, Álex, Inés y Javier necesitan hacer para completar estas actividades.

1. ir de excursión
2. pedir una beca (*scholarship*)
3. visitar una nueva ciudad
4. abrir una cuenta corriente
5. celebrar el cumpleaños de Maite
6. comprar una nueva computadora portátil

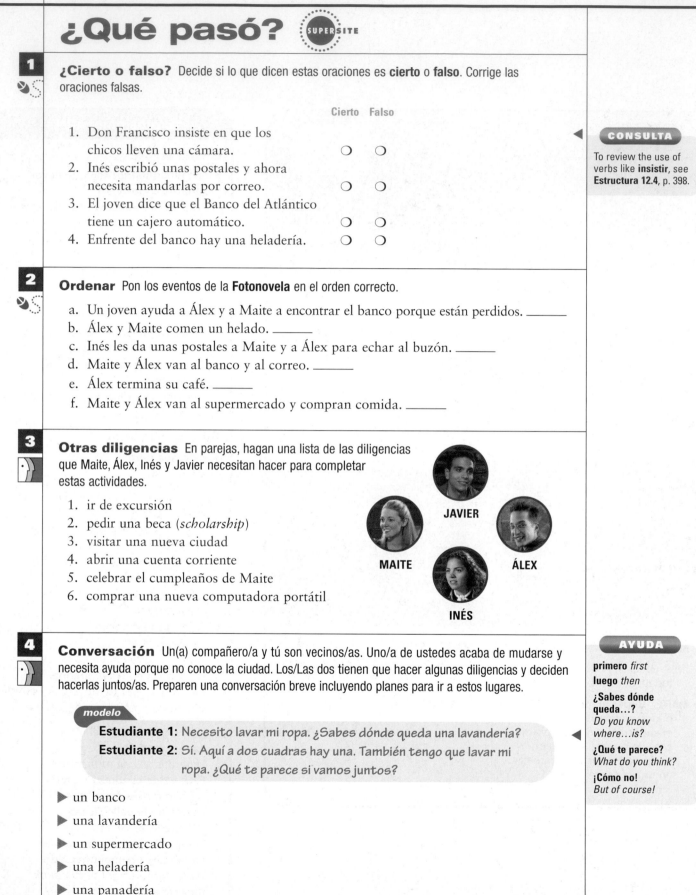

JAVIER

MAITE

ÁLEX

INÉS

4

Conversación Un(a) compañero/a y tú son vecinos/as. Uno/a de ustedes acaba de mudarse y necesita ayuda porque no conoce la ciudad. Los/Las dos tienen que hacer algunas diligencias y deciden hacerlas juntos/as. Preparen una conversación breve incluyendo planes para ir a estos lugares.

modelo

Estudiante 1: Necesito lavar mi ropa. ¿Sabes dónde queda una lavandería?

Estudiante 2: Sí. Aquí a dos cuadras hay una. También tengo que lavar mi ropa. ¿Qué te parece si vamos juntos?

▶ un banco

▶ una lavandería

▶ un supermercado

▶ una heladería

▶ una panadería

AYUDA

primero *first*
luego *then*
¿Sabes dónde queda…?
Do you know where…is?
¿Qué te parece?
What do you think?
¡Cómo no!
But of course!

Ortografía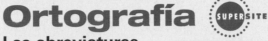
Las abreviaturas

In Spanish, as in English, abbreviations are often used in order to save space and time while writing. Here are some of the most commonly used abbreviations in Spanish.

---

usted ⟶ **Ud.**   **ustedes** ⟶ **Uds.**

As you have already learned, the subject pronouns **usted** and **ustedes** are often abbreviated.

---

don ⟶ **D.**   **doña** ⟶ **Dña.**   **doctor(a)** ⟶ **Dr(a).**
señor ⟶ **Sr.**   **señora** ⟶ **Sra.**   **señorita** ⟶ **Srta.**

These titles are frequently abbreviated.

---

centímetro ⟶ **cm**   **metro** ⟶ **m**   **kilómetro** ⟶ **km**
litro ⟶ **l**   **gramo** ⟶ **g, gr**   **kilogramo** ⟶ **kg**

The abbreviations for these units of measurement are often used, but without periods.

---

por ejemplo ⟶ **p. ej.**   **página(s)** ⟶ **pág(s).**

These abbreviations are often seen in books.

---

derecha ⟶ **dcha.**   **izquierda** ⟶ **izq., izqda.**
código postal ⟶ **C.P.**   **número** ⟶ **n.°**

These abbreviations are often used in mailing addresses.

Banco ⟶ **Bco.**   **Compañía** ⟶ **Cía.**
cuenta corriente ⟶ **c/c.**   **Sociedad Anónima (*Inc.*)** ⟶ **S.A.**

These abbreviations are frequently used in the business world.

Práctica   Escribe otra vez esta información usando las abreviaturas adecuadas.

1. doña María
2. señora Pérez
3. Compañía Mexicana de Inversiones
4. usted
5. Banco de Santander
6. doctor Medina
7. Código Postal 03697
8. cuenta corriente número 20-453

Emparejar   En la tabla hay nueve abreviaturas. Empareja los cuadros necesarios para formarlas.

S.	c.	C.	c	co.	U
B	c/	Sr	A.	D	dc
ta.	P.	ña.	ha.	m	d.

recursos

LM
p. 80

panorama.vhlcentral.com
Lección 14

EN DETALLE

Paseando en metro

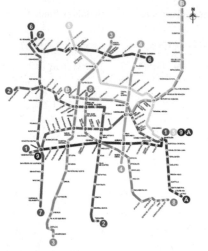

Hoy es el primer día de Teresa en la Ciudad de México. Debe tomar el metro para ir del centro de la ciudad a Coyoacán, en el sur. Llega a la estación Zócalo y compra un pasaje por el equivalente a dieciocho

centavos° de dólar, ¡qué ganga! Con este pasaje puede ir a cualquier° parte de la ciudad o del área metropolitana.

No sólo en México, sino también en ciudades de Venezuela, Chile, Argentina y España, hay sistemas de transporte público eficientes y muy económicos. También suele haber° varios tipos de transporte: autobús, metro, tranvía°, microbús y tren. Generalmente se pueden comprar abonos° de uno o varios días para un determinado tipo de transporte.

Metro de Barcelona

En algunas ciudades también existen abonos de transporte combinados que permiten usar, por ejemplo, el metro y el autobús o el autobús y el tren. En estas ciudades, los metros, autobuses y trenes pasan con mucha frecuencia. Las paradas° y estaciones están bien señalizadas°.

Vaya°, Teresa ya está llegando a Coyoacán. Con lo que ahorró en el pasaje del metro, puede comprarse un helado de mango y unos esquites° en el jardín Centenario.

El metro

El primer metro de Suramérica que se abrió al público fue el de Buenos Aires, Argentina (1° de diciembre de 1913); el último, el de Valparaíso, Chile (23 de noviembre de 2005).

Ciudad	Pasajeros/Día (aprox.)
México D.F., México	4.406.300
Madrid, España	2.400.000
Buenos Aires, Argentina	1.500.000
Santiago, Chile	1.500.000
Caracas, Venezuela	1.400.000
Medellín, Colombia	350.000
Guadalajara, México	161.910

---

centavos *cents* cualquier *any* suele haber *there usually are* tranvía *streetcar* abonos *passes* paradas *stops* señalizadas *labeled* Vaya *Well* esquites *toasted corn kernels*

ACTIVIDADES

1 **¿Cierto o falso?** Indica si lo que dice cada oración es **cierto** o **falso**. Corrige la información falsa.

1. En la Ciudad de México, el pasaje de metro cuesta 18 dólares.

2. En México, un pasaje se puede usar sólo para ir al centro de la ciudad.

3. Los trenes, autobuses y metros pasan con mucha frecuencia.

4. En Venezuela, Chile, Argentina y España hay varios tipos de transporte.

5. En ningún caso los abonos de transporte sirven para más de un tipo de transporte.

6. Hay pocos letreros en las paradas y estaciones.

7. Los dos metros en los que viaja más gente cada día están en México y España.

8. El metro que lleva menos tiempo en servicio es el de Medellín, Colombia.

ASÍ SE DICE

En la ciudad

el aparcamiento (Esp.); el parqueadero (Col., Pan.); el parqueo (Bol., Cuba, Amér. C.)	el estacionamiento
dar un aventón (Méx.); dar botella (Cuba); dar un chance (Col.)	*to give (someone) a ride*
el subterráneo, el subte (Arg.)	el metro

EL MUNDO HISPANO

Apodos° de ciudades

Así como Nueva York es la Gran Manzana, muchas ciudades hispanas tienen un apodo.

○ **La tacita de plata°** A Cádiz, España, se le llama así por sus edificios blancos de estilo árabe.

○ **Ciudad de la eterna primavera** Arica, Chile; Cuernavaca, México, y Medellín, Colombia, llevan este sobrenombre por su clima templado° durante todo el año.

○ **La docta°** Así se conoce a la ciudad argentina de Córdoba por su gran tradición universitaria.

○ **La ciudad de los reyes** Así se conoce Lima, Perú, porque fue la capital del Virreinato° del Perú y allí vivían los virreyes°.

○ **Curramba la Bella** A Barranquilla, Colombia, se le llama así por su gente alegre y espíritu carnavalesco.

Apodos *Nicknames* plata *silver* templado *mild* docta *erudite* Virreinato *Viceroyalty* virreyes *viceroys*

PERFIL

Luis Barragán: arquitectura y emoción

Para el arquitecto mexicano **Luis Barragán** (1902–1988) los sentimientos° y emociones que despiertan sus diseños eran muy importantes. Afirmaba° que la arquitectura tiene una dimensión espiritual. Para él, era belleza, inspiración, magia°, serenidad, misterio, silencio, privacidad, asombro°...

Las obras de Barragán muestran un suave° equilibrio entre la naturaleza y la creación humana. Su estilo también combina características de la arquitectura tradicional mexicana con conceptos modernos. Una

característica de sus casas son las paredes envolventes° de diferentes colores con muy pocas ventanas.

En 1980, Barragán obtuvo° el Premio Pritzker, algo así como el Premio Nobel de Arquitectura. Está claro que este artista logró° que sus casas transmitieran sentimientos especiales.

Casa Barragán, Ciudad de México, 1947-1948

sentimientos *feelings* Afirmaba *He stated* magia *magic* asombro *amazement* suave *smooth* envolventes *enveloping* obtuvo *received* logró *managed*

Conexión Internet

¿Qué otros arquitectos combinan las construcciones con la naturaleza?

Go to **panorama.vhlcentral.com** to find more cultural information related to this **Cultura** section.

ACTIVIDADES

2 **Comprensión** Responde a las preguntas.

1. ¿En qué país estás si te dicen "Dame un chance al parqueadero"?
2. ¿Qué ciudades tienen clima templado todo el año?
3. ¿Qué es más importante en los diseños de Barragán: la naturaleza o la creación humana?
4. ¿Qué premio obtuvo Barragán y cuándo?

3 **¿Qué ciudad te gusta?** Escribe un párrafo breve sobre el sentimiento que despiertan las construcciones que hay en una ciudad o un pueblo que te guste mucho. Explica cómo es el lugar y cómo te sientes cuando estás allí. Inventa un apodo para este lugar.

recursos

panorama.vhlcentral.com
Lección 14

14.1 The subjunctive in adjective clauses · SUPERSITE

ANTE TODO In **Lección 13**, you learned that the subjunctive is used in adverbial clauses after certain conjunctions. You will now learn how the subjunctive can be used in adjective clauses to express that the existence of someone or something is uncertain or indefinite.

> ¿Hay un banco por aquí que tenga cajero automático?

> No hay ningún banco en esta calle que tenga cajero automático.

▶ The subjunctive is used in an adjective (or subordinate) clause that refers to a person, place, thing, or idea that either does not exist or whose existence is uncertain or indefinite. In the examples below, compare the differences in meaning between the statements using the indicative and those using the subjunctive.

> **¡ATENCIÓN!**
>
> Adjective clauses are subordinate clauses that modify a noun or pronoun in the main clause of a sentence. That noun or pronoun is called the *antecedent*.

Indicative	Subjunctive
Necesito **el libro** que **tiene** información sobre Venezuela.	Necesito **un libro** que **tenga** información sobre Venezuela.
*I need **the book** that has information about Venezuela.*	*I need **a book** that has information about Venezuela.*
Quiero vivir en **esta casa** que **tiene** jardín.	Quiero vivir en **una casa** que **tenga** jardín.
*I want to live in **this house** that has a garden.*	*I want to live in **a house** that has a garden.*
En mi barrio, hay **una heladería** que **vende** helado de mango.	En mi barrio no hay **ninguna heladería** que **venda** helado de mango.
*In my neighborhood, **there's an ice cream store** that sells mango ice cream.*	*In my neighborhood, **there are no ice cream stores** that sell mango ice cream.*

▶ When the adjective clause refers to a person, place, thing, or idea that is clearly known, certain, or definite, the indicative is used.

Quiero ir **al supermercado** que **vende** productos venezolanos.
I want to go to the supermarket that sells Venezuelan products.

Busco **al profesor** que **enseña** japonés.
I'm looking for the professor who teaches Japanese.

Conozco **a alguien** que **va** a esa peluquería.
I know someone who goes to that beauty salon.

Tengo **un amigo** que **vive** cerca de mi casa.
I have a friend who lives near my house.

▶ The personal **a** is not used with direct objects that are hypothetical people. However, as you learned in **Lección 7**, **alguien** and **nadie** are always preceded by the personal **a** when they function as direct objects.

Necesitamos **un empleado** que **sepa** usar computadoras. *We need an employee who knows how to use computers.*	Necesitamos **al empleado** que **sabe** usar computadoras. *We need the employee who knows how to use computers.*
Buscamos **a alguien** que **pueda** cocinar. *We're looking for someone who can cook.*	No conocemos **a nadie** que **pueda** cocinar. *We don't know anyone who can cook.*

▶ The subjunctive is commonly used in questions with adjective clauses when the speaker is trying to find out information about which he or she is uncertain. However, if the person who responds to the question knows the information, the indicative is used.

—¿Hay un parque que **esté** cerca de nuestro hotel? *Is there a park that's near our hotel?*	—Sí, hay un parque que **está** muy cerca del hotel. *Yes, there's a park that's very near the hotel.*

▶ **¡Atención!** Here are some verbs which are commonly followed by adjective clauses in the subjunctive:

Words commonly used with subjunctive

buscar	**haber**
conocer	**necesitar**
encontrar	**querer**

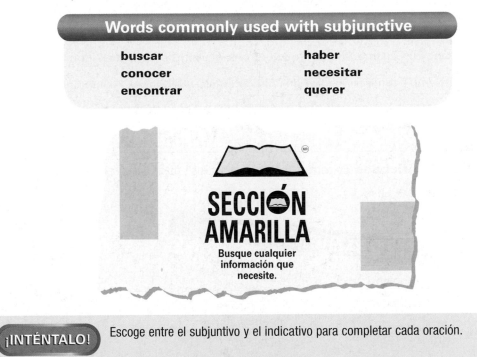

SECCIÓN AMARILLA

Busque cualquier información que necesite.

¡INTÉNTALO! Escoge entre el subjuntivo y el indicativo para completar cada oración.

1. Necesito una persona que _____pueda_____ (puede/pueda) cantar bien.
2. Buscamos a alguien que _____ (tiene/tenga) paciencia.
3. ¿Hay restaurantes aquí que _____ (sirven/sirvan) comida japonesa?
4. Tengo una amiga que _____ (saca/saque) fotografías muy bonitas.
5. Hay una carnicería que _____ (está/esté) cerca de aquí.
6. No vemos ningún apartamento que nos _____ (interesa/interese).
7. Conozco a un estudiante que _____ (come/coma) hamburguesas todos los días.
8. ¿Hay alguien que _____ (dice/diga) la verdad?

Práctica ⬤SUPERSITE

1 **Completar** Completa estas oraciones con la forma correcta del indicativo o del subjuntivo de los verbos entre paréntesis.

1. Buscamos un hotel que _____ (tener) piscina.
2. ¿Sabe usted dónde _____ (quedar) el Correo Central?
3. ¿Hay algún buzón por aquí donde yo _____ (poder) echar una carta?
4. Ana quiere ir a la carnicería que _____ (estar) en la avenida Lecuna.
5. Encontramos un restaurante que _____ (servir) comida venezolana típica.
6. ¿Conoces a alguien que _____ (saber) mandar un *fax* por computadora?
7. Necesitas al empleado que _____ (entender) este nuevo programa de computación.
8. No hay nada en este mundo que _____ (ser) gratis.

2 **Oraciones** Marta está haciendo diligencias en Caracas con una amiga. Forma oraciones con estos elementos, usando el presente del indicativo o del subjuntivo. Haz los cambios que sean necesarios.

1. yo / conocer / un / panadería / que / vender / pan / cubano
2. ¿hay / alguien / que / saber / dirección / de / un / buen / carnicería?
3. yo / querer / comprarle / mi / hija / un / zapatos / que / gustar
4. ella / no / encontrar / nada / que / gustar / en / ese / zapatería
5. ¿tener / dependientas / algo / que / ser / más / barato?
6. ¿conocer / tú / alguno / banco / que / ofrecer / cuentas / corrientes / gratis?
7. nosotras / no / conocer / nadie / que / hacer / tanto / diligencias / como / nosotras
8. nosotras / necesitar / un / línea / de / metro / que / nos / llevar / a / casa

NOTA CULTURAL

El **metro** de Caracas empezó a funcionar en 1983, después de varios años de intensa publicidad para promoverlo (*promote it*). El arte fue un recurso importante en la promoción del metro. En las estaciones se pueden admirar obras (*works*) de famosos escultores venezolanos como Carlos Cruz-Diez y Jesús Rafael Soto.

3 **Anuncios clasificados** En parejas, lean estos anuncios y luego describan el tipo de persona u objeto que se busca.

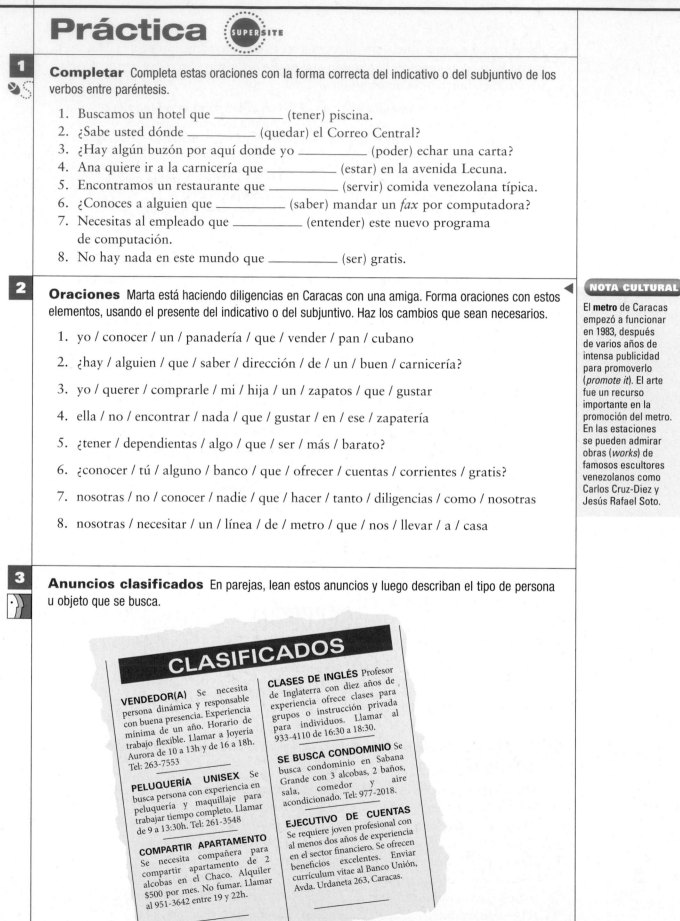

CLASIFICADOS

VENDEDOR(A) Se necesita persona dinámica y responsable con buena presencia. Experiencia mínima de un año. Horario de trabajo flexible. Llamar a Joyería Aurora de 10 a 13h y de 16 a 18h. Tel: 263-7553

PELUQUERÍA UNISEX Se busca persona con experiencia en peluquería y maquillaje para trabajar tiempo completo. Llamar de 9 a 13:30h. Tel: 261-3548

COMPARTIR APARTAMENTO Se necesita compañera para compartir apartamento de 2 alcobas en el Chaco. Alquiler $500 por mes. No fumar. Llamar al 951-3642 entre 19 y 22h.

CLASES DE INGLÉS Profesor de Inglaterra con diez años de experiencia ofrece clases para grupos o instrucción privada para individuos. Llamar al 933-4110 de 16:30 a 18:30.

SE BUSCA CONDOMINIO Se busca condominio en Sabana Grande con 3 alcobas, 2 baños, sala, comedor y aire acondicionado. Tel: 977-2018.

EJECUTIVO DE CUENTAS Se requiere joven profesional con al menos dos años de experiencia en el sector financiero. Se ofrecen beneficios excelentes. Enviar currículum vitae al Banco Unión, Avda. Urdaneta 263, Caracas.

Comunicación

4

Subjuntivo Completa estas frases de una manera lógica. Luego, compara tus respuestas con las de un(a) compañero/a.

1. Deseo un trabajo (*job*) que…
2. Algún día espero tener un apartamento (una casa) que…
3. Mis padres buscan un carro que…, pero yo quiero un carro que…
4. Tengo un(a) novio/a que…
5. Un(a) consejero/a (*advisor*) debe ser una persona que…
6. Me gustaría (*I would like*) conocer a alguien que…
7. En esta clase no hay nadie que…
8. No tengo ningún profesor que…

5

Encuesta Tu profesor(a) va a darte una hoja de actividades. Circula por la clase y pregúntales a tus compañeros/as si conocen a alguien que haga cada actividad de la lista. Si responden que sí, pregúntales quién es y anota sus respuestas. Luego informa a la clase de los resultados de tu encuesta.

> **modelo**
>
> trabajar en un supermercado
> **Estudiante 1:** ¿Conoces a alguien que trabaje en un supermercado?
> **Estudiante 2:** Sí, conozco a alguien que trabaja en un supermercado.
> Es mi hermano menor.

Actividades	Nombres	Respuestas
1. dar direcciones buenas		
2. hablar japonés		
3. graduarse este año		
4. necesitar un préstamo		
5. pedir prestado un carro		
6. odiar ir de compras		
7. ser venezolano/a		
8. manejar una motocicleta		
9. trabajar en una zapatería		
10. no tener tarjeta de crédito		

Síntesis

6

Busca los cuatro Tu profesor(a) te va a dar una hoja con ocho anuncios clasificados y a tu compañero/a otra hoja con ocho anuncios distintos a los tuyos. Háganse preguntas para encontrar los cuatro anuncios de cada hoja que tienen su respuesta en la otra.

> **modelo**
>
> **Estudiante 1:** ¿Hay alguien que necesite una alfombra?
> **Estudiante 2:** No, no hay nadie que necesite una alfombra.

14.2 Nosotros/as commands

ANTE TODO   You have already learned familiar (**tú**) commands and formal (**usted/ustedes**) commands. You will now learn **nosotros/as** commands, which are used to give orders or suggestions that include yourself and other people.

▶ **Nosotros/as** commands correspond to the English *Let's*.

Nosotros/as commands

Infinitive	Nosotros/as form of present subjunctive	Nosotros/as command
cruzar	crucemos	(no) crucemos
comer	comamos	(no) comamos
escribir	escribamos	(no) escribamos
pedir	pidamos	(no) pidamos
salir	salgamos	(no) salgamos
volver	volvamos	(no) volvamos

▶ As the chart shows, both affirmative and negative **nosotros/as** commands are generally formed by using the first-person plural form of the present subjunctive.

Crucemos la calle.   **No crucemos** la calle.
Let's cross the street.   *Let's not cross the street.*

▶ The affirmative *Let's* + [verb] command may also be expressed with **vamos a** + [infinitive]. Remember, however, that **vamos a** + [infinitive] can also mean *we are going to (do something)*. Context and tone of voice determine which meaning is being expressed.

Vamos a cruzar la calle.   **Vamos a trabajar** mucho.
Let's cross the street.   *We're going to work a lot.*

▶ To express *Let's go*, the present indicative form of **ir** (**vamos**) is used, not the subjunctive. For the negative command, however, the subjunctive is used.

Vamos a la pescadería.   No **vayamos** a la pescadería.
Let's go to the fishmarket.   *Let's not go to the fish market.*

CONSULTA

Remember that stem-changing –**ir** verbs have an additional stem change in the **nosotros/as** and **vosotros/as** forms of the present subjunctive. To review these forms, see **Estructura 12.3**, p. 395.

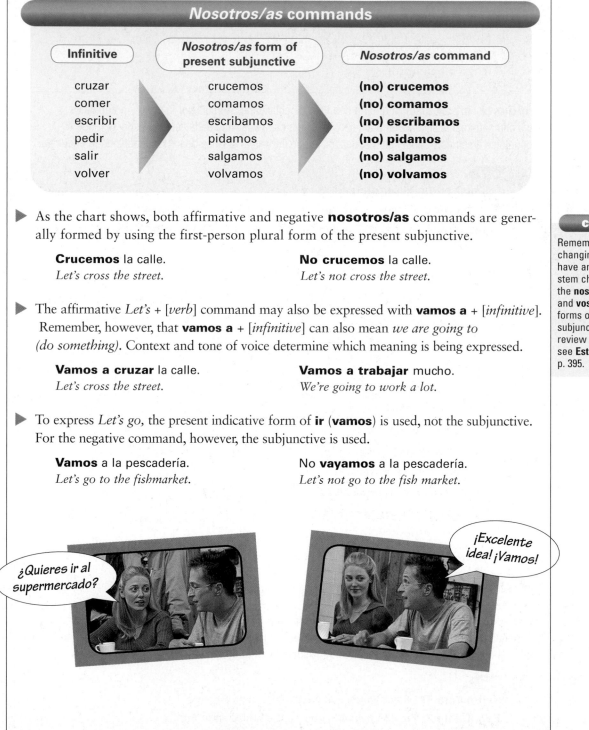

▶ Object pronouns are always attached to affirmative **nosotros/as** commands. A written accent is added to maintain the original stress.

Firmemos el cheque. ⟶ **Firmémoslo.**
Let's sign the check. *Let's sign it.*

Escribamos a Ana y Raúl. ⟶ **Escribámosles.**
Let's write Ana and Raúl. *Let's write them.*

▶ Object pronouns are placed in front of negative **nosotros/as** commands.

No **les paguemos** el préstamo. No **se lo digamos** a ellos.
Let's not pay them the loan. *Let's not tell them.*

No **lo compremos.** No **se la presentemos.**
Let's not buy it. *Let's not introduce her.*

▶ When **nos** or **se** is attached to an affirmative **nosotros/as** command, the final **–s** is dropped from the verb ending.

Sentémonos allí. **Démoselo** a ella.
Let's sit there. *Let's give it to her.*

▶ The **nosotros/as** command form of **irse** (*to go away*) is **vámonos**. Its negative form is **no nos vayamos**.

¡Vámonos de vacaciones! **No nos vayamos** de aquí.
Let's go away on vacation! *Let's not go away from here.*

¡Hagamos un viaje!

¡Compremos un caballo!

¡Pidamos un préstamo!

BANCOSUR. LLÁMANOS.

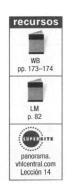

¡INTÉNTALO! Indica los mandatos afirmativos y negativos de la primera persona del plural (**nosotros/as**) de estos verbos.

1. estudiar ___estudiemos, no estudiemos___
2. cenar _____
3. leer _____
4. decidir _____
5. decir _____
6. cerrar _____

7. levantarse _____
8. irse _____
9. depositar _____
10. quedarse _____
11. pedir _____
12. vestirse _____

Práctica

1

Completar Completa esta conversación con mandatos usando **nosotros/as.** Luego, representa la conversación con un(a) compañero/a.

MARÍA Sergio, ¿quieres hacer diligencias ahora o por la tarde?

SERGIO No (1)_____ (dejarlas) para más tarde. (2)_____ (Hacerlas) ahora. ¿Qué tenemos que hacer?

MARÍA Necesito comprar sellos.

SERGIO Yo también. (3)_____ (Ir) al correo.

MARÍA Pues, antes de ir al correo, necesito sacar dinero de mi cuenta corriente.

SERGIO Bueno, (4)_____ (buscar) un cajero automático.

MARÍA ¿Tienes hambre?

SERGIO Sí. (5)_____ (Cruzar) la calle y (6)_____ (entrar) en ese café.

MARÍA Buena idea.

SERGIO ¿Nos sentamos aquí?

MARÍA No, no (7)_____ (sentarse) aquí; (8)_____ (sentarse) enfrente de la ventana.

SERGIO ¿Qué pedimos?

MARÍA (9)_____ (Pedir) café y pan dulce.

2

Responder Responde a cada mandato usando **nosotros/as** según las indicaciones. Sustituye los sustantivos por los objetos directos e indirectos.

> **modelo**
> Vamos a vender el carro.
> Sí, vendámoslo.
> No, no los vendamos.

1. Vamos a levantarnos a las seis. (Sí)

2. Vamos a enviar los paquetes. (No)

3. Vamos a depositar el cheque. (Sí)

4. Vamos al supermercado. (No)

5. Vamos a mandar esta tarjeta postal a nuestros amigos. (No)

6. Vamos a limpiar la habitación. (Sí)

7. Vamos a mirar la televisión. (No)

8. Vamos a bailar. (Sí)

9. Vamos a pintar la sala. (No)

10. Vamos a comprar estampillas. (Sí)

Comunicación

3 **Preguntar** Tú y tu compañero/a están de vacaciones en Caracas y se hacen sugerencias para resolver las situaciones que se presentan. Inventen mandatos afirmativos o negativos de **nosotros/as.**

modelo

Se nos olvidaron las tarjetas de crédito.
Paguemos en efectivo./No compremos más regalos.

A

1. El museo está a sólo una cuadra de aquí.
2. Tenemos hambre.
3. Hay mucha cola en el cine.

B

1. Tenemos muchos cheques de viajero.
2. Tenemos prisa para llegar al cine.
3. Estamos cansados y queremos dormir.

4 **Decisiones** Trabajen en grupos pequeños. Ustedes están en Caracas por dos días. Lean esta página de una guía turística sobre la ciudad y decidan qué van a hacer hoy por la mañana, por la tarde y por la noche. Hagan oraciones con mandatos afirmativos o negativos de **nosotros/as.**

modelo

Visitemos el Museo de Arte Contemporáneo Sofía Imber esta tarde. Quiero ver las esculturas de Jesús Rafael Soto.

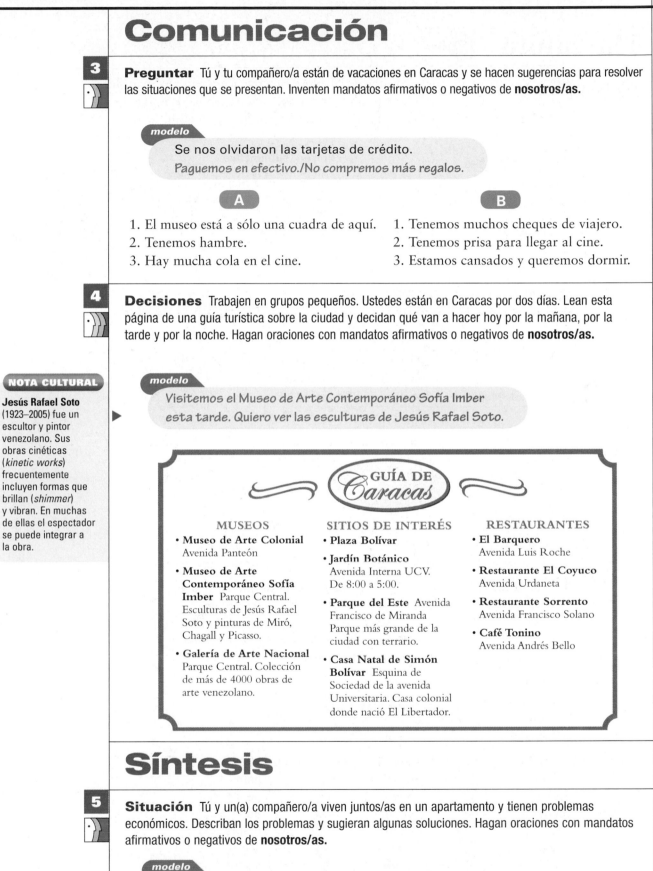

GUÍA DE Caracas

MUSEOS
- **Museo de Arte Colonial** Avenida Panteón
- **Museo de Arte Contemporáneo Sofía Imber** Parque Central. Esculturas de Jesús Rafael Soto y pinturas de Miró, Chagall y Picasso.
- **Galería de Arte Nacional** Parque Central. Colección de más de 4000 obras de arte venezolano.

SITIOS DE INTERÉS
- **Plaza Bolívar**
- **Jardín Botánico** Avenida Interna UCV. De 8:00 a 5:00.
- **Parque del Este** Avenida Francisco de Miranda Parque más grande de la ciudad con terrario.
- **Casa Natal de Simón Bolívar** Esquina de Sociedad de la avenida Universitaria. Casa colonial donde nació El Libertador.

RESTAURANTES
- **El Barquero** Avenida Luis Roche
- **Restaurante El Coyuco** Avenida Urdaneta
- **Restaurante Sorrento** Avenida Francisco Solano
- **Café Tonino** Avenida Andrés Bello

Síntesis

5 **Situación** Tú y un(a) compañero/a viven juntos/as en un apartamento y tienen problemas económicos. Describan los problemas y sugieran algunas soluciones. Hagan oraciones con mandatos afirmativos o negativos de **nosotros/as.**

modelo

Es importante que reduzcamos nuestros gastos (*expenses*).
Hagamos un presupuesto (*budget*).

14.3 The future

ANTE TODO You have already learned ways of expressing the near future in Spanish. You will now learn how to form and use the future tense. Compare the different ways of expressing the future in Spanish and English.

Present indicative

Voy al cine mañana.
I'm going to the movies tomorrow.

Present subjunctive

Ojalá **vaya al cine** mañana.
I hope I will go to the movies tomorrow.

ir a + [*infinitive*]

Voy a ir al cine.
I'm going to go to the movies.

Future

Iré al cine.
I will go to the movies.

CONSULTA

To review **ir a** + [*infinitive*], see **Estructura 4.1**, p. 118.

Future tense

		estudiar	aprender	recibir
SINGULAR FORMS	yo	estudiar**é**	aprender**é**	recibir**é**
	tú	estudiar**ás**	aprender**ás**	recibir**ás**
	Ud./él/ella	estudiar**á**	aprender**á**	recibir**á**
PLURAL FORMS	nosotros/as	estudiar**emos**	aprender**emos**	recibir**emos**
	vosotros/as	estudiar**éis**	aprender**éis**	recibir**éis**
	Uds./ellos/ellas	estudiar**án**	aprender**án**	recibir**án**

▶ In Spanish, the future is a simple tense that consists of one word, whereas in English it is made up of the auxiliary verb *will* or *shall*, and the main verb. **¡Atención!** Note that all of the future endings have a written accent except the **nosotros/as** form.

> ¿Cuándo **recibirás** la carta?
> *When will you receive the letter?*

> Mañana **aprenderemos** más.
> *Tomorrow we will learn more.*

▶ The future endings are the same for regular and irregular verbs. For regular verbs, simply add the endings to the infinitive. For irregular verbs, add the endings to the irregular stem.

Irregular verbs in the future

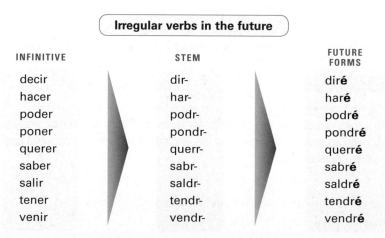

INFINITIVE	STEM	FUTURE FORMS
decir	dir-	dir**é**
hacer	har-	har**é**
poder	podr-	podr**é**
poner	pondr-	pondr**é**
querer	querr-	querr**é**
saber	sabr-	sabr**é**
salir	saldr-	saldr**é**
tener	tendr-	tendr**é**
venir	vendr-	vendr**é**

▶ The future of **hay** (*inf.* **haber**) is **habrá** (*there will be*).

La próxima semana **habrá**
un nuevo director.
Next week there will be
a new director.

Habrá más formularios en
el correo.
There will be more forms at
the post office.

▶ Although the English word *will* can refer to future time, it also refers to someone's willingness to do something. In this case, Spanish uses **querer** + [*infinitive*], not the future tense.

¿Quieres llamarme,
por favor?
Will you please call me?

¿Quieren ustedes escucharnos,
por favor?
Will you please listen to us?

COMPARE & CONTRAST

In Spanish, the future tense has an additional use: expressing conjecture or probability. English sentences involving expressions such as *I wonder, I bet, must be, may, might,* and *probably* are often translated into Spanish using the *future of probability.*

—¿Dónde **estarán** mis llaves?
I wonder where my keys are.

—¿Qué hora **será**?
What time can it be? (I wonder
what time it is.)

—**Estarán** en la cocina.
They're probably in the kitchen.

—**Serán** las once o las doce.
It must be (It's probably) eleven
or twelve.

Note that although the future tense is used, these verbs express conjecture about *present* conditions, events, or actions.

CONSULTA

To review these
conjunctions
of time, see
Estructura 13.3,
p. 435.

▶ The future may also be used in the main clause of sentences in which the present subjunctive follows a conjunction of time such as **cuando, después (de) que, en cuanto, hasta que,** and **tan pronto como.**

Cuando llegues a casa,
hablaremos.
When you get home,
we will talk.

Nos verás en cuanto entres
en la cafetería.
You'll see us as soon as you enter
the cafeteria.

¡INTÉNTALO!   Conjuga los verbos entre paréntesis en futuro.

1. (dejar, correr, pedir) yo _____ *dejaré, correré, pediré* _____
2. (cobrar, beber, vivir) tú _____
3. (hacer, poner, venir) Lola _____
4. (tener, decir, querer) nosotros _____
5. (ir, ser, estar) ustedes _____
6. (firmar, comer, repetir) usted _____
7. (saber, salir, poder) yo _____
8. (encontrar, jugar, servir) tú _____

recursos

WB
pp. 175–176

LM
p. 83

SUPERSITE
panorama.
vhlcentral.com
Lección 14

Práctica SUPERSITE

1

Planes Celia está hablando de sus planes. Repite lo que dice, usando el tiempo futuro.

> **modelo**
>
> Hoy voy a hacer unas compras.
> Hoy haré unas compras.

1. Voy a pasar por el banco a cobrar un cheque.
2. Mi hermana va a venir conmigo al supermercado.
3. Vamos a buscar las mejores rebajas.
4. Voy a comprarme unas botas.
5. Después voy a volver a casa y me voy a duchar.
6. Seguramente mis amigos me van a llamar para salir esta noche.

2

¿Quién será? En parejas, imaginen que están en un café y ven entrar a un hombre o una mujer. Imaginen cómo será su vida y utilicen el futuro de probabilidad en su conversación. Usen estas preguntas como guía y después lean su conversación delante de la clase.

> **modelo**
>
> **Estudiante 1:** ¿Será simpático?
> **Estudiante 2:** Creo que no, está muy serio. Será antipático.

- ¿Estará soltero/a?
- ¿Cuántos años tendrá?
- ¿Vivirá por aquí cerca?
- ¿Será famoso/a?

- ¿Será de otro país?
- ¿Con quién vivirá?
- ¿Estará esperando a alguien?
  ¿A quién?

3

¿Qué pasará? Imagina que tienes que adivinar (to predict) el futuro de tu compañero/a. En parejas, túrnense para hablar sobre cada una de estas categorías usando el futuro.

> **modelo**
>
> **Estudiante 1:** ¿Seré rico? ¿Tendré una casa grande?
> **Estudiante 2:** Mmm... tendrás muy poco dinero durante los próximos cinco años, pero después serás muy, muy rico con una casa enorme. Luego te mudarás a una isla desierta (deserted) donde conocerás a...

▶ Amor
▶ Dinero
▶ Salud
▶ Trabajo
▶ Vivienda

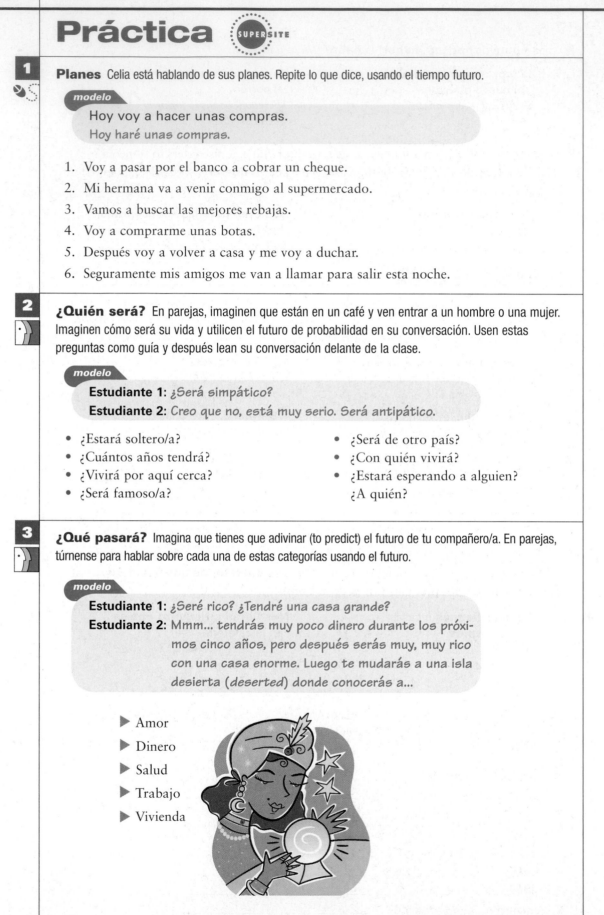

Comunicación

4

Conversar Tú y tu compañero/a viajarán a la República Dominicana por siete días. En parejas, indiquen lo que harán y no harán. Digan dónde, cómo, con quién o en qué fechas lo harán, usando el anuncio (ad) como guía. Pueden usar sus propias ideas también.

> **modelo**
>
> **Estudiante 1:** ¿Qué haremos el martes?
> **Estudiante 2:** Visitaremos el Jardín Botánico.
> **Estudiante 1:** Pues, tú visitarás el Jardín Botánico y yo caminaré por el Mercado Modelo.

NOTA CULTURAL

En la **República Dominicana** está el punto más alto y el más bajo de las Antillas. El Pico Duarte mide (*measures*) 3.175 metros y el lago Enriquillo está a 45 metros bajo el nivel del mar (*sea level*).

¡Bienvenido a la República Dominicana!

Se divertirá desde el momento en que llegue al **Aeropuerto Internacional de las Américas**.

• Visite la ciudad colonial de **Santo Domingo** con su interesante arquitectura.
• Vaya al **Jardín Botánico** y disfrute de nuestra abundante naturaleza.
• En el **Mercado Modelo** no va a

poder resistir la tentación de comprar artesanías.
• No deje de escalar la montaña del **Pico Duarte** (se recomiendan 3 días).
• ¿Le gusta bucear? **Cabarete** tiene todo el equipo que usted necesita.
• ¿Desea nadar? **Punta Cana** le ofrece hermosas playas.

5

Planear En grupos pequeños, imaginen que están haciendo planes para empezar un negocio (*business*). Elijan una de las opciones y usen las preguntas como guía. Finalmente, presenten su plan a la clase.

> un supermercado　　　un salón de belleza　　　una heladería

1. ¿Cómo se llamará?
2. ¿Cuánta gente trabajará en este lugar? ¿Qué hará cada persona?
3. ¿En qué parte de la ciudad estará? ¿Cómo llegará la gente?
4. ¿Quién será el/la director(a)? ¿Por qué?
5. ¿Van a necesitar un préstamo? ¿Cómo lo pedirán?
6. Este supermercado / salón de belleza / heladería será el/la mejor de la ciudad porque...

Síntesis

6

El futuro de Cristina Tu profesor(a) va a darte una serie incompleta de dibujos sobre el futuro de Cristina. Tú y tu compañero/a tienen dos series diferentes. Háganse preguntas y respondan de acuerdo a los dibujos para completar la historia.

> **modelo**
>
> **Estudiante 1:** ¿Qué hará Cristina en el año 2015?
> **Estudiante 2:** Ella se graduará en el año 2015.

Recapitulación

Completa estas actividades para repasar los conceptos de gramática que aprendiste en esta lección.

1 Completar Completa el cuadro con la forma correspondiente del futuro. **10 pts.**

Infinitive	yo	ella	nosotros
ahorrar	ahorraré		
decir		dirá	
poner			pondremos
querer	querré		
salir		saldrá	

2 Los novios Completa este diálogo entre dos novios con mandatos en la forma de **nosotros/as**. **10 pts.**

SIMÓN ¿Quieres ir al cine mañana?

CARLA Sí, ¡qué buena idea! (1) _____ (Comprar) los boletos (*tickets*) por teléfono.

SIMÓN No, mejor (2) _____ (pedírselos) gratis a mi prima, quien trabaja en el cine.

CARLA ¡Fantástico!

SIMÓN Y también quiero visitar la nueva galería de arte el fin de semana que viene.

CARLA ¿Por qué esperar? (3) _____ (Visitarla) esta tarde.

SIMÓN Bueno, pero primero tengo que limpiar mi apartamento.

CARLA No hay problema. (4) _____ (Limpiarlo) juntos.

SIMÓN Muy bien. ¿Y tú no tienes que hacer diligencias hoy? (5) _____ (Hacerlas) también.

CARLA Sí, tengo que ir al correo y al banco. (6) _____ (Ir) al banco hoy, pero no (7) _____ (ir) al correo todavía. Antes tengo que escribir una carta.

SIMÓN ¿Una carta misteriosa? (8) _____ (Escribirla) ahora.

CARLA No, mejor no (9) _____ (escribirla) hasta que regresemos de la galería donde venden un papel reciclado muy lindo (*cute*).

SIMÓN ¿Papel lindo? ¿Pues para quién es la carta?

CARLA No importa. (10) _____ (Empezar) a limpiar.

14.1 The subjunctive in adjective clauses pp. 460–461

► When adjective clauses refer to something that is known, certain, or definite, the indicative is used.

Necesito **el libro** que **tiene** fotos.

► When adjective clauses refer to something that is uncertain or indefinite, the subjunctive is used.

Necesito **un libro** que **tenga** fotos.

14.2 Nosotros/as commands pp. 464–465

► Same as **nosotros/as** form of present subjunctive.

Affirmative	Negative
Démosle un libro a Lola.	No le demos un libro a Lola.
Démoselo.	No se lo demos.

► While the subjunctive form of the verb **ir** is used for the negative **nosotros/as** command, the indicative is used for the affirmative command.

Vamos a la plaza. No **vayamos** a la plaza.

14.3 The future pp. 468–469

Future tense of **estudiar***	
estudiaré	estudiaremos
estudiarás	estudiaréis
estudiará	estudiarán

*Same ending for **-ar**, **-er**, and **-ir** verbs.

► The future of **hay** is **habrá** (*there will be*).

► The future can also express conjecture or probability.

Irregular verbs in the future		
Infinitive	**Stem**	**Future forms**
decir	**dir–**	diré
hacer	**har–**	haré
poder	**podr–**	podré
poner	**pondr–**	pondré
querer	**querr–**	querré
saber	**sabr–**	sabré
salir	**saldr–**	saldré
tener	**tendr–**	tendré
venir	**vendr–**	vendré

3 **Frases** Escribe oraciones con los elementos que se dan. Usa el tiempo futuro. **10 pts.**

1. Lorenzo y yo / ir / al banco / mañana / y / pedir / un préstamo

2. la empleada del banco / hacernos / muchas preguntas / y / también / darnos / un formulario

3. Lorenzo / llenar / el formulario / y / yo / firmarlo

4. nosotros / salir / del banco / contentos / porque el dinero / llegar / a nuestra cuenta / muy pronto

5. los dos / tener / que trabajar mucho / para pagar el préstamo / pero nuestros padres / ayudarnos

4 **Verbos** Escribe los verbos en el presente de indicativo o de subjuntivo. **10 pts.**

1. —¿Sabes dónde hay un restaurante donde nosotros (1) _____ (poder) comer paella valenciana? —No, no conozco ninguno que (2) _____ (servir) paella, pero conozco uno que (3) _____ (especializarse) en tapas españolas.

2. Busco vendedores que (4) _____ (ser) educados. No estoy seguro de conocer a alguien que (5) _____ (tener) esa característica. Pero ahora que lo pienso, ¡sí! Tengo dos amigos que (6) _____ (trabajar) en el almacén Excelencia. Los voy a llamar. Y debo decirles que necesitamos que (ellos) (7) _____ (saber) hablar inglés.

3. Se busca apartamento que (8) _____ (estar) bien situado, que (9) _____ (costar) menos de $800 al mes y que (10) _____ (permitir) tener perros.

5 **La ciudad ideal** Escribe un párrafo de al menos cinco oraciones describiendo cómo es la comunidad ideal donde te gustaría (*you would like*) vivir en el futuro y compárala con la comunidad donde vives ahora. Usa cláusulas adjetivas y el vocabulario de esta lección. **10 pts.**

6 **Adivinanza** Completa la adivinanza y adivina la respuesta. **¡2 puntos EXTRA!**

“ Me llegan las cartas
y no sé _____ (*to read*)
y, aunque° me las como,
no mancho° el papel. ”
¿Quién soy? _____

aunque *although*   no mancho *I don't stain*

Lectura

Antes de leer

Estrategia

Identifying point of view

You can understand a narrative more completely if you identify the point of view of the narrator. You can do this by simply asking yourself from whose perspective the story is being told. Some stories are narrated in the first person. That is, the narrator is a character in the story, and everything you read is filtered through that person's thoughts, emotions, and opinions. Other stories have an omniscient narrator who is not one of the story's characters and who reports the thoughts and actions of all the characters.

Examinar el texto

Lee brevemente el texto. ¿De qué trata (*What is it about?*)? ¿Cómo lo sabes? ¿Se narra en primera persona o tiene un narrador omnisciente? ¿Cómo lo sabes?

Seleccionar

Completa cada oración con la opción correcta.

1. La narradora de *Nada* es _____.
   a. una abuela   b. una joven   c. una doctora
2. La protagonista describe su llegada a _____.
   a. Madrid   b. Francia   c. Barcelona
3. Ella viajó _____.
   a. en avión   b. en tren   c. en barco
4. Su maleta es pesada (*heavy*) porque lleva muchos _____.
   a. libros   b. zapatos   c. pantalones
5. Ella se va a quedar en Barcelona con _____.
   a. unos parientes   b. una amiga
   c. sus compañeras de clase

Nada (fragmento)
Carmen Laforet

Carmen Laforet nació en Barcelona en 1921. Estudió Filosofía y Letras° y Derecho°. Escribió novelas, relatos y ensayos. Vivió apartada° de las letras las últimas décadas de su vida y murió en el año 2004 tras una larga enfermedad. Aquí presentamos un fragmento de su novela *Nada*, que en 1944 ganó el Premio Nadal, el más importante y antiguo° de España.

Por dificultades en el último momento para adquirir billetes°, llegué a Barcelona a medianoche, en un tren distinto del que había anunciado, y no me esperaba nadie.

Era la primera noche que viajaba sola°, pero no estaba asustada°; por el contrario, […] parecía una aventura agradable° y excitante aquella profunda libertad en la noche. La sangre°, después del viaje largo y cansado, me empezaba a circular en las piernas entumecidas° y con una sonrisa de asombro° miraba la gran estación de Francia y los grupos que estaban aguardando el expreso y los que llegábamos con tres horas de retraso°.

El olor° especial, el gran rumor de la gente, las luces siempre tristes, tenían para mí un gran encanto, ya que envolvía° todas mis impresiones en la maravilla de haber llegado por fin a una ciudad grande, adorada en mis ensueños° por desconocida°.

Empecé a seguir —una gota° entre la corriente°— el rumbo° de la masa humana que, cargada de maletas, se volcaba en° la salida. Mi equipaje era un maletón muy pesado —porque estaba casi lleno de libros— y lo llevaba yo misma con toda la fuerza° de mi juventud y de mi ansiosa expectativa.

Después de leer

Completar

Completa cada oración con la información adecuada.

1. La protagonista llega a Barcelona a las _____ de la noche.
2. Ella llegó a la _____ de Francia.
3. Siguió a la gente hacia la _____.
4. Las personas tomaban taxis, _____ y coches de caballos.
5. El _____ que ella tomó era viejo.
6. Sus parientes vivían en la calle de _____.

Un aire marino, pesado y fresco, entró en mis pulmones°
con la primera sensación confusa de la ciudad: una masa de
casas dormidas; de establecimientos cerrados; de faroles°
como centinelas borrachos de soledad°. Una respiración
grande, dificultosa, venía con el cuchicheo° de la madrugada°.
Muy cerca, a mi espalda°, enfrente de las callejuelas
misteriosas que conducen al Borne, sobre mi corazón excitado,
estaba el mar.

Debía parecer una figura extraña con mi aspecto risueño°
y mi viejo abrigo que, a impulsos de la brisa, me azotaba°
las piernas, defendiendo mi maleta, desconfiada° de los
obsequiosos «camàlics»°.

Recuerdo que, en pocos minutos, me quedé sola en la
gran acera°, porque la gente corría a coger los escasos taxis o luchaba por arracimarse° en el tranvía°.

Uno de esos viejos coches de caballos que han vuelto a surgir después de la guerra° se detuvo° delante de mí y lo
tomé sin titubear°, causando la envidia de un señor que se lanzaba° detrás de él desesperado, agitando° el sombrero.

Corrí aquella noche, en el desvencijado° vehículo, por anchas calles vacías° y atravesé° el corazón de la ciudad lleno
de luz a toda hora, como yo quería que estuviese, en un viaje que me pareció corto y que para mí se cargaba de° belleza.

El coche dio vuelta a la plaza de la Universidad y recuerdo que el bello edificio me conmovió° como un grave
saludo de bienvenida.

Enfilamos° la calle de Aribau, donde vivían mis parientes, con sus plátanos llenos aquel octubre de espeso verdor°
y su silencio vívido de la respiración de mil almas° detrás de los balcones apagados. Las ruedas del coche levantaban
una estela° de ruido°, que repercutía° en mi cerebro°. De improviso° sentí crujir° y balancearse todo el armatoste°.
Luego quedó inmóvil.

—Aquí es —dijo el cochero.

Filosofía y Letras *Arts* Derecho *Law* apartada *isolated* antiguo *old* adquirir billetes *buy tickets* sola *alone* asustada *afraid* agradable *pleasant* sangre *blood*
entumecidas *stiff* asombro *astonishment* retraso *delay* olor *smell* envolvía *it encompassed* ensueños *fantasies* desconocida *unknown* gota *drop* corriente
current rumbo *direction* se volcaba en *was throwing itself towards* fuerza *strength* pulmones *lungs* faroles *streetlights* borrachos de soledad *drunk with
loneliness* cuchicheo *whispering* madrugada *dawn* espalda *back* risueño *smiling* azotaba *was lashing* desconfiada *distrustful* camàlics *porters (in Catalan)*
acera *sidewalk* arracimarse *cluster together* tranvía *streetcar* guerra *war* se detuvo *stopped* titubear *hesitating* se lanzaba *was throwing himself* agitando
waving desvencijado *beat-up* vacías *empty* atravesé *I crossed* se cargaba de *was full of* me conmovió *moved me* Enfilamos *We took* espeso verdor *thick
greenery* almas *souls* estela *trail* ruido *noise* repercutía *reverberated* cerebro *brain* De improviso *Unexpectedly* crujir *creak* armatoste *bulky thing*

Interpretación 🖉

Responde a las preguntas.

1. ¿Cómo se siente la protagonista cuando descubre que nadie fue a recogerla a la estación? Busca algunas palabras que describan las sensaciones de ella.
2. Sabiendo que la protagonista es una chica joven, ¿qué significado pueden tener las palabras "aventura agradable" y "profunda libertad" en este contexto?
3. ¿Qué impresión crees que siente ella ante la gran ciudad y qué expectativas tiene para el futuro?
4. ¿Qué significa la expresión "una gota entre la corriente" en el cuarto párrafo? ¿Qué idea nos da esto del individuo ante la "masa humana" de la gran ciudad?
5. ¿Qué edificio le gustó especialmente a la protagonista y qué tiene que ver esto con su viaje?

Sensaciones

Trabaja con un(a) compañero/a. Descríbele tus sensaciones, ideas e impresiones de la primera vez que llegaste a un lugar desconocido. Comparen sus experiencias.

Debate

Trabajen en grupos. La mitad (*half*) del grupo debe defender los beneficios (*benefits*) de vivir en una gran ciudad y la otra mitad debe exponer sus inconvenientes.

SUPERSITE

Venezuela

El país en cifras

▸ **Área:** 912.050 km² (352.144 millas²), *aproximadamente dos veces el área de California*
▸ **Población:** 29.076.000
▸ **Capital:** Caracas —2.988.000
▸ **Ciudades principales:** Valencia —3.090.000, Maracaibo —2.639.000, Maracay —1.333.000, Barquisimeto —1.143.000

SOURCE: Population Division, UN Secretariat

▸ **Moneda:** bolívar
▸ **Idiomas:** español (oficial), arahuaco, caribe
El yanomami es uno de los idiomas indígenas que se habla en Venezuela. La cultura de los yanomami tiene su centro en el sur de Venezuela, en el bosque tropical. Son cazadores° y agricultores y viven en comunidades de hasta 400 miembros.

Bandera de Venezuela

Venezolanos célebres

▸ **Teresa Carreño,** compositora° y pianista (1853–1917)
▸ **Rómulo Gallegos,** escritor y político (1884–1979)
▸ **Andrés Eloy Blanco,** poeta (1897–1955)
▸ **Baruj Benacerraf,** científico (1920–)
En 1980, Baruj Benacerraf, junto con dos de sus colegas, recibió el Premio Nobel por sus investigaciones en el campo° de la inmunología y las enfermedades autoinmunes. Nacido en Caracas, Benacerraf también vivió en París y reside ahora en los Estados Unidos.

cazadores *hunters* compositora *composer* campo *field*
caída *drop* Salto Ángel *Angel Falls* catarata *waterfall*

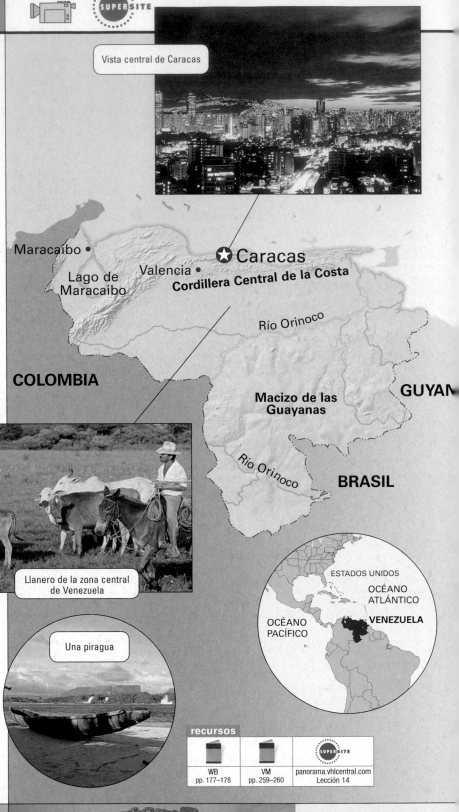

Vista central de Caracas

Maracaibo •
Lago de Maracaibo
Valencia • ★ Caracas
Cordillera Central de la Costa
Río Orinoco
COLOMBIA
Río Orinoco
Macizo de las Guayanas
GUYAN
BRASIL

Llanero de la zona central de Venezuela

Una piragua

ESTADOS UNIDOS
OCÉANO ATLÁNTICO
OCÉANO PACÍFICO
VENEZUELA

recursos
WB pp. 177–178	VM pp. 259–260	SUPERSITE panorama.vhlcentral.com Lección 14

¡Increíble pero cierto!

Con una caída° de 979 metros (3.212 pies) desde la meseta de Auyan Tepuy, Salto Ángel°, en Venezuela, es la catarata° más alta del mundo, ¡diecisiete veces más alta que las cataratas del Niágara! James C. Angel la descubrió en 1935. Los indígenas de la zona la denominan Churún Merú.

Economía • El petróleo

La industria petrolera° es muy importante para la economía venezolana. La mayor concentración de petróleo del país se encuentra debajo del lago Maracaibo. En 1976 se nacionalizaron las empresas° petroleras y pasaron a ser propiedad° del estado con el nombre de *Petróleos de Venezuela*. Este producto representa más del 70% de las exportaciones del país, siendo los Estados Unidos su principal comprador°.

Actualidades • Caracas

El *boom* petrolero de los años cincuenta transformó a Caracas en una ciudad cosmopolita. Sus rascacielos° y excelentes sistemas de transporte la hacen una de las ciudades más modernas de Latinoamérica. El metro, construido en 1983, es uno de los más modernos del mundo y sus extensas carreteras y autopistas conectan la ciudad con el interior del país. El corazón de la ciudad es el Parque Central, una zona de centros comerciales, tiendas, restaurantes y clubes.

Historia • Simón Bolívar (1783–1830)

A finales del siglo° XVIII, Venezuela, al igual que otros países suramericanos, todavía estaba bajo el dominio de la corona° española. El general Simón Bolívar, nacido en Caracas, es llamado "El Libertador" porque fue el líder del movimiento independentista suramericano en el área que hoy es Venezuela, Colombia, Ecuador, Perú y Bolivia.

 ¿Qué aprendiste? Responde a cada pregunta con una oración completa.

1. ¿Cuál es la moneda de Venezuela?

2. ¿Quién fue Rómulo Gallegos?

3. ¿Cuándo fue descubierto el Salto Ángel?

4. ¿Cuál es el producto más exportado de Venezuela?

5. ¿Qué ocurrió en 1976 con las empresas petroleras?

6. ¿Cómo se llama la capital de Venezuela?

7. ¿Qué hay en el Parque Central de Caracas?

8. ¿Por qué es conocido Simón Bolívar como "El Libertador"?

Tejedor° en Los Aleros, aldea° en los Andes de Venezuela

Conexión Internet Investiga estos temas en **panorama.vhlcentral.com.**

1. Busca información sobre Simón Bolívar. ¿Cuáles son algunos de los episodios más importantes de su vida? ¿Crees que Bolívar fue un estadista (*statesman*) de primera categoría? ¿Por qué?

2. Prepara un plan para un viaje de ecoturismo por el Orinoco. ¿Qué quieres ver y hacer durante la excursión? ¿Por qué?

---

industria petrolera *oil industry* empresas *companies* propiedad *property* comprador *buyer* rascacielos *skyscrapers*
siglo *century* corona *crown* Tejedor *Weaver* aldea *village*

La República Dominicana

El país en cifras

▶ **Área:** 48.730 km² (18.815 millas²), *el área combinada de New Hampshire y Vermont*

▶ **Población:** 9.522.000

La isla La Española, llamada así tras° el primer viaje de Cristóbal Colón, estuvo bajo el completo dominio de la corona° española hasta 1697, cuando la parte oeste de la isla pasó a ser propiedad° francesa. Hoy día está dividida políticamente en dos países, la República Dominicana en la zona este y Haití en el oeste.

SOURCE: Population Division, UN Secretariat

▶ **Capital:** Santo Domingo—2.240.000

▶ **Ciudades principales:** Santiago de los Caballeros, La Vega, Puerto Plata, San Pedro de Macorís

▶ **Moneda:** peso dominicano

▶ **Idiomas:** español (oficial)

Bandera de la República Dominicana

Dominicanos célebres

▶ **Juan Pablo Duarte,** político y padre de la patria° (1808–1876)

▶ **Celeste Woss y Gil,** pintora (1891–1985)

▶ **Juan Luis Guerra,** compositor y cantante de merengue (1956–)

tras *after*   corona *crown*   propiedad *property*
padre de la patria *founding father*   fortaleza *fortress*
se construyó *was built*   naufragó *was shipwrecked*
Aunque *Although*   enterrado *buried*

Catedral de Santa María la Menor

Hombres tocando los palos en una misa en Nochebuena

Océano Atlántico

La Española

• Puerto Plata

Santiago •

Pico Duarte ▲

HAITÍ

La Vega •

Río Yuna

Bahía Escocesa

Cordillera Central

Río San Juan

Sierra de Neiba

Sierra de Baoruco

Bahía de Ocoa

★ Santo Domingo

San Pedro de Macorís

Mar Caribe

ESTADOS UNIDOS

LA REPÚBLICA DOMINICANA

OCÉANO PACÍFICO

OCÉANO ATLÁNTICO

AMÉRICA DEL SUR

Trabajadores del campo recogen la cosecha de ajos

recursos		
WB pp. 179–180	VM pp. 261–262	panorama.vhlcentral.com Lección 14

¡Increíble pero cierto!

La primera fortaleza° del Nuevo Mundo se construyó° en la República Dominicana en 1492 cuando la Santa María, uno de los tres barcos de Cristóbal Colón, naufragó° allí. Aunque° la fortaleza, hecha con los restos del barco, fue destruida por tribus indígenas, el amor de Colón por la isla nunca murió. Colón insistió en ser enterrado° allí.

Ciudades • Santo Domingo

La zona colonial de Santo Domingo, fundada en 1496, posee° algunas de las construcciones más antiguas del hemisferio. Gracias a las restauraciones°, la arquitectura de la ciudad es famosa no sólo por su belleza sino también por el buen estado de sus edificios. Entre sus sitios más visitados se cuentan° la Calle de las Damas, llamada así porque allí paseaban las señoras de la corte del Virrey; el Alcázar de Colón, un palacio construido en 1509 por Diego Colón, hijo de Cristóbal; y la Fortaleza Ozama, la más vieja de las Américas, construida en 1503.

Deportes • El béisbol

El béisbol es un deporte muy practicado en el Caribe. Los primeros países hispanos en tener una liga fueron Cuba y México, donde se empezó a jugar al béisbol en el siglo° XIX. Hoy día este deporte es una afición° nacional en la República Dominicana. Pedro Martínez (foto, derecha) y David Ortiz son sólo dos de los muchísimos beisbolistas dominicanos que han alcanzado° enorme éxito° e inmensa popularidad entre los aficionados.

Artes • El merengue

El merengue, un ritmo originario de la República Dominicana, tiene sus raíces° en el campo. Tradicionalmente las canciones° hablaban de los problemas sociales de los campesinos°. Sus instrumentos eran el acordeón, el saxofón, el bajo°, el guayano° y la tambora, un tambor° característico del lugar. Entre 1930 y 1960, el merengue se popularizó en las ciudades y adoptó un tono más urbano. En este período empezaron a formarse grandes orquestas°. Uno de los cantantes y compositores de merengue más famosos es Juan Luis Guerra.

¿Qué aprendiste? Responde a cada pregunta con una oración completa.

1. ¿Cuál es la moneda de la República Dominicana?

2. ¿Cuándo se fundó la ciudad de Santo Domingo?

3. ¿Qué es el Alcázar de Colón?

4. Nombra dos beisbolistas famosos de la República Dominicana.

5. ¿De qué hablaban las canciones de merengue tradicionales?

6. ¿Qué instrumentos se utilizaban para tocar (*play*) el merengue?

7. ¿Cuándo se transformó el merengue en un estilo urbano?

8. ¿Quién es Juan Luis Guerra?

Conexión Internet Investiga estos temas en **panorama.vhlcentral.com**.

1. Busca más información sobre la isla La Española. ¿Cómo son las relaciones entre la República Dominicana y Haití?

2. Busca más información sobre la zona colonial de Santo Domingo: la Catedral de Santa María, la Casa de Bastidas o el Panteón Nacional. ¿Cómo son estos edificios? ¿Te gustan? Explica tus respuestas.

....

posee *possesses* restauraciones *restorations* se cuentan *are included* siglo *century* afición *love* han alcanzado *have reached* éxito *success* raíces *roots* canciones *songs* campesinos *rural people* bajo *bass* guayano *metal scraper* tambor *drum* orquestas *orchestras*

En la ciudad

el banco	*bank*
la carnicería	*butcher shop*
el correo	*post office*
el estacionamiento	*parking lot*
la frutería	*fruit store*
la heladería	*ice cream shop*
la joyería	*jewelry store*
la lavandería	*laundromat*
la panadería	*bakery*
la pastelería	*pastry shop*
la peluquería, el salón de belleza	*beauty salon*
la pescadería	*fish market*
el supermercado	*supermarket*
la zapatería	*shoe store*
hacer cola	*to stand in line*
hacer diligencias	*to run errands*

En el banco

el cajero automático	*ATM*
el cheque (de viajero)	*(traveler's) check*
la cuenta corriente	*checking account*
la cuenta de ahorros	*savings account*
ahorrar	*to save (money)*
cobrar	*to cash (a check)*
depositar	*to deposit*
firmar	*to sign*
llenar (un formulario)	*to fill out (a form)*
pagar a plazos	*to pay in installments*
pagar al contado, en efectivo	*to pay in cash*
pedir prestado/a	*to borrow*
pedir un préstamo	*to apply for a loan*
ser gratis	*to be free of charge*

Las direcciones

la cuadra	*(city) block*
la dirección	*address*
la esquina	*corner*
el letrero	*sign*
cruzar	*to cross*
dar direcciones	*to give directions*
doblar	*to turn*
estar perdido/a	*to be lost*
quedar	*to be located*
(al) este	*(to the) east*
(al) norte	*(to the) north*
(al) oeste	*(to the) west*
(al) sur	*(to the) south*
derecho	*straight (ahead)*
enfrente de	*opposite; facing*
hacia	*toward*

Expresiones útiles	*See page 455.*

En el correo

el cartero	*mail carrier*
el correo	*mail/post office*
el paquete	*package*
la estampilla, el sello	*stamp*
el sobre	*envelope*
echar (una carta) al buzón	*to put (a letter) in the mailbox; to mail*
enviar, mandar	*to send; to mail*

El bienestar

15

Communicative Goals

You will learn how to:

- **Talk about health, well-being, and nutrition**
- **Talk about physical activities**

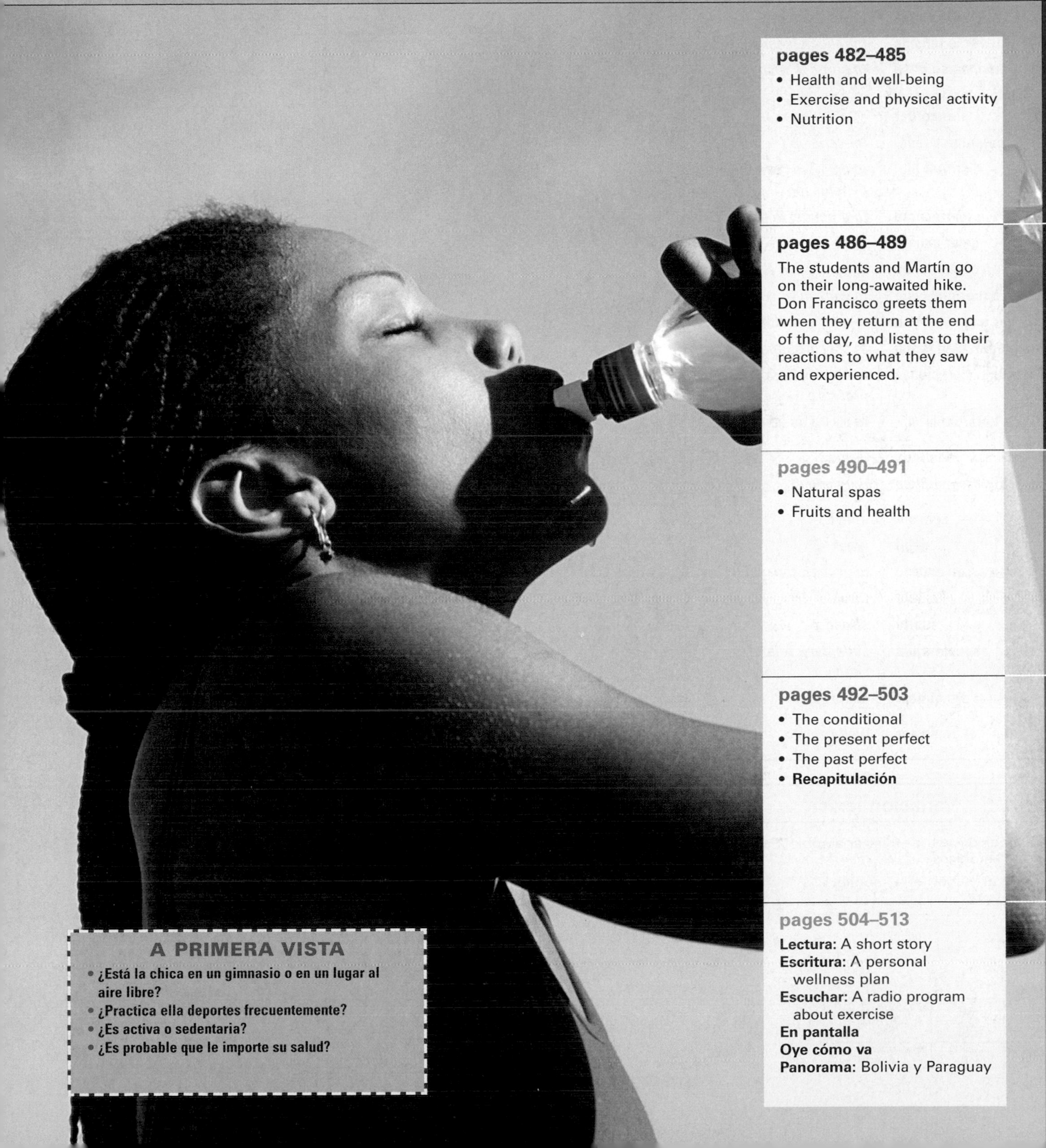

contextos

fotonovela

The students and Martín go on their long-awaited hike. Don Francisco greets them when they return at the end of the day, and listens to their reactions to what they saw and experienced.

cultura

estructura

adelante

A PRIMERA VISTA

- ¿Está la chica en un gimnasio o en un lugar al aire libre?
- ¿Practica ella deportes frecuentemente?
- ¿Es activa o sedentaria?
- ¿Es probable que le importe su salud?

El bienestar

Más vocabulario

adelgazar	*to lose weight; to slim down*
aliviar el estrés	*to reduce stress*
aliviar la tensión	*to reduce tension*
apurarse, darse prisa	*to hurry; to rush*
aumentar de peso, engordar	*to gain weight*
calentarse (e:ie)	*to warm up*
disfrutar (de)	*to enjoy; to reap the benefits (of)*
entrenarse	*to practice; to train*
estar a dieta	*to be on a diet*
estar en buena forma	*to be in good shape*
hacer gimnasia	*to work out*
llevar una vida sana	*to lead a healthy lifestyle*
mantenerse en forma	*to stay in shape*
sufrir muchas presiones	*to be under a lot of pressure*
tratar de (+ *inf.*)	*to try (to do something)*
la droga	*drug*
el/la drogadicto/a	*drug addict*
activo/a	*active*
débil	*weak*
en exceso	*in excess; too much*
flexible	*flexible*
fuerte	*strong*
sedentario/a	*sedentary; related to sitting*
tranquilo/a	*calm; quiet*
el bienestar	*well-being*

Variación léxica

hacer ejercicios ⟷ hacer aeróbic *(Esp.)*
aeróbicos

entrenador ⟷ monitor

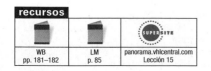

el teleadicto

GIMNASIO SUCRE

Hace ejercicios de estiramiento. (hacer)

la clase de ejercicios aeróbicos

Suda. (sudar)

Hace ejercicio. (hacer)

el entrenador

el músculo

la cinta caminadora

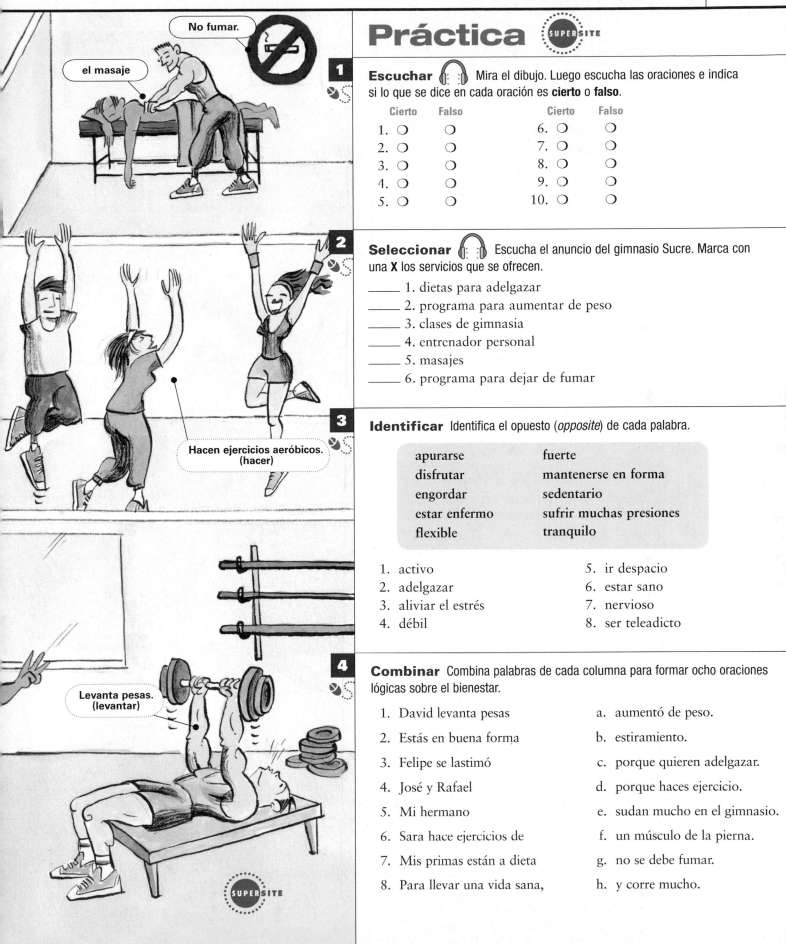

el masaje

No fumar.

Hacen ejercicios aeróbicos. (hacer)

Levanta pesas. (levantar)

Práctica **SUPERSITE**

1 **Escuchar** 🎧 Mira el dibujo. Luego escucha las oraciones e indica si lo que se dice en cada oración es **cierto** o **falso**.

	Cierto	Falso		Cierto	Falso
1.	○	○	6.	○	○
2.	○	○	7.	○	○
3.	○	○	8.	○	○
4.	○	○	9.	○	○
5.	○	○	10.	○	○

2 **Seleccionar** 🎧 Escucha el anuncio del gimnasio Sucre. Marca con una **X** los servicios que se ofrecen.

_____ 1. dietas para adelgazar

_____ 2. programa para aumentar de peso

_____ 3. clases de gimnasia

_____ 4. entrenador personal

_____ 5. masajes

_____ 6. programa para dejar de fumar

3 **Identificar** Identifica el opuesto (*opposite*) de cada palabra.

apurarse	fuerte
disfrutar	mantenerse en forma
engordar	sedentario
estar enfermo	sufrir muchas presiones
flexible	tranquilo

1. activo   5. ir despacio
2. adelgazar   6. estar sano
3. aliviar el estrés 7. nervioso
4. débil   8. ser teleadicto

4 **Combinar** Combina palabras de cada columna para formar ocho oraciones lógicas sobre el bienestar.

1. David levanta pesas   a. aumentó de peso.

2. Estás en buena forma   b. estiramiento.

3. Felipe se lastimó   c. porque quieren adelgazar.

4. José y Rafael   d. porque haces ejercicio.

5. Mi hermano   e. sudan mucho en el gimnasio.

6. Sara hace ejercicios de   f. un músculo de la pierna.

7. Mis primas están a dieta   g. no se debe fumar.

8. Para llevar una vida sana,   h. y corre mucho.

SUPERSITE

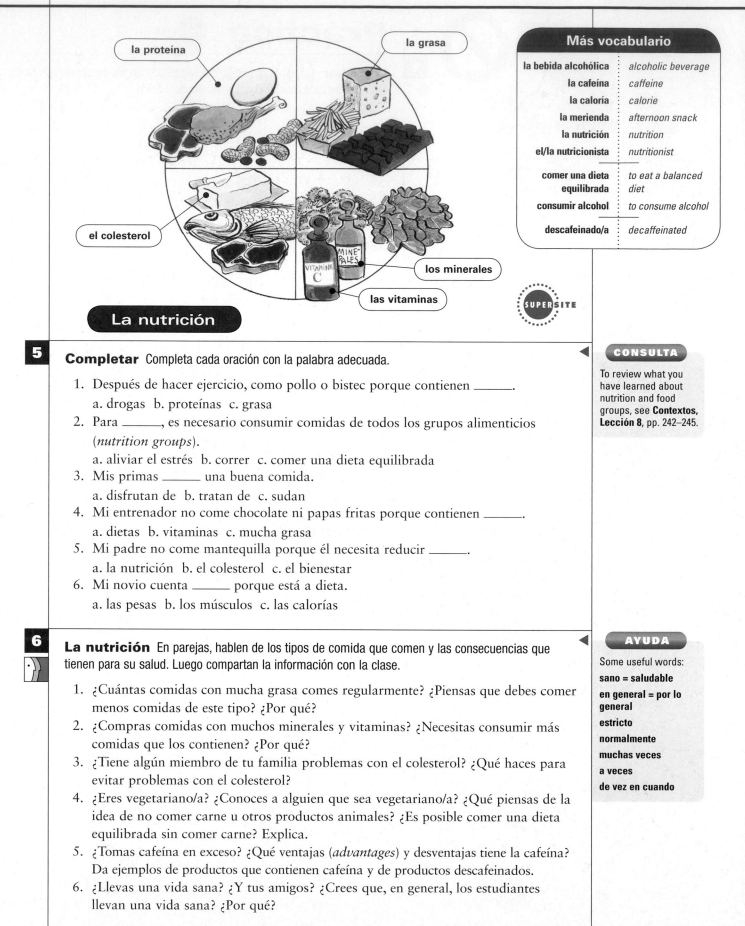

la proteína

la grasa

el colesterol

los minerales

las vitaminas

La nutrición

SUPERSITE

Más vocabulario

la bebida alcohólica	*alcoholic beverage*
la cafeína	*caffeine*
la caloría	*calorie*
la merienda	*afternoon snack*
la nutrición	*nutrition*
el/la nutricionista	*nutritionist*
comer una dieta equilibrada	*to eat a balanced diet*
consumir alcohol	*to consume alcohol*
descafeinado/a	*decaffeinated*

---

5 **Completar** Completa cada oración con la palabra adecuada.

1. Después de hacer ejercicio, como pollo o bistec porque contienen _____.
   a. drogas b. proteínas c. grasa
2. Para _____, es necesario consumir comidas de todos los grupos alimenticios (*nutrition groups*).
   a. aliviar el estrés b. correr c. comer una dieta equilibrada
3. Mis primas _____ una buena comida.
   a. disfrutan de b. tratan de c. sudan
4. Mi entrenador no come chocolate ni papas fritas porque contienen _____.
   a. dietas b. vitaminas c. mucha grasa
5. Mi padre no come mantequilla porque él necesita reducir _____.
   a. la nutrición b. el colesterol c. el bienestar
6. Mi novio cuenta _____ porque está a dieta.
   a. las pesas b. los músculos c. las calorías

CONSULTA

To review what you have learned about nutrition and food groups, see **Contextos, Lección 8**, pp. 242–245.

---

6 **La nutrición** En parejas, hablen de los tipos de comida que comen y las consecuencias que tienen para su salud. Luego compartan la información con la clase.

1. ¿Cuántas comidas con mucha grasa comes regularmente? ¿Piensas que debes comer menos comidas de este tipo? ¿Por qué?
2. ¿Compras comidas con muchos minerales y vitaminas? ¿Necesitas consumir más comidas que los contienen? ¿Por qué?
3. ¿Tiene algún miembro de tu familia problemas con el colesterol? ¿Qué haces para evitar problemas con el colesterol?
4. ¿Eres vegetariano/a? ¿Conoces a alguien que sea vegetariano/a? ¿Qué piensas de la idea de no comer carne u otros productos animales? ¿Es posible comer una dieta equilibrada sin comer carne? Explica.
5. ¿Tomas cafeína en exceso? ¿Qué ventajas (*advantages*) y desventajas tiene la cafeína? Da ejemplos de productos que contienen cafeína y de productos descafeinados.
6. ¿Llevas una vida sana? ¿Y tus amigos? ¿Crees que, en general, los estudiantes llevan una vida sana? ¿Por qué?

AYUDA

Some useful words:
sano = saludable
en general = por lo general
estricto
normalmente
muchas veces
a veces
de vez en cuando

Comunicación

7 **Un anuncio** En grupos de cuatro, imaginen que son dueños/as de un gimnasio con un equipo (*equipment*) moderno, entrenadores calificados y un(a) nutricionista. Preparen y presenten un anuncio para la televisión que hable del gimnasio y atraiga (*attracts*) a una gran variedad de nuevos clientes. No se olviden de presentar esta información:

▶ las ventajas de estar en buena forma
▶ el equipo que tienen
▶ los servicios y clases que ofrecen
▶ las características únicas del gimnasio
▶ la dirección y el teléfono del gimnasio
▶ el precio para los socios (*members*) del gimnasio

8 **Recomendaciones para la salud** En parejas, imaginen que están preocupados/as por los malos hábitos de un(a) amigo/a que no está bien últimamente (*lately*). Escriban y representen una conversación en la cual hablen de lo que está pasando en la vida de su amigo/a y los cambios que necesita hacer para llevar una vida sana.

9 **El teleadicto** Con un(a) compañero/a, representen los papeles de un(a) nutricionista y un(a) teleadicto/a. La persona sedentaria habla de sus malos hábitos en las comidas y de que no hace ejercicio. También dice que toma demasiado café y que siente mucho estrés. El/La nutricionista le sugiere una dieta equilibrada con bebidas descafeinadas y una rutina para mantenerse en buena forma. El/La teleadicto/a le da las gracias por su ayuda.

10 **El gimnasio perfecto** Tú y tu compañero/a quieren encontrar el gimnasio perfecto. Tú tienes el anuncio del gimnasio Bienestar y tu compañero/a tiene el del gimnasio Músculos. Hazle preguntas a tu compañero/a sobre las actividades que se ofrecen en el otro gimnasio. Tu profesor(a) le va a dar a cada uno de ustedes una hoja distinta con la información necesaria para completar la actividad.

modelo

Estudiante 1: ¿Se ofrecen clases para levantar pesas?
Estudiante 2: Sí, para levantar pesas se ofrecen clases todos los lunes a las seis de la tarde.

¡Qué buena excursión!

Martín y los estudiantes van de excursión a las montañas.

PERSONAJES

MAITE

INÉS

DON FRANCISCO

ÁLEX

JAVIER

MARTÍN

MARTÍN Buenos días, don Francisco.

DON FRANCISCO ¡Hola, Martín!

MARTÍN Ya veo que han traído lo que necesitan. ¡Todos han venido muy bien equipados!

MARTÍN Muy bien. ¡Atención, chicos! Primero hagamos algunos ejercicios de estiramiento...

MARTÍN Es bueno que se hayan mantenido en buena forma. Entonces, jóvenes, ¿ya están listos?

JAVIER ¡Sí, listísimos! No puedo creer que finalmente haya llegado el gran día.

DON FRANCISCO ¡Hola! ¡Qué alegría verlos! ¿Cómo les fue en la excursión?

JAVIER Increíble, don Efe. Nunca había visto un paisaje tan espectacular. Es un lugar estupendo. Saqué mil fotos y tengo montones de escenas para dibujar.

MAITE Nunca había hecho una excursión. ¡Me encantó! Cuando vuelva a España, voy a tener mucho que contarle a mi familia.

INÉS Ha sido la mejor excursión de mi vida. Amigos, Martín, don Efe, mil gracias.

recursos

VM
pp. 223–224

SUPERSITE
panorama.vhlcentral.com
Lección 15

MARTÍN ¡Fabuloso! ¡En marcha, pues!

DON FRANCISCO ¡Adiós! ¡Cuídense!

Martín y los estudiantes pasan ocho horas caminando en las montañas. Hablan, sacan fotos y disfrutan del paisaje. Se divierten muchísimo.

ÁLEX Sí, gracias, Martín. Gracias por todo.

MARTÍN No hay de qué. Ha sido un placer.

DON FRANCISCO Chicos, pues, es hora de volver. Creo que la señora Vives nos ha preparado una cena muy especial.

Expresiones útiles

Getting ready to start a hike

- **Ya veo que han traído lo que necesitan.**
  I see that you have brought what you need.
- **¡Todos han venido muy bien equipados!**
  Everyone has come very well equipped!
- **Primero hagamos algunos ejercicios de estiramiento.**
  First let's do some stretching exercises.
- **No puedo creer que finalmente haya llegado el gran día.**
  I can't believe that the big day has finally arrived.
- **¿(Están) listos?**
  (Are you) ready?
  ¡En marcha, pues!
  Let's get going, then!

Talking about a hike

- **¿Cómo les fue en la excursión?**
  How did the hike go?
- **Nunca había visto un paisaje tan espectacular.**
  I had never seen such spectacular scenery.
- **Nunca había hecho una excursión. ¡Me encantó!**
  I had never gone on a hike before. I loved it!
- **Ha sido la mejor excursión de mi vida.**
  It's been the best hike of my life.

Courtesy expressions

- **Gracias por todo.**
  Thanks for everything.
- **Ha sido un placer.**
  It's been a pleasure.
- **¡Cuídense!**
  Take care!

¿Qué pasó? SUPERSITE

1

Seleccionar Selecciona la respuesta que mejor completa cada oración. ◀

1. Antes de salir, Martín les recomienda a los estudiantes que hagan _____.
   a. ejercicios de estiramiento   b. ejercicios aeróbicos   c. gimnasia
2. Los excursionistas hablaron, _____ en las montañas.
   a. levantaron pesas y se divirtieron   b. caminaron y dibujaron
   c. sacaron fotos y disfrutaron del paisaje
3. Inés dice que ha sido la mejor excursión _____.
   a. del viaje   b. del año   c. de su vida
4. Cuando Maite vuelva a España, va a _____.
   a. tener montones de escenas para dibujar   b. tener mucho que contarle a su familia
   c. tener muchas fotos que enseñarle a su familia
5. La señora Vives les ha preparado _____.
   a. una cena especial   b. un día en las montañas muy especial
   c. una excursión espectacular

2

Identificar Identifica quién puede decir estas oraciones.

1. Oye, muchísimas gracias por el mejor día de mi vida. ¡Fue divertidísimo!
2. Parece que están todos preparados, ¿no? ¡Perfecto! Bueno, ¡vamos!
3. Cuando vea a mis papás y a mis hermanos voy a tener mucho que contarles.
4. Debemos volver ahora para comer. ¡Vamos a tener una cena especial!
5. El lugar fue fenomenal, uno de los más bonitos que he visto. ¡Qué bueno que traje mi cámara!
6. ¡Gracias por todo, Martín!

JAVIER

INÉS

ÁLEX

MAITE

DON FRANCISCO

MARTÍN

3

Inventar En parejas, hagan descripciones de los personajes de la **Fotonovela**. Utilicen las oraciones, la lista de palabras y otras expresiones que sepan.

aliviar el estrés	hacer ejercicios de estiramiento	masaje
bienestar	llevar una vida sana	teleadicto/a
grasa	mantenerse en forma	vitamina

modelo

Estudiante 1: Martín es activo, flexible y fuerte.
Estudiante 2: Martín siempre hace ejercicios de estiramiento. Está en buena forma y lleva una vida muy sana...

1. A Javier le duelen los músculos después de hacer gimnasia.
2. Don Francisco a veces sufre presiones y estrés en su trabajo.
3. A Inés le encanta salir con amigos o leer un buen libro.
4. Álex trata de comer una dieta equilibrada.
5. Maite no es muy flexible.

Ortografía

Las letras **b** y **v**

Since there is no difference in pronunciation between the Spanish letters **b** and **v**, spelling words that contain these letters can be tricky. Here are some tips.

nombre	**blusa**	**absoluto**	**descubrir**

The letter **b** is always used before consonants.

bonita	**botella**	**buscar** **bienestar**

At the beginning of words, the letter **b** is usually used when it is followed by the letter combinations **-on**, **-or**, **-ot**, **-u**, **-ur**, **-us**, **-ien**, and **-ene**.

adelgazaba	**disfrutaban**	**ibas**	**íbamos**

The letter **b** is used in the verb endings of the imperfect tense for **-ar** verbs and the verb **ir**.

voy	**vamos**	**estuvo**	**tuvieron**

The letter **v** is used in the present tense forms of **ir** and in the preterite forms of **estar** and **tener**.

octavo	**huevo**	**activa**	**grave**

The letter **v** is used in these noun and adjective endings: **-avo/a**, **-evo/a**, **-ivo/a**, **-ave**, **-eve**.

Práctica Completa las palabras con las letras **b** o **v**.

1. Una __ez me lastimé el __razo cuando esta__a __uceando.
2. Manuela se ol__idó sus li__ros en el auto__ús.
3. Ernesto tomó el __orrador y se puso todo __lanco de tiza.
4. Para tener una __ida sana y saluda__le, necesitas tomar __itaminas.
5. En mi pue__lo hay un __ule__ar que tiene muchos ár__oles.

El ahorcado (*Hangman*) Juega al ahorcado para adivinar las palabras.

1. __ u __ __ __ s   Están en el cielo.
2. __ u __ __ __ n   Relacionado con el correo
3. __ o __ e __ __ a   Está llena de líquido.
4. __ i __ __ e   Fenómeno meteorológico
5. __ e __ __ __ __ __ s   Los "ojos" de la casa

EN DETALLE

Spas naturales

¿Hay algo mejor que un buen baño° para descansar y aliviar la tensión? Y si el baño se toma en una terma°, el beneficio° es mayor. Los tratamientos con agua y lodo° para mejorar la salud y el bienestar son populares en las Américas desde hace muchos siglos°. Las termas son manantiales° naturales de agua caliente. La temperatura facilita la absorción de minerales y otros elementos que el agua contiene y que son buenos para la salud. El agua de las termas se usa en piscinas, baños y duchas o en el sitio natural en el que surge° el agua: pozas°, estanques° o cuevas°.

Ecotermales en Arenal, Costa Rica

Volcán de lodo El Totumo, Colombia

En Baños de San Vicente, en Ecuador, son muy populares los tratamientos° con lodo volcánico. El lodo caliente se extiende por el cuerpo; así la piel° absorbe los minerales beneficiosos para la salud; también se usa para dar masajes. La lodoterapia es útil para tratar varias enfermedades, además hace que la piel se vea radiante.

En Costa Rica, la actividad volcánica también ha dado° origen a fuentes° y pozas termales. Si te gusta cuidarte y amas la naturaleza, recuerda estos nombres: Las Hornillas y Las Pailas. Son pozas naturales de aguas termales que están cerca del volcán Rincón de la Vieja. ¡Un baño termal en medio de un paisaje tan hermoso es una experiencia única!

Otros balnearios°

Todos ofrecen piscinas, baños, pozas y duchas de aguas termales y además...

Lugar	Servicios
El Edén y Yanasara, Curgos (Perú)	cascadas° de aguas termales
Montbrió del Camp, Tarragona (España)	baños de algas°
Puyuhuapi (Chile)	duchas de agua de mar; baños de algas
Termas de Río Hondo, Santiago del Estero (Argentina)	baños de lodo
Tepoztlán, Morelos (México)	temazcales° aztecas
Uyuni, Potosí (Bolivia)	baños de sal

baño *bath* terma *hot spring* beneficio *benefit* lodo *mud* siglos *centuries* manantiales *springs* surge *springs forth* pozas *small pools* estanques *ponds* cuevas *caves* tratamientos *treatments* piel *skin* ha dado *has given* fuentes *springs* balnearios *spas* cascadas *waterfalls* algas *seaweed* temazcales *steam and medicinal herb baths*

ACTIVIDADES

1 **¿Cierto o falso?** Indica si lo que dice cada oración es **cierto** o **falso**. Corrige la información falsa.

1. Los tratamientos con agua y lodo se conocen sólo desde hace pocos años.

2. Las termas son manantiales naturales de agua caliente.

3. La temperatura de las aguas termales no afecta la absorción de los minerales.

4. Las Hornillas y Las Pailas son pozas de aguas termales en Costa Rica.

5. Mucha gente va a Baños de San Vicente, Ecuador, por sus playas.

6. Montbrió del Camp ofrece baños de sal.

7. Es posible ver aguas termales en forma de cascadas.

8. Tepoztlán ofrece temazcales aztecas.

ASÍ SE DICE

El ejercicio

los abdominales	*sit-ups*
la bicicleta estática	*stationary bicycle*
el calambre muscular	*(muscular) cramp*
el (fisi)culturismo; **la musculación (Esp.)**	*bodybuilding*
las flexiones de pecho; **las lagartijas (Méx.);** **las planchas (Esp.)**	*push-ups*
la (cinta) trotadora **(Arg.; Chile)**	**la cinta** **caminadora**

EL MUNDO HISPANO

Creencias° sobre la salud

○ **Colombia** Como algunos suelos son de baldosas°, se cree que si uno anda descalzo° se enfrían° los pies y esto puede causar un resfriado o artritis.

○ **Cuba** Por la mañana, muchas madres sacan a sus bebés a los patios y a las puertas de las casas. La creencia es que unos cinco minutos de sol ayudan a fijar° el calcio en los huesos y aumentan la inmunidad contra las enfermedades.

○ **México** Muchas personas tienen la costumbre de tomar a diario un vaso de jugo del cactus conocido como nopal. Se dice que es bueno para reducir el colesterol y el azúcar en la sangre y que ayuda a adelgazar.

Creencias Beliefs baldosas tiles anda descalzo walks barefoot se enfrían get cold fijar to set

PERFIL

Las frutas y la salud

Desde hace muchos años se conocen las propiedades de la papaya para tratar problemas digestivos. Esta fruta contiene una enzima, la papaína, que actúa de forma semejante° a como lo hacen los jugos gástricos. Una porción de papaya o un vaso de jugo de esta fruta ayuda a la digestión. La papaya también es rica en vitaminas A y C.

Papayas

Otra fruta buena para la digestión es la piña°. La piña contiene bromelina, una enzima que, como la papaína, ayuda a digerir° las proteínas. Esta deliciosa fruta contiene también ácido cítrico, vitaminas y minerales. Además, tiene efectos diuréticos y antiinflamatorios que pueden aliviar las enfermedades reumáticas. La piña ofrece una ayuda fácil y sabrosa para perder peso por su contenido en fibra y su efecto diurético. Una rodaja°

de piña fresca o un vaso de jugo antes de comer puede ayudar en cualquier° dieta para adelgazar.

semejante similar piña pineapple digerir to digest rodaja slice cualquier any

⟨SUPERSITE⟩ Conexión Internet

¿Qué sistemas de ejercicio son más populares entre los hispanos?

Go to **panorama.vhlcentral.com** to find more cultural information related to this **Cultura** section.

ACTIVIDADES

2 **Comprensión** Responde a las preguntas.

1. Una argentina te dice: "Voy a usar la trotadora." ¿Qué va a hacer?
2. Según los colombianos, ¿qué efectos negativos tiene el no usar zapatos en casa?
3. ¿Cómo se llama la enzima de la papaya que ayuda a la digestión?
4. ¿Cómo se aconseja consumir la piña en dietas de adelgazamiento?

3 **Para sentirte mejor** Entrevista a un(a) compañero/a sobre las cosas que hace todos los días, las cosas que hace al menos una o dos veces a la semana y lo que le ayuda a sentirse mejor. Hablen sobre actividades deportivas, la alimentación y lo que hacen en sus ratos libres.

recursos

⟨SUPERSITE⟩

panorama.vhlcentral.com
Lección 15

15.1 The conditional

 **ANTE TODO** The conditional tense in Spanish expresses what you *would do* or what *would happen* under certain circumstances.

The conditional tense			
		visitar	**comer**	**escribir**

		visitar	comer	escribir
SINGULAR FORMS	yo	visitar**ía**	comer**ía**	escribir**ía**
	tú	visitar**ías**	comer**ías**	escribir**ías**
	Ud./él/ella	visitar**ía**	comer**ía**	escribir**ía**
PLURAL FORMS	nosotros/as	visitar**íamos**	comer**íamos**	escribir**íamos**
	vosotros/as	visitar**íais**	comer**íais**	escribir**íais**
	Uds./ellos/ellas	visitar**ían**	comer**ían**	escribir**ían**

¿Volverías a este lugar?

Sí, me gustaría volver pronto a este lugar.

¡ATENCIÓN!

The polite expressions **Me gustaría...** (*I would like...*) and **Te gustaría** (*You would like...*) are commonly used examples of the conditional.

▶ The conditional tense is formed much like the future tense. The endings are the same for all verbs, both regular and irregular. For regular verbs, you simply add the appropriate endings to the infinitive. **¡Atención!** All forms of the conditional have an accent mark.

▶ For irregular verbs, add the conditional endings to the irregular stems.

AYUDA

The infinitive of **hay** is **haber**, so its conditional form is **habría**.

INFINITIVE	STEM	CONDITIONAL		INFINITIVE	STEM	CONDITIONAL
decir	dir-	dir**ía**		querer	querr-	querr**ía**
hacer	har-	har**ía**		saber	sabr-	sabr**ía**
poder	podr-	podr**ía**		salir	saldr-	saldr**ía**
poner	pondr-	pondr**ía**		tener	tendr-	tendr**ía**
haber	habr-	habr**ía**		venir	vendr-	vendr**ía**

▶ While in English the conditional is a compound verb form made up of the auxiliary verb *would* and a main verb, in Spanish it is a simple verb form that consists of one word.

Yo no **iría** a ese gimnasio.
I would not go to that gym.

¿**Vendrías** conmigo a la clase de yoga?
Would you go with me to yoga class?

▶ The conditional is commonly used to make polite requests.

¿Podrías abrir la ventana, por favor?
Would you open the window, please?

¿Sería tan amable de venir a mi oficina?
Would you be so kind as to come to my office?

▶ In Spanish, as in English, the conditional expresses the future in relation to a past action or state of being. In other words, the future indicates what *will happen* whereas the conditional indicates what *would happen*.

Creo que mañana **hará** sol.
I think it will be sunny tomorrow.

Creía que hoy **haría** sol.
I thought it would be sunny today.

▶ The English *would* is often used with a verb to express the conditional, but it can also mean *used to*, in the sense of past habitual action. To express past habitual actions, Spanish uses the imperfect, not the conditional.

Íbamos al parque los sábados.
We would go to the park on Saturdays.

De adolescente, **entrenaba** todos los días.
As teenager, I used to work out every day.

Sin ti, no sé qué haría.

Sólo tú sabes ordenar mi vida.

Computadoras de Bolsillo Vargas   MM-3000

COMPARE & CONTRAST

In **Lección 14**, you learned the *future of probability*. Spanish also has the *conditional of probability*, which expresses conjecture or probability about a past condition, event, or action. Compare these Spanish and English sentences.

Serían las once de la noche cuando Elvira me llamó.
It must have been (It was probably) 11 p.m. when Elvira called me.

Sonó el teléfono. ¿**Llamaría** Emilio para cancelar nuestra cita?
The phone rang. I wondered if it was Emilio calling to cancel our date.

Note that English conveys conjecture or probability with phrases such as *I wondered if*, *probably*, and *must have been*. In contrast, Spanish gets these same ideas across with conditional forms.

¡INTÉNTALO!   Indica la forma apropiada del condicional de los verbos.

1. Yo _escucharía, leería, me apuraría_ (escuchar, leer, apurarse)
2. Tú _____ (mantenerse, comprender, compartir)
3. Marcos _____ (poner, venir, querer)
4. Nosotras _____ (ser, saber, ir)
5. Ustedes _____ (adelgazar, deber, sufrir)
6. Ella _____ (salir, poder, hacer)
7. Yo _____ (tener, tratar, fumar)
8. Tú _____ (decir, ver, engordar)

Práctica 🔵 SUPERSITE

1

Preparándose para el verano Un grupo de amigos está pensando en las vacaciones. En las siguientes oraciones nos cuentan sus planes. Complétalas con el condicional del verbo entre paréntesis.

1. Antes de las vacaciones Guillermo _____ (deber) adelgazar un poco porque está bastante gordo. _____ (ser) muy bueno para su salud comer una dieta más equilibrada.

2. Juan, sin embargo, está muy delgado porque es muy activo. Él _____ (disfrutar) mucho de un fin de semana tranquilo en el campo y _____ (tener) tiempo para practicar su pasatiempo favorito: pescar.

3. A mí _____ (gustarme) pasar un fin de semana en el Salar de Uyuni para ◀ relajarme. Estoy seguro/a de que me _____ (aliviar) el estrés de estos últimos meses. También (ellos) me _____ (dar) un buen masaje.

4. Susana y Marta _____ (ir) a la playa. A ellas les _____ (encantar) tomar un poco el sol.

NOTA CULTURAL

El Salar de Uyuni es un lago de sal muy conocido en Bolivia por ser un lugar de descanso y por sus efectos beneficiosos para la salud. En este lugar se pueden visitar los característicos hoteles de la región con paredes y muebles de sal.

2

¿Qué harías? En parejas, pregúntense qué harían en las siguientes situaciones.

> **modelo**
>
> Haría todo para ir a los premios Ariel. Primero, iría al médico y tomaría ◀ medicina para sentirme mejor. También, dormiría, descansaría y comería comida muy sana para estar bien el día de los premios.

Estás invitado a los premios Ariel. Es posible que te vayan a dar un premio (*award*), pero ese día estás muy enfermo/a.

Vas al banco a depositar un cheque y te das cuenta de (*you realize*) que en tu cuenta hay por error un millón de dólares que no es tuyo.

Estás manejando por el desierto y te quedas sin gasolina.

Vuelves a tu apartamento después de tus clases y tu ex novio/a no te deja entrar.

NOTA CULTURAL

Los Premios Ariel de México son el equivalente a los Premios (*Awards*) Oscar en los Estados Unidos. Cada año los entrega (*presents*) la Academia Mexicana de Ciencias y Artes Cinematográficas.

Algunas películas que han ganado un premio Ariel son *Amores perros* y *El laberinto del fauno*.

3

Presidente por un día Imagina que eres el/la presidente/a de tu universidad por un día. Escribe ocho cosas que harías en esa situación. Usa el condicional. Luego compara tus ideas con las de un(a) compañero/a.

> **modelo**
>
> Si yo fuera presidente, tendría un jet privado para mis viajes.

conocer	hacer	poner
dar	invertir en	sufrir
disfrutar	mejorar	tener

Comunicación

4 **Conversaciones** Tu profesor(a) te dará una hoja de actividades. En ella se presentan dos listas con diferentes problemas que supuestamente tienen los estudiantes. En parejas, túrnense para explicar los problemas de su lista; uno/a cuenta lo que le pasa y el/la otro/a dice lo que haría en esa situación usando la frase "Yo en tu lugar..." (*If I were you...*)

> **AYUDA**
>
> Here are two ways of saying *If I were you:*
> **Si yo fuera tú…**
> **Yo en tu lugar…**

modelo

> **Estudiante 1:** ¡Qué problema! Mi novio/a no me habla desde el domingo.
> **Estudiante 2:** Yo en tu lugar, no le diría nada por unos días para ver qué pasa.

5 **Roberto en el gimnasio** Roberto es una persona muy sedentaria. El médico le dice que tiene que adelgazar para mejorar su salud. Dile ocho cosas que tú harías si fueras él. Usa el condicional. Después, compara tus sugerencias con las del resto de la clase.

modelo

> Si yo fuera tú, vería menos la televisión e iría a una clase de ejercicios aeróbicos.

Síntesis

6 **Encuesta** Tu profesor(a) te dará una hoja de actividades. Circula por la clase y pregúntales a tres compañeros/as qué actividad(es) de las que se describen les gustaría realizar. Usa el condicional de los verbos. Anota las respuestas e informa a la clase de los resultados de la encuesta.

modelo

> **Estudiante 1:** ¿Dejarías de fumar?
> **Estudiante 2:** Claro que sí. Sería difícil al principio, pero podría hacerlo.

Actividades	Nombre de tu compañero/a y su respuesta	Nombre de tu compañero/a y su respuesta	Nombre de tu compañero/a y su respuesta
1. escribir poesía			
2. bailar en un festival			
3. tocar en una banda			
4. hacer el papel principal en un drama			
5. participar en un concurso en la televisión			
6. cantar en un musical			

15.2 The present perfect

ANTE TODO In **Lección 13**, you learned how to form past participles. You will now learn how to form the present perfect indicative (**el pretérito perfecto de indicativo**), a compound tense that uses the past participle. The present perfect is used to talk about what someone *has done*. In Spanish, it is formed with the present tense of the auxiliary verb **haber** and a past participle.

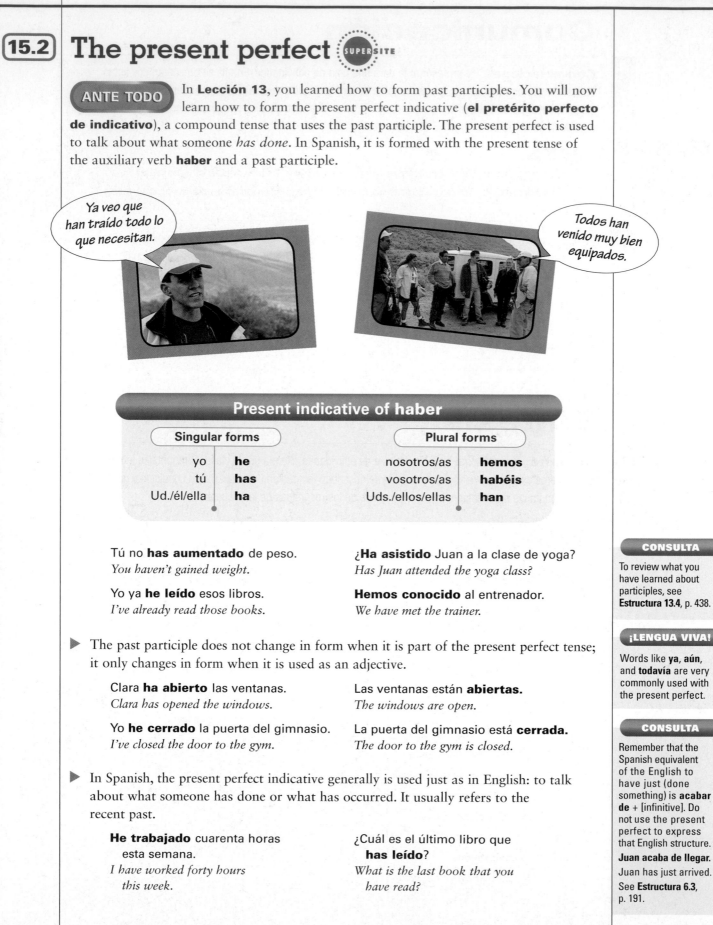

Ya veo que han traído todo lo que necesitan.

Todos han venido muy bien equipados.

Present indicative of haber

Singular forms		Plural forms	
yo	**he**	nosotros/as	**hemos**
tú	**has**	vosotros/as	**habéis**
Ud./él/ella	**ha**	Uds./ellos/ellas	**han**

Tú no **has aumentado** de peso.
You haven't gained weight.

Yo ya **he leído** esos libros.
I've already read those books.

¿**Ha asistido** Juan a la clase de yoga?
Has Juan attended the yoga class?

Hemos conocido al entrenador.
We have met the trainer.

▶ The past participle does not change in form when it is part of the present perfect tense; it only changes in form when it is used as an adjective.

Clara **ha abierto** las ventanas.
Clara has opened the windows.

Yo **he cerrado** la puerta del gimnasio.
I've closed the door to the gym.

Las ventanas están **abiertas.**
The windows are open.

La puerta del gimnasio está **cerrada.**
The door to the gym is closed.

▶ In Spanish, the present perfect indicative generally is used just as in English: to talk about what someone has done or what has occurred. It usually refers to the recent past.

He trabajado cuarenta horas
    esta semana.
*I have worked forty hours
    this week.*

¿Cuál es el último libro que
    has leído?
*What is the last book that you
    have read?*

CONSULTA

To review what you have learned about participles, see **Estructura 13.4**, p. 438.

¡LENGUA VIVA!

Words like **ya**, **aún**, and **todavía** are very commonly used with the present perfect.

CONSULTA

Remember that the Spanish equivalent of the English to have just (done something) is **acabar de** + [infinitive]. Do not use the present perfect to express that English structure.
Juan acaba de llegar.
Juan has just arrived.
See **Estructura 6.3**, p. 191.

▶ In English, the auxiliary verb and the past participle are often separated. In Spanish, however, these two elements—**haber** and the past participle—cannot be separated by any word.

Siempre **hemos vivido** en Bolivia.
We have always lived in Bolivia.

Usted nunca **ha venido** a mi oficina.
You have never come to my office.

> Creo que la señora Vives nos ha preparado una cena muy especial.

> Gracias, Martín.

> No hay de qué. Ha sido un placer.

▶ The word **no** and any object or reflexive pronouns are placed immediately before **haber.**

Yo **no he comido** la merienda.
I haven't eaten the snack.

¿Por qué **no la has comido**?
Why haven't you eaten it?

Susana ya **se ha entrenado**.
Susana has already practiced.

Ellos **no lo han terminado**.
They haven't finished it.

▶ Note that *to have* can be either a main verb or an auxiliary verb in English. As a main verb, it corresponds to **tener,** while as an auxiliary, it corresponds to **haber.**

Tengo muchos amigos.
I have a lot of friends.

He tenido mucho éxito.
I have had a lot of success.

▶ To form the present perfect of **hay,** use the third-person singular of **haber (ha) + habido.**

Ha habido muchos problemas con el nuevo profesor.
There have been a lot of problems with the new professor.

Ha habido un accidente en la calle Central.
There has been an accident on Central Street.

¡INTÉNTALO!   Indica el pretérito perfecto de indicativo de estos verbos.

1. (disfrutar, comer, vivir) yo _he disfrutado, he comido, he vivido_
2. (traer, adelgazar, compartir) tú _____
3. (venir, estar, correr) usted _____
4. (leer, resolver, poner) ella _____
5. (decir, romper, hacer) ellos _____
6. (mantenerse, dormirse) nosotros _____
7. (estar, escribir, ver) yo _____
8. (vivir, correr, morir) él _____

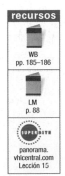

recursos

WB
pp. 185–186

LM
p. 88

SUPERSITE
panorama.
vhlcentral.com
Lección 15

Práctica

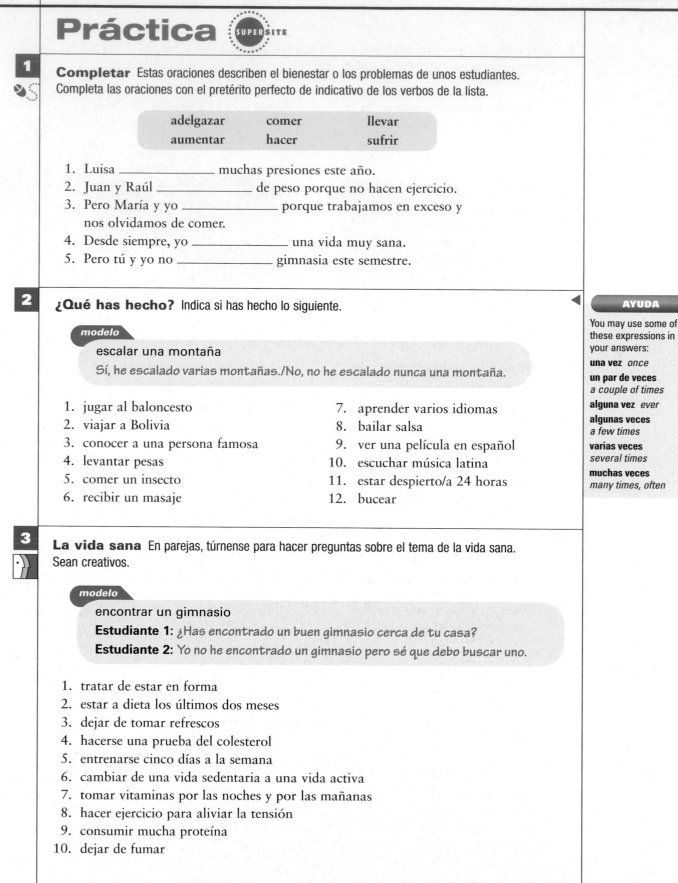

1

Completar Estas oraciones describen el bienestar o los problemas de unos estudiantes. Completa las oraciones con el pretérito perfecto de indicativo de los verbos de la lista.

adelgazar	comer	llevar
aumentar	hacer	sufrir

1. Luisa _____ muchas presiones este año.
2. Juan y Raúl _____ de peso porque no hacen ejercicio.
3. Pero María y yo _____ porque trabajamos en exceso y nos olvidamos de comer.
4. Desde siempre, yo _____ una vida muy sana.
5. Pero tú y yo no _____ gimnasia este semestre.

2

¿Qué has hecho? Indica si has hecho lo siguiente.

> **modelo**
> escalar una montaña
> Sí, he escalado varias montañas./No, no he escalado nunca una montaña.

1. jugar al baloncesto
2. viajar a Bolivia
3. conocer a una persona famosa
4. levantar pesas
5. comer un insecto
6. recibir un masaje
7. aprender varios idiomas
8. bailar salsa
9. ver una película en español
10. escuchar música latina
11. estar despierto/a 24 horas
12. bucear

> **AYUDA**
> You may use some of these expressions in your answers:
> **una vez** *once*
> **un par de veces** *a couple of times*
> **alguna vez** *ever*
> **algunas veces** *a few times*
> **varias veces** *several times*
> **muchas veces** *many times, often*

3

La vida sana En parejas, túrnense para hacer preguntas sobre el tema de la vida sana. Sean creativos.

> **modelo**
> encontrar un gimnasio
> **Estudiante 1:** ¿Has encontrado un buen gimnasio cerca de tu casa?
> **Estudiante 2:** Yo no he encontrado un gimnasio pero sé que debo buscar uno.

1. tratar de estar en forma
2. estar a dieta los últimos dos meses
3. dejar de tomar refrescos
4. hacerse una prueba del colesterol
5. entrenarse cinco días a la semana
6. cambiar de una vida sedentaria a una vida activa
7. tomar vitaminas por las noches y por las mañanas
8. hacer ejercicio para aliviar la tensión
9. consumir mucha proteína
10. dejar de fumar

Comunicación

4

Descripción En parejas, describan lo que han hecho y no han hecho estas personas. Usen la imaginación.

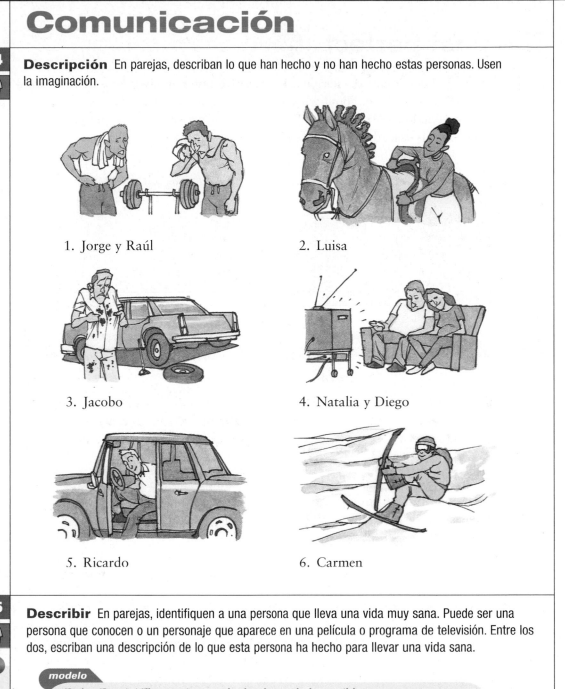

1. Jorge y Raúl

2. Luisa

3. Jacobo

4. Natalia y Diego

5. Ricardo

6. Carmen

5

Describir En parejas, identifiquen a una persona que lleva una vida muy sana. Puede ser una persona que conocen o un personaje que aparece en una película o programa de televisión. Entre los dos, escriban una descripción de lo que esta persona ha hecho para llevar una vida sana.

> *modelo*
>
> Pedro Penzini Fleury siempre ha hecho todo lo posible para mantenerse en forma. Él...

NOTA CULTURAL

El doctor venezolano **Pedro Penzini Fleury** tiene un popular programa de radio sobre la importancia del bienestar en la vida diaria.

Síntesis

6

Situación Trabajen en parejas para representar los papeles de un(a) enfermero/a de la universidad y un(a) estudiante. El/La enfermero/a de la clínica de la universidad está conversando con el/la estudiante que no se siente nada bien. El/La enfermero/a debe averiguar de dónde viene el problema e investigar los hábitos del/de la estudiante. El/La estudiante le explica lo que ha hecho en los últimos meses y cómo se ha sentido. Luego el/la enfermero/a le da recomendaciones al/a la estudiante de cómo llevar una vida más sana.

15.3 The past perfect (SUPERSITE)

ANTE TODO The past perfect indicative (**el pretérito pluscuamperfecto de indicativo**) is used to talk about what someone *had done* or what *had occurred* before another past action, event, or state. Like the present perfect, the past perfect uses a form of **haber**—in this case, the imperfect—plus the past participle.

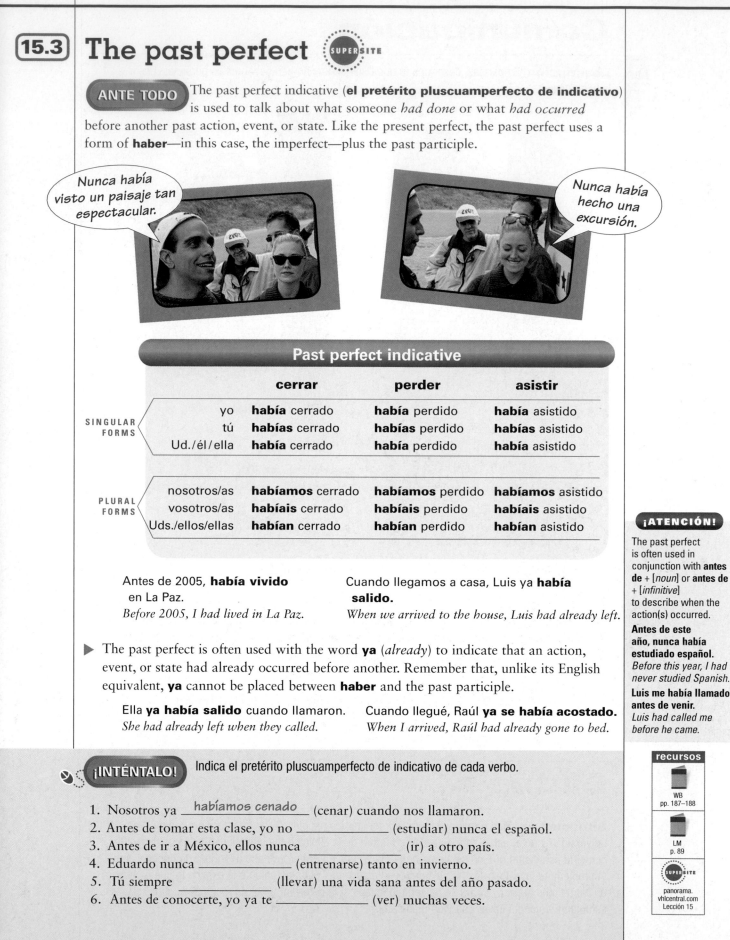

> Nunca había visto un paisaje tan espectacular.

> Nunca había hecho una excursión.

Past perfect indicative

		cerrar	perder	asistir
SINGULAR FORMS	yo	**había** cerrado	**había** perdido	**había** asistido
	tú	**habías** cerrado	**habías** perdido	**habías** asistido
	Ud./él/ella	**había** cerrado	**había** perdido	**había** asistido
PLURAL FORMS	nosotros/as	**habíamos** cerrado	**habíamos** perdido	**habíamos** asistido
	vosotros/as	**habíais** cerrado	**habíais** perdido	**habíais** asistido
	Uds./ellos/ellas	**habían** cerrado	**habían** perdido	**habían** asistido

Antes de 2005, **había vivido** en La Paz.
Before 2005, I had lived in La Paz.

Cuando llegamos a casa, Luis ya **había salido.**
When we arrived to the house, Luis had already left.

▶ The past perfect is often used with the word **ya** (*already*) to indicate that an action, event, or state had already occurred before another. Remember that, unlike its English equivalent, **ya** cannot be placed between **haber** and the past participle.

Ella **ya había salido** cuando llamaron.
She had already left when they called.

Cuando llegué, Raúl **ya se había acostado.**
When I arrived, Raúl had already gone to bed.

¡ATENCIÓN!

The past perfect is often used in conjunction with **antes de** + [*noun*] or **antes de** + [*infinitive*] to describe when the action(s) occurred.

Antes de este año, nunca había estudiado español.
Before this year, I had never studied Spanish.

Luis me había llamado antes de venir.
Luis had called me before he came.

¡INTÉNTALO! Indica el pretérito pluscuamperfecto de indicativo de cada verbo.

1. Nosotros ya ___habíamos cenado___ (cenar) cuando nos llamaron.
2. Antes de tomar esta clase, yo no _____ (estudiar) nunca el español.
3. Antes de ir a México, ellos nunca _____ (ir) a otro país.
4. Eduardo nunca _____ (entrenarse) tanto en invierno.
5. Tú siempre _____ (llevar) una vida sana antes del año pasado.
6. Antes de conocerte, yo ya te _____ (ver) muchas veces.

recursos

WB
pp. 187–188

LM
p. 89

SUPERSITE
panorama.
vhlcentral.com
Lección 15

Práctica ●SUPERSITE

1 Completar Completa los minidiálogos con las formas correctas del pretérito pluscuamperfecto de indicativo.

1. **SARA** Antes de cumplir los 15 años, ¿_____ (estudiar) tú otra lengua?
   JOSÉ Sí,_____ (tomar) clases de inglés y de italiano.

▶ 2. **DOLORES** Antes de ir a Argentina, ¿_____ (probar) tú y tu familia el mate?
   TOMÁS Sí, ya_____ (tomar) mate muchas veces.

3. **ANTONIO** Antes de este año, ¿_____ (correr) usted en un maratón?
   SRA. VERA No, nunca lo_____ (hacer).

4. **SOFÍA** Antes de su enfermedad, ¿_____ (sufrir) muchas presiones tu tío?
   IRENE Sí… y él nunca_____ (mantenerse) en buena forma.

2 Tu vida Indica si ya habías hecho estas cosas antes de cumplir los 16 años.

1. hacer un viaje en avión
2. escribir un poema
3. enamorarte
4. tomar clases de aeróbicos
5. montar a caballo
6. escalar una montaña
7. manejar un carro
8. navegar en la red
9. ir de pesca

Comunicación

3 Gimnasio Olímpico En parejas, lean el anuncio y contesten las preguntas.

Hasta el año pasado, siempre había mirado la tele sentado en el sofá durante mis ratos libres. ¡Era un sedentario y un teleadicto! Jamás había practicado ningún deporte y había aumentado mucho de peso.

Este año, he empezado a comer una dieta más sana y voy al gimnasio todos los días. He comenzado a ser una persona muy activa y he adelgazado. Disfruto de una vida sana. ¡Me siento muy feliz!

Manténgase en forma.

¡Acabo de descubrir una nueva vida!

¡Venga al Gimnasio Olímpico hoy mismo!

1. Identifiquen los elementos del pretérito pluscuamperfecto de indicativo en el anuncio.
2. ¿Cómo era la vida del hombre cuando llevaba una vida sedentaria? ¿Cómo es ahora?
3. ¿Se identifican ustedes con algunos de los hábitos, presentes o pasados, de este hombre? ¿Con cuáles?
4. ¿Qué les recomienda el hombre del anuncio a los lectores? ¿Creen que les da buenos consejos?

Recapitulación

SUPERSITE For self-scoring and diagnostics, go to **panorama.vhlcentral.com**.

Completa estas actividades para repasar los conceptos de gramática que aprendiste en esta lección.

1 **Verbos** Completa el cuadro con la forma correcta de los verbos. `12 pts.`

Infinitivo	tú	nosotros	ellas
pintar		pintaríamos	
	querrías		querrían
		podríamos	
	habrías		habrían
vivir			

2 **Completar** Completa el cuadro con el pretérito perfecto de los verbos. `6 pts.`

Infinitivo	yo	él	ellas
tratar			
entrenarse			

3 **Diálogo** Completa la conversación con la forma adecuada del condicional de los verbos. `8 pts.`

aconsejar	encantar	ir	poder
dejar	gustar	llover	volver

OMAR ¿Sabes? La demostración de yoga al aire libre fue un éxito. Yo creía que (1) _____, pero hizo sol.

NIDIA Ah, me alegro. Te dije que Jaime y yo (2) _____, pero tuvimos un imprevisto (*something came up*) y no pudimos. Y a Laura, ¿la viste allí?

OMAR Sí, ella vino. Al contrario que tú, al principio me dijo que ella y su marido no (3) _____ venir, pero al final aparecieron (*showed up*). Necesitaba relajarse un poco; está muy estresada con su trabajo.

NIDIA Yo le (4) _____ que busque otra cosa. En su lugar, (5) _____ esa compañía y (6) _____ a escribir un libro.

OMAR Estoy de acuerdo. Oye, esta noche voy a ir al gimnasio. ¿(7) _____ venir conmigo?

NIDIA Sí, (8) _____. ¿A qué hora vamos?

OMAR A las siete y media.

RESUMEN GRAMATICAL

15.1 **The conditional** *pp. 492–493*

The conditional tense* of disfrutar

disfrutaría	disfrutaríamos
disfrutarías	disfrutaríais
disfrutaría	disfrutarían

*Same ending for **-ar**, **-er**, and **-ir** verbs.

► Verbs with irregular conditional: **decir, haber, hacer, poder, poner, querer, saber, salir, tener, venir**

15.2 **The present perfect** *pp. 496–497*

Present indicative of haber

he	hemos
has	habéis
ha	han

Present perfect: present tense of **haber** + past participle

Present perfect indicative

he empezado	**hemos** empezado
has empezado	**habéis** empezado
ha empezado	**han** empezado

He empezado a ir al gimnasio con regularidad.
I have begun to go to the gym regularly.

15.3 **The past perfect** *p. 500*

Past perfect: imperfect tense of **haber** + past participle

Past perfect indicative

había vivido	**habíamos** vivido
habías vivido	**habíais** vivido
había vivido	**habían** vivido

Antes de 2006, yo ya **había vivido** en tres países diferentes.
Before 2006, I had already lived in three different countries.

4 Preguntas Completa las preguntas para estas respuestas usando el pretérito perfecto de indicativo. **8 pts.**

> **modelo**
> —¿Has llamado a tus padres? —Sí, los llamé ayer.

1. —¿Tú _____ ejercicio esta mañana en el gimnasio? —No, hice ejercicio en el parque.
2. —Y ustedes, ¿_____ ya? —Sí, desayunamos en el hotel.
3. —Y Juan y Felipe, ¿adónde _____ ? —Fueron al cine.
4. —Paco, ¿(nosotros) _____ la cuenta del gimnasio? —Sí, la recibimos la semana pasada.
5. —Señor Martín, ¿_____ algo ya? —Sí, pesqué uno grande. Ya me puedo ir a casa contento.
6. —Inés, ¿_____ mi pelota de fútbol? —Sí, la vi esta mañana en el coche.
7. —Yo no _____ café todavía. ¿Alguien quiere acompañarme? —No, gracias. Yo ya tomé mi café en casa.
8. —¿Ya te _____ el doctor que puedes comer chocolate? —Sí, me lo dijo ayer.

5 Antes de graduarse Di lo que cada una de estas personas ya había hecho o no había hecho todavía antes de graduarse de la universidad. Sigue el modelo. **6 pts.**

> **modelo**
> yo / ya conocer a muchos amigos
> *Yo ya había conocido a muchos amigos.*

1. Margarita / ya dejar de fumar
2. tú / ya aprender a mantenerse en forma
3. Julio / ya casarse
4. Mabel y yo / ya practicar yoga
5. los hermanos Falsero / todavía no perder un partido de voleyball
6. yo / ya entrenarse para el maratón

6 Manteniéndote en forma Escribe al menos cinco oraciones para describir cómo te has mantenido en forma este semestre. Di qué cosas han cambiado este semestre en relación con el año pasado. Por ejemplo, ¿qué cosas has hecho o practicado este semestre que nunca habías probado antes? **10 pts.**

7 Poema Completa este fragmento de un poema de Nezahualcóyotl con el pretérito perfecto de indicativo de los verbos. **¡2 puntos EXTRA!**

" _____ (Llegar) aquí,
soy Yoyontzin.
Sólo busco las flores
sobre la tierra, _____ (venir)
a cortarlas. "

recursos
SUPERSITE
panorama.vhlcentral.com
Lección 15

Lectura

Antes de leer

Estrategia
Making inferences

For dramatic effect and to achieve a smoother writing style, authors often do not explicitly supply the reader with all the details of a story or poem. Clues in the text can help you infer those things the writer chooses not to state in a direct manner. You simply "read between the lines" to fill in the missing information and draw conclusions. To practice making inferences, read these statements:

A Liliana le encanta ir al gimnasio. Hace años que empezó a levantar pesas.

Based on this statement alone, what inferences can you draw about Liliana?

El autor

Ve a la página 445 de tu libro y lee la biografía de Gabriel García Márquez.

El título

Sin leer el texto del cuento (*story*), lee el título. Escribe cinco oraciones que empiecen con la frase "Un día de éstos".

El cuento

Éstas son algunas palabras que vas a encontrar al leer *Un día de éstos*. Busca su significado en el diccionario. Según estas palabras, ¿de qué piensas que trata (*is about*) el cuento?

alcalde	lágrimas
dentadura postiza	muela
displicente	pañuelo
enjuto	rencor
guerrera	teniente

Un día de éstos
Gabriel García Márquez

El lunes amaneció tibio° y sin lluvia. Don Aurelio Escovar, dentista sin título y buen madrugador°, abrió su gabinete° a las seis. Sacó de la vidriera° una dentadura postiza montada aún° en el molde de yeso° y puso sobre la mesa un puñado de instrumentos que ordenó de mayor a menor, como en una exposición. Llevaba una camisa a rayas, sin cuello, cerrada arriba con un botón dorado°, y los pantalones sostenidos con cargadores° elásticos. Era rígido, enjuto, con una mirada que raras veces correspondía a la situación, como la mirada de los sordos°.

Cuando tuvo las cosas dispuestas sobre la mesa rodó la fresa° hacia el sillón de resortes y se sentó a pulir° la dentadura postiza. Parecía no pensar en lo que hacía, pero trabajaba con obstinación, pedaleando en la fresa incluso cuando no se servía de ella.

Después de las ocho hizo una pausa para mirar el cielo por la ventana y vio dos gallinazos° pensativos que se secaban al sol en el caballete° de la casa vecina. Siguió trabajando con la idea de que antes del almuerzo volvería a llover°. La voz destemplada° de su hijo de once años lo sacó de su abstracción.

—Papá.

—Qué.

—Dice el alcalde que si le sacas una muela.

—Dile que no estoy aquí.

Estaba puliendo un diente de oro°. Lo retiró a la distancia del brazo y lo examinó con los ojos a medio cerrar. En la salita de espera volvió a gritar su hijo.

—Dice que sí estás porque te está oyendo.

El dentista siguió examinando el diente. Sólo cuando lo puso en la mesa con los trabajos terminados, dijo:

amaneció tibio *dawn broke warm* madrugador *early riser* gabinete *office* vidriera *glass cabinet* montada aún *still set* yeso *plaster* dorado *gold* sostenidos con cargadores *held by suspenders* sordos *deaf* rodó la fresa *he turned the drill* pulir *to polish* gallinazos *vultures* caballete *ridge* volvería a llover *it would rain again* voz destemplada *discordant voice* oro *gold* cajita de cartón *small cardboard box* puente *bridge* te pega un tiro *he will shoot you* Sin apresurarse *Without haste* gaveta *drawer* Hizo girar *He turned* apoyada *resting* umbral *threshold* mejilla *cheek* hinchada *swollen* barba *beard* marchitos *faded* hervían *were boiling* pomos de loza *china bottles* cancel de tela *cloth screen* se acercaba *was approaching* talones *heels* mandíbula *jaw* cautelosa *cautious* cacerola *saucepan* pinzas *pliers* escupidera *spittoon* aguamanil *washstand* cordal *wisdom tooth* gatillo *pliers* se aferró *clung* barras *arms* descargó *unloaded* vacío helado *icy hollowness* riñones *kidneys* no soltó un suspiro *he didn't let out a sigh* muñeca *wrist* amarga ternura *bitter tenderness* crujido *crunch* a través de *through* sudoroso *sweaty* jadeante *panting* se desabotonó *he unbuttoned* a tientas *blindly* bolsillo *pocket* trapo *cloth* cielorraso desfondado *ceiling with the paint sagging* telaraña polvorienta *dusty spiderweb* haga buches de *rinse your mouth out with* vaina *thing*

—Mejor.

Volvió a operar la fresa. De una cajita de cartón° donde guardaba las cosas por hacer, sacó un puente° de varias piezas y empezó a pulir el oro.

—Papá.

—Qué.

Aún no había cambiado de expresión.

—Dice que si no le sacas la muela te pega un tiro°.

Sin apresurarse°, con un movimiento extremadamente tranquilo, dejó de pedalear en la fresa, la retiró del sillón y abrió por completo la gaveta° inferior de la mesa. Allí estaba el revólver.

—Bueno —dijo—. Dile que venga a pegármelo.

Hizo girar° el sillón hasta quedar de frente a la puerta, la mano apoyada° en el borde de la gaveta. El alcalde apareció en el umbral°. Se había afeitado la mejilla° izquierda, pero en la otra, hinchada° y dolorida, tenía una barba° de cinco días. El dentista vio en sus ojos marchitos° muchas noches de desesperación. Cerró la gaveta con la punta de los dedos y dijo suavemente:

—Siéntese.

—Buenos días —dijo el alcalde.

—Buenos —dijo el dentista.

Mientras hervían° los instrumentos, el alcalde apoyó el cráneo en el cabezal de la silla y se sintió mejor. Respiraba un olor glacial. Era un gabinete pobre: una vieja silla de madera, la fresa de pedal y una vidriera con pomos de loza°. Frente a la silla, una ventana con un cancel de tela° hasta la altura de un hombre. Cuando sintió que el dentista se acercaba°, el alcalde afirmó los talones° y abrió la boca.

Don Aurelio Escovar le movió la cabeza hacia la luz. Después de observar la muela dañada, ajustó la mandíbula° con una presión cautelosa° de los dedos.

—Tiene que ser sin anestesia —dijo.

—¿Por qué?

—Porque tiene un absceso.

El alcalde lo miró en los ojos.

—Está bien —dijo, y trató de sonreír. El dentista no le correspondió. Llevó a la mesa de trabajo la cacerola° con los instrumentos hervidos y los sacó del agua con unas pinzas° frías, todavía sin apresurarse. Después rodó la escupidera° con la punta del zapato y fue a lavarse las manos en el aguamanil°. Hizo todo sin mirar al alcalde. Pero el alcalde no lo perdió de vista.

Era una cordal° inferior. El dentista abrió las piernas y apretó la muela con el gatillo° caliente. El alcalde se aferró a las barras° de la silla, descargó° toda su fuerza en los pies y sintió un vacío helado° en los riñones°, pero no soltó un suspiro°. El dentista sólo movió la muñeca°. Sin rencor, más bien con una amarga ternura°, dijo:

—Aquí nos paga veinte muertos, teniente.

El alcalde sintió un crujido° de huesos en la mandíbula y sus ojos se llenaron de lágrimas. Pero no suspiró hasta que no sintió salir la muela. Entonces la vio a través de° las lágrimas. Le pareció tan extraña a su dolor, que no pudo entender la tortura de sus cinco noches anteriores. Inclinado sobre la escupidera, sudoroso°, jadeante°, se desabotonó° la guerrera y buscó a tientas° el pañuelo en el bolsillo° del pantalón. El dentista le dio un trapo° limpio.

—Séquese las lágrimas —dijo.

El alcalde lo hizo. Estaba temblando. Mientras el dentista se lavaba las manos, vio el cielorraso desfondado° y una telaraña polvorienta° con huevos de araña e insectos muertos. El dentista regresó secándose. "Acuéstese —dijo— y haga buches de° agua de sal." El alcalde se puso de pie, se despidió con un displicente saludo militar, y se dirigió a la puerta estirando las piernas, sin abotonarse la guerrera.

—Me pasa la cuenta —dijo.

—¿A usted o al municipio?

El alcalde no lo miró. Cerró la puerta, y dijo, a través de la red metálica:

—Es la misma vaina°.

Después de leer

Comprensión 🎾🜂

Completa las oraciones con la palabra o expresión correcta.

1. Don Aurelio Escovar es _____ sin título.
2. Al alcalde le duele _____.
3. Aurelio Escovar y el alcalde se llevan _____.
4. El alcalde amenaza (*threatens*) al dentista con pegarle un ____.
5. Finalmente, Aurelio Escovar _____ la muela al alcalde.
6. El alcalde llevaba varias noches sin _____.

Interpretación 🜂🎾

En parejas, respondan a estas preguntas. Luego comparen sus respuestas con las de otra pareja.

1. ¿Cómo reacciona don Aurelio cuando escucha que el alcalde amenaza con pegarle un tiro? ¿Qué les dice esta actitud sobre las personalidades del dentista y del alcalde?
2. ¿Por qué creen que don Aurelio y el alcalde no se llevan bien?
3. ¿Creen que era realmente necesario no usar anestesia?
4. ¿Qué piensan que significa el comentario "aquí nos paga veinte muertos, teniente"? ¿Qué les dice esto del alcalde y su autoridad en el pueblo?
5. ¿Cómo se puede interpretar el saludo militar y la frase final del alcalde "es la misma vaina"?

Escritura

Estrategia
Organizing information logically

Many times a written piece may require you to include a great deal of information. You might want to organize your information in one of three different ways:

▶ chronologically (e.g., events in the history of a country)
▶ sequentially (e.g., steps in a recipe)
▶ in order of importance

Organizing your information in this manner will make both your writing and your message clearer to your readers. If you were writing a piece on weight reduction, for example, you would need to organize your ideas about two general areas: eating right and exercise. You would need to decide which of the two is more important according to your purpose in writing the piece. If your main idea is that eating right is the key to losing weight, you might want to start your piece with a discussion of good eating habits. You might want to discuss the following aspects of eating right in order of their importance:

▶ quantities of food
▶ selecting appropriate foods from the food pyramid
▶ healthful recipes
▶ percentage of fat in each meal
▶ calorie count
▶ percentage of carbohydrates in each meal
▶ frequency of meals

You would then complete the piece by following the same process to discuss the various aspects of the importance of getting exercise.

recursos

panorama.vhlcentral.com
Lección 15

Tema

Escribir un plan personal de bienestar

Desarrolla un plan personal para mejorar tu bienestar, tanto físico como emocional. Tu plan debe describir:

1. lo que has hecho para mejorar tu bienestar y llevar una vida sana
2. lo que no has podido hacer todavía
3. las actividades que debes hacer en los próximos meses

Considera también estas preguntas.

La nutrición

▶ ¿Comes una dieta equilibrada?
▶ ¿Consumes suficientes vitaminas y minerales? ¿Consumes demasiada grasa?
▶ ¿Quieres aumentar de peso o adelgazar?
▶ ¿Qué puedes hacer para mejorar tu dieta?

El ejercicio

▶ ¿Haces ejercicio? ¿Con qué frecuencia?
▶ ¿Vas al gimnasio? ¿Qué tipo de ejercicios haces allí?
▶ ¿Practicas algún deporte?
▶ ¿Qué puedes hacer para mejorar tu bienestar físico?

El estrés

▶ ¿Sufres muchas presiones?
▶ ¿Qué actividades o problemas te causan estrés?
▶ ¿Qué haces (o debes hacer) para aliviar el estrés y sentirte más tranquilo/a?
▶ ¿Qué puedes hacer para mejorar tu bienestar emocional?

Escuchar

Estrategia

Listening for the gist/
Listening for cognates

Combining these two strategies is an easy
way to get a good sense of what you hear.
When you listen for the gist, you get the
general idea of what you're hearing, which
allows you to interpret cognates and other
words in a meaningful context. Similarly,
the cognates give you information about the
details of the story that you might not have
understood when listening for the gist.

To practice these strategies, you will listen to
a short paragraph. Write down the gist of what
you hear and jot down a few cognates. Based
on the gist and the cognates, what conclusions
can you draw about what you heard?

Preparación

Mira la foto. ¿Qué pistas° te da de lo que
vas a oír?

Ahora escucha

Escucha lo que dice Ofelia Cortez de Bauer. Anota
algunos de los cognados que escuchas y también la
idea general del discurso°.

_____

_____

_____

_____

Idea general: _____

Ahora contesta las siguientes preguntas.

1. ¿Cuál es el género° del discurso?
2. ¿Cuál es el tema?
3. ¿Cuál es el propósito°?

recursos

panorama.vhlcentral.com
Lección 15

pistas *clues* discurso *speech* género *genre* propósito *purpose*
público *audience* debía haber incluido *should have included*

Comprensión

¿Cierto o falso?

Indica si lo que dicen estas oraciones es **cierto** o **falso**.
Corrige las oraciones que son falsas.

	Cierto	Falso
1. La señora Bauer habla de la importancia de estar en buena forma y de hacer ejercicio.	○	○
2. Según ella, lo más importante es que lleves el programa sugerido por los expertos.	○	○
3. La señora Bauer participa en actividades individuales y de grupo.	○	○
4. El único objetivo del tipo de programa que ella sugiere es adelgazar.	○	○

Preguntas

1. Imagina que el programa de radio sigue. Según las
   pistas que ella dio, ¿qué vas a oír en la segunda parte?
2. ¿A qué tipo de público° le interesa el tema del que habla
   la señora Bauer?
3. ¿Sigues los consejos de la señora Bauer? Explica
   tu respuesta.
4. ¿Qué piensas de los consejos que ella da? ¿Hay otra
   información que ella debía haber incluido°?

En pantalla

Georgina Bardach, nacida en Córdoba, Argentina, en 1983, es una versátil nadadora° que ha triunfado a nivel° internacional. En los Juegos Olímpicos de Atenas 2004, ganó la medalla de bronce en los 400 metros combinados°. En mayo de 2006, rompió el récord suramericano en los 200 metros de espalda°. Ella, como los niños de este reportaje° de televisión, aprendió a nadar desde pequeña y comenta que para triunfar en la natación o en cualquier° actividad deportiva, en primer lugar "te tiene que gustar. El segundo papel° lo juega la familia, que te apoya°."

Vocabulario útil	
cordón	cord
cloro	chlorine
por medio de	through
familiarizando	getting familiar
beneficios	benefits
sí mismos	themselves
chiquitos	little
reglas	rules
capacidad pulmonar	lung capacity

¿Cierto o falso?

Indica si lo que dice cada oración es **cierto** o **falso**.
1. Algunos bebés pueden empezar a nadar antes de los cuatro meses.
2. Los juegos les ayudan a familiarizarse con la tierra.
3. Las clases son buenas para aprender a socializar.
4. También hacen a los niños menos independientes.
5. El entrenador debe ser un profesional certificado.

Entrevista

En parejas, escriban una entrevista sobre el bienestar a un(a) atleta, un(a) entrenador(a) o un(a) doctor(a). Escriban las preguntas y lo que piensan que esa persona va a responder.

nadadora *swimmer* nivel *level* combinados *medley* de espalda *backstroke* reportaje *report* cualquier *any* papel *role* apoya *supports* bebés *babies* a partir de *from* juguetes *toys*

Reportaje sobre natación

La actividad acuática para bebés° se puede empezar...

...a partir de° los cuatro o cinco meses de edad...

...con canciones y juegos y juguetes°.

recursos

SUPERSITE

panorama.vhlcentral.com
Lección 15

SUPERSITE Conexión Internet

Go to **panorama.vhlcentral.com** to watch the TV clip featured in this **En pantalla** section.

Oye cómo va

Los Kjarkas

El grupo folklórico **Los Kjarkas** fue fundado en el año de 1965 por los tres hermanos Wilson, Castel y Gonzalo Hermosa, junto con Edgar Villarroel. La idea era crear° una forma nueva y original de interpretar la música andina boliviana. A través de° los años, esta agrupación musical ha cambiado de integrantes°, pero mantienen la misma filosofía. Actualmente°, este grupo es conocido en Latinoamérica, Norteamérica, Europa y Asia. Los Kjarkas han fundado tres escuelas para el estudio de la música andina y sus instrumentos musicales, una en Bolivia, otra en Perú y otra en Ecuador. Algunas de sus canciones más famosas son *El amor y la libertad*, *Wa ya yay*, *Sueño de los Andes* y el éxito internacional *Llorando se fue*.

Tu profesor(a) va a poner la canción en la clase. Escúchala y completa las actividades.

Completar

Completa las frases.
1. Los hermanos Hermosa y Edgar Villarroel fundaron...
2. Los Kjarkas interpretan música...
3. Este grupo ha cambiado varias veces de...
4. Pero ha mantenido la misma...
5. La zampoña, la quena y el charango son...

Preguntas

En grupos pequeños, respondan a las preguntas.
1. ¿De que habla la canción?
2. ¿Qué consejos le da el autor de la canción a la chica?
3. ¿Creen ustedes en el amor a primera vista? ¿Por qué?
4. ¿Conoce alguno/a de ustedes a una pareja que se haya enamorado a primera vista? Describe su historia a tus compañeros/as.

crear *to create* A través de *Over* integrantes *members* Actualmente *Nowadays* labios *lips* madrugadas *dawns* golpear *knocking (on)* carmín *lipstick* tiernos *tender* camino *path* encuentro *meeting* flauta *flute* quena *reed flute* bombo *bass drum*

El hombre equivocado

Tengo quince años y no he vivido.
En mis labios° besos nunca he sentido.
Mis ojos vieron mil madrugadas°
y pasó el amor sin golpear° mi puerta.
Mis ojos vieron mil madrugadas
y pasó el amor sin golpear mi puerta.

Un día se puso el mejor vestido
y puso carmín° en sus labios tiernos°.
Forzó el camino° de su destino.
No quiso esperar y salió al encuentro°.
Forzó el camino de su destino.
No quiso esperar y salió al encuentro.

Instrumentos andinos

Los instrumentos que se utilizan en la interpretación de la música andina son la zampoña o flauta° de pan, la quena°, el arpa, el bombo°, la guitarra y el charango, que es una guitarra pequeña.

Quena

recursos

panorama.vhlcentral.com
Lección 15

SUPERSITE Conexión Internet

Go to **panorama.vhlcentral.com** to learn more about the artist featured in this **Oye cómo va** section.

Bolivia

El país en cifras

- **Área:** 1.098.580 km² (424.162 millas²), *equivalente al área total de Francia y España*
- **Población:** 10.031.000

Los indígenas quechua y aimará constituyen más de la mitad° de la población de Bolivia. Estos grupos indígenas han mantenido sus culturas y lenguas tradicionales. Las personas de ascendencia° indígena y europea representan la tercera parte de la población. Los demás son de ascendencia europea nacida en Latinoamérica. Una gran mayoría de los bolivianos, más o menos el 70%, vive en el altiplano°.

- **Capital:** La Paz, sede° del gobierno, capital administrativa—1.692.000; Sucre, sede del Tribunal Supremo, capital constitucional y judicial
- **Ciudades principales:** Santa Cruz de la Sierra—1.551.000, Cochabamba, Oruro, Potosí

SOURCE: Population Division, UN Secretariat

- **Moneda:** peso boliviano
- **Idiomas:** español (oficial), aimará (oficial), quechua (oficial)

Bandera de Bolivia

Bolivianos célebres

- **Jesús Lara,** escritor (1898–1980)
- **Víctor Paz Estenssoro,** político y presidente (1907–2001)
- **María Luisa Pacheco,** pintora (1919–1982)
- **Matilde Casazola,** poeta (1942–)

mitad *half* ascendencia *descent* altiplano *high plateau* sede *seat*
paraguas *umbrella* cascada *waterfall*

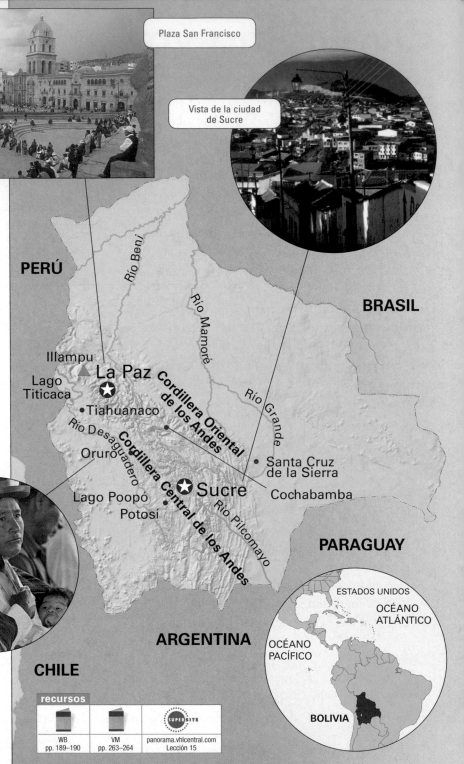

Plaza San Francisco

Vista de la ciudad de Sucre

Mujer indígena con bebé

PERÚ

BRASIL

Río Beni

Río Mamoré

Illampu

Lago Titicaca

La Paz

Cordillera Oriental de los Andes

Río Grande

• Tiahuanaco

Río Desaguadero

Cordillera Central de los Andes

Oruro

• Santa Cruz de la Sierra

Lago Poopó

Sucre

Cochabamba

Potosí

Río Pilcomayo

PARAGUAY

ARGENTINA

CHILE

ESTADOS UNIDOS

OCÉANO ATLÁNTICO

OCÉANO PACÍFICO

BOLIVIA

recursos

WB pp. 189–190	VM pp. 263–264	SUPERSITE panorama.vhlcentral.com Lección 15

¡Increíble pero cierto!

La Paz es la capital más alta del mundo. Su aeropuerto está situado a una altitud de 3.600 metros (12.000 pies). Ah, y si viajas en carro hasta La Paz, ¡no te olvides del paraguas°! En la carretera, que cruza 9.000 metros de densa selva, te encontrarás con una cascada°.

Lugares • El lago Titicaca

Titicaca, situado en los Andes de Bolivia y Perú, es el lago navegable más alto del mundo, a una altitud de 3.815 metros (12.500 pies). Con un área de más de 8.000 kilómetros² (3.000 millas²), también es el segundo lago más grande de Suramérica, después del lago de Maracaibo. La mitología inca cuenta que los hijos del dios° Sol emergieron de las profundas aguas del lago Titicaca para fundar su imperio°.

Artes • La música andina

La música andina, compartida por Bolivia, Perú, Ecuador, Chile y Argentina, es el aspecto más conocido de su folklore. Hay muchos conjuntos° profesionales que dan a conocer° esta música popular, de origen indígena, alrededor° del mundo. Algunos de los grupos más importantes y que llevan más de treinta años actuando en escenarios internacionales son Los Kjarkas (Bolivia), Inti Illimani (Chile), Los Chaskis (Argentina) e Illapu (Chile).

Historia • Tiahuanaco

Tiahuanaco, que significa "Ciudad de los dioses", es un sitio arqueológico de ruinas preincaicas situado cerca de La Paz y del lago Titicaca. Se piensa que los antepasados° de los indígenas aimará fundaron este centro ceremonial hace unos 15.000 años. En el año 1100, la ciudad tenía unos 60.000 habitantes. En este sitio se pueden ver el Templo de Kalasasaya, el Monolito Ponce, el Templete Subterráneo, la Puerta del Sol y la Puerta de la Luna. La Puerta del Sol es un impresionante monumento que tiene tres metros de alto y cuatro de ancho° y que pesa unas 10 toneladas.

¿Qué aprendiste? Responde a cada pregunta con una oración completa.

1. ¿Qué idiomas se hablan en Bolivia?
2. ¿Dónde vive la mayoría de los bolivianos?
3. ¿Cuál es la capital administrativa de Bolivia?
4. Según la mitología inca, ¿qué ocurrió en el lago Titicaca?
5. ¿De qué países es la música andina?
6. ¿Qué origen tiene esta música?
7. ¿Cómo se llama el sitio arqueológico situado cerca de La Paz y el lago Titicaca?
8. ¿Qué es la Puerta del Sol?

Conexión Internet Investiga estos temas en **panorama.vhlcentral.com**.

1. Busca información sobre un(a) boliviano/a célebre. ¿Cuáles son algunos de los episodios más importantes de su vida? ¿Qué ha hecho esta persona? ¿Por qué es célebre?
2. Busca información sobre Tiahuanaco u otro sitio arqueológico en Bolivia. ¿Qué han descubierto los arqueólogos en ese sitio?

....

dios *god* imperio *empire* conjuntos *groups* dan a conocer *make known* alrededor *around* antepasados *ancestors* ancho *wide*

Paraguay

El país en cifras

▶ **Área:** 406.750 km² (157.046 millas²),
  el tamaño° de California

▶ **Población:** 6.882.000

▶ **Capital:** Asunción—2.264.000

▶ **Ciudades principales:** Ciudad del Este,
  San Lorenzo, Lambaré, Fernando de la Mora

SOURCE: Population Division, UN Secretariat

▶ **Moneda:** guaraní

▶ **Idiomas:** español (oficial), guaraní (oficial)

*Las tribus indígenas que habitaban la zona antes
de la llegada de los españoles hablaban guaraní.
Ahora el 90 por ciento de los paraguayos habla
esta lengua, que se usa con frecuencia en canciones,
poemas, periódicos y libros. Varios institutos y
asociaciones, como el Teatro Guaraní, se dedican
a preservar la cultura y la lengua guaraníes.*

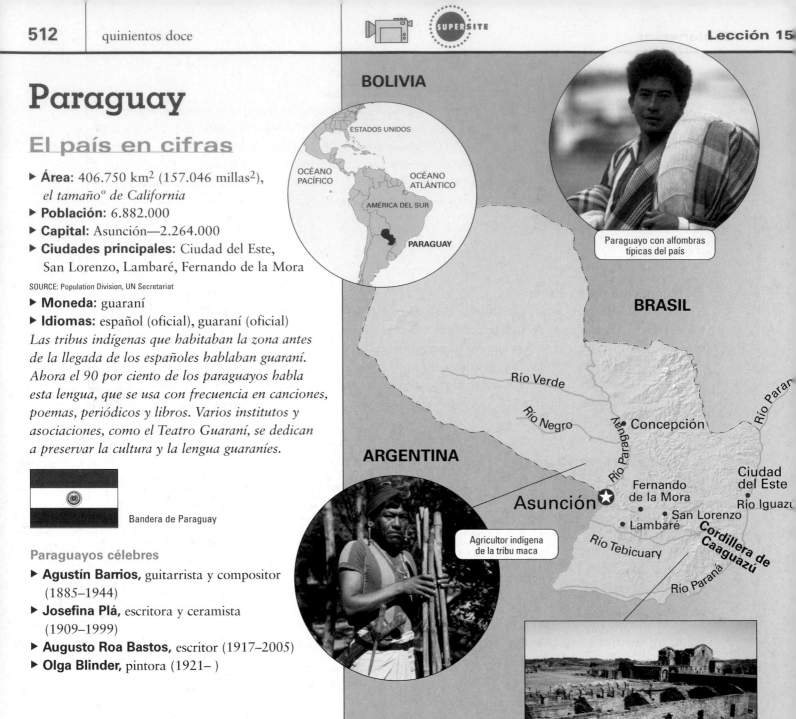

Bandera de Paraguay

Paraguayo con alfombras típicas del país

Agricultor indígena de la tribu maca

Itapúa

Paraguayos célebres

▶ **Agustín Barrios,** guitarrista y compositor
  (1885–1944)

▶ **Josefina Plá,** escritora y ceramista
  (1909–1999)

▶ **Augusto Roa Bastos,** escritor (1917–2005)

▶ **Olga Blinder,** pintora (1921–)

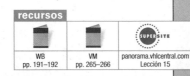

recursos

| WB pp. 191–192 | VM pp. 265–266 | SUPERSITE panorama.vhlcentral.com Lección 15 |

tamaño *size*   **multara** *fined*   **ciudadanos** *citizens*   **elecciones** *election*

¡Increíble pero cierto!

¿Te imaginas qué pasaría si el gobierno multara° a
los ciudadanos° que no van a votar? En Paraguay,
es una obligación. Ésta es una ley nacional, que
otros países también tienen, para obligar a los
ciudadanos a participar en las elecciones°. En
Paraguay los ciudadanos que no van a votar
tienen que pagar una multa al gobierno.

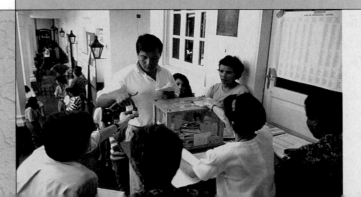

Artesanía • El ñandutí

La artesanía° más famosa de Paraguay se llama ñandutí y es un encaje° hecho a mano originario de Itaguá. En guaraní, la palabra ñandutí significa telaraña° y esta pieza recibe ese nombre porque imita el trazado° que crean los arácnidos. Estos encajes suelen ser° blancos, pero también los hay de colores, con formas geométricas o florales.

Ciencias • La represa Itaipú

La represa° Itaipú es una instalación hidroeléctrica que se encuentra en la frontera° entre Paraguay y Brasil. Su construcción inició en 1974 y duró 11 años. La cantidad de concreto que se utilizó durante los primeros cinco años de esta obra° fue similar a la que se necesita para construir un edificio de 350 pisos. Cien mil trabajadores paraguayos participaron en el proyecto. En 1984 se puso en funcionamiento la Central Hidroeléctrica de Itaipú y gracias a su cercanía con las famosas Cataratas de Iguazú, muchos turistas la visitan diariamente.

Naturaleza • Los ríos Paraguay y Paraná

Los ríos Paraguay y Paraná sirven de frontera natural entre Argentina y Paraguay, y son las principales rutas de transporte de este último país. El Paraná tiene unos 3.200 kilómetros navegables, y por esta ruta pasan barcos de más de 5.000 toneladas, los cuales viajan desde el estuario° del Río de la Plata hasta la ciudad de Asunción. El río Paraguay divide el Gran Chaco de la meseta° Paraná, donde vive la mayoría de los paraguayos.

¿Qué aprendiste? Responde a cada pregunta con una oración completa.

1. ¿Quién fue Augusto Roa Bastos?

2. ¿Cómo se llama la moneda de Paraguay?

3. ¿Qué es el ñandutí?

4. ¿De dónde es originario el ñandutí?

5. ¿Qué forma imita el ñandutí?

6. En total, ¿cuántos años tomó la construcción de la represa Itaipú?

7. ¿A cuántos paraguayos dio trabajo la construcción de la represa?

8. ¿Qué países separan los ríos Paraguay y Paraná?

9. ¿Qué distancia se puede navegar por el Paraná?

Conexión Internet Investiga estos temas en **panorama.vhlcentral.com**.

1. Busca información sobre Alfredo Stroessner, el ex presidente de Paraguay. ¿Por qué se le considera un dictador?

2. Busca información sobre la historia de Paraguay. En tu opinión, ¿cuáles fueron los episodios decisivos en su historia?

....

artesanía *crafts* encaje *lace* telaraña *spiderweb* trazado *outline; design* suelen ser *are usually* represa *dam* frontera *border* obra *work* estuario *estuary* meseta *plateau*

El bienestar

el bienestar	*well-being*
la droga	*drug*
el/la drogadicto/a	*drug addict*
el masaje	*massage*
el/la teleadicto/a	*couch potato*
adelgazar	*to lose weight; to slim down*
aliviar el estrés	*to reduce stress*
aliviar la tensión	*to reduce tension*
apurarse, darse prisa	*to hurry; to rush*
aumentar de peso, engordar	*to gain weight*
disfrutar (de)	*to enjoy; to reap the benefits (of)*
estar a dieta	*to be on a diet*
(no) fumar	*(not) to smoke*
llevar una vida sana	*to lead a healthy lifestyle*
sufrir muchas presiones	*to be under a lot of pressure*
tratar de (+ inf.)	*to try (to do something)*
activo/a	*active*
débil	*weak*
en exceso	*in excess; too much*
flexible	*flexible*
fuerte	*strong*
sedentario/a	*sedentary; related to sitting*
tranquilo/a	*calm; quiet*

En el gimnasio

la cinta caminadora	*treadmill*
la clase de ejercicios aeróbicos	*aerobics class*
el/la entrenador(a)	*trainer*
el músculo	*muscle*
calentarse (e:ie)	*to warm up*
entrenarse	*to practice; to train*
estar en buena forma	*to be in good shape*
hacer ejercicio	*to exercise*
hacer ejercicios aeróbicos	*to do aerobics*
hacer ejercicios de estiramiento	*to do stretching exercises*
hacer gimnasia	*to work out*
levantar pesas	*to lift weights*
mantenerse en forma	*to stay in shape*
sudar	*to sweat*

La nutrición

la bebida alcohólica	*alcoholic beverage*
la cafeína	*caffeine*
la caloría	*calorie*
el colesterol	*cholesterol*
la grasa	*fat*
la merienda	*afternoon snack*
el mineral	*mineral*
la nutrición	*nutrition*
el/la nutricionista	*nutritionist*
la proteína	*protein*
la vitamina	*vitamin*
comer una dieta equilibrada	*to eat a balanced diet*
consumir alcohol	*to consume alcohol*
descafeinado/a	*decaffeinated*

Expresiones útiles	*See page 487.*

Plan de escritura

1. Ideas y organización

Begin by organizing your writing materials. If you prefer to write by hand, you may want to have a few spare pens and pencils on hand, as well as an eraser or correction fluid. If you prefer to use a word-processing program, make sure you know how to type Spanish accent marks, the **tilde,** and Spanish punctuation marks. Then make a list of the resources you can consult while writing. Finally, make a list of the basic ideas you want to cover. Beside each idea, jot down a few Spanish words and phrases you may want to use while writing.

2. Primer borrador

Write your first draft, using the resources and ideas you gathered in **Ideas y organización.**

3. Comentario

Exchange papers with a classmate and comment on each other's work, using these questions as a guide. Begin by mentioning what you like about your classmate's writing.

a. How can your classmate make his or her writing clearer, more logical, or more organized?
b. What suggestions do you have for making the writing more interesting or complete?
c. Do you see any spelling or grammatical errors?

4. Redacción

Revise your first draft, keeping in mind your classmate's comments. Also, incorporate any new information you may have. Before handing in the final version, review your work using these guidelines:

a. Make sure each verb agrees with its subject. Then check the gender and number of each article, noun, and adjective.
b. Check your spelling and punctuation.
c. Consult your **Anotaciones para mejorar la escritura** (see description below) to avoid repetition of previous errors.

5. Evaluación y progreso

You may want to share what you've written with a classmate, a small group, or the entire class. After your instructor has returned your paper, review the comments and corrections. On a separate sheet of paper, write the heading **Anotaciones para mejorar** (*Notes for improving*) **la escritura** and list your most common errors. Place this list and your corrected document in your writing portfolio (**Carpeta de trabajos**) and consult it from time to time to gauge your progress.

Spanish Terms for Direction Lines and Classroom Use

Below is a list of useful terms that you might hear your instructor say in class. It also includes Spanish terms that appear in the direction lines of your textbook.

En las instrucciones *In direction lines*

Cambia/Cambien...	*Change...*
Camina/Caminen por la clase.	*Walk around the classroom.*
Ciertas o falsas	*True or false*
Cierto o falso	*True or false*
Circula/Circulen por la clase.	*Walk around the classroom.*
Completa las oraciones de una manera lógica.	*Complete the sentences logically.*
Con un(a) compañero/a...	*With a classmate...*
Contesta las preguntas.	*Answer the questions.*
Corrige las oraciones falsas.	*Correct the false statements.*
Cuenta/Cuenten...	*Tell...*
Di/Digan...	*Say...*
Discute/Discutan...	*Discuss...*
En grupos...	*In groups...*
En parejas...	*In pairs...*
Entrevista...	*Interview...*
Escúchala	*Listen to it*
Forma oraciones completas.	*Create/Make complete sentences.*
Háganse preguntas.	*Ask each other questions.*
Haz el papel de...	*Play the role of...*
Haz los cambios necesarios.	*Make the necessary changes.*
Indica/Indiquen si las oraciones...	*Indicate if the sentences...*
Intercambia/Intercambien...	*Exchange...*
Lee/Lean en voz alta.	*Read aloud.*
Pon/Pongan...	*Put...*
...que mejor completa...	*...that best completes...*
Reúnete...	*Get together...*
...se da/dan como ejemplo.	*...is/are given as a model.*
Toma nota...	*Take note...*
Tomen apuntes.	*Take notes.*
Túrnense...	*Take turns...*

Palabras útiles *Useful words*

la adivinanza	*riddle*
el anuncio	*advertisement/ad*
los apuntes	*notes*
el borrador	*draft*
la canción	*song*
la concordancia	*agreement*
el contenido	*contents*
eficaz	*efficient*
la encuesta	*survey*
el equipo	*team*
el esquema	*outline*
el folleto	*brochure*
las frases	*statements*
la hoja de actividades	*activity sheet/handout*
la hoja de papel	*piece of paper*
la información errónea	*incorrect information*
el/la lector(a)	*reader*
la lectura	*reading*
las oraciones	*sentences*
la ortografía	*spelling*
las palabras útiles	*useful words*
el papel	*role*
el párrafo	*paragraph*
el paso	*step*
la(s) persona(s) descrita(s)	*the person (people) described*
la pista	*clue*
por ejemplo	*for example*
el propósito	*purpose*
los recursos	*resources*
el reportaje	*report*
los resultados	*results*
según	*according to*
siguiente	*following*
la sugerencia	*suggestion*
el sustantivo	*noun*
el tema	*topic*
último	*last*
el último recurso	*last resort*

Verbos útiles *Useful verbs*

adivinar	*to guess*
anotar	*to jot down*
añadir	*to add*
apoyar	*to support*
averiguar	*to find out*
cambiar	*to change*
combinar	*to combine*
compartir	*to share*
comprobar (o:ue)	*to check*
corregir (e:i)	*to correct*
crear	*to create*
devolver (o:ue)	*to return*
doblar	*to fold*
dramatizar	*to act out*
elegir (e:i)	*to choose/select*
emparejar	*to match*
entrevistar	*to interview*
escoger	*to choose*
identificar	*to identify*
incluir	*to include*
informar	*to report*
intentar	*to try*
intercambiar	*to exchange*
investigar	*to research*
marcar	*to mark*
preguntar	*to ask*
recordar (o:ue)	*to remember*
responder	*to answer*
revisar	*to revise*
seguir (e:i)	*to follow*
seleccionar	*to select*
subrayar	*to underline*
traducir	*to translate*
tratar de	*to be about*

Expresiones útiles *Useful expressions*

Ahora mismo.	*Right away.*
¿Cómo no?	*But of course.*
¿Cómo se dice _____ en español?	*How do you say _____ in Spanish?*
¿Cómo se escribe _____?	*How do you spell _____?*
¿Comprende(n)?	*Do you understand?*
Con gusto.	*With pleasure.*
Con permiso.	*Excuse me.*
De acuerdo.	*Okay.*
De nada.	*You're welcome.*
¿De veras?	*Really?*
¿En qué página estamos?	*What page are we on?*
¿En serio?	*Seriously?*
Enseguida.	*Right away.*
hoy día	*nowadays*
Más despacio, por favor.	*Slower, please.*
Muchas gracias.	*Thanks a lot.*
No entiendo.	*I don't understand.*
No hay de qué.	*Don't mention it.*
No importa.	*No problem./It doesn't matter.*
¡No me digas!	*You don't say!*
No sé.	*I don't know.*
¡Ojalá!	*Hopefully!*
Perdone.	*Pardon me.*
Por favor.	*Please.*
Por supuesto.	*Of course.*
¡Qué bien!	*Great!*
¡Qué gracioso!	*How funny!*
¡Qué pena!	*What a shame/pity!*
¿Qué significa _____?	*What does _____ mean?*
Repite, por favor.	*Please repeat.*
Tengo una pregunta.	*I have a question.*
¿Tiene(n) alguna pregunta?	*Do you have any questions?*
Vaya(n) a la página dos.	*Go to page 2.*

Glossary of Grammatical Terms

ADJECTIVE A word that modifies, or describes, a noun or pronoun.

muchos libros
many books

un hombre **rico**
*a **rich** man*

las mujeres **altas**
*the **tall** women*

Demonstrative adjective An adjective that specifies which noun a speaker is referring to.

esta fiesta
***this** party*

ese chico
***that** boy*

aquellas flores
***those** flowers*

Possessive adjective An adjective that indicates ownership or possession.

mi mejor vestido
***my** best dress*

Éste es **mi** hermano.
*This is **my** brother.*

Stressed possessive adjective A possessive adjective that emphasizes the owner or possessor.

Es un libro **mío**.
*It's **my** book./It's a book **of mine**.*

Es amiga **tuya**; yo no la conozco.
*She's a friend **of yours**; I don't know her.*

ADVERB A word that modifies, or describes, a verb, adjective, or other adverb.

Pancho escribe **rápidamente**.
*Pancho writes **quickly**.*

Este cuadro es **muy** bonito.
*This picture is **very** pretty.*

ARTICLE A word that points out a noun in either a specific or a non-specific way.

Definite article An article that points out a noun in a specific way.

el libro
the book

la maleta
the suitcase

los diccionarios
the dictionaries

las palabras
the words

Indefinite article An article that points out a noun in a general, non-specific way.

un lápiz
a pencil

una computadora
a computer

unos pájaros
some birds

unas escuelas
some schools

CLAUSE A group of words that contains both a conjugated verb and a subject, either expressed or implied.

Main (or Independent) clause A clause that can stand alone as a complete sentence.

Pienso ir a cenar pronto.
I plan to go to dinner soon.

Subordinate (or Dependent) clause A clause that does not express a complete thought and therefore cannot stand alone as a sentence.

Trabajo en la cafetería **porque necesito dinero para la escuela**.
*I work in the cafeteria **because I need money for school**.*

COMPARATIVE A construction used with an adjective or adverb to express a comparison between two people, places, or things.

Este programa es **más interesante que** el otro.
*This program is **more interesting than** the other one.*

Tomás no es **tan alto como** Alberto.
*Tomás is not **as tall as** Alberto.*

CONJUGATION A set of the forms of a verb for a specific tense or mood or the process by which these verb forms are presented.

Preterite conjugation of **cantar**:

cant**é**	cant**amos**
cant**aste**	cant**asteis**
cant**ó**	cant**aron**

CONJUNCTION A word used to connect words, clauses, or phrases.

Susana es de Cuba **y** Pedro es de España.
*Susana is from Cuba **and** Pedro is from Spain.*

No quiero estudiar **pero** tengo que hacerlo.
*I don't want to study, **but** I have to.*

CONTRACTION The joining of two words into one. The only contractions in Spanish are **al** and **del**.

Mi hermano fue **al** concierto ayer.
My brother went to the concert yesterday.

Saqué dinero **del** banco.
I took money from the bank.

DIRECT OBJECT A noun or pronoun that directly receives the action of the verb.

Tomás lee **el libro.**   **La** pagó ayer.
Tomás reads the book.   *She paid it yesterday.*

GENDER The grammatical categorizing of certain kinds of words, such as nouns and pronouns, as masculine, feminine, or neuter.

Masculine
articles el, un
pronouns él, lo, mío, éste, ése, aquél
adjective simpático

Feminine
articles la, una
pronouns ella, la, mía, ésta, ésa, aquélla
adjective simpática

IMPERSONAL EXPRESSION A third-person expression with no expressed or specific subject.

Es muy importante.   **Llueve** mucho.
It's very important.   *It's raining hard.*

Aquí **se habla** español.
Spanish is spoken here.

INDIRECT OBJECT A noun or pronoun that receives the action of the verb indirectly; the object, often a living being, to or for whom an action is performed.

Eduardo **le** dio un libro **a Linda.**
Eduardo gave a book to Linda.

La profesora **me** dio una C en el examen.
The professor gave me a C on the test.

INFINITIVE The basic form of a verb. Infinitives in Spanish end in -ar, -er, or -ir.

hablar   correr   abrir
to speak   *to run*   *to open*

INTERROGATIVE An adjective or pronoun used to ask a question.

¿Quién habla?   **¿Cuántos** compraste?
Who is speaking?   *How many did you buy?*

¿Qué piensas hacer hoy?
What do you plan to do today?

INVERSION Changing the word order of a sentence, often to form a question.

Statement: Elena pagó la cuenta del restaurante.

Inversion: ¿Pagó Elena la cuenta del restaurante?

MOOD A grammatical distinction of verbs that indicates whether the verb is intended to make a statement or command or to express a doubt, emotion, or condition contrary to fact.

Imperative mood Verb forms used to make commands.

Di la verdad.   **Caminen** ustedes conmigo.
Tell the truth.   *Walk with me.*

¡Comamos ahora!
Let's eat now!

Indicative mood Verb forms used to state facts, actions, and states considered to be real.

Sé que **tienes** el dinero.
I know that you have the money.

Subjunctive mood Verb forms used principally in subordinate (dependent) clauses to express wishes, desires, emotions, doubts, and certain conditions, such as contrary-to-fact situations.

Prefieren que **hables** en español.
They prefer that you speak in Spanish.

Dudo que Luis **tenga** el dinero necesario.
I doubt that Luis has the necessary money.

NOUN A word that identifies people, animals, places, things, and ideas.

hombre   gato
man   *cat*

México   casa
Mexico   *house*

libertad   libro
freedom   *book*

NUMBER A grammatical term that refers to singular or plural. Nouns in Spanish and English have number. Other parts of a sentence, such as adjectives, articles, and verbs, can also have number.

Singular	Plural
una cosa	**unas** cosas
a thing	*some things*
el profesor	**los** profesores
the professor	*the professors*

NUMBERS Words that represent amounts.

Cardinal numbers Words that show specific amounts.

cinco minutos
five minutes

el año **dos mil siete**
the year 2007

Ordinal numbers Words that indicate the order of a noun in a series.

el **cuarto** jugador　　la **décima** hora
the fourth player　　*the tenth hour*

PAST PARTICIPLE A past form of the verb used in compound tenses. The past participle may also be used as an adjective, but it must then agree in number and gender with the word it modifies.

Han **buscado** por todas partes.
They have searched everywhere.

Yo no había **estudiado** para el examen.
I hadn't studied for the exam.

Hay una **ventana abierta** en la sala.
There is an open window in the living room.

PERSON The form of the verb or pronoun that indicates the speaker, the one spoken to, or the one spoken about. In Spanish, as in English, there are three persons: first, second, and third.

Person	Singular	Plural
1st	yo *I*	nosotros/as *we*
2nd	tú, Ud. *you*	vosotros/as, Uds. *you*
3rd	él, ella *he, she*	ellos, ellas *they*

PREPOSITION A word or words that describe(s) the relationship, most often in time or space, between two other words.

Anita es **de** California.
Anita is from California.

La chaqueta está **en** el carro.
The jacket is in the car.

Marta se peinó **antes de** salir.
Marta combed her hair before going out.

PRESENT PARTICIPLE In English, a verb form that ends in *-ing*. In Spanish, the present participle ends in **-ndo**, and is often used with **estar** to form a progressive tense.

Mi hermana está **hablando** por teléfono ahora mismo.
My sister is talking on the phone right now.

PRONOUN A word that takes the place of a noun or nouns.

Demonstrative pronoun A pronoun that takes the place of a specific noun.

Quiero **ésta**.
I want this one.

¿Vas a comprar **ése**?
Are you going to buy that one?

Juan prefirió **aquéllos**.
Juan preferred those (over there).

Object pronoun A pronoun that functions as a direct or indirect object of the verb.

Te digo la verdad.
I'm telling you the truth.

Me lo trajo Juan.
Juan brought it to me.

Reflexive pronoun A pronoun that indicates that the action of a verb is performed by the subject on itself. These pronouns are often expressed in English with *-self: myself, yourself,* etc.

Yo **me** bañé antes de salir.
I bathed (myself) before going out.

Elena **se** acostó a las once y media.
Elena went to bed at eleven-thirty.

Relative pronoun A pronoun that connects a subordinate clause to a main clause.

El chico **que** nos escribió viene de visita mañana.
*The boy **who** wrote us is coming to visit tomorrow.*

Ya sé **lo que** tenemos que hacer.
*I already know **what** we have to do.*

Subject pronoun A pronoun that replaces the name or title of a person or thing, and acts as the subject of a verb.

Tú debes estudiar más.
***You** should study more.*

Él llegó primero.
***He** arrived first.*

SUBJECT A noun or pronoun that performs the action of a verb and is often implied by the verb.

María va al supermercado.
***María** goes to the supermarket.*

(Ellos) Trabajan mucho.
***They** work hard.*

Esos **libros** son muy caros.
*Those **books** are very expensive.*

SUPERLATIVE A word or construction used with an adjective or adverb to express the highest or lowest degree of a specific quality among three or more people, places, or things.

De todas mis clases, ésta es la **más interesante**.
*Of all my classes, this is the **most interesting**.*

Raúl es el **menos simpático** de los chicos.
*Raúl is the **least pleasant** of the boys.*

TENSE A set of verb forms that indicates the time of an action or state: past, present, or future.

Compound tense A two-word tense made up of an auxiliary verb and a present or past participle. In Spanish, there are two auxiliary verbs: **estar** and **haber**.

En este momento, **estoy estudiando**.
*At this time, **I am studying**.*

El paquete no **ha llegado** todavía.
*The package **has** not **arrived** yet.*

Simple tense A tense expressed by a single verb form.

María **estaba** mal anoche.
*María **was** ill last night.*

Juana **hablará** con su mamá mañana.
*Juana **will speak** with her mom tomorrow.*

VERB A word that expresses actions or states-of-being.

Auxiliary verb A verb used with a present or past participle to form a compound tense. **Haber** is the most commonly used auxiliary verb in Spanish.

Los chicos **han** visto los elefantes.
*The children **have** seen the elephants.*

Espero que **hayas** comido.
*I hope you **have** eaten.*

Reflexive verb A verb that describes an action performed by the subject on itself and is always used with a reflexive pronoun.

Me compré un carro nuevo.
*I **bought myself** a new car.*

Pedro y Adela **se levantan** muy temprano.
*Pedro and Adela **get (themselves) up** very early.*

Spelling change verb A verb that undergoes a predictable change in spelling, in order to reflect its actual pronunciation in the various conjugations.

practicar	c→qu	practico	practiqué
dirigir	g→j	dirigí	dirijo
almorzar	z→c	almorzó	almorcé

Stem-changing verb A verb whose stem vowel undergoes one or more predictable changes in the various conjugations.

entender (e:ie)	entiendo
pedir (e:i)	piden
dormir (o:ue, u)	duermo, durmieron

Verb Conjugation Tables

The verb lists

The list of verbs below, and the model-verb tables that start on page A-11 show you how to conjugate every verb taught in **PANORAMA**. Each verb in the list is followed by a model verb conjugated according to the same pattern. The number in parentheses indicates where in the verb tables you can find the conjugated forms of the model verb. If you want to find out how to conjugate **divertirse**, for example, look up number 33, **sentir**, the model for verbs that follow the e:ie stem-change pattern.

How to use the verb tables

In the tables you will find the infinitive, present and past participles, and all the simple forms of each model verb. The formation of the compound tenses of any verb can be inferred from the table of compound tenses, pages A-11–12, either by combining the past participle of the verb with a conjugated form of **haber** or by combining the present participle with a conjugated form of **estar**.

abrazar (z:c) like cruzar (37)

abrir like vivir (3) *except* past participle is **abierto**

aburrir(se) like vivir (3)

acabar de like hablar (1)

acampar like hablar (1)

acompañar like hablar (1)

aconsejar like hablar (1)

acordarse (o:ue) like contar (24)

acostarse (o:ue) like contar (24)

adelgazar (z:c) like cruzar (37)

afeitarse like hablar (1)

ahorrar like hablar (1)

alegrarse like hablar (1)

aliviar like hablar (1)

almorzar (o:ue) like contar (24) *except* (z:c)

alquilar like hablar (1)

andar like hablar (1) *except* preterite stem is **anduv-**

anunciar like hablar (1)

apagar (g:gu) like llegar (41)

aplaudir like vivir (3)

apreciar like hablar (1)

aprender like comer (2)

apurarse like hablar (1)

arrancar (c:qu) like tocar (43)

arreglar like hablar (1)

asistir like vivir (3)

aumentar like hablar (1)

ayudar(se) like hablar (1)

bailar like hablar (1)

bajar(se) like hablar (1)

bañarse like hablar (1)

barrer like comer (2)

beber like comer (2)

besar(se) like hablar (1)

borrar like hablar (1)

brindar like hablar (1)

bucear like hablar (1)

buscar (c:qu) like tocar (43)

caber (4)

caer(se) (5)

calentarse (e:ie) like pensar (30)

calzar (z:c) like cruzar (37)

cambiar like hablar (1)

caminar like hablar (1)

cantar like hablar (1)

casarse like hablar (1)

cazar (z:c) like cruzar (37)

celebrar like hablar (1)

cenar like hablar (1)

cepillarse like hablar (1)

cerrar (e:ie) like pensar (30)

cobrar like hablar (1)

cocinar like hablar (1)

comenzar (e:ie) (z:c) like empezar (26)

comer (2)

compartir like vivir (3)

comprar like hablar (1)

comprender like comer (2)

comprometerse like comer (2)

comunicarse (c:qu) like tocar (43)

conducir (c:zc) (6)

confirmar like hablar (1)

conocer (c:zc) (35)

conseguir (e:i) (g:gu) like seguir (32)

conservar like hablar (1)

consumir like vivir (3)

contaminar like hablar (1)

contar (o:ue) (24)

controlar like hablar (1)

correr like comer (2)

costar (o:ue) like contar (24)

creer (y) (36)

cruzar (z:c) (37)

cubrir like vivir (3) *except* past participle is **cubierto**

cuidar like hablar (1)

cumplir like vivir (3)

dañar like hablar (1)

dar (7)

deber like comer (2)

decidir like vivir (3)

decir (e:i) (8)

declarar like hablar (1)

dejar like hablar (1)

depositar like hablar (1)

desarrollar like hablar (1)

desayunar like hablar (1)

descansar like hablar (1)

descargar like llegar (41)

describir like vivir (3) *except* past participle is **descrito**

descubrir like vivir (3) *except* past participle is **descubierto**

desear like hablar (1)

despedirse (e:i) like pedir (29)

despertarse (e:ie) like pensar (30)

destruir (y) (38)

dibujar like hablar (1)

dirigir (g:j) like vivir (3) *except* (g:j)

disfrutar like hablar (1)

divertirse (e:ie) like sentir (33)

divorciarse like hablar (1)

doblar like hablar (1)

doler (o:ue) like volver (34) *except* past participle is regular

dormir(se) (o:ue, u) (25)

ducharse like hablar (1)

dudar like hablar (1)

durar like hablar (1)

echar like hablar (1)

elegir (e:i) like pedir (29) *except* (g:j)

emitir like vivir (3)

empezar (e:ie) (z:c) (26)

enamorarse like hablar (1)

encantar like hablar (1)

encontrar(se) (o:ue) like contar (24)

enfermarse like hablar (1)

engordar like hablar (1)

enojarse like hablar (1)

enseñar like hablar (1)

ensuciar like hablar (1)

entender (e:ie) (27)

entrenarse like hablar (1)

entrevistar like hablar (1)

enviar (envío) (39)

escalar like hablar (1)

escoger (g:j) like proteger (42)

escribir like vivir (3) *except* past participle is **escrito**

escuchar like hablar (1)

esculpir like vivir (3)

esperar like hablar (1)

esquiar (esquío) like enviar (39)

establecer (c:zc) like conocer (35)

estacionar like hablar (1)

estar (9)

estornudar like hablar (1)

estudiar like hablar (1)

evitar like hablar (1)

explicar (c:qu) like tocar (43)

explorar like hablar (1)

faltar like hablar (1)

fascinar like hablar (1)

firmar like hablar (1)

fumar like hablar (1)

funcionar like hablar (1)

ganar like hablar (1)

gastar like hablar (1)

grabar like hablar (1)

graduarse (gradúo) (40)

guardar like hablar (1)

gustar like hablar (1)

haber (hay) (10)

hablar (1)

hacer (11)

importar like hablar (1)

imprimir like vivir (3)

informar like hablar (1)

insistir like vivir (3)

interesar like hablar (1)

invertir (e:ie) like sentir (33)

invitar like hablar (1)

ir(se) (12)

jubilarse like hablar (1)

jugar (u:ue) (g:gu) (28)

lastimarse like hablar (1)

lavar(se) like hablar (1)

leer (y) like creer (36)

levantar(se) like hablar (1)

limpiar like hablar (1)

llamar(se) like hablar (1)

llegar (g:gu) (41)

llenar like hablar (1)

llevar(se) like hablar (1)

llover (o:ue) like volver (34) *except* past participle is regular

luchar like hablar (1)

mandar like hablar (1)

manejar like hablar (1)

mantener(se) (e:ie) like tener (20)

maquillarse like hablar (1)

mejorar like hablar (1)

merendar (e:ie) like pensar (30)

mirar like hablar (1)

molestar like hablar (1)

montar like hablar (1)

morir (o:ue) like dormir (25) *except* past participle is muerto

mostrar (o:ue) like contar (24)

mudarse like hablar (1)

nacer (c:zc) like conocer (35)

nadar like hablar (1)

navegar (g:gu) like llegar (41)

necesitar like hablar (1)

negar (e:ie) like pensar (30) *except* (g:gu)

nevar (e:ie) like pensar (30)

obedecer (c:zc) like conocer (35)

obtener (e:ie) like tener (20)

ocurrir like vivir (3)

odiar like hablar (1)

ofrecer (c:zc) like conocer (35)

oír (13)

olvidar like hablar (1)

pagar (g:gu) like llegar (41)

parar like hablar (1)

parecer (c:zc) like conocer (35)

pasar like hablar (1)

pasear like hablar (1)

patinar like hablar (1)

pedir (e:i) (29)

peinarse like hablar (1)

pensar (e:ie) (30)

perder (e:ie) like entender (27)

pescar (c:qu) like tocar (43)

pintar like hablar (1)

planchar like hablar (1)

poder (o:ue) (14)

poner(se) (15)

practicar (c:qu) like tocar (43)

preferir (e:ie) like sentir (33)

preguntar like hablar (1)

preocuparse like hablar (1)

preparar like hablar (1)

presentar like hablar (1)

prestar like hablar (1)

probar(se) (o:ue) like contar (24)

prohibir like vivir (3)

proteger (g:j) (42)

publicar (c:qu) like tocar (43)

quedar(se) like hablar (1)

quemar like hablar (1)

querer (e:ie) (16)

quitar(se) like hablar (1)

recetar like hablar (1)

recibir like vivir (3)

reciclar like hablar (1)

recoger (g:j) like proteger (42)

recomendar (e:ie) like pensar (30)

recordar (o:ue) like contar (24)

reducir (c:zc) like conducir (6)

regalar like hablar (1)

regatear like hablar (1)

regresar like hablar (1)

reír(se) (e:i) (31)

relajarse like hablar (1)

renunciar like hablar (1)

repetir (e:i) like pedir (29)

resolver (o:ue) like volver (34)

respirar like hablar (1)

revisar like hablar (1)

rogar (o:ue) like contar (24)

except (g:gu)

romper(se) like comer (2) *except* past participle is **roto**

saber (17)

sacar (c:qu) like tocar (43)

sacudir like vivir (3)

salir (18)

saludar(se) like hablar (1)

secar(se) (c:qu) like tocar (43)

seguir (e:i) (32)

sentarse (e:ie) like pensar (30)

sentir(se) (e:ie) (33)

separarse like hablar (1)

ser (19)

servir (e:i) like pedir (29)

solicitar like hablar (1)

sonar (o:ue) like contar (24)

sonreír (e:i) like reír(se) (31)

sorprender like comer (2)

subir like vivir (3)

sudar like hablar (1)

sufrir like vivir (3)

sugerir (e:ie) like sentir (33)

suponer like poner (15)

temer like comer (2)

tener (e:ie) (20)

terminar like hablar (1)

tocar (c:qu) (43)

tomar like hablar (1)

torcerse (o:ue) like volver (34) *except* (c:z) and past participle is regular; e.g., yo tuerzo

toser like comer (2)

trabajar like hablar (1)

traducir (c:zc) like conducir (6)

traer (21)

transmitir like vivir (3)

tratar like hablar (1)

usar like hablar (1)

vender like comer (2)

venir (e:ie, i) (22)

ver (23)

vestirse (e:i) like pedir (29)

viajar like hablar (1)

visitar like hablar (1)

vivir (3)

volver (o:ue) (34)

votar like hablar (1)

Regular verbs: simple tenses

1 — hablar
Participles: hablando, hablado

	INDICATIVE					SUBJUNCTIVE		IMPERATIVE
Infinitive	Present	Imperfect	Preterite	Future	Conditional	Present	Past	
hablar	hablo	hablaba	hablé	hablaré	hablaría	hable	hablara	
	hablas	hablabas	hablaste	hablarás	hablarías	hables	hablaras	habla tú (no hables)
	habla	hablaba	habló	hablará	hablaría	hable	hablara	hable Ud.
	hablamos	hablábamos	hablamos	hablaremos	hablaríamos	hablemos	habláramos	hablemos
	habláis	hablabais	hablasteis	hablaréis	hablaríais	habléis	hablarais	hablad (no habléis)
	hablan	hablaban	hablaron	hablarán	hablarían	hablen	hablaran	hablen Uds.

2 — comer
Participles: comiendo, comido

Infinitive	Present	Imperfect	Preterite	Future	Conditional	Present	Past	IMPERATIVE
comer	como	comía	comí	comeré	comería	coma	comiera	
	comes	comías	comiste	comerás	comerías	comas	comieras	come tú (no comas)
	come	comía	comió	comerá	comería	coma	comiera	coma Ud.
	comemos	comíamos	comimos	comeremos	comeríamos	comamos	comiéramos	comamos
	coméis	comíais	comisteis	comeréis	comeríais	comáis	comierais	comed (no comáis)
	comen	comían	comieron	comerán	comerían	coman	comieran	coman Uds.

3 — vivir
Participles: viviendo, vivido

Infinitive	Present	Imperfect	Preterite	Future	Conditional	Present	Past	IMPERATIVE
vivir	vivo	vivía	viví	viviré	viviría	viva	viviera	
	vives	vivías	viviste	vivirás	vivirías	vivas	vivieras	vive tú (no vivas)
	vive	vivía	vivió	vivirá	viviría	viva	viviera	viva Ud.
	vivimos	vivíamos	vivimos	viviremos	viviríamos	vivamos	viviéramos	vivamos
	vivís	vivíais	vivisteis	viviréis	viviríais	viváis	vivierais	vivid (no viváis)
	viven	vivían	vivieron	vivirán	vivirían	vivan	vivieran	vivan Uds.

All verbs: compound tenses

PERFECT TENSES

INDICATIVE

Present Perfect		Past Perfect		Future Perfect		Conditional Perfect	
he	hablado	había	hablado	habré	hablado	habría	hablado
has	comido	habías	comido	habrás	comido	habrías	comido
ha	vivido	había	vivido	habrá	vivido	habría	vivido
hemos		habíamos		habremos		habríamos	
habéis		habíais		habréis		habríais	
han		habían		habrán		habrían	

SUBJUNCTIVE

Present Perfect		Past Perfect	
haya	hablado	hubiera	hablado
hayas	comido	hubieras	comido
haya	vivido	hubiera	vivido
hayamos		hubiéramos	
hayáis		hubierais	
hayan		hubieran	

PROGRESSIVE TENSES

	INDICATIVE				SUBJUNCTIVE	
	Present Progressive	Past Progressive	Future Progressive	Conditional Progressive	Present Progressive	Past Progressive
	estoy	estaba	estaré	estaría	esté	estuviera
	estás	estabas	estarás	estarías	estés	estuvieras
	está hablando	estaba hablando	estará hablando	estaría hablando	esté hablando	estuviera
	estamos comiendo	estábamos comiendo	estaremos comiendo	estaríamos comiendo	estemos comiendo	estuviéramos
	estáis viviendo	estabais viviendo	estaréis viviendo	estaríais viviendo	estéis viviendo	estuvierais
	están	estaban	estarán	estarían	estén	estuvieran

Irregular verbs

Infinitive	INDICATIVE					SUBJUNCTIVE		IMPERATIVE
	Present	Imperfect	Preterite	Future	Conditional	Present	Past	
4 caber	**quepo**	cabía	**cupe**	**cabré**	**cabría**	**quepa**	**cupiera**	
	cabes	cabías	**cupiste**	**cabrás**	**cabrías**	**quepas**	**cupieras**	cabe tú (no **quepas**)
Participles:	cabe	cabía	**cupo**	**cabrá**	**cabría**	**quepa**	**cupiera**	**quepa** Ud.
cabiendo	cabemos	cabíamos	**cupimos**	**cabremos**	**cabríamos**	**quepamos**	**cupiéramos**	**quepamos**
cabido	cabéis	cabíais	**cupisteis**	**cabréis**	**cabríais**	**quepáis**	**cupierais**	cabed (no **quepáis**)
	caben	cabían	**cupieron**	**cabrán**	**cabrían**	**quepan**	**cupieran**	**quepan** Uds.
5 caer(se)	**caigo**	caía	caí	caeré	caería	**caiga**	**cayera**	
	caes	caías	**caíste**	caerás	caerías	**caigas**	**cayeras**	cae tú (no **caigas**)
Participles:	cae	caía	**cayó**	caerá	caería	**caiga**	**cayera**	**caiga** Ud.
cayendo	caemos	caíamos	**caímos**	caeremos	caeríamos	**caigamos**	**cayéramos**	**caigamos**
caído	caéis	caíais	**caísteis**	caeréis	caeríais	**caigáis**	**cayerais**	caed (no **caigáis**)
	caen	caían	**cayeron**	caerán	caerían	**caigan**	**cayeran**	**caigan** Uds.
6 conducir (c:zc)	**conduzco**	conducía	**conduje**	conduciré	conduciría	**conduzca**	**condujera**	
	conduces	conducías	**condujiste**	conducirás	conducirías	**conduzcas**	**condujeras**	conduce tú (no **conduzcas**)
Participles:	conduce	conducía	**condujo**	conducirá	conduciría	**conduzca**	**condujera**	**conduzca** Ud.
conduciendo	conducimos	conducíamos	**condujimos**	conduciremos	conduciríamos	**conduzcamos**	**condujéramos**	**conduzcamos**
conducido	conducís	conducíais	**condujisteis**	conduciréis	conduciríais	**conduzcáis**	**condujerais**	conducid (no **conduzcáis**)
	conducen	conducían	**condujeron**	conducirán	conducirían	**conduzcan**	**condujeran**	**conduzcan** Uds.

	INDICATIVE					SUBJUNCTIVE		IMPERATIVE
Infinitive	Present	Imperfect	Preterite	Future	Conditional	Present	Past	

7 dar
Participles: dando, dado

	Present	Imperfect	Preterite	Future	Conditional	Present	Past	IMPERATIVE
	doy	daba	di	daré	daría	dé	diera	
	das	dabas	diste	darás	darías	des	dieras	da tú (no des)
	da	daba	dio	dará	daría	dé	diera	dé Ud.
	damos	dábamos	dimos	daremos	daríamos	demos	diéramos	demos
	dais	dabais	disteis	daréis	daríais	deis	dierais	dad (no deis)
	dan	daban	dieron	darán	darían	den	dieran	den Uds.

8 decir (e:i)
Participles: diciendo, dicho

	Present	Imperfect	Preterite	Future	Conditional	Present	Past	IMPERATIVE
	digo	decía	dije	diré	diría	diga	dijera	
	dices	decías	dijiste	dirás	dirías	digas	dijeras	di tú (no digas)
	dice	decía	dijo	dirá	diría	diga	dijera	diga Ud.
	decimos	decíamos	dijimos	diremos	diríamos	digamos	dijéramos	digamos
	decís	decíais	dijisteis	diréis	diríais	digáis	dijerais	decid (no digáis)
	dicen	decían	dijeron	dirán	dirían	digan	dijeran	digan Uds.

9 estar
Participles: estando, estado

	Present	Imperfect	Preterite	Future	Conditional	Present	Past	IMPERATIVE
	estoy	estaba	estuve	estaré	estaría	esté	estuviera	
	estás	estabas	estuviste	estarás	estarías	estés	estuvieras	está tú (no estés)
	está	estaba	estuvo	estará	estaría	esté	estuviera	esté Ud.
	estamos	estábamos	estuvimos	estaremos	estaríamos	estemos	estuviéramos	estemos
	estáis	estabais	estuvisteis	estaréis	estaríais	estéis	estuvierais	estad (no estéis)
	están	estaban	estuvieron	estarán	estarían	estén	estuvieran	estén Uds.

10 haber
Participles: habiendo, habido

	Present	Imperfect	Preterite	Future	Conditional	Present	Past	IMPERATIVE
	he	había	hube	habré	habría	haya	hubiera	
	has	habías	hubiste	habrás	habrías	hayas	hubieras	
	ha	había	hubo	habrá	habría	haya	hubiera	
	hemos	habíamos	hubimos	habremos	habríamos	hayamos	hubiéramos	
	habéis	habíais	hubisteis	habréis	habríais	hayáis	hubierais	
	han	habían	hubieron	habrán	habrían	hayan	hubieran	

11 hacer
Participles: haciendo, hecho

	Present	Imperfect	Preterite	Future	Conditional	Present	Past	IMPERATIVE
	hago	hacía	hice	haré	haría	haga	hiciera	
	haces	hacías	hiciste	harás	harías	hagas	hicieras	haz tú (no hagas)
	hace	hacía	hizo	hará	haría	haga	hiciera	haga Ud.
	hacemos	hacíamos	hicimos	haremos	haríamos	hagamos	hiciéramos	hagamos
	hacéis	hacíais	hicisteis	haréis	haríais	hagáis	hicierais	haced (no hagáis)
	hacen	hacían	hicieron	harán	harían	hagan	hicieran	hagan Uds.

12 ir
Participles: yendo, ido

	Present	Imperfect	Preterite	Future	Conditional	Present	Past	IMPERATIVE
	voy	iba	fui	iré	iría	vaya	fuera	
	vas	ibas	fuiste	irás	irías	vayas	fueras	ve tú (no vayas)
	va	iba	fue	irá	iría	vaya	fuera	vaya Ud.
	vamos	íbamos	fuimos	iremos	iríamos	vayamos	fuéramos	vamos
	vais	ibais	fuisteis	iréis	iríais	vayáis	fuerais	id (no vayáis)
	van	iban	fueron	irán	irían	vayan	fueran	vayan Uds.

13 oír (y)
Participles: oyendo, oído

	Present	Imperfect	Preterite	Future	Conditional	Present	Past	IMPERATIVE
	oigo	oía	oí	oiré	oiría	oiga	oyera	
	oyes	oías	oíste	oirás	oirías	oigas	oyeras	oye tú (no oigas)
	oye	oía	oyó	oirá	oiría	oiga	oyera	oiga Ud.
	oímos	oíamos	oímos	oiremos	oiríamos	oigamos	oyéramos	oigamos
	oís	oíais	oísteis	oiréis	oiríais	oigáis	oyerais	oíd (no oigáis)
	oyen	oían	oyeron	oirán	oirían	oigan	oyeran	oigan Uds.

	INDICATIVE					SUBJUNCTIVE		IMPERATIVE
Infinitive	Present	Imperfect	Preterite	Future	Conditional	Present	Past	
14 poder (o:ue) Participles: **pudiendo** podido	**puedo** **puedes** **puede** podemos podéis **pueden**	podía podías podía podíamos podíais podían	**pude** **pudiste** **pudo** **pudimos** **pudisteis** **pudieron**	**podré** **podrás** **podrá** **podremos** **podréis** **podrán**	**podría** **podrías** **podría** **podríamos** **podríais** **podrían**	**pueda** **puedas** **pueda** podamos podáis **puedan**	**pudiera** **pudieras** **pudiera** **pudiéramos** **pudierais** **pudieran**	**puede** tú (no **puedas**) **pueda** Ud. podamos poded (no podáis) **puedan** Uds.
15 poner Participles: poniendo **puesto**	**pongo** pones pone ponemos ponéis ponen	ponía ponías ponía poníamos poníais ponían	**puse** **pusiste** **puso** **pusimos** **pusisteis** **pusieron**	**pondré** **pondrás** **pondrá** **pondremos** **pondréis** **pondrán**	**pondría** **pondrías** **pondría** **pondríamos** **pondríais** **pondrían**	**ponga** **pongas** **ponga** **pongamos** **pongáis** **pongan**	**pusiera** **pusieras** **pusiera** **pusiéramos** **pusierais** **pusieran**	**pon** tú (no **pongas**) **ponga** Ud. **pongamos** poned (no **pongáis**) **pongan** Uds.
16 querer (e:ie) Participles: queriendo querido	**quiero** **quieres** **quiere** queremos queréis **quieren**	quería querías quería queríamos queríais querían	**quise** **quisiste** **quiso** **quisimos** **quisisteis** **quisieron**	**querré** **querrás** **querrá** **querremos** **querréis** **querrán**	**querría** **querrías** **querría** **querríamos** **querríais** **querrían**	**quiera** **quieras** **quiera** queramos queráis **quieran**	**quisiera** **quisieras** **quisiera** **quisiéramos** **quisierais** **quisieran**	**quiere** tú (no **quieras**) **quiera** Ud. queramos quered (no queráis) **quieran** Uds.
17 saber Participles: sabiendo sabido	**sé** sabes sabe sabemos sabéis saben	sabía sabías sabía sabíamos sabíais sabían	**supe** **supiste** **supo** **supimos** **supisteis** **supieron**	**sabré** **sabrás** **sabrá** **sabremos** **sabréis** **sabrán**	**sabría** **sabrías** **sabría** **sabríamos** **sabríais** **sabrían**	**sepa** **sepas** **sepa** **sepamos** **sepáis** **sepan**	**supiera** **supieras** **supiera** **supiéramos** **supierais** **supieran**	sabe tú (no **sepas**) **sepa** Ud. **sepamos** sabed (no **sepáis**) **sepan** Uds.
18 salir Participles: saliendo salido	**salgo** sales sale salimos salís salen	salía salías salía salíamos salíais salían	salí saliste salió salimos salisteis salieron	**saldré** **saldrás** **saldrá** **saldremos** **saldréis** **saldrán**	**saldría** **saldrías** **saldría** **saldríamos** **saldríais** **saldrían**	**salga** **salgas** **salga** **salgamos** **salgáis** **salgan**	saliera salieras saliera saliéramos salierais salieran	**sal** tú (no **salgas**) **salga** Ud. **salgamos** salid (no **salgáis**) **salgan** Uds.
19 ser Participles: siendo sido	**soy** **eres** **es** **somos** **sois** **son**	**era** **eras** **era** **éramos** **erais** **eran**	**fui** **fuiste** **fue** **fuimos** **fuisteis** **fueron**	seré serás será seremos seréis serán	sería serías sería seríamos seríais serían	**sea** **seas** **sea** **seamos** **seáis** **sean**	**fuera** **fueras** **fuera** **fuéramos** **fuerais** **fueran**	**sé** tú (no **seas**) **sea** Ud. **seamos** sed (no **seáis**) **sean** Uds.
20 tener (e:ie) Participles: teniendo tenido	**tengo** **tienes** **tiene** tenemos tenéis **tienen**	**tenía** **tenías** **tenía** **teníamos** **teníais** **tenían**	**tuve** **tuviste** **tuvo** **tuvimos** **tuvisteis** **tuvieron**	**tendré** **tendrás** **tendrá** **tendremos** **tendréis** **tendrán**	**tendría** **tendrías** **tendría** **tendríamos** **tendríais** **tendrían**	**tenga** **tengas** **tenga** **tengamos** **tengáis** **tengan**	**tuviera** **tuvieras** **tuviera** **tuviéramos** **tuvierais** **tuvieran**	**ten** tú (no **tengas**) **tenga** Ud. **tengamos** tened (no **tengáis**) **tengan** Uds.

	Infinitive	INDICATIVE					SUBJUNCTIVE		IMPERATIVE
		Present	Imperfect	Preterite	Future	Conditional	Present	Past	
21	traer	traigo	traía	traje	traeré	traería	traiga	trajera	
		traes	traías	trajiste	traerás	traerías	traigas	trajeras	trae tú (no traigas)
		trae	traía	trajo	traerá	traería	traiga	trajera	traiga Ud.
	Participles:	traemos	traíamos	trajimos	traeremos	traeríamos	traigamos	trajéramos	traigamos
	trayendo	traéis	traíais	trajisteis	traeréis	traeríais	traigáis	trajerais	traed (no traigáis)
	traído	traen	traían	trajeron	traerán	traerían	traigan	trajeran	traigan Uds.
22	venir (e:ie)	vengo	venía	vine	vendré	vendría	venga	viniera	
		vienes	venías	viniste	vendrás	vendrías	vengas	vinieras	ven tú (no vengas)
		viene	venía	vino	vendrá	vendría	venga	viniera	venga Ud.
	Participles:	venimos	veníamos	vinimos	vendremos	vendríamos	vengamos	viniéramos	vengamos
	viniendo	venís	veníais	vinisteis	vendréis	vendríais	vengáis	vinierais	venid (no vengáis)
	venido	vienen	venían	vinieron	vendrán	vendrían	vengan	vinieran	vengan Uds.
23	ver	veo	veía	vi	veré	vería	vea	viera	
		ves	veías	viste	verás	verías	veas	vieras	ve tú (no veas)
		ve	veía	vio	verá	vería	vea	viera	vea Ud.
	Participles:	vemos	veíamos	vimos	veremos	veríamos	veamos	viéramos	veamos
	viendo	veis	veíais	visteis	veréis	veríais	veáis	vierais	ved (no veáis)
	visto	ven	veían	vieron	verán	verían	vean	vieran	vean Uds.

Stem-changing verbs

	Infinitive	INDICATIVE					SUBJUNCTIVE		IMPERATIVE
		Present	Imperfect	Preterite	Future	Conditional	Present	Past	
24	contar (o:ue)	cuento	contaba	conté	contaré	contaría	cuente	contara	
		cuentas	contabas	contaste	contarás	contarías	cuentes	contaras	cuenta tú (no cuentes)
		cuenta	contaba	contó	contará	contaría	cuente	contara	cuente Ud.
	Participles:	contamos	contábamos	contamos	contaremos	contaríamos	contemos	contáramos	contemos
	contando	contáis	contabais	contasteis	contaréis	contaríais	contéis	contarais	contad (no contéis)
	contado	cuentan	contaban	contaron	contarán	contarían	cuenten	contaran	cuenten Uds.
25	dormir (o:ue)	duermo	dormía	dormí	dormiré	dormiría	duerma	durmiera	
		duermes	dormías	dormiste	dormirás	dormirías	duermas	durmieras	duerme tú (no duermas)
		duerme	dormía	durmió	dormirá	dormiría	duerma	durmiera	duerma Ud.
	Participles:	dormimos	dormíamos	dormimos	dormiremos	dormiríamos	durmamos	durmiéramos	durmamos
	durmiendo	dormís	dormíais	dormisteis	dormiréis	dormiríais	durmáis	durmierais	dormid (no durmáis)
	dormido	duermen	dormían	durmieron	dormirán	dormirían	duerman	durmieran	duerman Uds.
26	empezar	empiezo	empezaba	empecé	empezaré	empezaría	empiece	empezara	
	(e:ie) (z:c)	empiezas	empezabas	empezaste	empezarás	empezarías	empieces	empezaras	empieza tú (no empieces)
		empieza	empezaba	empezó	empezará	empezaría	empiece	empezara	empiece Ud.
	Participles:	empezamos	empezábamos	empezamos	empezaremos	empezaríamos	empecemos	empezáramos	empecemos
	empezando	empezáis	empezabais	empezasteis	empezaréis	empezaríais	empecéis	empezarais	empezad (no empecéis)
	empezado	empiezan	empezaban	empezaron	empezarán	empezarían	empiecen	empezaran	empiecen Uds.

27 · entender (e:ie) — Participles: entendiendo, entendido

	INDICATIVE					SUBJUNCTIVE		IMPERATIVE
	Present	Imperfect	Preterite	Future	Conditional	Present	Past	
	entiendo	entendía	entendí	entenderé	entendería	entienda	entendiera	
	entiendes	entendías	entendiste	entenderás	entenderías	entiendas	entendieras	entiende tú (no entiendas)
	entiende	entendía	entendió	entenderá	entendería	entienda	entendiera	entienda Ud.
	entendemos	entendíamos	entendimos	entenderemos	entenderíamos	entendamos	entendiéramos	entendamos
	entendéis	entendíais	entendisteis	entenderéis	entenderíais	entendáis	entendierais	entended (no entendáis)
	entienden	entendían	entendieron	entenderán	entenderían	entiendan	entendieran	entiendan Uds.

28 · jugar (u:ue) (g:gu) — Participles: jugando, jugado

	INDICATIVE					SUBJUNCTIVE		IMPERATIVE
	Present	Imperfect	Preterite	Future	Conditional	Present	Past	
	juego	jugaba	jugué	jugaré	jugaría	juegue	jugara	
	juegas	jugabas	jugaste	jugarás	jugarías	juegues	jugaras	juega tú (no juegues)
	juega	jugaba	jugó	jugará	jugaría	juegue	jugara	juegue Ud.
	jugamos	jugábamos	jugamos	jugaremos	jugaríamos	juguemos	jugáramos	juguemos
	jugáis	jugabais	jugasteis	jugaréis	jugaríais	juguéis	jugarais	jugad (no juguéis)
	juegan	jugaban	jugaron	jugarán	jugarían	jueguen	jugaran	jueguen Uds.

29 · pedir (e:i) — Participles: pidiendo, pedido

	INDICATIVE					SUBJUNCTIVE		IMPERATIVE
	Present	Imperfect	Preterite	Future	Conditional	Present	Past	
	pido	pedía	pedí	pediré	pediría	pida	pidiera	
	pides	pedías	pediste	pedirás	pedirías	pidas	pidieras	pide tú (no pidas)
	pide	pedía	pidió	pedirá	pediría	pida	pidiera	pida Ud.
	pedimos	pedíamos	pedimos	pediremos	pediríamos	pidamos	pidiéramos	pidamos
	pedís	pedíais	pedisteis	pediréis	pediríais	pidáis	pidierais	pedid (no pidáis)
	piden	pedían	pidieron	pedirán	pedirían	pidan	pidieran	pidan Uds.

30 · pensar (e:ie) — Participles: pensando, pensado

	INDICATIVE					SUBJUNCTIVE		IMPERATIVE
	Present	Imperfect	Preterite	Future	Conditional	Present	Past	
	pienso	pensaba	pensé	pensaré	pensaría	piense	pensara	
	piensas	pensabas	pensaste	pensarás	pensarías	pienses	pensaras	piensa tú (no pienses)
	piensa	pensaba	pensó	pensará	pensaría	piense	pensara	piense Ud.
	pensamos	pensábamos	pensamos	pensaremos	pensaríamos	pensemos	pensáramos	pensemos
	pensáis	pensabais	pensasteis	pensaréis	pensaríais	penséis	pensarais	pensad (no penséis)
	piensan	pensaban	pensaron	pensarán	pensarían	piensen	pensaran	piensen Uds.

31 · reír(se) (e:i) — Participles: riendo, reído

	INDICATIVE					SUBJUNCTIVE		IMPERATIVE
	Present	Imperfect	Preterite	Future	Conditional	Present	Past	
	río	reía	reí	reiré	reiría	ría	riera	
	ríes	reías	reíste	reirás	reirías	rías	rieras	ríe tú (no rías)
	ríe	reía	rió	reirá	reiría	ría	riera	ría Ud.
	reímos	reíamos	reímos	reiremos	reiríamos	riamos	riéramos	riamos
	reís	reíais	reísteis	reiréis	reiríais	riáis	rierais	reíd (no riáis)
	ríen	reían	rieron	reirán	reirían	rían	rieran	rían Uds.

32 · seguir (e:i) (gu:g) — Participles: siguiendo, seguido

	INDICATIVE					SUBJUNCTIVE		IMPERATIVE
	Present	Imperfect	Preterite	Future	Conditional	Present	Past	
	sigo	seguía	seguí	seguiré	seguiría	siga	siguiera	
	sigues	seguías	seguiste	seguirás	seguirías	sigas	siguieras	sigue tú (no sigas)
	sigue	seguía	siguió	seguirá	seguiría	siga	siguiera	siga Ud.
	seguimos	seguíamos	seguimos	seguiremos	seguiríamos	sigamos	siguiéramos	sigamos
	seguís	seguíais	seguisteis	seguiréis	seguiríais	sigáis	siguierais	seguid (no sigáis)
	siguen	seguían	siguieron	seguirán	seguirían	sigan	siguieran	sigan Uds.

33 · sentir (e:ie) — Participles: sintiendo, sentido

	INDICATIVE					SUBJUNCTIVE		IMPERATIVE
	Present	Imperfect	Preterite	Future	Conditional	Present	Past	
	siento	sentía	sentí	sentiré	sentiría	sienta	sintiera	
	sientes	sentías	sentiste	sentirás	sentirías	sientas	sintieras	siente tú (no sientas)
	siente	sentía	sintió	sentirá	sentiría	sienta	sintiera	sienta Ud.
	sentimos	sentíamos	sentimos	sentiremos	sentiríamos	sintamos	sintiéramos	sintamos
	sentís	sentíais	sentisteis	sentiréis	sentiríais	sintáis	sintierais	sentid (no sintáis)
	sienten	sentían	sintieron	sentirán	sentirían	sientan	sintieran	sientan Uds.

34 volver (o:ue)
Participles: volviendo, vuelto

	INDICATIVE					SUBJUNCTIVE		IMPERATIVE
	Present	Imperfect	Preterite	Future	Conditional	Present	Past	
	vuelvo	volvía	volví	volveré	volvería	vuelva	volviera	
	vuelves	volvías	volviste	volverás	volverías	vuelvas	volvieras	vuelve tú (no vuelvas)
	vuelve	volvía	volvió	volverá	volvería	vuelva	volviera	vuelva Ud.
	volvemos	volvíamos	volvimos	volveremos	volveríamos	volvamos	volviéramos	volvamos
	volvéis	volvíais	volvisteis	volveréis	volveríais	volváis	volvierais	volved (no volváis)
	vuelven	volvían	volvieron	volverán	volverían	vuelvan	volvieran	vuelvan Uds.

Verbs with spelling changes only

35 conocer (c:zc)
Participles: conociendo, conocido

	INDICATIVE					SUBJUNCTIVE		IMPERATIVE
	Present	Imperfect	Preterite	Future	Conditional	Present	Past	
	conozco	conocía	conocí	conoceré	conocería	conozca	conociera	
	conoces	conocías	conociste	conocerás	conocerías	conozcas	conocieras	conoce tú (no conozcas)
	conoce	conocía	conoció	conocerá	conocería	conozca	conociera	conozca Ud.
	conocemos	conocíamos	conocimos	conoceremos	conoceríamos	conozcamos	conociéramos	conozcamos
	conocéis	conocíais	conocisteis	conoceréis	conoceríais	conozcáis	conocierais	conoced (no conozcáis)
	conocen	conocían	conocieron	conocerán	conocerían	conozcan	conocieran	conozcan Uds.

36 creer (y)
Participles: creyendo, creído

	INDICATIVE					SUBJUNCTIVE		IMPERATIVE
	Present	Imperfect	Preterite	Future	Conditional	Present	Past	
	creo	creía	creí	creeré	creería	crea	creyera	
	crees	creías	creíste	creerás	creerías	creas	creyeras	cree tú (no creas)
	cree	creía	creyó	creerá	creería	crea	creyera	crea Ud.
	creemos	creíamos	creímos	creeremos	creeríamos	creamos	creyéramos	creamos
	creéis	creíais	creísteis	creeréis	creeríais	creáis	creyerais	creed (no creáis)
	creen	creían	creyeron	creerán	creerían	crean	creyeran	crean Uds.

37 cruzar (z:c)
Participles: cruzando, cruzado

	INDICATIVE					SUBJUNCTIVE		IMPERATIVE
	Present	Imperfect	Preterite	Future	Conditional	Present	Past	
	cruzo	cruzaba	crucé	cruzaré	cruzaría	cruce	cruzara	
	cruzas	cruzabas	cruzaste	cruzarás	cruzarías	cruces	cruzaras	cruza tú (no cruces)
	cruza	cruzaba	cruzó	cruzará	cruzaría	cruce	cruzara	cruce Ud.
	cruzamos	cruzábamos	cruzamos	cruzaremos	cruzaríamos	crucemos	cruzáramos	crucemos
	cruzáis	cruzabais	cruzasteis	cruzaréis	cruzaríais	crucéis	cruzarais	cruzad (no crucéis)
	cruzan	cruzaban	cruzaron	cruzarán	cruzarían	crucen	cruzaran	crucen Uds.

38 destruir (y)
Participles: destruyendo, destruido

	INDICATIVE					SUBJUNCTIVE		IMPERATIVE
	Present	Imperfect	Preterite	Future	Conditional	Present	Past	
	destruyo	destruía	destruí	destruiré	destruiría	destruya	destruyera	
	destruyes	destruías	destruiste	destruirás	destruirías	destruyas	destruyeras	destruye tú (no destruyas)
	destruye	destruía	destruyó	destruirá	destruiría	destruya	destruyera	destruya Ud.
	destruimos	destruíamos	destruimos	destruiremos	destruiríamos	destruyamos	destruyéramos	destruyamos
	destruís	destruíais	destruisteis	destruiréis	destruiríais	destruyáis	destruyerais	destruid (no destruyáis)
	destruyen	destruían	destruyeron	destruirán	destruirían	destruyan	destruyeran	destruyan Uds.

39 enviar (envío)
Participles: enviando, enviado

	INDICATIVE					SUBJUNCTIVE		IMPERATIVE
	Present	Imperfect	Preterite	Future	Conditional	Present	Past	
	envío	enviaba	envié	enviaré	enviaría	envíe	enviara	
	envías	enviabas	enviaste	enviarás	enviarías	envíes	enviaras	envía tú (no envíes)
	envía	enviaba	envió	enviará	enviaría	envíe	enviara	envíe Ud.
	enviamos	enviábamos	enviamos	enviaremos	enviaríamos	enviemos	enviáramos	enviemos
	enviáis	enviabais	enviasteis	enviaréis	enviaríais	enviéis	enviarais	enviad (no enviéis)
	envían	enviaban	enviaron	enviarán	enviarían	envíen	enviaran	envíen Uds.

	INDICATIVE					SUBJUNCTIVE		IMPERATIVE
Infinitive	Present	Imperfect	Preterite	Future	Conditional	Present	Past	
40 graduarse (gradúo)	gradúo	graduaba	gradué	graduaré	graduaría	gradúe	graduara	
	gradúas	graduabas	graduaste	graduarás	graduarías	gradúes	graduaras	gradúa tú (no gradúes)
	gradúa	graduaba	graduó	graduará	graduaría	gradúe	graduara	gradúe Ud.
Participles:	graduamos	graduábamos	graduamos	graduaremos	graduaríamos	graduemos	graduáramos	graduemos
graduando	graduáis	graduabais	graduasteis	graduaréis	graduaríais	graduéis	graduarais	graduad (no graduéis)
graduado	gradúan	graduaban	graduaron	graduarán	graduarían	gradúen	graduaran	gradúen Uds.
41 llegar (g:gu)	llego	llegaba	llegué	llegaré	llegaría	llegue	llegara	
	llegas	llegabas	llegaste	llegarás	llegarías	llegues	llegaras	llega tú (no llegues)
	llega	llegaba	llegó	llegará	llegaría	llegue	llegara	llegue Ud.
Participles:	llegamos	llegábamos	llegamos	llegaremos	llegaríamos	lleguemos	llegáramos	lleguemos
llegando	llegáis	llegabais	llegasteis	llegaréis	llegaríais	lleguéis	llegarais	llegad (no lleguéis)
llegado	llegan	llegaban	llegaron	llegarán	llegarían	lleguen	llegaran	lleguen Uds.
42 proteger (g:j)	protejo	protegía	protegí	protegeré	protegería	proteja	protegiera	
	proteges	protegías	protegiste	protegerás	protegerías	protejas	protegieras	protege tú (no protejas)
	protege	protegía	protegió	protegerá	protegería	proteja	protegiera	proteja Ud.
Participles:	protegemos	protegíamos	protegimos	protegeremos	protegeríamos	protejamos	protegiéramos	protejamos
protegiendo	protegéis	protegíais	protegisteis	protegeréis	protegeríais	protejáis	protegierais	proteged (no protejáis)
protegido	protegen	protegían	protegieron	protegerán	protegerían	protejan	protegieran	protejan Uds.
43 tocar (c:qu)	toco	tocaba	toqué	tocaré	tocaría	toque	tocara	
	tocas	tocabas	tocaste	tocarás	tocarías	toques	tocaras	toca tú (no toques)
	toca	tocaba	tocó	tocará	tocaría	toque	tocara	toque Ud.
Participles:	tocamos	tocábamos	tocamos	tocaremos	tocaríamos	toquemos	tocáramos	toquemos
tocando	tocáis	tocabais	tocasteis	tocaréis	tocaríais	toquéis	tocarais	tocad (no toquéis)
tocado	tocan	tocaban	tocaron	tocarán	tocarían	toquen	tocaran	toquen Uds.

Guide to Vocabulary

Note on alphabetization

For purposes of alphabetization, **ch** and **ll** are not treated as separate letters, but **ñ** follows **n**. Therefore, in this glossary you will find that **año**, for example, appears after **anuncio**.

Abbreviations used in this glossary

adj.	adjective	*form.*	formal	*pl.*	plural
adv.	adverb	*indef.*	indefinite	*poss.*	possessive
art.	article	*interj.*	interjection	*prep.*	preposition
conj.	conjunction	*i.o.*	indirect object	*pron.*	pronoun
def.	definite	*m.*	masculine	*ref.*	reflexive
d.o.	direct object	*n.*	noun	*sing.*	singular
f.	feminine	*obj.*	object	*sub.*	subject
fam.	familiar	*p.p.*	past participle	*v.*	verb

Spanish-English

A

a *prep.* at; to 1
  ¿A qué hora...? At what time...? 1
  a bordo aboard 1
  a dieta on a diet 15
  a la derecha to the right 2
  a la izquierda to the left 2
  a la plancha grilled 8
  a la(s) + *time* at + *time* 1
  a menos que unless 13
  a menudo *adv.* often 10
  a nombre de in the name of 5
  a plazos in installments 14
  A sus órdenes. At your service. 11
  a tiempo *adv.* on time 10
  a veces *adv.* sometimes 10
  a ver let's see 2
¡Abajo! *adv.* Down! 15
abeja *f.* bee
abierto/a *adj.* open 5, 14
abogado/a *m., f.* lawyer
abrazar(se) *v.* to hug; to embrace (each other) 11
abrazo *m.* hug
abrigo *m.* coat 6
abril *m.* April 5
abrir *v.* to open 3
abuelo/a *m., f.* grandfather; grandmother 3
abuelos *pl.* grandparents 3
aburrido/a *adj.* bored; boring 5
aburrir *v.* to bore 7
aburrirse *v.* to get bored
acabar de (+ *inf.*) *v.* to have just done something 6
acampar *v.* to camp 5
accidente *m.* accident 10
acción *f.* action

  de acción action (genre)
aceite *m.* oil 8
ácido/a *adj.* acid 13
acompañar *v.* to go with; to accompany 14
aconsejar *v.* to advise 12
acontecimiento *m.* event
acordarse (de) (o:ue) *v.* to remember 7
acostarse (o:ue) *v.* to go to bed 7
activo/a *adj.* active 15
actor *m.* actor
actriz *f.* actor, actress
actualidades *f., pl.* news; current events
acuático/a *adj.* aquatic 4
adelgazar *v.* to lose weight; to slim down 15
además (de) *adv.* furthermore; besides 10
adicional *adj.* additional
adiós *m.* good-bye 1
adjetivo *m.* adjective
administración de empresas *f.* business administration 2
adolescencia *f.* adolescence 9
¿adónde? *adv.* where (to)? (destination) 2
aduana *f.* customs 5
aeróbico/a *adj.* aerobic 15
aeropuerto *m.* airport 5
afectado/a *adj.* affected 13
afeitarse *v.* to shave 7
aficionado/a *adj.* fan 4
afirmativo/a *adj.* affirmative
afueras *f., pl.* suburbs; outskirts 12
agencia de viajes *f.* travel agency 5
agente de viajes *m., f.* travel agent 5
agosto *m.* August 5
agradable *adj.* pleasant
agua *f.* water 8

  agua mineral mineral water 8
ahora *adv.* now 2
  ahora mismo right now 5
ahorrar *v.* to save (money) 14
ahorros *m.* savings 14
aire *m.* air 5
ajo *m.* garlic 8
al (*contraction of* **a + el**) 2
  al aire libre open-air 6
  al contado in cash 14
  (al) este (to the) east 14
  al fondo (de) at the end (of) 12
  al lado de beside 2
  (al) norte (to the) north 14
  (al) oeste (to the) west 14
  (al) sur (to the) south 14
alcoba *f.* bedroom 12
alcohol *m.* alcohol 15
alcohólico/a *adj.* alcoholic 15
alegrarse (de) *v.* to be happy 13
alegre *adj.* happy; joyful 5
alegría *f.* happiness 9
alemán, alemana *adj.* German 3
alérgico/a *adj.* allergic 10
alfombra *f.* carpet; rug 12
algo *pron.* something; anything 7
algodón *m.* cotton 6
alguien *pron.* someone; somebody; anyone 7
algún, alguno/a(s) *adj.* any; some 7
alimento *m.* food
  alimentación *f.* diet
aliviar *v.* to reduce 15
  aliviar el estrés/la tensión to reduce stress/tension 15
allí *adv.* there 5
  allí mismo right there 14
almacén *m.* department store 6
almohada *f.* pillow 12
almorzar (o:ue) *v.* to have lunch 4
almuerzo *m.* lunch 8

aló *interj.* hello (*on the telephone*) 11
alquilar *v.* to rent 12
alquiler *m.* rent (payment) 12
alternador *m.* alternator 11
altillo *m.* attic 12
alto/a *adj.* tall 3
aluminio *m.* aluminum 13
ama de casa *m., f.* housekeeper; caretaker 12
amable *adj.* nice; friendly 5
amarillo/a *adj.* yellow 6
amigo/a *m., f.* friend 3
amistad *f.* friendship 9
amor *m.* love 9
anaranjado/a *adj.* orange 6
andar *v.* **en patineta** to skateboard 4
animal *m.* animal 13
aniversario (de bodas) *m.* (wedding) anniversary 9
anoche *adv.* last night 6
anteayer *adv.* the day before yesterday 6
antes *adv.* before 7
   antes (de) que *conj.* before 13
   antes de *prep.* before 7
antibiótico *m.* antibiotic 10
antipático/a *adj.* unpleasant 3
anunciar *v.* to announce; to advertise
anuncio *m.* advertisement
año *m.* year 5
   año pasado last year 6
apagar *v.* to turn off 11
aparato *m.* appliance
apartamento *m.* apartment 12
apellido *m.* last name 3
apenas *adv.* hardly; scarcely 10
aplaudir *v.* to applaud
apreciar *v.* to appreciate
aprender (a + inf.) *v.* to learn 3
apurarse *v.* to hurry; to rush 15
aquel, aquella *adj.* that; those (over there) 6
aquél, aquélla *pron.* that; those (over there) 6
aquello *neuter, pron.* that; that thing; that fact 6
aquellos/as *pl. adj.* those (over there) 6
aquéllos/as *pl. pron.* those (ones) (over there) 6
aquí *adv.* here 1
   Aquí está... Here it is... 5
   Aquí estamos en... Here we are at/in... 2
   aquí mismo right here 11
árbol *m.* tree 13
archivo *m.* file 11
armario *m.* closet 12
arqueólogo/a *m., f.* archaeologist
arquitecto/a *m., f.* architect
arrancar *v.* to start (*a car*) 11

arreglar *v.* to fix; to arrange 11; to neaten; to straighten up 12
arriba *adv.* up
arroba *f.* @ symbol 11
arroz *m.* rice 8
arte *m.* art 2
artes *f., pl.* arts
artesanía *f.* craftsmanship; crafts
artículo *m.* article
artista *m., f.* artist 3
artístico/a *adj.* artistic
arveja *m.* pea 8
asado/a *adj.* roast 8
ascenso *m.* promotion
ascensor *m.* elevator 5
así *adv.* like this; so (*in such a way*) 10
   así así so so
asistir (a) *v.* to attend 3
aspiradora *f.* vacuum cleaner 12
aspirante *m., f.* candidate; applicant
aspirina *f.* aspirin 10
atún *m.* tuna 8
aumentar *v.* **de peso** to gain weight 15
aumento *m.* increase
   aumento de sueldo pay raise
aunque although
autobús *m.* bus 1
automático/a *adj.* automatic
auto(móvil) *m.* auto(mobile) 5
autopista *f.* highway 11
ave *f.* bird 13
avenida *f.* avenue
aventura *f.* adventure
   de aventura adventure (genre)
avergonzado/a *adj.* embarrassed 5
avión *m.* airplane 5
¡Ay! *interj.* Oh!
   ¡Ay, qué dolor! Oh, what pain!
ayer *adv.* yesterday 6
ayudar(se) *v.* to help (each other) 11, 12
azúcar *m.* sugar 8
azul *adj. m., f.* blue 6

B

bailar *v.* to dance 2
bailarín/bailarina *m., f.* dancer
baile *m.* dance
bajar(se) de *v.* to get off of/out of (a vehicle) 11
bajo/a *adj.* short (*in height*) 3
bajo control under control 7
balcón *m.* balcony 12
baloncesto *m.* basketball 4
banana *f.* banana 8
banco *m.* bank 14

banda *f.* band
bandera *f.* flag
bañarse *v.* to bathe; to take a bath 7
baño *m.* bathroom 7
barato/a *adj.* cheap 6
barco *m.* boat 5
barrer *v.* to sweep 12
   barrer el suelo *v.* to sweep the floor 12
barrio *m.* neighborhood 12
bastante *adv.* enough; rather 10; pretty 13
basura *f.* trash 12
baúl *m.* trunk 11
beber *v.* to drink 3
bebida *f.* drink 8
   bebida alcohólica *f.* alcoholic beverage 15
béisbol *m.* baseball 4
bellas artes *f., pl.* fine arts
belleza *f.* beauty 14
beneficio *m.* benefit
besar(se) *v.* to kiss (each other) 11
beso *m.* kiss 9
biblioteca *f.* library 2
bicicleta *f.* bicycle 4
bien *adj.* well 1
bienestar *m.* well-being 15
bienvenido(s)/a(s) *adj.* welcome 12
billete *m.* paper money; ticket
billón *m.* trillion
biología *f.* biology 2
bisabuelo/a *m., f.* great-grandfather/great-grandmother 3
bistec *m.* steak 8
bizcocho *m.* biscuit
blanco/a *adj.* white 6
bluejeans *m., pl.* jeans 6
blusa *f.* blouse 6
boca *f.* mouth 10
boda *f.* wedding 9
boleto *m.* ticket
bolsa *f.* purse, bag 6
bombero/a *m., f.* firefighter
bonito/a *adj.* pretty 3
borrador *m.* eraser 2
borrar *v.* to erase 11
bosque *m.* forest 13
   bosque tropical tropical forest; rainforest 13
bota *f.* boot 6
botella *f.* bottle 9
   botella de vino bottle of wine 9
botones *m., f. sing.* bellhop 5
brazo *m.* arm 10
brindar *v.* to toast (*drink*) 9
bucear *v.* to scuba dive 4
bueno *adv.* well 2
buen, bueno/a *adj.* good 3, 6
   ¡Buen viaje! Have a good trip! 1
   buena forma good shape (*physical*) 15

Buena idea. Good idea. 4
Buenas noches. Good evening; Good night. 1
Buenas tardes. Good afternoon. 1
buenísimo/a extremely good
¿Bueno? Hello. (*on telephone*) 11
Buenos días. Good morning. 1
bulevar *m.* boulevard
buscar *v.* to look for 2
buzón *m.* mailbox 14

C

caballo *m.* horse 5
cabaña *f.* cabin 5
cabe: no cabe duda de there's no doubt 13
cabeza *f.* head 10
cada *adj. m., f.* each 6
caerse *v.* to fall (down) 10
café *m.* café 4; *adj. m., f.* brown 6; *m.* coffee 8
cafeína *f.* caffeine 14
cafetera *f.* coffee maker 12
cafetería *f.* cafeteria 2
caído/a *p.p.* fallen 14
caja *f.* cash register 6
cajero/a *m., f.* cashier 14
  cajero automático *m.* ATM 14
calcetín (calcetines) *m.* sock(s) 6
calculadora *f.* calculator 11
caldo *m.* soup 8
  caldo de patas *m.* beef soup 8
calentarse (e:ie) *v.* to warm up 15
calidad *f.* quality 6
calle *f.* street 11
calor *m.* heat 4
caloría *f.* calorie 15
calzar *v.* to take size... shoes 6
cama *f.* bed 5
cámara digital *f.* digital camera 11
cámara de video *f.* video camera 11
camarero/a *m., f.* waiter/waitress 8
camarón *m.* shrimp 8
cambiar (de) *v.* to change 9
cambio *m.* **de moneda** currency exchange
caminar *v.* to walk 2
camino *m.* road
camión *m.* truck; bus
camisa *f.* shirt 6
camiseta *f.* t-shirt 6
campo *m.* countryside 5
canadiense *adj.* Canadian 3
canal *m.* (TV) channel 11
canción *f.* song
candidato/a *m., f.* candidate
cansado/a *adj.* tired 5
cantante *m., f.* singer

cantar *v.* to sing 2
capital *f.* capital city 1
capó *m.* hood 11
cara *f.* face 7
caramelo *m.* caramel 9
carne *f.* meat 8
  carne de res *f.* beef 8
carnicería *f.* butcher shop 14
caro/a *adj.* expensive 6
carpintero/a *m., f.* carpenter
carrera *f.* career
carretera *f.* highway 11
carro *m.* car; automobile 11
carta *f.* letter 4; *(playing)* card 5
cartel *m.* poster 12
cartera *f.* wallet 6
cartero *m.* mail carrier 14
casa *f.* house; home 2
casado/a *adj.* married 9
casarse (con) *v.* to get married (to) 9
casi *adv.* almost 10
catorce *adj.* fourteen 1
cazar *v.* to hunt 13
cebolla *f.* onion 8
cederrón *m.* CD-ROM 11
celebrar *v.* to celebrate 9
celular *adj.* cellular 11
cena *f.* dinner 8
cenar *v.* to have dinner 2
centro *m.* downtown 4
  centro comercial shopping mall 6
cepillarse los dientes/el pelo *v.* to brush one's teeth/one's hair 7
cerámica *f.* pottery
cerca de *prep.* near 2
cerdo *m.* pork 8
cereales *m., pl.* cereal; grains 8
cero *m.* zero 1
cerrado/a *adj.* closed 5, 14
cerrar (e:ie) *v.* to close 4
cerveza *f.* beer 8
césped *m.* grass
ceviche *m.* marinated fish dish 8
  ceviche de camarón *m.* lemon-marinated shrimp 8
chaleco *m.* vest
champán *m.* champagne 9
champiñón *m.* mushroom 8
champú *m.* shampoo 7
chaqueta *f.* jacket 6
chau *fam. interj.* bye 1
cheque *m.* (bank) check 14
  cheque (de viajero) *m.* (traveler's) check 14
chévere *adj., fam.* terrific
chico/a *m., f.* boy/girl 1
chino/a *adj.* Chinese 3
chocar (con) *v.* to run into
chocolate *m.* chocolate 9
choque *m.* collision
chuleta *f.* chop *(food)* 8
  chuleta de cerdo *f.* pork chop 8

cibercafé *m.* cybercafé
ciclismo *m.* cycling 4
cielo *m.* sky 13
cien(to) one hundred 2
ciencia *f.* science 2
  de ciencia ficción *f.* science fiction (genre)
científico/a *m., f.* scientist
cierto *m.* certain 13
  es cierto it's certain 13
  no es cierto it's not certain 13
cinco five 1
cincuenta fifty 2
cine *m.* movie theater 4
cinta *f.* (audio)tape
cinta caminadora *f.* treadmill 15
cinturón *m.* belt 6
circulación *f.* traffic 11
cita *f.* date; appointment 9
ciudad *f.* city 4
ciudadano/a *m., f.* citizen
Claro (que sí). *fam.* Of course.
clase *f.* class 2
  clase de ejercicios aeróbicos *f.* aerobics class 15
clásico/a *adj.* classical
cliente/a *m., f.* customer 6
clínica *f.* clinic 10
cobrar *v.* to cash (a check) 14
coche *m.* car; automobile 11
cocina *f.* kitchen; stove 12
cocinar *v.* to cook 12
cocinero/a *m., f.* cook, chef
cofre *m.* hood 14
cola *f.* line 14
colesterol *m.* cholesterol 15
color *m.* color 6
comedia *f.* comedy; play
comedor *m.* dining room 12
comenzar (e:ie) *v.* to begin 4
comer *v.* to eat 3
comercial *adj.* commercial; business-related
comida *f.* food; meal 8
como like; as 8
¿cómo? what?; how? 1
  ¿Cómo es...? What's... like? 3
  ¿Cómo está usted? *form.* How are you? 1
  ¿Cómo estás? *fam.* How are you? 1
  ¿Cómo les fue...? *pl.* How did ... go for you? 15
  ¿Cómo se llama (usted)? *(form.)* What's your name? 1
  ¿Cómo te llamas (tú)? *(fam.)* What's your name? 1
cómoda *f.* chest of drawers 12
cómodo/a *adj.* comfortable 5
compañero/a de clase *m., f.* classmate 2
compañero/a de cuarto *m., f.* roommate 2
compañía *f.* company; firm
compartir *v.* to share 3

completamente *adv.* completely
compositor(a) *m., f.* composer
comprar *v.* to buy 2
compras *f., pl.* purchases 5
  ir de compras go shopping 5
comprender *v.* to understand 3
comprobar *v.* to check
comprometerse (con) *v.* to get engaged (to) 9
computación *f.* computer science 2
computadora *f.* computer 1
computadora portátil *f.* portable computer; laptop 11
comunicación *f.* communication
comunicarse (con) *v.* to communicate (with)
comunidad *f.* community 1
con *prep.* with 2
  Con él/ella habla. This is he/she. (*on telephone*) 11
  con frecuencia *adv.* frequently 10
  Con permiso. Pardon me; Excuse me. 1
  con tal (de) que provided (that) 13
concierto *m.* concert
concordar *v.* to agree
concurso *m.* game show; contest
conducir *v.* to drive 6, 11
conductor(a) *m., f.* driver 1
confirmar *v.* to confirm 5
confirmar *v.* **una reservación** *f.* to confirm a reservation 5
confundido/a *adj.* confused 5
congelador *m.* freezer 12
congestionado/a *adj.* congested; stuffed-up 10
conmigo *pron.* with me 4, 9
conocer *v.* to know; to be acquainted with 6
conocido *adj.; p.p.* known
conseguir (e:i) *v.* to get; to obtain 4
consejero/a *m., f.* counselor; advisor
consejo *m.* advice
conservación *f.* conservation 13
conservar *v.* to conserve 13
construir *v.* to build
consultorio *m.* doctor's office 10
consumir *v.* to consume 15
contabilidad *f.* accounting 2
contador(a) *m., f.* accountant
contaminación *f.* pollution 13
  contaminación del aire/del agua air/water pollution 13
contaminado/a *adj.* polluted 13
contaminar *v.* to pollute 13
contar (o:ue) *v.* to count; to tell 4
contar (con) *v.* to count (on) 12
contento/a *adj.* happy; content 5
contestadora *f.* answering machine 11
contestar *v.* to answer 2
contigo *fam. pron.* with you 9
contratar *v.* to hire
control *m.* control 7

control remoto remote control 11
controlar *v.* to control 13
conversación *f.* conversation 1
conversar *v.* to converse, to chat 2
copa *f.* wineglass; goblet 12
corazón *m.* heart 10
corbata *f.* tie 6
corredor(a) *m., f.* **de bolsa** stockbroker
correo *m.* mail; post office 14
  correo electrónico *m.* e-mail 4
correr *v.* to run 3
cortesía *f.* courtesy
cortinas *f., pl.* curtains 12
corto/a *adj.* short (*in length*) 6
cosa *f.* thing 1
costar (o:ue) *f.* to cost 6
cráter *m.* crater 13
creer *v.* to believe 13
  creer (en) *v.* to believe (in) 3
  no creer (en) *v.* not to believe (in) 13
creído/a *adj., p.p.* believed 14
crema de afeitar *f.* shaving cream 7
crimen *m.* crime; murder
cruzar *v.* to cross 14
cuaderno *m.* notebook 1
cuadra *f.* (city) block 14
¿cuál(es)? which?; which one(s)? 2
  ¿Cuál es la fecha de hoy? What is today's date? 5
cuadro *m.* picture 12
cuadros *m., pl.* plaid 6
cuando when 7; 13
¿cuándo? when? 2
¿cuánto(s)/a(s)? how much/how many? 1
  ¿Cuánto cuesta...? How much does... cost? 6
  ¿Cuántos años tienes? How old are you? 3
cuarenta forty 2
cuarto de baño *m.* bathroom 7
cuarto *m.* room 2; 7
cuarto/a *adj.* fourth 5
  menos cuarto quarter to (time)
  y cuarto quarter after (time) 1
cuatro four 1
cuatrocientos/as four hundred 2
cubiertos *m., pl.* silverware
cubierto/a *p.p.* covered
cubrir *v.* to cover
cuchara *f.* (table or large) spoon 12
cuchillo *m.* knife 12
cuello *m.* neck 10
cuenta *f.* bill 9; account 14
  cuenta corriente *f.* checking account 14
  cuenta de ahorros *f.* savings account 14
cuento *m.* short story
cuerpo *m.* body 10
cuidado *m.* care 3
cuidar *v.* to take care of 13

¡Cuídense! Take care! 14
cultura *f.* culture
cumpleaños *m., sing.* birthday 9
cumplir años *v.* to have a birthday 9
cuñado/a *m., f.* brother-in-law; sister-in-law 3
currículum *m.* résumé
curso *m.* course 2

D

danza *f.* dance
dañar *v.* to damage; to break down 10
dar *v.* to give 6, 9
  dar direcciones *v.* to give directions 14
  dar un consejo *v.* to give advice
  darse con *v.* to bump into; to run into (something) 10
  darse prisa *v.* to hurry; to rush 15
de *prep.* of; from 1
  ¿De dónde eres? *fam.* Where are you from? 1
  ¿De dónde es usted? *form.* Where are you from? 1
  ¿De parte de quién? Who is calling? (*on telephone*) 11
  ¿de quién...? whose...? (*sing.*) 1
  ¿de quiénes...? whose...? (*pl.*) 1
  de algodón (made) of cotton 6
  de aluminio (made) of aluminum 13
  de buen humor in a good mood 5
  de compras shopping 5
  de cuadros plaid 6
  de excursión hiking 4
  de hecho in fact
  de ida y vuelta roundtrip 5
  de la mañana in the morning; A.M. 1
  de la noche in the evening; at night; P.M. 1
  de la tarde in the afternoon; in the early evening; P.M. 1
  de lana (made) of wool 6
  de lunares polka-dotted 6
  de mal humor in a bad mood 5
  de mi vida of my life 15
  de moda in fashion 6
  De nada. You're welcome. 1
  De ninguna manera. No way.
  de niño/a as a child 10
  de parte de on behalf of 11
  de plástico (made) of plastic 13
  de rayas striped 6
  de repente suddenly 6
  de seda (made) of silk 6
  de vaqueros western (genre)
  de vez en cuando from time to time 10

de vidrio (made) of glass 13
debajo de *prep.* below; under 2
deber (+ *inf.*) *v.* should; must; ought to 3
  Debe ser… It must be… 6
deber *m.* responsibility; obligation
debido a due to (the fact that)
débil *adj.* weak 15
decidido/a *adj.* decided 14
decidir (+ *inf.*) *v.* to decide 3
décimo/a *adj.* tenth 5
decir (e:i) *v.* **(que)** to say (that); to tell (that) 4, 9
  decir la respuesta to say the answer 4
  decir la verdad to tell the truth 4
  decir mentiras to tell lies 4
  decir que to say that 4
declarar *v.* to declare; to say
dedo *m.* finger 10
dedo del pie *m.* toe 10
deforestación *f.* deforestation 13
dejar *v.* to let 12; to quit; to leave behind
  dejar de (+ *inf.*) *v.* to stop (*doing something*) 13
  dejar una propina *v.* to leave a tip 9
del (*contraction of* **de + el**) of the; from the
delante de *prep.* in front of 2
delgado/a *adj.* thin; slender 3
delicioso/a *adj.* delicious 8
demás *adj.* the rest
demasiado *adj., adv.* too much 6
dentista *m., f.* dentist 10
dentro de (diez años) within (ten years); inside
dependiente/a *m., f.* clerk 6
deporte *m.* sport 4
deportista *m.* sports person
deportivo/a *adj.* sports-related 4
depositar *v.* to deposit 14
derecha *f.* right 2
derecho *adj.* straight (ahead) 14
  a la derecha de to the right of 2
derechos *m., pl.* rights
desarrollar *v.* to develop 13
desastre (natural) *m.* (natural) disaster
desayunar *v.* to have breakfast 2
desayuno *m.* breakfast 8
descafeinado/a *adj.* decaffein- ated 15
descansar *v.* to rest 2
descargar *v.* to download 11
descompuesto/a *adj.* not work- ing; out of order 11
describir *v.* to describe 3
descrito/a *p.p.* described 14
descubierto/a *p.p.* discovered 14
descubrir *v.* to discover 13
desde *prep.* from 6
desear *v.* to wish; to desire 2

desempleo *m.* unemployment
desierto *m.* desert 13
desigualdad *f.* inequality
desordenado/a *adj.* disorderly 5
despacio *adv.* slowly 10
despedida *f.* farewell; good-bye
despedir (e:i) *v.* to fire
despedirse (de) (e:i) *v.* to say goodbye (to) 7
despejado/a *adj.* clear (*weather*)
despertador *m.* alarm clock 7
despertarse (e:ie) *v.* to wake up 7
después *adv.* afterwards; then 7
  después de after 7
  después de que *conj.* after 13
destruir *v.* to destroy 13
detrás de *prep.* behind 2
día *m.* day 1
día de fiesta holiday 9
diario *m.* diary 1; newspaper
  diario/a *adj.* daily 7
dibujar *v.* to draw 2
dibujo *m.* drawing
  dibujos animados *m., pl.* cartoons
diccionario *m.* dictionary 1
dicho/a *p.p.* said 14
diciembre *m.* December 5
dictadura *f.* dictatorship
diecinueve nineteen 1
dieciocho eighteen 1
dieciséis sixteen 1
diecisiete seventeen 1
diente *m.* tooth 7
dieta *f.* diet 15
  comer una dieta equilibrada to eat a balanced diet 15
diez ten 1
difícil *adj.* difficult; hard 3
Diga. Hello. (*on telephone*) 11
diligencia *f.* errand 14
dinero *m.* money 6
dirección *f.* address 14
  dirección electrónica *f.* e-mail address 11
direcciones *f., pl.* directions 14
director(a) *m., f.* director; (*musical*) conductor
dirigir *v.* to direct
disco compacto compact disc (CD) 11
discriminación *f.* discrimination
discurso *m.* speech
diseñador(a) *m., f.* designer
diseño *m.* design
disfrutar (de) *v.* to enjoy; to reap the benefits (of) 15
diversión *f.* fun activity; entertain- ment; recreation 4
divertido/a *adj.* fun 7
divertirse (e:ie) *v.* to have fun 9
divorciado/a *adj.* divorced 9
divorciarse (de) *v.* to get divorced (from) 9
divorcio *m.* divorce 9
doblar *v.* to turn 14

doble *adj.* double
doce twelve 1
doctor(a) *m., f.* doctor 3; 10
documental *m.* documentary
documentos de viaje *m., pl.* travel documents
doler (o:ue) *v.* to hurt 10
dolor *m.* ache; pain 10
  dolor de cabeza *m.* head ache 10
doméstico/a *adj.* domestic 12
domingo *m.* Sunday 2
don/doña *title of respect used with a person's first name* 1
donde *prep.* where
  ¿Dónde está…? Where is…? 2
  ¿dónde? where? 1
dormir (o:ue) *v.* to sleep 4
dormirse (o:ue) *v.* to go to sleep; to fall asleep 7
dormitorio *m.* bedroom 12
dos two 1
  dos veces *f.* twice; two times 6
doscientos/as two hundred 2
drama *m.* drama; play
dramático/a *adj.* dramatic
dramaturgo/a *m., f.* playwright
droga *f.* drug 15
drogadicto/a *adj.* drug addict 15
ducha *f.* shower 7
ducharse *v.* to shower; to take a shower 7
duda *f.* doubt 13
dudar *v.* to doubt 13
  no dudar *v.* not to doubt 13
dueño/a *m., f.* owner; landlord 8
dulces *m., pl.* sweets; candy 9
durante *prep.* during 7
durar *v.* to last

E

e *conj.* (*used instead of* **y** *before words beginning with* **i** *and* **hi**) and 4
echar *v.* to throw
  echar (una carta) al buzón *v.* to put (a letter) in the mailbox 14; to mail 14
ecología *f.* ecology 13
economía *f.* economics 2
ecoturismo *m.* ecotourism 13
Ecuador *m.* Ecuador 1
ecuatoriano/a *adj.* Ecuadorian 3
edad *f.* age 9
edificio *m.* building 12
  edificio de apartamentos apartment building 12
(en) efectivo *m.* cash 6
ejercicio *m.* exercise 15
  ejercicios aeróbicos aerobic exercises 15
  ejercicios de estiramiento stretching exercises 15

ejército *m.* army
el *m., sing., def. art.* the 1
él *sub. pron.* he 1; *adj. pron.* him
elecciones *f., pl.* election
electricista *m., f.* electrician
electrodoméstico *m.* electric
appliance 12
elegante *adj. m., f.* elegant 6
elegir (e:i) *v.* to elect
ella *sub. pron.* she 1; *obj. pron.* her
ellos/as *sub. pron.* they 1; them 1
embarazada *adj.* pregnant 10
emergencia *f.* emergency 10
emitir *v.* to broadcast
emocionante *adj. m., f.* exciting
empezar (e:ie) *v.* to begin 4
empleado/a *m., f.* employee 5
empleo *m.* job; employment
empresa *f.* company; firm
en *prep.* in; on; at 2
 en casa at home 7
 en caso (de) que in case
  (that) 13
 en cuanto as soon as 13
 en efectivo in cash 14
 en exceso in excess; too
  much 15
 en línea in-line 4
 ¡En marcha! Let's get going! 15
 en mi nombre in my name
 en punto on the dot; exactly;
  sharp (*time*) 1
 en qué in what; how 2
 ¿En qué puedo servirles?
  How can I help you? 5
enamorado/a (de) *adj.* in love
 (with) 5
enamorarse (de) *v.* to fall in love
 (with) 9
encantado/a *adj.* delighted;
 pleased to meet you 1
encantar *v.* to like very much; to
 love (*inanimate objects*) 7
 ¡Me encantó! I loved it! 15
encima de *prep.* on top of 2
encontrar (o:ue) *v.* to find 4
encontrar(se) (o:ue) *v.* to meet
 (each other); to run into (each
 other) 11
encuesta *f.* poll; survey
energía *f.* energy 13
 energía nuclear nuclear
  energy 13
 energía solar solar energy 13
enero *m.* January 5
enfermarse *v.* to get sick 10
enfermedad *f.* illness 10
enfermero/a *m., f.* nurse 10
enfermo/a *adj.* sick 10
enfrente de *adv.* opposite; facing 14
engordar *v.* to gain weight 15
enojado/a *adj.* mad; angry 5
enojarse (con) *v.* to get angry
 (with) 7
ensalada *f.* salad 8
enseguida *adv.* right away 9

enseñar *v.* to teach 2
ensuciar *v.* to get (something)
 dirty 12
entender (e:ie) *v.* to understand 4
entonces *adv.* then 7
entrada *f.* entrance 12; ticket
entre *prep.* between; among 2
entremeses *m., pl.* hors
 d'oeuvres; appetizers 8
entrenador(a) *m., f.* trainer 15
entrenarse *v.* to practice; to
 train 15
entrevista *f.* interview
entrevistador(a) *m., f.* interviewer
entrevistar *v.* to interview
envase *m.* container 13
enviar *v.* to send; to mail 14
equilibrado/a *adj.* balanced 15
equipado/a *adj.* equipped 15
equipaje *m.* luggage 5
equipo *m.* team 4
equivocado/a *adj.* wrong 5
eres *fam.* you are 1
es he/she/it is 1
 Es bueno que... It's good
  that... 12
 Es de... He/She is from... 1
 es extraño it's strange 13
 Es importante que... It's
  important that... 12
 es imposible it's impossible 13
 es improbable it's
  improbable 13
 Es malo que... It's bad
  that... 12
 Es mejor que... It's better
  that... 12
 Es necesario que... It's
  necessary that... 12
 es obvio it's obvious 13
 es ridículo it's ridiculous 13
 es seguro it's sure 13
 es terrible it's terrible 13
 es triste it's sad 13
 Es urgente que... It's urgent
  that... 12
 Es la una. It's one o'clock. 1
 es una lástima it's a shame 13
 es verdad it's true 13
esa(s) *f., adj.* that; those 6
ésa(s) *f., pron.* that (one);
 those (ones) 6
escalar *v.* to climb 4
 escalar montañas *v.* to climb
  mountains 4
escalera *f.* stairs; stairway 12
escoger *v.* to choose 8
escribir *v.* to write 3
 **escribir un mensaje
  electrónico** to write an
  e-mail message 4
 escribir una postal
  to write a postcard 4
 escribir una carta to write a
  letter 4
escrito/a *p.p.* written 14

escritor(a) *m., f.* writer
escritorio *m.* desk 2
escuchar *v.* to listen to
 escuchar la radio to listen (to)
  the radio 2
 escuchar música to listen (to)
  music 2
escuela *f.* school 1
esculpir *v.* to sculpt
escultor(a) *m., f.* sculptor
escultura *f.* sculpture
ese *m., sing., adj.* that 6
ése *m., sing., pron.* that one 6
eso *neuter, pron.* that;
 that thing 6
esos *m., pl., adj.* those 6
ésos *m., pl., pron.* those (ones) 6
España *f.* Spain 1
español *m.* Spanish (*language*) 2
español(a) *adj. m., f.* Spanish 3
espárragos *m., pl.* asparagus 8
especialización *f.* major 2
espectacular *adj.* spectacular 15
espectáculo *m.* show
espejo *m.* mirror 7
esperar *v.* to hope; to wish 13
 esperar (+ *infin.*) *v.* to wait
  (for); to hope 2
esposo/a *m., f.* husband/wife;
 spouse 3
esquí (acuático) *m.* (water)
 skiing 4
esquiar *v.* to ski 4
esquina *m.* corner 14
está he/she/it is, you are
 Está (muy) despejado. It's
  (very) clear. (*weather*)
 Está lloviendo. It's raining. 5
 Está nevando. It's snowing. 5
 Está (muy) nublado. It's
  (very) cloudy. (*weather*) 5
 Está bien. That's fine. 11
esta(s) *f., adj.* this; these 6
 esta noche tonight 4
ésta(s) *f., pron.* this (one); these
 (ones) 6
 Ésta es... *f.* This is...
  (*introducing someone*) 1
establecer *v.* to start, to
 establish
estación *f.* station; season 5
 estación de autobuses
  bus station 5
 estación del metro subway
  station 5
 estación de tren train
  station 5
estacionamiento *m.* parking
 lot 14
estacionar *v.* to park 11
estadio *m.* stadium 2
estado civil *m.* marital status 9
Estados Unidos *m., pl.* (EE.UU.;
 E.U.) United States 1
estadounidense *adj. m., f.* from
 the United States 3

estampado/a *adj.* print
estampilla *f.* stamp 14
estante *m.* bookcase; bookshelves 12
estar *v.* to be 2
  estar a (veinte kilómetros) de aquí to be (20 kilometers) from here 11
  estar a dieta to be on a diet 15
  estar aburrido/a to be bored 5
  estar afectado/a (por) to be affected (by) 13
  estar bajo control to be under control 7
  estar cansado/a to be tired 5
  estar contaminado/a to be polluted 13
  estar de acuerdo to agree
    Estoy (completamente) de acuerdo. I agree (completely).
    No estoy de acuerdo. I don't agree.
  estar de moda to be in fashion 6
  estar de vacaciones *f., pl.* to be on vacation 5
  estar en buena forma to be in good shape 15
  estar enfermo/a to be sick 10
  estar listo/a to be ready 15
  estar perdido/a to be lost 14
  estar roto/a to be broken 10
  estar seguro/a to be sure 5
  estar torcido/a to be twisted; to be sprained 10
  No está nada mal. It's not bad at all. 5
estatua *f.* statue
este *m.* east 14; umm
este *m., sing., adj.* this 6
éste *m., sing., pron.* this (one) 6
  Éste es... *m.* This is... (*introducing someone*) 1
estéreo *m.* stereo 11
estilo *m.* style
estiramiento *m.* stretching 15
esto *neuter pron.* this; this thing 6
estómago *m.* stomach 10
estornudar *v.* to sneeze 10
estos *m., pl., adj.* these 6
éstos *m., pl., pron.* these (ones) 6
estrella *f.* star 13
  estrella de cine *m., f.* movie star
estrés *m.* stress 15
estudiante *m., f.* student 1, 2
estudiantil *adj. m., f.* student 2
estudiar *v.* to study 2
estufa *f.* stove 12
estupendo/a *adj.* stupendous 5
etapa *f.* stage 9
evitar *v.* to avoid 13
examen *m.* test; exam 2

examen médico physical exam 10
excelente *adj. m., f.* excellent 5
exceso *m.* excess; too much 15
excursión *f.* hike; tour; excursion
excursionista *m., f.* hiker
éxito *m.* success
experiencia *f.* experience
explicar *v.* to explain 2
explorar *v.* to explore
expresión *f.* expression
extinción *f.* extinction 13
extranjero/a *adj.* foreign
extraño/a *adj.* strange 13

F

fabuloso/a *adj* fabulous 5
fácil *adj.* easy 3
falda *f.* skirt 6
faltar *v.* to lack; to need 7
familia *f.* family 3
famoso/a *adj.* famous
farmacia *f.* pharmacy 10
fascinar *v.* to fascinate 7
favorito/a *adj.* favorite 4
fax *m.* fax (machine) 11
febrero *m.* February 5
fecha *f.* date 5
feliz *adj.* happy 5
  ¡Felicidades! Congratulations! (*for an event such as a birthday or anniversary*) 9
  ¡Felicitaciones! Congratulations! (*for an event such as an engagement or a good grade on a test*) 9
  ¡Feliz cumpleaños! Happy birthday! 9
fenomenal *adj.* great, phenomenal 5
feo/a *adj.* ugly 3
festival *m.* festival
fiebre *f.* fever 10
fiesta *f.* party 9
fijo/a *adj.* fixed, set 6
fin *m.* end 4
  fin de semana weekend 4
finalmente *adv.* finally 15
firmar *v.* to sign (*a document*) 14
física *f.* physics 2
flan (de caramelo) *m.* baked (caramel) custard 9
flexible *adj.* flexible 15
flor *f.* flower 13
folklórico/a *adj.* folk; folkloric
folleto *m.* brochure
fondo *m.* end 12
forma *f.* shape 15
formulario *m.* form 14
foto(grafía) *f.* photograph 1
francés, francesa *adj. m., f.* French 3
frecuentemente *adv.* frequently 10

frenos *m., pl.* brakes
fresco/a *adj.* cool 5
frijoles *m., pl.* beans 8
frío/a *adj.* cold 5
frito/a *adj.* fried 8
fruta *f.* fruit 8
frutería *f.* fruit store 14
frutilla *f.* strawberry 8
fuente de fritada *f.* platter of fried food
fuera *adv.* outside
fuerte *adj. m., f.* strong 15
fumar *v.* to smoke 15
  (no) fumar *v.* (not) to smoke 15
funcionar *v.* to work 11; to function
fútbol *m.* soccer 4
fútbol americano *m.* football 4
futuro/a *adj.* future
  en el futuro in the future

G

gafas (de sol) *f., pl.* (sun)glasses 6
gafas (oscuras) *f., pl.* (sun)glasses
galleta *f.* cookie 9
ganar *v.* to win 4; to earn (money)
ganga *f.* bargain 6
garaje *m.* garage; (mechanic's) repair shop 11; garage (*in a house*) 12
garganta *f.* throat 10
gasolina *f.* gasoline 11
gasolinera *f.* gas station 11
gastar *v.* to spend (*money*) 6
gato *m.* cat 13
gemelo/a *m., f.* twin 3
gente *f.* people 3
geografía *f.* geography 2
gerente *m., f.* manager
gimnasio *m.* gymnasium 4
gobierno *m.* government 13
golf *m.* golf 4
gordo/a *adj.* fat 3
grabadora *f.* tape recorder 1
grabar *v.* to record 11
gracias *f., pl.* thank you; thanks 1
  Gracias por todo. Thanks for everything. 9, 15
  Gracias una vez más. Thanks again. 9
graduarse (de/en) *v.* to graduate (from/in) 9
gran, grande *adj.* big; large 3
grasa *f.* fat 15
gratis *adj. m., f.* free of charge 14
grave *adj.* grave; serious 10
gravísimo/a *adj.* extremely serious 13
grillo *m.* cricket
gripe *f.* flu 10
gris *adj. m., f.* gray 6
gritar *v.* to scream 7
guantes *m., pl.* gloves 6

guapo/a *adj.* handsome; good-looking 3

guardar *v.* to save (on a computer) 11

guerra *f.* war

guía *m., f.* guide

gustar *v.* to be pleasing to; to like 2
  Me gustaría... I would like...

gusto *m.* pleasure
  El gusto es mío. The pleasure is mine. 1
  Gusto de verlo/la. *(form.)* It's nice to see you.
  Gusto de verte. *(fam.)* It's nice to see you.
  Mucho gusto. Pleased to meet you. 1
  ¡Qué gusto volver a verlo/la! *(form.)* I'm happy to see you again!
  ¡Qué gusto volver a verte! *(fam.)* I'm happy to see you again!

H

haber *(auxiliar) v.* to have (done something) 15
  Ha sido un placer. It's been a pleasure. 15

habitación *f.* room 5
  habitación doble double room 5
  habitación individual single room 5

hablar *v.* to talk; to speak 2

hacer *v.* to do; to make 4
  Hace buen tiempo. The weather is good. 5
  Hace (mucho) calor. It's (very) hot. *(weather)* 5
  Hace fresco. It's cool. *(weather)* 5
  Hace (mucho) frío. It's (very) cold. *(weather)* 5
  Hace mal tiempo. The weather is bad. 5
  Hace (mucho) sol. It's (very) sunny. *(weather)* 5
  Hace (mucho) viento. It's (very) windy. *(weather)* 5
  hacer cola to stand in line 14
  hacer diligencias to run errands 14
  hacer ejercicio to exercise 15
  hacer ejercicios aeróbicos to do aerobics 15
  hacer ejercicios de estiramiento to do stretching exercises 15
  hacer el papel (de) to play the role (of)
  hacer gimnasia to work out 15
  hacer juego (con) to match (with) 6

hacer la cama to make the bed 12
hacer las maletas to pack (one's) suitcases 5
hacer quehaceres domésticos to do household chores 12
hacer turismo to go sightseeing
hacer un viaje to take a trip 5
hacer una excursión to go on a hike; to go on a tour

hacia *prep.* toward 14

hambre *f.* hunger 3

hamburguesa *f.* hamburger 8

hasta *prep.* until 6; toward
  Hasta la vista. See you later. 1
  Hasta luego. See you later. 1
  Hasta mañana. See you tomorrow. 1
  hasta que until 13
  Hasta pronto. See you soon. 1

hay there is; there are 1
  Hay (mucha) contaminación. It's (very) smoggy.
  Hay (mucha) niebla. It's (very) foggy.
  Hay que It is necessary that 14
  No hay duda de There's no doubt 13
  No hay de qué. You're welcome. 1

hecho/a *p.p.* done 14

heladería *f.* ice cream shop 14

helado/a *adj.* iced 8

helado *m.* ice cream 9

hermanastro/a *m., f.* stepbrother/stepsister 3

hermano/a *m., f.* brother/sister 3

hermano/a mayor/menor *m., f.* older/younger brother/sister 3

hermanos *m., pl.* siblings (brothers and sisters) 3

hermoso/a *adj.* beautiful 6

hierba *f.* grass 13

hijastro/a *m., f.* stepson/stepdaughter 3

hijo/a *m., f.* son/daughter 3
  hijo/a único/a *m., f.* only child 3

hijos *m., pl.* children 3

historia *f.* history 2; story

hockey *m.* hockey 4

hola *interj.* hello; hi 1

hombre *m.* man 1
  hombre de negocios *m.* businessman

hora *f.* hour 1; the time

horario *m.* schedule 2

horno *m.* oven 12
  horno de microondas *m.* microwave oven 12

horror *m.* horror
  de horror horror (genre)

hospital *m.* hospital 10

hotel *m.* hotel 5

hoy *adv.* today 2

hoy día *adv.* nowadays

Hoy es... Today is... 2

huelga *f.* strike *(labor)*

hueso *m.* bone 10

huésped *m., f.* guest 5

huevo *m.* egg 8

humanidades *f., pl.* humanities 2

huracán *m.* hurricane

I

ida *f.* one way *(travel)*

idea *f.* idea 4

iglesia *f.* church 4

igualdad *f.* equality

igualmente *adv.* likewise 1

impermeable *m.* raincoat 6

importante *adj. m., f.* important 3

importar *v.* to be important to; to matter 7

imposible *adj. m., f.* impossible 13

impresora *f.* printer 11

imprimir *v.* to print 11

improbable *adj. m., f.* improbable 13

impuesto *m.* tax

incendio *m.* fire

increíble *adj. m., f.* incredible 5

individual *adj.* private *(room)* 5

infección *f.* infection 10

informar *v.* to inform

informe *m.* report; paper *(written work)*

ingeniero/a *m., f.* engineer 3

inglés *m.* English *(language)* 2

inglés, inglesa *adj.* English 3

inodoro *m.* toilet 7

insistir (en) *v.* to insist (on) 12

inspector(a) de aduanas *m., f.* customs inspector 5

inteligente *adj. m., f.* intelligent 3

intercambiar *v.* to exchange

interesante *adj. m., f.* interesting 3

interesar *v.* to be interesting to; to interest 7

internacional *adj. m., f.* international

Internet Internet 11

inundación *f.* flood

invertir (e:ie) *v.* to invest

invierno *m.* winter 5

invitado/a *m., f.* guest *(at a function)* 9

invitar *v.* to invite 9

inyección *f.* injection 10

ir *v.* to go 4
  ir a (+ inf.) to be going to do something 4
  ir de compras to go shopping 5
  ir de excursión (a las montañas) to go for a hike (in the mountains) 4
  ir de pesca to go fishing

ir de vacaciones to go on vacation 5
ir en autobús to go by bus 5
ir en auto(móvil) to go by auto(mobile); to go by car 5
ir en avión to go by plane 5
ir en barco to go by boat 5
ir en metro to go by subway
ir en motocicleta to go by motorcycle 5
ir en taxi to go by taxi 5
ir en tren to go by train
irse *v.* to go away; to leave 7
italiano/a *adj.* Italian 3
izquierdo/a *adj.* left 2
a la izquierda de to the left of 2

J

jabón *m.* soap 7
jamás *adv.* never; not ever 7
jamón *m.* ham 8
japonés, japonesa *adj.* Japanese 3
jardín *m.* garden; yard 12
jefe, jefa *m., f.* boss
joven *adj. m., f.* young 3
joven *m., f.* youth; young person 1
joyería *f.* jewelry store 14
jubilarse *v.* to retire (*from work*) 9
juego *m.* game
jueves *m., sing.* Thursday 2
jugador(a) *m., f.* player 4
jugar (u:ue) *v.* to play 4
jugar a las cartas *f., pl.* to play cards 5
jugo *m.* juice 8
jugo de fruta *m.* fruit juice 8
julio *m.* July 5
jungla *f.* jungle 13
junio *m.* June 5
juntos/as *adj.* together 9
juventud *f.* youth 9

K

kilómetro *m.* kilometer 1

L

la *f., sing., def. art.* the 1
la *f., sing., d.o. pron.* her, it, *form.* you 5
laboratorio *m.* laboratory 2
lago *m.* lake 13
lámpara *f.* lamp 12
lana *f.* wool 6
langosta *f.* lobster 8
lápiz *m.* pencil 1
largo/a *adj.* long 6
las *f., pl., def. art.* the 1
las *f., pl., d.o. pron.* them; *form.* you 5

lástima *f.* shame 13
lastimarse *v.* to injure oneself 10
lastimarse el pie to injure one's foot 10
lata *f.* (*tin*) can 13
lavabo *m.* sink 7
lavadora *f.* washing machine 12
lavandería *f.* laundromat 14
lavaplatos *m., sing.* dishwasher 12
lavar *v.* to wash 12
lavar (el suelo, los platos) to wash (the floor, the dishes) 12
lavarse *v.* to wash oneself 7
lavarse la cara to wash one's face 7
lavarse las manos to wash one's hands 7
le *sing., i.o. pron.* to/for him, her, *form.* you 6
Le presento a… *form.* I would like to introduce… to you. 1
lección *f.* lesson 1
leche *f.* milk 8
lechuga *f.* lettuce 8
leer *v.* to read 3
leer correo electrónico to read e-mail 4
leer un periódico to read a newspaper 4
leer una revista to read a magazine 4
leído/a *p.p.* read 14
lejos de *prep.* far from 2
lengua *f.* language 2
lenguas extranjeras *f., pl.* foreign languages 2
lentes de contacto *m., pl.* contact lenses
lentes (de sol) (sun)glasses
lento/a *adj.* slow 11
les *pl., i.o. pron.* to/for them, *form.* you 6
letrero *m.* sign 14
levantar *v.* to lift 15
levantar pesas to lift weights 15
levantarse *v.* to get up 7
ley *f.* law 13
libertad *f.* liberty; freedom
libre *adj. m., f.* free 4
librería *f.* bookstore 2
libro *m.* book 2
licencia de conducir *f.* driver's license 11
limón *m.* lemon 8
limpiar *v.* to clean 12
limpiar la casa *v.* to clean the house 12
limpio/a *adj.* clean 5
línea *f.* line 4
listo/a *adj.* ready; smart 5
literatura *f.* literature 2
llamar *v.* to call 11
llamar por teléfono to call on the phone

llamarse *v.* to be called; to be named 7
llanta *f.* tire 11
llave *f.* key 5
llegada *f.* arrival 5
llegar *v.* to arrive 2
llenar *v.* to fill 11, 14
llenar el tanque to fill the tank 11
llenar (un formulario) to fill out (a form) 14
lleno/a *adj.* full 11
llevar *v.* to carry 2; *v.* to wear; to take 6
llevar una vida sana to lead a healthy lifestyle 15
llevarse bien/mal (con) to get along well/badly (with) 9
llover (o:ue) *v.* to rain 5
Llueve. It's raining. 5
lluvia *f.* rain 13
lluvia ácida acid rain 13
lo *m., sing. d.o. pron.* him, it, *form.* you 5
¡Lo hemos pasado de película! We've had a great time!
¡Lo hemos pasado maravillosamente! We've had a great time!
lo mejor the best (thing)
Lo pasamos muy bien. We had a good time.
lo peor the worst (thing)
lo que that which; what 12
Lo siento. I'm sorry. 1
Lo siento muchísimo. I'm so sorry. 4
loco/a *adj.* crazy 6
locutor(a) *m., f.* (TV or radio) announcer
lomo a la plancha *m.* grilled flank steak 8
los *m., pl., def. art.* the 1
los *m. pl., d.o. pron.* them, *form.* you 5
luchar (contra/por) *v.* to fight; to struggle (against/for)
luego *adv.* then 7; *adv.* later 1
lugar *m.* place 4
luna *f.* moon 13
lunares *m.* polka dots 6
lunes *m., sing.* Monday 2
luz *f.* light; electricity 12

M

madrastra *f.* stepmother 3
madre *f.* mother 3
madurez *f.* maturity; middle age 9
maestro/a *m., f.* teacher
magnífico/a *adj.* magnificent 5
maíz *m.* corn 8
mal, malo/a *adj.* bad 3
maleta *f.* suitcase 1

mamá *f.* mom 3
mandar *v.* to order 12; to send; to mail 14
manejar *v.* to drive 11
manera *f.* way
mano *f.* hand 1
manta *f.* blanket 12
mantener (e:ie) *v.* to maintain 15
   mantenerse en forma to stay in shape 15
mantequilla *f.* butter 8
manzana *f.* apple 8
mañana *f.* morning, a.m. 1; tomorrow 1
mapa *m.* map 2
maquillaje *m.* makeup 7
maquillarse *v.* to put on makeup 7
mar *m.* sea 5
maravilloso/a *adj.* marvelous 5
mareado/a *adj.* dizzy; nauseated 10
margarina *f.* margarine 8
mariscos *m., pl.* shellfish 8
marrón *adj. m., f.* brown 6
martes *m., sing.* Tuesday 2
marzo *m.* March 5
más *pron.* more 2
   más de (+ number) more than 8
   más tarde later (on) 7
   más... que more... than 8
masaje *m.* massage 15
matemáticas *f., pl.* mathematics 2
materia *f.* course 2
matrimonio *m.* marriage 9
máximo/a *adj.* maximum 11
mayo *m.* May 5
mayonesa *f.* mayonnaise 8
mayor *adj.* older 3
   el/la mayor *adj.* eldest 8; oldest
me *sing., d.o. pron.* me 5; *sing. i.o. pron.* to/for me 6
   Me duele mucho. It hurts me a lot. 10
   Me gusta... I like... 2
   No me gustan nada. I don't like them at all. 2
   Me gustaría(n)... I would like...
   Me llamo... My name is... 1
   Me muero por... I'm dying to (for)...
mecánico/a *m., f.* mechanic 11
mediano/a *adj.* medium
medianoche *f.* midnight 1
medias *f., pl.* pantyhose, stockings 6
medicamento *m.* medication 10
medicina *f.* medicine 10
médico/a *m., f.* doctor 3; *adj.* medical 10
medio/a *adj.* half 3
   medio ambiente *m.* environment 13

medio/a hermano/a *m., f.* half-brother/half-sister 3
mediodía *m.* noon 1
medios de comunicación *m., pl.* means of communication; media
   y media thirty minutes past the hour (time) 1
mejor *adj.* better 8
   el/la mejor *m., f.* the best 8
mejorar *v.* to improve 13
melocotón *m.* peach 8
menor *adj.* younger 3
   el/la menor *m., f.* youngest 8
menos *adv.* less 10
   menos cuarto..., menos quince... quarter to... (time) 1
   menos de (+ number) fewer than 8
   menos... que less... than 8
mensaje *m.* **de texto** text message 11
mensaje electrónico *m.* e-mail message 4
mentira *f.* lie 4
menú *m.* menu 8
mercado *m.* market 6
   mercado al aire libre open-air market 6
merendar (e:ie) *v.* to snack 8; to have an afternoon snack
merienda *f.* afternoon snack 15
mes *m.* month 5
mesa *f.* table 2
mesita *f.* end table 12
   mesita de noche night stand 12
metro *m.* subway 5
mexicano/a *adj.* Mexican 3
México *m.* Mexico 1
mí *pron., obj. of prep.* me 8
mi(s) *poss. adj.* my 3
microonda *f.* microwave 12
   horno de microondas *m.* microwave oven 12
miedo *m.* fear 3
mientras *adv.* while 10
miércoles *m., sing.* Wednesday 2
mil *m.* one thousand 2
   mil millones billion
   Mil perdones. I'm so sorry. (*lit.* A thousand pardons.) 4
milla *f.* mile 11
millón *m.* million 2
millones (de) *m.* millions (of)
mineral *m.* mineral 15
minuto *m.* minute 1
mío(s)/a(s) *poss.* my; (of) mine 11
mirar *v.* to look (at); to watch 2
   mirar (la) televisión to watch television 2
mismo/a *adj.* same 3
mochila *f.* backpack 2
moda *f.* fashion 6
módem *m.* modem
moderno/a *adj.* modern

molestar *v.* to bother; to annoy 7
monitor *m.* (computer) monitor 11
   monitor(a) *m., f.* trainer
montaña *f.* mountain 4
montar *v.* **a caballo** to ride a horse 5
monumento *m.* monument 4
mora *f.* blackberry 8
morado/a *adj.* purple 6
moreno/a *adj.* brunet(te) 3
morir (o:ue) *v.* to die 8
mostrar (o:ue) *v.* to show 4
motocicleta *f.* motorcycle 5
motor *m.* motor
muchacho/a *m., f.* boy; girl 3
mucho/a *adj., adv.* a lot of; much 2; many 3
   (Muchas) gracias. Thank you (very much); Thanks (a lot). 1
   muchas veces *adv.* a lot; many times 10
   Muchísimas gracias. Thank you very, very much. 9
   Mucho gusto. Pleased to meet you. 1
muchísimo very much 2
mudarse *v.* to move (from one house to another) 12
muebles *m., pl.* furniture 12
muela *f.* tooth
muerte *f.* death 9
muerto/a *p.p.* died 14
mujer *f.* woman 1
   mujer de negocios *f.* business woman
   mujer policía *f.* female police officer
multa *f.* fine
mundial *adj. m., f.* worldwide
mundo *m.* world 13
municipal *adj. m., f.* municipal
músculo *m.* muscle 15
museo *m.* museum 4
música *f.* music 2
musical *adj. m., f.* musical
músico/a *m., f.* musician
muy *adv.* very 1
   Muy amable. That's very kind of you. 5
   (Muy) bien, gracias. (Very) well, thanks. 1

N

nacer *v.* to be born 9
nacimiento *m.* birth 9
nacional *adj. m., f.* national
nacionalidad *f.* nationality 1
nada nothing 1; not anything 7
   nada mal not bad at all 5
nadar *v.* to swim 4
nadie *pron.* no one, nobody, not anyone 7
naranja *f.* orange 8
nariz *f.* nose 10
natación *f.* swimming 4

natural *adj. m., f.* natural 13
naturaleza *f.* nature 13
navegar (en Internet) *v.* to surf (the Internet) 11
Navidad *f.* Christmas 9
necesario/a *adj.* necessary 12
necesitar (+ *inf.*) *v.* to need 2
negar (e:ie) *v.* to deny 13
  no negar (e:ie) *v.* not to deny 13
negativo/a *adj.* negative
negocios *m., pl.* business; commerce
negro/a *adj.* black 6
nervioso/a *adj.* nervous 5
nevar (e:ie) *v.* to snow 5
  Nieva. It's snowing. 5
ni…ni neither… nor 7
niebla *f.* fog
nieto/a *m., f.* grandson/granddaughter 3
nieve *f.* snow
ningún, ninguno/a(s) *adj.* no; none; not any 7
ningún problema no problem
niñez *f.* childhood 9
niño/a *m., f.* child 3
no no; not 1
  ¿no? right? 1
  No cabe duda de… There is no doubt… 13
  No es así. That's not the way it is
  No es para tanto. It's not a big deal. 12
  no es seguro it's not sure 13
  no es verdad it's not true 13
  No está nada mal. It's not bad at all. 5
  no estar de acuerdo to disagree
  No estoy seguro. I'm not sure.
  no hay there is not; there are not 1
  No hay de qué. You're welcome. 1
  No hay duda de… There is no doubt… 13
  No hay problema. No problem. 7
  ¡No me diga(s)! You don't say! 11
  No me gustan nada. I don't like them at all. 2
  no muy bien not very well 1
  No quiero. I don't want to. 4
  No sé. I don't know.
  No se preocupe. (*form.*) Don't worry. 7
  No te preocupes. (*fam.*) Don't worry. 7
  no tener razón to be wrong 3
noche *f.* night 1
nombre *m.* name 1

norte *m.* north 14
norteamericano/a *adj.* (North) American 3
nos *pl., d.o. pron.* us 5; *pl., i.o. pron.* to/for us 6
  Nos divertimos mucho. We had a lot of fun.
  Nos vemos. See you. 1
nosotros/as *sub. pron.* we 1; *ob. pron.* us
noticias *f., pl.* news
noticiero *m.* newscast
novecientos/as nine hundred 2
noveno/a *adj.* ninth 5
noventa ninety 2
noviembre *m.* November 5
novio/a *m., f.* boyfriend/girlfriend 3
nube *f.* cloud 13
nublado/a *adj.* cloudy 5
  Está (muy) nublado. It's very cloudy. 5
nuclear *adj. m. f.* nuclear 13
nuera *f.* daughter-in-law 3
nuestro(s)/a(s) *poss. adj.* our 3; (of ours) 11
nueve nine 1
nuevo/a *adj.* new 6
número *m.* number 1; (shoe) size 6
nunca *adj.* never; not ever 7
nutrición *f.* nutrition 15
nutricionista *m., f.* nutritionist 15

O

o or 7
o… o; either… or 7
obedecer *v.* to obey
obra *f.* work (*of art, literature, music, etc.*)
  obra maestra *f.* masterpiece
obtener *v.* to obtain; to get
obvio/a *adj.* obvious 13
océano *m.* ocean
ochenta eighty 2
ocho eight 1
ochocientos/as eight hundred 2
octavo/a *adj.* eighth 5
octubre *m.* October 5
ocupación *f.* occupation
ocupado/a *adj.* busy 5
ocurrir *v.* to occur; to happen
odiar *v.* to hate 9
oeste *m.* west 14
oferta *f.* offer 12
oficina *f.* office 12
oficio *m.* trade
ofrecer *v.* to offer 6
oído *m.* (sense of) hearing; inner ear 10
  oído/a *p.p.* heard 14
oír *v.* to hear 4

Oiga/Oigan. *form., sing./pl.* Listen. (*in conversation*) 1
Oye. *fam., sing.* Listen. (*in conversation*) 1
ojalá (que) *interj.* I hope (that); I wish (that) 13
ojo *m.* eye 10
olvidar *v.* to forget 10
once eleven 1
ópera *f.* opera
operación *f.* operation 10
ordenado/a *adj.* orderly 5
ordinal *adj.* ordinal (*number*)
oreja *f.* (outer) ear 10
orquesta *f.* orchestra
ortografía *f.* spelling
ortográfico/a *adj.* spelling
os *fam., pl. d.o. pron.* you 5; *fam., pl. i.o. pron.* to/for you 6
otoño *m.* autumn 5
otro/a *adj.* other; another 6
  otra vez again

P

paciente *m., f.* patient 10
padrastro *m.* stepfather 3
padre *m.* father 3
  padres *m., pl.* parents 3
pagar *v.* to pay 6, 9
  pagar a plazos to pay in installments 14
  pagar al contado to pay in cash 14
  pagar en efectivo to pay in cash 14
  pagar la cuenta to pay the bill 9
página *f.* page 11
  página principal *f.* home page 11
país *m.* country 1
paisaje *m.* landscape 5
pájaro *m.* bird 13
palabra *f.* word 1
pan *m.* bread 8
  pan tostado *m.* toasted bread 8
panadería *f.* bakery 14
pantalla *f.* screen 11
pantalones *m., pl.* pants 6
  pantalones cortos *m., pl.* shorts 6
pantuflas *f.* slippers 7
papa *f.* potato 8
  papas fritas *f., pl.* fried potatoes; French fries 8
papá *m.* dad 3
  papás *m., pl.* parents 3
papel *m.* paper 2; role
papelera *f.* wastebasket 2
paquete *m.* package 14
par *m.* pair 6
  par de zapatos pair of shoes 6
para *prep.* for; in order to; by; used for; considering 11
  para que so that 13

parabrisas *m., sing.* windshield 11
parar *v.* to stop 11
parecer *v.* to seem 6
pared *f.* wall 12
pareja *f.* (married) couple;
  partner 9
parientes *m., pl.* relatives 3
parque *m.* park 4
párrafo *m.* paragraph
parte: de parte de on
  behalf of 11
partido *m.* game; match (*sports*) 4
pasado/a *adj.* last; past 6
  pasado *p.p.* passed
pasaje *m.* ticket 5
  pasaje de ida y vuelta *m.*
    roundtrip ticket 5
pasajero/a *m., f.* passenger 1
pasaporte *m.* passport 5
pasar *v.* to go through 5
  pasar la aspiradora to
    vacuum 12
  pasar por el banco to go by
    the bank 14
  pasar por la aduana to go
    through customs
  pasar tiempo to spend time
  pasarlo bien/mal to have a
    good/bad time 9
pasatiempo *m.* pastime; hobby 4
pasear *v.* to take a walk; to
  stroll 4
  pasear en bicicleta to ride a
    bicycle 4
  pasear por to walk around 4
pasillo *m.* hallway 12
pasta *f.* **de dientes** toothpaste 7
pastel *m.* cake; pie 9
  pastel de chocolate *m.*
    chocolate cake 9
  pastel de cumpleaños *m.*
    birthday cake
pastelería *f.* pastry shop 14
pastilla *f.* pill; tablet 10
patata *f.* potato; 8
  patatas fritas *f., pl.* fried
    potatoes; French fries 8
patinar (en línea) *v.* to (in-line)
  skate 4
patineta *f.* skateboard 4
patio *m.* patio; yard 12
pavo *m.* turkey 8
paz *f.* peace
pedir (e:i) *v.* to ask for; to
  request 4; to order (*food*) 8
  pedir prestado *v.* to borrow 14
  pedir un préstamo *v.* to apply
    for a loan 14
peinarse *v.* to comb one's hair 7
película *f.* movie 4
peligro *m.* danger 13
peligroso/a *adj.* dangerous
pelirrojo/a *adj.* red-haired 3
pelo *m.* hair 7
pelota *f.* ball 4
peluquería *f.* beauty salon 14
peluquero/a *m., f.* hairdresser

penicilina *f.* penicillin 10
pensar (e:ie) *v.* to think 4
  pensar (+ inf.) *v.* to intend to;
    to plan to (*do something*) 4
  pensar en *v.* to think about 4
pensión *f.* boardinghouse
peor *adj.* worse 8
  el/la peor *adj.* the worst 8
pequeño/a *adj.* small 3
pera *f.* pear 8
perder (e:ie) *v.* to lose; to miss 4
perdido/a *adj.* lost 14
Perdón. Pardon me.;
  Excuse me. 1
perezoso/a *adj.* lazy
perfecto/a *adj.* perfect 5
periódico *m.* newspaper 4
periodismo *m.* journalism 2
periodista *m., f.* journalist 3
permiso *m.* permission
pero *conj.* but 2
perro *m.* dog 13
persona *f.* person 3
personaje *m.* character
  personaje principal *m.*
    main character
pesas *f. pl.* weights 15
pesca *f.* fishing
pescadería *f.* fish market 14
pescado *m.* fish (*cooked*) 8
pescador(a) *m., f.* fisherman/
  fisherwoman
pescar *v.* to fish 5
peso *m.* weight 15
pez *m.* fish (*live*) 13
pie *m.* foot 10
piedra *f.* stone 13
pierna *f.* leg 10
pimienta *f.* black pepper 8
pintar *v.* to paint
pintor(a) *m., f.* painter
pintura *f.* painting; picture 12
piña *f.* pineapple 8
piscina *f.* swimming pool 4
piso *m.* floor (*of a building*) 5
pizarra *f.* blackboard 2
placer *m.* pleasure 15
  Ha sido un placer. It's been a
    pleasure. 15
planchar la ropa *v.* to iron the
  clothes 12
planes *m., pl.* plans 4
planta *f.* plant 13
  planta baja *f.* ground floor 5
plástico *m.* plastic 13
plato *m.* dish (*in a meal*) 8; *m.*
  plate 12
  plato principal *m.* main dish 8
playa *f.* beach 5
plaza *f.* city or town square 4
plazos *m., pl.* periods; time 14
pluma *f.* pen 2
población *f.* population 13
pobre *adj. m., f.* poor 6
pobreza *f.* poverty
poco/a *adj.* little; few 5; 10
poder (o:ue) *v.* to be able to;
  can 4

poema *m.* poem
poesía *f.* poetry
poeta *m., f.* poet
policía *f.* police (force) 11
política *f.* politics
político/a *m., f.* politician; *adj.*
  political
pollo *m.* chicken 8
  pollo asado *m.* roast chicken 8
ponchar *v.* to go flat
poner *v.* to put; to place 4; *v.* to
  turn on (*electrical appliances*) 11
  poner la mesa *v.* to set the
    table 12
  poner una inyección *v.* to give
    an injection 10
ponerse (+ adj.) *v.* to become
  (+ *adj.*) 7; to put on 7
por *prep.* in exchange for; for;
  by; in; through; around; along;
  during; because of; on account
  of; on behalf of; in search of;
  by way of; by means of 11
  por aquí around here 11
  por avión by plane 11
  por ejemplo for example 11
  por eso that's why;
    therefore 11
  por favor please 1
  por fin finally 11
  por la mañana in the
    morning 7
  por la noche at night 7
  por la tarde in the afternoon 7
  por lo menos *adv.* at least 10
  ¿por qué? why? 2
  Por supuesto. Of course.
  por teléfono by phone; on the
    phone
  por último finally 7
porque *conj.* because 2
portátil *m.* portable 11
porvenir *m.* future
  ¡Por el porvenir! Here's to the
    future!
posesivo/a *adj.* possessive 3
posible *adj.* possible 13
  es posible it's possible 13
  no es posible it's not
    possible 13
postal *f.* postcard 4
postre *m.* dessert 9
practicar *v.* to practice 2
  practicar deportes *m., pl.* to
    play sports 4
precio (fijo) *m.* (fixed; set)
  price 6
preferir (e:ie) *v.* to prefer 4
pregunta *f.* question
preguntar *v.* to ask (*a question*) 2
premio *m.* prize; award
prender *v.* to turn on 11
prensa *f.* press
preocupado/a (por) *adj.* worried
  (about) 5
preocuparse (por) *v.* to worry
  (about) 7

preparar *v.* to prepare 2
preposición *f.* preposition
presentación *f.* introduction
presentar *v.* to introduce; to present; to put on (*a performance*)
  Le presento a… I would like to introduce (name) to you… (*form.*) 1
  Te presento a… I would like to introduce (name) to you… (*fam.*) 1
presiones *f., pl.* pressures 15
prestado/a *adj.* borrowed
préstamo *m.* loan 14
prestar *v.* to lend; to loan 6
primavera *f.* spring 5
primer, primero/a *adj.* first 5
primo/a *m., f.* cousin 3
principal *adj. m., f.* main 8
prisa *f.* haste 3
  darse prisa *v.* to hurry; to rush 15
probable *adj. m., f.* probable 13
  es probable it's probable 13
  no es probable it's not probable 13
probar (o:ue) *v.* to taste; to try 8
probarse (o:ue) *v.* to try on 7
problema *m.* problem 1
profesión *f.* profession 3
profesor(a) *m., f.* teacher 1, 2
programa *m.* 1
  programa de computación *m.* software 11
  programa de entrevistas *m.* talk show
programador(a) *m., f.* computer programmer 3
prohibir *v.* to prohibit 10; to forbid
pronombre *m.* pronoun
pronto *adv.* soon 10
propina *f.* tip 9
propio/a *adj.* own
proteger *v.* to protect 13
proteína *f.* protein 15
próximo/a *adj.* next
prueba *f.* test; quiz 2
psicología *f.* psychology 2
psicólogo/a *m., f.* psychologist
publicar *v.* to publish
público *m.* audience
pueblo *m.* town 4
puerta *f.* door 2
Puerto Rico *m.* Puerto Rico 1
puertorriqueño/a *adj.* Puerto Rican 3
pues *conj.* well 2
puesto *m.* position; job
puesto/a *p.p.* put 14
puro/a *adj.* pure 13

Q

que *pron.* that; which; who 12
  ¿En qué…? In which…? 2
  ¡Qué…! How…! 3

¡Qué dolor! What pain!
¡Qué ropa más bonita! What pretty clothes! 6
¡Qué sorpresa! What a surprise!
¿qué? what? 1
¿Qué día es hoy? What day is it? 2
¿Qué hay de nuevo? What's new? 1
¿Qué hora es? What time is it? 1
¿Qué les parece? What do you (*pl.*) think?
¿Qué pasa? What's happening? What's going on? 1
¿Qué pasó? What happened? 11
¿Qué precio tiene? What is the price?
¿Qué tal…? How are you?; How is it going? 1; How is/are…? 2
¿Qué talla lleva/usa? What size do you wear? 6
¿Qué tiempo hace? How's the weather? 5
quedar *v.* to be left over; to fit (*clothing*) 7; to be left behind; to be located 14
quedarse *v.* to stay; to remain 7
quehaceres domésticos *m., pl.* household chores 12
quemado/a *adj.* burned (out) 11
quemar *v.* to burn (a CD) 11
querer (e:ie) *v.* to want; to love 4
queso *m.* cheese 8
quien(es) *pron.* who; whom; that 12
  ¿quién(es)? who?; whom? 1
  ¿Quién es…? Who is…? 1
  ¿Quién habla? Who is speaking? (*telephone*) 11
química *f.* chemistry 2
quince fifteen 1
  menos quince quarter to (time) 1
  y quince quarter after (time) 1
quinceañera *f.* young woman's fifteenth birthday celebration/fifteen-year-old girl 9
quinientos/as *adj.* five hundred 2
quinto/a *adj.* fifth 5
quisiera *v.* I would like
quitar el polvo *v.* to dust 12
quitar la mesa *v.* to clear the table 12
quitarse *v.* to take off 7
quizás *adv.* maybe 5

R

racismo *m.* racism
radio *f.* radio (*medium*) 2; *m.* radio (set) 2
radiografía *f.* X-ray 10

rápido/a *adv.* quickly 10
ratón *m.* mouse 11
ratos libres *m., pl.* spare (free) time 4
raya *f.* stripe 6
razón *f.* reason 3
rebaja *f.* sale 6
recado *m.* (telephone) message 11
receta *f.* prescription 10
recetar *v.* to prescribe 10
recibir *v.* to receive 3
reciclaje *m.* recycling 13
reciclar *v.* to recycle 13
recién casado/a *m., f.* newlywed 9
recoger *v.* to pick up 13
recomendar (e:ie) *v.* to recommend 8, 12
recordar (o:ue) *v.* to remember 4
recorrer *v.* to tour an area
recurso *m.* resource 13
  recurso natural *m.* natural resource 13
red *f.* network; Web 11
reducir *v.* to reduce 13
refresco *m.* soft drink 8
refrigerador *m.* refrigerator 12
regalar *v.* to give (a gift) 9
regalo *m.* gift 6
regatear *v.* to bargain 6
región *f.* region; area 13
regresar *v.* to return 2
regular *adj. m., f.* so-so.; OK 1
reído *p.p.* laughed 14
reírse (e:i) *v.* to laugh 9
relaciones *f., pl.* relationships
relajarse *v.* to relax 9
reloj *m.* clock; watch 2
renunciar (a) *v.* to resign (from)
repetir (e:i) *v.* to repeat 4
reportaje *m.* report
reportero/a *m., f.* reporter; journalist
representante *m., f.* representative
reproductor de DVD *m.* DVD player 11
reproductor de MP3 *m.* MP3 player 11
resfriado *m.* cold (*illness*) 10
residencia estudiantil *f.* dormitory 2
resolver (o:ue) *v.* to resolve; to solve 13
respirar *v.* to breathe 13
respuesta *f.* answer
restaurante *m.* restaurant 4
resuelto/a *p.p.* resolved 14
reunión *f.* meeting
revisar *v.* to check 11
  revisar el aceite *v.* to check the oil 11
revista *f.* magazine 4
rico/a *adj.* rich 6; *adj.* tasty; delicious 8
ridículo/a *adj.* ridiculous 13
río *m.* river 13

riquísimo/a *adj.* extremely delicious 8
rodilla *f.* knee 10
rogar (o:ue) *v.* to beg; to plead 12
rojo/a *adj.* red 6
romántico/a *adj.* romantic
romper *v.* to break 10
  romperse la pierna *v.* to break one's leg 10
  romper (con) *v.* to break up (with) 9
ropa *f.* clothing; clothes 6
  ropa interior *f.* underwear 6
rosado/a *adj.* pink 6
roto/a *adj.* broken 10, 14
rubio/a *adj.* blond(e) 3
ruso/a *adj.* Russian 3
rutina *f.* routine 7
  rutina diaria *f.* daily routine 7

S

sábado *m.* Saturday 2
saber *v.* to know; to know how 6; to taste 8
  saber a to taste like 8
sabrosísimo/a *adj.* extremely delicious 8
sabroso/a *adj.* tasty; delicious 8
sacar *v.* to take out
  sacar fotos to take photos 5
  sacar la basura to take out the trash 12
  sacar(se) un diente to have a tooth removed 10
sacudir *v.* to dust 12
  sacudir los muebles to dust the furniture 12
sal *f.* salt 8
sala *f.* living room 12; room
  sala de emergencia(s) emergency room 10
salario *m.* salary
salchicha *f.* sausage 8
salida *f.* departure; exit 5
salir *v.* to leave 4; to go out
  salir (con) to go out (with); to date 9
  salir de to leave from
  salir para to leave for (*a place*)
salmón *m.* salmon 8
salón de belleza *m.* beauty salon 14
salud *f.* health 10
saludable *adj.* healthy 10
saludar(se) *v.* to greet (each other) 11
saludo *m.* greeting 1
  saludos a... greetings to... 1
sandalia *f.* sandal 6
sandía *f.* watermelon
sándwich *m.* sandwich 8

sano/a *adj.* healthy 10
se *ref. pron.* himself, herself, itself, *form.* yourself, themselves, yourselves 7
se *impersonal* one 10
  Se nos dañó... The... broke down. 11
  Se hizo... He/she/it became...
  Se nos pinchó una llanta. We had a flat tire. 11
secadora *f.* clothes dryer 12
secarse *v.* to dry oneself 7
sección de (no) fumar *f.* (non) smoking section 8
secretario/a *m., f.* secretary
secuencia *f.* sequence
sed *f.* thirst 3
seda *f.* silk 6
sedentario/a *adj.* sedentary; related to sitting 15
seguir (e:i) *v.* to follow; to continue 4
según according to
segundo/a *adj.* second 5
seguro/a *adj.* sure; safe 5
seis six 1
seiscientos/as six hundred 2
sello *m.* stamp 14
selva *f.* jungle 13
semana *f.* week 2
  fin *m.* **de semana** weekend 4
  semana *f.* **pasada** last week 6
semestre *m.* semester 2
sendero *m.* trail; trailhead 13
sentarse (e:ie) *v.* to sit down 7
sentir(se) (e:ie) *v.* to feel 7; to be sorry; to regret 13
señor (Sr.); don *m.* Mr.; sir 1
señora (Sra.); doña *f.* Mrs.; ma'am 1
señorita (Srta.) *f.* Miss 1
separado/a *adj.* separated 9
separarse (de) *v.* to separate (from) 9
septiembre *m.* September 5
séptimo/a *adj.* seventh 5
ser *v.* to be 1
  ser aficionado/a (a) to be a fan (of) 4
  ser alérgico/a (a) to be allergic (to) 10
  ser gratis to be free of charge 14
serio/a *adj.* serious
servilleta *f.* napkin 12
servir (e:i) *v.* to serve 8; to help 5
sesenta sixty 2
setecientos/as *adj.* seven hundred 2
setenta seventy 2
sexismo *m.* sexism
sexto/a *adj.* sixth 5
sí *adv.* yes 1
si *conj.* if 4
SIDA *m.* AIDS

sido *p.p.* been 15
siempre *adv.* always 7
siete seven 1
silla *f.* seat 2
sillón *m.* armchair 12
similar *adj. m., f.* similar
simpático/a *adj.* nice; likeable 3
sin *prep.* without 2, 13
  sin duda without a doubt
  sin embargo however
  sin que *conj.* without 13
sino but (rather) 7
síntoma *m.* symptom 10
sitio *m.* **web;** website 11
situado/a *p.p.* located
sobre *m.* envelope 14; *prep.* on; over 2
sobrino/a *m., f.* nephew; niece 3
sociología *f.* sociology 2
sofá *m.* couch; sofa 12
sol *m.* sun 4; 5; 13
solar *adj. m., f.* solar 13
soldado *m., f.* soldier
soleado/a *adj.* sunny
solicitar *v.* to apply (*for a job*)
solicitud (de trabajo) *f.* (job) application
sólo *adv.* only 3
solo/a *adj.* alone
soltero/a *adj.* single 9
solución *f.* solution 13
sombrero *m.* hat 6
Son las dos. It's two o'clock. 1
sonar (o:ue) *v.* to ring 11
sonreído *p.p.* smiled 14
sonreír (e:i) *v.* to smile 9
sopa *f.* soup 8
sorprender *v.* to surprise 9
sorpresa *f.* surprise 9
sótano *m.* basement; cellar 12
soy I am 1
  Soy de... I'm from... 1
  Soy yo. That's me. 1
su(s) *poss. adj.* his; her; its; *form.* your; their 3
subir(se) a *v.* to get on/into (*a vehicle*) 11
sucio/a *adj.* dirty 5
sucre *m.* Former Ecuadorian currency 6
sudar *v.* to sweat 15
suegro/a *m., f.* father-in-law; mother-in-law 3
sueldo *m.* salary
suelo *m.* floor 12
sueño *m.* sleep 3
suerte *f.* luck 3
suéter *m.* sweater 6
sufrir *v.* to suffer 10
  sufrir muchas presiones to be under a lot of pressure 15
  sufrir una enfermedad to suffer an illness 10
sugerir (e:ie) *v.* to suggest 12
supermercado *m.* supermarket 14
suponer *v.* to suppose 4

sur *m.* south 14
sustantivo *m.* noun
suyo(s)/a(s) *poss.* (of) his/her; (of) hers; (of) its; (of) *form.* your, (of) yours, (of) their 11

T

tal vez *adv.* maybe 5
talentoso/a *adj.* talented
talla *f.* size 6
  talla grande *f.* large 6
taller *m.* **mecánico** garage; mechanic's repairshop 11
también *adv.* also; too 2; 7
tampoco *adv.* neither; not either 7
tan *adv.* so 5
  tan... como as... as 8
  tan pronto como *conj.* as soon as 13
tanque *m.* tank 11
tanto *adv.* so much
  tanto... como as much... as 8
  tantos/as... como as many... as 8
tarde *adv.* late 7; *f.* afternoon; evening; P.M. 1
tarea *f.* homework 2
tarjeta *f.* (post) card
tarjeta de crédito *f.* credit card 6
tarjeta postal *f.* postcard 4
taxi *m.* taxi 5
taza *f.* cup 12
te *sing., fam., d.o. pron.* you 5; *sing., fam., i.o. pron.* to/for you 6
  Te presento a... *fam.* I would like to introduce... to you 1
  ¿Te gustaría? Would you like to?
  ¿Te gusta(n)... ? Do you like... ? 2
té *m.* tea 8
  té helado *m.* iced tea 8
teatro *m.* theater
teclado *m.* keyboard 11
técnico/a *m., f.* technician
tejido *m.* weaving
teleadicto/a *m., f.* couch potato 15
teléfono (celular) *m.* (cell) telephone 11
telenovela *f.* soap opera
teletrabajo *m.* telecommuting
televisión *f.* television 2; 11
televisión por cable *f.* cable television 11
televisor *m.* television set 11
temer *v.* to fear 13
temperatura *f.* temperature 10
temprano *adv.* early 7
tenedor *m.* fork 12
tener *v.* to have 3
  tener... años to be... years old 3

Tengo... años. I'm... years old. 3
tener (mucho) calor to be (very) hot 3
tener (mucho) cuidado to be (very) careful 3
tener dolor to have a pain 10
tener éxito to be successful
tener fiebre to have a fever 10
tener (mucho) frío to be (very) cold 3
tener ganas de (+ inf.) to feel like (*doing something*) 3
tener (mucha) hambre *f.* to be (very) hungry 3
tener (mucho) miedo (de) to be (very) afraid (of); to be (very) scared (of) 3
tener miedo (de) que to be afraid that
tener planes *m., pl.* to have plans 4
tener (mucha) prisa to be in a (big) hurry 3
tener que (+ inf.) *v.* to have to (*do something*) 3
tener razón *f.* to be right 3
tener (mucha) sed *f.* to be (very) thirsty 3
tener (mucho) sueño to be (very) sleepy 3
tener (mucha) suerte to be (very) lucky 3
tener tiempo to have time 4
tener una cita to have a date; to have an appointment 9
tenis *m.* tennis 4
tensión *f.* tension 15
tercer, tercero/a *adj.* third 5
terminar *v.* to end; to finish 2
  terminar de (+inf.) *v.* to finish (*doing something*) 4
terremoto *m.* earthquake
terrible *adj. m., f.* terrible 13
ti *prep., obj. of prep., fam.* you
tiempo *m.* time 4; weather 5
  tiempo libre free time
tienda *f.* shop; store 6
  tienda de campaña tent
tierra *f.* land; soil 13
tinto/a *adj.* red (wine) 8
tío/a *m., f.* uncle; aunt 3
tíos *m., pl.* aunts and uncles 3
título *m.* title
tiza *f.* chalk 2
toalla *f.* towel 7
tobillo *m.* ankle 10
tocadiscos compacto *m.* compact disc player 11
tocar *v.* to play (*a musical instrument*); to touch 13
todavía *adv.* yet; still 5
todo *m.* everything 5
  en todo el mundo throughout the world 13
  Todo está bajo control. Everything is under control. 7

todo derecho straight (ahead) 14
todo(s)/a(s) *adj.* all 4; whole
todos *m., pl.* all of us; *m., pl.* everybody; everyone
  ¡Todos a bordo! All aboard! 1
todos los días *adv.* every day 10
tomar *v.* to take; to drink 2
  tomar clases *f., pl.* to take classes 2
  tomar el sol to sunbathe 4
  tomar en cuenta to take into account
  tomar fotos *f., pl.* to take photos 5
  tomar la temperatura to take someone's temperature 10
tomate *m.* tomato 8
tonto/a *adj.* silly; foolish 3
torcerse (o:ue) (el tobillo) *v.* to sprain (one's ankle) 10
torcido/a *adj.* twisted; sprained 10
tormenta *f.* storm
tornado *m.* tornado
tortilla *f.* tortilla 8
  tortilla de maíz corn tortilla 8
tos *f., sing.* cough 10
toser *v.* to cough 10
tostado/a *adj.* toasted 8
tostadora *f.* toaster 12
trabajador(a) *adj.* hard-working 3
trabajar *v.* to work 2
trabajo *m.* job; work
traducir *v.* to translate 6
traer *v.* to bring 4
tráfico *m.* traffic 11
tragedia *f.* tragedy
traído/a *p.p.* brought 14
traje *m.* suit 6
  traje (de baño) *m.* (bathing) suit 6
tranquilo/a *adj.* calm; quiet 15
  Tranquilo. Don't worry.; Be cool. 7
transmitir *v.* to broadcast
tratar de (+ inf.) *v.* to try (*to do something*) 15
Trato hecho. You've got a deal.
trece thirteen 1
treinta thirty 1, 2
  y treinta thirty minutes past the hour (time) 1
tren *m.* train 5
tres three 1
trescientos/as *adj.* three hundred 2
trimestre *m.* trimester; quarter 2
triste *adj.* sad 5
tú *fam. sub. pron.* you 1
  Tú eres... You are... 1
tu(s) *fam. poss. adj.* your 3
turismo *m.* tourism 5
turista *m., f.* tourist 1
turístico/a *adj.* touristic
tuyo(s)/a(s) *fam. poss. pron.* your; (of) yours 11

U

Ud. *form. sing.* you 1
Uds. *form., pl.* you 1
último/a *adj.* last
un, uno/a *indef. art.* a; one 1
  uno/a *m., f., sing. pron.* one 1
    a la una at one o'clock 1
    una vez once; one time 6
    una vez más one more time 9
único/a *adj.* only 3
universidad *f.* university;
  college 2
unos/as *m., f., pl. indef. art.*
  some 1
  unos/as *pron.* some 1
urgente *adj.* urgent 12
usar *v.* to wear; to use 6
usted (Ud.) *form. sing.* you 1
  ustedes (Uds.) *form., pl.* you 1
útil *adj.* useful
uva *f.* grape 8

V

vaca *f.* cow 13
vacaciones *f. pl.* vacation 5
valle *m.* valley 13
vamos let's go 4
vaquero *m.* cowboy
  de vaqueros *m., pl.* western
    (genre)
varios/as *adj. m. f., pl.* various;
  several 8
vaso *m.* glass 12
veces *f., pl.* times 6
vecino/a *m., f.* neighbor 12
veinte twenty 1
veinticinco twenty-five 1
veinticuatro twenty-four 1
veintidós twenty-two 1
veintinueve twenty-nine 1
veintiocho twenty-eight 1
veintiséis twenty-six 1
veintisiete twenty-seven 1
veintitrés twenty-three 1

veintiún, veintiuno/a
  twenty-one 1
vejez *f.* old age 9
velocidad *f.* speed 11
  velocidad máxima *f.* speed
    limit 11
vendedor(a) *m., f.* salesperson 6
vender *v.* to sell 6
venir *v.* to come 3
ventana *f.* window 2
ver *v.* to see 4
  a ver *v.* let's see 2
  ver películas *f., pl.* to see
    movies 4
verano *m.* summer 5
verbo *m.* verb
verdad *f.* truth
  ¿verdad? right? 1
verde *adj., m. f.* green 6
verduras *pl., f.* vegetables 8
vestido *m.* dress 6
vestirse (e:i) *v.* to get dressed 7
vez *f.* time 6
viajar *v.* to travel 2
viaje *m.* trip 5
viajero/a *m., f.* traveler 5
vida *f.* life 9
video *m.* video 1
video(casete) *m.* video
  (cassette) 11
videocasetera *f.* VCR 11
videoconferencia *f.*
  videoconference
videojuego *m.* video game 4
vidrio *m.* glass 13
viejo/a *adj.* old 3
viento *m.* wind 5
viernes *m., sing.* Friday 2
vinagre *m.* vinegar 8
vino *m.* wine 8
  vino blanco *m.* white wine 8
  vino tinto *m.* red wine 8
violencia *f.* violence
visitar *v.* to visit 4
  visitar monumentos *m., pl.*
    to visit monuments 4
visto/a *p.p.* seen 14

vitamina *f.* vitamin 15
viudo/a *adj.* widower/widow 9
vivienda *f.* housing 12
vivir *v.* to live 3
vivo/a *adj.* bright; lively; living
volante *m.* steering wheel 11
volcán *m.* volcano 13
vóleibol *m.* volleyball 4
volver (o:ue) *v.* to return 4
volver a ver(te, lo, la) *v.* to see
  (you, him, her) again
vos *pron.* you
vosotros/as *form., pl.* you 1
votar *v.* to vote
vuelta *f.* return trip
vuelto/a *p.p.* returned 14
vuestro(s)/a(s) *poss. adj.* your 3;
  (of) yours *fam.* 11

W

walkman *m.* walkman

Y

y *conj.* and 1
  y cuarto quarter after (time) 1
  y media half-past (time) 1
  y quince quarter after (time) 1
  y treinta thirty (minutes past
    the hour) 1
  ¿Y tú? *fam.* And you? 1
  ¿Y usted? *form.* And you? 1
ya *adv.* already 6
yerno *m.* son-in-law 3
yo *sub. pron.* I 1
  Yo soy... I'm... 1
yogur *m.* yogurt 8

Z

zanahoria *f.* carrot 8
zapatería *f.* shoe store 14
zapatos de tenis *m., pl.* tennis
  shoes, sneakers 6

English-Spanish

A

a **un/a** *m., f., sing.; indef. art.* 1
@ (*symbol*) **arroba** *f.* 11
A.M. **mañana** *f.* 1
able: be able to **poder (o:ue)** *v.* 4
aboard **a bordo** 1
accident **accidente** *m.* 10
accompany **acompañar** *v.* 14
account **cuenta** *f.* 14
 on account of **por** *prep.* 11
accountant **contador(a)** *m., f.*
accounting **contabilidad** *f.* 2
ache **dolor** *m.* 10
acid **ácido/a** *adj.* 13
 acid rain **lluvia ácida** 13
acquainted: be acquainted with **conocer** *v.* 6
action (genre) **de acción** *f.*
active **activo/a** *adj.* 15
actor **actor** *m.*, **actriz** *f.*
addict (*drug*) **drogadicto/a** *adj.* 15
additional **adicional** *adj.*
address **dirección** *f.* 14
adjective **adjetivo** *m.*
adolescence **adolescencia** *f.* 9
adventure (genre) **de aventura** *f.*
advertise **anunciar** *v.*
advertisement **anuncio** *m.*
advice **consejo** *m.* 6
 give advice **dar consejos** 6
advise **aconsejar** *v.* 12
advisor **consejero/a** *m., f.*
aerobic **aeróbico/a** *adj.* 15
 aerobics class **clase de ejercicios aeróbicos** 15
 to do aerobics **hacer ejercicios aeróbicos** 15
affected **afectado/a** *adj.* 13
 be affected (by) **estar** *v.* **afectado/a (por)** 13
affirmative **afirmativo/a** *adj.*
afraid: be (very) afraid (of) **tener (mucho) miedo (de)** 3
 be afraid that **tener miedo (de) que**
after **después de** *prep.* 7; **después de que** *conj.* 13
afternoon **tarde** *f.* 1
afterward **después** *adv.* 7
again **otra vez**
age **edad** *f.* 9
agree **concordar** *v.*
agree **estar** *v.* **de acuerdo**
 I agree (completely). **Estoy (completamente) de acuerdo.**
 I don't agree. **No estoy de acuerdo.**
agreement **acuerdo** *m.*
AIDS **SIDA** *m.*

air **aire** *m.* 13
 air pollution **contaminación del aire** 13
airplane **avión** *m.* 5
airport **aeropuerto** *m.* 5
alarm clock **despertador** *m.* 7
alcohol **alcohol** *m.* 15
 to consume alcohol **consumir alcohol** 15
alcoholic **alcohólico/a** *adj.* 15
all **todo(s)/a(s)** *adj.* 4
 All aboard! **¡Todos a bordo!** 1
 all of us **todos** 1
 all over the world **en todo el mundo**
allergic **alérgico/a** *adj.* 10
 be allergic (to) **ser alérgico/a (a)** 10
alleviate **aliviar** *v.*
almost **casi** *adv.* 10
alone **solo/a** *adj.*
along **por** *prep.* 11
already **ya** *adv.* 6
also **también** *adv.* 2; 7
alternator **alternador** *m.* 11
although **aunque** *conj.*
aluminum **aluminio** *m.* 13
 (made) of aluminum **de aluminio** 13
always **siempre** *adv.* 7
American (*North*) **norteamericano/a** *adj.* 3
among **entre** *prep.* 2
amusement **diversión** *f.*
and **y** 1, **e** (*before words beginning with i or hi*) 4
 And you? **¿Y tú?** *fam.* 1; **¿Y usted?** *form.* 1
angry **enojado/a** *adj.* 5
 get angry (with) **enojarse** *v.* **(con)** 7
animal **animal** *m.* 13
ankle **tobillo** *m.* 10
anniversary **aniversario** *m.* 9
 (wedding) anniversary **aniversario** *m.* **(de bodas)** 9
announce **anunciar** *v.*
announcer (*TV/radio*) **locutor(a)** *m., f.*
annoy **molestar** *v.* 7
another **otro/a** *adj.* 6
answer **contestar** *v.* 2; **respuesta** *f.*
answering machine **contestadora** *f.* 11
antibiotic **antibiótico** *m.* 10
any **algún, alguno/a(s)** *adj.* 7
anyone **alguien** *pron.* 7
anything **algo** *pron.* 7
apartment **apartamento** *m.* 12
apartment building **edificio de apartamentos** 12
appear **parecer** *v.*
appetizers **entremeses** *m., pl.* 8
applaud **aplaudir** *v.*
apple **manzana** *f.* 8

appliance (electric) **electrodoméstico** *m.* 12
applicant **aspirante** *m., f.*
application **solicitud** *f.*
 job application **solicitud de trabajo**
apply (*for a job*) **solicitar** *v.*
 apply for a loan **pedir (e:ie)** *v.* **un préstamo** 14
appointment **cita** *f.* 9
 have an appointment **tener** *v.* **una cita** 9
appreciate **apreciar** *v.*
April **abril** *m.* 5
aquatic **acuático/a** *adj.*
archaeologist **arqueólogo/a** *m., f.*
architect **arquitecto/a** *m., f.*
area **región** *f.* 13
arm **brazo** *m.* 10
armchair **sillón** *m.* 12
army **ejército** *m.*
around **por** *prep.* 11
 around here **por aquí** 11
arrange **arreglar** *v.* 11
arrival **llegada** *f.* 5
arrive **llegar** *v.* 2
art **arte** *m.* 2
 (fine) arts **bellas artes** *f., pl.*
article *m.* **artículo**
artist **artista** *m., f.* 3
artistic **artístico/a** *adj.*
arts **artes** *f., pl.*
as **como** 8
 as a child **de niño/a** 10
 as... as **tan... como** 8
 as many... as **tantos/as... como** 8
 as much... as **tanto... como** 8
 as soon as **en cuanto** *conj.* 13; **tan pronto como** *conj.* 13
ask (*a question*) **preguntar** *v.* 2
 ask for **pedir (e:i)** *v.* 4
asparagus **espárragos** *m., pl.* 8
aspirin **aspirina** *f.* 10
at **a** *prep.* 1; **en** *prep.* 2
 at + *time* **a la(s)** + *time* 1
 at home **en casa** 3
 at least **por lo menos** 10
 at night **por la noche** 7
 at the end (of) **al fondo (de)** 12
 At what time...? **¿A qué hora...?** 1
 At your service. **A sus órdenes.** 11
ATM **cajero automático** *m.* 14
attend **asistir (a)** *v.* 3
attic **altillo** *m.* 12
attract **atraer** *v.* 4
audience **público** *m.*
August **agosto** *m.* 5
aunt **tía** *f.* 3
 aunts and uncles **tíos** *m., pl.* 3
automobile **automóvil** *m.* 5; **carro** *m.*; **coche** *m.* 11

autumn **otoño** *m.* 5
avenue **avenida** *f.*
avoid **evitar** *v.* 13
award **premio** *m.*

B

backpack **mochila** *f.* 2
bad **mal, malo/a** *adj.* 3
   It's bad that… **Es malo que…** 12
   It's not at all bad. **No está nada mal.** 5
bag **bolsa** *f.* 6
bakery **panadería** *f.* 14
balanced **equilibrado/a** *adj.* 15
   to eat a balanced diet **comer una dieta equilibrada** 15
balcony **balcón** *m.* 12
ball **pelota** *f.* 4
banana **banana** *f.* 8
band **banda** *f.*
bank **banco** *m.* 14
bargain **ganga** *f.* 6; **regatear** *v.* 6
baseball (*game*) **béisbol** *m.* 4
basement **sótano** *m.* 12
basketball (*game*) **baloncesto** *m.* 4
bathe **bañarse** *v.* 7
bathing suit **traje** *m.* **de baño** 6
bathroom **baño** *m.* 7; **cuarto de baño** *m.* 7
be **ser** *v.* 1; **estar** *v.* 2
   be… years old **tener… años** 3
beach **playa** *f.* 5
beans **frijoles** *m., pl.* 8
beautiful **hermoso/a** *adj.* 6
beauty **belleza** *f.* 14
   beauty salon **peluquería** *f.* 14; **salón** *m.* **de belleza** 14
because **porque** *conj.* 2
   because of **por** *prep.* 11
become (+ *adj.*) **ponerse (+ adj.)** 7; **convertirse** *v.*
bed **cama** *f.* 5
   go to bed **acostarse (o:ue)** *v.* 7
bedroom **alcoba** *f.*; **dormitorio** *m.* 12; **recámara** *f.*
beef **carne de res** *f.* 8
   beef soup **caldo de patas** 8
been **sido** *p.p.* 15
beer **cerveza** *f.* 8
before **antes** *adv.* 7; **antes de** *prep.* 7; **antes (de) que** *conj.* 13
beg **rogar (o:ue)** *v.* 12
begin **comenzar (e:ie)** *v.* 4; **empezar (e:ie)** *v.* 4
behalf: on behalf of **de parte de** 11
behind **detrás de** *prep.* 2
believe (in) **creer** *v.* **(en)** 3; **creer** *v.* 13
   not to believe **no creer** 13
believed **creído/a** *p.p.* 14
bellhop **botones** *m., f. sing.* 5

below **debajo de** *prep.* 2
belt **cinturón** *m.* 6
benefit **beneficio** *m.*
beside **al lado de** *prep.* 2
besides **además (de)** *adv.* 10
best **mejor** *adj.*
   the best **el/la mejor** *m., f.* 8; **lo mejor** *neuter*
better **mejor** *adj.* 8
   It's better that… **Es mejor que…** 12
between **entre** *prep.* 2
beverage **bebida** *f.*
   alcoholic beverage **bebida alcohólica** *f.* 15
bicycle **bicicleta** *f.* 4
big **gran, grande** *adj.* 3
bill **cuenta** *f.* 9
billion **mil millones**
biology **biología** *f.* 2
bird **ave** *f.* 13; **pájaro** *m.* 13
birth **nacimiento** *m.* 9
birthday **cumpleaños** *m., sing.* 9
   have a birthday **cumplir** *v.* **años** 9
black **negro/a** *adj.* 6
blackberry **mora** *f.* 8
blackboard **pizarra** *f.* 2
blanket **manta** *f.* 12
block (city) **cuadra** *f.* 14
blond(e) **rubio/a** *adj.* 3
blouse **blusa** *f.* 6
blue **azul** *adj. m., f.* 6
boarding house **pensión** *f.*
boat **barco** *m.* 5
body **cuerpo** *m.* 10
bone **hueso** *m.* 10
book **libro** *m.* 2
bookcase **estante** *m.* 12
bookshelves **estante** *m.* 12
bookstore **librería** *f.* 2
boot **bota** *f.* 6
bore **aburrir** *v.* 7
bored **aburrido/a** *adj.* 5
   be bored **estar** *v.* **aburrido/a** 5
   get bored **aburrirse** *v.*
boring **aburrido/a** *adj.* 5
born: be born **nacer** *v.* 9
borrow **pedir (e:ie)** *v.* **prestado** 14
borrowed **prestado/a** *adj.*
boss **jefe** *m.*, **jefa** *f.*
bother **molestar** *v.* 7
bottle **botella** *f.* 9
   bottle of wine **botella de vino** 9
bottom **fondo** *m.*
boulevard **bulevar** *m.*
boy **chico** *m.* 1; **muchacho** *m.* 3
boyfriend **novio** *m.* 3
brakes **frenos** *m., pl.*
bread **pan** *m.* 8
break **romper** *v.* 10
   break (one's leg) **romperse (la pierna)** 10

break down **dañar** *v.* 10
   The… broke down. **Se nos dañó el/la…** 11
break up (with) **romper** *v.* **(con)** 9
breakfast **desayuno** *m.* 2, 8
   have breakfast **desayunar** *v.* 2
breathe **respirar** *v.* 13
bring **traer** *v.* 4
broadcast **transmitir** *v.* **emitir** *v.*
brochure **folleto** *m.*
broken **roto/a** *adj.* 10, 14
   be broken **estar roto/a** 10
brother **hermano** *m.* 3
   brother-in-law **cuñado** *m., f.* 3
   brothers and sisters **hermanos** *m., pl.* 3
brought **traído/a** *p.p.* 14
brown **café** *adj.* 6; **marrón** *adj.* 6
brunet(te) **moreno/a** *adj.* 3
brush **cepillar** *v.* 7
   brush one's hair **cepillarse el pelo** 7
   brush one's teeth **cepillarse los dientes** 7
build **construir** *v.* 4
building **edificio** *m.* 12
bump into (*something accidentally*) **darse con** 10; (*someone*) **encontrarse** *v.* 11
burn (a CD) **quemar** *v.* 11
burned (out) **quemado/a** *adj.* 11
bus **autobús** *m.* 1
   bus station **estación** *f.* **de autobuses** 5
business **negocios** *m. pl.*
   business administration **administración** *f.* **de empresas** 2
   business-related **comercial** *adj.*
businessperson **hombre** *m.* **/ mujer** *f.* **de negocios**
busy **ocupado/a** *adj.* 5
but **pero** *conj.* 2; (rather) **sino** *conj.* (*in negative sentences*) 7
butcher shop **carnicería** *f.* 14
butter **mantequilla** *f.* 8
buy **comprar** *v.* 2
by **por** *prep.* 11; **para** *prep.* 11
   by means of **por** *prep.* 11
   by phone **por teléfono** 11
   by plane **en avión** 5
   by way of **por** *prep.* 11
bye **chau** *interj. fam.* 1

C

cabin **cabaña** *f.* 5
cable television **televisión** *f.* **por cable** *m.* 11
café **café** *m.* 4
cafeteria **cafetería** *f.* 2
caffeine **cafeína** *f.* 15

cake **pastel** *m.* 9
  chocolate cake **pastel de chocolate** *m.* 9
calculator **calculadora** *f.* 11
call **llamar** *v.* 11
  be called **llamarse** *v.* 7
  call on the phone **llamar por teléfono**
calm **tranquilo/a** *adj.* 15
calorie **caloría** *f.* 15
camera **cámara** *f.* 11
camp **acampar** *v.* 5
can (*tin*) **lata** *f.* 13
can **poder (o:ue)** *v.* 4
Canadian **canadiense** *adj.* 3
candidate **aspirante** *m., f.*
  candidate **candidato/a** *m., f.*
candy **dulces** *m., pl.* 9
capital city **capital** *f.* 1
car **coche** *m.* 11; **carro** *m.* 11; **auto(móvil)** *m.* 5
caramel **caramelo** *m.* 9
card **tarjeta** *f.*; (*playing*) **carta** *f.* 5
care **cuidado** *m.* 3
  Take care! **¡Cuídense!** *v.* 15
  take care of **cuidar** *v.* 13
career **carrera** *f.*
careful: be (very) careful **tener** *v.* (**mucho**) **cuidado** 3
caretaker **ama** *m., f.* **de casa** 12
carpenter **carpintero/a** *m., f.*
carpet **alfombra** *f.* 12
carrot **zanahoria** *f.* 8
carry **llevar** *v.* 2
cartoons **dibujos** *m, pl.* **animados**
case: in case (that) **en caso (de) que** 13
cash (a check) **cobrar** *v.* 14; cash (**en**) **efectivo** 6
  cash register **caja** *f.* 6
  pay in cash **pagar** *v.* **al contado** 14; **pagar en efectivo** 14
cashier **cajero/a** *m., f.*
cat **gato** *m.* 13
CD-ROM **cederrón** *m.* 11
celebrate **celebrar** *v.* 9
celebration **celebración** *f.*
  young woman's fifteenth birthday celebration **quinceañera** *f.* 9
cellar **sótano** *m.* 12
cellular **celular** *adj.* 11
  cellular telephone **teléfono celular** *m.* 11
cereal **cereales** *m., pl.* 8
certain **cierto** *m.*; **seguro** *m.* 13
  it's (not) certain **(no) es cierto/seguro** 13
chalk **tiza** *f.* 2
champagne **champán** *m.* 9
change **cambiar** *v.* (**de**) 9
channel (*TV*) **canal** *m.* 11
character (*fictional*) **personaje** *m.* 11

(main) character *m.* **personaje (principal)**
chat **conversar** *v.* 2
chauffeur **conductor(a)** *m., f.* 1
cheap **barato(a)** *adj.* 6
check **comprobar (o:ue)** *v.*; **revisar** *v.* 11; (*bank*) **cheque** *m.* 14
  check the oil **revisar el aceite** 11
checking account **cuenta** *f.* **corriente** 14
cheese **queso** *m.* 8
chef **cocinero/a** *m., f.*
chemistry **química** *f.* 2
chest of drawers **cómoda** *f.* 12
chicken **pollo** *m.* 8
child **niño/a** *m., f.* 3
childhood **niñez** *f.* 9
children **hijos** *m., pl.* 3
Chinese **chino/a** *adj.* 3
chocolate **chocolate** *m.* 9
  chocolate cake **pastel** *m.* **de chocolate** 9
cholesterol **colesterol** *m.* 15
choose **escoger** *v.* 8
chop (*food*) **chuleta** *f.* 8
Christmas **Navidad** *f.* 9
church **iglesia** *f.* 4
citizen **ciudadano/a** *adj.*
city **ciudad** *f.* 4
class **clase** *f.* 2
  take classes **tomar clases** 2
classical **clásico/a** *adj.*
classmate **compañero/a** *m., f.* **de clase** 2
clean **limpio/a** *adj.* 5; **limpiar** *v.* 12
  clean the house *v.* **limpiar la casa** 12
clear (*weather*) **despejado/a** *adj.*
  clear the table **quitar la mesa** 12
  It's (very) clear. (*weather*) **Está (muy) despejado.**
clerk **dependiente/a** *m., f.* 6
climb **escalar** *v.* 4
  climb mountains **escalar montañas** 4
clinic **clínica** *f.* 10
clock **reloj** *m.* 2
close **cerrar (e:ie)** *v.* 4
closed **cerrado/a** *adj.* 5
closet **armario** *m.* 12
clothes **ropa** *f.* 6
  clothes dryer **secadora** *f.* 12
clothing **ropa** *f.* 6
cloud **nube** *f.* 13
cloudy **nublado/a** *adj.* 5
  It's (very) cloudy. **Está (muy) nublado.** 5
coat **abrigo** *m.* 6
coffee **café** *m.* 8
  coffee maker **cafetera** *f.* 12
cold **frío** *m.* 5;
  (*illness*) **resfriado** *m.* 10

be (*feel*) (very) cold **tener (mucho) frío** 3
  It's (very) cold. (*weather*) **Hace (mucho) frío.** 5
college **universidad** *f.* 2
collision **choque** *m.*
color **color** *m.* 6
comb one's hair **peinarse** *v.* 7
come **venir** *v.* 3
comedy **comedia** *f.*
comfortable **cómodo/a** *adj.* 5
commerce **negocios** *m., pl.*
commercial **comercial** *adj.*
communicate (with) **comunicarse** *v.* (**con**)
communication **comunicación** *f.*
  means of communication **medios** *m. pl.* **de comunicación**
community **comunidad** *f.* 1
compact disc (CD) **disco** *m.* **compacto** 11
  compact disc player **tocadiscos** *m. sing.* **compacto** 11
company **compañía** *f.*; **empresa** *f.*
comparison **comparación** *f.*
completely **completamente** *adv.*
composer **compositor(a)** *m., f.*
computer **computadora** *f.* 1
  computer disc **disco** *m.*
  computer monitor **monitor** *m.* 11
  computer programmer **programador(a)** *m., f.* 3
  computer science **computación** *f.* 2
concert **concierto** *m.*
conductor (*musical*) **director(a)** *m., f.*
confirm **confirmar** *v.* 5
  confirm a reservation **confirmar una reservación** 5
confused **confundido/a** *adj.* 5
congested **congestionado/a** *adj.* 10
Congratulations! (*for an event such as a birthday or anniversary*) **¡Felicidades!** 9; (*for an event such as an engagement or a good grade on a test*) *f., pl.* **¡Felicitaciones!** 9
conservation **conservación** *f.* 13
conserve **conservar** *v.* 13
considering **para** *prep.* 11
consume **consumir** *v.* 15
container **envase** *m.* 13
contamination **contaminación** *f.*
content **contento/a** *adj.* 5
contest **concurso** *m.*
continue **seguir (e:i)** *v.* 4
control **control** *m.*; **controlar** *v.* 13
  be under control **estar bajo control** 7

conversation **conversación** *f.* 1
converse **conversar** *v.* 2
cook **cocinar** *v.* 12; **cocinero/a** *m., f.*
cookie **galleta** *f.* 9
cool **fresco/a** *adj.* 5
   Be cool. **Tranquilo.** 7
   It's cool. (*weather*) **Hace fresco.** 5
corn **maíz** *m.* 8
corner **esquina** *f.* 14
cost **costar (o:ue)** *v.* 6
cotton **algodón** *f.* 6
   (made of) cotton **de algodón** 6
couch **sofá** *m.* 12
couch potato **teleadicto/a** *m., f.* 15
cough **tos** *f.* 10; **toser** *v.* 10
counselor **consejero/a** *m., f.*
count (on) **contar (o:ue)** *v.* **(con)** 4, 12
country (*nation*) **país** *m.* 1
countryside **campo** *m.* 5
(married) couple **pareja** *f.* 9
course **curso** *m.* 2; **materia** *f.* 2
courtesy **cortesía** *f.*
cousin **primo/a** *m., f.* 3
cover **cubrir** *v.*
covered **cubierto/a** *p.p.*
cow **vaca** *f.* 13
crafts **artesanía** *f.*
craftsmanship **artesanía** *f.*
crater **cráter** *m.* 13
crazy **loco/a** *adj.* 6
create **crear** *v.*
credit **crédito** *m.* 6
   credit card **tarjeta** *f.* **de crédito** 6
crime **crimen** *m.*
cross **cruzar** *v.* 14
culture **cultura** *f.*
cup **taza** *f.* 12
currency exchange **cambio** *m.* **de moneda**
current events **actualidades** *f., pl.*
curtains **cortinas** *f., pl.* 12
custard (*baked*) **flan** *m.* 9
custom **costumbre** *f.* 1
customer **cliente/a** *m., f.* 6
customs **aduana** *f.* 5
   customs inspector **inspector(a)** *m., f.* **de aduanas** 5
cybercafé **cibercafé** *m.* 11
cycling **ciclismo** *m.* 4

D

dad **papá** *m.* 3
daily **diario/a** *adj.* 7
   daily routine **rutina** *f.* **diaria** 7
damage **dañar** *v.* 10
dance **bailar** *v.* 2; **danza** *f.*; **baile** *m.*
dancer **bailarín/bailarina** *m., f.*
danger **peligro** *m.* 13

dangerous **peligroso/a** *adj.*
date (*appointment*) **cita** *f.* 9; (*calendar*) **fecha** *f.* 5; (*someone*) **salir** *v.* **con (alguien)** 9
   have a date **tener una cita** 9
daughter **hija** *f.* 3
daughter-in-law **nuera** *f.* 3
day **día** *m.* 1
   day before yesterday **anteayer** *adv.* 6
deal **trato** *m.*
   It's not a big deal. **No es para tanto.** 12
   You've got a deal! **¡Trato hecho!**
death **muerte** *f.* 9
decaffeinated **descafeinado/a** *adj.* 15
December **diciembre** *m.* 5
decide **decidir** *v.* (**+ inf.**) 3
decided **decidido/a** *adj. p.p.* 14
declare **declarar** *v.*
deforestation **deforestación** *f.* 13
delicious **delicioso/a** *adj.* 8; **rico/a** *adj.* 8; **sabroso/a** *adj.* 8
delighted **encantado/a** *adj.* 1
dentist **dentista** *m., f.* 10
deny **negar (e:ie)** *v.* 13
   not to deny **no dudar** 13
department store **almacén** *m.* 6
departure **salida** *f.* 5
deposit **depositar** *v.* 14
describe **describir** *v.* 3
described **descrito/a** *p.p.* 14
desert **desierto** *m.* 13
design **diseño** *m.*
designer **diseñador(a)** *m., f.*
desire **desear** *v.* 2
desk **escritorio** *m.* 2
dessert **postre** *m.* 9
destroy **destruir** *v.* 13
develop **desarrollar** *v.* 13
diary **diario** *m.* 1
dictatorship **dictadura** *f.*
dictionary **diccionario** *m.* 1
die **morir (o:ue)** *v.* 8
died **muerto/a** *p.p.* 14
diet **dieta** *f.* 15; **alimentación**
   balanced diet **dieta equilibrada** 15
   be on a diet **estar a dieta** 15
difficult **difícil** *adj. m., f.* 3
digital camera **cámara** *f.* **digital** 11
dining room **comedor** *m.* 12
dinner **cena** *f.* 2, 8
   have dinner **cenar** *v.* 2
direct **dirigir** *v.*
directions **direcciones** *f., pl.* 14
   give directions **dar direcciones** 14
director **director(a)** *m., f.*
dirty **ensuciar** *v.*; **sucio/a** *adj.* 5
   get (something) dirty **ensuciar** *v.* 12
disagree **no estar de acuerdo**

disaster **desastre** *m.*
discover **descubrir** *v.* 13
discovered **descubierto/a** *p.p.* 14
discrimination **discriminación** *f.*
dish **plato** *m.* 8, 12
   main dish *m.* **plato principal** 8
dishwasher **lavaplatos** *m., sing.* 12
disk **disco** *m.*
disorderly **desordenado/a** *adj.* 5
dive **bucear** *v.* 4
divorce **divorcio** *m.* 9
divorced **divorciado/a** *adj.* 9
   get divorced (from) **divorciarse** *v.* **(de)** 9
dizzy **mareado/a** *adj.* 10
do **hacer** *v.* 4
   do aerobics **hacer ejercicios aeróbicos** 15
   do household chores **hacer quehaceres domésticos** 12
   do stretching exercises **hacer ejercicios de estiramiento** 15
   (I) don't want to. **No quiero.** 4
doctor **doctor(a)** *m., f.* 3; 10; **médico/a** *m., f.* 3
documentary (*film*) **documental** *m.*
dog **perro** *m.* 13
domestic **doméstico/a** *adj.*
   domestic appliance **electrodoméstico** *m.*
done **hecho/a** *p.p.* 14
door **puerta** *f.* 2
dormitory **residencia** *f.* **estudiantil** 2
double **doble** *adj.* 5
   double room **habitación** *f.* **doble** 5
doubt **duda** *f.* 13; **dudar** *v.* 13
   not to doubt 13
   There is no doubt that... **No cabe duda de** 13; **No hay duda de** 13
Down with... ! **¡Abajo el/la...!**
download **descargar** *v.* 11
downtown **centro** *m.* 4
drama **drama** *m.*
dramatic **dramático/a** *adj.*
draw **dibujar** *v.* 2
drawing **dibujo** *m.*
dress **vestido** *m.* 6
   get dressed **vestirse (e:i)** *v.* 7
drink **beber** *v.* 3; **bebida** *f.* 8; **tomar** *v.* 2
drive **conducir** *v.* 6; **manejar** *v.* 11
driver **conductor(a)** *m., f.* 1
drug **droga** *f.* 15
   drug addict **drogadicto/a** *adj.* 15
dry oneself **secarse** *v.* 7
during **durante** *prep.* 7; **por** *prep.* 11
dust **sacudir** *v.* 12; **quitar** *v.* **el polvo** 12

dust the furniture **sacudir los muebles** 12
DVD player **reproductor** *m.* **de DVD** 11

E

each **cada** *adj.* 6
eagle **águila** *f.*
ear (outer) **oreja** *f.* 10
early **temprano** *adv.* 7
earn **ganar** *v.*
earthquake **terremoto** *m.*
ease **aliviar** *v.*
east **este** *m.* 14
  to the east **al este** 14
easy **fácil** *adj. m., f.* 3
eat **comer** *v.* 3
ecology **ecología** *f.* 13
economics **economía** *f.* 2
ecotourism **ecoturismo** *m.* 13
Ecuador **Ecuador** *m.* 1
Ecuadorian **ecuatoriano/a** *adj.* 3
effective **eficaz** *adj. m., f.*
egg **huevo** *m.* 8
eight **ocho** 1
eight hundred **ochocientos/as** 2
eighteen **dieciocho** 1
eighth **octavo/a** 5
eighty **ochenta** 2
either… or **o… o** *conj.* 7
eldest **el/la mayor** 8
elect **elegir** *v.*
election **elecciones** *f. pl.*
electric appliance **electrodoméstico** *m.* 12
electrician **electricista** *m., f.*
electricity **luz** *f.* 12
elegant **elegante** *adj. m., f.* 6
elevator **ascensor** *m.* 5
eleven **once** 1
e-mail **correo** *m.* **electrónico** 4
e-mail address **dirrección** *f.* **electrónica** 11
  e-mail message **mensaje** *m.* **electrónico** 4
  read e-mail **leer** *v.* **el correo electrónico** 4
embarrassed **avergonzado/a** *adj.* 5 embrace (each other) **abrazar(se)** *v.* 11
emergency **emergencia** *f.* 10
  emergency room **sala** *f.* **de emergencia** 10
employee **empleado/a** *m., f.* 5
employment **empleo** *m.*
end **fin** *m.* 4; **terminar** *v.* 2
  end table **mesita** *f.* 12
energy **energía** *f.* 13
engaged: get engaged (to) **comprometerse** *v.* **(con)** 9
engineer **ingeniero/a** *m., f.* 3
English (*language*) **inglés** *m.* 2; **inglés, inglesa** *adj.* 3
enjoy **disfrutar** *v.* **(de)** 15
enough **bastante** *adv.* 10

entertainment **diversión** *f.* 4
entrance **entrada** *f.* 12
envelope **sobre** *m.* 14
environment **medio ambiente** *m.* 13
equality **igualdad** *f.*
equipped **equipado/a** *adj.* 15
erase **borrar** *v.* 11
eraser **borrador** *m.* 2
errand **diligencia** *f.* 14
establish **establecer** *v.*
evening **tarde** *f.* 1
event **acontecimiento** *m.*
every day **todos los días** 10
everybody **todos** *m., pl.*
everything **todo** *m.* 5
  Everything is under control. **Todo está bajo control.** 7
exactly **en punto** 1
exam **examen** *m.* 2
excellent **excelente** *adj.* 5
excess **exceso** *m.* 15
  in excess **en exceso** 15
exchange **intercambiar** *v.*
  in exchange for **por** 11
exciting **emocionante** *adj. m., f.*
excursion **excursión** *f.*
excuse **disculpar** *v.*
Excuse me. (*May I?*) **Con permiso.** 1; (*I beg your pardon.*) **Perdón.** 1
exercise **ejercicio** *m.* 15
  hacer *v.* **ejercicio** 15
exit **salida** *f.* 5
expensive **caro/a** *adj.* 6
experience **experiencia** *f.*
explain **explicar** *v.* 2
explore **explorar** *v.*
expression **expresión** *f.*
extinction **extinción** *f.* 13
extremely delicious **riquísimo/a** *adj.* 8
extremely serious **gravísimo** *adj.* 13
eye **ojo** *m.* 10

F

fabulous **fabuloso/a** *adj.* 5
face **cara** *f.* 7
facing **enfrente de** *prep.* 14
fact: in fact **de hecho**
fall (down) **caerse** *v.* 10
  fall asleep **dormirse (o:ue)** *v.* 7
  fall in love (with) **enamorarse** *v.* **(de)** 9
fall (season) **otoño** *m.* 5
fallen **caído/a** *p.p.* 14
family **familia** *f.* 3
famous **famoso/a** *adj.*
fan **aficionado/a** *adj.* 4
  be a fan (of) **ser aficionado/a (a)** 4
far from **lejos de** *prep.* 2
farewell **despedida** *f.*

fascinate **fascinar** *v.* 7
fashion **moda** *f.* 6
  be in fashion **estar de moda** 6
fast **rápido/a** *adj.*
fat **gordo/a** *adj.* 3; **grasa** *f.* 15
father **padre** *m.* 3
father-in-law **suegro** *m.* 3
favorite **favorito/a** *adj.* 4
fax (machine) ***fax*** *m.* 11
fear **miedo** *m.* 3; **temer** *v.* 13
February **febrero** *m.* 5
feel **sentir(se) (e:ie)** *v.* 7
  feel like (*doing something*) **tener ganas de (+ inf.)** 3
festival **festival** *m.*
fever **fiebre** *f.* 10
  have a fever **tener** *v.* **fiebre** 10
few **pocos/as** *adj. pl.*
  fewer than **menos de (+ number)** 8
field: major field of study **especialización** *f.*
fifteen **quince** 1
  fifteen-year-old girl **quinceañera** *f.*
  young woman's fifteenth birthday celebration **quinceañera** *f.* 9
fifth **quinto/a** 5
fifty **cincuenta** 2
fight (for/against) **luchar** *v.* **(por/contra)**
figure (*number*) **cifra** *f.*
file **archivo** *m.* 11
fill **llenar** *v.* 11
  fill out (a form) **llenar (un formulario)** 14
  fill the tank **llenar el tanque** 11
finally **finalmente** *adv.* 15; **por último** 7; **por fin** 11
find **encontrar (o:ue)** *v.* 4
  find (each other) **encontrar(se)**
fine **multa** *f.*
  That's fine. **Está bien.** 11
(fine) arts **bellas artes** *f., pl.*
finger **dedo** *m.* 10
finish **terminar** *v.* 2
  finish (*doing something*) **terminar** *v.* **de (+ inf.)** 4
fire **incendio** *m.*; **despedir (e:i)** *v.*
firefighter **bombero/a** *m., f.*
firm **compañía** *f.*; **empresa** *f.*
first **primer, primero/a** 5
fish (*food*) **pescado** *m.* 8; **pescar** *v.* 5; (*live*) **pez** *m.* 13
  fish market **pescadería** *f.* 14
fisherman **pescador** *m.*
fisherwoman **pescadora** *f.*
fishing **pesca** *f.* 5
fit (*clothing*) **quedar** *v.* 7
five **cinco** 1
five hundred **quinientos/as** 2
fix (*put in working order*) **arreglar** *v.* 11
fixed **fijo/a** *adj.* 6
flag **bandera** *f.*
flank steak **lomo** *m.* 8

flat tire: We had a flat tire. **Se nos pinchó una llanta.** 11
flexible **flexible** *adj.* 15
flood **inundación** *f.*
floor (*of a building*) **piso** *m.* 5; **suelo** *m.* 12
  ground floor **planta baja** *f.* 5
  top floor **planta** *f.* **alta**
flower **flor** *f.* 13
flu **gripe** *f.* 10
fog **niebla** *f.*
folk **folklórico/a** *adj.*
follow **seguir (e:i)** *v.* 4
food **comida** *f.* 8; **alimento**
foolish **tonto/a** *adj.* 3
foot **pie** *m.* 10
football **fútbol** *m.* **americano** 4
for **para** *prep.* 11; **por** *prep.* 11
  for example **por ejemplo** 11
  for me **para mí** 8
forbid **prohibir** *v.*
foreign **extranjero/a** *adj.*
  foreign languages **lenguas** *f., pl.* **extranjeras** 2
forest **bosque** *m.* 13
forget **olvidar** *v.* 10
fork **tenedor** *m.* 12
form **formulario** *m.* 14
forty **cuarenta** *m.* 2
four **cuatro** 1
four hundred **cuatrocientos/as** 2
fourteen **catorce** 1
fourth **cuarto/a** *m., f.* 5
free **libre** *adj. m., f.* 4
  be free (of charge) **ser gratis** 14
  free time **tiempo libre**; spare (free) time **ratos libres** 4
freedom **libertad** *f.*
freezer **congelador** *m.* 12
French **francés, francesa** *adj.* 3
  French fries **papas** *f., pl.* **fritas** 8; **patatas** *f., pl.* **fritas** 8
frequently **frecuentemente** *adv.* 10; **con frecuencia** *adv.* 10
Friday **viernes** *m., sing.* 2
fried **frito/a** *adj.* 8
  fried potatoes **papas** *f., pl.* **fritas** 8; **patatas** *f., pl.* **fritas** 8
friend **amigo/a** *m., f.* 3
friendly **amable** *adj. m., f.* 5
friendship **amistad** *f.* 9
from **de** *prep.* 1; **desde** *prep.* 6
  from the United States **estadounidense** *m., f. adj.* 3
  from time to time **de vez en cuando** 10
  He/She/It is from... **Es de...**; I'm from... **Soy de...** 1
fruit **fruta** *f.* 8
  fruit juice **jugo** *m.* **de fruta** 8
  fruit store **frutería** *f.* 14
full **lleno/a** *adj.* 11

fun **divertido/a** *adj.* 7
  fun activity **diversión** *f.* 4
  have fun **divertirse (e:ie)** *v.* 9
function **funcionar** *v.*
furniture **muebles** *m., pl.* 12
furthermore **además (de)** *adv.* 10
future **futuro** *adj.*; **porvenir** *m.*
  Here's to the future! **¡Por el porvenir!**
  in the future **en el futuro**

G

gain weight **aumentar** *v.* **de peso** 15; **engordar** *v.* 15
game **juego** *m.*; (*match*) **partido** *m.* 4
  game show **concurso** *m.*
garage (*in a house*) **garaje** *m.* 12; **garaje** *m.* 11; **taller (mecánico)** 11
garden **jardín** *m.* 12
garlic **ajo** *m.* 8
gas station **gasolinera** *f.* 11
gasoline **gasolina** *f.* 11
geography **geografía** *f.* 2
German **alemán, alemana** *adj.* 3
get **conseguir (e:i)** *v.* 4; **obtener** *v.*
  get along well/badly (with) **llevarse bien/mal (con)** 9
  get bored **aburrirse** *v.*
  get off of (a vehicle) **bajar(se)** *v.* **de** 11
  get on/into (a vehicle) **subir(se)** *v.* **a** 11
  get out of (a vehicle) **bajar(se)** *v.* **de** 11
  get up **levantarse** *v.* 7
gift **regalo** *m.* 6
girl **chica** *f.* 1; **muchacha** *f.* 3
girlfriend **novia** *f.* 3
give **dar** *v.* 6, 9; (*as a gift*) **regalar** 9
glass (*drinking*) **vaso** *m.* 12; **vidrio** *m.* 13
  (made) of glass **de vidrio** 13
glasses **gafas** *f., pl.* 6
  sunglasses **gafas** *f., pl.* **de sol** 6
gloves **guantes** *m., pl.* 6
go **ir** *v.* 4
  go away **irse** 7
  go by boat **ir en barco** 5
  go by bus **ir en autobús** 5
  go by car **ir en auto(móvil)** 5
  go by motorcycle **ir en motocicleta** 5
  go by taxi **ir en taxi** 5
  go by the bank **pasar por el banco** 14
  go down; **bajar(se)** *v.*
  go on a hike (in the mountains)

  ir de excursión (a las montañas) 4
go out **salir** *v.* 9
go out (with) **salir** *v.* (**con**) 9
go up **subir** *v.*
go with **acompañar** *v.* 14
Let's go. **Vamos.** 4
goblet **copa** *f.* 12
going to: be going to (*do something*) **ir a (+ inf.)** 4
golf **golf** *m.* 4
good **buen, bueno/a** *adj.* 3, 6
  Good afternoon. **Buenas tardes.** 1
  Good evening. **Buenas noches.** 1
  Good idea. **Buena idea.** 4
  Good morning. **Buenos días.** 1
  Good night. **Buenas noches.** 1
  It's good that... **Es bueno que...** 12
goodbye **adiós** *m.* 1
  say goodbye (to) **despedirse** *v.* **(de) (e:i)** 7
good-looking **guapo/a** *adj.* 3
government **gobierno** *m.* 13
graduate (from/in) **graduarse** *v.* **(de/en)** 9
grains **cereales** *m., pl.* 8
granddaughter **nieta** *f.* 3
grandfather **abuelo** *m.* 3
grandmother **abuela** *f.* 3
grandparents **abuelos** *m., pl.* 3
grandson **nieto** *m.* 3
grape **uva** *f.* 8
grass **hierba** *f.* 13
grave **grave** *adj.* 10
gray **gris** *adj. m., f.* 6
great **fenomenal** *adj. m., f.* 5
great-grandfather **bisabuelo** *m.* 3
great-grandmother **bisabuela** *f.* 3
green **verde** *adj. m., f.* 6
greet (each other) **saludar(se)** *v.* 11
greeting **saludo** *m.* 1
  Greetings to... **Saludos a...** 1
grilled (*food*) **a la plancha** 8
  grilled flank steak **lomo a la plancha** 8
ground floor **planta baja** *f.* 5
guest (*at a house/hotel*) **huésped** *m., f.* 5 (*invited to a function*) **invitado/a** *m., f.* 9
guide **guía** *m., f.* 13
gymnasium **gimnasio** *m.* 4

H

hair **pelo** *m.* 7
hairdresser **peluquero/a** *m., f.*
half **medio/a** *adj.* 3
  half-brother **medio hermano** 3
  half-sister **media hermana** 3
  half-past... (*time*) **...y media** 1

hallway **pasillo** *m.* 12
ham **jamón** *m.* 8
hamburger **hamburguesa** *f.* 8
hand **mano** *f.* 1
Hands up! **¡Manos arriba!**
handsome **guapo/a** *adj.* 3
happen **ocurrir** *v.*
happiness **alegría** *v.* 9
Happy birthday! **¡Feliz cumplea-
    ños!** 9
happy **alegre** *adj.* 5; **contento/a**
    adj. 5; **feliz** *adj. m., f.* 5
    be happy **alegrarse** *v.* **(de)** 13
hard **difícil** *adj. m., f.* 3
hard-working **trabajador(a)**
    adj. 3
hardly **apenas** *adv.* 10
haste **prisa** *f.* 3
hat **sombrero** *m.* 6
hate **odiar** *v.* 9
have **tener** *v.* 3
    Have a good trip! **¡Buen viaje!** 1
    have time **tener tiempo** 4
    have to (*do something*) **tener
        que (+ *inf.*)** 3; **deber (+ *inf.*)**
    have a tooth removed **sacar(se)
        un diente** 10
he **él** 1
head **cabeza** *f.* 10
headache **dolor** *m.* **de cabeza** 10
health **salud** *f.* 10
healthy **saludable** *adj. m., f.* 10;
    sano/a *adj.* 10
    lcad a healthy lifestyle **llevar** *v.*
        una vida sana 15
hear **oír** *v.* 4
heard **oído/a** *p.p.* 14
hearing: sense of hearing **oído**
    m. 10
hcart **corazón** *m.* 10
heat **calor** *m.* 5
Hello. **Hola.** 1; (*on the tele-
    phone*) **Aló.** 11; **¿Bueno?** 11;
    Diga. 11
help **ayudar** *v.* 12; **servir (e:i)**
    v. 5
    help each other **ayudarse** *v.* 11
her **su(s)** *poss. adj.* 3; (of) hers
    suyo(s)/a(s) *poss.* 11
    her **la** *f., sing., d.o. pron.* 5
    to/for her **le** *f., sing., i.o. pron.* 6
here **aquí** *adv.* 1
    Here it is. **Aquí está.** 5
    Here we are at/in… **Aquí
        estamos en…** 2
Hi. **Hola.** 1
highway **autopista** *f.* 11;
    carretera *f.* 11
hike **excursión** *f.* 4
    go on a hike **hacer una excur-
        sión** 5; **ir de excursión** 4
hiker **excursionista** *m., f.*
hiking **de excursión** 4
him: to/for him **le** *m., sing., i.o.
    pron.* 6
hire **contratar** *v.*

his **su(s)** *poss. adj.* 3; (of) his
    suyo(s)/a(s) *poss. pron.* 11
his **lo** *m., sing., d.o. pron.* 5
history **historia** *f.* 2
hobby **pasatiempo** *m.* 4
hockey **hockey** *m.* 4
holiday **día** *m.* **de fiesta** 9
home **casa** *f.* 2
    home page **página** *f.*
        principal 11
homework **tarea** *f.* 2
hood **capó** *m.* 11; **cofre** *m.* 11
hope **esperar** *v.* **(+ *inf.*)** 2;
    esperar *v.* 13
    I hope (that) **ojalá (que)** 13
horror (genre) **de horror** *m.*
hors d'oeuvres **entremeses** *m.,
    pl.* 8
horse **caballo** *m.* 5
hospital **hospital** *m.* 10
hot: be (*feel*) (very) hot **tener
    (mucho) calor** 3
    It's (very) hot. **Hace (mucho)
        calor.** 5
hotel **hotel** *m.* 5
hour **hora** *f.* 1
house **casa** *f.* 2
household chores **quehaceres** *m.
    pl.* **domésticos** 12
housekeeper **ama** *m., f.* **de casa** 12
housing **vivienda** *f.* 12
How… ! **¡Qué…!** 3
    how **¿cómo?** *adv.* 1
    How are you? **¿Qué tal?** 1
    How are you? **¿Cómo estás?**
        fam. 1
    How are you? **¿Cómo está
        usted?** *form.* 1
    How can I help you? **¿En qué
        puedo servirles?** 5
    How did it go for you…?
        ¿Cómo le/les fue…? 15
    How is it going? **¿Qué tal?** 1
    How is/are…? **¿Qué tal…?** 2
    How is the weather? **¿Qué
        tiempo hace?** 15
    How much/many?
        ¿Cuánto(s)/a(s)? 1
    How much does… cost?
        ¿Cuánto cuesta…? 6
    How old are you? **¿Cuántos
        años tienes?** *fam.* 3
however **sin embargo**
hug (each other) **abrazar(se)**
    v. 11
humanities **humanidades** *f., pl.* 2
hundred **cien, ciento** 2
hunger **hambre** *f.* 3
hungry: be (very) hungry **tener** *v.*
    (mucha) hambre 3
hunt **cazar** *v.* 13
hurricane **huracán** *m.*
hurry **apurarse** *v.* 15; **darse prisa**
    v. 15
    be in a (big) hurry **tener** *v.*
        (mucha) prisa 3

hurt **doler (o:ue)** *v.* 10
    It hurts me a lot… **Me duele
        mucho…** 10
husband **esposo** *m.* 3

I

I **yo** 1
    I am… **Yo soy…** 1
    I hope (that) **Ojalá (que)**
        interj. 13
    I wish (that) **Ojalá (que)**
        interj. 13
ice cream **helado** *m.* 9
    ice cream shop **heladería** *f.* 14
iced **helado/a** *adj.* 8
    iced tea **té** *m.* **helado** 8
idea **idea** *f.* 4
if **si** *conj.* 4
illness **enfermedad** *f.* 10
important **importante** *adj.* 3
    be important to **importar** *v.* 7
    It's important that… **Es
        importante que…** 12
impossible **imposible** *adj.* 13
    it's impossible **es imposible** 13
improbable **improbable** *adj.* 13
    it's improbable **es
        improbable** 13
improve **mejorar** *v.* 13
in **en** *prep.* 2; **por** *prep.* 11
    in the afternoon **de la tarde** 1;
        por la tarde 7
    in a bad mood **de mal humor** 5
    in the direction of **para** *prep.* 1;
    in the early evening **de la tarde** 1
    in the evening **de la noche** 1;
        por la tarde 7
    in a good mood **de buen
        humor** 5
    in the morning **de la
        mañana** 1; **por la
        mañana** 7
    in love (with)
        enamorado/a (de) 5
    in search of **por** *prep.* 11
in front of **delante de** *prep.* 2
increase **aumento** *m.*
incredible **increíble** *adj.* 5
inequality **desigualdad** *f.*
infection **infección** *f.* 10
inform **informar** *v.*
injection **inyección** *f.* 10
    give an injection *v.* **poner una
        inyección** 10
injure (oneself) **lastimarse** 10
    injure (one's foot) **lastimarse** *v.*
        (el pie) 10
inner ear **oído** *m.* 10
inside **dentro** *adv.*
insist (on) **insistir** *v.* **(en)** 12
installments: pay in installments
    pagar *v.* **a plazos** 14
intelligent **inteligente** *adj.* 3
intend to **pensar** *v.* **(+ *inf.*)** 4

interest **interesar** v. 7
interesting **interesante** adj. 3
  be interesting to **interesar** v. 7
international **internacional**
  adj. m., f.
Internet **Internet** 11
interview **entrevista** f.; interview
  entrevistar v.
interviewer **entrevistador(a)**
  m., f.
introduction **presentación** f.
  I would like to introduce (name)
    to you… **Le presento a…**
    form. 1; **Te presento a…**
    fam. 1
invest **invertir (e:ie)** v.
invite **invitar** v. 9
iron (clothes) **planchar** v. **la**
  ropa 12
it **lo/la** sing., d.o., pron. 5
Italian **italiano/a** adj. 3
its **su(s)** poss. adj. 3,
  suyo(s)/a(s) poss. pron. 11
It's me. **Soy yo.** 1

J

jacket **chaqueta** f. 6
January **enero** m. 5
Japanese **japonés, japonesa**
  adj. 3
jeans **bluejeans** m., pl. 6
jewelry store **joyería** f. 14
job **empleo** m.; **puesto**
  m.; **trabajo** m.
  job application **solicitud** f. **de**
    trabajo
jog **correr** v.
journalism **periodismo** m. 2
journalist **periodista** m., f. 3;
  reportero/a m., f.
joy **alegría** f. 9
  give joy **dar** v. **alegría** 9
joyful **alegre** adj. 5
juice **jugo** m. 8
July **julio** m. 5
June **junio** m. 5
jungle **selva, jungla** f. 13
just **apenas** adv.
  have just done something
    acabar de (+ inf.) 6

K

key **llave** f. 5
keyboard **teclado** m. 11
kilometer **kilómetro** m. 11
kind: That's very kind of you. **Muy**
  amable. 5
kiss **beso** m. 9
  kiss each other **besarse** v. 11
kitchen **cocina** f. 12
knee **rodilla** f. 10
knife **cuchillo** m. 12
know **saber** v. 6; **conocer** v. 6
know how **saber** v. 6

L

laboratory **laboratorio** m. 2
lack **faltar** v. 7
lake **lago** m. 13
lamp **lámpara** f. 12
land **tierra** f. 13
landlord **dueño/a** m., f. 8
landscape **paisaje** m. 5
language **lengua** f. 2
laptop (computer) **computadora**
  f. **portátil** 11
large **grande** adj. 3
large (clothing size) **talla**
  grande 6
last **durar** v.; **pasado/a** adj. 6;
  último/a adj.
  last name **apellido** m. 3
  last night **anoche** adv. 6
  last week **semana** f. **pasada** 6
  last year **año** m. **pasado** 6
late **tarde** adv. 7
later (on) **más tarde** 7
  See you later. **Hasta la**
    vista. 1;   **Hasta luego.** 1
laugh **reírse (e:i)** v. 9
laughed **reído** p.p. 14
laundromat **lavandería** f. 14
law **ley** f. 13
lawyer **abogado/a** m., f.
lazy **perezoso/a** adj.
learn **aprender** v. (a + inf.) 3
least, at **por lo menos** adv. 10
leave **salir** v. 4; **irse** v. 7
  leave a tip **dejar una**
    propina 9
  leave behind **dejar** v.
  leave for (a place) **salir para**
  leave from **salir de**
left **izquierdo/a** adj. 2
  be left over **quedar** v. 7
  to the left of **a la izquierda**
    de 2
leg **pierna** f. 10
lemon **limón** m. 8
lend **prestar** v. 6
less **menos** adv. 10
  less… than **menos… que** 8
  less than **menos de (+ number)**
lesson **lección** f. 1
let **dejar** v. 12
let's see **a ver** 2
letter **carta** f. 4, 14
lettuce **lechuga** f. 8
liberty **libertad** f.
library **biblioteca** f. 2
license (driver's) **licencia** f. **de**
  conducir 11
lie **mentira** f. 4
life **vida** f. 9
  of my life **de mi vida** 15
lifestyle: lead a healthy lifestyle
  llevar una vida sana 15
lift **levantar** v. 15
  lift weights **levantar pesas** 15
light **luz** f. 12
like **como** prep. 8; **gustar** v. 2

I don't like them at all. **No me**
  gustan nada. 2
I like… **Me gusta(n)…** 2
like this **así** adv. 10
like very much **encantar** v.;
  fascinar v. 7
Do you like…? **¿Te**
  gusta(n)…? 2
likeable **simpático/a** adj. 3
likewise **igualmente** adv. 1
line **línea** f. 4; **cola** (queue) f. 14
listen (to) **escuchar** v. 2
  Listen! (command) **¡Oye!** fam.,
    sing. 1; **¡Oiga/Oigan!** form.,
    sing./pl. 1
  listen to music **escuchar**
    música 2
  listen (to) the radio **escuchar la**
    radio 2
literature **literatura** f. 2
little (quantity) **poco/a** adj. 5;
  poco adv. 10
live **vivir** v. 3
living room **sala** f. 12
loan **préstamo** m. 14; **prestar**
  v. 6, 14
lobster **langosta** f. 8
located **situado/a** adj.
  be located **quedar** v. 14
long **largo/a** adj. 6
look (at) **mirar** v. 2
look for **buscar** v. 2
lose **perder (e:ie)** v. 4
  lose weight **adelgazar** v. 15
lost **perdido/a** adj. 14
  be lost **estar perdido/a** 14
lot, a **muchas veces** adv. 10
lot of, a **mucho/a** adj. 2, 3
love (another person) **querer**
  (e:ie) v. 4; (inanimate objects)
  encantar v. 7 ; **amor** m. 9
  in love **enamorado/a** adj. 5
  I loved it! **¡Me encantó!** 15
luck **suerte** f. 3
lucky: be (very) lucky **tener**
  (mucha) suerte 3
luggage **equipaje** m. 5
lunch **almuerzo** m. 8
  have lunch **almorzar (o:ue)**
    v. 4

M

ma'am **señora (Sra.); doña** f. 1
mad **enojado/a** adj. 5
magazine **revista** f. 4
magnificent **magnífico/a** adj. 5
mail **correo** m. 14; **enviar** v.,
  mandar v. 14; **echar (una**
  carta) al buzón 14
  mail **correo** m. 14; **enviar** v.,
    mandar v. 14
  mail carrier **cartero** m. 14
mailbox **buzón** m. 14
main **principal** adj. m., f. 8
maintain **mantener** v. 15
major **especialización** f. 2

make **hacer** *v.* 4
  make the bed **hacer la cama** 12
makeup **maquillaje** *m.* 7
  put on makeup **maquillarse** *v.* 7
man **hombre** *m.* 1
manager **gerente** *m., f.*
many **mucho/a** *adj.* 3
  many times **muchas veces** 10
map **mapa** *m.* 2
March **marzo** *m.* 5
margarine **margarina** *f.* 8
marinated fish **ceviche** *m.* 8
  lemon-marinated shrimp **ceviche** *m.* **de camarón** 8
marital status **estado** *m.* **civil** 9
market **mercado** *m.* 6
  open-air market **mercado al aire libre** 6
marriage **matrimonio** *m.* 9
married **casado/a** *adj.* 9
  get married (to) **casarse** *v.* **(con)** 9
marvelous **maravilloso/a** *adj.* 5
marvelously **maravillosamente** *adv.*
massage **masaje** *m.* 15
masterpiece **obra maestra** *f.*
match (*sports*) **partido** *m.* 4
match (with) **hacer** *v.* **juego (con)** 6
mathematics **matemáticas** *f., pl.* 2
matter **importar** *v.* 7
maturity **madurez** *f.* 9
maximum **máximo/a** *adj.* 11
May **mayo** *m.* 5
maybe **tal vez** 5; **quizás** 5
mayonnaise **mayonesa** *f.* 8
me **me** *sing., d.o. pron.* 5
  to/for me **me** *sing., i.o. pron.* 6
meal **comida** *f.* 8
means of communication **medios** *m., pl.* **de comunicación**
meat **carne** *f.* 8
mechanic **mecánico/a** *m., f.* 11
  mechanic's repair shop **taller mecánico** 11
media **medios** *m., pl.* **de comunicación**
medical **médico/a** *adj.* 10
medication **medicamento** *m.* 10
medicine **medicina** *f.* 10
medium **mediano/a** *adj.*
meet (each other) **encontrar(se)** *v.* 11; **conocerse(se)** *v.* 8
meeting **reunión** *f.*
menu **menú** *m.* 8
message (*telephone*) **recado** *m.* 11, **mensaje** *m.*
Mexican **mexicano/a** *adj.* 3
Mexico **México** *m.* 1
microwave **microonda** *f.* 12
  microwave oven **horno** *m.* **de microondas** 12
middle age **madurez** *f.* 9
midnight **medianoche** *f.* 1

mile **milla** *f.* 11
milk **leche** *f.* 8
million **millón** *m.* 2
  million of **millón de** 2
mine **mío(s)/a(s)** *poss.* 11
mineral **mineral** *m.* 15
  mineral water **agua** *f.* **mineral** 8
minute **minuto** *m.* 1
mirror **espejo** *m.* 7
Miss **señorita (Srta.)** *f.* 1
miss **perder (e:ie)** *v.* 4
mistaken **equivocado/a** *adj.*
modem **módem** *m.*
modern **moderno/a** *adj.*
mom **mamá** *f.* 3
Monday **lunes** *m., sing.* 2
money **dinero** *m.* 6
monitor **monitor** *m.* 11
month **mes** *m.* 5
monument **monumento** *m.* 4
moon **luna** *f.* 13
more **más** 2
  more... than **más... que** 8
  more than **más de (+ number)** 8
morning **mañana** *f.* 1
mother **madre** *f.* 3
mother-in-law **suegra** *f.* 3
motor **motor** *m.*
motorcycle **motocicleta** *f.* 5
mountain **montaña** *f.* 4
mouse **ratón** *m.* 11
mouth **boca** *f.* 10
move (*from one house to another*) **mudarse** *v.* 12
movie **película** *f.* 4
  movie star **estrella** *f.* **de cine**
  movie theater **cine** *m.* 4
MP3 player **reproductor** *m.* **de MP3** 11
Mr. **señor (Sr.); don** *m.* 1
Mrs. **señora (Sra.); doña** *f.* 1
much **mucho/a** *adj.* 2, 3
  very much **muchísimo/a** *adj.* 2
municipal **municipal** *adj. m., f.*
murder **crimen** *m.*
muscle **músculo** *m.* 15
museum **museo** *m.* 4
mushroom **champiñón** *m.* 8
music **música** *f.* 2
musical **musical** *adj., m., f.*
musician **músico/a** *m., f.*
must **deber** *v.* (+ *inf.*) 3
  It must be... **Debe ser...** 6
my **mi(s)** *poss. adj.* 3; **mío(s)/a(s)** *poss. pron.* 11

N

name **nombre** *m.* 1
  be named **llamarse** *v.* 7
  in the name of **a nombre de** 5
  last name **apellido** *m.*
  My name is... **Me llamo...** 1

napkin **servilleta** *f.* 12
national **nacional** *adj. m., f.*
nationality **nacionalidad** *f.* 1
natural **natural** *adj. m., f.* 13
natural disaster **desastre** *m.* **natural**
  natural resource **recurso** *m.* **natural** 13
nature **naturaleza** *f.* 13
nauseated **mareado/a** *adj.* 10
near **cerca de** *prep.* 2
neaten **arreglar** *v.* 12
necessary **necesario/a** *adj.* 12
  It is necessary that... **Hay que...** 12, 14
neck **cuello** *m.* 10
need **faltar** *v.* 7; **necesitar** *v.* (+ *inf.*) 2
negative **negativo/a** *adj.*
neighbor **vecino/a** *m., f.* 12
neighborhood **barrio** *m.* 12
neither **tampoco** *adv.* 7
neither... nor **ni... ni** *conj.* 7
nephew **sobrino** *m.* 3
nervous **nervioso/a** *adj.* 5
network **red** *f.* 11
never **nunca** *adj.* 7; **jamás** 7
new **nuevo/a** *adj.* 6
newlywed **recién casado/a** *m., f.* 9
news **noticias** *f., pl.*; **actualidades** *f., pl.*
newscast **noticiero** *m.*
newspaper **periódico** 4; **diario** *m.*
next **próximo/a** *adj.*
  next to **al lado de** *prep.* 2
nice **simpático/a** *adj.* 3; **amable** *adj. m., f.* 5
niece **sobrina** *f.* 3
night **noche** *f.* 1
  night stand **mesita** *f.* **de noche** 12
nine **nueve** 1
nine hundred **novecientos/as** 2
nineteen **diecinueve** 1
ninety **noventa** 2
ninth **noveno/a** 5
no **no** 1; **ningún, ninguno/a(s)** *adj.* 7
  no one **nadie** *pron.* 7
  No problem. **No hay problema.** 7
  no way **de ninguna manera**
nobody **nadie** 7
none **ningún, ninguno/a(s)** *adj.* 7
noon **mediodía** *m.* 1
nor **ni** *conj.* 7
north **norte** *m.* 14
  to the north **al norte** 14
nose **nariz** *f.* 10
not **no** 1
  not any **ningún, ninguno/a(s)** *adj.* 7
  not anyone **nadie** *pron.* 7

not anything **nada** *pron.* 7
not bad at all **nada mal** 5
not either **tampoco** *adv.* 7
not ever **nunca** *adv.* 7; **jamás**
   adv. 7
not very well **no muy bien** 1
not working **descompuesto/a**
   adj. 11
notebook **cuaderno** *m.* 1
nothing **nada** 1; 7
noun **sustantivo** *m.*
November **noviembre** *m.* 5
now **ahora** *adv.* 2
nowadays **hoy día** *adv.*
nuclear **nuclear** *adj. m., f.* 13
   nuclear energy **energía**
     nuclear 13
number **número** *m.* 1
nurse **enfermero/a** *m., f.* 10
nutrition **nutrición** *f.* 15
nutritionist **nutricionista** *m.,*
   f. 15

O

o'clock: It's… o'clock **Son**
   las… 1
   It's one o'clock. **Es la una.** 1
obey **obedecer** *v.*
obligation **deber** *m.*
obtain **conseguir (e:i)** *v.* 4;
   obtener *v.*
obvious **obvio/a** *adj.* 13
   it's obvious **es obvio** 13
occupation **ocupación** *f.*
occur **ocurrir** *v.*
October **octubre** *m.* 5
of **de** *prep.* 1
   Of course. **Claro que sí.;**
     Por supuesto.
offer **oferta** *f.* 12; **ofrecer (c:zc)**
   v. 6
office **oficina** *f.* 12
   doctor's office **consultorio** *m.* 10
often **a menudo** *adv.* 10
Oh! **¡Ay!**
oil **aceite** *m.* 8
OK **regular** *adj.* 1
   It's okay. **Está bien.**
old **viejo/a** *adj.* 3
old age **vejez** *f.* 9
older **mayor** *adj. m., f.* 3
   older brother, sister **hermano/a**
     mayor *m., f.* 3
oldest **el/la mayor** 8
on **en** *prep.* 2: **sobre** *prep.* 2
   on behalf of **por** *prep.* 11
   on the dot **en punto** 1
   on time **a tiempo** 10
   on top of **encima de** 2
once **una vez** 6
one **un, uno/a** *m., f., sing. pron.* 1
   one hundred **cien(to)** 2
   one million **un millón** *m.* 2
   one more time **una vez más** 9

one thousand **mil** 2
   one time **una vez** 6
onion **cebolla** *f.* 8
only **sólo** *adv.* 3; **único/a** *adj.* 3
   only child **hijo/a único/a**
     m., f. 3
open **abierto/a** *adj.* 5, 14;
   abrir *v.* 3
open-air **al aire libre** 6
opera **ópera** *f.*
operation **operación** *f.* 10
opposite **enfrente de** *prep.* 14
or **o** *conj.* 7
orange **anaranjado/a** *adj.* 6;
   naranja *f.* 8
orchestra **orquesta** *f.*
order **mandar** 12; (*food*) **pedir**
   (e:i) *v.* 8
   in order to **para** *prep.* 11
orderly **ordenado/a** *adj.* 5
ordinal (*numbers*) **ordinal** *adj.*
other **otro/a** *adj.* 6
ought to **deber** *v.* **(+ inf.)** *adj.* 3
our **nuestro(s)/a(s)** *poss. adj.* 3;
   poss. pron. 11
out of order **descompuesto/a**
   adj. 11
outskirts **afueras** *f., pl.* 12
oven **horno** *m.* 12
over **sobre** *prep.* 2
own **propio/a** *adj.*
owner **dueño/a** *m., f.* 8

P

p.m. **tarde** *f.* 1
pack (one's suitcases) **hacer** *v.* **las**
   maletas 5
package **paquete** *m.* 14
page **página** *f.* 11
pain **dolor** *m.* 10
   have a pain **tener** *v.* **dolor** 10
paint **pintar** *v.*
painter **pintor(a)** *m., f.*
painting **pintura** *f.* 12
pair **par** *m.* 6
   pair of shoes **par** *m.* **de**
     zapatos 6
pants **pantalones** *m., pl.* 6
pantyhose **medias** *f., pl.* 6
paper **papel** *m.* 2; (*report*)
   informe *m.*
Pardon me. (*May I?*) **Con**
   permiso. 1; (*Excuse me.*)
   Pardon me. **Perdón.** 1
parents **padres** *m., pl.* 3; **papás**
   m., pl. 3
park **estacionar** *v.* 11; **parque**
   m. 4
parking lot **estacionamiento**
   m. 14
partner (*one of a married couple*)
   pareja *f.* 9
party **fiesta** *f.* 9
passed **pasado/a** *p.p.*

passenger **pasajero/a** *m., f.* 1
passport **pasaporte** *m.* 5
past **pasado/a** *adj.* 6
pastime **pasatiempo** *m.* 4
pastry shop **pastelería** *f.* 14
patient **paciente** *m., f.* 10
patio **patio** *m.* 12
pay **pagar** *v.* 6
pay in cash **pagar** *v.* **al contado;**
   pagar en efectivo 14
pay in installments **pagar** *v.* **a**
   plazos 14
pay the bill **pagar la cuenta** 9
pea **arveja** *m.* 8
peace **paz** *f.*
peach **melocotón** *m.* 8
pear **pera** *f.* 8
pen **pluma** *f.* 2
pencil **lápiz** *m.* 1
penicillin **penicilina** *f.* 10
people **gente** *f.* 3
pepper (*black*) **pimienta** *f.* 8
per **por** *prep.* 11
perfect **perfecto/a** *adj.* 5
perhaps **quizás; tal vez**
permission **permiso** *m.*
person **persona** *f.* 3
pharmacy **farmacia** *f.* 10
phenomenal **fenomenal** *adj.* 5
photograph **foto(grafía)** *f.* 1
physical (*exam*) **examen** *m.*
   médico 10
physician **doctor(a), médico/a**
   m., f. 3
physics **física** *f. sing.* 2
pick up **recoger** *v.* 13
picture **cuadro** *m.* 12;
   pintura *f.* 12
pie **pastel** *m.* 9
pill (tablet) **pastilla** *f.* 10
pillow **almohada** *f.* 12
pineapple **piña** *f.* 8
pink **rosado/a** *adj.* 6
place **lugar** *m.* 4; **poner** *v.* 4
plaid **de cuadros** 6
plans **planes** *m., pl.* 4
   have plans **tener planes** 4
plant **planta** *f.* 13
plastic **plástico** *m.* 13
   (made) of plastic **de**
     plástico 13
plate **plato** *m.* 12
   platter of fried food **fuente** *f.*
     de fritada
play **drama** *m.;* **comedia** *f.;*
   jugar (u:ue) *v.* 4; (*a musical*
   instrument) **tocar** *v.;* (*a role*)
   hacer el papel de; (*cards*)
   jugar a (las cartas) 5; (*sports*)
   practicar deportes 4
player **jugador(a)** *m., f.* 4
playwright **dramaturgo/a**
   m., f.
plead **rogar (o:ue)** *v.* 12
pleasant **agradable** *adj. m., f.*
please **por favor** 1

Pleased to meet you. **Mucho gusto.** 1; **Encantado/a.** *adj.* 1
pleasing: be pleasing to **gustar** *v.* 7
pleasure **gusto** *m.* 1; **placer** *m.* 15
  It's a pleasure to… **Gusto de** *(+ inf.)*
  It's been a pleasure. **Ha sido un placer.** 15
  The pleasure is mine. **El gusto es mío.** 1
poem **poema** *m.*
poet **poeta** *m., f.*
poetry **poesía** *f.*
police (force) **policía** *f.* 11
political **político/a** *adj.*
politician **político/a** *m., f.*
politics **política** *f.*
polka-dotted **de lunares** 6
poll **encuesta** *f.*
pollute **contaminar** *v.* 13
polluted **contaminado/a** *m., f.* 13
  be polluted **estar contaminado/a** 13
pollution **contaminación** *f.* 13
pool **piscina** *f.* 4
poor **pobre** *adj., m., f.* 6
population **población** *f.* 13
pork **cerdo** *m.* 8
  pork chop **chuleta** *f.* **de cerdo** 8
portable **portátil** *adj.* 11
  portable computer **computadora** *f.* **portátil** 11
position **puesto** *m.*
possessive **posesivo/a** *adj.* 3
possible **posible** *adj.* 13
  it's (not) possible **(no) es posible** 13
post office **correo** *m.* 14
postcard **postal** *f.* 4
poster **cartel** *m.* 12
potato **papa** *f.* 8; **patata** *f.* 8
pottery **cerámica** *f.*
practice **entrenarse** *v.* 15; **practicar** *v.* 2
prefer **preferir (e:ie)** *v.* 4
pregnant **embarazada** *adj. f.* 10
prepare **preparar** *v.* 2
preposition **preposición** *f.*
prescribe *(medicine)* **recetar** *v.* 10
prescription **receta** *f.* 10
present **regalo** *m.;* **presentar** *v.*
press **prensa** *f.*
pressure **presión** *f.*
  be under a lot of pressure **sufrir muchas presiones** 15
pretty **bonito/a** *adj.* 3; **bastante** *adv.* 13
price **precio** *m.* 6
  (fixed, set) price **precio** *m.* **fijo** 6
print **estampado/a** *adj.;* **imprimir** *v.* 11
printer **impresora** *f.* 11
private *(room)* **individual** *adj.*

prize **premio** *m.*
probable **probable** *adj.* 13
  it's (not) probable **(no) es probable** 13
problem **problema** *m.* 1
profession **profesión** *f.* 3
professor **profesor(a)** *m., f.*
program **programa** *m.* 1
programmer **programador(a)** *m., f.* 3
prohibit **prohibir** *v.* 10
promotion *(career)* **ascenso** *m.*
pronoun **pronombre** *m.*
protect **proteger** *v.* 13
protein **proteína** *f.* 15
provided (that) **con tal (de) que** *conj.* 13
psychologist **psicólogo/a** *m., f.*
psychology **psicología** *f.* 2
publish **publicar** *v.*
Puerto Rican **puertorriqueño/a** *adj.* 3
Puerto Rico **Puerto Rico** *m.* 1
pull a tooth **sacar una muela**
purchases **compras** *f., pl.* 5
pure **puro/a** *adj.* 13
purple **morado/a** *adj.* 6
purse **bolsa** *f.* 6
put **poner** *v.* 4; **puesto/a** *p.p.* 14
  put (a letter) in the mailbox **echar (una carta) al buzón** 14
put on *(a performance)* **presentar** *v.*
put on *(clothing)* **ponerse** *v.* 7
put on makeup **maquillarse** *v.* 7

Q

quality **calidad** *f.* 6
quarter *(academic)* **trimestre** *m.* 2
  quarter after *(time)* **y cuarto** 1; **y quince** 1
  quarter to *(time)* **menos cuarto** 1; **menos quince** 1
question **pregunta** *f.* 2
quickly **rápido** *adv.* 10
quiet **tranquilo/a** *adj.* 15
quit **dejar** *v.*
quiz **prueba** *f.* 2

R

racism **racismo** *m.*
radio *(medium)* **radio** *f.* 2
  radio (set) **radio** *m.* 11
rain **llover (o:ue)** *v.* 5; **lluvia** *f.* 13
  It's raining. **Llueve.** 5; **Está lloviendo.** 5
raincoat **impermeable** *m.* 6

rainforest **bosque** *m.* **tropical** 13
raise *(salary)* **aumento de sueldo**
rather **bastante** *adv.* 10
read **leer** *v.* 3; **leído/a** *p.p.* 14
  read e-mail **leer correo electrónico** 4
  read a magazine **leer una revista** 4
  read a newspaper **leer un periódico** 4
ready **listo/a** *adj.* 5
  (Are you) ready? **¿(Están) listos?** 15
reap the benefits (of) *v.* **disfrutar** *v.* **(de)** 15
receive **recibir** *v.* 3
recommend **recomendar (e:ie)** *v.* 8; 12
record **grabar** *v.* 11
recreation **diversión** *f.* 4
recycle **reciclar** *v.* 13
recycling **reciclaje** *m.* 13
red **rojo/a** *adj.* 6
red-haired **pelirrojo/a** *adj.* 3
reduce **reducir** *v.* 13
  reduce stress/tension **aliviar el estrés/la tensión** 15
refrigerator **refrigerador** *m.* 12
region **región** *f.* 13
regret **sentir (e:ie)** *v.* 13
related to sitting **sedentario/a** *adj.* 15
relatives **parientes** *m., pl.* 3
relax **relajarse** *v.* 9
remain **quedarse** *v.* 7
remember **acordarse (o:ue)** *v.* **(de)** 7; **recordar (o:ue)** *v.* 4
remote control **control remoto** *m.* 11
rent **alquilar** *v.* 12; (payment) **alquiler** *m.* 12
repeat **repetir (e:i)** *v.* 4
report **informe** *m.;* **reportaje** *m.*
reporter **reportero/a** *m., f.*
representative **representante** *m., f.*
request **pedir (e:i)** *v.* 4
reservation **reservación** *f.* 5
resign (from) **renunciar (a)** *v.*
resolve **resolver (o:ue)** *v.* 13
resolved **resuelto/a** *p.p.* 14
resource **recurso** *m.* 13
responsibility **deber** *m.;* **responsabilidad** *f.*
rest **descansar** *v.* 2
restaurant **restaurante** *m.* 4
résumé **currículum** *m.*
retire (from work) **jubilarse** *v.* 9
return **regresar** *v.* 2; **volver (o:ue)** *v.* 4
returned **vuelto/a** *p.p.* 14
rice **arroz** *m.* 8
rich **rico/a** *adj.* 6

ride a bicycle **pasear** *v.* **en bicicleta** 4
ride a horse **montar** *v.* **a caballo** 5
ridiculous **ridículo/a** *adj.* 13
  it's ridiculous **es ridículo** 13
right **derecha** *f.* 2
  be right **tener razón** 3
  right? (*question tag*) **¿no?** 1; **¿verdad?** 1
  right away **enseguida** *adv.* 9
  right here **aquí mismo** 11
  right now **ahora mismo** 5
  right there **allí mismo** 14
  to the right of **a la derecha de** 2
rights **derechos** *m.*
ring (*a doorbell*) **sonar (o:ue)** *v.* 11
river **río** *m.* 13
road **camino** *m.*
roast **asado/a** *adj.* 8
roast chicken **pollo** *m.* **asado** 8
rollerblade **patinar en línea** *v.*
romantic **romántico/a** *adj.*
room **habitación** *f.* 5; **cuarto** *m.* 2; 7
  living room **sala** *f.* 12
roommate **compañero/a** *m., f.* **de cuarto** 2
roundtrip **de ida y vuelta** 5
  roundtrip ticket **pasaje** *m.* **de ida y vuelta** 5
routine **rutina** *f.* 7
rug **alfombra** *f.* 12
run **correr** *v.* 3
  run errands **hacer diligencias** 14
  run into (*have an accident*) **chocar (con)** *v.*; (*meet accidentally*) **encontrar(se) (o:ue)** *v.* 11; (*run into something*) **darse (con)** 10
  run into (each other) **encontrar(se) (o:ue)** *v.* 11
rush **apurarse, darse prisa** *v.* 15
Russian **ruso/a** *adj.* 3

S

sad **triste** *adj.* 5; 13
  it's sad **es triste** 13
safe **seguro/a** *adj.* 5
said **dicho/a** *p.p.* 14
salad **ensalada** *f.* 8
salary **salario** *m.*; **sueldo** *m.*
sale **rebaja** *f.* 6
salesperson **vendedor(a)** *m., f.* 6
salmon **salmón** *m.* 8
salt **sal** *f.* 8
same **mismo/a** *adj.* 3
sandal **sandalia** *f.* 6
sandwich **sándwich** *m.* 8
Saturday **sábado** *m.* 2

sausage **salchicha** *f.* 8
save (*on a computer*) **guardar** *v.* 11; save (money) **ahorrar** *v.* 14
savings **ahorros** *m.* 14
  savings account **cuenta** *f.* **de ahorros** 14
say **decir** *v.* 4; **declarar** *v.*
say (that) **decir (que)** *v.* 4, 9
  say the answer **decir la respuesta** 4
scarcely **apenas** *adv.* 10
scared: be (very) scared (of) **tener (mucho) miedo (de)** 3
schedule **horario** *m.* 2
school **escuela** *f.* 1
science *f.* **ciencia** 2
  science fiction **ciencia ficción** *f.*
scientist **científico/a** *m., f.*
screen **pantalla** *f.* 11
scuba dive **bucear** *v.* 4
sculpt **esculpir** *v.*
sculptor **escultor(a)** *m., f.*
sculpture **escultura** *f.*
sea **mar** *m.* 5
season **estación** *f.* 5
seat **silla** *f.* 2
second **segundo/a** 5
secretary **secretario/a** *m., f.*
sedentary **sedentario/a** *adj.* 15
see **ver** *v.* 4
  see (you, him, her) again **volver a ver(te, lo, la)**
  see movies **ver películas** 4
  See you. **Nos vemos.** 1
  See you later. **Hasta la vista.** 1; **Hasta luego.** 1
  See you soon. **Hasta pronto.** 1
  See you tomorrow. **Hasta mañana.** 1
seem **parecer** *v.* 6
seen **visto/a** *p.p.* 14
sell **vender** *v.* 6
semester **semestre** *m.* 2
send **enviar; mandar** *v.* 14
separate (from) **separarse** *v.* **(de)** 9
separated **separado/a** *adj.* 9
September **septiembre** *m.* 5
sequence **secuencia** *f.*
serious **grave** *adj.* 10
serve **servir (e:i)** *v.* 8
set (*fixed*) **fijo** *adj.* 6
  set the table **poner la mesa** 12
seven **siete** 1
seven hundred **setecientos/as** 2
seventeen **diecisiete** 1
seventh **séptimo/a** 5
seventy **setenta** 2
several **varios/as** *adj. pl.* 8
sexism **sexismo** *m.*
shame **lástima** *f.* 13
  it's a shame **es una lástima** 13
shampoo **champú** *m.* 7
shape **forma** *f.* 15

be in good shape **estar en buena forma** 15
stay in shape **mantenerse en forma** 15
share **compartir** *v.* 3
sharp (*time*) **en punto** 1
shave **afeitarse** *v.* 7
shaving cream **crema** *f.* **de afeitar** 7
she **ella** 1
shellfish **mariscos** *m., pl.* 8
ship **barco** *m.*
shirt **camisa** *f.* 6
shoe **zapato** *m.* 6
  shoe size **número** *m.* 6
  shoe store **zapatería** *f.* 14
  tennis shoes **zapatos** *m., pl.* **de tenis** 6
shop **tienda** *f.* 6
shopping, to go **ir de compras** 5
  shopping mall **centro comercial** *m.* 6
short (*in height*) **bajo/a** *adj.* 3; (*in length*) **corto/a** *adj.* 6
short story **cuento** *m.*
shorts **pantalones cortos** *m., pl.* 6
should (*do something*) **deber** *v.* **(+ inf.)** 3
show **espectáculo** *m.*; **mostrar (o:ue)** *v.* 4
  game show **concurso** *m.*
shower **ducha** *f.* 7; **ducharse** *v.* 7
shrimp **camarón** *m.* 8
siblings **hermanos/as** *pl.* 3
sick **enfermo/a** *adj.* 10
  be sick **estar enfermo/a** 10
  get sick **enfermarse** *v.* 10
sign **firmar** *v.* 14; **letrero** *m.* 14
silk **seda** *f.* 6

  (made of) **de seda** 6
silly **tonto/a** *adj.* 3
since **desde** *prep.*
sing **cantar** *v.* 2
singer **cantante** *m., f.*
single **soltero/a** *adj.* 9
  single room **habitación** *f.* **individual** 5
sink **lavabo** *m.* 7
sir **señor (Sr.), don** *m.* 1
sister **hermana** *f.* 3
sister-in-law **cuñada** *f.* 3
sit down **sentarse (e:ie)** *v.* 7
six **seis** 1
six hundred **seiscientos/as** 2
sixteen **dieciséis** 1
sixth **sexto/a** 5
sixty **sesenta** 2
size **talla** *f.* 6
  shoe size *m.* **número** 6
(in-line) skate **patinar (en línea)** 4
skateboard **andar en patineta** *v.* 4
ski **esquiar** *v.* 4
skiing **esquí** *m.* 4

water-skiing **esquí** *m.*
   acuático 4
skirt **falda** *f.* 6
sky **cielo** *m.* 13
sleep **dormir (o:ue)** *v.* 4; **sueño**
   m. 3
   go to sleep **dormirse**
      (o:ue) *v.* 7
sleepy: be (very) sleepy **tener**
   (mucho) sueño 3
slender **delgado/a** *adj.* 3
slim down **adelgazar** *v.* 15
slippers **pantuflas** *f.* 7
slow **lento/a** *adj.* 11
slowly **despacio** *adv.* 10
small **pequeño/a** *adj.* 3
smart **listo/a** *adj.* 5
smile **sonreír (e:i)** *v.* 9
smiled **sonreído** *p.p.* 14
smoggy: It's (very) smoggy. **Hay**
   (mucha) contaminación. 4
smoke **fumar** *v.* 8; 15
   (not) to smoke **(no) fumar** 15
smoking section **sección** *f.* **de**
   fumar 8
   (non) smoking section *f.* **sección**
      de (no) fumar 8
snack **merendar** *v.* 8; 15; after-
   noon snack **merienda** *f.* 15
   have a snack **merendar** *v.*
sneakers **los zapatos de tenis** 6
sneeze **estornudar** *v.* 10
snow **nevar (e:ie)** *v.* 5; **nieve** *f.*
snowing: It's snowing. **Nieva.** 5;
   Está nevando. 5
so (*in such a way*) **así** *adv.* 10;
   tan *adv.* 5
   so much **tanto** *adv.*
   so-so **regular** 1, **así así**
   so that **para que** *conj.* 13
soap **jabón** *m.* 7
   soap opera **telenovela** *f.*
soccer **fútbol** *m.* 4
sociology **sociología** *f.* 2
sock(s) **calcetín (calcetines)** *m.* 6
sofa **sofá** *m.* 12
soft drink **refresco** *m.* 8
software **programa** *m.* **de**
   computación 11
soil **tierra** *f.* 13
solar **solar** *adj., m., f.* 13
   solar energy **energía solar** 13
soldier **soldado** *m., f.*
solution **solución** *f.* 13
solve **resolver (o:ue)** *v.* 13
some **algún, alguno/a(s)** *adj.* 7;
   unos/as *pron./ m., f., pl; indef.*
      art. 1
somebody **alguien** *pron.* 7
someone **alguien** *pron.* 7
something **algo** *pron.* 7
sometimes **a veces** *adv.* 10
son **hijo** *m.* 3
song **canción** *f.*
son-in-law **yerno** *m.* 3
soon **pronto** *adv.* 10

See you soon. **Hasta pronto.** 1
sorry: be sorry **sentir (e:ie)** *v.* 13
   I'm sorry. **Lo siento.** 4
   I'm so sorry. **Mil perdones.** 4;
      Lo siento muchísimo. 4
soup **caldo** *m.* 8; **sopa** *f.* 8
south **sur** *m.* 14
   to the south **al sur** 14
Spain **España** *f.* 1
Spanish (*language*) **español** *m.* 2;
   español(a) *adj.* 3
spare (free) time **ratos libres** 4
speak **hablar** *v.* 2
spectacular **espectacular** *adj. m.,*
   f. 15
speech **discurso** *m.*
speed **velocidad** *f.* 11
   speed limit **velocidad** *f.*
      máxima 11
spelling **ortografía** *f.*, **ortográ-**
   fico/a *adj.*
spend (*money*) **gastar** *v.* 6
spoon (*table or large*) **cuchara**
   f. 12
sport **deporte** *m.* 4
   sports-related **deportivo/a**
      adj. 4
spouse **esposo/a** *m., f.* 3
sprain (one's ankle) **torcerse**
   (o:ue) *v.* **(el tobillo)** 10
sprained **torcido/a** *adj.* 10
   be sprained **estar torcido/a** 10
spring **primavera** *f.* 5
(city or town) square **plaza** *f.* 4
stadium **estadio** *m.* 2
stage **etapa** *f.* 9
stairs **escalera** *f.* 12
stairway **escalera** *f.* 12
stamp **estampilla** *f.* 14; **sello**
   m. 14
stand in line **hacer** *v.* **cola** 14
star **estrella** *f.* 13
start (*a vehicle*) **arrancar** *v.* 11;
   (*establish*) **establecer** *v.*
station **estación** *f.* 5
statue **estatua** *f.*
status: marital status **estado** *m.*
   civil 9
stay **quedarse** *v.* 7
   stay in shape **mantenerse en**
      forma 15
steak **bistec** *m.* 8
steering wheel **volante** *m.* 11
step **etapa** *f.*
stepbrother **hermanastro** *m.* 3
stepdaughter **hijastra** *f.* 3
stepfather **padrastro** *m.* 3
stepmother **madrastra** *f.* 3
stepsister **hermanastra** *f.* 3
stepson **hijastro** *m.* 3
stereo **estéreo** *m.* 11
still **todavía** *adv.* 5
stockbroker **corredor(a)** *m., f.* **de**
   bolsa
stockings **medias** *f., pl.* 6
stomach **estómago** *m.* 10

stone **piedra** *f.* 13
stop **parar** *v.* 11
   stop (*doing something*)
      dejar de (+ *inf.*) 13
store **tienda** *f.* 6
storm **tormenta** *f.*
story **cuento** *m.*; **historia**
   f.
stove **cocina, estufa** *f.* 12
straight **derecho** *adj.* 14
   straight (ahead) **derecho** 14
straighten up **arreglar** *v.* 12
strange **extraño/a** *adj.* 13
   it's strange **es extraño** 13
strawberry **frutilla** *f.* 8, **fresa**
street **calle** *f.* 11
stress **estrés** *m.* 15
stretching **estiramiento** *m.* 15
   do stretching exercises **hacer**
      ejercicios; *m. pl.* **de**
      estiramiento 15
strike (*labor*) **huelga** *f.*
stripe **raya** *f.* 6
   striped **de rayas** 6
stroll **pasear** *v.* 4
strong **fuerte** *adj. m. f.* 15
struggle (for/against) **luchar** *v.*
   (por/contra)
student **estudiante** *m., f.* 1; 2;
   estudiantil *adj.* 2
study **estudiar** *v.* 2
stuffed-up (*sinuses*)
   congestionado/a *adj.* 10
stupendous **estupendo/a** *adj.* 5
style **estilo** *m.*
suburbs **afueras** *f., pl.* 12
subway **metro** *m.* 5
   subway station **estación** *f.*
      del metro 5
success **éxito** *m.*
successful: be successful **tener éxito**
such as **tales como**
suddenly **de repente** *adv.* 6
suffer **sufrir** *v.* 10
   suffer an illness **sufrir una**
      enfermedad 10
sugar **azúcar** *m.* 8
suggest **sugerir (e:ie)** *v.* 12
suit **traje** *m.* 6
suitcase **maleta** *f.* 1
summer **verano** *m.* 5
sun **sol** *m.* 5; 13
sunbathe **tomar** *v.* **el sol** 4
Sunday **domingo** *m.* 2
(sun)glasses **gafas** *f., pl.*
   (oscuras/de sol) 6; **lentes** *m.*
      pl. **(de sol)** 6
sunny: It's (very) sunny. **Hace**
   (mucho) sol. 5
supermarket **supermercado**
   m. 14
suppose **suponer** *v.* 4
sure **seguro/a** *adj.* 5
   be sure **estar seguro/a** 5
surf (*the Internet*) **navegar** *v.* **(en**
   Internet) 11

surprise **sorprender** *v.* 9;
    sorpresa *f.* 9
survey **encuesta** *f.*
sweat **sudar** *v.* 15
sweater **suéter** *m.* 6
sweep the floor **barrer el**
    suelo 12
sweets **dulces** *m., pl.* 9
swim **nadar** *v.* 4
swimming **natación** *f.* 4
    swimming pool **piscina** *f.* 4
symptom **síntoma** *m.* 10

T

table **mesa** *f.* 2
tablespoon **cuchara** *f.* 12
tablet (*pill*) **pastilla** *f.* 10
take **tomar** *v.* 2; **llevar** *v.* 6;
    take care of **cuidar** *v.* 13
    take someone's temperature
        tomar *v.* **la temperatura** 10
    take (*wear*) a shoe size
        calzar *v.* 6
    take a bath **bañarse** *v.* 7
    take a shower **ducharse** *v.* 7
    take off **quitarse** *v.* 7
    take out the trash *v.* **sacar la**
        basura 12
    take photos **tomar** *v.* **fotos** 5;
        sacar *v.* **fotos** 5
talented **talentoso/a** *adj.*
talk **hablar** *v.* 2
    talk show **programa** *m.* **de**
        entrevistas
tall **alto/a** *adj.* 3
tank **tanque** *m.* 11
tape recorder **grabadora** *f.* 1
taste **probar (o:ue)** *v.* 8; **saber** *v.* 8
    taste like **saber a** 8
tasty **rico/a** *adj.* 8; **sabroso/a**
    adj. 8
tax **impuesto** *m.*
taxi **taxi** *m.* 5
tea **té** *m.* 8
teach **enseñar** *v.* 2
teacher **profesor(a)** *m., f.* 1, 2;
    maestro/a *m., f.*
team **equipo** *m.* 4
technician **técnico/a** *m., f.*
telecommuting **teletrabajo** *m.*
telephone **teléfono** 11
    cellular telephone **teléfono** *m.*
        celular 11
television **televisión** *f.* 2; 11
    television set **televisor** *m.* 11
tell **contar** *v.* 4; **decir** *v.* 4
tell (*that*) **decir** *v.* **(que)** 4, 9
    tell lies **decir mentiras** 4
    tell the truth **decir la verdad** 4
temperature **temperatura** *f.* 10
ten **diez** 1
tennis **tenis** *m.* 4
    tennis shoes **zapatos** *m., pl.* **de**
        tenis 6

tension **tensión** *f.* 15
tent **tienda** *f.* **de campaña**
tenth **décimo/a** 5
terrible **terrible** *adj. m., f.* 13
    it's terrible **es terrible** 13
terrific **chévere** *adj.*
test **prueba** *f.* 2; **examen** *m.* 2
text message **mensaje** *m.* **de**
    texto 11
Thank you. **Gracias.** *f., pl.* 1
    Thank you (very much).
        (Muchas) gracias. 1
    Thank you very, very much.
        Muchísimas gracias. 9
    Thanks (a lot). **(Muchas)**
        gracias. 1
    Thanks again. (lit. Thanks one
        more time.) **Gracias una vez**
        más. 9
    Thanks for everything. **Gracias**
        por todo. 9; 15
that **que, quien(es), lo que**
    pron. 12
    that (one) **ése, ésa, eso**
        pron. 6; **ese, esa,** *adj.* 6
    that (*over there*) **aquél,**
        aquélla, aquello *pron.* 6;
        aquel, aquella *adj.* 6
    that which **lo que** *conj.* 12
    that's me **soy yo** 1
    That's not the way it is. **No es**
        así.
    that's why **por eso** 11
the **el** *m.,* **la** *f. sing.,* **los** *m.,*
    las *f., pl.* 1
theater **teatro** *m.*
their **su(s)** *poss. adj.* 3;
    suyo(s)/a(s) *poss. pron.* 11
them **los/las** *pl., d.o. pron.* 5
    to/for them **les** *pl., i.o. pron.* 6
then (*afterward*) **después** *adv.* 7;
    (*as a result*) **entonces** *adv.* 7;
    (*next*) **luego** *adv.* 7; **pues**
    adv. 15
there **allí** *adv.* 5
    There is/are… **Hay…** 1;
    There is/are not… **No hay…** 1
therefore **por eso** 11
these **éstos, éstas** *pron.* 6;
    estos, estas *adj.* 6
they **ellos** *m.,* **ellas** *f. pron.*
thin **delgado/a** *adj.* 3
thing **cosa** *f.* 1
think **pensar (e:ie)** *v.* 4; (*believe*)
    creer *v.*
    think about **pensar en** *v.* 4
third **tercero/a** 5
thirst **sed** *f.* 3
thirsty: be (very) thirsty **tener**
    (mucha) sed 3
thirteen **trece** 1
thirty **treinta** 1; 2; thirty (*minutes*
    past the hour) **y treinta; y**
    media 1
this **este, esta** *adj.;* **éste, ésta,**
    esto *pron.* 6

This is… (*introduction*)
    Éste/a es… 1
This is he/she. (*on telephone*)
    Con él/ella habla. 11
those **ésos, ésas** *pron.* 6; **esos,**
    esas *adj.* 6
those (*over there*) **aquéllos,**
    aquéllas *pron.* 6; **aquellos,**
    aquellas *adj.* 6
thousand **mil** *m.* 6
three **tres** 1
three hundred **trescientos/as** 2
throat **garganta** *f.* 10
through **por** *prep.* 11
throughout: throughout the world
    en todo el mundo 13
Thursday **jueves** *m., sing.* 2
thus (*in such a way*) **así** *adj.*
ticket **boleto** *m.;* **pasaje** *m.* 5
tie **corbata** *f.* 6
time **vez** *f.* 6; **tiempo** *m.* 4
    have a good/bad time **pasarlo**
        bien/mal 9
    We had a great time. **Lo**
        pasamos de película.
    What time is it? **¿Qué hora**
        es? 1
    (At) What time…? **¿A qué**
        hora…? 1
times **veces** *f., pl.* 6
    many times **muchas veces** 10
    two times **dos veces** 6
tip **propina** *f.* 9
tire **llanta** *f.* 11
tired **cansado/a** *adj.* 5
    be tired **estar cansado/a** 5
to **a** *prep.* 1
toast (*drink*) **brindar** *v.* 9
    toast **pan** *m.* **tostado**
toasted **tostado/a** *adj.* 8
    toasted bread **pan tostado** *m.* 8
toaster **tostadora** *f.* 12
today **hoy** *adv.* 2
    Today is… **Hoy es…** 2
toe **dedo** *m.* **del pie** 10
together **juntos/as** *adj.* 9
toilet **inodoro** *m.* 7
tomato **tomate** *m.* 8
tomorrow **mañana** *f.* 1
    See you tomorrow. **Hasta**
        mañana. 1
tonight **esta noche** *adv.* 4
too **también** *adv.* 2; 7
    too much **demasiado** *adv.* 6;
        en exceso 15
tooth **diente** *m.* 7
toothpaste **pasta** *f.* **de dientes** 7
tornado **tornado** *m.*
tortilla **tortilla** *f.* 8
touch **tocar** *v.* 13
tour an area **recorrer** *v;* **excur-**
    sión *f.* 4
tourism **turismo** *m.* 5
tourist **turista** *m., f.* 1;
    turístico/a *adj.*
toward **hacia** *prep.* 14;

para *prep.* 11
towel **toalla** *f.* 7
town **pueblo** *m.* 4
trade **oficio** *m.*
traffic **circulación** *f.* 11; **tráfico** *m.* 11
  traffic signal **semáforo** *m.*
tragedy **tragedia** *f.*
trail **sendero** *m.* 13
  trailhead **sendero** *m.* 13
train **entrenarse** *v.* 15; **tren** *m.* 5
  train station **estación** *f.* **(de) tren** *m.* 5
trainer **entrenador(a)** *m., f.* 15
translate **traducir** *v.* 6
trash **basura** *f.* 12
travel **viajar** *v.* 2
  travel agent **agente** *m., f.* **de viajes** 5
traveler **viajero/a** *m., f.* 5
  (traveler's) check **cheque (de viajero)** 14
treadmill **cinta caminadora** *f.* 15
tree **árbol** *m.* 13
trillion **billón** *m.*
trimester **trimestre** *m.* 2
trip **viaje** *m.* 5
  take a trip **hacer un viaje** 5
tropical forest **bosque** *m.* **tropical** 13
true **verdad** *adj.* 13
  it's (not) true **(no) es verdad** 13
trunk **baúl** *m.* 11
truth **verdad** *f.*
try **intentar** *v.*; **probar (o:ue)** *v.* 8
  try (*to do something*) **tratar de (+ *inf.*)** 15
  try on **probarse (o:ue)** *v.* 7
t-shirt **camiseta** *f.* 6
Tuesday **martes** *m., sing.* 2
tuna **atún** *m.* 8
turkey **pavo** *m.* 8
turn **doblar** *v.* 14
  turn off (*electricity/appliance*) **apagar** *v.* 11
  turn on (*electricity/appliance*) **poner** *v.* 11; **prender** *v.* 11
twelve **doce** 1
twenty **veinte** 1
twenty-eight **veintiocho** 1
twenty-five **veinticinco** 1
twenty-four **veinticuatro** 1
twenty-nine **veintinueve** 1
twenty-one **veintiún, veintiuno/a** 1
twenty-seven **veintisiete** 1
twenty-six **veintiséis** 1
twenty-three **veintitrés** 1
twenty-two **veintidós** 1
twice **dos veces** 6
twin **gemelo/a** *m., f.* 3
twisted **torcido/a** *adj.* 10
  be twisted **estar torcido/a** 10
two **dos** 1
  two hundred **doscientos/as** 2
  two times **dos veces** 6

U

ugly **feo/a** *adj.* 3
uncle **tío** *m.* 3
under **bajo** *adv.* 7; **debajo de** *prep.* 2
understand **comprender** *v.* 3; **entender (e:ie)** *v.* 4
underwear **ropa interior** 6
unemployment **desempleo** *m.*
United States **Estados Unidos (EE.UU.)** *m. pl.* 1
university **universidad** *f.* 2
unless **a menos que** *adv.* 13
unmarried **soltero/a** *adj.*
unpleasant **antipático/a** *adj.* 3
until **hasta** *prep.* 6; **hasta que** *conj.* 13
up **arriba** *adv.* 15
urgent **urgente** *adj.* 12
  It's urgent that… **Es urgente que…** 12
us **nos** *pl., d.o. pron.* 5
  to/for us **nos** *pl., i.o. pron.* 6
use **usar** *v.* 6
used for **para** *prep.* 11
useful **útil** *adj. m., f.*

V

vacation **vacaciones** *f., pl.* 5
  be on vacation **estar de vacaciones** 5
  go on vacation **ir de vacaciones** 5
vacuum **pasar** *v.* **la aspiradora** 12
  vacuum cleaner **aspiradora** *f.* 12
valley **valle** *m.* 13
various **varios/as** *adj. m., f. pl.* 8
VCR **videocasetera** *f.* 11
vegetables **verduras** *pl., f.* 8
verb **verbo** *m.*
very **muy** *adv.* 1
  very much **muchísimo** *adv.* 2
  (Very) well, thank you. **(Muy) bien, gracias.** 1
video **video** *m.* 1
  video camera **cámara** *f.* **de video** 11
  video(cassette) **video(casete)** *m.* 11
  videoconference **videoconferencia** *f.*
  video game **videojuego** *m.* 4
vinegar **vinagre** *m.* 8
violence **violencia** *f.*
visit **visitar** *v.* 4
  visit monuments **visitar monumentos** 4
vitamin **vitamina** *f.* 15
volcano **volcán** *m.* 13
volleyball **vóleibol** *m.* 4
vote **votar** *v.*

W

wait (for) **esperar** *v.* **(+ *inf.*)** 2
waiter/waitress **camarero/a** *m., f.* 8
wake up **despertarse (e:ie)** *v.* 7
walk **caminar** *v.* 2
  take a walk **pasear** *v.* 4;
  walk around **pasear por** 4
walkman **walkman** *m.*
wall **pared** *f.* 12
wallet **cartera** *f.* 6
want **querer (e:ie)** *v.* 4
war **guerra** *f.*
warm (oneself) up **calentarse (e:ie)** *v.* 15
wash **lavar** *v.* 12
  wash one's face/hands **lavarse la cara/las manos** 7
  wash (the floor, the dishes) **lavar (el suelo, los platos)** 12
  wash oneself **lavarse** *v.* 7
washing machine **lavadora** *f.* 12
wastebasket **papelera** *f.* 2
watch **mirar** *v.* 2; **reloj** *m.* 2
  watch television **mirar (la) televisión** 2
water **agua** *f.* 8
  water pollution **contaminación del agua** 13
  water-skiing **esquí** *m.* **acuático** 4
way **manera** *f.*
we **nosotros(as)** *m., f.* 1
weak **débil** *adj. m., f.* 15
wear **llevar** *v.* 6; **usar** *v.* 6
weather **tiempo** *m.*
  The weather is bad. **Hace mal tiempo.** 5
  The weather is good. **Hace buen tiempo.** 5
weaving **tejido** *m.*
Web **red** *f.* 11
website **sitio** *m.* **web** 11
wedding **boda** *f.* 9
Wednesday **miércoles** *m., sing.* 2
week **semana** *f.* 2
weekend **fin** *m.* **de semana** 4
weight **peso** *m.* 15
  lift weights **levantar** *v.* **pesas** *f., pl.* 15
welcome **bienvenido(s)/a(s)** *adj.* 12
well **pues** *adv.* 2; **bueno** *adv.* 2; (Very) well, thanks. **(Muy) bien, gracias.** 1
well-being **bienestar** *m.* 15
well organized **ordenado/a** *adj.*
west **oeste** *m.* 14
  to the west **al oeste** 14
western (*genre*) **de vaqueros**
what **lo que** *pron.* 12
what? **¿qué?** 1
  At what time…? **¿A qué hora…?** 1

What a pleasure to... ! **¡Qué gusto (+** *inf.***)...**

What day is it? **¿Qué día es hoy?** 2

What do you guys think? **¿Qué les parece?** 9

What happened? **¿Qué pasó?** 11

What is today's date? **¿Cuál es la fecha de hoy?** 5

What nice clothes! **¡Qué ropa más bonita!** 6

What size do you take? **¿Qué talla lleva (usa)?** 6

What time is it? **¿Qué hora es?** 1

What's going on? **¿Qué pasa?** 1

What's happening? **¿Qué pasa?** 1

What's. . . like? **¿Cómo es...?** 3

What's new? **¿Qué hay de nuevo?** 1

What's the weather like? **¿Qué tiempo hace?** 5

What's wrong? **¿Qué pasó?** 11

What's your name? **¿Cómo se llama usted?** *form.* 1

What's your name? **¿Cómo te llamas (tú)?** *fam.* 1

when **cuando** *conj.* 7; 13

When? **¿Cuándo?** 2

where **donde**

where (to)? (*destination*) **¿adónde?** 2; (*location*) **¿dónde?** 1

Where are you from? **¿De dónde eres (tú)?** (*fam.*) 1; **¿De dónde es (usted)?** (*form.*) 1

Where is...? **¿Dónde está...?** 2

(to) where? **¿adónde?** 2

which **que** *pron.,* **lo que** *pron.* 12

which? **¿cuál?** 2; **¿qué?** 2

In which...? **¿En qué...?** 2

which one(s)? **¿cuál(es)?** 2

while **mientras** *adv.* 10

white **blanco/a** *adj.* 6

white wine **vino blanco** 8

who **que** *pron.* 12; **quien(es)** *pron.* 12

who? **¿quién(es)?** 1

Who is...? **¿Quién es...?** 1

Who is calling? (*on telephone*) **¿De parte de quién?** 11

Who is speaking? (*on telephone*) **¿Quién habla?** 11

whole **todo/a** *adj.*

whom **quien(es)** *pron.* 12

whose? **¿de quién(es)?** 1

why? **¿por qué?** 2

widower/widow **viudo/a** *adj.* 9

wife **esposa** *f.* 3

win **ganar** *v.* 4

wind **viento** *m.* 5

window **ventana** *f.* 2

windshield **parabrisas** *m., sing.* 11

windy: It's (very) windy. **Hace (mucho) viento.** 5

wine **vino** *m.* 8

red wine **vino tinto** 8

white wine **vino blanco** 8

wineglass **copa** *f.* 12

winter **invierno** *m.* 5

wish **desear** *v.* 2; **esperar** *v.* 13

I wish (that) **ojalá (que)** 13

with **con** *prep.* 2

with me **conmigo** 4; 9

with you **contigo** *fam.* 9

within (ten years) **dentro de (diez años)** *prep.*

without **sin** *prep.* 2; 13; 15; **sin que** *conj.* 13

woman **mujer** *f.* 1

wool **lana** *f.* 6

(made of) wool **de lana** 6

word **palabra** *f.* 1

work **trabajar** *v.* 2; **funcionar** *v.* 11; **trabajo** *m.* 16

work (*of art, literature, music, etc.*) **obra** *f.*

work out **hacer gimnasia** 15

world **mundo** *m.* 13

worldwide **mundial** *adj. m., f.*

worried (about) **preocupado/a (por)** *adj.* 5

worry (about) **preocuparse** *v.* **(por)** 7

Don't worry. **No se preocupe.** *form.* 7; **Tranquilo.; No te preocupes.;** *fam.* 7

worse **peor** *adj. m., f.* 8

worst **el/la peor, lo peor** 8

Would you like to...? **¿Te gustaría...?** *fam.* 4

write **escribir** *v.* 3

write a letter/post card/e-mail message **escribir una carta/postal/mensaje electrónico** 4

writer **escritor(a)** *m., f*

written **escrito/a** *p.p.* 14

wrong **equivocado/a** *adj.* 5

be wrong **no tener razón** 3

X-ray **radiografía** *f.* 10

yard **jardín** *m.* 12; **patio** *m.* 12

year **año** *m.* 5

be... years old **tener... años** 3

yellow **amarillo/a** *adj.* 6

yes **sí** *interj.* 1

yesterday **ayer** *adv.* 6

yet **todavía** *adv.* 5

yogurt **yogur** *m.* 8

You **tú** *fam.* **usted (Ud.)** *form. sing.* **vosotros/as** *m., f. fam.* **ustedes (Uds.)** *form.* 1; (to, for) you *fam. sing.* **te** *pl.* **os** 6; *form. sing.* **le** *pl.* **les** 6

you **te** *fam., sing.,* **lo/la** *form., sing.,* **os** *fam., pl.,* **los/las** *form., pl, d.o. pron.* 5

You don't say! **¡No me digas!** *fam.;* **¡No me diga!** *form.* 11

You are. . . **Tú eres...** 1

You're welcome. **De nada.** 1; **No hay de qué.** 1

young **joven** *adj.* 3

young person **joven** *m., f.* 1

young woman **señorita (Srta.)** *f.*

younger **menor** *adj. m., f.* 3

younger: younger brother, sister *m., f.* **hermano/a menor** 3

youngest **el/la menor** *m., f.* 8

your **su(s)** *poss. adj. form.* 3

your **tu(s)** *poss. adj. fam. sing.* 3

your **vuestro/a(s)** *poss. adj. form. pl.* 3

your(s) *form.* **suyo(s)/a(s)** *poss. pron. form.* 11

your(s) **tuyo(s)/a(s)** *poss. fam. sing.* 11

your(s) **vuestro(s)/a(s)** *poss. fam.* 11

youth *f.* **juventud** 9

zero **cero** *m.* 1

Text Credits

474–475 © Carmen Laforet. Fragment of the novel *Nada*, reprinted by permission of Random House Publishing Group.

505–506 © Gabriel García Márquez, *Un día de éstos*, reprinted by permission of Carmen Balcells.

Fine Art Credits

67 (ml) Diego Velázquez. *Las meninas*. 1656. Derechos reservados © Museo Nacional del Prado, Madrid. Photograph © José Blanco/VHL

105 Oswaldo Guayasamín. *Madre y niño en azul*. 1986. Cortesía Fundación Guayasamín. Quito, Ecuador.

136 Frida Kahlo. *Autorretrato con mono*. 1938. Oil on masonite, overall 16 x 12" (40.64 x 30.48 cms). Albright-Knox Art Gallery, Buffalo, New York. Bequest of A. Conger Goodyear, 1966.

Illustration Credits

Hermann Mejía: 5, 14, 15, 17, 18, 22, 23, 29, 50, 52, 63 (b), 73, 83 (b), 86, 94, 95, 97, 119, 123, 130, 143, 150 (l), 153, 156, 161, 165, 167 (b), 177, 197, 199, 212, 213, 218, 222, 232, 235, 255, 265, 269, 278, 288, 297, 311, 328, 329, 333, 358, 361, 364, 365, 367, 392, 401, 403, 407, 432, 439, 441, 473, 499, 503.

Pere Virgili: 2–3, 36–37, 58, 70–71, 83 (t), 108–109, 110, 140–141, 142, 157, 160, 167 (t), 174–175, 198, 210–211, 242–243, 244, 276–277, 308–309, 342–343, 344, 376–377, 378, 416–417, 418, 450–451, 452, 482–483, 484.

Yayo: 9, 43, 77, 115, 149, 181, 217, 251, 283, 315, 349, 383, 423, 457, 489.

Photography Credits

Martín Bernetti: 1, 3, 4, 16 (c, m), 19, 38, 53, 64, 65, 71, 72 (tl, tm, r, bml, bmr, br), 82, 89 (r), 90, 98, 99 (b), 101, 104, 105 (t, ml, b), 109 (b), 131, 134, 189, 193 (tl, tr, ml, mr), 194, 195, 202, 203, 221, 223, 226, 227, 238 (tl, tr), 239 (tl, br), 247, 279, 298 (t), 321, 325, 355, 360, 379, 406, 466, 485, 506, 507.

Carlos Gaudier: 168, 169, 170 (tl, tr, ml, mr), 171 (tl, bl).

Corbis: 11 (tr) © Hans Georg Roth. 19 (r) © 1999 Charles Gupton. 32 (tr) © Robert Holmes. 44 (t) © Pablo Corral V. 54 © Charles Gupton. 66 (m) © Elke Stolzenberg, (b) © Reuters. 67 (br) © Owen Franken, (tl) © Patrick Almasy, (tr) © Jean-Pierre Lescourret. 69 © Ronnie Kaufman. 78 (tr) © Rafael Pérez/Reuters, (b) © Martial Trezzini/epa. 79 (t) © Reuters. 97 © George Shelley. 100 © Tom & Dee Ann McCarthy. 107 © Jon Feingersh. 109 (t) © George Shelley. 116 (b) © Reuters. 117 (t) © Reuters. 133 © Images.com. 135 © AFP Photo/Juan Barreto. 136 (tl) © George D. Lepp, (mr) Peter Guttman, (b) Reuters. 137 (tr) © Bettman, (br) Greg Vaughn. 150 (r) © Jeremy Horner. 151 (b) © Mark A. Johnson. 155 © Ronnie Kaufman. 171 (br) © Steve Chenn. 205 (t) © Manuel Zambrana. 238 (bm) © Charles & Josette Lenars, (lm) © Richard Smith. 239 (bl) © Jeremy Horner. 253 (tr) © Carlos Cazalis, (br) © Carlos Cazalis. 257 © José Luis Pelaez, Inc. 272 (t) © Bob Winsett, (ml, mr, b) © Dave G. Houser. 273 (tl) © Reuters Newmedia, Inc./Jorge Silva, (tr) © Michael & Patricia Fogden, (bl) © Jon Butchofsky-Houser, (br) © Paul W. Liebhardt. 284 ® © PictureNet. 304 (ml) © Dave G. Houser, (tr, mtr) © Mcduff Everton, (tl) © Pablo Corral V., (mbr) © AFP/Macarena Minguell, (bl, br) © Bettman. 305 (tl) © Wolfgang Kaehler, (bl) © Roger Ressmeyer, (br) © Charles O'rear. 329 © Lawrence Kesterson. 336 (m) © Jan Butchofsky-Houser, (ml) © Bill Gentile, (mr) © Dave G. Houser, (b) © Bob Winsett. 337 (r,b) © Martin Rogers. 338 (tl) © Jeremy Horner, (tr, m) © Bill Gentile, (b) © Stephen Frink. 339 (tl) © Brian A. Vikander, (r) © Reuters NewMedia Inc./Claudia Daut, (bl) © Gary Braasch. 341 © PictureNet. 370 (m, mr) Galen Rowell. 371 (t) Pablo Corral V. 372 (tl) © Bettmann, (tr) © Reuters/Andres Stapff, (m) © Diego Lezama Orezzoli, (b) © Tim Graham. 373 (tl) © Stephanie Maze, (r) © SI/Simon Bruty, (ml) © Reuters/Andres Stapff, (bl) © Wolfgang Kaehler. 375 © Rolf Bruderer. 384 (1) © Dusko Despotovic. 410 (tl) © Kevin Schafer, (tr, b) Danny Lehman. 411 (tl) © Danny Lehman, (ml) Ralf A. Clavenger, (b) Jose & Fuste Raga. 412 (tl) © José F. Poblete, (tr) © Peter Guttman, (ml) © Leif Skoogfors, (mr) © Lake County Museum. 413 (tl) © Guy Motil. 415 © Michael de Young. 417 (tr) Stephanie Maze. 428 © Karl & Anne Purcell. 444 (tr) Carl & Anne Purcell. 445 (tl) Gianni Dagli Orti, (tr) Stringer/Mexico/Reuters, (br) © Jeremy Horner. 446 (tl) © Stuart Westmorland, (tr, ml) © Macduff Everton, (mr) © Tony Arruza. 447 (tl) © Macduff Everton. 475 © Bureau L.A. Collection. 476 (t) John Madere, (mt) Kevin Schafer, (mb) Buddy Mays, (b) Peter Guttmann. 477 (tl) Reuters/New Media Inc./Kimberly White, (bl, br) Pablo Corral V. 478 (tr) © Reinhard Eisele, (m) © Richard Bickel. 479 (tl) © Jeremy Horner, (r) © Reuters NewMedia Inc./Marc Serota, (bl) © Lawrence Manning. 495 © Sygma. 501 © Michael Keller. 510 (tl) © Anders Ryman, (m) © Reuters NewMedia Inc./Sergio Moraes, (b) © Pablo Corral V. 511 (tl) © Hubert Stadler, (r) AFP Photo/Gonzalo Espinoza, (bl) © Wolfgang Kaehler. 512 (t) © Peter Guttman, (ml) © Paul Almasy, (b) © Carlos Carrión. 513 (r) © Joel Creed; Ecoscene.

About the Authors

José A. Blanco founded Vista Higher Learning in 1998. A native of Barranquilla, Colombia, Mr. Blanco holds degrees in Literature and Hispanic Studies from Brown University and the University of California, Santa Cruz. He has worked as a writer, editor, and translator for Houghton Mifflin and D.C. Heath and Company and has taught Spanish at the secondary and university levels. Mr. Blanco is also the co-author of several other Vista Higher Learning programs: **Panorama, Aventuras,** and **¡Viva!** at the introductory level, **Ventanas, Facetas, Enfoques, Imagina,** and **Sueña** at the intermediate level, and **Revista** at the advanced conversation level.

Philip Redwine Donley received his M.A. in Hispanic Literature from the University of Texas at Austin in 1986 and his Ph.D. in Foreign Language Education from the University of Texas at Austin in 1997. Dr. Donley taught Spanish at Austin Community College, Southwestern University, and the University of Texas at Austin. He published articles and conducted workshops about language anxiety management, and the development of critical thinking skills, and was involved in research about teaching languages to the visually impaired. Dr. Donley was also the co-author of **Aventuras** and **Panorama,** two other introductory college Spanish textbook programs published by Vista Higher Learning.

About the Illustrators

Yayo, an internationally acclaimed illustrator, was born in Colombia. He has illustrated children's books, newspapers, and magazines, and has been exhibited around the world. He currently lives in Montreal, Canada.

Pere Virgili lives and works in Barcelona, Spain. His illustrations have appeared in textbooks, newspapers, and magazines throughout Spain and Europe.

Born in Caracas, Venezuela, **Hermann Mejía** studied illustration at the *Instituto de Diseño de Caracas.* Hermann currently lives and works in the United States.

VISTA
HIGHER LEARNING

This package contains materials that are essential
to the successful completion of your course.

PANORAMA 3/E PACK A (SE W/SUPERSITE PASSCODE)

9781600077562

CONTENTS OF THIS PACKAGE INCLUDE:

PANORAMA 3/E STUDENT EDITION W/SUPERSITE PASSCODE

— VHL SUPERSITE PACKAGE STICKER

IMPORTANT: Broken Packages cannot be returned for credit

VISTA
HIGHER LEARNING

...xtbook package includes
...o:

Supersite – online Voice Board,
audio, films, tutorials, practice activities,
assignments, and more!

USED TEXTBOOKS
Passcode must be
purchased separately.
$35-$45

K0810216

Mar Caribe

Barranquilla
Maracaibo
Caracas
Puerto España
Trinidad y
Tobago

Venezuela

Medellín

Colombia
Bogotá
R. Orinoco
Georgetown
Guyana
Paramaribo
Cayena

Cali

Surinam
Guayana Francesa

Pasto

Ecuador
Quito
R. Negro
R. Amazonas
Belém

Guayaquil
Iquitos
Manaus

Perú
R. Madeira
Recife

Lima
Cuzco
Salvador

Lago Titicaca

Brasil
Brasilia

Arequipa
La Paz

Bolivia
Belo Horizonte

Arica
Sucre

Iquique
R. Paraguay
São Paulo
Río de Janeiro

Océano Pacífico
R. Paraná
Santos

Antofagasta
Paraguay
Asunción

Salta
R. Uruguay

Chile
Porto Alegre

Córdoba
R. Paraná

Valparaíso
Mendoza
Rosario

Santiago
Buenos Aires
Uruguay
Montevideo

Concepción
Argentina

Bahía Blanca
Océano Atlántico

Puerto Montt

Cordillera de los Andes

Cordillera de los Andes

Estrecho de Magallanes
Islas Malvinas

Punta Arenas

Tierra del Fuego

América del Sur

N
O — E
S

Islas Galápagos
Océano Pacífico
Isla Pinta
Isla Marchena
Isla Genovesa
Isla Isabela
Línea Ecuatorial
ECUADOR
Volcán Darwin
Isla Santiago (San Salvador)
Isla Fernandina
Puerto Ayora
Isla San Cristóbal
Santo Tomás
Isla Santa Cruz
Puerto Barquerizo Moreno
Isla Santa María
Isla Española